奥斯卡·王尔德传

顺流，1854–1895

（美）理查德·艾尔曼 著　萧易 译

广西师范大学出版社
·桂林·

Oscar Wilde

献给露西·艾尔曼

To Lucy Ellmann

目 录

初 始

发　展

昂　扬

羞 辱

流 亡

致　谢

这部书籍的成书时间相当漫长，很多人都曾给予我帮助。Rupert Hart-Davis 爵士编辑的王尔德书信是现代学术研究中的里程碑，我甫动笔之际，Hart-Davis 爵士就向我大方地提供了协助；他允许我使用他那些无价的王尔德档案，允许我汲取他关于那个时代的渊博知识。他还友好地阅读了手稿，我对他的修订心怀尊敬。我要对他表示衷心的感谢。Mary Hyde 博士（Eccles 子爵夫人）亲切地让我任意使用她的王尔德资料，她的收藏是私家收藏之最，我非常感激她的慷慨。最全面的机构收藏当属加利福尼亚大学洛杉矶分校的威廉·安德鲁斯·克拉克图书馆；它的连续几任主管一向不吝赐予我最大程度的协助，这些人除了 John Bidwell 之外，还包括 William E. Conway 和 Thomas Wright。牛津大学 Bodleian 图书馆收藏的罗斯资料是头号资源。我想要感谢 Donald J. Kaufmann，在把自己收藏的王尔德资料捐献给国会图书馆之前，他让我利用了这些资料。

Merlin Holland 友好地允许我引用已出版和未出版的材料，还提供了其他类型的可贵协助。Edward Colman 是艾尔弗雷德·道格拉斯勋爵版权的所有人，也是他的遗稿保管人，他好意容我引用了道格拉斯的很多话。

王尔德的稿件在一次破产出售时流落众人之手,部分是出于这个原因,很多图书馆都拥有重要的资料。在这里,我要提到纽约公共图书馆(在注释中的缩写是 NYPL)的贝格收藏和手稿室,哈佛的霍顿图书馆,耶鲁的拜内克图书馆(以及 Marjorie Wynne 小姐),国会图书馆(缩写是 LC),圣三一学院暨都柏林大学图书馆(TCD),爱尔兰国家图书馆(NLI),大英图书馆(BL),摩根图书馆,罗森巴赫博物馆,得克萨斯大学的人文学科研究中心,雷丁大学图书馆,达特茅斯学院图书馆,普林斯顿大学图书馆(尤其是泰勒收藏),雷德克利夫学院图书馆,伊斯特本地区(苏塞克斯郡)图书馆,道赛特图书馆。在美国的很多城市图书馆里,工作人员发现了新闻界对王尔德之巡回演讲的报道。皇家文学基金会的档案,以及牛津大学的莫德林学院和布雷齐诺斯学院的档案都是有用的。

Catharine Carver 读过手稿,我从她的批评中受益匪浅;Lucy Ellmann 也读过手稿,作了很多改善;还有 Mary Ellmann,我也从她那里获益良多。Maud Ellmann 忙中偷闲,在注释方面协助了我。Paul Cohen 博士是纽约历史学会图书馆的代理主管,他搜寻到了很多似乎无法追踪的资源。从 John Stokes 博士和 Ian Fletcher 教授那里,我了解到了有关王尔德时代的非同寻常的知识。J. Robert Maguire 向我讲述了王尔德跟德雷福斯案件之关系的很多细节。R. E. Alton 首次辨别出了昆斯伯里名片上的信息,就是这张名片挑起了诽谤诉讼。他和 Donald Taylor 教授帮我研究了王尔德撰写的关于查特顿的十四行。Barbara Hardy 教授提出了很多可贵的建议。Malcolm Pinhorn, Quentin Keynes 和 Jeremy Mason 向我敞开了他们的收藏。Owen Dudley Edwards 博士特别友好和有助于我。我和 Rosita Fanto 一起合作设计了王尔德扑克牌,她向我提供了一些有用的线索。H. Montgomery Hyde 友好地表示了自己的兴趣。

我对 Mary Reynolds 欠情甚多,她为本书撰写了详尽的索引。

对于以下诸人,我牢记他们的众多具体友善举措:

Marcia Allentuck 教授,Anna 和 Karen Bamborough, Michael Bassan, John C. Broderick 博士,J. E. Chamberlin 教授,Morton N. Cohen 教授,Dennis Cole, Roger

Dobson，Robert Ellmann，Charles Feidelson 教授，Bobby Fong，Peter Gay 教授，John Hamill，Barbara Hayley，William 爵士 and Hayter 夫人，Patrick Henchy，Tim Hilton，Michael Holroyd，Roger Hood 博士，Robert Jackson，Jeri Johnson，Emrys Jones 教授，Alex de Jonge 教授，Alon Kadish 博士，John Kelleher 教授，John Kelly 博士，Roger Kempf 教授，Clinton Krauss，Trudy Kretchman，Henry Lethbridge 教授，Harry Levin 教授，Lee Ann Lioyd，J. B. Lyons 教授，W. S. G. Macmillan，Wolfgang Maier 博士，Thomas Mallon 教授，E. H. Mikhail 教授，W. M. Murphy 教授，Milo M. Naeve，Eoin O'Brien 博士，Eileen O'Byrne，Seán Ó Mórdha，Johan Polak，Martin Price 教授和 Mary Price，Ellis Pryce-Jones，Michael Rhodes，Bernard Richards 博士，Julia Rosenthal，Ernest Samuels 教授，George Sandulescu 教授，Keith Schuchard 博士，Ronald Schuchard 教授，G. F. Sims，W. B. Stanford 教授，J. I. M. Stewart 博士，Tom Stoppard，Andrew Treip，Ruth Vyse，Elizabeth Wansborough，Wade Wellman，Terrence De Vere White。

　　我还要感谢那些跟我有关的大学，即西北大学，耶鲁，牛津和埃默里大学，感谢它们促进我的研究。

R. E.

牛津，圣吉尔斯

1987 年 3 月 15 日

引　言

奥斯卡·王尔德，一听到这个伟大的名字，我们就会联想起他那些让人惊诧
和愉悦的话语。在十九世纪九十年代具有代表性的作家中，只有王尔德还在被
众人阅读。适用于那个时代的各种标签——唯美主义、颓废精神、比亚兹莱时
期——遮蔽不了一个事实，就是当我们提到那个时代时，我们首先想到的是王尔
德，他是那么辉煌、壮观、摇摇欲坠。

早在 1881 年，他还不到三十岁时，直到 1895 年年中，他年届四十之际，这个
来自都柏林（途经牛津）的可恶的爱尔兰人一直让伦敦文学圈感到局促不安，他
宣称自己是社会主义者，还暗示自己是同性恋，与此同时，他对一切至理名言都
坦率地加以嘲笑。他以一种公开、隆重的风格拒绝量入为出、行为检点、尊重前
辈，或承认诸如自然和艺术这一类实体的传统形式。

他赢得了赞誉，招来了诋毁。关于他的传奇流传开来，也滋生了令人讨厌的
谣言。人们指控他犯下罪行，从女里女气到文学剽窃。他是最友善的人，知道这
一点的人却并不多。反之，当他正在撰写自己最出色的作品，当《不可儿戏》成
为他的写作巅峰之际，被法律生动地称之为"鸡奸"的罪行也落到了他身上。他

最终被宣判服苦役两年,罪名比"鸡奸"较轻一等,即跟男性发生有伤风化的行为。很少有这样的例子,如此众多的荣耀之后是这么大的羞辱。

牢狱生涯和随后在法国、意大利的流放是艰苦的,王尔德被摧毁了。挥金如土的人如今一贫如洗,还遭到昔日熟人的怠慢,他在释放后继续过着那种自己为之入狱的生活。他创作了《雷丁监狱之歌》,那之后,就再无作品问世了。1900年,他在一家无名的巴黎旅馆中过世,身后留下一份类似遗嘱的文字,即《来自深渊》,这篇文字以狱中书信的形式呈现,收信者是他的情人艾尔弗雷德·道格拉斯勋爵。它回避了忏悔,虽然承认自己的错误(并不是法庭上提到的那些),但为自己的个体性作了辩护。在六十年的时间里,这封信的内容陆陆续续被出版,它再次引发旧友之间的争吵,有生之年,这些人继续为自己过去在他生活中的位置争执不休。

同时代的其他人斥责王尔德是前罪犯,但是他们很乐于在回忆录中提到他。许多无趣的编年记,就像许多无趣的餐桌,正是依靠这位花花公子,它们才在作者身后焕发出活力。至于广大读者,在英语国度,他们从未放弃对他的忠诚,而在外语国家,他的才赋也通过译本闪耀着光芒。

1878年,王尔德离开牛津时,他自诩是唯美主义的信徒,人们往往认为唯美主义是属于他的信条。然而,跟人们通常以为的不一样,他的主题并不是要把艺术和生活分开,而是要把艺术跟经验对艺术的不可避免的责难区分开来。他的创作几乎总是以揭露真相收尾。摆弄绿色康乃馨的手突然握住了提出告诫的手指。虽然王尔德文章的最根本优点是隐含不露的,不过,他的戏剧和故事的结局指出,必须摘下面具。我们必须承认自己的真实面目。至少王尔德是渴望这么做的。尽管王尔德自诩愉悦之使徒,他创造的世界却充满了痛苦。他的思考方式在命运覆败之际才获得了充分的体现,而不是当它处于巅峰时。

本质上,王尔德一直在以最文明的方式解剖他所处的社会,对其伦理进行彻底的反思。他了解一切秘密,能够揭穿所有伪装。跟布莱克和尼采一起,他提出,善与恶并不是它们表面看上去的那个样子,道德标签无法应对复杂的行为。

作为一个作家,他的伟大之处部分就在于,他要求对社会的受害者施与更多的同情。

他的语言是他最出色的成就。它们流畅自如,时而作出让步,时而表示拒绝。根据新观点和新原则,它们重塑了过去那些生硬的说法。充满朝气的固执己见骤然注入老一辈的宽慰滥调和令人厌倦的肯定性事物,它是一种受人关注的自负的无耻。我们愉快地既承认旧制度,又对它发动叛乱。我们叫嚷着,国王万岁,同时砍下他的头。

至于他的才智,它维持着一种平衡,其风险超出了人们的认知。虽然它自诩傲慢,其实是想取悦我们。在所有的作家中,王尔德也许是最好的同伴。他总是身处危险,他嘲笑自己的困境,在丧失一切的过程中,他打趣社会,认为跟自己相比,它粗陋得多,远不如自己那么优雅,吸引力也差得太远。当我们意识到他的魅力受到威胁,其目光紧盯那扇为愚昧法律敞开的大门,它就变得更加迷人了。

他的部分兴趣爱好源自他跟约翰逊博士共享的性格特征(还有两人的腰围)。① 就像他坚称的那样,他跟他所处的时代之间存在着一种“象征性关系”。他囊括了可见和不可见的世界,依靠那些不同寻常的观点统治着它们。有些作者随着世纪的流逝就不再具有关联性,他不属于这种人。王尔德是我们中间的一员。他的才智是一种革新的媒介,在一百年前就跟在今天一样切题。他的艺术和人生都提出了问题,它们为他的艺术增添了一种真诚的特质,而这种真诚是他始终抵赖的。

xvii

---

① 指塞缪尔·约翰逊(1709-1784),英国著名文人。跟王尔德一样,他也是个胖子。(此类注释为译者注,后同,不另标出)

〜·初 始·〜

第一章　成长的烦恼

灵魂生来是苍老的,但在成长中变得年轻。那是生活的喜剧。身体生来是年轻的,却在成长中衰老。那是生活的悲剧。

布拉克内尔夫人:普丽丝姆! 过来,普丽丝姆! 普丽丝姆! 那个小婴儿在哪儿?①

序　曲

1868 年,奥斯卡·王尔德给我们留下了最初的明确印象,当时他十三岁,从学校给母亲写了一封信。波托拉皇家学校位于恩尼斯基伦(Enniskillen),它是一所好学校,负责为都柏林的圣三一学院输送学生,不过,校长和王尔德的母亲把它称作"爱尔兰的伊顿公学",这就有点妄自尊大了。[1]在后来的生涯中,王尔德对一位孜孜不倦的爱尔兰传记词典的编辑者 D. J. 奥多诺霍说过,他在"那里待了差不多一年的时间"。实际上,他在那里待了七年,从九岁到十六岁。事实

3

---

① 第一段引自《无足轻重的女人》;第二段引自《不可儿戏》。

是可以随意扭曲的。一本英国年刊《传记》曾经刊登过长达六页的王尔德"生平"，而当时他只有二十六岁，在接受该年刊的采访时，王尔德说自己是在家中跟着私人教师受教育的。[2] 波托拉不是一个如雷贯耳的名字，似乎没上过学也比上过这样一所让人半天想不起来的学校要好一些。"我已经忘记了自己上学的年代，"在《理想丈夫》中，谢弗利夫人说，"我模糊记得那是一段让人讨厌的日子。"王尔德也一样，他觉得自己受到了想象力的诱惑，想要解构自己受过的教育，用奇思异想抹去所有那些算术题和词形变化表。在这个世界上，没有哪所学校能够教育出奥斯卡·王尔德。然而，波托拉是有功劳的，它那里不但出了王尔德，还出了萨缪尔·贝克特，这所学校至今仍然发展良好。

王尔德从该校撰写的信件不幸只保留了片段，但是作为他青春期的象形符号，它还是有价值的：

1868 年 9 月　　　　　　　　　　　　　　　　　　　波托拉学校

亲爱的妈妈，今天收到了大篮子，我从没有这么惊喜过，实在太感谢你送来了它，它简直出人意料。请别忘了给我寄《国家评论》……你送来的篮子里的两件法兰绒衬衫都是威利的，我的衬衫一件是深红的，另一件是淡紫丁香色的，但是现在还太热，用不着穿它们。你一直都没跟我提到格拉斯哥的出版商，他说了些什么？你有没有用绿色的笺纸给沃伦姨妈写信?[3]

信件的剩余部分谈的是一场跟正式团队之间展开的板球赛，他们赢了，还有"令人恐怖的赛艇会"。信中还附有一张草图，其说明文字是："看到大篮子的男孩子的欢喜，和没有大篮子的男孩子的悲哀。"但这幅画如今已经遗失了。

我们心目中的那个奥斯卡·王尔德在信中已经逐渐成形。他跟亲爱的母亲关系极好，或许是因为哥哥威利显然也在争夺母亲的注意力，王尔德很希望跟母亲能够拥有更好的关系。奥斯卡后来彻底把威利抛出了局。他对荒谬有一种早熟的感受力,所以他描绘了送篮子给孩子们带来的幸福和不幸场景。他对戏剧性表达的胃口变得更强烈。其他的偏好也是显而易见的。他对板球有点兴趣,对划船则根本不屑一顾。这座学校位于厄恩河(Erne)畔,对赛艇会的反感想必是与潮流相悖逆的,属于他的个人选择。他喜欢板球,这件事值得一提,因为后来他曾经嘲笑过他那位强壮的传记作家罗伯特·谢拉德,他假意说自己觉得参赛者的姿态是"不体面的","不符合希腊人的风格"。[4]他最终抛弃了被他称作"板球和船"的这两种团体运动,他更喜欢的是骑马、射击和钓鱼。

信件揭示了他在十三岁时对衣服的品位,那是一种花花公子的品位,他对自己的深红色和淡紫色衬衫,还有威利的没有提及颜色的衬衫是区别对待的。(1890年,当共用一个"迈克尔·菲尔德"①笔名的两个女人来看望他时,他身穿丁香色衬衫,扎着淡紫罗兰色领结。[5])他对深红色和相关颜色的偏爱跟他的母亲如出一辙,后者据称到了六十多岁还身穿深红色的衣服,一位都柏林的观察家拉思克里丹勋爵声称曾看到她花枝招展地扎着一条红围巾。[6]在变换色彩和深浅时,他总是恋恋于"朱砂色"这个词。(另一方面,他对绛红色极端讨厌。[7])在《雷丁监狱之歌》中,罪犯所受到的最后侮辱是,他不能身穿自己的深红色外套走上绞架。有人向王尔德指出,这个人属于蓝衣队②,他立刻把这段文字改写成:

> 他没有身穿自己的天蓝色外套
> 因为鲜血和酒都是蓝色的。[8]

他之所以急着想要读到母亲发表在《国家评论》上的新诗,与其说是出于审美上的偏好,不如说是因为这首诗拥有一个具有爱国主义精神的题目——《给

---

①　指的是 Katherine Harris Bradley（1846-1914）和 Edith Emma Cooper（1862-1913）,她俩以迈克尔·菲尔德的笔名共同创作了约四十部作品。

②　指皇家骑兵营,其制服是蓝色的。

5　爱尔兰》(To Ireland)，它又一次呼吁人们吹响反叛的号角，这是王尔德夫人在年轻时就提出过的吁求。一位苏格兰出版商即将再次发行她的诗集，这首新诗将会取代1864年初版中的献辞，那段献辞是：

献给我的儿子威利和奥斯卡·王尔德

"我要他们清清楚楚地说出

国家这个词。我教育他们，毫无疑问，

在国家有需要时，人们应该为它而死"

她自己的诗句更多的是热情，而不是文体上的讲究。年轻的王尔德热衷于她的诗歌和政治。

　　他也喜欢母亲的恶作剧。信中的"沃伦姨妈"是王尔德夫人的姐姐艾米莉·托马恩，她比王尔德夫人年长很多，在1829年嫁给了塞缪尔·沃伦，后者当时是一位上尉，后来跟他的兄弟纳撒尼尔一样，成了英国的陆军中校。沃伦姨妈的统一党①政见跟她的军人妻子身份很相配，她反对妹妹的见解，而妹妹作为一个民族主义者，对她也不赞成。用绿信纸来烦扰沃伦姨妈②，这是两人分享的一种颠覆性的喜悦。除了跟王尔德一家共同拥有某些财产之外，艾米莉·沃伦再没有出现在他们的生活场景中。她的丈夫死于1850年前后，她自己死于1881年。跟哥哥一样（他在路易斯安那当上了法官），她和妹妹简之间保持着距离。然而，艾米莉·托马恩·沃伦也许在某种程度上是奥古斯塔·布拉克内尔姨妈的原型，后者丈夫的兄弟是一位将军，名字叫欧内斯特，比塞缪尔和纳撒尼尔这两个名字更加一本正经。③布拉克内尔夫人下达的英国命令立刻就被爱尔兰精神否决了。

---

① 统一党(Unionist)支持爱尔兰和英国的联合关系。

② 绿色是象征爱尔兰的颜色，这里指王尔德一家支持爱尔兰独立。

③ 欧内斯特在英文中的意思是"严肃的"。

（简）·斯波兰萨·弗朗西斯卡·王尔德

> 所有的女人都变得跟她们的母亲一样。这是她们的悲
> 剧。男人却不会这样。那是他的悲剧。①

　　这个十三岁男孩写信的对象,那位母亲,可不是一个寻常人。王尔德夫人觉得自己注定是要一鸣惊人的,她还把这种感觉透露给了别人。她的儿子赞成这个观点,他对待她的态度是极为爱护和敬重的,简直好像他年长于她,而不是相反。在她收到这封学校来信的四年前,她丈夫被授予了爵位。这个头衔对她有所帮助,因为她总是不适应自己的名字——“简”(Jane),她还把自己的中间名改成了“弗朗西斯卡”(Francesca),几乎可以肯定,这个名字原本是“弗朗西丝”(Frances),她认为新名字鲜明地体现了埃尔吉家族的意大利起源——根据她所谓的一种家族传统——他们在那里被叫作阿尔吉耶蒂(Algiati)。从阿尔吉耶蒂到阿利吉耶里(Alighieri)只有一步之遥,但丁不免变成了简·埃尔吉的祖先。②(她儿子相应地打算自称跟莎士比亚和尼禄相貌近似,而且还有着精神上的亲缘关系。)使用哪个签名变成了一件复杂事情。对于商人或无关紧要的人,她的签名是“简·王尔德”,给她喜欢的人,她的签名是“弗朗西斯卡或 J. 弗朗西斯卡·王尔德”。但是她还有另一个名字,完全是她自己发明的。即“斯波兰萨”(Speranza)。她的笺纸上压印了一句格言——信任、希望、坚定(*Fidanza, Speranza, Costanza*)——其中就提到了它。她跟但丁的翻译者亨利·沃兹沃思·朗费罗有过通信关系,其信件署名就是“弗朗西斯卡·斯波兰萨·王尔

6

----

① 　引自《不可儿戏》。
② 　但丁的全名是但丁·阿利吉耶里(Dante Alighieri)。

德"。[9]

她觉得自己的笔名很有幽默感,从一封她寄给爱尔兰小说家威廉·卡尔顿的安慰信中,我们可以明显感觉到这一点。她写道:"我实在无法忍受你的失望——**得不到承认的天才**也许会列举自己的痛苦,它们是深刻且强烈的,但你不该如此……让圣斯波兰萨,如果你允许我这样自诩圣徒的话,来施展令你焕然一新的奇迹,因为你的沮丧完全是一种虚构……"卡尔顿在答复中称赞她的灵魂"如大海一样浩瀚"。[10]

汇聚成那片大海的河水是有迹可循的。她的祖先(如果不算但丁的话),从母系来说,包括了查尔斯·马图林牧师,这位牧师撰写过一部《漫游者梅尔莫斯》(*Melmoth the Wanderer*),其中的男主角是一个神秘的邪恶人物,司各特、巴尔扎克、波德莱尔和王尔德都被这部作品迷住了,巴尔扎克为它撰写了一个续篇,波德莱尔认为梅尔莫斯是他自己的另一个自我,王尔德有一天将会借用"梅尔莫斯"这个名字。王尔德夫人的母系曾祖父是金斯伯里医生,他是一位著名的内科医师,还是乔纳森·斯威夫特①的朋友。她的父亲查尔斯·埃尔吉(1783-1821)从事法律行业,父亲的父亲约翰·埃尔吉(1753-1823)是爱尔兰圣公会的教区长和副主教。她的母亲萨拉也是神职人员的女儿,这位神职人员名叫托马斯·金斯伯里,他不但是基尔戴尔教区(Kildare)的牧师,还担任了破产事件调查员的世俗职位。继续追溯下去,王尔德夫人的父系曾祖父查尔斯·埃尔吉(1709-1787)是道宁郡的一位富裕农民;母系中的另一位祖先是一个英国砖匠(死于1805年),十八世纪七十年代,他从达拉姆郡移民过来,因为当时的爱尔兰开始大兴土木。[11]虽然有着这些无懈可击的先辈,王尔德夫人还是非要想象自己拥有托斯卡纳地区的血统。②

跟儿子一样,她喜欢在真相上涂涂抹抹。她给人留下这样一种印象,即她出生于1826年。如果有人追问,她就轻描淡写地说自己没留下出生记录,当巨人

---

①　乔纳森·斯威夫特(1667-1745),出生于爱尔兰的讽刺文学大师,以《格列佛游记》著称。

②　托斯卡纳地区的血统(Tuscan origins)指的是来自意大利 Tuscany 地区的人。

还在地球上行走时,出生登记处简直是多此一举。能够驳倒她的教区登记处还没有成立呢。"事实上,"布拉克内尔夫人说,"女人不该对自己的年龄一丝不苟。这简直太费心机了。"虽然传记作家们徒劳地搜寻着王尔德夫人的出生日期,揭露她的真实年龄也许有点太失礼了,根据她在 1888 年 11 月向皇家文学基金会申请一笔奖金时的说法,她出生于 1821 年 12 月 27 日,比她自称的年龄只不过大了五岁而已,在那种场合,年长比年轻对她是更大的优势。她的儿子王尔德在这方面的表现毫不逊色:他经常少说两岁,甚至在结婚证上也是如此;王尔德夫人也附和着这个年龄,她祝贺他在"仅仅二十二岁"时就赢得了纽迪盖奖,虽然明知他当时就要年满二十四了。

王尔德夫人不但把自己的民族主义,还把自己通过诗歌来体现民族主义的决心也传达给了她的儿子。关于她是怎样萌发了爱国主义精神,王尔德夫人自己的一个说法是,她偶然读到了一本理查德·多尔顿·威廉斯的书或小册子,威廉斯曾因叛国罪在 1848 年受到审判,不过被宣布无罪。估计这就是他那部以诗歌《民族的情人,给爱尔兰的女士们》(The Nation's Valentine, To the Ladies of Ireland)起首的书籍。这首诗歌号召女人"现在,别为我们唱其他歌曲,除了关于祖国的歌曲"。她被感动了,她受到了鼓舞。"于是,我自发地意识到自己成了一个诗人。"[12]她确实在设法效仿她那位老师的修辞笔法。不过,她对 W. B. 叶芝又说了一番不同的话。"她走在都柏林的某条街道上,遇到了一大群人,简直没法继续前进,"叶芝回忆她的说法。"她问一个店员,为什么街上来了这么多人? 他说:'那是托马斯·戴维斯的葬礼。'她回答,'谁是托马斯·戴维斯? 我从未听过这个人。'他说,'他是一个诗人。'"[13]竟然会有这么多人哀悼一个诗人? 这也是她决心成为诗人的理由。

托马斯·戴维斯的诗歌确实让很多人皈依了民族主义,包括叶芝的朋友约翰·奥利里。但是戴维斯的葬礼举行于 1845 年,那时,简·王尔德早已年满二十二,而不是十八,她不可能无知到没听说过青年爱尔兰运动的领导人戴维斯。[14]威廉斯的诗歌和戴维斯的葬礼都激励了敏感的爱尔兰人的情绪,无论他们是新教徒还是天主教徒,这些人相信自己应该从事民族事业。简·埃尔吉开始为即将到来的革命写诗,还为饥荒以及爱尔兰饥民的大迁徙写诗。她把这些诗歌寄给了《民族国家》(该报纸创办于 1842 年)的编辑查尔斯·加万·达菲,使用的笔名是"斯波兰萨"。它们被装在信封里,信上的签名是"约翰·范萧·埃利斯",这个名字的三个起始字母跟"简·弗朗西斯卡·埃尔吉"的三个起始字母是一致的。加万·达菲喜欢这些爱国主义诗歌,发表了它们,她又寄来一些情歌,他对这些情歌的兴趣就没那么大了,于是没有发表。尽管如此,他的好奇心被激发了起来,他邀请埃利斯来拜访他。埃利斯反过来要他去利森街 34 号拜访自己。就在那儿,加万·达菲说,当他问及埃利斯先生时,一位微笑的女仆把他带进一间客厅,他在那里只见到了大学出版商乔治·史密斯。"什么! 我忠实的朋友,你就是那座煽动叛乱的新火山?"加万·达菲问道。史密斯离开了屋子,回来时"手臂间挽着个高个子姑娘,她有着庄重的仪态和身姿,棕色的眼睛闪闪发亮,五官仿佛是在英雄的模具中铸成,跟此人的诗歌天赋或革命精神似乎是吻合的"。[15]这种舞台安排完全符合她的特性。简·埃尔吉后来向数学家威廉·汉密尔顿爵士承认,她喜欢"制造轰动效应"。加万·达菲写信给她说,有一天,她的"名声将会不亚于勃朗宁夫人"。[16]

斯波兰萨的诗歌是煽动性的。《年轻的爱国领袖》(The Young Patriot Leader)描写的是托马斯·弗朗西斯·米格尔,1849 年,米格尔被判定犯有叛国罪,她出席了那次审判。不过,政府更关心的是刊登在《民族国家》上的散文。作为编辑和主笔,加万·达菲被送进了监狱,等待煽动叛乱罪的审判。他不在的时候,简·埃尔吉为报纸连续撰写了两期社论,加万·达菲曾经小心谨慎地表达过的意见,如今被直率地说了出来。在 1848 年 7 月 22 日的《命运的时刻》(The Hour of Destiny)中,她宣布,"跟英格兰之间长期未决的战争实际上已在进行中。"一周后,在《木已成舟》(Jacta Alea Est,即 The Die is Cast①)中,她激烈地呼

---

① 拉丁语"Jacta Alea Est"是恺撒在渡过卢比孔河时说过的话,在英文中是 The Die is Cast,即命运已定、木已成舟的意思。

吁:"喔!那十万杆在天堂的光芒中闪耀的滑膛枪。"不过,如果英国立刻就投降的话,她愿意允许君主制的"黄金纽带"继续把两个民族联合在一起。这些文章如果说没有刺激民众的话,那么,它们至少刺激了政府,加万·达菲所受指控中又增添了撰写这些文章的罪名,虽然他当时身在监狱之中。艾萨克·巴特是负责为他辩护的大律师,他说他可以为其他罪名辩护,却没法为《木已成舟》辩护,简·埃尔吉找到副检察长,揭发自己是这些文章的作者,并要求他们撤销针对加万·达菲的这个指控。她遭到了拒绝。"我觉得当我撰写自传时,这桩英雄事迹将会是一个好情节。"她向一位苏格兰朋友吹嘘道。[17]当公诉人向加万·达菲质问这些文章时,一个高个子女性在旁听席中站起来打断了他们。"我,才是那个罪犯,就我一个人,如果有罪犯的话。"法官敲响了木槌,让她坐下,但是公诉人放弃了这个问题。[18]加万·达菲受到了四次审判,陪审团都不愿意裁定他有罪,最后,他被释放了。在王尔德家族上演过的三出重要的法庭戏剧中,简·埃尔吉的干涉行动是最有效的。四十七年后,她想必还记着这件事,所以她坚持认为儿子奥斯卡不该逃避审判,她以为他也能获得一场轰动一时的胜利。

　　她的处世之道就是无节制。1848 年 12 月,她写道,"我愿意一辈子愤怒下去——这种中规中矩的爬行生活对我来说太乏味了——噢,我那野蛮的、充满反叛精神的、雄心勃勃的天性啊。我希望政治事务能充分满足它的欲望,哪怕最后的结局是圣赫勒拿岛。"①"凡是美德,就该具有积极的品质,"还有一次,她这样声称,"不存在所谓消极的美德。"[19]如果当不成英雄,她至少可以施展一下蛮勇。1859 年,她出席了爱尔兰总督在圣帕特里克节举办的舞会,她吹嘘自己当时身穿"三套白绸裙子,上面镶缀着白缎带,环绕着金色花朵和绿色三叶草"。[20]在她的都柏林沙龙和后来的伦敦沙龙上,她越来越以服饰离奇的形象上位,头上缀满头饰,攒聚着特大号的怪诞珠宝。

　　她的话语配得上她的打扮。奥斯卡·王尔德后来会评论说,"不张扬就表

---

　　①　1815 年,拿破仑被流放到了圣赫勒拿岛上;1821 年,他死在那里。

达不了爱,没有爱就没有理解。"[21]在较为平和的情形下,王尔德夫人的意识修辞会是颇为直率的,在一篇关于"女性之奴役"的文章中,她写道,"如今,我们已经追溯了女性的历史,从伊甸园直到十九世纪,在漫长的岁月中,我们只能听到她们的脚镣发出的叮当声。"[22]她儿子将在《无足轻重的女人》中彻底翻转这番意思:"女性的历史就是世界上最恶劣的暴政史。是弱者凌驾于强者之上的暴政。它是唯一延续至今的暴政。"他母亲对历史的看法却有所不同。她曾经打断女性主义者莫娜·凯尔德的话,说,"每个女人都会为男人付出,直到历史的终结。"[23]

在交谈中,她喜欢颠覆旧习。有人请她接待一位年轻女人,说那个女人是"体面的",她回答说,"永远别在这幢房子里使用这个词。只有商人才是体面的。我们是超越于体面之上的。"[24]在《不可儿戏》中,当布拉克内尔夫人问道,"这位普丽丝姆小姐是否相貌可憎,几乎没受过教育?"卡农·蔡舒博回答说,"她是最有教养的女士,再体面不过。""显然我们说的是一回事,"布拉克内尔夫人答道。王尔德一度宣称,他和他母亲已经决定成立一个旨在抑制美德的社团,他们两人中的任何一个都想得出这个主意,这说明了他们在思想上的血缘关系。

王尔德夫人为爱尔兰社会贡献了她那种把小事化大的天赋。在她看来,诗歌是一种演讲术。科尔森·克纳汉说她曾经谴责过他的一个朋友,"你,还有其他诗人,满足于在诗歌中表达自己的那点小心思。我表达的是一个伟大民族的心思。除此之外,任何事物都无法满足我,我是公认的代表所有爱尔兰人的诗歌喉舌。"[25]丈夫死后,她搬到了英格兰,带着炫耀和沮丧抱怨说,"我习惯于着眼心灵,而不是形式。唉,如今我只觉得痛苦异常,失去了一切让生活值得一过的东西,我吟诵诗歌时的长袍被拖曳在伦敦的泥土中。"[26]她自称她之所以长得像老鹰,是因为她前生就是一头鹰,她和青年叶芝交上了朋友,告诉他说,"我想生活在一片高地之上,樱草花山或海格特①都行,因为我年轻时是一头鹰。"[27]

---

① 樱草花山(Primrose Hill)和海格特(Highgate)都是伦敦的高地。

然而,她并不打算像圣女贞德那样统率军队,只想作为"一个女牧师在自由的圣坛前"鼓舞军队。[28]发动战争是男人的事。女人应该是自由的,其自由的最高形式是为了一项事业而受苦。[29]她对其他形式的自由不感兴趣。她会谴责乔治·艾略特让《米德尔马契》中的人物说出"上帝作证!"这样的话,原本使用"朱庇特作证!"就足够了。结婚后,照她的说法,"我那伟大的灵魂最终受制于女人的命运"[30],她的角色就是撰写那些夫唱妇随的诗歌。

多才多艺的人

> 阿尔杰农:医生发现邦伯里活不下去了……于是邦伯里死了。
>
> 布拉克内尔夫人:他似乎十分信任医生的意见。①

威廉·罗伯特·王尔德在 1851 年 11 月 14 日跟简·埃尔吉结婚,他配得上她的崇敬。1849 年,《民族国家》上刊登了一篇她的书评,对他的《博因河的美景》(*The Beauties of the Boyne*)赞扬备至,这足以证实那种崇敬,也许这篇书评就是他们第一次见面的媒介。跟她一样,他也出生于典型的中产阶级家庭。他的曾祖父是一个都柏林商人;他的祖父拉尔夫·王尔德在卡斯尔雷(Castlereagh)定居,成了一个农场主;拉尔夫的儿子托马斯是内科医生,他娶了阿马利娅·弗林(约生于 1776 年)。他们的三个儿子有两个担任了爱尔兰圣公会的牧师,只有第三个儿子继承了父亲的职业,这个孩子就是威廉·罗伯特·王尔德(生于 1815 年 3 月)。

有人会对威廉·王尔德进行诋毁,但是在爱尔兰,乃至有可能在英国,他

---

① 引自《不可儿戏》。

是对耳朵和眼睛了解最多的人。1844 年,他在都柏林创办了圣马可医院,这是爱尔兰第一家治疗这一类器官疾病的医院。他的书籍《耳外科》(*Aural Surgery*,出版于 1853 年)和《流行性眼病》(*Epidemic Ophthalmia*,出版于 1851 年)是这些领域的最早教科书,好些年里,人们都在使用它们。甚至到了今天,外科医生还在使用乳突部位的"王尔德切口"(Wilde's incision)、"王尔德光锥"(Wilde's cone of light)和"王尔德索"(Wilde's cords)这样的术语。在撰写关于奥地利和地中海沿岸的书籍时,他展示了收集资料方面的了不起的技能。1851 年,爱尔兰进行过一次人口普查,王尔德被任命为人口普查专员,负责管理医学信息的收集。他统计了耳聋、眼盲以及眼耳疾病的发生率,这是爱尔兰历史上第一次汇编这类统计数据。1863 年,他被委任为女王的常任眼科医生,次年,他被授予了爵位。

不管医学工作是多么费力,他依然追求着其他的兴趣。他下笔如有神,而且主题五花八门。斯威夫特的头骨落入了他手中,他出版了一部有价值的小书,证明这位伟大的讽刺作家在晚年并没有发疯,而是身体有病。威廉·王尔德把自己的眼睛对准了爱尔兰的考古遗迹,把自己的耳朵对准了民俗传说。他率先找到并确认了一处古代的湖畔居住遗址①;他为如今收藏在爱尔兰国家博物馆中的大量古文物编写了目录,这份目录编写得既出色又迅捷。从农民病人那里,他收到的往往不是医疗费,而是本可能失传的迷信、传说、诊方和咒语。当时有一位随从助手记录下了这些东西,王尔德的孀妇将会在他死后编辑并出版它们,这部两卷册的书籍对叶芝有很大的影响力。那份古文物目录还在使用当中,威廉·王尔德的小书《爱尔兰的大众迷信》(*Irish Popular Superstitions*,1852)是题献给斯波兰萨的,它至今还能吸引人,逗人发乐。

跟妻子一样,威廉·王尔德也是一位民族主义者。由于对 1848 年起义的夭折感到失望,他们双双放弃了十九世纪六十年代的芬尼共和主义(republican

---

① 应该是指"crannog of Lagore",七世纪到十世纪爱尔兰王室的居住地。

Fenianism）。（斯波兰萨明确否定了民主政体。）威廉·王尔德的民族主义表现在他对过去和现在的乡村的热爱。他出了两部书籍，一部讨论了西边的克里布湖和马斯克湖（Lough Corrib and Lough Mask，出版于1867年），另一部讨论了爱尔兰东部的博因河和布莱克沃特河（the Boyne and Blackwater，出版于1849年）。他不但对这些地区了如指掌，还能够重建它们的历史。譬如，他对传说中的摩伊图拉之战（battle of Moytura）非常感兴趣，乃至宣布自己找到了其中一位英雄的墓地，在这场战役中，达纳神族（the Tuatha De Danaan）在康村（Cong）附近打败了佛魔尔巨人族（the Fomorians），1864年，他在所谓的战役发生地修建了一幢摩伊图拉宅。1857年，英国科学促进会（British Association）拜访了阿伦群岛，威廉·王尔德是他们的官方导游，他给来访权贵之一乌普萨拉①省长留下了深刻的印象，后者邀请王尔德一家去拜访瑞典。1862年，他向王尔德授予了北极星勋章。*

威廉爵士的成功招惹来了他人的敌意。叶芝虽然不相信"一个恐怖的民间故事"，但他也忍不住想要提及此事，据说威廉爵士曾经摘下一位病人的双眼，把它们放在碟子里，打算事后再放回原处，但一只猫吃掉了那对眼睛。"猫咪喜欢眼睛。"叶芝的一位朋友说。都柏林的谗舌之辈说威廉爵士很不爱干净，这一点可能更靠谱些。叶芝转述了那个谜语——"为什么威廉·王尔德爵士的指甲那么黑？""因为他刚挠过痒。"不过，萧伯纳认为这是一个误解，原因在于威廉爵士长着一种多毛孔的皮肤，看起来显得肮脏，叶芝的父亲以肖像画家的严谨目光证实，王尔德是一位"整洁且穿着考究的人"，不过，他的大胡子很凌乱，简直不像是从下颌长出来的。[32]威廉·王尔德意识到医院中有相互传染的危险，在利

12

---

① 乌普萨拉（Uppsala），瑞典东南部地区名。

* 后来，有人传言说在瑞典的时候，王尔德为奥斯卡国王做了眼科手术，就在国王暂时失明之际，他勾搭上了王后。这个薄伽丘风格的谣言流传很广，古斯塔夫王子拜访都柏林时，曾开玩笑说自己是奥斯卡·王尔德的同母异父兄弟。王尔德一家确实在乌普萨拉见到了王室家庭[31]，但是王室档案表明王尔德不曾给国王做过手术。国王也不曾答应担任奥斯卡·王尔德的教父。（此类注释为原注，后同，不另标出）

斯特①之前就倡导医生们用漂白粉洗手。[33]然而，有一次，在他家里的餐宴上，他想尝尝汤的滋味，就把拇指浸入汤碗，然后吮吸它。当他问总督妻子斯宾塞夫人为什么不喝汤时，他被告知，"因为你用拇指蘸过它。"[34]

威廉爵士身高正常，而王尔德夫人有近乎六英尺高，因此，人们在漫画中把他们画成了巨人和侏儒。晚年，斯波兰萨的腰部变得臃肿不已，萧伯纳认为她患有巨人症，他觉得王尔德的同性恋就是源于这种遗传因素，但他并没有获得医学上的证明。R. Y. 蒂勒尔是圣三一学院的古典文学教授，他宣称威廉·王尔德具有类人猿的特征，虽然他也不比萧伯纳拥有更多的证据。然而，J. B. 叶芝却说，"他的身材细瘦，非常结实。他走起路来猛甩胳膊肘……速度很快。他的眼睛锐利，流露出喜欢盘根究底的目光……看起来很古怪……一个瘦长结实、动作不停的人，跟他那位笨重的妻子，以及她那有节奏的话语正好形成了对比。"[35]威廉爵士是出了名的虚荣，他无疑很喜欢佩戴自己的瑞典勋章，还有那套与之相配的制服。爱尔兰科学院的院士们获得指示说，应该称呼他为"爵士"。跟他的儿子一样，他也习惯于主宰餐桌上的话语权；＊"整个首都里最健谈的人。"他妻子在结婚时对他做过这个评价。都柏林人都乐于记住这样的轶事，有一次，另一位不可阻挡的健谈者抢去了威廉爵士的话头，威廉爵士的反应是低头趴在餐桌上，发出响亮的鼾声。[37]

他从不缺少朋友；其朋友类型多样，包括他在伦敦认识的玛利亚·埃奇沃思，在医学院认识的爱闹腾的查尔斯·利弗，以及较严厉的塞缪尔·弗格森爵士，后者将会为他撰写挽歌。他们位于梅里恩广场1号的房子是全市最大也是维持最好的房子之一，王尔德夫妇起初在这里举办十来人的宴会，后来变成了在

13

---

① 利斯特(Joseph Lister, 1827-1912)，英国外科医生，首创用石灰酸溶液进行手术消毒。

＊ 一天晚上，在吃晚餐时，威廉爵士向客人们详细描述了捕捉三文鱼的过程。叶芝的祖父是一位乡村教区长，他听完了爵士的话，低声咕哝说，"他对钓三文鱼简直一无所知。"但是奥斯卡·王尔德过去常提起一个故事，某天早上，叶芝那位受过律师培训的父亲下来吃早饭，他宣布说，"孩子们，我对法律感到厌倦了，我要去做画家。""他会画画吗？"有人问王尔德。"根本一窍不通，但那正是事情的美妙之处。"[36]

星期六下午举办超过一百人的招待会。[38]作家、大学教授、政府官员和来访的演员、音乐家们云集于此。在王尔德夫人的主持下，音乐家们演奏着乐曲，男女演员们重现了戏中的场景，诗人们咏颂着自己的诗篇。

私下里，威廉爵士不一定能维系面对世人的那股劲头。在间歇性的积极状态之间，他往往是沮丧的。据他妻子说，她曾经问过他，"什么事情能让你开心？"结果只得到了这样的答案，"死亡。"[39]虽然他对荣誉充满渴望，他也可以做到谦卑。在关于博因河的书籍中，他在开篇处提到，严格地说，他不是一个考古学家，他有很多别的工作要做，还有，他尊重皮特里①和其他人的权威意见（威廉爵士几乎不懂爱尔兰语）。

威廉·王尔德爵士的另一面只有跟他关系亲密的人才知道。在结婚之前，他就已经有了三个私生子。1838年，当他的第一个孩子出生在都柏林的时候，他只有二十三岁，那是一个名叫亨利·威尔逊的男孩，由于王尔德在此之前有九个多月的时间不在爱尔兰，这个孩子显然是在国外怀上的。威廉爵士照顾自己的儿子，教育他，把他带进自己的诊所，让他跟自己一起工作。其他两个孩子的母亲或母亲们同样不为人知，其中的艾米莉出生于1847年，玛丽出生于1849年。威廉爵士的长兄拉尔夫·王尔德牧师收养了这两个女孩，作为他的受监护人，她们保留了王尔德的姓氏。

在当时的都柏林，旧摄政时期的自由散漫作风依然逗留不去。威廉爵士的朋友艾萨克·巴特也有私生子，在帕内尔②之前，他是国会中爱尔兰党的领袖，显然没有人介意这种事。奥斯卡·王尔德之所以对弃婴、孤儿和身世之谜感兴趣，也许就源自他对父亲的这个大家庭的体验，无论是婚生还是非婚生孩子，到了夏天，他们会一起去都柏林南边的格兰马克纳斯（Glenmacnass）避暑。[40]所以，道林·格雷会爱上一个年轻的私生女，她兄弟因为她的堕落而指责他们的母亲。

---

①　应该指的是 Flinders Petrie（1853-1942），英国考古学家，以系统方法考古和保存古文物方面的先驱。

②　指 Charles Stewart Parnell（1846-1891），爱尔兰民族主义领袖，爱尔兰议会党的创始人。

温德米尔夫人被自己那位出轨的母亲抛弃了,在《不可儿戏》中,杰克·沃辛的身世覆满疑云。在《无足轻重的女人》中,青年阿巴斯诺特的母亲是个未婚妈妈。从更广泛的层面来看,搞明白自己到底是谁,这是王尔德笔下大多数主角追究的目标。

亨利·威尔逊比父亲活得更长,但艾米莉和玛丽就没有那么幸运了。她俩在一次派对上展示自己的舞会服饰,其中一个太靠近敞开的炉火,她的圈环裙被引燃了,火势熊熊。另一位姐妹发疯似的想要拯救她,身上也着了火。根据墓碑记录,她俩双双死于同一天,即 1871 年 11 月 10 日。*威廉爵士悲痛欲绝,他的呻吟从室外就能听见。[41] 在摩伊图拉宅的花园里,有一块朴素的石头,上面刻着"追念"的字样,这也许就是用来纪念两位女孩之死,还有伊索尔拉之死,伊索尔拉是王尔德夫妇的婚生女儿,她在四年前去世。

王尔德夫人对丈夫的过去很了解,她没有心怀怨恨。很多年后,约翰·巴特勒·叶芝在私下里认为,她之所以那么宽容,是因为在婚前,她自己就曾经被巴特夫人发现她跟艾萨克·巴特处于"并不可疑"的情形当中。[42] 她显然是崇拜巴特的,有一次曾在出版物上把他称作"青年爱尔兰运动的米拉波①,他那浓密的黑发晃动着,双眼闪耀,口若悬河"。不过,简·王尔德不需要这样的历史,也会对激情持宽容态度。在六十多岁的时候,她对一个年轻人说,"当你和我一样年纪的时候,年轻人,你就会明白,这世上只有一件事值得人们为之而活,那就是罪恶。"然而,她也曾在一桩婚后插曲中经受严峻的考验。她的丈夫有一位长期的病人,名叫玛丽·特拉弗斯,她开始暗示说威廉爵士曾用氯仿麻醉她,然后强奸了她。她似乎忍受了两年,没有做出指控,但是王尔德夫妇获得的公众认同——1864 年 1 月 28 日,威廉爵士被授予了爵位,1863 年,王尔德夫人因为翻译了施

---

*   不过,1871 年 11 月 25 日的《北方旗帜报》(*Northern Standard*)简洁地宣布二十四岁的艾米莉·王尔德死于 8 日,二十二岁的玛丽死于 21 日。其家庭势力足以阻止其他爱尔兰报纸哪怕是如此扼要地提到这件事,而在通常情况下,它本会成为头条新闻。

①   米拉波(Mirabeau,1749-1791),法国大革命初期的政治领袖,谋求君主立宪的温和派。

瓦布的《最初诱惑》而受到追捧——激发她采取了行动。

玛丽·特拉弗斯从 1854 年起成为威廉·王尔德的病人，当时她只有十八岁。她确定自己"被毁"的日期是 1862 年 10 月，然而，她还继续来诊所看病。就在那一年，她曾经从王尔德那里获得前往澳大利亚的路费，但她没有登船。她的案子证据并不充分。时隔这么久的强奸指控是没有机会获得陪审团的有利裁决的；玛丽·特拉弗斯采取的替代办法是给报纸写信，信中包含了暧昧的线索，她还撰写了一本关于王尔德夫妇（两人被称作"奎尔珀医生和奎尔珀夫人"）的语言下流的小册子，在这本册子上，她厚颜无耻地署名"斯波兰萨"。王尔德夫人深受刺激，她写信给玛丽·特拉弗斯的父亲（他后来当上了圣三一学院的法医学教授），以示抗议，说他女儿的指控是"没有根据的"。玛丽·特拉弗斯在父亲的文件中发现了这封写于 1864 年 5 月 6 日的信件，她提出诉讼，控告王尔德夫人犯有诽谤罪。

这个案件的审理持续了五天的时间，从 1864 年 12 月 12 日到 17 日。每个人都想知道威廉爵士是否会出庭作证，但因为被起诉人并不是他，他不是非出庭不可。他没有出庭，这显然对玛丽·特拉弗斯有利。特拉弗斯小姐的辩护律师是无所不在的艾萨克·巴特，他对王尔德夫人可一点都不侠义。为什么她不在意这个女人指控她丈夫强奸了她？他问道。王尔德夫人庄严地回答说，"我确实对这事不感兴趣。我认为整件事都是捏造的。"跟她的小儿子一样，她比她所处的时代更无拘无束。陪审团对诽谤的指控予以支持：他们认定，威廉爵士不是没有过错的——他写给玛丽·特拉弗斯的一些信件（被呈堂作为证据）显示了相当程度的激动心情——但他们觉得特拉弗斯小姐那遭受凌辱的清白也没什么价值，她为自己的损失获得了四分之一便士的赔偿。威廉爵士被责成替他妻子支付两千英镑的法庭费用，那一年，他在布雷盖了四幢房子，在摩伊图拉盖了一幢房子，所以这两千英镑可是一笔很大的开销。

据称，这场官司毁掉了威廉·王尔德爵士。但有证据表明情况并非如此。他并不富裕，但按照他那位忠实妻子的说法，他的病人比任何时候都更多了。

15

英国医学协会的期刊《柳叶刀》在英国为他作了辩护,《桑德斯新闻报》在都柏林明确表示支持他,1865 年,玛丽·特拉弗斯对这家报纸提起了诽谤诉讼,不过,这一次她输了。* 王尔德夫人并没有费心去遮掩这件事。她写信给瑞典的朋友,描述了事情的经过,信誓旦旦地说玛丽·特拉弗斯"显然是疯了",还寄去了新闻剪辑,显示威廉爵士的同事们对他的支持。"全都柏林的人都来拜访我们,向我们表示同情,"他妻子写道,"本地和伦敦的整个医学界都发来信件,表达他们根本不相信这桩(实际上)不可能的指控。"[43] 威廉爵士在审判之后撰写了他最令人愉快的书籍——《克里布湖》(Lough Corrib,出版于 1867 年),以此来表示他的毫不在乎。[44] 1873 年 4 月,爱尔兰皇家学会向他授予了它的最高荣誉,即坎宁安金质奖章。当王尔德夫妇的两个儿子在 1869 年和 1871 年进入圣三一学院时,他们肯定听到了那首校园里的流行歌谣,歌词是这样的:

> 有一位杰出的眼科医生就住在广场上。
> 他的技艺是无敌的,他的才华很罕见,
> 如果你乐于倾听的话,我一定会想办法告诉你
> 他是怎样拨开特拉弗斯小姐的眼睛的。[45]

然而,在都柏林长大的人不会把这种事情太当真。在撰写《来自深渊》时,奥斯卡·王尔德轻描淡写地掠过了玛丽·特拉弗斯的案件,"我继承了一个出众的名字。"不过,1895 年,当他提起昆斯伯里诉讼时,他或许再次想过这个案件。

---

* 1919 年 3 月 18 日,玛丽·约瑟芬·特拉弗斯死于金斯顿学院(Kingston College),享寿八十三岁,金斯顿学院是位于科克郡的米切尔斯敦(Mitchelstown)的一所济贫院。

奥斯卡·王尔德成长记

> 这座奇妙的宫殿——他们叫它"愉悦宫"——他发现自
> 己如今成了它的领主,在他看来,它变成了一个新世
> 界,是为了取悦他而刚刚被创造出来的。①

　　威廉·王尔德和简·王尔德的婚姻是称心如意的。王尔德夫人为丈夫繁衍　16
了三个婚生孩子,正好跟他那三个私生子相匹敌。第一个孩子叫威廉·罗伯
特·金斯伯里·威尔斯·王尔德,他出生于 1852 年 9 月 26 日,她为此写下这样
的诗句:

> 唉! 命运女神是多么残酷。
>
> 她们目睹斯波兰萨累得筋疲力尽。[46]

第二个孩子叫奥斯卡·芬格·欧弗雷泰·威尔斯·王尔德,他出生于 1854 年 10
月 16 日,当时这家人还居住在韦斯特兰街 21 号,虽然他总说他们已搬到了位于
梅里恩广场 1 号的那个较好的地址。第三个孩子是伊索尔拉·弗朗西斯卡·艾
米莉·王尔德,她出生于 1857 年 4 月 2 日。孩子们的名字都是精心挑选的,根
据《道林·格雷》中亨利·沃顿勋爵阐明的原则,"名字就是一切"。威利(人们
一向这样称呼他)继承了父亲的名字,外加母亲家族的"金斯伯里",两个孩子的
名字中都有"威尔斯",它来自剧作家 W.G. 威尔斯的家族。(威廉爵士把自己的
第一部书籍《马德拉》〔Madeira〕"怀着感激之心"献给了两个人,其中之一名叫

---

　　①　选自王尔德的童话《少年国王》。

威廉·罗伯特·威尔斯。)这对父母在给女儿起名时冒了更大的风险,她的第一个名字是伊索尔拉,意指亚瑟王传奇中的爱尔兰公主伊索尔德(Isolde,别名"伊索尔特"〔Iseult〕),而她的第二个名字弗朗西斯卡是为了保持跟意大利的联系。不过,替次子的起名过程才是最花费心思的。1854 年 11 月 22 日,简·王尔德写信给一位苏格兰朋友说:

> 一位圣女贞德命中注定是不会结婚的,所以我成了现在这个样子,我的小威利那双幼小的手把我的心和灵魂都拴在了家庭生活上,仿佛这双可爱的手还不够,瞧我——我,斯波兰萨——就在写这封信的同时,还晃动着一个摇篮,里面躺着我的次子——到了本月 16 日,小婴儿就满月了,但他长得又肥壮又美好又漂亮又健康,仿佛已经有三个月了。我们打算叫他奥斯卡·芬格·王尔德。这名字听上去难道不是那么崇高、朦胧和堂皇吗?[47]

17

"奥斯卡"(她叫他"奥萨"〔Oscár〕)和"芬格"都源自爱尔兰传说,不过,之所以添上了"欧弗雷泰"这个名字,是考虑到威廉·王尔德跟高威①当地家族之间的联系(通过祖母奥弗林)。奥弗雷斯荷阿特基(O Flaithbherartaigh)是西康诺特地区(West Connacht)的前诺曼人时代的国王,这个名字是所有高威姓名中最具有高威风格的。高威市民的著名祈祷词是——"仁慈的主拯救我们于狂暴的欧弗雷泰之手!"奥斯卡·王尔德在入学时把这个可怕的名字错拼成了"O'Flehertie"。一个同学回忆说,他在牛津时的签名是"O. O'F. 威尔斯·王尔德",人们叫他威尔斯·王尔德(虽然可能只是一种暂时的称呼)[48],在他向圣三一学院古典文学杂志《考塔博斯》投稿时,他采用的词首字母缩写是"O. F. O. F. W. W."。后来,有人以为他一直都叫奥斯卡·王尔德,他回答说,"你怎么竟

————————————

① 高威(Galway)是爱尔兰西部沿海的城市。

荒谬到这个地步,以为别人只给我起名叫'奥斯卡'？最不可能这么做的就是我那位亲爱的妈妈了……我最初的名字是奥斯卡·芬格·欧弗雷泰·威尔斯·王尔德。五个名字中除了两个之外都已经被抛弃了。很快我就会抛弃另一个,人们会只叫我'王尔德'或'奥斯卡'了。"[49]*（不过,当威廉·阿彻在出版物上不经意地叫他"奥斯卡"时,他并不喜欢这个称呼。[51]）最终,进了监狱之后,他将会使用他最简练的别名：C.3.3.。

给奥斯卡·王尔德施洗礼的是他的伯伯拉尔夫·王尔德牧师,凯尔萨拉汉（Kilsallaghan）的教区长。1855 年 4 月 26 日,洗礼在圣马可教堂举行。他母亲曾经请威廉·汉密尔顿爵士担任这位"小异教徒"（她是这么称呼他的）的教父[52],但汉密尔顿拒绝了。在 1855 年 6 月 17 日的一封信件中,他母亲把次子描述成"一个十分壮硕的家伙,只顾着一个劲儿地长胖"。威利当时已经快三岁了,她认为他是"白皙的,高个子,性情活泼,两只漂亮的大眼睛瞅着人,充满了表情。他攫住了我的整个心脏,但是,你对勃朗宁夫人的儿子有什么看法,那位在六岁时就能撰写最崇高诗歌的儿子？可怜的孩子,如果威利像这样的话,我就会担忧而死了"。[53]罗伯特·罗斯说,王尔德夫人想要个女儿,结果却生了第二个儿子。[54]这个家庭的一位伦敦朋友（即卢瑟·芒迪）回忆说,王尔德夫人宣称,在奥斯卡十岁以前,她在服饰、习惯和陪伴方面都是把他当女儿而不是当儿子对待的。[55]事实上,奥斯卡在大约四岁时拍摄的一幅照片显示他穿着一身女装。

人们会认为是一种母爱窒息了他的阳刚之气,无论这一点是多么有助于解释王尔德的同性恋倾向,但我们仍有理由对此表示怀疑。简·王尔德热衷于夸大其词,她的话不值得认真对待。维多利亚乃至爱德华时代的孩子,无论是男是女,在幼年穿的都是女装。她的信件并不意味着她根本没把奥斯卡当成男孩对待。他刚满三岁的时候,她确实生了一个女儿；在这种情况下,她没必要勉为其难地把王尔德打扮成女孩。虽然托马斯·弗拉纳根曾经把她说成是"有史以来

18

---

* 一位英国人曾在十九世纪说过,以"麦克"开头的人成就斐然,而以"奥"开头的人却一事无成,奥斯卡答复道,"你忘了。还有奥康奈尔（O'Connell）和奥·王尔德呢。"[50]

最愚蠢的女人"[56]，她还是有点常识的，她对待孩子的办法似乎比她愿意承认的还要更正常一些。伊索尔拉的诞生让全家成员都欢呼雀跃。简·王尔德在1858年2月17日的一封信件中谈到，"我们这里都很好——威利和奥斯卡越长越高，也越来越聪明，小婴儿——我希望你还没忘掉小伊索尔拉吧——如今已经十个月大了，她是全家人的宠儿。她长着漂亮的眼睛，看样子会具有最敏锐的才智。对于任何女人来说，有这两种天赐恩典都足够了。"[57]

伊索尔拉刚出生不久，1857年7月，英国科学促进会抵达爱尔兰，瑞典作家洛顿·冯·克雷默陪伴父亲罗伯特·冯·克雷默男爵拜访了王尔德一家，洛顿当时还是一个非常年轻的女性，她的父亲是乌普萨拉的省长。梅里恩广场1号的男管家接待了他们，当他们问起王尔德夫人时，他使了个老仆人的眼色："她的屋子还没有照到日光呢。"他说，虽然当时已经是下午一点了。她最终还是露面了，花枝招展，热情洋溢，很符合诗人的风格，他们刚坐下享用对她来说是早餐的食物，威廉·王尔德就回来接待访客了："这个高贵的人微弓着腰，"洛顿·冯·克雷默写道，"与其说是因为上了年纪，不如说是因为无休止的工作……他的动作中带有一种匆忙，人们立刻留下了这种印象，即他的时间是最宝贵不过的……他胳膊间抱着个小男孩，手上牵着另外一个。他的眼睛落在孩子身上，心满意足的样子。他们很快被打发去玩了，于是，他开始把全部注意力转移到我们身上。"[58]

我们对儿童时代的奥斯卡·王尔德所知甚少，只有些许片段。他有一次跑掉了，躲进一个山洞；还有一次，他跟爱德华·沙利文和威利玩冲撞游戏，折断了胳膊。[59]1853年，威廉爵士在西边的菲湖（Lough Fee）上购买了名叫"劳恩罗"的狩猎小屋，这个小屋位于一个后来被他儿子称作"紫色小岛"的地方（通过一条堤道跟陆地相连）。威利和王尔德在这里学会了钓鱼。很多年后，王尔德告诉罗伯特·罗斯，"湖里到处都是肥大、忧郁的鲑鱼，它们待在水底，对我们的鱼饵不理不睬。"[60]

1855年6月，王尔德夫妇从韦斯特兰街21号搬到了梅里恩广场1号，他们雇用了一个德国女家庭教师和一个法国女佣,共有六个仆人为整幢大房子服役。孩子们在成长过程中说的是法语和德语,幼年时所受的是家庭教师的教育。王尔德向雷吉·特纳坦白过一些事,他提到,在梅里恩广场,傍晚时分,奥斯卡和威利曾在保育室的壁炉前洗澡;他们的小衬衣被挂在高高的壁炉围栏上烘干。保姆暂时离开了一下房间,两个男孩注意到有一件衬衣上出现了一个褐色的斑点,那个斑点在变深,燃起了火焰。奥斯卡兴奋地拍起了手,而威利却大声呼喊保姆,保姆赶过来拯救这个局面,把那件衬衣丢进了炉火。为此,奥斯卡愤怒地大哭了起来,因为他的景观被摧毁了。“这,”王尔德说,“就是一个例子,表明了威利跟我之间的差别。”[61]

夏季,王尔德一家经常会去拜访都柏林南边的美丽乡村;他们待在沃特福德郡的登加文,据说,奥斯卡曾经跟一个名叫爱德华·卡森的男孩在海滩上玩耍,这个男孩后来不但促成了爱尔兰的南北分裂,还在法庭上对他进行过交互盘问。[62](迈克尔·麦克拉埃莫瑞评论说,“哦,一切全明白了。奥斯卡可能摧毁过爱德华的沙堡。”)也许是在一两年后,他们去了威克洛山区(Wicklow)的格伦克里。他们在格伦克里山谷的脚下买了一幢农舍,也许就是布雷湖别墅,距新成立的格伦克里管教所不到一英里。管教所的牧师 L. C. 普里多·福克斯(1820-1905)拜访了他们。威廉·王尔德表达了他对管教机构的强烈反对,可是他妻子喜欢牧师的陪伴,甚至询问她是否能够带孩子去参观他的小教堂。福克斯神父解释说,小教堂里有一个高台,从那里可以看到圣坛,但不会接触到囚犯们。简·王尔德带着孩子来了。她偶尔会流露想要改宗天主教的愿望,威廉·汉密尔顿爵士曾写信给她,希望天主教诗人奥布里·德维尔不至于“成功地改变了你的信仰,或把你引入歧途”。[63]如今,她想要让孩子们接受天主教,两个男孩都已经接受过新教徒的洗礼,这个事实并不让她感到为难。福克斯神父本人就是一个改宗者,他写道,“没过多久,她就要我负责教导她的两个孩子,其中之一就是那位未来的怪癖天才奥斯卡·王尔德。数周之后,我为这两个孩子施行了洗礼,王尔德夫人自己也在场。”奥斯卡当时应该是大约四五岁的样子。根据她的要求,福克斯神父勇敢地拜访了威廉·王尔德,告诉他自己做下的事情。这位医生是一个坚定的新教徒,他的一部书籍就是献给圣帕特里克大教堂①的教长的,他不可能感到高兴,然而他轻巧地避开了这个问题,只说了一句,"我不在乎男孩子们有什么信仰,只要他们变得跟母亲一样优秀就成。"[64]福克斯神父很快获得了另一个职位,他再也没有见到过这个家庭。

这次受洗并没有被登记在案,私下受洗经常会出现这种情形,人们对王尔德的最后改宗和初次改宗都心存怀疑;不过,有理由相信福克斯神父是言行一致的。他描述过格伦克里管教所附近邻居的其他方面,其描述都是确切的。*王尔德本人告诉过朋友,他模糊记得自己曾接受过天主教的洗礼。[65]这个事件似乎启发了王尔德,他在《不可儿戏》中描述了阿尔杰农和杰克计划再次接受洗礼的情节,布拉克内尔夫人对此的评论是,"在他们的年龄?这个主意真古怪,而且简直是亵渎信仰的!……我可不想听到这么过分的事情。"不过,后来,当奥斯卡·王尔德试图接近罗马天主教时,他并不觉得早年的这个仪式值得一提。福克斯神父的洗礼是徒劳的,但是,这个事件是王尔德夫人喜爱仪式的一个事例,虽然她自己并不打算参与其中。她喜欢体验那种身临其境的精神感受,这种爱好已经被灌输给了孩子们。

在世俗层面上,王尔德所受的抚育似乎没遇到什么麻烦。很可能他就是自己笔下的童话故事中的男主人公,那位"少年国王"在童年时代就"展示了对美的奇特激情,它命中注定会对他的生活有着巨大影响。那些陪伴他的人……经常谈及他唇间发出的喜悦呼喊,那是当他看到为他而备的精致服饰和华美首饰时的表现"。虽然王尔德后来会提出理论,说人不应当拥有财产,但他会为得到深红色和淡紫丁香色的衬衫而感到满足,正如他在学校里会坚持要求获得漂亮的大版本古典文学课本,因为其他人读的都是较普通的版本。当时的大多数男生想的都是游戏和成绩,王尔德却在培养自己对色彩和质感的品位。尽管如此,他根本算不上早

---

　　① 圣帕特里克大教堂是爱尔兰圣公会教堂,属于新教系统。

　　* 福克斯神父的某个同行谨慎地主动提出了另一个理由,在福克斯神父投身神职之前,他是一个贵格会教徒,不管神职人员会做出什么样的事情,"贵格会教徒从不撒谎"。

熟的孩子。他的主要读物是历史浪漫作品,如 J. W. 迈因霍德的《琥珀女巫》(*The Amber Witch*),他还有一部更喜欢的书籍,也是这位作者撰写的,叫《女法师西多妮亚》,他母亲在 1849 年翻译了这部小说。西多妮亚天赋过人,性情凶猛,拉斐尔前派对这种女人很着迷;伯恩-琼斯为她绘制了一幅肖像;威廉·莫里斯在晚年依然迷恋她,1893 年,通过王尔德,他请求王尔德夫人准许凯姆斯科特出版社(Kelmscott Press)再版这部书籍,他称赞这部书是"对往昔的几乎毫无瑕疵的重现,其中的情节简直栩栩如生"。[66]

把西多妮亚和普通女法师区分开来的是她具有一种反讽能力。在接受施行巫术的审判时,她针锋相对击败了原告,王尔德夫人和她那位对法庭有了解的儿子将会赞美她的方式。照莫里斯的说法,西多妮亚是"一个有胆略的老恶魔,她像个好汉那样战斗到底"。这部书籍描绘的西多妮亚在很大程度上是一种双重肖像:她在前台的表现风格是卢卡斯·克拉纳赫①式的,一位金发女郎,穿着奢华的长袍,在后台潜伏的是那位贪婪的女术士,而她身穿被执行死刑时的那套外衣,其式样是鲁本斯画派的。[67]王尔德的《道林·格雷的画像》究竟是根据什么材料撰写的?人们无休止境地搜索着它的原始出处,不过,我们在这里又发现了一处与小说类似的情形。在小说中,巴兹尔·霍尔沃德(Basil Hallward)为道林绘制了一幅亲切的肖像,而他的灵魂却为他绘制了一幅邪恶的肖像。

王尔德家的三个孩子在越发富足和成功的环境中长大。1864 年,威廉·王尔德被授予了爵位,可谓是这种生活的巅峰,他们都因此感到兴高采烈。似乎是为了尽情享受这个头衔,奥斯卡在给母亲的信件中提到的是"威廉爵士",而不是"父亲"。他和哥哥很早就获许坐在餐桌边上,于是,根据奥斯卡·王尔德的说法,作为一个孩子,他听到了当时人们讨论的一切重要话题。不过,大人们不让他和威利插嘴;奥斯卡说,正是因为童年时不允许他发言,成年后他才会变得如此喋喋

---

① 卢卡斯·克拉纳赫(Lucas Cranach),包括老卢卡斯·克拉纳赫(1472-1553)和小卢卡斯·克拉纳赫(1515-1586),父子俩都是德国文艺复兴时期的重要画家。

不休。[68]

男孩子们即将进入青春期,他们的父母开始考虑送他们去学校,而不是继续在家中受教育。"我的大儿子已经快十一岁了——非常聪明,总是劲头十足,"1863年4月22日,王尔德夫人在给一位瑞士朋友的信件中解释道,"虽然他听我的话,但却几乎没把家庭女教师放在心上。我觉得对他放手是一种冒险。可是我们打算不久后把两个男孩都送到寄宿学校去。"[69]显然,奥斯卡比哥哥更驯服一些。1863年5月,威利被送进了一所都柏林附近的学校,即圣科伦巴学院(St. Columba's College),这是一种尝试,然而,到了1864年2月,两个男孩都被送进了波托拉皇家学校;1859年,都柏林到恩尼斯基伦之间已经开通了一条便利的铁路线。(据推测,正是由于玛丽·特拉弗斯的案子,他们的父母才匆匆打发走了两个孩子,不过那个案件直到1864年12月才开审。)此时,两个男孩一个十二岁,另一个接近十岁,奥斯卡比当时的大多数新生都要更年幼。

在波托拉,威利投身于学校的活动,虽然他从不是一个有条理的学生,却成了学校里的当红"人物",他才思敏捷、飘忽不定、精力充沛,有自吹自擂的倾向,为此遭受了嘲笑。他最好的课程是绘画,他跟父亲一起学过这门课。起初,老师们认为他是那个天赋超群的儿子,校长威廉·斯蒂尔牧师想要逗奥斯卡开心,跟他说只要他肯努力,他就能做得和威利一样好。[70]王尔德夫人过去也一向偏爱威利,因为他是她的头生子:"威廉就是我的世界。"1854年11月22日,她写道。她还宣布说,"也许我要把他抚养成一个英雄,或未来的爱尔兰共和国总统。**谁知道呢?我还没有完成自己的使命呢。**"[71]在四年后的1858年12月20日,她告诉洛顿·冯·克雷默,"威利是一个受宠的孩子。他那么美好,那么聪明,不过,小伊索尔拉正在迅速站稳脚跟,成为全家的宠儿。"她没有提到奥斯卡,这一点是显而易见的。到了1865年,王尔德夫人在一封信中不偏不倚地说,"我的两个男孩已经去了一所公校。"1869年,她写道,"我的两个儿子在家度假——两个美好的机灵家伙——老大看起来简直像个大人了。"[72]这是威利在波托拉的最后一年,他的弟弟显然已经超过了他。譬如,奥斯卡的古典文学排名第四,而威利排名第十三。也许就是在这个时候,王尔德夫人跟乔治·亨利·摩尔①提到,"威利一切顺利,至于奥斯卡呢,他将会变成一个出色的人。"[73]

威利在奥斯卡面前表现得高人一等,奥斯卡在威利面前也一样。奥斯卡块头很大,他总是显得缺乏活力,喜好空想。威利在弹奏钢琴方面颇有一手;奥斯卡则毫无音乐天赋。不过,他的才智已经有了用武之地。他具有那种调皮捣蛋的眼力,为全校的几乎所有男孩都取了绰号,但这些绰号都是很令人愉快的。* 他自己的绰号是"灰乌鸦",他为此感到心烦,它也许预示着道林的姓。② 威利被人叫作"蓝血人",因为有人控诉他没洗脖子,他抗议说,他脖子的颜色不是来自灰尘,而是来自王尔德家族的蓝色血液。③[74]

起初,王尔德最引人瞩目的天赋是他在速读方面的才能。"当我还是个小男生的时候,"1889 年,他告诉尤金·菲尔德说,"我的伙伴们把我当成了神童,因为只要下了赌注,我就经常能够在半个小时里精读一部三卷册的小说,我可以准确地描述其故事情节的梗概;如果给我一个小时的时间去阅读的话,我可以很好地描述次要的情景和直接相关的对话。"他告诉小说家 W. B. 马克斯韦尔说,他可以同时阅读书籍中面对面的两页,有一次在当场表演中,他在三分钟内掌握了一部小说的复杂情节。[75]王尔德可以一边谈论别的事情,一边迅速地翻阅书页。在学校的时候,最勤奋的学生认为他只是一台速读机,不是一个学者。的确,他不会为考试死记硬背,阅读指定教材也只是为了取乐,他读的很多书籍是没有人指定的,只要他觉得一本书很乏味,他就会将它撇在一旁。尽管如此,1866 年,他还是成了初级部的获奖学生,这意味着他不必参加年度考试,1869 年,他赢得了蒲脱勒的《宗教的类比》(*The Analogy of Religion*),这是圣经课的三等奖。④ 他的与众不同之处在于,

---

① 乔治·亨利·摩尔(George Henry Moore),小说家乔治·摩尔的父亲。

* 后来,他把克莱尔·德普拉称作"善良女神",把波特太太称作"月光"。

② 道林·格雷的姓氏"格雷"在古英语中是"灰色"的意思。

③ 拥有蓝色血液在欧洲是贵族的象征,该种说法最早源自西班牙王室。

④ 蒲脱勒(Joseph Butler, 1692-1752),英国主教和神学家,《宗教的类比》是他撰写的一部重要的辨析教条的书籍。

希腊语和拉丁语课文的文学性让他兴奋不已,而对于课文的细枝末节,他就没有心思去追究了。到了他在波托拉的最后两年(1869–1871),他开始能够熟练、流畅地口译修昔底德、柏拉图和维吉尔的文字,直到这时,同学们才认识到了他的才华。让他浮想联翩的古典著作是埃斯库罗斯的《阿伽门农》,他想必是跟随一位名叫J. F. 戴维斯的老师学习这部戏剧的,1868年,戴维斯出版了一部很不错的《阿伽门农》注释版。在关于这部戏剧的一场口试中,王尔德"轻而易举地胜过了"所有的其他学生,包括路易斯·克劳德·珀泽,珀泽后来担任了圣三一学院的著名拉丁文教授。《阿伽门农》大大激发了王尔德的感受力,他总是不断地引用其中的片段。

珀泽是王尔德的同学,他向罗伯特·谢拉德和西蒙斯回忆过王尔德在波托拉时期的生活,并撰写了相关资料,这些资料跟其他人的回忆有不同之处,也许是因为珀泽在1868年入学时,王尔德已经改变了他的处世之道。斯蒂尔博士和其他两个同学印象中的王尔德是肮脏、不修边幅的,但珀泽坚持认为,他"比其他任何孩子都更在意自己的着装"。也许他在身穿深红色和淡紫丁香色衬衫的那段时间里是肮脏的。根据罗伯特·谢拉德的说法,所有孩子中,只有王尔德在周末之外的日子里头戴丝绸帽子,不过这不可能是谢拉德认定的伊顿礼帽,波托拉的学生从不戴那种帽子。王尔德拒绝参与游戏活动,由于这个原因,起初他是不受欢迎的。"人们偶尔能看到他坐在厄恩河的校船上,"另一个同学说,"然而他是个劣等的桨手。"有一次,他的确参加了一次游戏,它是由一场"联赛"组成的,在比赛中,较小的男孩要骑在较大男孩的肩上,试图把其他孩子从别人的肩头推下来,他被扔下来了,第二次折断了自己的胳膊。[76]

学校里还有一个名叫爱德华·沙利文(即后来的爱德华爵士)的小学生,有一天他将会出版一部《凯尔经》(*Book of Kells*)。他和王尔德在1868年秋天相识,沙利文回忆说,王尔德留着一头金黄色的直发,虽然个子很高,却还长得像个男孩子,他的这种长相在好几年里都没有变化。教室之外的他是精力充沛的,热衷聊天。人们都知道他喜欢以幽默的口吻夸张地描述学校里发生的事件。有一天,他和沙利文以及另外两个男孩子来到恩尼斯基伦,正巧碰上一个街头演讲家;听厌了那套激昂的演说,一个男孩用棍子推掉了演讲者的帽子,然后他们一起朝学校方向跑去,身后是一些紧追不放的愤怒听众。匆忙之中,王尔德跟一位年老的跛子撞到了一起,还把他撞倒了。当他抵达波托拉的时候,这个令人遗憾的事件经历了福斯塔夫式的演变。① 根据他的描述,有一个愤怒的巨人挡住了他的去路,他不得不一个又一个回合地跟他作战,最终在他的勇力之下,巨人被打死了。在《作为艺术家的评论家》一文中,王尔德认为社交之基础应该归功于头一个"根本还没有出门狩过猎,就胆敢在日落时分向困惑的洞穴人吹嘘他是怎样……在一对一的搏斗中放倒猛犸的"。"他具有十足的想象力,"沙利文说,"不过,当他讲述这种故事时,我们总能感觉到,他其实知道听众并没有真的上当受骗。"[77]

跟母亲一样,王尔德会用一个微笑来缓和他的那种浮夸。在后来的生涯中,他曾经向查尔斯·里基茨和其他人描述过一个跟他同一类型的叙述者:

> 话说有一个人很受村民们的喜爱,在薄暮时分,他们会向他聚拢过来,提出问题,他会讲述自己曾见过的很多奇异的事情。他会说,"我在海边见过三条美人鱼,她们用金梳子梳理自己的绿头发。"当他们恳求他再多讲一点故事,他回答说——"在一块空心的石头旁,我偷窥到一头半人半马的怪物,当他看到我的时候,他慢慢地转身离开,还回头忧伤地凝视我。"接着,他们更加热情地要求,"告诉我们,你还看到了什么?"他告诉他们,"在一小片灌木丛中,一个年轻的农牧神在吹奏笛子,那些森林中的居民跟随着他的笛声翩翩起舞。"
>
> 有一天,他习惯性地离开了村子,三条美人鱼从波浪间升起,用金梳子梳理着自己的绿发,当她们离开之后,一头半人半马的怪物从一块空心

24

---

① 福斯塔夫(Falstaff),莎士比亚的《亨利四世》和《温莎的风流娘儿们》中的角色,一个喜欢吹牛的骑士。

石头后面窥视他,后来,当他经过一小片灌木丛时,他看到了一个农牧神
在为森林里的居民们吹笛子。

那天晚上,村民们在黄昏时聚集过来,说:"告诉我们,今天你看到了
什么?"他悲哀地回答:"今天,我什么也没有看到。"[78]

主观想象的王国和客观观察的王国都筑有防御工事。王尔德后来说过,"艺术
中不可能发生的事情,就是那些在真实生活中已经发生的事情。"[79]在波托拉,
到了冬天,男孩子们会聚集在"石厅"(the Stone Hall)的炉子旁,奥斯卡和威利在
这种场合往往是讲故事的高手,不过人们更喜欢威利的故事,直到他在1869年
离开波托拉去圣三一学院求学。有时候,奥斯卡会变换一下娱乐的招数,为了模
仿教堂彩色玻璃上的圣人们的姿态,他努力用柔软的四肢摆出不可思议的扭曲
姿势。在后来的生涯中,他学会了扮演较为轻松的角色。

1870年,在一次"石厅"聚会中(根据沙利文的回忆),男孩子们讨论起当时
在英国报纸上刊登的一起宗教诉讼。这想必指的是 W. J. E. 班尼特的案子,班
尼特是弗罗姆塞尔伍德(Frome Selwood)的教区牧师,他因为一部书籍而被指控
为"异端",书中坚持说基督在圣餐礼上是以肉体现身的。由于上诉的缘故,该
案在拱形宗教法庭(the Court of Arches,即坎特伯雷大主教辖区的省上诉法庭)
被审讯了三次,日期分别是1869年的4月30日、11月18日和1870年的7月20
日。班尼特被判定有罪。王尔德迷上了这个法庭的神秘名称,它源自法庭原址
上的拱形塔楼,案件本身也让他着迷。他对其他男孩宣布说,成为这类案件的主
犯,作为"'女王诉王尔德'①案件中的被告名扬后世",没有什么比这种事更让他
感到高兴了。[80]他不愧是他母亲的儿子,铁了心想要"一鸣惊人",简直到了不惜
任何代价的地步。

---

① 英国的公诉案件往往以"女王诉某人"为标题。

在孩子们求学的同时,威廉爵士和王尔德夫人也在追求学问。威廉爵士在 1864 年发表了关于《爱尔兰的往昔和今日》(*Ireland Past and Present*)的人种学讲稿,然后在 1867 年出版了《克里布湖》,1872 年,他出版了这部书籍的修订本。王尔德夫人的第一本诗集出版于 1864 年(《诗选》〔*Poems*〕),随后是《诗歌第二辑:译诗选》(*Poems: Second Series: Translations*, 1867),1871 年又再次发行了两本诗集的合订本。然而,1867 年 2 月,九岁的伊索尔拉发烧了,她是唯一留在家里的孩子。病情刚有所恢复,为了换个地方疗养身体,她被送去跟住在迈斯奇姆(Mastrim,即 Edgworthtown)的姑父威廉·诺布尔牧师一起生活。"接着,她旧病复发,突然出现脑溢液,"王尔德夫人写信给洛顿·冯·克雷默说,"我们被电报召集起来,只赶上了她的临终时刻[她死于 2 月 23 日]。这种悲痛简直让人难以承受。我的心似乎都碎了。尽管如此,我觉得我必须为儿子们而活,感谢上帝,就像任何人所能期待的那样,他们是一对好孩子。"威廉爵士为自己补充了一句,"我将终生哀悼不已。"三年后,王尔德夫人向她的瑞典朋友宣布说,自从伊索尔拉死后,她再也没有参加过宴席、晚会,再也没有去过剧院或音乐会,"我再也不会去那些地方了。"[81] 奥斯卡同样感到哀伤;照顾伊索尔拉的医生认为他是"一个感情丰富的文雅男孩,很害羞,有点心不在焉",比他的哥哥威利更深沉。他定期去拜访妹妹的坟墓[82],还为她写了一首诗(《安魂祈祷诗》);后来,虽然表面的举止是轻松愉快的,但他总强调潜藏其下的忧郁,也许正是这次早期的死亡事件唤醒了那种忧郁。

> 脚步轻些,她就在附近
> 　　在白雪下。
> 说话温柔些,她能够听到
> 　　百合的生长。
>
> 她那明亮的金发

25

　　　　　随着铁锈褪色，

　　　　她是那么年轻、可爱

　　　　　却化为尘埃。

　　　　如同百合，雪一样白，

　　　　　她几乎还不知道

　　　　自己已成为一个女人，长得

　　　　　那么美好。

　　　　棺材板，沉重的石块，

　　　　　压在她胸前，

　　　　我独自心情苦闷，

　　　　　她却安歇了下来。

　　　　请安静，安静些，她已听不见

　　　　　抒情诗或十四行，

　　　　我的一生被埋葬在此，

　　　　　请把泥土堆积其上。

26　　　　王尔德的纨绔作风和希腊气质在波托拉已变得显而易见，同样显而易见的还有他那种独立的判断力，但后者往往是以诡辩的形式出现。他曾经向某个老师提出一个问题，"什么是现实主义者？"预示着他将来会对这个术语进行重新定义。[83]（在《谎言的衰落》中，他会说，"作为一种手法，现实主义是个全盘的失败。"）1870 年，狄更斯去世，王尔德认真地表达了他对逝者之小说的反感，他说，他更青睐的是迪斯雷利的小说，这个人能够一边写小说，一边治理一个帝国。王尔德应该会喜欢《科宁斯比》（Coningsby），在该小说中，那位犹太老年男主人公的名字跟女术士一样,也叫西多妮亚,他具有神秘的异国血统,掌握着不同寻常的控制他人的能力,致力于塑造年轻人的生活和思想。这部小说似乎沿袭了王尔德的外叔公的小说《漫游者梅尔莫斯》的传统。迪斯雷利曾推动过青年英格兰运动;王尔德也许开始感觉到他自己将要领导的运动,那是一场文化运动,而不是政治运动,它隐约带有新希腊主义的风格。

1870 年到 1871 年之间,王尔德在波托拉的表现是辉煌的。1870 年,他以希腊文圣经课程赢取了卡彭特奖,斯蒂尔博士喊他上台时用的名字是“奥斯卡·芬格·欧弗雷泰·威尔斯·王尔德”,其他的学生为此大乐,直到这时,他们才知道王尔德的名字有这么长。有人含糊地提到,王尔德在次年对待斯蒂尔的态度很傲慢,藉此作为报复。1871 年,他是三个获得皇家学校奖的学生之一,拿着这笔奖金,他就可以去都柏林的圣三一学院就学了,他的名字被及时镌刻在波托拉的黑色公告牌上,其字母是镀金的。1895 年,也就是他蒙羞的那一年,那个镀金名字被涂掉了,他曾经在一间教室的窗户边雕刻下自己名字的起始字母“O. W.”,校长把这个也刮掉了。如今,他的名字又被重新镀上了金。

古典学者中的唯美主义者

新的个人主义也就是新希腊主义。[①]

奥斯卡·王尔德喜欢令人讶异的事物,但是都柏林的圣三一学院在这方面几乎提供不了什么东西,虽然它在学术方面很有名望。他就是在它的大门边长大成人的,他认识那些主要的学者,因为他们经常出席他母亲的招待会。还有,

---

① 引自《社会主义制度下人的灵魂》。

他哥哥威利已经在那里大显身手了,威利赢取了包括伦理学金质奖在内的几种奖金;他将要在次年(即 1872 年)前往伦敦的中殿律师学院学习法律。在圣三一学院时,两兄弟都是哲学协会的成员,威利是哲学协会的领袖人物,而奥斯卡却不屑去扮演这样的角色。圣三一学院里的很多学生都是王尔德过去就认识的,譬如他在波托拉的老对手路易斯·克劳德·珀泽和一度一起堆沙堡的玩伴爱德华·卡森。王尔德和珀泽的关系不算亲密,不过,王尔德后来挖苦地回忆说,他和卡森曾经手挽着手一起散步,或按照男生的习惯把手臂搭在对方的肩膀上。卡森否认了这一点,说他和王尔德从没有熟悉到这个地步,相反,他宣称他反感王尔德的那种"轻浮的人生态度"。[84]似乎有可能他们起初关系友好,但后来分道扬镳了,也许因为王尔德的性格在圣三一学院改变了很多。他喜欢上了美学,而卡森选择了政治。

　　王尔德的指导老师是马哈菲牧师,自从 1869 年起,他就担任了古代历史专业的教授。这种交往对双方都很重要。王尔德在梅里恩广场就已经认识了马哈菲,但是他不可能对这位教授之人格的各个方面有充分的了解。马哈菲具有多方面的人格,他倒不介意这样承认。"综合考虑起来,"有人听到他这样说,"我是圣三一学院最棒的人。"[85]他的学生追求的是在更广阔的天地里自吹自擂。王尔德和马哈菲身高相等,都是六英尺三英寸,不过,马哈菲天生就是个权威人物,在三十二岁的时候,他就已经被人称作"将军",而十六岁的奥斯卡·王尔德是个柔弱的、节制的非作战人员。马哈菲的头发是赤褐色或赤姜色的,披散下来,汇成一片给人印象深刻的连鬓胡子;他的额头宽大,下颚和嘴巴都很结实。一幅描绘圣三一学院时期的王尔德的讽刺画显示,王尔德也留着连鬓胡子,这或许是为了效仿他的导师。如果说王尔德在圣三一学院就像在波托拉一样总是回避比赛的话,马哈菲却曾经担任过圣三一学院板球队的队长,还在温布尔顿举办的一次国际射击赛中跟爱尔兰队一起进行射击。由于母亲在家教方面的安排,王尔德法文流利,德文可能也不差;马哈菲在欧洲度过了自己的早年生涯,他德语流利,精通法语、意大利语乃至希伯来语。他还懂神学和音乐,王尔德对神学毫无兴趣,对音乐简直一窍不通。

除了这些兴趣之外,马哈菲在红葡萄酒、雪茄、古董银器和家具方面也是个行家里手,王尔德很可能努力想要赶上他导师的水准,因为他开始收集精致的小摆设(bric-a-brac)。在马哈菲所有的成就中,给人印象最深刻的也许是他跟大人物打交道的技巧,这些大人物包括几位在位的君主。他把这种技巧归功于他能够像帝王那样把握交谈的艺术。* 马哈菲后来撰写过一部关于这门艺术的书籍,在评论这部书籍时,他昔日的学生直率地表达了遗憾之情,即这位教授的写作比不上他的口头交谈。[86]马哈菲吹嘘说他把自己引以为豪的交谈艺术传授给了王尔德。不过,在波托拉的时候,王尔德就已经显示了他在交谈方面的优秀能力。他俩之间还有一个重要的不同。马哈菲总是以夸张的姿态刻薄地摒弃那些自由派以及天真无知的人,这跟王尔德的共和理想是相冲突的。照王尔德看来,马哈菲缺乏魅力和风格。[87]

他们的政治观点是不同的,导师是保守党和统一党,学生是保守党的反对派和民族主义者。乔治·罗素曾经请马哈菲签署一份抗议俄国沙皇鞭笞农民的请愿书,马哈菲以符合其性格特征的方式回答,"干嘛呢,亲爱的同事,如果他不鞭打他们的话,他们也会鞭打自己的。"王尔德的戏剧《薇拉》表达了他对那些挨打者的同情,他也许就是根据马哈菲的方式和观点塑造了戏中那位冷漠的保罗亲王。马哈菲是个公认的势利眼,不过,奥利弗·戈加蒂却为马哈菲遭受的这种指控进行了辩护,他是马哈菲的密友,他自己就喜欢谈论那些"欠揍的"低层阶级。戈加蒂试图打马虎眼,他认为那只不过是"教养良好者的情有可原的傲慢"。[88]尽管如此,学院里流传着一首关于马哈菲的韵诗,它表达了人们对这位遭受鄙弃的主人公的情有可原的不满:

> 被天上的人称作大人物

---

* 在教员休息室,马哈菲说,"在我的一生中,我只遭受过一次鞭笞,那是因为我说了实话。"教务长说,"显然,它治好了你的毛病,马哈菲。"

但是地上的种族把他叫作平凡的马哈菲[89]

虽然王尔德并不完全赞成马哈菲,但他还是感激他。在一封大约写于1893年的信件中,他恭维他是"我的第一位老师,也是我最好的老师","让我学会该怎样热爱希腊事物的学者"。他母亲提醒他说,马哈菲是"第一个用崇高的推动力刺激你的才智的人,他让你摆脱了那些平庸者和低劣娱乐的罗网"。[90]部分原因在于马哈菲对希腊的绝对推崇:"罗马的风格",他写道,"麻痹了希腊和埃及,叙利亚和小亚细亚。"王尔德将会这样写到罗马的宗教,"他们缺乏希腊人的创造性想象力和能力,没法为他们的抽象概念的枯骨赋予生命力;他们没有艺术和神话。瓦罗(Varro)说,在整整一百七十年里,罗马没有塑造任何雕像。"[91]在马哈菲看来,希腊人——他把他们叫作"希瓦人"(Gweeks),"腊"的发音并不在他的天赋范围之内[92]——可以是我们的现代近邻。王尔德在《作为艺术家的评论家》中写道:"我们生活中所有真正时髦的玩意都该归功于希腊人。所有过时的东西都该归咎于中世纪。"马哈菲相信希腊文化是有益心智的,为了给它做辩护,他小心翼翼地冒了个险,提到了那个关于希腊同性恋的争论不休的问题。就针对大众读者而言,过去从没有用英语撰著的学者敢这么写。马哈菲把它描绘成男人和英俊青年之间的理想爱情,还承认希腊人认为它比男女之间的爱情更高尚。除非是那种低劣的形式(他勉强承认有时它也会沦落到那个地步),它不比任何多愁善感的友谊更具有冒犯性,即便是"根据我们的品位"来说也是如此。王尔德在摘录本中会这样写道,"罗马人受到教育,要为家庭和国家考虑;去承担一家之主和一个公民的职责;对希腊文化进行提纯的过程经历了炽热友谊的浪漫中介;那些在大学议事厅和农庄里度过青少年时代的男孩子们,他们是不会懂得角斗学校里的自由和愉悦的。"

王尔德阅读过马哈菲关于希腊爱情的篇章,这是有据可查的,在《从荷马到米南德时期的希腊社会生活》的前言中,马哈菲曾经向"莫德林学院的奥斯卡·王尔德先生"和他过去的另一位学生 H. B. 利奇表示致谢,因为他们"为整本书的润色和修订做出了贡献"。至于指的是哪些部分的润色,读者只能根据推测来判断了,不过,书中有一段评论,谈到人们对同性恋的"违反自然规律"的指责,它听起来显然更像是出自王尔德而不是马哈菲之笔:"至于'违反自然规律'这种说法,希腊人也许会回答说,所有的文明都是违反自然规律的。"[93]马哈菲很快意识到自己已经走得太远。次年,这部书籍再版时,他删掉了关于同性恋的几页纸。他还删掉了写给两个学生的致谢辞,也许他觉得依靠这么年轻的人的帮助是件有损尊严的事。

并不是只有马哈菲才能够把古典知识传授给王尔德,因为在圣三一学院,同样出名的还有罗伯特·耶尔弗顿·蒂勒尔,他也是一位优秀的古典学者,而且还要更讨人喜欢些。蒂勒尔刚担任了拉丁文教授,当时才二十五岁。他的兴趣在于拉丁文和希腊文,据说,马哈菲的兴趣在于罗马人和希腊人。他在学术方面所犯的错误比马哈菲要少,不过,他也没有像马哈菲那样深入探险;他跟别的古典学者没有发生过那么多争执,但他很愿意直面马哈菲。跟王尔德一样,他的才智比马哈菲的才智更令人愉悦,他真心喜好文学,因此创办并编辑了《考塔博斯》杂志。在这份杂志上,他发表了一些出色的摹仿体讽刺作品,王尔德后来曾经向这份杂志投稿,包括他的译作和他自己的诗歌。王尔德在学院的最后一年里,这位教授结婚了,多年以后,蒂勒尔太太提到,她和丈夫在圣三一学院跟王尔德交往很多,她觉得他"既有趣又富有魅力"。[94]1896年,蒂勒尔满怀同情心地签署了一份请愿书,要求提前释放王尔德,而之前吹嘘自己塑造了王尔德的马哈菲却公然拒绝添上自己的名字,还认为王尔德是"我作为指导老师之生涯中的污点"。

王尔德作为古典学者的杰出天赋在圣三一学院已经变得显而易见。波托拉已经为他打下了良好的基础;他在第一年里学习很认真,到了学年结束之际,他如愿以偿地击败了路易斯·克劳德·珀泽,成为头等生中的第一名。那之后,他稍有退步,因为他对学术的细枝末节不感兴趣,于是珀泽成为领先者。尽管如此,在1873年的考试比赛中,王尔德还是成为十个获得基础奖学金的学生之一,　30

这项奖学金包含了许多特权。在十个获胜的学生中,他排名第六,排在他后面的第七名是威廉·里奇韦,里奇韦后来成了剑桥大学的考古学教授。* 在圣三一学院,王尔德的古典学业之巅峰是赢取了为希腊文课程而设的伯克利金质奖章,他在一场以迈内克(Meineke)的《希腊喜剧诗人之残篇》(*Fragments of the Greek Comic Poets*)为题的高难度考试中获得了最高分。在后来的生涯中,他将会屡次典当和赎回这枚奖章。[95]

在圣三一学院,王尔德已经是一个唯美主义者了。成为一个唯美主义者并不是难事。该学院设置了一门美学课程;哲学协会谈论着关于罗塞蒂和斯温伯恩的话题,威利·王尔德甚至撰写了一篇关于"美学伦理"的论文。马哈菲在《希腊社会生活》的结尾处援引了一个"对我们的下层阶级进行美学教育"的希腊范例。王尔德试图对上层社会也进行一番美学教育。M. 施瓦布的《最初诱惑,或"尔等即如神"》(*The First Temptation, or "Eritis Sicut Deus"*)是一部冗长的德文小说,王尔德夫人在 1863 年出版了它的译本,书中描述的是一个自大的唯美主义者,他把美学转变成了一种美的宗教,最后悲惨地死去。在这种氛围中,

---

* 王尔德在 1873 年奖学金考试中的成绩是:

修西得底斯口试	8
塔西佗口试	7,1/2
希腊文散文写作	5
希腊文翻译	7(老师给出的最好分数)
希腊悲剧家	7
拉丁喜剧家	7
拉丁文散文翻译	6
德摩斯梯尼	5
古代史	7
希腊诗歌	5
希腊诗歌写作	1(珀泽得了 5 分)
希腊文口试	6
拉丁文口试	5,1/2
拉丁文诗人翻译	4
英语写作	6(候选人所获的最高分)
拉丁文和希腊文语法	4

十八岁的王尔德萌发了想要成为作家的念头。有一个被记录下来的事件,但它也许是捏造的,事件的情形如下:王尔德面对一个班级朗诵诗歌。有个恶棍对此予以嘲笑。王尔德走到他面前,问他凭什么这么做。那个人再次发笑,王尔德击中了他的脸。很快,所有人都来到了室外,两个对手摆出了打斗的架势。没有人认为王尔德会赢,但是让大家吃惊的是,他打出了一记令人印象深刻的猛拳,最终击败了对手。[96]

在哲学协会的意见簿上,我们找到了更可靠也更让人吃惊的证据,在这个簿子上,协会成员们会随意写下关于其他成员的看法。[97]簿子上毗连的两页是跟王尔德有关的,有一篇内容很直白,另一篇比较含蓄。其中一页画着有关他的讽刺画,毛发很多,头戴帽子,怒视着一位警察,后者显然是因为某次夜间(美学的?)集会而在斥责他。纸上引用了另一个名叫约翰·B.克罗泽的学生的话,他把那位警察称作"仁慈的博比",而王尔德把他描述成"警察中的道学先生"。第二页上的标题恐怕是嘲笑王尔德最近在考试中赢得了伯克利金质奖章:

瞧一瞧

美学奖章考试

U. P. S. ①1874

————

艾伦夫人(她的百合香脂已经

名扬海外)是

罗斯金的《空气女皇》(Queen of the 'air)

或斯宾塞的《仙后》(Fair-'airy Queen)中的主人公吗?

+这个题目被讹误(迄今尚未证实)

————————

① 意思不详,有可能是 University Policy Statement(校章)的缩写形式。

　　成了"Fairy Queen",是因为

　　抄写员想要避免字母重复。

　　某些手稿表明它应该是"Faiërie",人们这才

　　发现了它真正的读法。

注意:为了回答这个问题,建议候选人

　　学习她的艺术作品(发髻)

　　该作品可见于大多数理发店

　　和某些美妙人物的头上。

拿"airy fairy"这个短语开玩笑暗示着娇柔和女人气。它嘲笑了发型(发髻),Lylobalsamum(拉丁文"百合香脂"〔lily balsam〕这个词组被稍微拼错了一点)意指王尔德已经在赞美百合的品性了,当时他正在追捧拉斐尔前派的艺术家们。两页纸结合起来看,似乎在1874年初,即去牛津大学前的六个月,王尔德就已经是美学的倡导者了,他炫耀教义的方式让人觉得应该对他加以嘲笑。

　　人们对王尔德在圣三一学院时期的回忆证实,他后期的观点正在稳步成形之中。爱德华·沙利文爵士也是波托拉的毕业生,他提到王尔德最喜欢读斯温伯恩的作品。对于《女法师西多妮亚》的赞美者来说,斯温伯恩的《诗歌和歌谣》(*Poems and Ballads*,出版于1866年)中的《多洛雷斯》(Dolores)和《福斯廷》(Faustine)当然是正合心意的。[98]从王尔德的诗歌《爱神的花园》中仍可以看出《普洛塞尔皮娜赞歌》(*Hymn to Proserpine*)的影响力,虽然《爱神的花园》写于六年之后,他在这首诗中提到了斯温伯恩:

32　　　　他曾经亲吻普洛塞尔皮娜的双唇

　　　　　　唱着加利利人的安魂曲,

　　　　那受伤的前额被泼溅上了血和酒

他曾经罢黜了它的王冠……

他发现欧里庇得斯和斯温伯恩在某方面有类似之处，欧里庇得斯"遭到他那个时代的保守派的批评，正如斯温伯恩遭到我们时代的庸人的批评"，他将会这样写道。[99]也许就是出于这个原因，1876 年，他用斯温伯恩的韵律和词汇翻译了欧里庇得斯的合唱曲：

> 没有爱，或爱的最神圣的财宝
> 　　我将走进可恨的冥府，
> 走向坟墓，如同走向我的欢愉之室，
> 　　走向死亡，如同走向我的爱人和主。

王尔德在圣三一学院的第一年，斯温伯恩出版了《日出前之歌》(*Songs Before Sunrise*)，这部诗集体现了跟恋人之爱相匹配的民主激情。次年，他拿到了《亚特兰塔在卡吕冬》(*Atalanta in Calydon*)，书上标注的日期是 1872 年的米迦勒节。[100]他将会在《爱神的花园》中称赞这两本书。* 这首诗还赞美了威廉·莫里斯，他手上有莫里斯刚出版的《爱情就足够》(*Love is Enough*)，这事也发生在圣三一学院，而且发生在同一个学期。[101]显然，拉斐尔前派的书籍一出版，他就拿到了手。他应该读过罗塞蒂在 1870 年出版的第一部诗选，而且应该知道罗伯特·布坎南的文章《肉欲诗派》(The Fleshly School of Poetry，发表于 1871 年)，这篇文章斥责了拉斐尔前派的纵欲思想。阅读斯温伯恩使他喜欢上了波德莱尔和惠特曼——1871 年，爱德华·道登教授在哲学协会上发表的一篇演讲的主题就

---

*　不久后，王尔德就想办法认识了斯温伯恩。他手中的《诗歌研究》(*Studies in Song*，出版于 1880 年)上题写着：

给奥斯卡·王尔德
阿尔杰农·查·斯温伯恩题
致以友谊和感谢

是惠特曼。在赞美这些作家的时候,王尔德有了直接的理由,反对根据诗歌传达的信息来评价诗歌,他后来也一直这样坚持。

　　根据沙利文的说法,他还在阅读约翰·阿丁顿·西蒙兹的《希腊诗人研究》(*Studies of the Greek Poets*),这部书籍的第一卷出版于 1873 年。虽然马哈菲不喜欢这部书籍,但王尔德还是称赞了它的风格,因为它具有佩特式的"栩栩如画、美妙可爱的措辞"。(他后来不再赞赏这种风格,认为它与其说是诗人的散文,不如说是诗意散文。)^[102] 它的最后一章确认了"美学"这个词语的至高无上。并不是说西蒙兹创造了这个词;鲍姆加登在 1750 年就已经使用过这个词了。不过,众所周知,跟佩特一样,西蒙兹把它跟希腊人联系了起来:"如果他们的伦理是美学意义上的,而不是神权意义上的,就因为这一点,它也依然是人性的和真实的。"他说。^[103]"希腊实质上是一个艺术家的民族。"王尔德记得他接着说了这句话。"当我们说希腊是一个具有审美能力的民族,"西蒙兹解释说,"我们的意思是:不受超自然启示的引导,也没有摩西律法来规范其行为,他们相信自己的感觉,这种感觉曾接受过微妙的训练,被保存在一种最纯粹的状态中。"王尔德是如此喜欢西蒙兹的书籍,他曾经写信给他,于是两人开始通信(大多数信件已经遗失了)。1878 年,西蒙兹把自己的《米开朗琪罗和康帕内拉的十四行诗》(*Sonnets of Michael Angelo Buonarroti and Tommaso Campanella*)送给了十二个人,包括勃朗宁和斯温伯恩,还有在牛津大学的莫德林学院就读的奥斯卡·王尔德。次年,王尔德购买了西蒙兹的《雪莱》,他在一些段落上做了记号,其中一段描述了青春期的雪莱跟另一个男孩保持着亲密的友谊。^[104]

　　《希腊诗人》并没有直接涉及希腊思想的另一方面。不过,到了这时(即 1873 年),西蒙兹已经撰写了小册子《希腊伦理中的一个问题》(*A Problem in Greek Ethics*),它探讨的是同性恋话题,十年后,这个小册子被秘密付印了。在哈罗公学时,年轻的西蒙兹曾举报过校长,毁掉了后者的一生;如今,他已经成了一个完全无所谓的人。他在《希腊诗人》中对这个话题保持沉默是故意的,因为这样一来,他就不必依照惯例对希腊诗歌中提到的这种事表示谴责了。马哈菲的思想都没有那么解放。

作为唯美主义者，王尔德认为有必要培养自己学习不止一种艺术。在圣三一学院时，沙利文指出，王尔德不住在家里，他在一座被叫作"博塔尼湾"（Botany Bay）的房子里有自己的房间。它们的肮脏显然不在梅里恩广场之下，王尔德没有试图保持整洁，或在那里接待朋友。不过，偶尔会有人上门拜访，他将发现在起居室里很显眼的地方摆放着一个画架，上面搁着主人的一幅尚未完工的风景油画。"我刚添上了蝴蝶，"王尔德会这么说，表明他了解惠斯勒的那种已经出名的签名方式。[105]在牛津大学，出于同样的目的，他使用了同一个画架。沙利文还肯定地说，王尔德在圣三一学院延续了他在波托拉开创的那种精致的着装方式。有一天，他走进沙利文的房间，穿着一条具有异国风情的裤子。当沙利文开始为此嘲笑他的时候，王尔德故作严肃地请求他不要拿它当作戏谑的对象。他正在计划前往翁布里亚，他解释说："这是我的特拉西梅诺裤，我打算在当地穿这条裤子。"①幸好，当他想起一位邋遢的古典学者米尔斯的时候，他对服饰的品位还不至于挑剔到让他无法发笑（照他对沙利文的说法），米尔斯曾在王尔德参加伯克利奖考试时辅导过他。这位学者戴着一顶高帽子，有一天，那顶帽子上覆盖了绉纱；王尔德以为他家死了人，向他表示哀悼，米尔斯解释说，他只不过是为了遮住帽子上的一个洞。

*　　*　　*

人们可以看出，圣三一学院的王尔德正在慢慢汇集那些构成他在牛津大学之行径的要素——他对拉斐尔前派的赞同，他那副花花公子的打扮，他对希腊文化的偏爱，他暧昧的性取向，以及他对传统道德的蔑视。他选择这些立场时略带了几分自嘲的色彩，至少有时候是这样的，正如他那种"遭人揶揄的天真"不断在削弱他对斯温伯恩式激情的喜爱，他的牛津朋友博德利（1874 年夏天，博德利在都柏林第一次遇见王尔德）认为这种天真是他的特征。[106]他的行为中还有一

34

---

①　特拉西梅诺（Trasimeno）是意大利翁布里亚地区的一个大湖。

个进一步的改变——它也会持续下去——就是他开玩笑说要皈依天主教。王尔德跟都柏林的一些牧师交上了朋友，这让他父亲很不高兴。教皇是绝对正确的，这个教义刚刚被宣布，这一点，外加都柏林的天主教大学（红衣主教纽曼是它的奠基人）的崛起，已经向（信奉新教的）爱尔兰教会的成员们敲响了新的警钟。无疑，纽曼的散文风格跟王尔德对教皇绝对正确性的兴趣有很大的关系，他的《同意的要义》(*Grammar of Assent*, 出版于 1870 年)再次展示了这种风格的美妙；对天主教之形式的喜爱（而不是其内容）解释了他新涌现的赞美之情，它可能也解释了他母亲为什么会在若干年前让他接受天主教的洗礼。不过，他还是保留了新教徒的身份，他更愿意说，他之所以这样做是因为父亲威胁要剥夺他的继承权。他父亲其实不必为此担忧。王尔德是在培养那种自相矛盾的趋势。

无论如何，他还有别的兴趣和抱负。他的阅读让爱尔兰这个舞台显得太狭窄，他对拉斐尔前派——一种英国运动——的热情在都柏林被认为是一种可爱的傻念头，在那个城市里，人们对此总是持嘲讽的态度。爱尔兰社会的幽闭特性后来被叶芝描述成"浩瀚的仇恨，微乎其微的空间"，它使得在本土传播某种美学新福音的可能性变得极端渺茫。如果说王尔德正开始从精神上脱离爱尔兰，他还不得不从肉体上也脱离这个地方。其具体建议也许来自马哈菲；他的另一个杰出学生利奇在获得了圣三一学院的学位后，已经前去剑桥大学的冈维尔暨凯斯学院继续攻读第二个学士学位了。马哈菲认为，在古典研究方面，英格兰不会比圣三一学院更胜一筹，不过，他对较古老的英国大学有一种俗气的崇敬，他将会把自己的一个儿子送去牛津大学，另外两个送去剑桥大学。他知道，虽然王尔德是一位出色的古典学者，但是在圣三一学院，也不能肯定他就比同学珀泽更有可能获得研究奖学金。另一方面，如果他在牛津大学获得了引人瞩目的成就，他也许可以回到爱尔兰，争取到一个教授的职位，利奇最后就是这么做的。

需要被说服的人不仅仅是王尔德，还包括他的父亲。据说，马哈菲为此跟牛津大学的钦定医学教授亨利·阿克兰爵士交换了意见，并达成了一致，阿克兰是威廉爵士的朋友。[107]不过，威廉爵士之所以表示赞成是有他自己的理由的，他错误地以为，去了牛津之后，他儿子就不会再跟天主教混在一起了。英格兰将会让他继续坚持自己的新教徒身份。威利已经去了伦敦的中殿律师学院，照他母亲的说法，"做好了准备，像另一个珀尔修斯①那样，冲出去跟邪恶作斗争。"[108]她补充说，"他希望进国会，我也这么想。他的前景很好，如果他愿意努力的话，他想做什么都不成问题。"这个限制性条件是威利能力不足的第一个预兆。（数月之后，他离开了中殿律师学院，1875 年 4 月 22 日，他在爱尔兰当上了律师。）威廉爵士并不反对次子也离家而去。

于是，王尔德可以自行决定该怎样回应刊登在 1874 年 3 月 17 日的《牛津大学学报》上的一则通告，通告提到，根据在 6 月 23 日举行的考试，莫德林学院将会颁发两份古典文学专业的半研究员奖学金。每人每年将获得九十五英镑，一共可以给付五年的奖学金。王尔德相信自己肯定会被录取，甚至不再费心去参加圣三一学院的第三年考试了。到了那一天，他出现在莫德林学院，带着行为良好的推荐书和证明自己未满二十岁的证件。另外四个候选人之一是阿特金森，他的成绩仅次于王尔德，也获得了半研究员奖学金。五十四年后，他回忆起了这段往事，王尔德年长于其他人，在风度上也要更自信得多，他不断上前向监考人索要更多的纸张，因为他每一行只写四五个词。阿特金森记得王尔德的字迹"硕大、散漫，有点像他本人"。事实上，他的字迹像蜘蛛那样细长，拖拖拉拉。阿特金森留意到王尔德那苍白、月亮一样的脸庞，他的眼睛昏昏欲睡，厚嘴唇，走起路来大摇大摆。（伊迪丝·库珀也提到了他那瓷蓝色的眼睛和龅牙，她说他的脸庞就像是"一个鲜艳但样子不好看的果实"。[109]）王尔德轻而易举地通过了考试，他显然是所有人中最出色的那个。

那之后，他在伦敦跟母亲和哥哥见了面。[110]这是他对这个城市的第一次意义重大的游览，他将在这里成名，也将在这里蒙羞。威廉爵士身体不适，没有加入他们的队伍。他抵达伦敦不久，就获得了考试结果的通知，全家人的庆祝方式

---

①　珀尔修斯（Perseus），希腊神话中的英雄，曾杀死女妖美杜莎。

是拜访那些王尔德夫人熟稔或有过通信往来的文人。他们拜访了托马斯·卡莱尔,王尔德后来把卡莱尔描述成"一个具有拉伯雷风格的道德家"。[111]（卡莱尔去世之后,王尔德购买并继续使用着他的书桌。）卡莱尔曾经在拜访爱尔兰时送给王尔德夫人一部丁尼生的诗集,他还送给她另一部书,上面题写着他自己翻译的歌德的诗句:

> 谁不曾和着悲哀咽下面包,
>
> 谁不曾在深夜时分,
>
> 啜泣着,哀叹着明日,
>
> 伟大的神明呵,他不认识你!

36

她会经常向儿子引用这几句诗,她儿子会漫不经心地回答她,但他从未忘记过这几句诗。王尔德一家玩得很开心,王尔德夫人写信给瑞典的朋友罗莎莉·奥利维克罗纳太太(一位教授的妻子)说,"这真是一个伟大、非凡的城市——世界的首都。"[112]7月9日之后,他们乘船去了日内瓦,然后经由巴黎回家。他们住在伏尔泰堤道上的伏尔泰旅馆,王尔德后来告诉罗伯特·罗斯说,就是在那里,他开始撰写诗歌《斯芬克斯》。[113]其主题源自他对斯温伯恩和埃德加·爱伦·坡的阅读,因为这首诗歌涵盖了《乌鸦》中的精辟寓旨和《多洛雷斯》中对永恒不老的淫佚的责难。

那个夏天,他们回到都柏林,发现威廉·王尔德爵士病倒了。王尔德夫人在1874年12月31日写信给奥利维克罗纳太太说,"他身体虚弱、无精打采,几乎不出门——他为自己的痛风而抱怨,但与此同时,他似乎在我们眼前越变越衰弱——他变得如此苍白、惨淡和瘦削,精神萎靡,连我也像松了弦的乐器那样衰弱了下来,我心中再也涌现不出诗人的乐感了。"威廉爵士的身体不适已经有些时候了,他减少了诊疗的次数,尽可能地拜访位于康村附近的摩伊图拉宅,那是他喜爱的地方。他的收入也随着健康情形的恶化而减少,1872年2月,他不得不把梅里恩广场 1 号的房子抵押了一千镑。他的儿子们在英格兰开销不菲,王尔德夫人也被迫变卖了一些地产。1874 年 11 月末,他拿到手一千二百六十镑,他、王尔德夫人、威利和奥斯卡每人分得三百一十五镑。1874 年 8 月,他打起精神前往贝尔法斯特(Belfast),在英国科学促进会的人类学分部的开幕会议上作了演讲。

虽然挂念父亲的情形,奥斯卡依然心情很好,他被牛津录取了,还拥有这么优厚的条件。朋友们对此普遍表示夸赞。马哈菲随机应变地说,"对于我们这儿来说,你还不够聪明,最好跑到牛津去吧。"[114] 蒂勒尔忍俊不禁,说牛津是德国哲学家在死后会去的地方。不过,这个决定是意义重大的。王尔德就这样斩断了童年时代的纽带,他不得不在新环境中重新塑造自己在都柏林作为学者和才子的身份。王尔德热爱希腊,是个唯美主义者,但他依然是爱尔兰人,10 月份,即将年满二十之际,他从金斯顿登上班轮,前往英格兰最古老的大学,投入了新一轮的竞争。

注释

［1］Walter Hamilton, *The Aesthetic Movement in England*, 3rd edn. (1882), 97.

［2］*The Biograph* IV (1880)∶130-5.

［3］*Selected Letters of Oscar Wilde*, ed. Rupert Hart-Davis (1979), 1. The letter is quoted in a Stetson sale catalogue (1920).

［4］Robert Sherard, *The Life of Oscar Wilde* (N. Y. , 1906), 104.

［5］Michael Field, *Works and Days*, ed. T. Sturge Moore (1933), 139.

［6］Henriette Corkran, *Celebrities and I* (1902), 137; Lord Rathcreedan, *Memories* (1932), 51.

［7］Robert Sherard, *Oscar Wilde: The Story of an Unhappy Friendship* (1902), 73.

［8］R. Ross, letter to Leonard Smithers from Hôtel Voltaire, Paris, 17 Apr 1898 (Texas).

［9］Lady W, letters to H. W. Longfellow, 30 Nov 1875 and 11 May 1878 (Houghton).

［10］Lady W, letter to W. Carleton, in D. J. O'Donoghue, *The Life of William Carleton*, 2 vols. (1896), II∶138-9; Carleton to Lady W, 1849 (NLI, MS. 13993).

［11］Brian de Breffny, 'Speranza's Ancestry,' *Irish Ancestor* IV, no. 2 (1972)∶94-103. 弗朗西丝是简·埃尔吉的姐姐的名字,这位姐姐生于 1816 年,只活了三个月。

［12］Horace Wyndham, *Speranza: A Biography of Lady Wilde* (N. Y. , 1951), 23.

［13］W. B. Yeats, *Thomas Davis Centenary Address* (Oxford, 1947), and Catherine Hamilton, *Notable Irishwomen* ［1904］, 176.

［14］Terence De Vere White, *The Parents of Oscar Wilde* (1967), 82.

［15］Charles Gavan Duffy, *Four Years of Irish History, 1845–1849* (1883), 94.

［16］Sir William Hamilton, letter to Aubrey de Vere, quoted in Wyndham, 56; Gavan Duffy to Jane Elgee (Wilde), n. d. ［1849］, letter in my possession.

［17］Jane Elgee (Wilde), letters to unnamed Scottish correspondent, June ［? July］ 1848 and 7 Apr 1858 (Reading).

［18］See C. Hamilton, *Notable Irishwomen*, 181.

［19］Lady W, letter to unnamed correspondent, 1850 (Reading); Lady W, *Notes on Men, Women, and Books* (1891), 42.

［20］Lady W, letter to Lotten von Kraemer, 19 Mar 1859 (copy, NLI).

［21］'Mr. Pater's Last Volume,' in *The Artist as Critic: Critical Writings of Oscar Wilde*, ed. Richard Ellmann (Chicago, 1982), 230.

［22］Lady W, *Social Studies* (1893), 13.

［23］Lily Yeats's Scrapbook, 1889 (Courtesy of W. M. Murphy).

［24］Wyndham, 70.

［25］Coulson Kernahan, "Wilde and Heine," *Dublin Magazine*, n. d. , 22; Anna de Brémont, *Oscar Wilde and His Mother* (1911), 77.

［26］Lady W, MS. notes in NYPL: Berg.

［27］H. Corkran, *Celebrities and I* , 138; W. B. Yeats, *Autobiography* (N. Y. , 1965), 92.

［28］Lady W, letter to Wilde, n. d. ［1876］ (Clark 2299).

［29］Lady W, "To Ireland" and "Who Will Show Us Any Good?," in *Poems* (1864). 并不是她所有的朋友都同意这段话。女性主义者莫娜·凯尔德不接受王尔德夫人对她的小说《死神之翼》(*The Wing of Azrael*,出版于 1871 年)的苛评,小说中的女主人公在丈夫试图强奸她的时候杀死了丈夫,凯尔德写道:"我不赞成你对'富有牺牲精神'的女性的颂扬……我不同意你的说法,你认为女性要想获得权利宣称她们拥有最充分的发展和生活机遇,她们首先要证明自己是女英雄,热衷于承担责任。她们作为人类就有这样的权利……此外,你说'把女人视为她们应该成为的人':我反对她'应该成为'任何特殊的人。她就是她自己,就是生活之力量和条件创造的人。她也许仍是'人类之灵感',在我看来,如果她不再恐惧,不再膜拜道德,不再认为'神性'就像她所受教导那样,只存在于服从、牺牲、'职责'(所谓的)和普遍的自我毁灭之中,她就更可能如此了。"(Letter of 27 June 1889, in my possession.)

［30］Lady W, *Men, Women, and Books*, 175; letter to unnamed correspondent, 1852 (Reading).

[31] Lady W, letter to Lotten von Kraemer, [Nov] 1862 (copy, NLI).

[32] Yeats, *Autobiography*, 92; G. B. Shaw, 'My Memories of Oscar Wilde,' in Frank Harris, *Oscar Wilde: His Life and Confessions* (N. Y., 1930), 388; J. B. Yeats, letter to W. B. Yeats, 13 June 1921 (W. M. Murphy papers).

[33] T. G. Wilson, *Victorian Doctor* (N. Y., 1956), 109.

[34] A. H. Sayce heard this story from J. P. Mahaffy: Sayce, *Reminiscences* (1923), 135.

[35] Shaw, in Harris, 393-4; J. B. Yeats, letter to W. B. Yeats, 13 June 1921 (Murphy papers).

[36] William M. Murphy, *Prodigal Father: The Life of John Butler Yeats* (Ithaca, N. Y., and London, 1978), 31; W. H. Chesson, 'A Reminiscence of 1898,' *Bookman* XXIV (Dec 1911): 389-94.

[37] Lady W, letters to unnamed correspondent, 1852, 22 Nov 1854 (Reading).

[38] Lady W, letters to Mrs Rosalie Olivecrona, 1 Jan 1865 (copy, NLI).

[39] Lady W, letter to unnamed correspondent, 1858 (Reading).

[40] Information from Eileen O'Faolain, citing a tradition in Glenmacnass.

[41] J. B. Yeats, *Letters to His Son...*, ed. Joseph Hone (N. Y., 1946), 277.

[42] Murphy, *Prodigal Father*, 551. J. B. Yeats's letter of 30 May 1921, about this episode, was misread in Hone's edition.

[43] Lady W, letter to Mrs Olivecrona, 1 Jan, 23 Mar 1865 (copy, NLI).

[44] De Vere White, *Parents of O. W.*, 210-1.

[45] Rathcreedan, *Memories*, 52.

[46] Lady W, letter to unnamed correspondent, c. 21 Nov 1852 (Reading).

[47] Letter to unnamed correspondent (Reading).

[48] Douglas Sladen, *Twenty Years of My Life* (1915), 109.

[49] Coulson Kernahan, *In Good Company*, 2nd edn. (1917), 208.

[50] Vincent O'Sullivan, *Aspects of Wilde* (1936), 80.

[51] *Pall Mall Budget*, 10 Jan 1895.

[52] Wyndham, 52.

[53] Lady W, letter to unnamed correspondent (Reading).

[54] Sherard, *Life of O. W.*, 5-6 (presumably on authority of Ross).

[55] Luther Munday, *Chronicle of Friendship* (1912), 95-6.

[56] Thomas Flanagan, *The Irish Novelists, 1800–1850* (N. Y., 1959), 325.

[57] Lady W, letter to Lotten von Kraemer (copy, NLI).

[58] Lotten von Kraemer, 'Författaren Oscar Wilde's Föräldrahem i Irlands Hufvudstad,' *Ord och Bild* (1902), 429-35; translation by Alice Pederson.

[59] Robert Sherard, *The Real Oscar Wilde* (n. d. [1917]), 163.

［60］Ross, quoted in Hesketh Pearson, *The Life of Oscar Wilde* (1946), 20-1.

［61］Reginald Turner, letter to A. J. A. Symons, 26 Aug 1935 (Clark).

［62］Letter to the editor of the *Irish Times*, 28 Aug 1954, from Murroe Fitzgerald. 他说,1919 年,他曾经为一个女人准备索赔请求,1859 年,在登加文,这个女人担任过王尔德家的两个孩子和爱德华·卡森的保姆,当时她十五岁。

［63］Wyndham, 56.

［64］Rev. L. C. Prideaux Fox, 'People I Have Met,' *Donahoe's Magazine* (Boston) LⅢ, no. 4 (Apr 1905):397.

［65］Stuart Mason, *Bibliography of Oscar Wilde* (1914), 118.

［66］William Morris, MS. Note in *Sidonia the Sorceress* (Clark).

［67］See Isobel Murray, 'Some Elements in the Composition of *The Picture of Dorian Gray*,' *Durham University Journal* XXXIII (1972):220-31.

［68］Reminiscences of Claire de Pratz in Guillot de Saix, 'Souvenirs inédits sur Oscar Wilde,' in undated issue of *L'Européen* (Reading).

［69］Lady W, letter to Lotten von Kraemer (copy, NLT).

［70］Harris, 21.

［71］Lady W, letter to unnamed correspondent, 22 Nov 1954 (Reading).

［72］Lady W, letters to Mrs Olivecrona, 13 Feb 1865, and to Lotten von Kraemer (copies, NLI).

［73］J. Glover, *Jimmy Glover*, *His Book* (1911), 17.

［74］Sherad, *Life of O. W.*, 108.

［75］Slason Thompson, *Eugene Field: A Study in Heredity and Contradiction*, 2 vols. (N. Y., 1901), I:213; W. B. Maxwell, *Time Gathered* (1937), 142-3.

［76］Sir Edward Sullivan in Harris, 18; Louis Claude Purser, 'Wilde at Portora,' a MS. sent to A. J. A. Symons in 1932 (Clark).

［77］Harris, 19.

［78］[Jean Paul Raymond and] Charles Ricketts, *Oscar Wilde: Recollections* (1932), 18.

［79］Epigrams in Hyde Collection.

［80］Harris, 17-8.

［81］Letters to Lotten von Kraemer, July 1867 and 3 Apr 1870 (copies, NLI).

［82］Mason, 295.

［83］Purser, 'Wilde at Portora' (Clark).

［84］Reginald Turner, letter to A. J. A. Symons, 20 Aug 1935 (Clark); H. Montgomery Hyde, *Oscar Wilde* (N. Y., 1975), 13; Edward Marjoribanks, *The Life of Lord Carson* (1932), 13.

［85］W. B. Stanford and R. B. McDowell, *Mahaffy* (1971), 60.

［86］'Aristotle at Afternoon Tea'（review of Mahaffy）, *Pall Mall Gazette*, 16 Dec 1887.

［87］'Mr Mahaffy's New Book,' *Pall Mall Gazette*, 9 Nov 1887.

［88］Oliver St. John Gogarty, letter to A. J. A. Symons, 10 Sept 1935（Clark）; Gogarty, 'The Most Magnificent Snob I Ever Knew,' *Irish Times*, 10 July 1962.

［89］Walter Starkie, *Scholars and Gipsies*（1963）, 100.

［90］*The Letters of Oscar Wilde*, ed. Rupert Hart-Davis（1962）, 338; Lady W, letter to Wilde［1882］（Clark）.

［91］Commonplace Book（Clark）.

［92］Gogarty in *Irish Times*, 10 July 1962.

［93］J. P. Mahaffy, *Social Life in Greece from Homer to Menander*（1874）, 308.

［94］Mrs Tyrrell, letter to Robert Ross, 20 Apr［1914］（Hyde）.

［95］Sherard, *The Real O. W.*, 148.

［96］Lloyd Lewis and Henry Justin Smith, *Oscar Wilde Discovers America*（N. Y., 1936）, 8-9.

［97］The Suggestion Book is at TCD.

［98］Sullivan in Harris, 26; Wilde's copy of Swinburne's *Poems and Ballads* is in the Library of King's College, University of London.

［99］So Wilde wrote in 1876 in an apparently unpublished review of the Second Series of Symonds's *The Greek Poets*（1876）. The MS. is at Clark. See *Letters*, 25.

［100］Sold by James W. Borg, a Chicago bookseller, n. d.

［101］G. F. Sims Catalogue no. 79.

［102］*Letters*, 25; 'Ben Jonson,' *Pall Mall Gazette*, 20 Sept 1886.

［103］J. A. Symonds, *Studies of the Greek Poets*（1873）, 416-7.

［104］Wilde's Copy of Symonds's *Shelley* was sold at Sotheby's in 1985.

［105］Harris, 26.

［106］Journal of J. E. Courtenay Bodley（Bodleian）.

［107］罗斯在为王尔德作品的德国版写序言时提到了这一点。

［108］Lady W, letter to Lotten von Kraemer, 6 May 1875（copy, NLI）.

［109］Edith Cooper, letter of 30 Nov 1900（BL）.

［110］Ross, introduction to the German edition of Wilde's works.

［111］Douglas Ainslie, *Adventures*（1922）, 93.

［112］Lady W, letter to Mrs Olivecrona, 1874（copy, NLI）.

［113］Mason, 498.

［114］Stanford and McDowell, *Mahaffy*, 39, 措辞略有不同。

第二章　王尔德在牛津

> 布拉克内尔夫人：假话！我的外甥阿尔杰
> 农？不可能！他可是个牛津大学的学生。[①]

早期的旷课

对于爱尔兰人来说，牛津是心智之乡，正如巴黎是肉体之城。跟其他人一样，王尔德也愿意接受这个传说中有名的公式。这个大学汇聚了爱尔兰诸岛上最好的天才，其人数多到不成比例的地步，它对待他们既亲切又严格，把他们永久性地派遣到各地，这时他们已被归类成"杰出"、"聪明"或"仅仅平均水平"，不过那也是牛津大学的"平均水平"。学生们热爱着这位伟大的母亲，知道她有能力决定他们的人生。

王尔德没有理由把自己看成是来自外省的吕西安·德·吕邦泼雷[②]，以为牛津是一片了不起的天地。都柏林也不是斯基伯林[③]。他已经认识了很多英国人——那些一直出席他母亲周六下午招待会的才子们——而且他的姓氏也是英

---

① 引自《不可儿戏》。
② 巴尔扎克小说《幻灭》中的诗人。
③ 斯基伯林(Skibbereen)，爱尔兰科克郡地名。

国化的。他的很多亲戚居住在英格兰,还有像亨利·S.邦伯里这样的朋友[1],邦伯里一度待在圣三一学院,目前居住在格洛斯特郡(Gloucestershire),他的名字被用在《不可儿戏》中,成了胡作非为的阿尔杰农的虚构人物。对于一个熟悉史前环形巨石和古冢的人来说,牛津大学的古老也算不了什么。不过,照德赖登的话来说,牛津依然像是雅典,而其他地方都是底比斯。"英格兰最美好的事物",王尔德是这么形容牛津大学的。在王尔德来到牛津的前一年,亨利·詹姆斯拜访了这所大学,他谈到了"牛津大学里的那种特有的气氛——也就是那种可以自由地关怀智性事物的气氛,它受到了系统的保障和促成,而这个系统本身就是一件让人满意的乐事"。王尔德用抒情的手法表达了这一点;他说他在牛津的时期是他一生中"最像花朵的时光"。[2]

二十岁生日的第二天,他在牛津注册入学了,负责人是新学院院长和大学常务校长 J.E.休厄尔。只有这一次,他无可指责地准确汇报了自己的年龄乃至出生地(韦斯特兰街),不过他把自己在圣三一学院近三年的学习说成了两年。第一年,他分配到的莫德林房间是教士院 1 号中的右侧双 2 间,接下来的两年是回廊院 8 号的一楼右间,第四年他的居住条件最奢华,是厨房楼梯室的左侧双 1 号。跟圣三一学院的同学相比,他在这里的同学构成了一道更多样也更复杂的风景。他们有更高的期望值,更自信,也更富裕。其中大多数人比他年幼,对于一个习惯了自己是班里最年幼者的人来说,这可是一种新体验。他们对过去学校(比如伊顿、哈罗和温彻斯特公学)的固执感情让他觉得荒谬。波托拉和圣三一学院都没有激发起他的感伤情绪;他可以自由自在地把这种情感寄托在牛津身上。

不过,怀旧是一回事,伊顿和温彻斯特校友的学生社群是另一回事。在写作中,王尔德表现出的娴熟的优雅一向让年轻人羡慕不已。然而,起初的时候,他也是举止笨拙的。他有一位名叫 J.E.C.博德利的朋友,在贝利奥尔学院就学,1882 年,博德利为《纽约时报》撰写了一篇回忆王尔德的本科生涯的文章,这篇文章可谓存心不良,但也许并没有说错[3],他说王尔德是天真的,容易受窘,笑起

38

来像痉挛发作,口齿不清,还带有爱尔兰口音。根据博德利的说法,他第一次在大厅就餐时,碰巧身边坐着一位来自另一所学院的客人——一位三年级的运动健将,因此是一个不可轻视的人。王尔德的谈话很让人愉快,他觉得自己已经讨好了这个人,于是递给这个运动员一张自己的名片。根据难以捉摸的牛津礼貌规则,这么做是不对的。王尔德被拒绝了,无疑,在别的场合,他也被拒绝过,他决定超越英国人,而不是跟随在他们身后。他的口齿不清和本土口音都消失了。"我的爱尔兰口音是我在牛津忘掉的诸多东西之一。"他说,包括演员西摩·希克斯在内的证人们担保说,根本听不出他有口音。在重新学习讲话的过程中,王尔德掌握了那种庄重、清晰的英语,它将让听众们大吃一惊。马克斯·比尔博姆说王尔德的"嗓音是适中的,说话时从容不迫,音调变化丰富"。在叶芝看来,王尔德那完美的句子似乎是"花了一夜时间费心"撰写的,"然而又像是全然自发的"。[4]在一首题目叫《欢迎女皇》的诗歌中,他将会提到"我们英国的土地",仿佛他出生在爱尔兰海以东地区。他养成了对正式着装的极端偏爱,他曾经告诉一位朋友,"如果我被独自放逐到一个荒芜的海岛上,而且随身携带着个人物品,我还是会在每天进餐时穿戴得整整齐齐。"[5](他没有提到厨师会是谁。)白天,他把都柏林的服饰丢在一边,打扮得比朋友们更加花枝招展,照博德利的说法,他身穿花呢短上衣,其花呢格子比其他人的格子都更硕大,扎着湛蓝色的领带,衣领很高,帽子被搁在一只耳朵上,帽檐呈波浪形。他那浓密的褐色头发被高街(Hight Street)上的施皮尔斯理发店修剪得恰到好处。这还是第一轮的服饰革命;数年之后,它将被一种更稀奇古怪的时髦风格取而代之。

39　　王尔德充满好奇心,他熟悉了这所新大学中的各种活动。他观看了板球赛,还去欣赏过史蒂文森的著名的三英里长跑训练,对其作出了充满感情的评论,"他的左腿就像一首希腊诗歌。"[6]跟拿半津贴的同学阿特金森一样,他愿意被说服参加学院的赛艇周培训。由于他个子高,身体强壮,王尔德被分配到的位置是尾桨手,而阿特金森则负责船头。王尔德坚持要以具有绅士风度的、不急不忙的速度前进。艇长敦促他划桨时要挺直腰板,他跟阿特金森说,"可以肯定,希腊人在萨拉米斯①从没有这么做过。"有一天,学校的赛艇队在向莫德林的划艇靠近,他们打出了信号,要求莫德林划艇迅速让位。王尔德对双方桨手的斥责不屑一顾,继续保持着庄严的划姿。他被船队开除了,为此,他评论说,"我看不出每天晚上沿着伊夫利河(Iffley)倒退着划行有什么意义可言。"[7]* 尽管如此,他也有情绪不同的时候,他曾经跟名叫巴顿的另一个爱尔兰人练过拳击,巴顿后来当上了法官;还有一天,他向一位牛津朋友提议从牛津划船到伦敦去。(1878年,他跟弗兰克·迈尔斯划过小艇,两人一直划到了潘伯尼〔Pangbourne〕那么远的地方。)他一心追循希腊人的范例,但却没有把这种愿望延伸到体育场上。"锻炼!"他对一位采访者说,"唯一可能的锻炼就是说话,不是走路。"在《薇拉》中,有一个角色将会这样说,"不说话会令人多么疲乏。"后来有一次在乡间别墅时,有人问他偏爱哪一种户外运动,王尔德回答说,"我恐怕是从来不进行户外运动的。除了多米诺骨牌。有时,我会在法国的咖啡店外玩玩多米诺。"[8]自从《卢琴德》(*Lucinde*,出版于 1799 年)以来,唯美主义者已经从施莱格尔那里学到,"最完美的生活方式是纯粹的植物型生活"。

　　就王尔德在牛津大学的前两年而言,最好的同时代资料是博德利撰写的日记。根据日记的描述,8 月 24 日,两个年轻人在都柏林的格拉夫顿街初次相遇,当时恰逢都柏林的马展周,他们很快就发现两人都要去牛津上学(博德利去的是贝利奥尔学院),而且他们有着共同的朋友,即坦南特一家(the Tennants)。(王尔德将会把他的一个童话故事《星孩》〔*The Star-Child*〕献给玛戈·坦南特。)10 月 25 日,他们在彭布罗克(Pembroke)公共休息室再次相见,接下来的日记显示他们保持着稳定的亲密关系。11 月 7 日,博德利跟王尔德赌十英镑,说他们的朋友罗兰·奇尔德斯将会在古典文学学位初试中成为一等生(这个考试将在第二年年末举行),而王尔德却得不到这个荣誉。这是博德利的众多失误判断

---

　　①　指萨拉米斯海战,发生在希腊和波斯之间。

　　*　曾经有人追问王尔德的信徒马克斯·比尔博姆,他是否打算去河边观看赛艇活动,比尔博姆的答复是,"哪一条河?"[9]

之一。

王尔德的朋友是一位富裕的陶器厂主的儿子。他希望在历史课上得第一，却得了第二。在社交方面，他的成就要更大些，他是一位美食家，在牛津交到的朋友中包括利奥波德王子（维多利亚女王的小儿子），利奥波德王子是基督教堂学院的自费生。这两个人都对共济会充满热情，在某种程度上，正是由于利奥波德担任了共济会骑士勋位团的首领，这个组织才得以在十九世纪七十年代成为一件时髦事。博德利目光敏锐，具有一定的新闻从业者的才能，而王尔德将会沦为新闻界的牺牲品。他俩始终保持着好友的关系。

博德利的日记记载的是娱乐而不是学习；他和王尔德致力于把自己打扮得花枝招展，而不是平庸乏味。1月份，即他们的第二个学期，日记多次提到在米特雷饭店（the Mitre）用餐和长距离的驾马车出行。王尔德的身形如此高大，他的娱乐之一就是爬到山巅，然后被推滚下山（他跟约翰逊博士都有此爱好）。1月29日，他们去剧院倾听了来自蒂罗尔地区的一些岳得尔调歌手（Tyrolese yodelers）的演出，这伙人占据了两个毗连的包厢，"吵闹个没完，帽子和雨伞扮演了不可忽视的角色"。王尔德爬进博德利的包厢，告诉他说自己的哥哥威利来了，表演一结束，威利、王尔德、博德利跟其他人就一起爬上了舞台，威利在钢琴上胡乱弹着施特劳斯的华尔兹舞曲。他们被舞台管理人员赶出来之后，就喊上那些岳得尔歌手，一起去米特雷餐厅继续唱歌。王尔德用他那单调的嗓音也贡献了一份力量。他们的嬉戏影响了学业，其表现就是，奇尔德斯非但没有像博德利打赌的那样考第一，还不得不接受从1月到夏末的暂时停学的处罚。博德利试图代他向贝利奥尔学院院长本杰明·乔伊特求情，结果徒劳无益。

博德利在第一学期就加入了共济会，他决心在第二学期里吸收王尔德进入阿波罗会所——即牛津大学的共济会分所。2月3日，他在给王尔德的信中谈到了这一点，2月16日，会员们投票通过了王尔德的会籍。在接下来的入会仪式之前，博德利和另一位共济会会员威廉森跟他进行了一次长谈，向他转告了共济会的特性。博德利的记录是富有洞察力的："王尔德既讶异于我们的交谈之奥妙,也被这种华丽所打动。"共济会会员的服装包括燕尾服、白领带、丝袜、轻便帆布鞋,还有齐膝短裤,它们将对王尔德产生影响。(迄今为止,在大不列颠所有共济会分所中,阿波罗是唯一要求这身服饰的会所。)1875 年 2 月 23 日,根据特别规定的仪式(因为他尚未年满二十一),他被阿波罗会所吸收为会员。集会之后是一次宴会,博德利记录道,"王尔德变得像过节那么开心,根据我的要求,他谈起了施洗者约翰。'我听说,'他讲道,'施洗者约翰是这个组织的创始人[一片笑声]。我希望我们能效仿他的生活,但不是他的死亡——我的意思是,我们应该保留自己的头颅。'"(这是他第一次提到《莎乐美》。)次日早上,就在博德利打算进早餐的时候,王尔德出现了,把博德利带到米特雷餐厅,他在那里预订了鲑鱼和蘸酱腰子,这是他表示感谢的方式。王尔德的父亲也是共济会会员,在1841 到 1842 年间,他父亲担任了都柏林的莎士比亚会所的会长(第 143号会所)。他儿子喜欢共济会制度的富丽堂皇和类似宗教的仪式,以及它那种时髦的秘密状态,他接下来晋升很快,4 月 24 日被升到第二级,5 月 25 日被升至 41第三级(即共济会三级会员)。

博德利的日记记录了他们在第一学年里一系列兴高采烈的娱乐活动。4 月21 日,他和王尔德一起吃了午餐,然后驾车去了伍德斯托克。在回来的路上,下起了暴雨,他们为此耽误了时间,没赶上晚餐,这种过错是要受惩罚的。"九点十五分,被沙德威尔检查到了,"博德利伤心地说,但是第二天他写道,"王尔德用花言巧语赢取了沙德威尔的心,他没有罚我们的款。"5 月 6 日,博德利的母亲来到牛津大学,博德利给姐妹们发了电报,邀请她们也来这里,估计她们当时就在伦敦。"我们驾车前去参观赛艇会……然后沿着彻韦尔步行路走了回来,王尔德在跟阿格尼丝谈论'艺术'。"阿格尼丝比她那位务实的兄弟对这种话题更感兴趣。次日,王尔德邀请他们一起去他的房间,然后陪伴他们登上了莫德林塔楼。塔楼上看到的风景让一位姐妹兴奋异常,她宣布说她要在上面待一整天。"王尔德表现出了不同寻常的英勇精神,我们成功地把她劝说了下来。"5 月 14日的日记里记录了另一次远足,王尔德、博德利和名叫戈德施米特的另一个学生去彻韦尔河(Cherwell)划一种"笨重的船",然后又去米特雷餐厅吃饭。

虽然这种生活方式听起来既自由又轻松,王尔德并没有完全疏忽自己的古典文化学习,除非那些练习题实在令人厌倦。他的课程除了古代文学之外,还包括古代史和古代哲学。由于在波托拉和圣三一学院的一流准备,他比其他学生更具有优势,甚至会略带傲慢地对待他的牛津导师们。(负责评定他的表现的人不是这些导师,而是第二年末和第四年末的其他主考官。)他把大多数时间用来阅读其他领域的书籍。他继续阅读斯温伯恩的新作《论文和研究》(*Essays and Studies*,出版于 1875 年),这部书籍让他觉得可以把"个性"和"完满"结合起来,后来,他充分发挥了这个概念。在牛津的时候,他继续为自己的摘录本收集资料,其内容很广泛。他阅读了赫伯特·斯宾塞和科学哲学家威廉·金顿·克利福德的作品;他不但了解自己课程要求的柏拉图和亚里士多德,还对康德、黑格尔、雅各比、洛克、休谟、贝克莱和穆勒也很熟悉。他博学多识地提到了阿尔菲耶里,还引用过波德莱尔的"噢,上帝,给我力量和勇气/让我看到自己的心灵和肉体时不感到厌恶!"他的特征之一就是把当代事物和古代事物联系在一起,比如他宣布说,"近现代的但丁和丢勒、济慈和布莱克都是希腊精神的最佳代表。"

摘录本中的标题援引了一些抽象概念,比如文化、进步、奴隶制、形而上学和诗歌,仿佛他已经知道有必要在这些问题上表明态度。关于艺术和艺术姿态的问题在摘录本上很常见。他以上帝信徒的身份写到"美",不过,他使用的是法文,表明他对美的崇敬虽然十分花哨,但还不至于把它视为宗教信条:

> 美是完美的
> 美是万能的
> 美是世界上唯一不会刺激欲望的事物

他为济慈和斯温伯恩的"娇弱、倦怠和性感"所做的辩护才是更尽心尽力的,他认为它们"是'热烈人性'的特征,真正的诗歌就需要这样的背景"。

他一再提到的一个主题是进步和权威之间的冲突。他支持的是那些抵抗者："在英格兰,《鲁滨逊漂流记》《天路历程》和弥尔顿都该归功于持异议者;马修·阿诺德对它们是不公平的,因为'跟成规不符'只不过是进步的同义词。"事实上,"思想的进步就是个人主义反抗权威的宣言",甚至"仅仅是人性自我保全的本能,是确认一个人自身之实质的愿望"。因此,他得出结论,"人类不断地走进清教徒精神、庸人习气、肉欲主义和盲从狂热的监狱,把自己的精神锁在门内;但是过了一阵子之后,他们就会产生巨大的欲望,想要实现更高层次的自由——为了自我保全。"因此根据达尔文或斯宾塞的理论,反抗是正当的。

虽然他并不打算把摘录本公布于众,王尔德还是使用了流行的措辞。在赞扬欧里庇得斯时,他宣称:"我们这些在现代生活的灼热采石场上苦干的人也许——难道是我们的幻想吗?——能从这位伟大的希腊人文主义者,这位古代的众心之心(cor cordium)的才赋中获得灵魂的某种自由。"他的文字越来越像是警句,虽然不如后来那样精炼,但他已经开始把大的主题浓缩成小的、辛辣的、音节整齐的措辞:

> 形而上学的危险之处就在于,人们往往以讹传讹地把名字转变成神祇。
>
> 苏格拉底和康德把哲学重新带到人间;亚里士多德和黑格尔再次出发去征服世界……
>
> 贝克莱彻底摧毁了非我,休谟对自我做了同样的事情;当因果律的解析过程把这一切贯彻到底,变成了仅仅是主观观念的结合体,所有诚实的人都会觉得世界末日就要降临了。
>
> **思想中的适者生存原理**
> 自然消灭了所有那些不相信自然齐一性和因果律的人。

不管他在阅读哲学、科学史和文学时怀着怎样的激情,王尔德追求的是辉煌但不显声色的名望。1874 年 11 月 24 日,他在牛津大学的学位初试(Responsions)中受挫,其考试内容包括希腊文和拉丁文作家,还有数学。学院的记录表明王尔德被"暂停学业",这个结果对于半研究员奖学金的获得者来说显然是不体面的。1 月 18 日,莫德林学院的院长弗雷德里克·布利博士正式告诫了他,两个月后(3 月 18 日),王尔德心怀愧疚地通过了考试,他回答的问题涉及了欧里庇得斯的《美狄亚》和《希波吕托斯》,维吉尔的《农事诗》,还有几何学。[10] 他的一个名叫戴维·亨特·布莱尔的朋友相信,王尔德曾经在下半夜偷偷地努力学习,以此来维持他那种漫不经心的样子。[11] 第一学期末,他的成绩也只不过是通过了考试,但是到了第二个学期,他就稳定了下来,在第三个学期里,他获得了一定的荣誉。

王尔德的同学登米·阿特金森(Demy Atkinson)对当时的莫德林古典教学作了简短的描述。他们的导师是约翰·杨·萨金特,萨金特在拉丁文写作方面颇有成就。傍晚五点,五个学生会来到萨金特的房间,聚集在炉火旁边。炉边总温着一大银杯啤酒,不过不是为他们准备的。"讲课"的人总是懒洋洋的,听众们也一样。王尔德对拉丁文不是很感兴趣,他已经继承了马哈菲对"一切罗马事物"的轻蔑[12],他从未娴熟地掌握拉丁文散文。不过,诗歌,哪怕是拉丁文诗歌,也能让他全神贯注,他的写作获得了萨金特的高度赞扬,但他也没有优秀到可以被提名赫福德奖学金(专门授予拉丁文科目的),该项奖学金的赢家往往会获得学院研究员的职位。[13]

迄今为止,他尚未在学习中有所表现,不过他距离第一个重要考试,即古典文学学位初试(Honour Moderations),还有一年之久。他较为成功的业绩是在同学中塑造自己的传奇形象。他依然紧搂唯美主义,而不仅仅是在跟阿格尼丝·博德利的散步中偶然提到它,他的姿态过于矫揉,足以引起敌意。古典专业的同学们认为他是个怪物。[14] 他嘲笑运动员,也遭到了运动员的嘲笑,据说,那些运动员有一次为自己报了仇,他们把他拖到一座高山之巅,直到那时才放了他。他站起身,掸掸灰,评论道,"这座山上的风景真是太迷人了。"[15] 阿特金森怀疑这件事的真实性,不过,王尔德说过,"一个人生活中的真实事情不是他所做的那些事,而是围绕着他形成的传奇……你永远不该摧毁传奇。只有通过它们,我们才可能对一个人的真实相貌略有了解。"*从圣三一学院以来,他就坚持对自己的诗歌进行英勇的辩护,人们不禁猜想他在其他方面也是这样,弗兰克·本森爵士在回忆录中证实,王尔德的表现显然是充满英雄精神的。根据本森的说法(他本人就是一个运动健将),王尔德"远不是那种软弱无力的唯美主义者","本学院只有一个人,他在校赛艇队中排第七位(即 J. T. 沃顿)……敢跟王尔德格斗,但他毫无获胜的可能"。为了证明自己的观点,本森引用了沃顿针对王尔德的发达肌肉的评论,然后讲述了一个故事,莫德林学院的一伙本科生决定在某天晚上把王尔德痛揍一顿,再砸碎他的家具。根据安排,四个本科生闯进了他的房间,其余人站在楼梯上看热闹。结果是出人意料的:王尔德把第一个人踢到外面,一拳打倒了第二个人,第三个人被腾空扔了出来,第四个人被他抓住了——一个块头跟他一样壮实的人——王尔德把这个人揪到他自己的房间,把他埋在他自己的家具堆里。然后,他邀请观众来尝尝他这位转败为胜者的葡萄酒和烈酒,观众接受了他的邀请。[17]

　　无论他激起了怎样的敌意,牛津的宽阔胸怀足以让他喜欢上它。在莫德林学院的第一年,他最亲近的朋友是三个近邻。第一个是威廉·沃斯福德·沃德,沃德后来当上了律师,他当时正在学习古典文学学位后半期的课程(前两年学习古典文学,后两年学习古代史和哲学),这些课程王尔德后来也会学到。王尔德说他是"这个世界上我唯一害怕的人"[18],也许是因为他不赞成王尔德对待天主教的那种轻薄态度。还有一位皮肤白皙的英俊学生名叫雷金纳德·理查德·哈丁,他后来成了股票经纪人,王尔德形容他是"我最好的密友"。[19]他写给哈丁和沃德的信件都被保存了下来。他们经常用绰号互相称呼,根据一部滑稽小说

---

*　道格拉斯·斯莱登讲述了另一个故事,一些学生闯入了王尔德的房间,砸碎了他的瓷器,把他的头按在学院抽水机的下面。赫斯基思·皮尔森对这种说法做了调查,他满意地发现,这事并没有发生在王尔德身上,而是发生在他的一位信徒身上,当时王尔德已经毕业了。[16]

中的人物,沃德被叫作"巨人",哈丁的绰号是"小猫",它来自一首歌曲——"请问,哈丁太太,我的小猫在你的花园里吗?"他们叫王尔德"霍斯奇"(Hosky)。这个小圈子后来把戴维·亨特·布莱尔也包括了进来,布莱尔是一个严肃的青年,沃德把他劝诱到了楼下,他保证王尔德的交谈是值得一听的。作为苏格兰的准男爵,布莱尔在一个名叫邓斯吉(Dunskey)的地方拥有一大片土地,因此被叫作"邓斯奇"(Dunskie),他是个虔诚的宗教信徒,虽然加入了共济会,但他正在考虑改变信仰。他后来变成了本笃会修士,担任了圣本笃学院的院长。王尔德会拿他跟《奥罗拉·利》(Aurora Leigh,勃朗宁夫人的作品)中的布莱兹爵士相提并论,后者的风格愈演愈烈,会说出"嘘!别说亵渎的话,求你了"这样的话来。[20]

　　亨特·布莱尔在一部自传中描述了王尔德(《在维多利亚时代》),他敏捷地指出,王尔德的谈话或行为中没有任何粗鲁之处。他的主要兴趣之一是布置自己的房间。根据他的三首牛津早期诗歌来判断,拉斐尔前派的百合总是少不了的。有几次,亨特·布莱尔跟王尔德一起去购物,其中一次是帮他购买两个蓝色的瓷花瓶,它们可能产自塞夫勒(Sèvres),是用来盛放百合花的。这些花瓶也许激发他说出了那些起初在校园里流传,接着流传到了全国范围的话,"我发现要想配得上我的蓝瓷器是一天比一天更困难了。"《潘趣》采用了这段话,但那是在后来的 1880 年 10 月 30 日,那一期的杂志上,乔治·杜莫里哀发表了一幅相关的素描。此前,在牛津的圣玛丽教堂,曾有人发表过一篇布道词来反对这句话中的邪恶倾向;那位牧师是伯根教长,他谴责说,"一个年轻人也许不是以优雅的逗乐口气,而是以清醒的认真态度说,他觉得要想配得上他的蓝瓷器是件难事,此时,一种异教崇拜已经蔓延到了这片与世隔绝的荫影中,我们有义不容辞的责任与之作战,如果可能的话,还要将其扑灭。"[21]它始终是王尔德最令人难忘的主张之一,而且是最早流行开来的主张。佩特的最后一部书籍是《加斯东·德拉图尔》(Gaston de Latour),在这部书籍的未出版部分的题词中,他引用了王尔德的这段话。有人质疑过它的真实性,不过根据奥斯卡·勃朗宁的记载,1876年,当他跟王尔德在牛津相识时,王尔德已经因这段评论而出名了。[22]不可能还有别人会说出这样的话来。《牛津暨剑桥本科学刊》也证实了这一点,1879年2月27日,这份杂志上刊登了一篇把王尔德称作"欧弗莱蒂(O'Flighty)"①的讽刺文章,其注释提到,"此人最喜欢的一段评论是:'我经常觉得,要想配得上我的蓝瓷器简直太困难了。'"这种愿望有点符合他母亲的那种热情洋溢的性情,它表达了一种过度的沉湎,等于是取笑了说话者自身。

他还在高街的施皮尔斯百货商店购买了其他东西;王尔德在牛津求学时欠下不少账单,其中有三年的施皮尔斯账单被保存了下来。[23](当时的商人愿意给学生留出时间来结算他们的账单,但即便是施皮尔斯也对王尔德失去了耐心,它不得不通过校长法庭向王尔德催债。)在王尔德的第一个学期里,他购买了两个蓝色大杯子和一些烛台饰品;第二学期的账单提到了一个装红葡萄酒的玻璃酒瓶和一些扑克牌。在第二学年的10月份,他购买了四个苏打水杯、四个素色玻璃杯和六个葡萄酒杯。1876年的春假期间,他待在学院里,3月21日,他暂时背叛了自己的蓝色瓷器,购买了一套华丽镀金的早餐瓷器。在次年1877年的1月,他又购买了六个咖啡杯和浅碟,六个威尼斯高脚杯,两个产于罗马尼亚的绿色葡萄酒玻璃瓶,一个滤水器,六个红宝石色的香槟酒玻璃杯。显然,他们越喝越多,而且这群人的人数也越来越多。亨特·布莱尔记得,甚至在第一学年里,王尔德在招待朋友时就显得非常慷慨。也许是为了效仿他母亲周六下午的招待会,周日晚上,当大家在公共休息室喝过咖啡之后,王尔德常常会举办开放式的招待会。桌上摆放着两碗用杜松子酒和威士忌酒调兑起来的潘趣酒(他母亲只要有咖啡和葡萄酒也就满意了),长柄的烟斗里填满了上等的烟草。跟在梅里恩广场一样,大家往往还会受到音乐的款待:学院的风琴手沃尔特·帕罗特坐在王尔德的钢琴旁,陪伴他的还有歌手沃尔特·史密斯-多利恩。阿特金森说,王尔德让他的仆人(在牛津被叫作"伙计"〔scout〕)穿上毛毡拖鞋,因为鞋子发出的声音会给他带来"巨大的痛苦",他还让仆人在卧室里拔软木酒塞,这是为

① 意思是"轻浮的"。

了避免客人们会听到拔出瓶塞时的那种不雅声音。[24]

这样的夜晚结束时,其情景经常是王尔德、沃德和亨特·布莱尔三人一直坐到天色泛白,就像是《谎言的衰落》中的朋友们。亨特·布莱尔回忆说,王尔德满怀幻想地描述了未来,直到"巨人"沃德试图截止他的话题。"你讲了一大堆关于你自己的事,奥斯卡,"沃德说,"还讲了所有你渴望实现的事情。但是你从未说过你这辈子打算做什么。"王尔德阻止了这种生硬的问题,只回答说,"谁知道呢。不管怎样,反正我不会成为一个干瘪的牛津教师。"*他并没有完全说实话,因为根据 1875 年到 1876 年之间他母亲给他的信件看来,他还没有放弃这方面的希望。不过,在莫德林学院的那些深夜里,他根本就没有把大学老师的职位放在心上。"我要成为诗人、作家或剧作家。不管怎样,我会流芳百世,如果不流芳百世的话,就遗臭万年。"他改变了自己在波托拉时代的昔日理想,即作为异端在拱形宗教法庭受审。"也许我会在某段时间里过着愉悦的生活,然后——谁知道呢?——就整天休息,无所事事。柏拉图说过,在人间,一个人所能达到的最高境界是什么?——就是坐在那里沉思美好的事物。那或许也是我的目标。"亨特·布莱尔对此表示反对:"胡扯,奥斯卡。那正是你不会做的事情。你永远不会坐在那里无所事事。你最有可能的是站起身来,到处乱转,做各种各样的怪事。""等着瞧吧,伙计,"王尔德回答说,"也许最初是这样,但最后的结果会非常不一样。这些事情没有人知道。该怎样就怎样吧。"话是亨特·布莱尔说的,但回答却具有典型的王尔德风格。王尔德总是准备好了要彻底转变自己的领域。喧闹的生活对他有吸引力,清静无为也一样。超越这两者之上的

---

* 他在自己的诗作《人类赞歌》中也表达过这样的情绪:

> 然而我无法走在柱廊间
> 在没有欲望、恐惧和痛苦的情形中生活,
> 或培养庄重的希腊大师在很久前
> 就传授给人们的那种明智的平静,
> 自我镇定,自我中心,自我安慰,
> 举着不屈的头颅,目睹世间的无益幻想随风而逝。

是一种曾经被叶芝指出的特质——"享受他自身的随心所欲。"[25]

在罗斯金和佩特之间

> 谁会在乎罗斯金先生关于特纳的观点是否合理？那有
> 什么关系？他那恢宏有力的散文，……至少也可以跟
> 英国画廊中那些在朽败的画布上褪色或腐坏的美妙日
> 落相媲美。①

王尔德在很大程度上是一位智性冒险家，他无法把自己局限在牛津古典文学课程的要求之内。他开始对当时正在翻译《吠陀经》的东方学家弗里德里希·马克斯-缪勒感兴趣，马克斯-缪勒邀请王尔德在万灵学院进早餐，他把这事告诉了母亲。她又把这消息传播给了跟她通信的人。[26]也许就是在马克斯-缪勒的怂恿下，王尔德才开始对那种只关心英国之进展的心态产生了吠陀式的轻蔑，后来，当王尔德极力称赞庄子的冥思哲学时，他又更大程度地发挥了这种想法。不过，在探索牛津为他提供的令人惊叹的知识领域时，有两个主要的牛津人帮助过他，他们也是他说过的自己最想见的人，即约翰·罗斯金和沃尔特·佩特。作为一个具有艺术品位的本科生，这两个人对他有着不可避免的吸引力。罗斯金时年五十五，占据了受人尊敬的史莱德美术教授席位（Slade Professor of Fine Art）；佩特时年三十五，在布雷齐诺斯学院担任研究员，他徒劳地试图继承罗斯金的史莱德席位。王尔德事先不可能知道这两个人彼此多么敌视；佩特一度是罗斯金的门徒，他不点名地反对自己的导师；对于佩特的抱负，罗斯金表现出了傲慢的无视态度。

---

① 引自《作为艺术家的评论家》。

直到牛津的第三年,王尔德才见到佩特本人,不过在第一个学期里,他就已经迷上了一年前出版的《文艺复兴史研究》(*Studies in the History of the Renaissance*)。他一直说这部书籍是他的"金鉴"(golden book),在《来自深渊》中,他描述说,佩特的这部作品是"一部对我的生活有着如此奇特的影响力的书籍"。[27]他能够熟记其中的大部分内容,尤其是那篇著名的"结论"。佩特宣称,人生是短暂行为的堆积,我们必须充分促发每一个瞬间,"不是要寻求经验的结果,而是经验本身"。道林·格雷在没有对作者表示致谢的情形下引用了这段话。"所谓成功人生,"佩特说,就是"始终以这种猛烈的宝石一样的火焰燃烧自身"——王尔德于是把"像火焰一样"视为自己最喜欢的形容词之一,就像他在《人类赞歌》中的表达,他渴望"以明亮的火焰燃烧自身"。我们可以有各种各样的燃烧方式,通过激情(佩特大力支持这种方式),通过政治或宗教热情,或他所谓的人的宗教,生活所能提供的最好方式莫过于,通过艺术来燃烧。尽可能充分地呈现一个人的感受力,这种理想吸引了王尔德,在《伊底斯的副歌》中,他会写道:

> 我将醉饮人生,
> 　醉饮用我的青春制成的美酒。

不过,他也会表明自己的保留意见,在《道林·格雷的画像》中,他让亨利·沃顿勋爵对道林·格雷说出了这一番佩特风格的话语,其影响力显然是不良的。

罗斯金以一种不同的方式培养了英国人的艺术意识,在其中,道德扮演了重要的角色。艺术家可以通过对自然的忠实再现,对自我放纵的感官享受的戒绝来表现他们的道德。"美学"这个词语成了罗斯金信徒和佩特信徒之间的争论焦点。罗斯金有时会以赞许的口吻谈到这个术语,就像在 1874 年的秋季学期,从 11 月 10 日到 12 月 4 日,他进行了一系列的八次讲座,题目是《佛罗伦萨的美学和数学艺术流派》(The Aesthetic and Mathematic Schools of Art in Florence)。这里的"数学"指的是透视学,除此之外的一切都被囊括在"美学"范围内了。他使用了这个术语,表明它在很大程度上属于学院派的措辞,不过,当人们用这个词语来表示不证自明的超道德艺术时,罗斯金就被激怒了。早在 1846 年,他就谴责过美学,认为它只是一种把艺术降格成为单纯娱乐的口号,"让灵魂入睡的打钟人和摇扇人。"(所罗门诗篇 3)但是在 1868 年,佩特称赞说拉斐尔前派属于"美学诗歌流派",这个词变得越来越流行。罗斯金一直在等待回应的时机,1883 年,他宣称说,人们越来越喜欢使用"美学的"(aesthetic)这个词,而那只不过是添加在猪食里的猪类专用调味品,这个现象表明了一种"道德上的缺陷"。[28]他自己的艺术批评要追溯到中世纪,具有中世纪的信仰和哥特式风格,同时他认为,文艺复兴越是蓬勃发展,也就越腐坏。在《来自深渊》中,王尔德接受了这个观点。但是他从佩特书中读到的信息就不一样了;对于佩特来说,中世纪的价值仅仅在于它是文艺复兴的预备期,文艺复兴的巅峰还在延续中。至于颓废,佩特并不否认,他欢迎一种他所谓的"优雅的、合宜的颓废"。[29]

王尔德会发现,他不但面对两种不同的教义,还面对两套不同的词汇。虽然罗斯金和佩特都欣赏"美",但对于罗斯金来说,"美"是跟"好"联系在一起的,而在佩特看来,美却有可能略带邪恶。譬如,佩特相当喜欢波吉亚家族。罗斯金谈论的是信仰,佩特谈论的是神秘主义,似乎在他看来,只有当信仰越轨的时候,它才是可以忍受的。罗斯金诉诸良心,佩特诉诸想象力。罗斯金让人觉得应该遵守纪律,自我克制,佩特允许人们追求愉悦。罗斯金以不道德的罪名加以斥责的事情,佩特却把它们当作嬉戏来欢迎。

王尔德既关心自己的灵魂,也关心自己的身体,尽管佩特让他感到十分兴奋,他却指望罗斯金能给他提供精神上的指导。他倾听了罗斯金在大学艺术馆举办的佛罗伦萨艺术讲座(1874 年秋季学期),以此来表明自己的态度。"王尔德总在那里,"阿特金森回忆说,内文森也记得他坚持出席了这个系列讲座,"把他那壮硕肥胖的身体斜倚在我们右边的门上,他的服饰总有些地方明显是不同寻常的,更有甚者的是他那杰出的头颅,他那浓密的黑发[其实是深褐色的],那活泼的双眼,那诗人的前额,还有一张像鲨鱼一样无定形却胃口很大的嘴巴。"[30]当然,库克和韦德伯恩(Cook and Wedderburn)正式出版的罗斯金讲座并没有包括他插进来的那些题外话。根据阿特金森的记载,他会"满怀爱意地讲解一幅画,然后突然停下来,请求听众们一有机会就爱上它"。他的口才让学生们鼓掌不已,其他教授从未享受过这种待遇,学生们甚至到了忘记鼓掌的地步,这简直是最高的称颂形式。

在一次即兴演讲中,罗斯金明确地提醒听众,就在前一年春天(1874 年),他曾经向他们提议说,与其在毫无意义的运动中,在"河面上毫无收益的乱划中",在学习"跳跃和划桨,用拍子击球"中锻炼身体,还不如跟他一起去改善郊区的环境。[31]王尔德早有准备像罗斯金那样摒弃体育运动,他不需要别人的说服。罗斯金请他们帮他完成一个他在数月前开始的项目,即修筑一条位于费里欣克西(Ferry Hinksey)的乡间道路,路的两边将会栽种上花朵,那里目前只有一条泥泞的小径。这就像是修建一座中世纪的大教堂,一种合乎道德的冒险,而不是希腊式的、自我迷恋的体育活动。在当时的本科生中流传着一首歌谣,歌谣中的罗斯金在说:

> 我的信徒们,呜呼,他们的脊背不怎么样,
>
> 他们的手臂比二头肌更厚实。
>
> 然而他们猛挥锄头和铁锹,赞美史莱德吧:
>
> 请到欣克西去当一名挖掘工!

虽然王尔德比大多数人更不愿意在黎明时分起床——跟母亲一样,他喜欢一直睡到下午——他还是为了罗斯金战胜了自己的倦怠。后来,他诙谐地吹嘘说,他很高兴自己享受到了殊荣,能够"为罗斯金先生本人的手推车铲土",大师还亲自传授他该怎样把这种运输工具推来推去的秘诀。[32]这条道路正在铺设过程中,挖掘工作在去年春天就已经完成了。它算不上一条像样的道路,但是对于

王尔德来说,这是一条通向罗斯金的道路,在苦干之后,罗斯金会邀请这些大汗淋漓的工作者一起去吃早餐。这项工作从 11 月一直进行到学期末,那之后,罗斯金去了威尼斯,王尔德又可以睡懒觉了,而这条道路本身也被逐渐废弃了。

修路的经历促进了王尔德的信念,即艺术可以有助于改善社会。他在莫德林学院谈论了关于英国之社会改革的很多事。罗斯金倾向于把死后的生活也英国化,他说过,"在帕丁顿车站,我觉得仿佛身处地狱",而作为其信徒的王尔德告诉朋友们,所有的工厂烟囱和粗俗的作坊都该被迁走,把它们搬到某座遥远的海岛上去。"我将把曼彻斯特还给羊倌,把利兹还给牧场主。"他宽宏大度地宣布。[33]

罗斯金从威尼斯回来之后,他鼓励王尔德上门拜访自己,此后,两人经常见面。对于王尔德来说,这段友谊是可喜且有益的。"我在牛津最珍贵的回忆就是跟您在一起的散步和交谈,"毕业之后,他写信给罗斯金说,"从您那里,我学到的东西都是好的。还能有什么呢?您身上有先知、牧师和诗人的成分,神祇授予您的口才,他们从未传授给任何人,所以您的启示能够通过激情的火焰、音乐的奇迹传达给我们,让聋子也能听见,盲人也能看见。"①[34]这是一封以门徒身份撰写的致谢信,它或许表明了一点,王尔德知道伟大的罗斯金是多么需要重建信心。博德利的日记写道,1875 年 4 月 25 日,他去拜访贝利奥尔学院的朋友威廉·莫尼·哈丁,哈丁在很大程度上也是一个唯美主义者。当博德利走进房间的时候,哈丁正在弹奏韦伯的钢琴曲,他停下演奏,跟他讲述了自己和罗斯金喝茶的经过。桌子上点着过分讲究的蜡烛。罗斯金很快开始向他倾诉自己,"真正的悲哀不会给人带来坏处,虚假的悲哀才会损害一个人。我只爱过一个女人,对于她和那个把她从我手中抢走的男人,我仍愿意表现出骑士风度。"成为罗斯金的密友意味着你不但会了解他的成就,也会了解他的沮丧。

王尔德知道罗斯金那段没有性关系的婚姻,他在 1879 年 11 月 28 日的信件

---

① 参见《马太福音》第十一章第五节。

中提到这件事。他在信中写道,那天夜里,在伦敦,他跟罗斯金一起去看亨利·欧文扮演的夏洛克,那之后,他独自一人去参加米莱家(Millais)的舞会。"这是多么奇怪,"王尔德说。[35]奇怪之处就在于,先是跟《威尼斯石头》(The Stones of Venice)的作者一起去观看《威尼斯商人》,然后去参加一场庆祝米莱女儿结婚的舞会,米莱太太曾做过六年的罗斯金太太,在那几年里,有三年的时间,米莱都是罗斯金的特殊朋友和被保护人。罗斯金的婚姻被宣布无效,其理由是两人并未同房,这是众所周知的,自那之后,有十几本书中都提到关于此事的很多细节,而在牛津,人们口头上早已把这些事传得沸沸扬扬了。王尔德对待罗斯金的态度中既有尊重也有同情的成分,他对这位老人是如此钦佩,几乎不可能漠视他的人生之失败。

至少在某些时候,王尔德接受了罗斯金对威尼斯的构想,罗斯金认为威尼斯本是一位中世纪的处女,后来变成了文艺复兴时期的维纳斯,建筑和绘画方面的特定作品标志着这种改变。在《来自深渊》中,王尔德谈到,"基督本人引导的文艺复兴创造了沙特尔大教堂、亚瑟王传奇系列、亚西西的圣方济各生平、乔托的艺术,以及但丁的《神曲》";然后,不幸的是,它被"令人沮丧的古典文艺复兴打断和糟蹋了,古典文艺复兴给我们带来的是彼特拉克、拉斐尔的壁画、帕拉第奥式建筑、刻板的法国悲剧、圣保罗大教堂、教皇诗歌,以及一切无中生有的东西,一切根据僵化教条创造的东西,它们并非源自某种能为其带来活力的精神"。[36]不过,在牛津和牛津之后的岁月里,王尔德也曾效仿过佩特,对意大利文艺复兴以及随后的时代说了很多好话。罗斯金斩断了很多关系,佩特却把它们融汇在一起。佩特书中的文章谈论的是从十三世纪到十八世纪的主题,但是它们往往都在颂扬一件事,即男性之间的友谊,譬如在中世纪的埃米斯和埃米尔(Amis and Amile)之间①,在皮科·德拉·米朗多拉和斐奇诺(Pico della Mirandola and Ficino)之间②,在列奥纳多和他笔下圣约翰的模特之间,在米开朗琪罗和他那些

---

① 法国传奇故事,描述了两个男性之间的友谊。
② 米朗多拉和斐奇诺都是意大利文艺复兴时期的哲学家,两人关系亲密。

十四行诗的多情收信人之间,在温克尔曼那里(他在去拜访歌德的途中被杀害)。佩特的书中贯穿着一种按捺住的邀请氛围,正如罗斯金的作品中贯穿着一种按捺住的拒绝氛围。至于同性恋,罗斯金认为,即便雅典人喜欢搞这一套,也不意味着它就不属于罪孽,他指出,"有些人对女人失去了兴趣",过分地"赞扬了男性的肉体之美",这正是希腊衰败的源头。[37] 不过,罗斯金本人却迷恋上了一个名叫"萝丝·拉·塔奇"的孩子,所以他对正常性爱的表态也就很难当真了。佩特的哄诱显得更有说服力。他的《研究》一书之所以会对王尔德产生非凡的影响力,部分原因就在于此书通过文化诡计引诱了青年人。跟罗斯金的那种刚毅的"别碰我"(*Noli me tangere*)相比,佩特从文艺复兴中得出了颠覆性的经验,即我们必须继续下去,牵着男性的手。

对于王尔德来说,这两人就像是两位使者,在不同的方向上召唤他。如果他需要证据来证明"批评是最高形式的自传"(根据他后来的说法),他可以在他俩无意识的自我表露中找到这种证据。一个人表示谴责的铿锵跟另一人用来哄人的节拍简直不相上下。一个人是后基督徒,另一个是后异教徒。罗斯金是崇高的,满怀冷峻的谴责,他也是狂热的;佩特是阴险的,他触发了心灵感应,但小心翼翼。两人都没有提供一条让王尔德可以毫不含糊或庄重地选择的道路。王尔德喜欢把佩特称为"沃尔特爵士",他后来批评了《研究》的风格,认为它太深思熟虑了,缺乏"词语的真正有节奏的活力"。佩特去世时,根据马克斯·比尔博姆的说法,王尔德评论道,"他曾经活过吗?"[38] 在后来的生涯中,他认为,作为一个人,一个作家和一个有影响力的角色,佩特都是不值一提的,罗伯特·罗斯略带不快地提到过这件事。[39] 至于罗斯金,王尔德将会在《莎乐美》中呈现另一个名叫约翰的先知,他就是狂乱的、不可接触的伊奥卡兰(Iokanaan)。这两个人,最终都被他超越了。

52

注释

[1] A letter from Bunbury (1878) is at Clark.

[2] Review of '*Henry the Fourth* at Oxford,' *Dramatic Review*, 23 May 1885; Henry

James, *Persons and Places* (1883), 246; *Letters*, 772.

[3] [J. E. C. Bodley], 'Oscar Wilde at Oxford,' *New York Times*, 20 Jan 1882.

[4] Michael J. O'Neill, ed., 'Unpublished Lecture Notes of a Speech by Oscar Wilde at San Francisco,' *University Review* (Dublin) 1 (Spring 1955): 29-32; Seymour Hicks, *Between Ourselves* (1930), 79; Yeats, *Autobiography*, 87.

[5] G. T. Atkinson, 'Oscar Wilde at Oxford,' *Cornhill Magazine* LXVI (May 1929): 562.

[6] Atkinson, 563.

[7] Oliver St John Gogarty, 'A Picture of Oscar Wilde,' in *Intimations* (N. Y., [1950]), 50; Atkinson, 561.

[8] Lord David Cecil, *Max: A Biography* (1964), 70.

[9] Gelett Burgess, 'A Talk with Mr Oscar Wilde,' *The Sketch*, 9 Jan 1895, p. 495; E. F. Benson, *As We Were: A Victorian Peep-show* (1930), 246.

[10] Oxford examinations (Bodleian).

[11] David Hunter Blair, *In Victorian Days* (1939), 123.

[12] Stanford and McDowell, *Mahaffy*, 31.

[13] Atkinson, 561.

[14] Lewis R. Farnell, *An Oxonian Looks Back* (1934), 57.

[15] Atkinson, 561; Sladen, 109; Sherard, *Life of O. W.*, 138.

[16] Sladen, 109; Pearson, *Life of O. W.*, 36.

[17] Sir Frank Benson, *My Memoirs* (1930), 137-8.

[18] Letter to me from Ward's daughter, Cissie, 1977.

[19] *Letters*, 32.

[20] Written in Wilde's copy of *Aurora Leigh* (Magdalen), for Ward's benefit.

[21] New York *Tribune*, 8 Jan 1882.

[22] Oscar Browning, letter to the editor of *Everyman*, 1 Nov 1912, and letter to Frank Harris, 25 Sept 1919 (Texas).

[23] Archives of the Vice-Chancellor's Court (Bodleian).

[24] Atkinson, 560.

[25] Hunter Blair, 115-43; Yeats, *Autobiography*, 91.

[26] Lady W, letter to unnamed correspondent, [5 May] 1875 (Reading).

[27] Review of '*As You Like It* at Coombe House,' *Dramatic Review*, 6 June 1885; *Letters*, 471.

[28] *The Works of John Ruskin*, ed. E. T. Cook and Alexander Wedderburn (1903), IV: 35-6; XXV: 122-3.

[29] Walter Pater, Preface of *Studies in the History of the Renaissance* (1874 and later edns.).

［30］Atkinson, 563；H. W. Nevinson, *Changes and Chances* (1923), 55.

［31］H. Kingsmill Moore, *Reminiscences and Reflections* (1930), 18.

［32］王尔德经常这样描述他的筑路工作：*Home Journal* (N. Y.), 19 Oct 1881；*Nation*, 12 Jan 1882；Indianapolis *Journal*, 14 Jan 1882；*The World*, 4 Feb 1882. 博德利在未署名的《纽约时报》文章(1882 年 1 月 20 日)中对此表示质疑；但是阿隆·卡迪斯(Alon Kadish)曾为此作过研究，他向我保证说王尔德是筑路者之一。

［33］Kingsmill Moore, 45；Atkinson, 561-2.

［34］*Letters*, 218.

［35］Ibid. , 61.

［36］Ibid. , 482.

［37］Ruskin, *Works*, XXⅡ：235-6；XX：91.

［38］Stuart Merrill, essay on Wilde, 20 Sept 1912 (Hart-Davis) at Clark；*The Artist as Critic*, 351；Max Beerbohm's notes on Wilde (NYPL：Berg).

［39］Eduard J. Bock, *Oscar Wildes persönliche und frühste literarische Beziehungen zu Walter Pater* (Bonn, 1913), 26. Bock is quoting a letter to him from Robert Ross.

第三章　罗马和希腊

> 为着我的罗马热病，我的思想、钱财
> 和幸福都损失不小。

曼宁学说

　　如今，王尔德已经完全适应了牛津的环境。尽管如此，他也并不是无忧无虑的。学业难不倒他；但灵魂的状态就不同了。在牛津，罗马天主教对他具有比在圣三一学院更强大的吸引力，他的信件经常泄露自己的焦虑。他知道在他们相识之前，罗斯金曾经在亚西西的一间修道室里度过夏天，不过，他拒绝皈依天主教，理由是他比罗马天主教徒更具有天主教精神。佩特过去经常拜访罗马天主教的教堂，他对那些典礼和装饰大加赞赏，在《伊壁鸠鲁的信徒马里厄斯》（*Marius the Epicurean*）中，他将会夸奖它们的"美学魅力"，但他对天主教的教义是有所保留的。牛津大学的其他人就较缺乏抵制力了；贝利奥尔学院的亨利·爱德华·曼宁和三一学院的约翰·亨利·纽曼都背叛了新教，他们的改宗如今已青史垂名，前者一鼓作气，后者却经历了不少曲折。更近期的事件是，杰勒德·曼利·霍普金斯也改变了信仰，他跟曼宁同属贝利奥尔学院。对于莫德林学院的王尔德来说，是朋友戴维·亨特·布莱尔让他深刻意识到了这个问题的存在。

　　亨特·布莱尔改宗时的情形是激动人心的。1875 年冬季学期,他申请了假期,前去莱比锡学习音乐,为了及时赶上曼宁升任红衣主教的仪式,他从莱比锡出发前往罗马,这个仪式在 1875 年 3 月 15 日举行。曼宁是一位特别的英雄,因为他坚决维护教皇无过错的教义,最近,面对格拉德斯通的指控,他曾经为这种教义作过辩护,格拉德斯通认为这个概念"既否定了现代思想,也否定了古代史"。亨特·布莱尔被狂热所控制,在曼宁仪式结束十天之后,他也皈依了天主教。他是一位引人瞩目的皈依者;大主教(后来又担任了红衣主教)霍华德为他施行了坚信礼,教皇庇护九世赐福于他,还授予他教皇侍从的名誉职位。

　　4 月底,亨特·布莱尔回到莫德林学院,他敦促王尔德和其他人也效仿他的做法。有几个莫德林学生照做了。威廉·沃德笑了笑,什么也没说;王尔德没有笑,却说了很多。主要的障碍是威廉·王尔德爵士的反对。"可以肯定,如果我过去皈依了天主教的话,"他指的是了自己在圣三一学院的日子,"他会彻底剥夺我的继承权,今天,他也会做同样的事情。那就是为什么当我获得前往牛津的奖学金时,他会感到欣喜,在这里我就不会受到那些有害的影响了。如今,我最好的朋友成了天主教徒!"他们的情形是无法相提并论的。亨特·布莱尔有自己的地产。"你是幸运的,我亲爱的邓斯奇,像你这样,独立于你的父亲,可以自由自在地做你想做的事情。我的情形就完全不一样了。"[1]

　　这种经济上的考虑没有打动亨特·布莱尔,他继续劝说王尔德。王尔德变得跃跃欲试;他觉得内疚,有罪在身;王尔德喜欢他所谓的"信仰的芬芳"[2],他在第三根手指上戴了一个椭圆形的紫水晶戒指,看上去有点像是教会人士佩戴的那种。后来,他利用自身经验描述了罗马仪式对道林·格雷的诱惑力。"每天的圣餐礼,事实上比古代的任何献祭都要更令人敬畏,让他深受感动,不单是因为这种圣餐堂而皇之地拒不承认感官的证据,也因为其中带有那种原始的简单,那种它试图去象征的对人类悲剧的永恒怜悯。他喜欢跪在寒冷的大理石地面上,目睹神父身穿僵直的缀满花饰的法衣,用他苍白的双手缓慢地把圣体盒上

54

的幕布撩开,或高举镶满珠宝的灯笼形圣餐匣(展示着浅色的圣饼)……或,身穿耶稣受难的服饰,把圣饼掰开,放进圣餐杯,然后为自己所犯下的罪行捶打胸脯。冉冉生烟的香炉被表情庄重、身着缎带和红衣的男孩子们举向空中,就像举着镀金的花朵,它们对他也有着微妙的吸引力。"[3]截至 1875 年 6 月,王尔德对天主教的兴趣已经招摇到了让拜访者感到吃惊的地步。其中包括雕塑家罗纳德·高尔勋爵,高尔是萨瑟兰公爵二世的小儿子*,他来看望王尔德,还带来了弗兰克·迈尔斯(一位高尔熟识的年轻肖像素描家)。在 1875 年 6 月 4 日的日记中,高尔把王尔德描述成"一个令人愉快的、活泼开朗的家伙,但他那留着长发的脑袋里充斥着跟罗马教会有关的胡言乱语。他的屋子里摆满了教皇和红衣主教曼宁的照片"。[4](王尔德还有一座圣母玛利亚的石膏像。)高尔本人在早些时候也对纽曼产生过兴趣,他警告王尔德要留心亨特·布莱尔的哄诱。王尔德依然更像是一个新教异端的首领,而不是天主教的狂热信徒。

1875 年的暑假证实了他的犹豫不决。他在意大利度过了假期开始的一段时间,欣赏了罗斯金提到的让他渴望一见的绘画。说也奇怪,虽然他那么赞同亨特·布莱尔,他在意大利的游伴却是圣三一学院的昔日导师马哈菲教授,马哈菲教授是新教团体中的成员,他坚决反对罗马天主教,还有一个同伴名叫威廉·古尔丁,古尔丁是一位都柏林富商的儿子,也是个坚定不移的新教徒。王尔德之所以跟他们一起出游,也许就是为了抵制亨特·布莱尔的说服。根据他的家信,他父亲并不担心他有可能改变信仰,这些书信以同等的喜悦心情描述了伊特鲁里亚人的坟墓和提香的《圣母升天》("意大利最好的绘画")。他没有描述的是,当他看到那么多富有艺术美感的赞扬天主教虔行的纪念物时,他内心感受到的震动。他拜访了佛罗伦萨的圣米尼阿托,随即撰写了一首诗,时间大约是 1875 年 6 月 15 日,这首诗一方面表达了他对形而上学之感受的悦纳,另一方面也传达了他对俗世诸相的热爱。

---

* 高尔是同性恋者,他收养了一个名叫弗兰克·赫德的年轻人,因此,王尔德向一个朋友发出了关于他们的警告,"可以去看望高尔,但赫德就算了。"

　　王尔德的最初写作灵感主要源自他对这种张力的了解,他的这首诗歌在很大程度上探讨的是灵魂的出售,试图购回它们的过程,以及交易者的心理状态。《圣米尼阿托》的初稿跟后来的修订稿有着显著的区别:

圣米尼阿托

(6 月 15 日)

一

看,我已经从山的一侧

　　攀登上了神圣的上帝之所,

　　天使般的僧侣曾从这里走过

目睹天空豁然敞开。

墙上的夹竹桃

　　在黎明的光线里呈现深红;

　　夜晚的银色阴影

像枢衣覆盖着佛罗伦萨。

桃金娘的叶子温柔地颤动,

　　那是微风忧伤地拂过,

　　在散发着杏仁气味的山谷里

孤独的夜莺声传来。

二

白天很快会让你沉寂

　　喔! 夜莺继续为爱情歌唱,

　　　　　　然而在朦胧的丛树之上

　　　　　　月亮射下明亮的箭头。

　　　　　然而越过沉寂的草坪

　　　　　　　在金色的薄雾中，月光悄然呈现，

　　　　　　　它向厌倦爱情的双眼隐瞒了

　　　　　拂晓的纤长手指是怎样

　　　　　攀爬上东方的天空

　　　　　　　去攫住、去捕杀战栗的夜晚，

　　　　　　　对我内心的愉悦无动于衷，

　　　　　抑或夜莺就应该死去。[5]

　　　他赞美了弗拉·安吉利科①，但那是被夜莺环绕的弗拉·安吉利科，被淫荡的夹竹桃和桃金娘围绕的弗拉·安吉利科。基督教的景物在很大程度上被异教的鸣禽、爱情的比喻，以及偷窃和谋杀破坏了——箭头在落下，月光在偷窃，黎明屠杀了夜晚。在争夺王尔德灵魂的神圣和世俗之战中，世俗的力量在逐渐增强。不过，到了1876年3月，当这首诗被修改之后发表在《都柏林大学杂志》上时，神圣力量已经主宰了除最后几个词之外的整首诗歌，他对自然的被动容忍让步给了一种对超现实干预的渴望。

圣米尼阿托

　　　　　看，我已经从山的一侧

　　　　　　　攀登上了神圣的上帝之所，

---

　　①　弗拉·安吉利科（Fra Angelico，约1400–1455），意大利文艺复兴时期的画家。

　　天使般的僧侣曾从这里走过

目睹天空豁然敞开。

坐上了新月的宝座

　　天国和恩典的女王——

　　玛利亚，我能否只瞅一眼你的脸庞，

死亡绝不会如此迅速地降临。

· · ·

噢！被上帝用爱和火焰加冕，

　　噢！被圣者基督加冕，

　　噢！请听！在密集的阳光到来之前

向世界展现我的罪和羞耻。

　　最初的几句依然是最好的，但是接下来随着"死亡绝不会如此迅速地降临"就坠入了深渊。威廉爵士看了儿子的诗歌很高兴。王尔德夫人对诗中的虔诚没发表意见，但她提供了专业的异议："**罪**（Sin）是可敬的，充满了诗意，**羞耻**（Shame）就不是这么回事了。"[6]王尔德从一位甚至更专业的诗人那里借鉴了这个联接用法，那位诗人就是丁尼生。（参见《悼念集》〔*In Memoriam*〕，第48首）*在王尔德这里，它变得做作，带有忏悔的自满。他将学会把这种忏悔隐藏在心底。

　　6月19日，这些旅行者继续从佛罗伦萨出发，前往博洛尼亚，然后去了威尼斯。王尔德将会记住"海贝壳的珠灰色和紫色在威尼斯的圣马可教堂中受到摹仿"。①6月22日，他们在帕多瓦暂停了一下，前去参观乔托的作品，王尔德跟导

　　*　"〔悲哀〕抑制住罪和羞耻，为了/用琴弦拨出最深沉的音……"
　　①　见《作为艺术家的评论家》。

师罗斯金一样,对乔托的作品大加赞赏,然后,他们在 23 日较晚的时候出发,前往维罗纳。1303 年到 1304 年之间,但丁曾被流放到这里,王尔德为此撰写了一首十四行,诗歌的内容第一次把诗人置于监狱的比喻之中,虽然但丁在维罗纳并没有被监禁起来:

> 在监狱那不分好歹的栅栏后,
> 我的确还拥有他人夺不走的东西
> 我的爱,以及星子的所有荣耀。

这些慰藉物——在这里谈起来是如此轻巧——却没有他以为的那么可靠。

在游览过维罗纳之后,马哈菲和古尔丁继续前往罗马;王尔德花光了钱,不得不在 25 日启程回家。他又有了新的诗歌主题——《未拜访的罗马》:

> 在这里我转向家乡;
> 我朝圣的旅程已终结,
> 虽然,据我看来,你那血红的太阳
> 正指引着通往神圣罗马的道路。

这首诗讨好了亨特·布莱尔*,因为它表达了王尔德想要拜见教皇(作为唯一被上帝委任的国王)的渴望,他希望自己的心灵全无畏惧,只要他能够像宗教诗人那样歌唱。当他的肉体从罗马的方向上转开,他却在想象的层面上靠近了它。

暑期剩下的时间带来的是世俗的愉悦。王尔德经由巴黎返回了爱尔兰,他在爱尔兰的西部度过了数周时间。他可以在康村附近的摩伊图拉宅(那里的克里布湖的风景十分壮观)和劳恩罗(某座岛上的一间狩猎小屋)之间自由往来。

---

* 它也讨好了约翰·亨利·纽曼,王尔德把这首诗寄给了他。[7]

他可以尽情地划船、打猎、钓鱼、骑马和扬帆出航。8月,他回都柏林去迎接短期来访的朋友弗兰克·迈尔斯。迈尔斯在访问期间为王尔德绘制了一张素描,素描显示王尔德试图蓄起胡髭,但不久后他放弃了这个打算。

也就是在1875年8月,王尔德遇到了一个美女,在剩下的单身汉生涯中,他会跟一连串的美女建立交往,而这人就是其中的第一个。她是弗洛伦丝·巴尔贡博,一位曾经在印度和克里米亚半岛服役的陆军中校的五朵金花中的第三朵。虽然她没有嫁妆,但根据王尔德的说法,她长得"**漂亮非凡**"。[8]他们在她位于克朗塔夫(Clontarf)的马里恩巷1号的家中相遇。她十七岁,王尔德二十岁。8月16日,王尔德陪她前去参加圣帕特里克新教大教堂的下午仪式。两人开始变得两情相悦。1875年圣诞节,王尔德似乎送了她一个小金十字架,上面有两人的名字,被联结在一起。结婚的主意悬而未决,显然,两人之间存在着某种不算激烈的追求关系,不过,王尔德不可能在上学期间结婚。很难估量他的感情到底有多强烈,他喜欢对此夸大其词,而她后来却尽力低估。王尔德的感情在很大程度上恐怕是自我中心的。他还是会让另一个名叫费迪莉娅的都柏林女孩坐在自己膝盖上,爱抚她*,或跟一个名叫伊娃的调情**。不过,弗洛伦丝·巴尔贡博有点类似于正式的爱人。1876年9月,他送给她一幅水彩画,上面是他画的摩伊图拉宅。他在这个被推定的相爱期间撰写的情诗显示了他的踌躇。他们两人都设想了爱人或被爱者的死亡——对于半心半意的求爱者来说,这是一种便利的脱

---

* 女孩的母亲写信给他说:

"亲爱的奥斯卡,上次在你的家的时候,当我走进客厅,看到费迪莉娅坐在你的腿上,我感到非常痛苦。像她这么年轻,她本该具有(我也这样告诉她了)那种让她会退缩的天生娇羞——但是,哦!奥斯卡,对你而言,这件事既是不对的,也不够男人,还不像个绅士所为。你已经让我感到失望……

现在说说另一件事吧——对于你经常把我当成傻瓜的方式,我总是感到好笑——我指的是你在遇上费迪莉娅时亲吻她——也就是说,试图在似乎没人看得见的情形下这么做……譬如,我最后见到你的时候——你让我,一个女士,自己去打开厅门,同时你留在后面亲吻费迪莉娅。你真的以为我有那么蠢吗?竟然不知道你总是在见到费迪莉娅的时候亲吻她,只要你一有机会?"

** 1875年10月11日,布莱顿的伊迪丝·J.金斯福德写给他一封信,表明她一直在跟她的亲戚伊娃调情,伊娃显然是爱上了他,提出如果他愿意的话,她可以协助安排结婚事宜,即便伊娃的母亲永远不会同意。[9]

身之计——就像在那首最终被命名为《歌谣》的诗歌中：

> 金戒指和乳白色的鸽子
>
> 是配得上你的好礼物
>
> 一条麻绳给你自己的爱人
>
> 让他悬挂在树上。

斯温伯恩被她感染，曾描述过她"娇弱/美好的身体，为爱和痛苦而造"，罗塞蒂也一样，他形容她是"饱浸雨水的白色百合"。在《国王女儿的悲哀》中，国王的女儿犯下了七种罪行，即谋杀了她的七个爱慕者。这些诗歌更关心的是措辞而不是感受，是令事情复杂化的因素，而不是最终结局。

1875 年秋天，王尔德回到牛津，开始了他的第二学年，此时，他心里既惦记着宗教，又惦记着爱情。1875 年 11 月 23 日，在圣吉尔斯街(St Giles)举行的圣阿洛伊修斯新教堂的献堂礼上，红衣主教曼宁针对牛津的校训"上帝即吾光"(*Dominus Illuminatio Mea*)进行了嘲讽的布道。这是自从宗教改革以来在牛津修建的第一座罗马天主教教堂。王尔德登记了自己的名字，跟其他听众一起，他倾听了这位红衣主教谴责牛津对宗教的冷漠和在宗教方面的腐朽。王尔德有时会觉得曼宁是"迷人的"[10]，这个词语更像是世俗用词，而不是宗教措辞。亨特·布莱尔也许期待这次拜访能让王尔德下定决心，但是他没有考虑到王尔德就是喜欢三心二意。对王尔德的灵魂状态的讨论仍在继续当中。一天夜里，甚至连亨特·布莱尔也失去了耐心。他对着王尔德的脑袋打了一拳，叫嚷着，"你要受罚了，你要受罚了，你看到了光，却不跟从。"威廉·沃德一直在倾听他们的谈话，他问道，"我呢？""你会获救的，因为你具有不可战胜的无知。"亨特·布莱尔承认。[11]12 月初，王尔德前去拜访博德利，坦白了自己在"天主教(曼宁学说)和无神论"之间"摇摆"(根据博德利的措辞)。博德利尖酸地提醒他，再多一个爱尔兰天主教徒也不会对宇宙有什么搅扰。王尔德继续摇摆,他去圣阿洛伊修斯教堂倾听亨利·詹姆斯·科尔里奇牧师的布道,写信给沃德说,他比任何时候都更加"深陷在巴比伦淫妇①的诡计之中"[12],他一边向圣坛的方向后退,一边瞅着出口。

一方面,他开始走上背叛家族信仰的道路;另一方面,他跟男人的暧昧关系也出现了苗头。阿特金森和其他人注意到,他那种摇摆的走路姿态显得有点娇柔。朱利安·霍桑(纳撒尼尔·霍桑的儿子)在日记中评论说,"他身上有一种可憎的女人味儿。"[13]他在莫德林的朋友们并不是同性恋,但是艺术家弗兰克·迈尔斯可能有点迹象,只要看看罗纳德·高尔勋爵对他那么感兴趣就可想而知了,迈尔斯就是跟高尔一起去巴黎的。1875 年 12 月 4 日,博德利的日记提到了王尔德在牛津的其他暧昧友谊——那是王尔德在牛津大学的第二学年。内容是这样的,"拜访了王尔德,他让朋友们读了一些愚蠢的信件,是那些'渴望得到'他的人撰写的,他们把他叫作'福斯科'(Fosco)。菲茨借给他五英镑,我们并没有在他的房间里胡闹。"王尔德也曾给男人写过热情的信件,一封从莫德林发出的收件人身份不明的信件证实了这一点:

> 亲爱的哈罗德:我真没想到还会收到你的来信。但愿音乐不是这样一位塞壬,让你遗忘了其他一切人。今晚九点,你能来看望我吗?任何别的时候都行,只要你能摆脱"约翰爵士"——顺便提一句,我觉得,你喜欢他远远超过了喜欢
>
> 你真诚的
> 奥斯卡·王尔德
>
> 今晚,我邀请了一些人一起吃饭——并不是那么知识分子化的——但其中包括了沃恩·休斯。[14]

60

---

① 巴比伦淫妇(Scarlet Woman),圣经启示录中的邪恶角色。

王尔德接受了男人的亲热表态,不管内心是多么不安,博德利都决心视而不见,次日,他干了件恶作剧,12 月 6 日,他带着嘲讽口吻记录了这个恶作剧的成功:"王尔德不喜欢寄给他的鳕鱼头①和《伦敦期刊》(*London Journal*)。他说,他把前者偷偷丢进了彻韦尔河,觉得自己简直像是温赖特(那位凶手)②。"(这是王尔德喜欢罪犯的最初迹象,尤其是那些像温赖特一样具有艺术气质的罪犯,后来他以温赖特为题撰写了《笔杆子、画笔和毒药》。)但是还发生了另一个事件,那才是更令人担忧的。

事情发生在贝利奥尔学院,当事人之一是博德利的朋友(也是罗斯金的朋友)威廉·莫尼·哈丁,王尔德认识哈丁,他们两人都参加过罗斯金的修路活动。人们发现沃尔特·佩特给哈丁写过信,落款是"你深情的",当时哈丁的学业就快完成了。他的"不得体"言语和行为把事情搞得更糟。虽然人们尽可能低调对待这件事,它在贝利奥尔学院却是众所周知的,尤其是在罗斯金的门徒中。艾尔弗雷德·米尔纳(后来的米尔纳子爵)是哈丁的朋友,他不得不承认,哈丁被人称作"贝利奥尔的鸡奸者"。当时,"男孩崇拜"在牛津是很常见的。* 人们认为哈丁给学院丢了脸,1875 年春天,有人把这件事情汇报给了学院的古典文学导师 R. L. 内特尔希普。然而,内特尔希普没有采取任何行动,本科生伦纳德·蒙蒂菲奥里跟米尔纳一样,也参加了罗斯金的修路活动,他向贝利奥尔学院院长本杰明·乔伊特正式投诉了哈丁的亵渎和不敬行为,证据似乎是一些表达了同性恋感情的十四行诗。米尔纳和阿诺德·托因比(另一位修路者)都试图帮助哈丁,托因比叫他毁掉了那些会暴露问题的通信,米尔纳辩护说,那些十四行只不过是一些想要唬人的文学习作罢了。1876

---

① 鳕鱼头(cod head)在英文中有"傻瓜"的意思。

② 托马斯·温赖特(1794-1847),英国艺术家、作家和谋杀犯。

* 查尔斯·爱德华·哈钦森撰写了一部关于男孩崇拜的小册子(虽然没有署名),1880 年 4 月,这个册子在牛津出版,导致《牛津暨剑桥本科学刊》发表了一系列激烈的相关通信,这些通信占据了这份周刊的三期版面(4 月 22 日和 29 日,还有 5 月 6 日),直到学校当局阻止了争论的延续。

年初,乔伊特就已经得知了那些信件的存在,还得到了那些十四行的抄本。他
对佩特和哈丁两人都深感震惊,从此跟佩特断绝了关系。作为一个单身汉和
一个柏拉图主义者,乔伊特认为柏拉图对男人的爱是情有可原的,理由是当代
读者可以很容易地把这种爱换位到女人身上。"如果他生活在我们的时代,
他自己就会做出这种转换。"[15]但是他觉得哈丁是不可原谅的,基于"保存和
吟诵不道德诗歌"的正式指控,他传唤了哈丁。起初,哈丁否认了这项指控。
接着,乔伊特心怀厌恶地向他提出选择条件,要么被悄悄地开除,要么就去面
对训导长的质询。他选择了开除。乔伊特写信给他的父亲说,他儿子"在这
里的生活方式也许最终会害了他自己,而且已经败坏了学院的名声。他的谈
话和写作是不体面的,他的朋友是坏人,他的成绩一塌糊涂。为什么他还要待
在牛津?"哈丁的父亲是一位著名的内科医生,他勉强接受了这个结果。唯一
的难题是,哈丁因为关于特洛伊之海伦的诗歌赢取了纽迪吉特奖,根据惯例,
到了6月份的牛津大学校庆典礼(荣誉学位授予典礼)时,他将回来在谢尔登
剧院朗诵这首诗歌。出于压力,他优雅地表示,自己因为病情过重,不能前来
出席典礼,跟其他人一样,博德利也装作信以为真的样子。[16]*

　　这个事件就是证据,表明在牛津做出哈丁这类事的危险性。王尔德是米尔
纳和蒙蒂菲奥里的密友,他知道这种危险。然而,他开始表现出他对男人之间关
系的兴趣。安德烈·拉夫洛维奇是一位不友善的目击证人,他提到,王尔德曾经
吹嘘说,谈论同性恋话题所带来的愉悦不亚于别人干这事的愉悦。[18]任何事情
都可能导致他做出对自己欲望让步的反应。维奥莱特·特鲁布里奇是一位年轻
的艺术家朋友,她向王尔德出示了自己绘制的一幅题目叫《荒废的时日》(*Wasted
Days*)的蜡笔画,这幅画描绘的是一张双重的肖像,一个男孩在夏天无所事事,到
了冬天就饿着肚子。王尔德为此撰写了一首十四行,第一段是这样的:

---

　　* 十一年后,王尔德将会为哈丁的一本小说撰写书评,他愉快地评论说,小说中的男主人公是
一位"过着田园生活的安提诺乌斯",一位穿了高帮靴的伽尼墨得。[17]

> 一位美丽的纤弱男孩生来就不该受苦，
>
> 　他浓密的金发聚拢在耳边……
>
> 苍白的脸颊尚未被吻痕玷污，
>
> 　鲜红的下唇因害怕爱而缩敛，
>
> 　白皙的喉咙比鸽子的胸脯更洁白——

这首诗发表在 1877 年的《考塔博斯》上，不过，四年后，当他为出版自己的诗集而修改这首诗歌时，他把男孩改成了女孩：

62
> 一位百合般的女孩生来就不该受苦，
>
> 　她褐色的软发贴着耳边编成了发辫……
>
> 苍白的脸颊尚未被爱情玷污，
>
> 　鲜红的下唇因害怕爱而缩敛，
>
> 　白皙的喉咙比银色的鸽子更洁白，

他把这首诗称作《麦当娜·米亚》。

1876 年，王尔德留意到另一位牛津学生跟一个唱诗班的男孩坐在一家都柏林剧院的私人包厢里。他写信给威廉·沃德，带着闲聊和警惕的口吻：

> 我自己相信托德是极为道德的，他只不过从精神层面上爱着那个男孩，但是我觉得带他出去是件蠢事，如果他一直跟这个男孩厮混的话。
>
> 这件事情，我只告诉了你一个人，因为你的头脑很贤明，**但是乖乖地别跟任何人提起这件事——这对我们和托德都不会有什么好处**。[19]

尽管如此，他并不想流露出惊惶。1876 年初，他听说奥斯卡·勃朗宁在牛津,就提出想跟他见面,奥斯卡·勃朗宁刚在 1875 年 12 月丢了伊顿的教职,因为他跟诸如乔治·柯曾之类的学生关系过分亲密了,而王尔德想见面的理由是,"我听说你受了很多凌辱,因此我确信你一定是个十分优秀的人。"[23] 无论是在当时还是后来,他都会毫不犹豫地干冒险的事情。他能够在亚里士多德那里找到学术上的认可,他有一部《尼各马科伦理学》,上面题写着:"莫德林学院,1877 年 10 月",在亚里士多德的绪言之后,他写道:"人根据自身决定自己的结局;没有什么结局是外在因素强加的,他必须认识到自己的真正本性,必须成为本性要求的人,因此他必须发现他的本性是什么。"[24]

如果他不能在古典文学学位初试中考出好成绩的话,他想要获得古典文学研究员职位的希望就有可能破灭,他必须在 1876 年 6 月参加这个初试。他一下子变得热情高涨,春假期间也待在牛津,埋头学习,但正在此时,都柏林传来有关他父亲之健康状况的令人担忧的消息。威廉爵士的身体越变越差。哮喘和痛风不断侵袭他,带来了毁灭性的结果。他设法维持自己的一些活动,迟至 1876 年 2 月,他还出席了一次正式典礼,他按照自己的喜好,佩戴了北极星勋章,身穿与之相配的服饰。但次日他就不得不躺在床上,几乎喘不过气来。从 3 月开始,他就卧床不起了。奥斯卡回到都柏林,为父亲的病情难过不已。他对母亲的行为感到惊奇,因为在最后数周,当威廉爵士显然到了临终时刻,她允许一位身份不明的戴面纱女人——也许是威廉爵士三个私生子中的某个或某几个孩子的母亲——来到家中,坐在床边,她一语不发,悲痛欲绝。4 月 19 日,在家人的陪伴下,威廉爵士去世了。作为辞别的表示,他的朋友塞缪尔·弗格森爵士为他撰写了一首哀歌:

63

> 亲爱的王尔德,深渊淹没了你;我们,立于此岸,
> 不再能够向你致意,或与你相处……

他赞扬了威廉爵士的医术,他的仁慈,他在保存和收集古物方面的出色行为,他

跟乡村景物的交流。威廉爵士的一生并不是微不足道的。

他的遗嘱却是灾难性的，因为他挣多少花多少，或许他把大笔钱款转移给了私生子的母亲们。梅里恩广场 1 号和摩伊图拉宅都已经被多次抵押过；只有布雷的房子和劳恩罗小屋是没有负债的。王尔德夫人发现自己的寡妇遗产已经锐减。虽然每个人都分得了一份——奥斯卡得到了布雷的房子；威利得到了梅里恩广场的房子，王尔德夫人得到了摩伊图拉宅，亨利·威尔逊和奥斯卡共同拥有劳恩罗小屋——来自遗产的收入养不活他们中的任何一个。王尔德返回牛津的时候既悲伤又自怜。他设想到了未来的经济困难，也许这种困难将会延续一生，他不禁琢磨，为这点遗产，自己就放弃了成为天主教徒的涤罪仪式，这是否是件明智的事情？

如今，他不得不集中精力为第二年的考试做准备。他知道要先进行关于神学的考试，但他不想费心去准备它。6 月，他来到考试学校的监考人面前领取论文题目。监考人问，"你选择国教徒考试还是非国教徒考试？""哦，我选的是《四十九条信纲》。"王尔德漠不关心地回答。"王尔德先生，你的意思是，《三十九条信纲》①？""噢，真的吗？"王尔德以一种最萎靡不振的态度问道。（他后来还会说起"二十诫"。计算错误即意味着不重视。）"在考场上，"他后来会说，"傻瓜出的问题，智者也回答不上来。"[22]他没能通过考试。

但是关于古典文学的主要考试进行得很顺利。他在希腊文和拉丁文跟英文的互译方面表现娴熟，并展示了他对大量希腊文本的了解。他选中一个符合他的品位的问题，"你认为亚里士多德对诗歌的特性和职能会说些什么？请拿你认为他会说的话跟后人对诗歌的定义做一番比较，并解释他的观点。"[23]王尔德坚定地确信，跟柏拉图不一样，亚里士多德将会"从纯粹的美学观点"阐述艺术理论，而不是从伦理的角度。在他久已不需要参加考试之后，他在《作为艺术家的评论家》中写道，亚里士多德发现了艺术的"最终的美学诉求……就美感而

---

① 《三十九条信纲》(Thirty-Nine Articles)，英国国教关于神学教义的综述。

言,它是藉怜悯和敬畏的激情获得实现的。自然的那种净化和精神化的过程 64
(亚里士多德称之为'catharsis'),就像歌德知道的那样,本质上是美学的,而不
像莱辛认为的那样是道德的"。王尔德自信地认为自己的这篇论文写得很好。
但他还接受了逻辑学的考核,这门课他就没那么精通了。他听天由命地猜想自
己只能名列二等,不过他还指望口试能助他一臂之力,口试将在数周之后举行。

　　为了消磨等待的时间,王尔德前去拜访了父亲的哥哥约翰·麦克斯韦·王
尔德,这位王尔德在林肯郡的西阿什比(West Ashby)担任教区牧师。他的堂妹
请他辅导自己的地理学和历史,当他描述《不可儿戏》中的塞西莉时,他想起了
这些辅导课。她父亲喜爱侄子奥斯卡,但很反感他在经济上的铺张浪费,因为王
尔德喜欢发电报("发平信不是一样好吗?")。他对王尔德在信仰上的极端精神
也同样反感。毕竟,王尔德的两位伯伯都属于英国国教团体,而他却快活地谈论
自己对这个教派的摒弃。虽然约翰·王尔德性情温和,但他辩论起来却不屈不
挠,当他的侄子显示出那份顽冥不化时,这位教区牧师在一个礼拜日就举行了两
次布道,早上的布道是反对罗马的,晚上的布道劝人要谦卑。这两场布道中的任
何一场都未能教化王尔德。次日早晨,他前往伦敦,在那里,他提着一大篮西阿
什比的玫瑰拜访了弗兰克·迈尔斯。迈尔斯正在迅速成为上流女性最青睐的艺
术家,王尔德心中涌起了非罗马教徒的喜悦,因为这位画家正在绘制一幅素描,
其主人公是"伦敦最可爱也最危险的女人"(即德萨特夫人,当时她即将
离婚)。[24]

　　到了7月3日周一的傍晚,他再次来到牛津,为了应对周四的口试埋头温习
卡图卢斯。他上床时阅读的不是卡图卢斯而是斯温伯恩,这天晚上他打算晚点
入睡;早晨十点,有人不停地敲门,吵醒了他。是学校秘书处的人来问他为什么
不去参加口试。他太不把考试当回事了,居然混淆了日期。一点钟,他悠然自得
地来到考试学校。首先是关于神学的口试,考官是来自新学院的著名的 W. H.
斯普纳,斯普纳谴责了他的迟到。王尔德回答说,"你得原谅我。我没有参加
'及格'考试的习惯。"他指的是这种考试只会给予"及格"或"不及格"两个分

数,这种态度是如此盛气凌人,斯普纳要求王尔德抄写《使徒行传》的第二十七章。过了一会儿,王尔德还在继续抄写。斯普纳说,"你听到我说的话了吗?王尔德先生,你不必再抄下去了。""哦,我听到了,"王尔德回答道,"但是我对我抄写的内容很感兴趣,简直没法停笔。它讲述的是一个名叫保罗的人,他出门旅行,遇上了可怕的暴风雨,我担心他会被淹死;可是你知道吗?斯普纳先生,他获救了;我一得知他获救的消息,就想着要告诉你。"[25] * 斯普纳本人是教会的成员,还是坎特伯雷大主教的外甥,如王尔德所愿,他变得义愤填膺。"理所当然,我被淘汰了。"王尔德事后告诉一个朋友说。他不得不再次参加"补考"。

65

古典文学的口试更符合他的胃口。不像他担心的那样,试题跟卡图卢斯无关,而是关于荷马、史诗、狗和女人的。考官把他一直引向埃斯库罗斯,王尔德翻译了一段埃斯库罗斯作品中的指定段落,然后被要求拿他跟莎士比亚作比较,接着是跟沃尔特·惠特曼作比较,而惠特曼当时已经是王尔德酷爱的人物之一了。考官对他是满意的,可是他的逻辑学论文还是有可能拖他的后腿。口试结束之后,王尔德向他的朋友们"大吹大擂"说他名列一等,仿佛他觉得这根本是毫无悬念的。那天晚上八点,他跟这些朋友一起走过考试学校,有人告诉他,荣誉学生的名单刚刚被贴出来。王尔德拒绝去看名单:"我知道我是一等生,"他说,"这简直太无聊了。"在一封事后写给沃德的信中,他嘲笑了自己那种佯装出来的过分自信:"我搞得他们都很恶心,毫无疑问。"结果,他就这样忐忑不安下去,一直到次日中午,届时,他在米特雷吃早餐时从《泰晤士报》上读到了名单。"我可怜的妈妈高兴坏了,周四,我被电报淹没了,它们来自所有我认识的人。我爸爸知道这消息本该多高兴啊。我觉得上帝对我们是有点太严厉了。"在情绪较为冷静的时候,他跟弗兰克·本森吐露过心声,"我的弱点就在于我做事随心所

---

 * 这个故事的另一版本是,斯普纳要求王尔德分析希腊文的《马太福音》的片段,该片段描述的是犹大为三十个银币出卖了基督。王尔德正确地翻译了几节,考官阻止了他:"很好,那就够了,王尔德先生。""嘘,嘘,"考生回答说,他伸出一根手指予以制止,"让我们继续下去,看看那个不幸的人会出什么事。"王尔德曾经对威尔伯福斯主教说,反对基督教的主要理由就在于圣保罗的风格。为了辩白,他还在谈到这位主教时说,"恐怕他引诱了我。"[26]

欲,而且总能得到我想要的。"[27]

1876年7月9日,星期天,王尔德去了伦敦,倾听他最喜欢的讲道者红衣主教曼宁在代主教教堂(Pro-Cathedral)的布道。次日,他去了诺丁汉郡的宾厄姆教区长住宅(Bingham Rectory),跟弗兰克·迈尔斯和他的家人共处。迈尔斯的母亲是一位艺术家,父亲是一位英国国教牧师。这位教区牧师跟王尔德就罗马天主教展开了很多争论。迈尔斯教士感到惊愕的是,梵蒂冈会议居然会做出裁决,认为玛利亚是以纯洁之身受孕的;王尔德认为,英国教会竟然"急着想要确认圣母玛利亚是以有罪之身受孕的",这才是"非常奇怪"的事。[28]他跟主人们友好地分手了,根据安排,弗兰克·迈尔斯将会在夏末前往劳恩罗小屋,在那里绘制一幅壁画。他后来画了两个天使般的渔民孩子,一个是浅色皮肤,另一个是深色皮肤,这幅壁画至今仍在那里,题目是《绳儿变紧》(Tight Lines),指的是渔民们恭祝好运的口头禅,迈尔斯和王尔德是画中的模特,但他们看上去根本不像是天使,这题目跟两人是不协调的。

王尔德的一切活动中都有罗马天主教的痕迹。他把一些纽曼的书籍带回了爱尔兰,显然,他急着想知道纽曼是怎么改宗的。他有一本坎彭的托马斯撰写的《效仿基督》(Imitation of Christ),书上的落款日期是1876年7月6日。[29]不过,在写信给较富有怀疑精神的沃德时,王尔德说这部书并不具有说服力。"至于纽曼,我觉得他较高层次的感情是反对罗马的,但是他被逻辑说服,愿意把它作为基督教的唯一理性形式。他的人生是一场可怕的悲剧。恐怕他是一个非常不开心的人。"这是当时人们对纽曼的普遍想法,然而,1879年,当纽曼当上了红衣主教之后,这种说法在很大程度上就烟消云散了。王尔德始终对纽曼心存怀疑。在《作为艺术家的评论家》中,他写道,"那种思考模式……试图通过否定智识的权威性来解决思想问题——就我认为,不会,也不可能继续流传下去。不过,对于这个在黑暗中跋涉的困窘灵魂,世人是看不厌的。"[30]沃德利用了朋友的疑虑,为了抵制天主教,他大力赞扬了新教的合理性,但是他也没能说服王尔德,王尔德拒绝去理性之殿堂做礼拜。但是,他注意到他母亲跟沃德的

66

观点比较接近："除了考虑到人民之外，她认为人民是需要教条的，除此之外，她反对一切形式的迷信和教条，尤其是任何介于她和上帝之间的关于牧师和圣礼的概念。"王尔德称赞了"道成肉身"的必要性和美，也承认他对"救赎"的怀疑。"不过我觉得，自从基督以来，这个死气沉沉的世界已经从睡眠中醒来了。"[31]（后来，他设想世界是通过艺术而不是宗教苏醒的。）他暂时还在继续阅读坎彭的托马斯的书籍。

王尔德的很多早期诗歌标明了他的精神发展史的不同阶段。他的天主教朋友亨特·布莱尔和爱尔兰诗人奥布雷·德韦尔把他推荐给了马修·罗素神父，这位神父是《爱尔兰月刊》的编辑，罗素很乐意接受他的七首诗歌，这些诗歌大多数是宗教题材的，写于 1876 年到 1878 年之间。另一份都柏林天主教杂志《告诫画报》发表了王尔德写于同一时期的两首诗歌。《考塔博斯》是蒂勒尔教授在圣三一学院主办的杂志，它发表了王尔德写于 1876 年到 1879 年的六首诗歌，《都柏林大学杂志》发表了另外五首。有几首诗反映了他当时学习的古典课程，有些是翻译作品，有些诗歌采用了希腊文题词或标题。他的诗歌没有表现出思想的新颖，却显示了一种对个人表演的迷恋，而且在选用激发情感的词语时并不总具有辨别力。金色、白色和蓝色这样的颜色，朦胧、苍穹、太阳、月亮和花朵这些象征——尤其是百合——不断出现，足以表明他希望它们不断发出回响。当诗人对他来说是件至关重要的事。

* * *

67　　在古典文学学位初试中名列一等鼓舞了王尔德，1876 年 10 月，当他回到牛津继续第三年的学业时，他对学校当局的态度是高傲的。11 月 1 日，有人发现他和另外三个本科生（奥里尔学院的菲茨杰拉德和哈特，基督教堂学院的沃德）在克拉伦登旅馆（Clarendon Hotel）的餐厅里吃晚餐。* 他们的名字被

_____

* 当时的训导章程规定，学生不得前往任何出售酒精饮料或烟草的娱乐场所，还要求他们晚上九点之前必须回自己的房间。

记录了下来,并让他们吃完晚餐后回到自己的学院去。低级学监把这事汇报给了上级 J. R. 瑟斯菲尔德,"我这么做是因为有人告诉我,他们在街上逛了一晚上。他们对我简直无礼到了极点,他们随便开玩笑,其主要方式似乎是,逼我提到他们要去的学院[即'耶稣学院']的名字。他们不断地问我,"去哪儿?""去哪儿?"我回答说,菲茨杰拉德先生可以告诉他们(菲茨杰拉德先生曾去过我的房间,为了缴纳在米特雷就餐而受罚的一英镑)。"十五分钟后,他回到餐厅,发现他们还在原地。"我命令他们立刻离开餐厅,去耶稣学院。他们比刚才更粗鲁了(如果说还有这种可能的话)。王尔德戴着帽子在餐厅里趾高气扬地走来走去,直到我告诉他,合乎体统的做法应该是摘下帽子……其中一个人镇静地点燃了一根雪茄……我当然要求他立刻捻灭它……我把这事交给您处理,只是为了表明这事应该受到严重处罚,他们应该在 5 日(盖伊·福克斯节)那天受罚不允许出校。"[32]

王尔德对待导师们也同样傲慢无礼。他现在属于人文专业(指的是古代史和哲学),在秋季学期,他的导师是威廉·丹尼斯·艾伦。对艾伦的教学方式感到恼火是不足为奇的。根据阿特金森的说法,学生们进入艾伦的客厅,坐下,炉子前的一只獒犬正瞪着大伙。艾伦本人并不出场,但是他的声音从卧室里怪诞地(无疑也是阴森地)传来,他就这样通过半敞开的卧室门,读出"课堂笔记"。天气寒冷的时候,艾伦就会谢客去溜冰,关着的门上钉着一个站不住脚的借口。王尔德决心以同样无礼的方式对待艾伦。1877 年 1 月的学期初考时,导师和学生们都聚集在大厅里汇报学业进展,莫德林学院的院长布利博士是一位温和的人,他问道,"艾伦先生,你觉得王尔德先生的功课怎么样?"艾伦生气地回答,"王尔德先生旷了课也不道歉。他的功课简直一塌糊涂。""王尔德先生,那可不是对待一位绅士的方式。"布利说,他觉得可以藉此把王尔德的反叛行为转化成礼貌问题。"但是,院长先生,"王尔德说,他没有领这个情,"艾伦先生并不是一位绅士。"布利命令他离开大厅。[33]

在第三年的第一个学期里,王尔德的主要活动不是古典学业,甚至不是他想要皈依天主教的念头,而是他对共济会燃起的新兴趣。1876年11月27日,王尔德被推选进入阿波罗玫瑰十字分会(Apollo Rose-Croix Chapter),而不是阿波罗皇家拱形分会(Apollo Royal Arch Chapter),阿波罗玫瑰十字分会是适合他的,因为跟其他分会不一样,这个分会属于高教会派(High Church)。* 四年前,它刚刚获得"尊崇"(consecrated)的地位。他过去所获级别乃是基于共济会的一系列比喻,即由建筑师希兰·阿比夫(Hiram Abif)修建所罗门的圣殿,他随后的死亡,以及圣殿的被毁和重建。如今,王尔德已经晋升到了第十八级,他了解到,玫瑰十字是跟基督的死亡和复活直接相关的,它将提供通往启示和圣餐典礼的仪式化进程。那些装饰华丽的标志包括羊皮围裙和红领,剑和剑带,还有一个镶嵌着珠宝的玫瑰十字。背景是三个房间,一个是黑色的,一个是葬礼风格的,另一个是红色的,室内摆满各种各样的象征式器具。王尔德扮演的是天使拉弗尔的角色,他的职责是在圆满(入会)典礼上引导候选入会者。这个角色要说上一套洪亮但陈腐的话:"我到这里来引导你们,带你们从黑暗的深渊和死荫的幽谷前往光的大厦。"他积极地征募入会者,曾担保过四个莫德林新人,把他们领进了共济会。1877年3月3日,他写信给沃德(沃德本人也是共济会会员),"最近,我对共济会变得很着迷,也很相信它——事实上,万一要脱离新教这种异端,我会为自己不得不放弃共济会而感到非常遗憾。"亨特·布莱尔就曾经不得不为此放弃共济会资格。不过,同样是这封信,它也体现了王尔德的宗教感情是多么复杂:

> 如今,我跟帕金森神父共进早餐,去圣阿洛伊修斯教堂听布道,跟邓洛普[追随亨特·布莱尔改宗的学生之一]谈论情感上的信仰,捕禽人的罗网和巴比伦淫妇的圈套把我完全控制住了——也许这个假期我

---

* 1878年,在热情头上,王尔德加入了大学标记分会(University Mark Lodge),获得了标记。这个分会跟所罗门圣殿的一个拱门的设计、丢失和重新发现有关,自从1856年以来,它始终是一个独立的共济会组织。据推测,王尔德的朋友是这个组织的会员,所以他也加入了这个分会。

就会改宗。我想要去拜访纽曼，在一个新教堂接受圣礼，在那之后就获得了灵魂上的安详和宁静。然而，不必说，我的思想每一瞬息都在变化，我比任何时候都更软弱，更自欺。

如果我**能指望**教会唤醒我内心的某种真挚和纯粹，我就会选择改宗，把它当作一件奢侈的事情来做，哪怕不是出于更好的理由。但是，我觉得这几乎是不可能的，而且，皈依罗马意味着我要牺牲和放弃我的两位大神——"金钱和雄心"。

尽管如此，我变得如此可悲、沮丧和困惑，在某种绝望的情绪中，我将会寻求教会的庇护，它至少会以它的魅力迷住我。[34]

王尔德在很大程度上接受了维多利亚时代的职业伦理，他渴望成为一个真挚的　69
人，虽然"入迷"才更符合他的本性。后来，他逐渐形成了一种对宗教流动性的良性沉湎，而当他年轻的时候，他却为此吃够了苦头。

1876 年 12 月，王尔德搬进了沃德的房间，他的朋友以古典课程名列二等的成绩毕业了。沃德的房间是全校最好的房间。如今，他可以更加奢侈地装饰这套镶了壁板的华屋，用自己的钢琴、成套的绘画和灰色地毯（覆盖有污迹的地板）来填充它们。那些绘画包括他最喜欢的伯恩-琼斯画作的照片，如《默林的被骗》(*The Beguiling of Merlin*)、《创世记》(*The Days of the Creation*)、《维纳斯的镜子》(*The Mirror of Venus*)和《基督与抹大拉》(*Christ and Magdalen*)。[35]当莫德林的其他学生在周日晚上来到这里时，他们会讥笑他那些过分铺张的装饰。第二个学期，为了争取古典文学研究和欣赏方面的爱尔兰奖学金，他埋头学习，但是他只花了六个星期的时间，而其他人却花了好几年，所以他花费的时间是不够的，1877 年 3 月 5 日，他没能赢取那份奖学金。在写给沃德的信中，他严厉地批评了自己，"我太容易误入歧途了，简直到了荒唐的地步。"[36]

希　腊

　　要想成为希腊人,你必须不穿衣服;要想成为中世纪人,
你必须放弃肉体;要想成为现代人,你必须丧失灵魂。

　　在我们的内心,只有中世纪的精神被完全清除了;希腊
精神实质上就是现代精神。

　　　　1877 年的春假让王尔德走出了他的沮丧期。沃德和亨特·布莱尔这对不搭配的伙伴一起去了罗马,他们敦促王尔德也来找他们。去年,高尔和迈尔斯曾经邀请他一起去"朝圣",但他放弃了那次机会,如今他很想过来,可是他依然缺钱,因为他刚为自己的第一个伦敦俱乐部支付了四十二英镑的会员费,这是一个名叫圣斯蒂芬的新俱乐部。(惠斯勒和爱德华·戈德温都是它的创始成员。)亨特·布莱尔决定,为了把王尔德拉进罗马天主教会,他要作最后一次努力,他认为,永恒罗马的景物将会战胜王尔德的拖延症。至于缺钱的问题,他的计划是,既然他要去门顿(Menton)看望自己的家人,他可以在蒙特卡罗中途停顿一下,代表王尔德赌上两英镑。如果作为异教徒的命运女神首肯这项基督教的事业,他就会赢得足以支付王尔德旅费的钱。很快,亨特·布莱尔就赚到了六十英镑,表面上是他的钱,但其实是代替王尔德赢的。这样一来,王尔德似乎就只有上路了。他写信给一位朋友说,"这是我生命中的一个重要时刻,一个危机。我希望我能观察时间的种子,看看它们会长成什么样。"[37]

　　不过,他在接受这笔赌金的同时,计划让马哈菲教授陪伴他一直旅行到热那亚,当时,马哈菲正带着两个年轻人一起去希腊旅游。因此,它们在查令十字火车站碰头了,跟上次一样,马哈菲带上了古尔丁,还有一位是乔治·麦克米兰,麦

克米兰刚从伊顿毕业，即将进入他的家族开办的出版公司工作。他们经由巴黎和都灵前往热那亚，作为坚定的新教徒，马哈菲在路上试图劝说王尔德放弃前往罗马，以去希腊旅行作为替代。"不，奥斯卡，我们不能让你成为一个天主教徒，但是我们将让你成为一个好的异教徒。"王尔德拒绝让步。于是马哈菲严厉地说，"我不带你一起走了。我不会带上这样一个伙伴。"王尔德倒是不怕跟人辩论，可是他受不了鄙夷。他同意前往希腊。4月2日，马哈菲在一封信中向妻子吹嘘说，"我们已经带上了奥斯卡·王尔德，他从教皇手中被转到了异教手中。他看起来一副趾高气扬的样子，威廉·古尔丁发誓说，一旦到了阿卡迪亚（Arcadia），王尔德上了马背之后，他就要让他神气不起来。……耶稣会的人许诺要在罗马给他一份奖学金，不过，感谢主，我把他从魔鬼手上抢了回来。"[38]

　　然而，王尔德并没有完全舍弃亨特·布莱尔。两个选择他都要，这正是他喜欢做的事情。他将从雅典经由罗马返回英国。这个解决办法不像看起来那么聪明，因为这就意味着他赶不上开学了。尽管如此，他觉得布拉姆利学监会宽容他的，他曾经跟这位学监友好地展开过关于天主教的神学争论。有谁会反对一个古典专业的学生跟着马哈菲教授去拜访希腊呢？他许诺在4月17日抵达雅典之后，会从雅典直接回来。他没提到自己计划在罗马停留[39]，这个细节肯定会冒犯布拉姆利，正如它肯定会取悦亨特·布莱尔，而且两人生气或高兴是为了同一个理由。最近，莫德林学院屡次发生改宗的事情，这已经让布拉姆利感到沮丧了。

　　跟上次的旅行一样，马哈菲这伙人是意气相投的。在热那亚，马哈菲不得不花几天的时间跟他的妹妹和生病的母亲相处，于是，剩下的几个人可以自由行动。麦克米兰已经对王尔德有了认识，他对这番了解感到满意。在一封写给父母的信中，他说，他们的新伙伴"很友好……极端唯美，对合成色（secondary colours）、低音、莫里斯壁纸充满热情，他能够就以上内容胡说八道上一大通，但尽管如此，他还是一个非常通情达理的人，知识渊博且充满魅力"。[40]以上的线索充分体现了作为一个唯美主义者必须具备哪些特殊品位。麦克米兰没有描述王尔德在服饰方面的细节,不过,在热那亚,王尔德穿过一件惹眼的棕黄色新外套。

在圣周期间,热那亚的颜色并不是合成色,而是三原色,在一片嘈杂的环境中,也很难听到低音。王尔德构思了一首新诗,在被士兵守护的圣墓,他仔细观察了那些饰有花朵和耶稣形象的教堂。成熟的橘子、鲜艳的鸟类和斯科格里托花园(the Scoglietto gardens)的水仙也同样感动了他。拜访了这些之后,几位旅行者继续前往红宫(Palazzo Rossi)欣赏圭多的《圣塞巴斯蒂安》。* 麦克米兰说出了大家的共识,他把它称作"我看过的最美的绘画"。[44] 王尔德后来会对它充满热情。异教景物和基督教景物相互比照,对《在热那亚写于圣周的十四行》中的意象产生了影响,在诗中,为了获得诗歌效果,王尔德假设自己已经去过希腊,因此需要基督教的思想来抑制异教思想:

> 我漫步在斯科格里托的绿色隐逸处,
>
> 每条悬垂的树枝上都长满橘子
>
> 它们燃烧如同明亮的金色灯盏,让白天相形见绌;
>
> 一些吃惊的鸟儿拍打着翅膀,飞掠而过
>
> 花朵像雪片一样,落满我的脚下
>
> 苍白的水仙花遍地生长,如同银色的月亮:
>
> 弧形的波浪在蔚蓝色的海湾上飞奔
>
> 在阳光中大笑,人生似乎太过美好。

> 园外,那位少年牧师正在清晰地歌唱,
>
> "玛利亚的儿子耶稣已经被弑,

---

* 从肖像画的角度,塞巴斯蒂安一向是充满魅力的,他是同性恋者最喜欢的圣徒。安德烈·拉夫洛维奇在晋升到多明我会的第三级时,采用了"塞巴斯蒂安兄弟"这个名字,在法国使用假名的时候,王尔德曾选择"塞巴斯蒂安"作为他的教名。

噢，来吧，在他的坟墓里填满鲜花。"

啊，上帝！啊，上帝！那些珍贵的希腊时光

已经淹没了你的苦难记忆，

淹没了十字架，荆棘冠，士兵和长矛。

"拍打着翅膀，飞掠而过"，"人生似乎太过美好"，以及"在阳光中大笑"的海浪这样的措辞是缺乏力度的。然而，这首诗歌忠实地反映了王尔德的想法，他觉得自己是一个在两种心潮中战栗的灵魂，这些心潮不是思想之潮，而是感觉之潮，最终，出于一阵怜悯而不是敬畏，他回到基督教那里。男孩一样的牧师（原稿中是"一个小孩"）又增添了一抹诱惑的色彩。

　　直到耶稣受难日那天，马哈菲才可以离开热那亚，他们就在当天出发去了拉文纳。这是一次幸运的停留，因为这个城市成了下一首诗歌的主题（即纽迪吉特奖的候选诗歌），它让王尔德获得了比其他竞争者更有利的优势。在诗中，他将描述自己骑在马背上进入这个城市的经过： 72

噢！我心中燃烧着怎样的少年激情，

当我远远地隔着莎草和池塘

目睹圣城在眼前清晰地耸立，

那一片塔顶就是她的冠冕！——赶路啊赶路

我飞奔着，跟下沉的落日展开竞赛，

在绯红的余晖消逝之前，

我终于伫立在拉文纳的城内！

实际上，他们乘坐的是火车。他觉得制作于四世纪的马赛克图是最有意思的，因为它们显示了远在中世纪形成圣母崇拜的概念之前，圣母就已经得到了人们的敬爱，在计划写给布拉姆利学监的信中，他决定要传达这点令人不快的信息。[42]

　　4月1日是复活节,也是星期天,他们去了布林迪西,同一天晚上,他们乘船向希腊出发。他们在黎明时分醒来,看到了面前的科孚岛。4月3日,他们旅行到了赞特岛,在那里的一座小山顶,王尔德偶遇了一个年轻的牧羊人,就像在《好牧人》(Good Shepherd)的图像中那样,他脖子上挂着一头小羊。[43]在下一站卡塔科洛,古斯塔夫·希施费尔德博士加入了他们的队伍,希施费尔德博士是目前驻扎在奥林匹亚的德国考古挖掘队的队长,次日,他引导他们骑着马来到了挖掘现场。后来,王尔德跟查尔斯·里基茨说过,"的确,伟大的阿波罗雕像从涨水的河中浮现的时候,我就在现场。我目睹他那伸展的洁白手臂露出水面。其大理石中依然蕴含着阿波罗神的灵魂。"[44]事实上,人们发现的是阿波罗的头,而不是他的胳膊,而且是在旱地上,那时王尔德还没有抵达当地。麦克米兰和马哈菲都没有提及对这位落水神祇的拯救,如果他们真是目击证人的话,他们肯定不会不提这件事的。在德国版王尔德文集的绪言中,罗伯特·罗斯提到了想必是从王尔德那里听来的另一种说法,即当普拉克西特列斯制作的赫尔墨斯雕像出土时,王尔德也在现场,然而,那次挖掘发生在王尔德离去之后。王尔德在《作为艺术家的评论家》中会说,"精确地描述从未发生过的事情,这不仅是历史学家的专职,也是一切艺术和文化领域的人所拥有的不可让渡的特权。"

　　次日,也就是4月7日,他们骑马穿过梨花盛开的树林前往安德里兹纳(Andritzena),然后又去了巴赛神庙(Temple of Bassae)。他们的行为符合观光客的特征,为了达到良好的效果,还身穿当地服装拍摄了照片。有两件事情让旅行变得更加生气勃勃。他们的向导同时又是那些马匹的主人,他反对他们走得这么快。但游客们毫不理睬,于是向导靠近一个成员,对他加以威胁。我们不知道是哪一个成员——没理由假定他就是王尔德——但不管是谁,这个人有一把左轮手枪,他拔出手枪,对着向导。向导只好忍气吞声地闭嘴了。另一个事件发生在4月9日去的黎波里萨(Tripolitza)的路上,他们的"将军"马哈菲教授失踪了。人们担心他落入了土匪的手中,其他人寻找了好几个小时,然后报了警。最终,大家找到了马哈菲。他是去寻找自己的厚外套了,当他穿越一条近路时,这件外套从他的包裹中掉了下去。[45]

拜访了阿尔戈斯(Argos)和纳夫普里昂(Nauplia)之后,他们乘船去了埃伊纳岛(Aegina)和雅典。雅典的景物给他们留下了深刻的印象,马哈菲和麦克米兰都在出版物中描述了它们。如果我们可以信赖一部提及王尔德的小说的话,那么,王尔德就曾经把它描述成"黎明之城——在拂晓时分的寒冷、苍白和平稳的光线中耸立,一位新的阿芙罗狄蒂从一圈圈拍击的波浪中显现。"在他看来,帕台农神庙是"一座完善的,具有个性的庙宇,它本身就是一座雕像"。不过,王尔德错过了埃尔金大理石群雕(Elgin marbles),数年之后,在向艺术学生作演讲时,他会把埃尔金勋爵称作"小偷"。[46]除了看不到大理石雕之外,希腊完全就是他期待中的样子,而罗马则会是一个反高潮。

最后,王尔德跟朋友们一起旅行到了迈锡尼,在那里,马哈菲的名字让他们有机会看到了施利曼(Schliemann)最近发现的宝藏。此时已是 4 月 21 日,王尔德的学校已经开学十七天了。他乘船去了那不勒斯,路上遭遇了一场可怕的暴风雨。(1882 年,当王尔德横渡大西洋的时候,他还为自己没有遇上一场这么像样的暴风雨而感到苦恼呢。)他匆忙赶到罗马,跟亨特·布莱尔和沃德在丹吉尔特拉旅店碰头。到了这时,他就不再着急了。一位来自格拉斯哥的人文学教授 G.G.拉姆齐带他们参观了这个城市,在吃午餐的时候,他们通常还有两位英国人作伴,这两人都是教皇的侍从,一位是 H.德·拉·G.格里塞尔(他后来还会出现在王尔德的生活中),另一位是奥格尔维·菲尔利。

不过,亨特·布莱尔还为王尔德安排了更了不起的事情,就是跟教皇的见面。王尔德在几首诗歌中表达了他对庇护九世的同情,把他称作"受囚禁的神之教会的牧人",他为"第二个彼得正处于邪恶的束缚中"(见《临近意大利时写下的十四行》〔Sonnet on Approaching Italy〕)而感到遗憾,因为维克多·伊曼纽已经在 1870 年闯入了教皇国。① 庇护九世在一次私下朝觐中接见了他们,他向王

---

① 维克多·伊曼纽(Victor Emmanuel)是意大利国王,1870 年攻占教皇国的中心罗马,庇护九世被迫迁居梵蒂冈,1871 年,意大利首都都迁至罗马。

尔德表达了自己的愿望,希望他能够追随他的"同学"(原文为拉丁文,教皇都是这么说话的)进入上帝之城。在返回旅馆的路上,王尔德内心充满了敬畏,简直说不出话来,他们一抵达旅馆,王尔德就把自己关进了个人的房间。当他重现的时候,他已经完成了一首十四行,也许就是《永恒的圣城》,亨特·布莱尔喜欢这首诗,他觉得自己为拯救王尔德的灵魂所作的长期努力最终总算是有了结果,不过,他过去也经常有这样的想法。王尔德把这首诗的一个抄本送给了庇护九世。[47] 亨特·布莱尔采取了更有效的办法,把它寄给了《月刊》的编辑科尔里奇神父,1876 年 9 月,这首诗以《意大利涂鸦》为名发表在《月刊》上。

74

不过这些诗歌到底比不上祈祷词。跟过去一样,王尔德的灵魂是难以捕捉的。还有沃德在,让他不至于放弃新教。还有希腊在,让他舍弃不了希腊气质。即便没有沃德,王尔德的行径也不像一个信徒所为。就在他被教皇接见的同一天,数小时之后,他跟朋友们一起乘马车来到城外圣保罗教堂(basilica of St Paul Without the Walls),王尔德坚持要在附近的新教徒墓地停下,亨特·布莱尔无法劝阻他。到了墓地,他在"罗马最神圣的地方"——济慈的坟墓前拜倒在草地上,简直比他对教皇的敬意还要更谦卑,亨特·布莱尔被惹恼了,因为这种行为混淆了美学的和宗教的立场。如果降服于一个诗人跟降服于一个高级神职人员没什么区别,那么降服本身岂不是也算不了一回事?而王尔德当时撰写的那首诗歌《济慈的墓地》把圭多的《圣塞巴斯蒂安》和这位文坛名人混合在了一起:

> 殉道者中最年少的一位安眠于此,
>
> 他跟塞巴斯蒂安一样可爱,一样过早地被戕。*

---

* 数周之后,王尔德为这首诗添加了一段平铺直叙的注解:"当我站在这个绝世男孩的简陋坟墓前,我想象他是一位过早被戕的美之祭司;圭多的《圣塞巴斯蒂安》出现在我眼前,就像我在热那亚时看到的样子,他是一个可爱的棕色男孩,长着蜷曲的发簇,双唇鲜红,被他的邪恶敌人捆绑在一棵树上,虽然被箭头戳穿,他抬眼凝望敌开的天国的永恒美景,目光中充满神圣和热情。"[48]

王尔德把这首诗和这个注释交给了罗素神父,后者建议,在《爱尔兰月刊》发表这首诗之前,诗中两处提到"男孩"的地方至少有一处可以改成"青年"。王尔德没答应他的要求。

亨特·布莱尔没有放弃,但他开始意识到事情会有什么样的结局。他拒绝阅读更多的十四行:"我不想看这些诗,"他说,"谈论你的弱点和你对上帝的渴望,这没什么用处——这真是一种奇怪的理由,本来只依靠那些事物,你就可以变得坚强,而你居然会背弃它们……至于你对信仰和热情的渴望,上帝已经赐予你恩典,让你看到了他的真理,你不能佯装说,你觉得上帝不会让你保持坚定,如果你选择去信奉它的话。"异教的希腊对教皇的罗马具有某种破坏性的影响力,而这正是马哈菲期望的。王尔德很高兴在梵蒂冈看到了希腊的雕像,正如后来他会注意到,在做弥撒时,回应牧师的侍从们采用了希腊的合唱模式。[49] 还有比基督教世界更古老的信条,处于分裂状态的王尔德也曾许诺要效忠于它。

　　在他待在罗马的那个星期(或十天),王尔德并没有把所有的时间都用来陪伴牛津的朋友。他跟一位有才华的年轻女性建立了交往,她就是二十岁的朱莉娅·康斯坦斯·弗莱彻,据说,她曾经跟一位伯爵(即温特沃思爵爷〔Lord Wentworth〕)浪漫地订过婚,不料却在最后一刻抛弃了他,或被他抛弃了。[50] 她和王尔德在罗马城附近的平原上一起骑马。弗莱彻小姐决心成为一个小说家,她仔细地观察了王尔德,认为也许可以把他写进自己的小说。他们相遇不超过数周,她就写出了一部三卷册的小说,书名叫《海市蜃楼》(Mirage),并在同一年出版(使用了笔名乔治·弗莱明),她以令人称羡的速度把王尔德添进了小说,他在书中的名字是克劳德·戴夫南特(Claude Davenant)。后来有很多小说都以他为主角,不过这是第一部。他的报答方式是把《拉文纳》献给了她。她对他有很好的描述:

　　　　那张脸几乎犯了时代性的错误。它就像是一幅霍尔拜因的肖像画,一个苍白,五官硕大的人;那是一张独特且有趣的脸庞,它的表情异乎寻常地温和但热烈。戴夫南特先生非常年轻——也许不会超过二十一二岁;但是他看起来还要更年轻。他的头发留得相当长,被拨弄到后面,围绕着他的脖子攒聚着,像一位中世纪圣徒的发型。他说话的速度

75

很快,嗓音很低,发言特别清晰;他说起话来就像一个曾经对表达方式

有所研究的人。他倾听时就像一个习惯发言的人。

其他的特征也被描述得栩栩如生。戴夫南特有一次因为走神差点从马上摔下来,因为他讲话时太聚精会神了。他炫耀过自己的一首诗,一首拉斐尔前派的歌谣,包含了有变化的叠句,就像王尔德在一年前撰写的《国王女儿的悲哀》那样。有人问他这首诗是什么意思,戴夫南特以自己“最懒散的语气”回答说,“哦,可我从不作解释。”[51]这种神秘性和倦怠感都成了唯美表达的一部分。

在康斯坦斯·弗莱彻看来,王尔德-戴夫南特是“一位早期的基督教徒,穿越时空来到了当下——他也适应了新环境——就像一幢被重新修复的教堂”。他的宗教原则是“一位维纳斯重新接受洗礼,变成了圣母玛利亚,她头上的光环比她的微笑更新颖”。所有这一切中都可以看出从戈蒂埃到佩特这些唯美主义者的影响,还包括戴夫南特向女主角提出的建议,即接受存在本身,催生更多的情绪,提高和强化感情的品质。[52]亨利·沃顿勋爵将会对道林老调重弹,不过是以一种带有道德反讽的腔调。

康斯坦斯·弗莱彻的小说有助于澄清的是,在王尔德的春假旅行中,他已经为自己的不同倾向找到了地形学上的象征,一方面,他趋于“真挚和纯粹”,另一方面,他又趋于自我实现和美。在较早的时候,道学的罗斯金和美学的佩特曾经代表了这些渴欲;不过,如今这些意向也可以被想象成教皇的罗马和异教的希腊。不管亨特·布莱尔会说什么,王尔德已经明白,否认两种冲动中的任何一种都会有违他的天性,而这种天性本来是可以愉快地保持它的双重性的;他将会成为一个冥思派,或“Theoretikos”(这也是他的另一首十四行的题目,即《冥思十四行》),“不为上帝,也不为他的敌人”。(佩特曾经在一篇关于波提切利的文章中提到“不为耶和华也不为他的敌人”,他借鉴了这个概念。)1877 年,他的十四行《新生》被罗素神父首次发表在《爱尔兰月刊》上,这首诗中,诗人在“没有收获的海边”散步,感到绝望,

　　　　正在此时,看!一道光芒突然显现!我看见

　　　　基督正走在水面上!恐惧已消失;

　　　　我知道,我已经找到了完美的朋友。

基督成了一种少年情人。过了一阵子之后,王尔德在一本书中发表了这首诗,他修改了这几句诗,要是让罗素神父知道了,他恐怕是不会欣赏这种修订的:

　　　　正在此时,看!荣耀突然显现!我看见

　　　　白肢从海中升起的银色辉煌

　　　　在那种喜悦中,我忘掉了自己饱受折磨的过去。

为了把基督改成许拉斯①,他不得不做出韵律次序上的牺牲。王尔德已经开始发现,自己在异教想象中能够获得比基督教想象中更好的诗句。

注释

　　[1] Hunter Blair, 126.

　　[2] Harris, 33.

　　[3] *The Picture of Dorian Gray*, ed. Isobel Murray (1974), 132.

　　[4] Lord Ronald Gower, *My Reminiscences*, 2 vols (1883), Ⅱ:134.

　　[5] Mason, 62-4.

　　[6] Lady W, letter to Wilde [Mar 1876] (Clark).

　　[7] Hunter Blair, 134-5; *The Biograph* Ⅳ:133.

　　[8] *Letters*, 24.

　　[9] Both letters at Clark.

　　[10] *Letters*, 24.

　　[11] W. W. Ward, 'An Oxford Reminiscence,' in Vyvyan Holland, *Son of Oscar Wilde* (N. Y. 1954), 219.

──────────────

　　① 许拉斯,古希腊英雄赫拉克勒斯的同性恋伙伴。远征途中,许拉斯被泉水边的山林水泽仙子拖进了水中。

［12］Bodley journal（Bodleian）；*Letters*, 31.

［13］Julian Hawthorne, diary 18 Feb 1880（courtesy of Michael Bassan）.

［14］Source unknown: perhaps to Harold Boulton（see *Letters*, 62-3）.

［15］Geoffrey Faber, *Jowett: A Portrait with Background*（1957）, 96.

［16］Information from Alon Kadish, based on contemporary letters; Bodley journal（Bodleian）.

［17］'A Batch of Novels,' *Pall Mall Gazette*, 2 May 1887.

［18］Marc-André Raffalovich, *Uranisme et unisexualité*（Lyon and Paris, 1896）, 245.

［19］*Letters*, 23.

［20］Oscar Browning papers（Eastbourne）.

［21］Copy in Hyde Collection.

［22］Atkinson, 562; Berenson papers（courtesy of Professor Ernest Samuels）; 'Phrases and Philosophies ofr the Use of the Young,' *Chameleon*, Dec 1894.

［23］Oxford examinations（Bodleian）.

［24］*Letters*, 14.

［25］Sladen, 110.

［26］Ainslie, 93; Chesson, 394.

［27］*Letters*, 15; F. Benson, *My Memoirs*, 137-8.

［28］*Letters*, 18.

［29］Copy in Hyde Collection.

［30］*Letters*, 20; *The Artist as Critic*, 341.

［31］*Letters*, 20.

［32］Letter signed 'Le T,' misdated 1 Nov 1877（for 1 Nov 1876; Thursfield was proctor from 1 Jan 1876 to 1 June 1877）, *Oxford University Register*.

［33］Atkinson, 561.

［34］*Letters*, 30-1.

［35］In Catalogue no. 429 of Ivor L. Poole, Ltd.（1951）, item 415 is a letter from Wilde at Magdalen requesting photographs of these paintings.

［36］*Letters*, 31.

［37］Ibid. , 34.

［38］Shane Leslie papers（TCD）; G. A. Macmillan, letter to his father from Genoa, 28 Mar 1877, in possession of his grandson, W. S. G. Macmillan; Stanford and McDowell, *Mahaffy*, 41.

［39］*Letters*, 35.

［40］G. A. Macmillan, letter to his father, 28 Mar 1877.

［41］G. A. Macmillan, letter to Margaret Macmillan, 29 Mar 1877（courtesy of W. S. G. Macmillan）.

［42］ *Letters*, 35.

［43］ A. Teixeira de Mattos, 'Stray Recollections,' in *Soil: A Magazine of Art* (N. Y.) , Apr 1917, 156.

［44］ Charles Ricketts, *Self-Portrait*, comp. T. Sturge Moore, ed. Cecil Lewis (1939) , 425.

［45］ ［G. A. Macmillan］, 'A Ride Across the Peloponnese,' *Edinburgh Monthly Magazine*, May 1878, 551-2, 561, 563.

［46］ George Fleming ［pseudo. of Constance Fletcher］, *Mirage*, 3 vols. (1877) , II: 94; *Lady's Pictorial* (London) , 7 July 1883.

［47］ Hunter Blair, 132-4.

［48］ Mason, 86.

［49］ *The Biograph* IV: 134.

［50］ W. W. Ward, in V. Holland, *Son of O. W.* , 220.

［51］ George Fleming, *Mirage*, II: 91-2, 93; III: 26.

［52］ Ibid., I: 93; II: 16-7; II: 91.

第四章　走到中途的唯美主义者

毫无疑问,现代人的形象看上去是讨人
喜欢的。至少,他们中有些人是这样的。
但是根本没法跟他们相处;他们太伶俐,
太肯定,太有才智。他们的意思太直白,
他们的手法太明晰。你在很短的时间
里,就能听他们把要说的话都说光,于
是,他们变得跟你的亲戚一样乏味。①

暂时停学的乐趣

77　　在上世纪七十年代,去希腊旅行不算是常见的事情。但莫德林学院并不
乐意承认,对于牛津大学的古典课程来说,这种旅行是有必要的。王尔德回校
之后发现,他申请十天假期的要求被校方拒绝了。作为学监和一位相信永恒
刑罚的虔诚英国国教徒,布拉姆利已经在担心这位古典专业的高材生也许会
背叛自己的信仰。他的罗马之旅即便被希腊之行淡化了,但也仍然让人无法
放心。两年前,就是在这样一次中途停留罗马的旅行中,亨特·布莱尔皈依了

---

① 引自《作为艺术家的评论家》。

天主教,而且,他跟王尔德的交情是众人皆知的。不过,王尔德从不承认学院之所以严厉惩罚他的直接理由。他要求请十天的假,但是十天后,他还是没到校。持续六周的复活节学期在 1877 年的 4 月 6 日开学;可王尔德直到 26 日都还没有到校。就在那一天,莫德林的管理层对他的无礼行径失去了耐心,他们决定,"王尔德先生在未获得准许的情形下旷课至今,他在复活节学期和夏季学期都不可以住校,他的半研究员奖学金将停发半年,直到 1877 年的米迦勒学期为止;他将得到通知,必须在 1877 年 10 月秋季学期的指定日子里准时返校,同时必须令人满意地完成导师规定的作业量,否则的话,管理层将考虑是否还保留他的半研究员奖学金。"[1] 这份决议的正式语言几乎掩藏不住管理层的愤怒,它不由分说地把王尔德置于任凭艾伦宰割的处境,而艾伦却是让王尔德感到憎恶的导师。

在校方公布了这份严厉的敕令之后,又过了两三天,王尔德才到校。他的天性是友善和孩子气的,倾向于喜欢别人并被别人喜欢,根据查尔斯·里基茨的说法,对于这份停学决议,王尔德先是感到震惊,继而感到愤怒。很久以后,他向里基茨抱怨说,"我是第一个拜访奥林匹亚的本科生,却因此被牛津勒令停学了。"[2] 他是没有求援指望的。他仔细研究了这份决议,然后还让学校秘书处也检查了这份决议,看看莫德林的研究员们是否有越权行为。他们没有越权。令人痛苦的是,在他停课期间,他们还把他的漂亮宿舍重新分配给了别人。

要想减轻停课导致的不公正,有一个办法是去城里待几天。王尔德去了伦敦,跟同情他的朋友弗兰克·迈尔斯住在一起。这段时间的伦敦是热闹非凡的。王尔德似乎去听了理查德·瓦格纳在《漂泊的荷兰人》(*The Flying Dutchman*)中指挥《纺车合唱曲》(Spinning Wheel Chorus),他还听了安东·鲁宾斯坦演奏《热情奏鸣曲》,但他在出版物中把它误称为"Sonata Impassionata"。[3] (在《作为艺术家的评论家》中,他把这个曲名搞对了。)他觉得视觉艺术更符合自己的胃口,当时的盛事是库茨·林赛爵士开办了一家名叫格罗夫纳的新画廊。拥有像迈尔斯和高尔这样的艺术家朋友,要想收到请柬去参加在 1877 年 4 月 30 日举办的私展算不上难事,他同样不会回避次日的正式开幕式,威尔士亲王、格拉德斯通、罗斯金、亨利·詹姆斯和其他显要人物也都在场。

　　人们打算好了要让这个仪式成为一次令人难忘的记忆。林赛的画廊将提供机会呈现当代艺术的景象,它将比心怀嫉妒的皇家艺术院更公平也更有活力。一年前,查尔斯·迪尔克爵士曾在议会的议员席上抱怨说,皇家艺术院把一些重要画家排斥在它的展览之外,主要就是拉斐尔前派的艺术家。林赛希望自己的新画廊不仅展出这个流派或其他流派的绘画,而且它本身也要构成一件艺术品。因此,新弓街 135 号至 137 号的街面上耸立起了一座正面为帕拉第奥式(Palladian)的建筑(如今成了风神音乐厅〔Aeolian Hall〕)。王尔德刚认识的惠斯勒受托为西厅的拱形天花板设计壁缘,这条壁缘将会呈现在柔和的蓝色背景上,银色的月亮处于不同的相位,与之相伴的还有群星。王尔德赞许地提到,画廊的墙壁上"悬挂着猩红色的缎布,一直拖到暗绿金色的护壁板处"。亨利·詹姆斯吹毛求疵的目光留意到,这些强烈的颜色,尤其是那种"野蛮的红色"[4],分散了人们观画的注意力,罗斯金提出了同样的反对意见,但王尔德却为这种铺张浪费的奇观而欣喜。

　　他本人就是这个奇观的组成部分。他认为这是他在伦敦的初次登场,普通的衣服无法满足这种场合的要求,于是他穿上了一件新外套,它甚至比那件让热那亚人为之目眩的棕黄色外套更令人惊讶。有人曾问及他的这身行头,一位当时的日记记录者保留了他的回答。[5]他说他做了一个梦,梦中出现了一个幽灵般的人,他外套的形状和颜色不知怎么让他联想到了大提琴。他一醒来,就匆忙勾勒出自己在梦中看到的东西,然后把这幅草图拿给了他的裁缝。这件外套是完全根据梦中的规格裁剪的;在某些光线下,它看上去是青铜色的,在另外一些光线下,它就变成了红色,它的背面(王尔德为自己的背部感到自豪)模仿了一把大提琴的轮廓。

　　普通人居然会关注一位二十三岁的年轻人的穿着,这证明王尔德正开始成为一道奇特的风景。这是他第一次排演自己在展览上作为艺术评论家左右一群观众的角色,数年之后,弗里斯将会以讽刺手法描绘他在展览上的画像。*他通过自己的那件大提琴外套吸引来了关注,然后又通过自己的才智和热情维系住了这种关注。他对自己新显露的能力如此迷恋,简直是当场就做出了决定,他将"开始从事评论家这项职业"。作为起始点,他为《都柏林大学杂志》撰写一篇《格罗夫纳画廊》,来纪念这次开幕式和自己的参与,这是他发表的第一篇随笔。《都柏林大学杂志》的编辑凯宁格尔·库克对王尔德的几条意见和独特文风感到犹豫不决,可是王尔德坚持不放弃自己的观点。"我总是说'我'而不是'我们',"他以令人难以忍受的口吻告诉库克,他还坚持说,他和他所有的艺术家朋友都认为阿尔玛·塔德玛不会画画。校样出来之后,他又添加了几段,还傲慢地不允许库克遗漏它们:"请提醒别人,一定要把我的所有修订都更正过来。其中一些只跟'风格'有关,对于一个牛津人来说,这一类的修订是永远不能忽略的。"[6]他在一个句子中强调了自己的早熟,这个句子谈及"我们中那些依然是男孩的人",他还忘了自己已被停学,在文章末尾签上了"奥斯卡,牛津,莫德林学院"。如果说他已经从名字中删去了"芬格·欧弗雷泰·威尔斯"这样华丽的阵容,他可决不能让编辑或读者错过他作为布拉克内尔夫人所谓的"牛津人"的身份。

我们不妨拿王尔德关于这次展览的文章跟亨利·詹姆斯的那篇相互比较一下。这家新画廊是特别倾向于拉斐尔前派的,跟王尔德一样,詹姆斯也赞美了伯恩-琼斯的作品。不过,詹姆斯担心的是,他发现这位画家身上缺乏一种"刚毅"的气质。**巧合的是,两位评论家都描述了展览上的第一幅重要绘画,即 G. F. 沃茨绘制的《爱神和死神》(*Love and Death*)。詹姆斯力图精确地描述这幅画,却没

---

* 王尔德在《作为艺术家的评论家》的对话中机敏地回敬了他,他提到了弗里斯的《达比赛马日》(*Derby Day*):欧内斯特说,"好像有一位女士曾经郑重地询问过那位悔恨的院士……是否他那些著名的画像如《在怀特利家度过的春日》,或《等候末班公共马车》或其他此类的绘画都是手绘完成的?"吉尔伯特答以:"是这么回事吗?"

** 也曾有人以这样的理由反对过佩特。1877 年 5 月 3 日,《牛津暨剑桥本科学刊》抨击过佩特"仅仅为了那些时刻本身"而去享受它们的观念,理由是,"我们内心有一种男子汉的气概,而且……不但在牛津之外的世界里,即便在牛津自身的范围里,我们也有男人的事情要做……"

有描述出那种活力：

> 在一幅巨大的画布上，有一个蒙着白衣的人，背对观众，所穿的外衣和手势都呈现出不祥的挥舞姿态，他正准备跨越门口，旁边是一丛玫瑰，花朵都落了下来，一个代表爱的男孩跟跄向前，他的头和身体向后翻转，处于恳求之中，徒劳地试图阻止这个人的进入。

80

王尔德被同一个主题感染，他的心中充满热情，乃至走向极端。他煽情地描述了自己的理解：

> 一条大理石门道，到处长满星星点点的白色茉莉和芬芳的刺玫瑰。死神外形庞大，隐藏在灰白色的长袍中，他正以不可避免的、神秘的力量走进来，闯过所有的花朵。他的一只脚已经踏在了门口，一只冷酷的手向前伸去，而爱神是一个美丽的男孩，长着柔软的棕色肢体和彩虹色的翅膀，他像一片被揉皱的叶子那样畏缩不已，正伸出徒劳的双手，试图阻挡死神的进入。

明智且谨慎的詹姆斯觉得，这幅绘画"具有一种优雅的感人力量"；唯美而轻率的王尔德却拿它跟米开朗琪罗的《上帝分光暗》(*God Dividing the Light from the Darkness*)相提并论。当他们谈到那个漂亮男孩时，王尔德充满战栗，詹姆斯充满曲解。

詹姆斯似乎从惠斯勒那里获益较少。他还没有准备好接受这位画家的创新，他还要花上十几年的时间才会承认他的伟大。如今，他对惠斯勒简直是嗤之以鼻。王尔德也有所保留，不过他的保留不像詹姆斯那么多。惠斯勒的作品跟拉斐尔前派的诗意绘画和法国印象派作品的反叙事风格都有关联。王尔德当时还只能接受叙事绘画，他赞美了惠斯勒为卡莱尔绘制的传统肖像，但是面对他为亨利·欧文绘制的更为大胆的肖像,王尔德显得有点犹豫不决,到了"色彩交响乐",他就连为之辩护都谈不上了。惠斯勒的作品越是反传统,王尔德就越不喜欢。当他看到所有作品中最大胆的那幅《黑与金的夜曲:坠落烟火》(*Nocturne in Black and Gold: the Falling Rocket*)时,他逗乐的口吻跟那些头脑简单的现实主义者没什么两样,他说,这幅画"值得人们观赏的时间,大约就像观看真实烟火一样长,也就是说,差不多十五秒钟"。不过,他承认说,惠斯勒选择画这样的画,他是具有强大能量的,而詹姆斯却不承认这一点。凯宁格尔·库克很担心惠斯勒会被触怒,可是王尔德自信地安慰他说,"我知道他会接受这些话(指王尔德的评论)中肯定的一面,而且,这些话的确说得机灵和有趣。"(他还为这篇文章添了一个注脚,这个注脚显然是基于他跟惠斯勒的交谈撰写的,它以博学的姿态指出,惠斯勒在绘制著名的孔雀天花板时,他并不知道在拉文纳已经有了一件类似的古代作品。)惠斯勒没有因为王尔德的逗趣而感到心烦,尤其是,王尔德还以赞美之词缓和了这种逗趣,但他却把罗斯金关于《坠落烟火》的索然无味的评论看得很认真,在《写给英国工人阶级的信件》(*Fors Clavigera*)中,罗斯金写道,他"从未想过一个纨绔子弟居然会要求别人支付他两百几尼金币,就因为他把一罐颜料掷在了公众脸上"。[7] 由此引发的诽谤官司使得英国的艺术圈出现分裂,已建立的朋友关系也为之分崩离析。王尔德设法一方面跟罗斯金和伯恩-琼斯保持良好关系,同时也没破坏他跟惠斯勒的关系,在当时的情形下,这简直像是一种杂技。

　　在几页纸的篇幅中,王尔德逐渐确立的不仅是批评的艺术,还有自我推广的艺术。他欣然地评论了自己的希腊和意大利之旅,还少不了对其他文人的吹捧。文章肯定地提及了罗斯金和佩特;提到罗斯金是因为米莱在很久以前曾为他绘制过一幅肖像画,而且这幅画并**没有**出现在展览中;提到佩特是因为他在关于波提切利的文章中把色彩描述成"一种降临到[事物]之上的灵,通过这种方式,这些事物对于灵来说才具有表现力"。王尔德把这条评论应用在伯恩-琼斯身上,并设法两次引用了它。(他在文章中还再次引用了佩特,但是凯宁格尔·库克

81

把那段文字删掉了。)王尔德在展览室中逛了一遍,他故意提到,米莱为威斯敏斯特公爵夫人和她的孩子绘制的肖像简直跟真人太相像了。(他曾经见过她,因为她是罗纳德·高尔勋爵的姐姐。)高尔也由于自己的两件雕塑而赢取了他的称赞,不过它们都**没有**在展览上出现,当时它们正在皇家艺术院展出。

虽然王尔德偶尔会允许自己严格对待展览上的其他艺术家,但他在《都柏林大学杂志》上披露了自己的爱尔兰想法,"这片单调的英格兰土地,虽然夏季短暂,雨雾阴郁,少不了采矿区和工厂,对机械有着可鄙的尊崇,但它还是养育了杰出的艺术大师。"在结束句中,他继续大唱颂歌,他把艺术家和作家联系起来,称赞说,"之所以出现文化的复兴和对美的热爱,在很大程度上应该归功于罗斯金先生,而斯温伯恩先生、佩特先生、西蒙兹先生、莫里斯先生,以及别的很多人则以各自的独特方式促进和延续了这种发展。"他还没有宣布英国文艺复兴的诞生,但也基本上做好了准备。

在伦敦度过了一周的时髦生活之后,王尔德回到都柏林的家中。他母亲对莫德林管理层的愚蠢表示唾弃,马哈菲大发雷霆,他觉得自己陪同王尔德前往希腊是一件有价值的事情,而这个处罚似乎贬损了他作为同伴的意义。他完全有可能做出同样的事情。一年前,在有点类似的情形下,他的圣三一学院同事曾指责他的第一次希腊之行占用了学期时间。只有威利·王尔德例外,他毫无同情心地问弟弟奥斯卡,他被停学的"真正"原因到底是什么,因为在他看来,表面上的这个理由似乎只是一个托词。[8]他也许开始怀疑弟弟具有一些不同寻常的癖好。王尔德做了他能做的事情。他给莫德林学院写了一封试图说服他们的信件,5月4日,校方缓和了他们先前的决定,把他的罚金从四十七英镑十先令降低到二十六英镑十五先令,前提是他必须令人满意地完成导师规定的作业。这个条件无法让王尔德感到欣喜。

这种羞辱至少帮助他澄清了自己的目标。正如他对库克说的那样,他决心要成为一个艺术评论家,他还要成为一个诗人。要想达成第二个心愿,他首先需要诗歌,其次需要有影响力的朋友,那个夏天,他把时间用在埋头写作和交朋友

上了。他的手法很不坦诚,简直到了幼稚的地步,他把自己的诗歌外加一封充满
魅力的信件一起寄给别人,信中还提到了自己的年轻,以及自己的牛津背景。
(马修·阿诺德在年轻时对圣伯夫做过同样的事情。)他寄给格拉德斯通一首弥
尔顿体的十四行,这首诗歌谴责了1876 年 5 月发生在保加利亚的屠杀基督徒事
件,格拉德斯通在散文里也谴责过这件事,在附信中,他提到自己"只不过比小
男孩略大一点儿"。* 他说,因为年轻人希望自己的作品得到发表,让别人来阅
读,也许格拉德斯通可以把这首十四行推荐给《十九世纪》和《旁观者》,如果他
自己喜欢这首诗歌的话。[10] 格拉德斯通的回信是足够友善的,因为王尔德又寄
来了更多的十四行,与此同时,王尔德还把它们寄给了《旁观者》,并获得格拉德
斯通的允许把他列为推荐人。《旁观者》没有刊登这些稿件。然而,王尔德为第
一首十四行寄给格拉德斯通的信件倒不完全是谄媚之语。他解释了其中的两
行诗:

> 只有她才梦见过你的复活吗?
> 而她对你的爱已救赎了她所有的罪。

他的意思是,抹大拉的玛利亚是第一个看到基督复活的人;接着,他以老于世故
的口吻补充说,"勒南在某个地方说过,这是人类说过的最神圣的谎言。"他还较
为合宜地附上了自己的诗歌《复活节》,在这首诗歌中,他比较了教皇的辉煌和
耶稣的贫寒,藉此表达了自己的反对态度,这种表现很符合新教徒精神。

　　他给其他人寄去了自己关于济慈的十四行。他的看法是,1876 年 2 月被置
放在济慈墓畔的圆形浮雕像并不符合这位诗人的特征,他在写给霍顿勋爵的信
中表明了这个观点,在都柏林,他曾经跟马哈菲一起拜见过霍顿勋爵。不幸的
是,他甚至都没有费心先读一下霍顿的《济慈传》,因为在回复中,霍顿先是就这

---

* 有人抱怨说他的诗歌模仿了弥尔顿的作品,王尔德回答说,"评论家所谓的模仿之作其实是一
种成就。我致力于创作那种弥尔顿十四行,它们将会跟弥尔顿的十四行一样出色。"[9]

首诗歌敷衍了几句客气话，然后强调说，它把济慈描述成一个郁郁寡欢的战士，这是毫无根据的。"济慈，"他说，"从不是个郁郁寡欢的人，人们都认为他是个异常敏捷的人。"至于那个圆形浮雕像，霍顿坚持认为它跟诗人是相像的。王尔德还给 W. M. 罗塞蒂写了一封类似的信件，倒没有遭到断然反驳，可是罗塞蒂很久之后才回了信，还说，虽然他赞成王尔德的提议，认为应该为济慈制作一座雕像，但也不必着急，因为到了适宜的时候，所有配得上雕像的诗人都会拥有与他们相配的雕像。[11]＊王尔德的试探不算是大获全胜，但它们至少起到了传播其姓名的作用，有时还促成了进一步的通信。

7 月份，《都柏林大学杂志》上发表了他关于格罗夫纳画廊的评论，他寄了一份给佩特。在很多方面，这篇文章表明了他跟佩特的一致之处，虽然他迄今尚未跟佩特会面。在涉及跟男孩有关的绘画时，他写下了一些泄密的句子："在希腊群岛上，人们会发现男孩漂亮得就跟柏拉图笔下的查密迪斯一样。在热那亚的红宫里，人们可以看到圭多的'圣塞巴斯蒂安'，他就是一个那样的男孩，佩鲁吉诺曾为自己的家乡绘制过一幅希腊的伽尼墨得像，不过，最能表现这种影响力的画家是柯勒乔，他在帕尔马的大教堂里创作过一幅手持百合的人像，在圣乔凡尼教堂（St Giovanni Evangelista）的《头戴王冠的圣母玛利亚》（incoronata Madonna）中描绘了一个两眼圆睁、张大嘴巴的圣约翰，以上作品都是这种艺术的最好范例，它表现了青春美的健康、活力和光辉。"佩特收到了信号，他也赏识王尔德的能力。他很快就回信了，7 月 14 日，他写信感谢王尔德寄来那篇"杰出的文章"，他还请王尔德一回牛津就来拜访自己。"我很想就几个问题跟你探讨一下，虽然整体而言，我觉得你的评论是非常公正的，而且其表达方式显然也是非常令人愉快的。这篇文章表明，你具有一些美妙的品位，在你这个年龄，能培养出这样的品位的确不同寻常，你对很多美好事物具有相当多的知识。我希望将来你能写出很多东西来。"[12]

＊　1887 年 9 月 27 日，王尔德在评论中说罗塞蒂的《济慈传》是"一个巨大的失败"。

　　为了夸耀佩特对自己的赞扬，王尔德把佩特的信件抄给了他的朋友沃德和哈丁。随着最初寄去的文章，他接着又寄给佩特一首（或几首）十四行，因为停课期结束之后，他们在 10 月底见面时，佩特笑着问他，"为什么你总是写诗？干吗不写些散文呢？散文的难度要大得多。"[13] 不过他称赞了王尔德的一首诗，即《漫步莫德林》。王尔德接受了佩特的观点，他在给欧内斯特·拉德福的信中写道："对于我来说，散文让我觉得那么着迷，我更愿意坐在它的风琴前，而不是去吹笛子或管乐器。"他对迈克尔·菲尔德说："本世纪只有一个人会写散文。"除了佩特之外，他觉得"卡莱尔的激烈修辞和罗斯金的高扬的、充满热情的雄辩"都是狂热而不是艺术的产物。前几个世纪的散文也是有缺陷的。詹姆士一世时代的散文"太无节制了"，安妮女王时代的散文"实在太直白，理性到了让人不快的地步"。（他自己的散文有时也是粗糙的。）但佩特的文章始终是"精神和官能的金鉴，美的圣经"。[14]

　　佩特和王尔德很快就成了朋友。有一天，博德利来看望王尔德，发现后者正 84 在为午餐摆放桌子上的餐具，他说他也要留下来。王尔德回答说，"不，不成！决不能有你这样俗气的人。今天是沃尔特·佩特头一次来跟我共进午餐。"哈丁曾经收到过佩特的信件（落款是"你深情的"），为此颜面扫地，博德利不免感到心惊，他觉得这种亲密关系是不祥的。后来，他说这种关系导致王尔德变成了一个"极端的唯美主义者"，根据上下文，可以说这几乎是同性恋的一种委婉说法。[15]

　　这种亲密关系发展迅猛。佩特借给王尔德一部刚在巴黎出版的《三故事》。照王尔德在一封信中的说法，这部作品的创作者是"一位被凡人称为'福楼拜'的白璧无瑕的大师"[16]，书中包括了关于圣朱利安、希罗底和圣约翰的故事。王尔德对这些故事留下了特别深刻的印象，那之后，他开始对圣经故事进行带有怀疑论色彩的改编。他还从福楼拜那里借鉴了约翰的希腊文名字（即"伊奥卡兰"）。（后来，佩特因为把福楼拜的书籍借给本科生而惹来了麻烦。）1878 年 1 月，佩特为王尔德送给他的照片向他致以谢意，他们还多次一起出去散步，一起喝茶。

　　跟佩特一起喝茶会是怎样的情形呢？从林肯学院院长马克·帕蒂森在1878年5月5日写下的日记中，我们可以看出一些端倪："去佩特家里喝茶，在那里，奥斯卡·勃朗宁变得比任何时候都更像苏格拉底。他在一个角落里跟四个长得像女人的青年交谈着，我们在场的时候，他们待在那里，'有点磨洋工'的样子，佩特家的几位小姐跟我坐在另一个角落里袖手旁观。很快，沃尔特·佩特出现了，身边陪伴着两个同样女人气的青年，人们刚才告诉我说他在'楼上'……[这些省略号是帕蒂森本人所注]"*

　　虽然这番描述也许会给人留下相反的印象，但总的来说，佩特是个谨慎的人，1873年，当他出版了《文艺复兴史研究》之后，他就变得更加谨慎了。"的确，"王尔德后来对里基茨说，"亲爱的佩特真可悲，他以自己的生活方式驳斥了自己撰写的一切东西。"若干年后，王尔德向罗伯特·罗斯回忆起佩特，"亲爱的佩特总是对我的大肆宣扬感到心惊肉跳。"[18]还有一次，他回忆说，他去拜访佩特，发现他正处于闷闷不乐之中，因为有一篇文章嘲笑了他撰写的关于查尔斯·兰姆的文字。王尔德对文森特·欧沙利文说，"想想吧！佩特！我无法设想佩特这样的人竟然经受不起最低级记者的侮辱。"他私下里以为佩特的文章和他的实际语言相去甚远，后来还斗胆把这个意见说了出来。而对于佩特来说，他却认为王尔德的文章跟他的实际语言距离太接近了。罗伯特·罗斯觉得佩特不喜欢王尔德这个人，但是却欣赏他的机灵，文森特·欧沙利文证实了这一点，佩特曾跟他说起，"王尔德先生错把那种奇怪的粗俗当成了魅力。"在牛津，王尔德从未像听罗斯金讲座那样倾听过佩特的讲座，不过，1890年，他跟罗斯去听了佩特

---

　　* 佩特对年轻男性的所作所为还反映在一封信中，这封信是施皮尔斯父子理发店的理发师埃德·达格代尔写给佩特的传记作家托马斯·赖特的，而且是毫无恶意的。达格代尔写道，他当时是一个二十二岁的年轻人，佩特从几个理发师当中挑选了他；当他在为顾客理发的时候，佩特"突然弯下腰来，专注地凝视着我那双穿着拖鞋的脚；他一言不发地抬起我的一只脚，把它搁在自己的膝盖上，抚摸它，还从一切可能的角度观察它。显然，他欣赏那只脚展示出的一些曲线或线条。他邀请我去他位于布雷齐诺斯学院的宿舍，但我当时并不了解这位伟大人物的盛名……所以我没有利用这个机会，而现在我才明白，这其实是一种殊荣"。[17]

关于梅里美的讲座。作为演讲者,佩特习惯以很低的声音讲课,而且从不瞥视听众。课后,他对王尔德和罗斯说,"我希望你们都听到了我的声音。"王尔德回答说,"我们偷听到了你的声音。""你无论讲什么都头头是道。"佩特批评他说。[19]不过,在王尔德第四年和第五年的古典课程学习中,他对佩特充满了热情,正如他在第一年对罗斯金充满了热情。那之后,他开始经常给佩特写信,按照托马斯·赖特的说法,"向大师致以敬意。"[20]

王尔德知道,1878 年 6 月,他必须参加学位分级考试(Schools Examinations)。1877 年至 1878 年这个学年一开始就遭遇了经济上的困难,因为他没有把规定的作业交给导师,于是学院撤销了豁免一半罚金的决定。他需要费尽口舌去说服校方不要根据当初的决议进行其他处罚。莫德林学院的院长记录簿显示:

> 1877 年 10 月 15 日:决议已定。根据 4 月 26 日的决议,王尔德先生必须完成导师规定的作业,但他并没有完成,院方领导考虑了王尔德先生提出的理由,他们目前表示满意,除了已经做出的责罚(停发他半年的半研究员奖学金,至 1877 年秋季学期为止),不会施加进一步的惩罚。

在威廉·王尔德爵士去世之前,王尔德从没有体验过节俭的生活,而且总是入不敷出,他至今依然如此,虽然能到手的收入已经大为减少。早在 1876 年秋季,他就曾写信给母亲说,他认为自己必须放弃获得学院研究员职位的愿望,因为即便获得了这个职位,他也负担不起,他必须去找一份"挣钱的工作"——这简直是孤注一掷的选择。(出于同样的理由,他不能跟弗洛伦丝·巴尔贡博结婚。)斯波兰萨不是那种愿意让儿子享受"绝望"这种奢侈品的人,她回信说:

> 如果你不得不寻求一份卑贱的职业,放弃获得研究员职位的机会,我将会感到遗憾。但是迄今为止,我觉得你的处境还没有到需要怜悯或同情的地步——从 5 月以来(才五个月),你在私人零花钱上就拿到

86 了一百四十五英镑的现金,还有布雷湖别墅的租金,卖家具的钱也许可以让你一直生活到明年春天。然后,你还可以把房子卖掉,获得三千英镑,其中的两千英镑足以让你每年获得两百英镑,这样过上十年。在我看来,这简直是非常美妙的条件——我希望我自己能每年获得两百英镑,过上十年——当然,跟我们每个人一样,你不得不靠房子的钱为生——但是手上有两千英镑可是一大笔钱——外加你在学校的收入,我觉得你没必要去打工挣钱——或为了面包求人——事实上,我非常高兴你能如此富裕,不管怎样,在未来的十年里,你每年肯定少不了三百英镑。……[21]

王尔德继续抱怨自己的困苦处境,虽然布雷湖别墅给他带来了一些租金,最后还被卖掉,带来了更多的钱。尽管如此,他总是欠债。1877 年 11 月,他在 16 日和 30 日两度被校长法庭传唤,这在牛津是一种时髦的丢脸事,该法庭有权要求学生支付他们拖欠商人的款项。第一个案件是他欠了高街 20 号的裁缝约瑟夫·缪尔二十英镑,其商品包括"超级华丽的安哥拉呢套装"。王尔德不得不支付这笔债务,外加三英镑的法庭开销。第二个案件是拖欠圣阿尔代街 118 号珠宝商 M. G. H. 奥斯蒙德的款项,他原来欠了大约十六英镑,目前还欠五英镑十八先令六便士,这主要是为了购买共济会的服饰标志。这一次,他被要求支付债务,外加二十五先令的法庭开销。学校的档案中有一封来自王尔德的信件,他对这笔数额提出抗议:

星期一　　　　　　　　　　　　　　　　　　牛津大学莫德林学院
　　亲爱的先生　我希望有人能调查一下随信附上的账单,我觉得这简直是过分的敲诈要求。那位商人要求我支付的账单我想是五英镑十先令,肯定远远不到六英镑——在我看来,如果一张五英镑的账单居然要支付近三英镑的法庭开销,校长法庭的管理体制肯定是需要学校委员会来调查一下了。我相信这么荒谬的要求是不会得到允许的。您忠

顺的仆人

奥斯卡·王尔德[22]

显然,他把第一份法庭开销账单和第二份开销账单搞混了。很难想象当时的其他本科生会犯这样的错误,更别提控诉校长法庭监守自盗了。

另一个打击来自同父异母哥哥亨利·威尔逊的早逝,威尔逊死于1877年6月13日。就在几天前,王尔德还跟威尔逊一起吃过饭,他并没有察觉到这位同父异母哥哥对他在天主教杂志上发表的诗歌是多么担忧。他和威利认为自己会是仅有的继承人,但是威尔逊把八千英镑留给了圣马可医院,两千英镑留给了威利,留给王尔德的只有一百英镑,而且条件是他依然保持自己的新教徒身份。至于威尔逊和奥斯卡·王尔德共同拥有的劳恩罗小屋,威尔逊转让自己股份的条件是王尔德在五年内不得皈依天主教。否则的话,他的股份就归威利所有。[23]王尔德劝说威利放弃了他的那份房屋继承权,为此他给了威利十英镑,不过,他更相信天主教是一种让人无法承担的奢侈品了。

87

辩　白

> 一个见多识广的人的头脑是可怕的。它就像一家小古
> 玩店,到处都是怪物和灰尘,每件东西的价格都超过了
> 其本身的价值。①

无论是现在还是以后,王尔德都不会让未卜的前途干扰他当下的享乐。他母亲认为他可以依靠遗产带来的两百英镑年收入过上舒适的生活,这可不是他

---

① 引自《道林·格雷的画像》。

的想法。不管有没有收入，他都要花钱。有些钱被花在打扮上，他必须打扮得富丽堂皇才行。他的衣服可不止是大提琴外套和"超级华丽的安哥拉呢套装"，1878 年 5 月 1 日，他在一场通宵化装舞会上大出风头，这个舞会是赫伯特·莫雷尔夫妇在黑丁顿山厅（Headington Hill Hall）举办的，客人有三百个，王尔德打扮成了鲁珀特王子（Prince Rupert），穿着深紫红色的马裤和长丝袜。这身鲜艳的服饰非常讨他喜欢，所以他从租赁店买下了它，在宿舍里穿着它取乐。屋子里相应地摆满了精美的物件，不但有蓝色的瓷器，还有从希腊买回来的塔纳格拉小雕像，在威廉·沃德的帮助下买来的希腊小地毯，他心爱画作的照片，以及他那个著名的画架，上面炫耀着那幅没完成的绘画。他对这个画架的解释是，他承认自己有时觉得，需要"通过色彩的遮掩方式来寻求表达。有些艺术家觉得自己的激情太强烈了，没法用简单的语言表达，他们发现深红和金色是更适宜的语言模式，因为它们不是那么直白易懂"。因此，照王尔德对《传记》的说法，他也许有一天会变成一个艺术家。

他的装饰品还包括有魔力的百合，罗斯金在《威尼斯的石头》中尊崇它们是这个世界上最美丽也最无用的事物。1881 年，吉尔伯特和沙利文会在《佩辛丝》中以滑稽模仿的方式打趣百合之爱。有些人认为王尔德对百合的崇拜发生在稍后的时期。不过，王尔德自己说过，他在牛津的宿舍里摆满了百合。他的一个名叫道格拉斯·斯莱登的朋友在《我的二十年》（*Twenty Years of My Life*）中回忆说，"有一度，他把屋子里所有的装饰品都拿走了，只剩下一个具有纯粹唯美风格的蓝色花瓶，上面插有一支'佩辛丝'百合。"[24] 这个证据跟萝达·布劳顿的小说《重新考虑》（*Second Thoughts*）中的说法是相关联的，该小说出版于 1880 年 5 月，但是写作日期是出版之前的两年。

萝达·布劳顿当时住在牛津，她因为擅长斗智而让王尔德感到不快。那之后，她就再也没有接到邀请去参加他的"美之宴会"了，不过她的朋友小说家玛格丽特·伍兹继续收到邀请，所以她对美学界的情形有清楚的了解。在《重新考虑》中，她添加了一个"面色苍白的高个子诗人"，名叫弗朗西斯·查洛纳，他的"肢体肌肉松弛",长着一张"早期拜占庭风格的脸庞",他那个"波提切利式的脑袋"上留着很长的头发。[25]当时的牛津还没几个唯美主义者,她描述的这个人似乎肯定是王尔德了。这位诗人陪伴着女主角走到"一支插在蓝色大花瓶中的硕大百合"跟前,这正是斯莱登看到的那个花瓶。查洛纳房间的装饰听起来就像是王尔德房间的夸张版;屋子里也有摆在画架上尚未完成的作品,一幅是维纳斯的肖像,另一幅是关于赫拉克勒斯的侍从许拉斯(在萝达·布劳顿的朋友亨利·詹姆斯的小说中,许拉斯还是雕塑家罗德里克·哈德逊的题材)的作品,仿佛在强调唯美男青年们的暧昧性取向。王尔德的那种佩特式闲扯和萝达·布劳顿的机智回答都体现在查洛纳的问题中——"你从未期待过一种更开阔的生活吗? 更充满人性? 更富有节奏? 更完满?"女主人公回答说,"从没有!"查洛纳撰写的是那些"甜腻"主题的诗歌,他认为"应该在低低的古提琴和小键琴的伴奏下"朗读这些诗歌,"四周漂浮着微妙的干玫瑰气味,而读者眼中看到的是斑岩花瓶和柔和的提尔色调"。在 1886 年 10 月 28 日的一次访谈中,王尔德对布劳顿给予了迟到的回敬,他说"真正适合布劳顿小姐的地方是腓力斯①,她应该回到腓力斯去居住"。

就像这篇早期讽刺作品显示的那样,唯美主义者的形象曾经属于拉斐尔前派专有,如今,在七十年代末,牛津人又再次塑造了它。1877 年 4 月 26 日和 5 月 3 日的《牛津暨剑桥本科学刊》正式提到了这场运动,文章先是淡淡地夸奖了这场运动,说它是一种文明的影响力,接着就转向指责,说它在"暗中"争取人们对"身体形态和美的异教崇拜"的不明言的"默许",它还借自由和天然之名摒弃了"道德或宗教的一切外在体系"。由此可见,《学刊》对美学运动的态度是左右摇摆的。

王尔德知道,在 1750 年哲学家鲍姆加登创造"美学"这个词之前,唯美主义早已存在。在 1880 年 9 月 4 日的一篇文章中,他指出,柏拉图的《会饮篇》中的

---

① 腓力斯是居住在迦南南部海岸的古民族;在英文中,腓力斯人指俗气的人。

宴会主人阿伽通(Agathon)就是"伯里克利时代的唯美诗人"。[26]热爱百合者让人们想起了阿伽通已经失传的戏剧《花朵》(*Antheus*)。(王尔德把 Antheus 和 Anthos 这两个词搞混了。)王尔德还说,不但柏拉图,阿里斯托芬也曾描述过阿伽通,说他"容貌出众"。事实上,在《地母节妇女》(*Thesmophoriazusae*)中,阿里斯托芬比萝达·布劳顿更尖刻地嘲笑了唯美主义的女性气质,他让阿伽通男扮女装跟女人一起出现。

如果说古希腊社会曾因为它的"唯美诗人"而陷入分裂,那么十九世纪也同样如此。唯美主义已经获得了康德的首肯,他曾经提到,艺术是无私心的,是通过人的施为来创造一种第二天性。泰奥菲尔·戈蒂耶接受了这些观念,他是王尔德喜欢的人,他还在《莫班小姐》(*Mademoiselle de Maupin*)的那篇著名序言中表达了这个观点。跟传统观念相反,戈蒂耶宣布艺术是完全无用的,非道德也非自然的。他的小说阐明了他的观点,若无其事地描述了一个具有双性恋取向的女主人公,最后,她大大地满足了自己的欲望。戈蒂耶的女主人公为那个世纪的剩余年代开创了易变性取向的主题。王尔德尤其喜欢拉希尔德后来在《维纳斯先生》中对这个主题的表现。[27]

然而,当莫班小姐认同的运动饱受同样有力的抨击时,她几乎没法在社会中取得进展。不超过六年,索伦·克尔凯郭尔就出版了《非此即彼》,在这部书籍中,他仔细分析了唯美主义者。跟伦理人不一样,唯美主义者深陷一连串的情绪,他完全屈服于每一种情绪,以至他跟自己想要表达的个性失去了联系。由于担心丧失情绪,他没法给予表达,也不能试图超越那一情绪瞬间的自己。他不断在感觉之间游移,很大程度上,其方式就是佩特后来会称颂的方式。克尔凯郭尔似乎在佩特下笔之前就已经驳斥了他。

王尔德不知道克尔凯郭尔的书籍,但是他知道 W. H. 马洛克的《新理想国》(*The New Republic*)对唯美主义的最新抨击,1877 年,他阅读了这部书籍,当时它刚刚出版,他还说它"显然是明智的"。[28]马洛克拿唯美主义者"罗斯先生"(以沃尔特·佩特为原型)跟伦理人"赫伯特先生"(以罗斯金为原型)作对比,并让赫伯特大获全胜。他们的观点具有不同的教育意义。对于赫伯特而言，当今时代是一个堕落的时代，而在罗斯看来，它是一切时代中最好的时代，因为它掌握了早先时代揭示的一切感受可能性，外加它自己这个时代的感受。事实上，这意味着文艺复兴从未结束，而是一直延续到了当下。赫伯特口若悬河地坚持在克制和道德改善方面的主张，罗斯却为一首诗歌而欣喜，他说这首诗是一位十八岁的本科生写的。这首诗歌平等地描述了异教徒和基督教徒，读起来就像是模仿了王尔德的《在热那亚写于圣周的十四行》。诗人叙述了他在某夜的睡梦中看到的三个"幻象"，第一个是肢体洁白的那喀索斯，第二个是维纳斯从海上升起，第三个是瘦削的托马斯·阿奎那身处自己的单身房间里。当前两种幻象消失之后，诗人怀着打了折扣的热情转向那位圣徒和基督。就像在戈蒂耶的作品中那样，性欲的主题是易变的，不过，马洛克把罗斯描述成了一个意淫者，而不是一个积极能动的爱人。王尔德后来也会提出同样的指控，他谴责佩特的超然，指的是他缺乏行动的勇气。 90

　　王尔德推动的牛津唯美主义显现了特别博学的特色。在提倡的同时，也不乏自嘲。王尔德抵达牛津的时候，他发现这种运动正处于半死不活的状态中。虽然他接受了它的一些趣味，譬如色彩和质地，但他这么做的时候，总少不了他母亲的那种好兴致，乐于拿自己的过分之举开玩笑。他起初喜欢的文学作品是很不唯美的、严肃的作品，譬如勃朗宁夫人的《奥罗拉·利》，他毫无节制地称赞这部作品，说它"在很大程度上是我们文学作品中最伟大的一部"。*[29]（罗斯金说它比莎士比亚的十四行还要更伟大。）王尔德送给朋友威廉·沃德一部《奥罗拉·利》，其中的某些段落上标有大加赞扬的记号。[30]跟马洛克和克尔凯郭尔一样，他也知道唯美主义是有局限的。在一封写给某个年轻女性的信中，他附上了一张伯恩-琼斯的水彩画《希望女神》（Spes）的照片，他写道，"在那么多伯恩-琼斯的绘画中，我们只看到了对美的异教崇拜；但是从这一张，我似乎看到了比其

---

　　*　最终，他希望这个作品是用散文体撰写的。

他作品中更多的人性和同情。"[31]王尔德的早期诗歌手法体现了这些有分歧的特性，以及他认为它们最终会归于和谐的看法，在他待在牛津的最后一个完整年份里，他也写了两首这种类型的诗歌。一首是《斯芬克斯》，据他说，是从1874年开始写的，还有一首就是赢取了纽迪吉特奖的《拉文纳》。

它们是非常不一样的诗歌，但都拥有既定的模式，围绕一个固定主题进行思考。它们都具有诗人的那种孩童似的精神，这也许表明了它们是同一个时期的作品，虽然《斯芬克斯》的写作时间持续了很久：

>……那没机会目睹
>二十来个夏天脱下绿色外套
>换上秋天装束的人……
>
>　　　　　　　《拉文纳》

现存的一页《斯芬克斯》手稿上有一幅王尔德绘制的草图，描绘的是几个惊恐的导师形象，不管是否有助于理解，叙述者自称是个学生。[32]

两首诗歌都把人的心境和历史或传奇的过去交织在了一起。《斯芬克斯》采用的是真正的唯美手法，它把异教和基督教传奇的杂烩强加在了那个石头怪物的身上，同性恋的哈德良（Adrian）和安提诺乌斯①跟异性恋的伊西斯和欧塞利斯②汇集一堂，维纳斯和阿多尼斯，玛利亚和耶稣的不协调形象即将浮现。然而，那个渲染这种幻想的学生逐渐开始反感这一切，他赶走了斯芬克斯：

>　虚伪的斯芬克斯！虚伪的斯芬克斯！在芦苇丛生的冥河畔，年老的卡戎正倚靠着他的船桨，

---

① 此处的 Adrian 应为 Hadrian，罗马帝国皇帝，安提诺乌斯（Antinous）是他的同性恋宠儿。
② 伊西斯（Isis）和欧塞利斯（Osiris）是埃及的夫妻神，他们也是兄妹。

等待我的硬币。你先走吧，让我留下来肩负自己的十字架，

那苍白的重负，我疼痛不已，用疲惫的双眼看着这世界，
　　为每一个死去的灵魂哭泣，为每一个灵魂徒劳地哭泣。

最后的诗行表明，跟王尔德一样，诗中的叙述者仍然接受不了救赎的教义，它还对叙述者是否真正热爱自称信仰的宗教持怀疑态度。

在《拉文纳》中，年轻人回忆了自己一年前的旅游，伤感地思索了这座伟大城市的衰落。"崩溃"始终是王尔德的主题之一。就像在《斯芬克斯》中一样，他之所以想起那个"希腊痴梦"（王尔德提到它似乎是为了给自己的希腊之行找理由），只是为了在晚钟声里唤醒它。王尔德把自己对天主教的偏爱抛在一边，在诗中添加了一段维克多·伊曼纽在 1871 年胜利返回罗马的情节，当时，这位国王把庇护九世赶出了奎里纳尔宫（Quirinal Palace）。亨特·布莱尔读了这段诗歌之后，抗议说王尔德曾经把被废黜的教皇称为"受囚禁的神之教会的牧人"，可是王尔德的回答坦率得让他无话可说："别生气，邓斯奇。你得明白，如果我站在教皇一边反对国王的话，那我是绝对、绝对不可能获得纽迪吉特奖的。"[33]这首诗歌是一锅巧妙的大杂烩，混杂着个人回忆、地形描述以及政治和文学史。它向但丁和拜伦发出呼唤。后者被称作"第二个安东尼，他创造了这个世界上的另一个阿克提姆岬"①，但是王尔德不得不抑制住自己的恢宏辞藻，他言辞无力地指出，拜伦并没有受制于希腊的诡计，而是前去为希腊的自由作战。至于拉文纳，这座城市一会儿是注定厄运的，一会儿又是永恒不朽的，诗人为了结束全诗草草许诺会永远爱它。王尔德似乎是以《恰尔德·哈罗德游记》为范例，作为一首赢取纽迪吉特奖的诗歌，它在某种程度上具有拜伦的那种流畅的活力，即便是写到如下的陈词滥调时：

---

①　阿克提姆岬（Actium），公元前 31 年，屋大维跟安东尼和埃及女王在此大战，安东尼战败，屋大维成为罗马之主。

我们心知,死神是强有力的万物主,

国王和农夫终将化为灰色的尘埃……

1878 年 3 月末,王尔德完成了《拉文纳》,根据要求,他以匿名的形式呈交了它,日期正好是他一年前进入这个城市的日子(31 日)。那之后,他病倒了,病因不详,他在莫德林学院的床上躺了几天,享受着朋友们为他奉上鲜花的奢侈待遇。接着,他在伯恩茅斯疗养了几天,渐渐康复了。不过,肉体的疾病也许再次激发了他对自己灵魂状态的担忧,这种焦虑从未止息。1877 年,为了接受荣誉研究员的职位,纽曼在三十二年后重新回到牛津的三一学院,王尔德渴望"拜访纽曼,在一座新修建的教堂里履行圣礼,那之后我的灵魂就会获得安详和平静"。[34] 但是在 1878 年,他之所以特别不安,很可能是因为他想起了那种故意被称作"良性罪行"的事。

在牛津发生的一件事彻底改变了他对自己的看法。王尔德患上了梅毒,据说是从一个妓女那里传染上的。* 作为医生的儿子,他一直倾向于对生病不屑一顾,因此,这件事对他是尤其沉重的打击。在十九世纪七十年代,医学权威遵循的是杰里米·哈钦森爵士的建议,要求感染了梅毒的人必须等待两年时间才能结婚,还要经受水银疗法的整个疗程。水银疗法在肉体上给王尔德带来的主要影响是,他那微微龅起的牙齿如今成了黑色的,那之后,他在讲话时经常会用手挡住自己的嘴巴。(水银并没有治愈这种疾病,虽然人们以为它能治愈。)但是,这种疾病对王尔德造成了深远的精神影响;跟父亲一样,王尔德不时会遭受

---

* 我之所以相信王尔德患有梅毒,是根据雷金纳德·特纳和罗伯特·罗斯的说法,他俩是王尔德的密友,王尔德临终的时候,两人就在他身旁,其他根据包括当时负责治疗的医生开出的凭证(见页 582),而且,兰塞姆的关于王尔德的书籍(1912 年版)和哈里斯的王尔德传记(1916 年版)都认为王尔德的死因是梅毒,这两部书籍都是被罗斯审读过的。尽管如此,人们对于这个问题的意见是有分歧的,一些权威人士并不赞同我对王尔德病史的意见。的确,我们拥有的证据并不是决定性的——在王尔德时代乃至其后的时代,这种疾病总是跟丢脸、耻辱和隐私有关,所以我们几乎不可能获得决定性的证据——不足以在法院里站住脚。但我仍然相信王尔德患有梅毒,在我理解王尔德的特征,解释他后来的很多事情时,我的这种确信起到了非常重要的作用。

忧郁情绪的打击；如今，他又有了发病的新缘由。

这种对自身之脆弱的认识跟一种命定不幸的感受是相关的，他在《来自深渊》中提到，他的作品中总是弥漫着这种论调。它跟他在青春期深切体验到的那种命定不幸的感受有着依稀的联系，当时，他阅读了埃斯库罗斯的《阿伽门农》。他始终忘不了那个剧本，1877 年，他在《考塔博斯》上发表了自己翻译的一些选自那个剧本的卡珊德拉的话，还有剧中的合唱曲。译作中的附注强调了"命定的不幸"："阿伽门农已经跨入了厄运之宫，吕泰涅斯特拉紧随其后——卡珊德拉被独自留在了舞台上……她看到了横楣上的血迹，血的气味让她感到恐慌……['我曾经滑倒在血中。这是不祥的征兆，'王尔德笔下的希律王将会这么说。]她敏锐的洞悉力让她看穿了宫殿的墙壁；她看到了致命的浴室，网罩，还有那磨快的斧头，它将会被用来谋杀她自己和她的主人。"王尔德没有把自己的厄运跟阿伽门农的厄运混为一谈，但他始终觉得自己有一天会遭受奇特的灾祸。

他的诗歌表明了他的一些感受。在《厌世》(Taedium Vitae) 中，他谈到"那嘶哑的冲突之窟／我洁白的灵魂第一次亲吻了罪恶的嘴唇"。某个书商曾宣传说，王尔德为那个给自己带来梅毒的女人写过一首诗，恐怕指的就是这首诗。[35]《斯芬克斯》中，作为一个学生，叙述者在一个热情洋溢的时刻说过：

> 还有人比我更注定了不幸，比我这麻风病人更白吗？
> 是因为亚吧拿和法珥法已经干涸，所以你才到这里来解渴吗？

这个关于麻风病的典故指的是《旧约》中的乃缦，他是亚兰王的元帅，曾经向先知以利沙请教问题。① 他被告知要在约旦河中沐浴，于是愤怒地回答道，"大马色的河亚吧拿和法珥法，岂不比以色列的一切水更好吗？"（《列王记》下，第五章第 12 节）王尔德对乃缦继续保持着兴趣；在《莎乐美》中，他给刽子手取名叫

---

① 《列王记》中的乃缦患有麻风病，所以向先知以利沙请教治疗办法。

乃缦。* 在《斯芬克斯》的原稿中有一行后来被删掉的诗句,这行诗句把斯芬克斯称作"你,映照了我的疾病的明镜"。道林·格雷的肖像是另一张这种类型的镜子。在创作这部作品时,王尔德正处于"重病之中",患的是"伤寒",莱昂内尔·约翰逊怀疑,正是因为他"像提比略那样过度放纵"[36],所以才得了病。

虽然内心忐忑不安,除了在临终时刻之外,这是他最接近天主教的时候。1878 年 4 月,病倒在床上的次月,他去伦敦的布朗普顿圣堂(Brompton Oratory)跟当时广受欢迎的塞巴斯蒂安·鲍登牧师进行了秘密的交谈。在富人圈子里,鲍登以劝人改宗而闻名。他们的交谈内容可以从鲍登事后写给王尔德的信中猜测出几分:

> 亲爱的王尔德先生:
>
> 　　不管你昨天来访的首要目的是什么,可以肯定的是,你已经把自己的生活史和灵魂状况坦率地、毫无保留地告诉了我。出于上帝的恩典,你选择了这么做。
>
> 　　除非你觉得我能够提供某种补救,而且那不是出于人的意志,否则的话,你不会在第一次会见中就把自己的漫无目的和痛苦,自己的世俗不幸告诉一个牧师。那么,请忠实于自己,我并没有施加权力或影响力(这些是不值一提的),而是你自己的良心在呼唤,敦促你重新起步,离开你现今这个郁郁寡欢的自我,正是它让你来到这里做忏悔。那么,让我尽可能严肃地重述我昨天说过的话,跟其他所有人一样,你的本性也是邪恶的,就你的情形而言,由于在精神上和道德上受到了坏的影响,

94

----

* 如果关于乃缦的比喻可以作为索引的话,王尔德似乎是在遇见康斯坦斯·弗莱彻之前就感染上了梅毒,因为在她的小说《海市蜃楼》中,戴夫南特(即王尔德)跟乃缦一样,突然问道,"大马色的河亚吧拿和法珥法,岂不比以色列的一切水更好吗?"(Ⅱ:175)在《海市蜃楼》中,这个问题几乎是毫无意义的,但是在《斯芬克斯》中,它就较富有含义了。推测起来,王尔德也许是受困于内心的罪恶感,向弗莱彻小姐提出这个问题,吓了她一跳。在《帕多瓦公爵夫人》中,吉多重复了这句话,他说,"在意大利就剩不下任何河流了吗?"

还有那种良性的罪行，你的天性变得更加败坏；所以，你说起话来就像是一个幻想家和怀疑论者，不相信任何事，你的生活也没有目的。从另一方面来说，仁慈的上帝并没有让你满足于这种状况。通过让你意想不到地失去财富，他已经向你证明了俗世的空虚，因此，他也挪走了你皈依天主教的巨大障碍；他让你感受到良心的蜇刺和对神圣的纯粹、真挚生活的渴望。因此，选择要过哪一种生活取决于你自己的自由意志。请记住，上帝召唤了你，他也一定会给予你服从那种召唤的方法。

带着喜悦的心情尽快做这种选择吧，困难将会消失，随着你的皈依，你真正的幸福将会开始。作为一个天主教徒，你会发现自己变成了一个新人，既符合自然法则，也遵循了神的恩典。我的意思是，你将会抛开一切做作的、不真实的事物，以及配不上你内心的那个更好自我的东西，你将会像一个觉得自己有灵魂需要拯救，只有若干短暂的时光去拯救它的人，你的生活将充满最深刻的兴趣。因此我相信，你还会在星期四来这里进行另一次谈话；请放心，我不会敦促你做任何事情，你只须顺从自己的良心。在此期间，请多祈祷，少说话。

H. 塞巴斯蒂安·鲍登谨启[37]

最终，王尔德到了要做决定的时刻。虽然鲍登的信件已经被发现有一段时间了，但王尔德的回复却没有人知道。不过，鲍登神父曾经把接下来发生的事情告诉了安德烈·拉夫洛维奇（他本人也是一个改宗者）。星期四，就在王尔德应该举行皈依仪式的那一天，抵达布朗普顿圣堂的不是王尔德，而是一个巨大的盒子，打开一看，原来是一束百合。这是王尔德用来修饰自己的拒绝的一种客气方式。[38]他后来对道林·格雷的描述也符合他自己的情形："有人谣传说他就要加入罗马天主教了，无疑，罗马天主教的仪式对他有很大的吸引力……但是他从来不会犯这样的错误，为正式接受一种教义或体系而抑制自己的智性发展，或误把一间只适合逗留一夜的旅馆当成了家，而且在那个夜晚里连星星都没有，只有月

亮在勉力地照明……似乎在他看来,任何关于生活的理论,也比不上生活本身更
重要。"*数年之后,阿斯奎斯曾问及他的信仰,王尔德回答说,"我觉得我没有任
何信仰。我是一个爱尔兰新教徒。"[39]对于他的可怕疾病,他选择了水银作为特
效药,而不是宗教。也许就在这个时候,当螺旋菌在他的脊柱里逐渐向脑膜发展
之际,他已经构思出了关于道林·格雷悄然走上衰亡之路的寓言。

　　也许就在这之后不久,王尔德表现出了跟忏悔时相反的一面。当时轮到他
在莫德林附属教堂诵读圣经章节,在场的人包括利奥波德王子。王尔德翻开圣
经,用无精打采的声音开始朗读《雅歌》。布拉姆利学监从自己的席位上扑过
来,胡须都戳到了王尔德的脸上,根据阿特金森的说法,他低声说,"你读错了段
落,王尔德先生。该读的是《申命记》第十六章。"后来,根据安斯利的回忆,王尔
德曾申请加入克莱伯特俱乐部,却遭到了开玩笑似的反对,其理由是,作为莫德
林的半研究员奖学金获得者,他曾经身披法衣朗读过圣经。王尔德承认了自己
的冒犯行为,但恳请从轻处罚,"我在朗读圣经时一向心存怀疑,礼拜之后,院长
总指责我在'读经台上的轻浮行为'"。[40]

　　6月份,王尔德参加了学位复试(Final Schools)。未来的学者霍顿当时也在
场,他留意到了王尔德的"脸庞肌肉松弛,头发乱糟糟,才过一小时,他就大步走
到监考桌前,要求获得新纸;离终场时间还差半个小时,他就已经交卷了。他是
一个天才,表现自我是他的第二天性"。[41]无论举止如何,他跟朋友交代说,他觉
得自己只能考到四等,而不是一等。但有些考题简直就像是为他准备的。譬如,
有个问题问他——"以下地区的地理位置和军事意义:波提狄亚、赫拉克里亚、
普拉提亚、诺帕克特斯、曼提尼亚。"①这简直像是盘问他跟马哈菲的旅行过程,
他对整个答案了如指掌。(在《拉文纳》中,他写道,"噢,萨拉米斯!噢,孤独的

---

　　* 亨利·沃顿勋爵还要更愤世嫉俗一些,他说过:"宗教安慰了一些人。它的神迹具有调情能够
带来的魅力,一个女人曾这么告诉我,我可以理解这一点。而且,要想满足一个人的虚荣心,莫过于
把他说成是一个罪人了。"

　　① Potidaea, Heracleia, Plataea, Naupactus, Mantieneia 都是希腊地名。

普拉提亚平原！"）另一个正中下怀的考题是，"为什么亚里士多德坚持认为沉思的生活比实践的生活更高一等？"他的摘录本表明他曾经思考过这个问题：

> 如果哲学旨在为人们带来一些好处，它来的时候就太迟了；因为宗教主管了国民的诞生，哲学却往往追随他们抵达坟墓。直到曙光浮现，雅典娜的猫头鹰才开始飞翔。
>
> 所以在亚里士多德看来，哲学生活就是沉思的生活。他对智慧女神否认了其中有任何慈善目的……
>
> 亚里士多德说，为思考而思考是件好事，因为它是一种"灵魂的完满状态"；它存在的事实也就是它存在的理由。
>
> 培根的挖苦话正是它的荣耀。就像一个献给上帝的处女，它并没有带来什么收获。它的责任是理解这个世界，而不是让它变得更好。
>
> 它的领域囊括宇宙范畴——心智运动的宇宙法则。它检验的不是应然，而是实然。它拥有智慧，而不是热爱智慧。

96

为了支持自己的观点，他引证了柏拉图——"生活的目的不是行动而是思考，不是去做，而是去存在"——他还补充说，"依照艺术的精神对待生活，也就是把它作为一件手段和目的都已经确定的事情来对待……"他很高兴听到欧里庇得斯（他最喜欢的作家之一）让一个角色说，"站一边去，像个画家那样观察我的悲哀吧。"

在《作为艺术家的评论家》中，王尔德将会充分发挥这个观点。当然，他自己的有关艺术和沉思的公式延伸了亚里士多德和柏拉图的理论，这两位哲学家恐怕是不会赞成这种延伸的：

> 社会常常宽宥罪犯；但从不原谅梦想家。艺术在我们心中激起的
> 美好而无现实意义的情感在它眼中是可恨的，人们完全被这种可怕的
> 社会理想的专制主宰了，他们总是不知羞耻地跑去问绘画预展和其他
> 对公众开放的场所里的人，声音洪亮地嚷嚷，"您在干什么？"尽管"您
> 在想什么？"才是每个受过教育的个人应该向别人轻声道出的唯一问
> 题。……可是应该有人教育他们，尽管从社会的观点来看，沉思是任何
> 公民都可能犯下的最严重的罪行，但是从最高文明的角度来看，它是人
> 类的适当职业。……无论如何，对于我们来说冥想的生活才是真正的
> 理想。

当考官问他亚里士多德会怎样评价惠特曼，他想必认为惠特曼对"自我"崇拜是第一位的，除了自我发展之外，其他的因素都不值得考虑。

老师们在批改试卷的同时，莫德林学院举行了庆祝舞会。王尔德出席了舞会，显然还穿上了另一件惹眼的外套，因为玛格丽特·伍兹记得自己跟他在谈话时提到了它。他的跳舞水平一般，于是他们站在那里说话，没有靠近舞池。他突然转过身去，对她说，"这难道不是件可悲的事情吗？我那么热爱美，可我的脊背却长成了这副模样？"她意识到应该赞美他的背部，还有那件覆盖在上面的外套，但是她发现自己的回答是毫不配合的，"你应该去参加爱尔兰志愿军。他们很快就会让你直起腰板。"王尔德那孩子气的虚荣心这下子可受到了伤害。*[42]

然而，不久后王尔德就获得了大大的补偿。首先是在 6 月 10 日，纽迪吉特奖的评选结果出来了。评审者包括校方发言人达林、诗歌教授谢普，以及全体教职员会议中的其他三个人（他们的名字没有被记录下来）。6 月 11 日，莫德林学

97

---

* 在 1887 年 11 月的一篇书评中，他还是大大赞扬了她的小说《乡村悲剧》(*A Village Tragedy*)。

院院长在记录簿上写道:"纽迪吉特奖被授给了奥斯卡·欧弗·王尔德,他是莫德林的半研究员奖学金的获得者……本学院上一次获得纽迪吉特奖是在1825年,由 R. 休厄尔领取。获得这一奖项后,王尔德先生将有权得到多布尼博士(去世于1867年12月13日)的以下遗赠:'我希望遗嘱执行人留下那尊青年奥古斯都的大理石胸像,把它赠送给我去世之后第一个获得纽迪吉特奖的莫德林人。'"王尔德适时地收到了这尊胸像。与此同时,获奖的消息公开之后,众人都来恭维王尔德。都柏林的奥布雷·德韦尔发来了贺信。不过,最欣喜若狂的称赞当然是来自王尔德夫人,她把儿子尊为"奥林匹克比赛的获胜者",然后写道:

> 梅里恩广场北1号
>
> 星期四,一点
>
> 噢,荣耀啊荣耀! 万分感谢你发来电报。这是今年以来我遇到的第一桩开心事。我是多么渴望能读到这首诗。喔,我们家终于出了**天才**——这可是律师抢不去的东西。
>
> 嗯,我真希望你现在感到开心了。你已经获得了**荣耀**和**承认**——在年仅二十二[他其实是二十三岁]的时候,这可是件重大的事情。我为你感到骄傲——我高兴得简直形容不出来——这样一来,你将来肯定会获得成功——你现在可以相信自己的才智了,你也知道它能实现什么。我真想看到如今你脸上的笑容。永远、永远为你开心和骄傲
>
> 爱你的妈妈[43]

这封信表明她很清楚他的沮丧心情,他既担心未来,也悔恨过去。正如她料想的那样,随着获奖,他的情绪受到了鼓舞。获奖者有责任在校庆典礼上大声朗读获奖作品,不过,诗歌教授谢普负责在正式典礼之前对其作品提出修订意见。王尔德倾听了谢普的所有建议,恭敬地记了笔记,但是对诗歌只字未改。[44]6月

25 日,他在大家面前顺利地朗读了这首诗歌,马哈菲和威利·王尔德都出席了典礼。《牛津暨剑桥本科学刊》在次日报道了这条消息,"人们专注地聆听了纽迪吉特奖获得者的朗诵,不断给予鼓掌。"*莫德林学院要求王尔德再待几天,以便参加莫德林学院的年度庆典,他们在庆典上"对我大加赞赏。我跟所有人的关系都处于最佳状态,包括艾伦!我觉得他在为自己对待我的方式感到懊恼"。[45]

接下来是第二桩了不起的成就。学位复试的考官请他去参加针对他的论文的口试,考官们没有把时间花费在提问上,而是只顾着恭维他。就亚里士多德的惠特曼观,他们进一步讨论了他的观点。王尔德担心的不是文章的文采,而是技术方面的问题会拖他的后腿,但是他的导师萨金特告诉亨特·布莱尔,整体而言,王尔德的试卷是他那一年最好的作业。两年前,他的学位阶段考试成绩也是这样。他获得了罕见的双一等成绩(在古典文学的学位阶段考试和学位终考中均列一等)。这个消息几乎跟他获得纽迪吉特奖一样具有冲击力,尤其是在莫德林学院。"导师们'吃惊地'说不出话来——不良青年最终赢得了这么好的成绩!"王尔德写信给威廉·沃德说。[46]王尔德稍作暗示,学院就在 1878 年 11 月 7 日把去年扣发的奖学金还给了他。他还需要通过神学考试,没有这个成绩,他就不能获得学位,所以他的半研究员奖学金又被延长到了第五年。**

这一切究竟会带来怎样的结果,形势尚未明朗。没有人向他提供研究员的职位。诗歌或评论的职业似乎是赚不到什么钱的。还有一个办法就是娶个有钱的女继承人,她母亲经常敦促他和威利做这样的选择。*** 不幸的是,弗洛伦丝·

---

　　*　《学刊》后来又出尔反尔,在 1879 年 1 月 30 日对已发表的诗歌给予了恶意的评价。

　　**　然而,根据惯例,他不得不搬离学校的房间,而且他似乎已经搬到了高街 76 号,寄宿在一位布鲁尔太太那里。

　　***　他的哥哥威利因为过于急切而露了马脚。根据埃塞尔·史密斯的描述,两人才认识了几个小时,威利就说服她跟自己订了婚。奇怪的是,他又要求暂时别把这个协议公布于众。他可能还跟别的某个人有着类似的婚约。她很快解除了这个婚约,但是留下了他的戒指。[47]他在其他年轻女性那里也没有获得成功。

巴尔贡博并不符合这个要求,他心中也没有别人。然而,如果说他在婚姻或职业上看不到前景的话,照他母亲的说法,他至少有证据表明自己不会失败。

王尔德在牛津也是这么做的。他最初的做法是,通过罗斯金激发自己的良心,通过佩特激发自己的感受;这两位伟大人物逐渐变成了天主教、共济会、美学和各种行为举止的复杂混合体,他怀着热情信奉它们,但这种热情总是稍纵即逝。他的信件表明,起初他试图解决自己的矛盾冲突,谴责自己的软弱和自欺。不过,就在牛津的时候,他渐渐意识到自己的矛盾也是力量的源泉,而不只会导致轻浮。他的同时代人,"那些愚人和教条主义者",也许拥有一个明确的、协调一致的世界,但是在这么做的同时,他们不得不放弃一个充满隐秘刺激和私下怀疑的世界。他的悖论将不断提醒他,在获得公认的和传统的事物后面隐藏着什么。"艺术的真理就在于它的对立面也是真实的(A truth in art is that whose contradictory is also true),"他将会在《面具的真理》中这样宣称。他沉湎于各种运动,因此学到了这重要的一课,首先是关于艺术的,然后是关于生活的。他既不会成为天主教徒,也不会成为共济会员;他这一刻是品位高雅的,下一刻却是麻木不仁的。这个结局跟他的双性恋取向是一致的,虽然后者也许不取决于他的意志。

于是,王尔德不是根据某种原则写文章,而是在各种原则的论战中写文章。在诗歌《唉!》(他的第一部诗集的开篇就是它)中,他表明为了获得愉悦,他放弃了苦行,而深渊和巅峰对他依然是有吸引力的。在他的第一部戏剧《薇拉》中,女主人公计划刺杀沙皇,但是却拯救了他的性命,仿佛她突然间受到启发,意识到了自己的反向推动力,并决定不作反抗。当王尔德在创作关于政治革命者的《自由十四行》时,他在前八行诗歌中贬损了这种人,却在最后六行诗中突然被迫说出,"上天明鉴,我赞成他们,在某些事情上。"《道林·格雷的画像》是一部批判唯美主义的作品,人们从中读到了道林的毁灭之路;然而,道林的美貌赢得了读者的心,看到他白白挥霍了这种美貌,读者们感到惋惜而不是惊恐,因此,他略带几分浮士德的魅力,而不是凶手和吸毒者的丑恶。王尔德觉得这部书太富有道德感了,于是为它添加了一个颠覆性的序言,在书中,道林被一种美学的信条所腐蚀,而在序言中,他却怀着认同感对这种信条做了一番解释。在《莎乐美》中,当莎乐美跳七纱舞的时候,王尔德让希律王首先体验到了感官的愉悦,而当他看到她亲吻伊奥卡兰的冰冷嘴唇时,他的精神上就起了反感,最后他良心发现,感到愤慨,命令卫士们杀掉她。温德米尔夫人终于发现,虽然自己谨守清教徒的规则,但是跟其他人一样,她还是有可能做出一些违背自己原则的事情。在《理想丈夫》中,奇尔顿夫人不得不承认,每一个理想丈夫背后都有一个名副其实的秘密。在《不可儿戏》中,王尔德模仿并取笑了自己的那种寻求矛盾的倾向,让严肃的杰克最后变成了轻佻的欧内斯特。"智者会做出自相矛盾的事情,"王尔德在《给年轻人的至理名言》中这样宣称;他在监狱里撰写了《来自深渊》,先把自己说成是一个悔罪者,但在这种假象之下,他开始转而把自己描述成一个殉道者,将会获得释放、重生和公正的评价。在他的最后一部作品《雷丁监狱之歌》中,男主角用剃刀割断了妻子的喉咙,王尔德突然转向"虚伪的读者",说我们都谋杀过自己所热爱的事物。

正如王尔德看到的那样,他的大多数同时代人都表现出一种所谓的"舆论的暴力",对此,他突然领悟到了某个真理,它跟我们都愿意承认的逆耳忠言正好对立,但也同样貌似有理。他认为自己对这种暴力的超然态度是在牛津培养起来的,他说自己在那里学到了"牛津性情",虽然那实际上是他自己的性情。他离校的时候已经懂得生活是复杂的,没法用《三十九条信纲》乃至《四十九条信纲》,《十诫》或《二十诫》来概括,也没法用这个人或那个信条的优缺点来概括。王尔德是一个道德家,他跟布莱克、尼采,甚至弗洛伊德属于一个流派。生活的目的不在于简化生活。当我们相互冲突的动力出现一致,当我们受抑制的感情与得到表达的感情发生竞争,当我们理由充分的观点显露出意想不到的裂痕,我们都成了隐秘的剧作家。处于这种情形中,王尔德的作品不但在恳请宽容,也在自我批评。

注释

[1] President's Minute Book, Magdalen College.

[2] [Raymond and] Ricketts, 35.

[3] 'The Grosvenor Gallery,' *Dublin University Magazine*, July 1873.

[4] 'The Grosvenor Gallery'; Henry James, *The Painter's Eye*, ed. John L. Sweeney (1956), 142.

[5] 'Secret Diary of a Lady of Fashion,' *Evening News*, 15 Nov 1920.

[6] *Letters*, 39.

[7] Ibid., 40; Ruskin, *Fors Clavigera*, 2 July 1877.

[8] *Letters*, 36-7.

[9] Lord Alfred Douglas, *Oscar Wilde and Myself* (1914), 205.

[10] *Letters*, 37-8.

[11] Lord Houghton, letter to Wilde, 20 May 1877; W. M. Rossetti, letter to Wilde, 3 Aug 1877, both from a bound volume, 'Copies of 100 Letters to Oscar Wilde,' in my possession.

[12] Pater's letters to Wilde are at Clark.

[13] Quoted by Wilde in 'Mr Pater's Last Volume,' *The Speaker* I, no. 12 (22 Mar 1890): 319-20.

[14] Letter to Ernest Radford, n. d., in unspecified Sotheby catalogue (item 555); Michael Field, 35; *The Artist as Critic*, 229-30.

[15] [Bodley], *New York Times*, 20 Jan 1882.

[16] *More Letters of Oscar Wilde*, ed. Rupert Hart-Davis (1985), 82.

[17] Letter at Brasenose College, Oxford (courtesy of Bernard Richards).

[18] [Raymond and] Ricketts, 37; Ross quoted in Bock, *Oscar Wildes... Beziehungen zu... Pater*, 11.

[19] William Rothenstein, *Men and Memoires* (N. Y., 1931), 139; O'Sullivan, 130; Michael Field, 121.

[20] Thomas Wright, *The Life of Walter Pater*, 2 vols. (1907), II: 126.

[21] Lady W, letter to Wilde, n. d. (Clark).

[22] *More Letters*, 26.

[23] *Letters*, 23.

[24] Sladen, 109; cf. Ainslie, 93.

[25] Rhoda Broughton, *Second Thoughts* (1880), 187, 207, 9, 10, 188.

[26] 这篇文章由王尔德和他人合作完成,被刊登在《雅典娜神殿》上,该杂志的文档对此做了标记。

[27] Raffalovich, 245-6.

[28] *Letters*, 20-1. 曾经属于王尔德的这部马洛克书籍如今被保存在伦敦大学

的国王学院图书馆中。

[29] *Letters*, 21; P. H. W. Almy, 'New Views of Mr Oscar Wilde,' *Theatre* n. s. XXII (Mar 1894): 119-27.

[30] The copy of *Aurora Leigh* presented to Ward is at Magdalen. Cf. ch. Ⅱ, n. 20.

[31] *Letters*, 52.

[32] Mason, 394-9.

[33] Hunter Blair, 137-8.

[34] *Letters*, 31.

[35] 在 1953 年,马格斯书目第 812 期认定第 121 号作品是王尔德的诗歌,声称它"可能"是写给"让他染上梅毒的那位妓女"的。诗歌摘自属于昆斯伯里家族的信件纸页。

[36] Lionel Johnson, copy of letter (Hart-Davis).

[37] The Revd H. S. Bowden, letter to Wilde, 15 Apr 1878 (Clark).

[38] André Raffalovich, 'Oscar Wilde,' *Blackfriars* Ⅷ, no. 92 (1927).

[39] *The Picture of Dorian Gray*, ed. Murray, 132; O'Sullivan, 65.

[40] Atkinson, 562; Ainslie, 93.

[41] Robert Forman Horton, *An Autobiography* (1917), 44.

[42] Margaret L. Woods, 'Oxford in the Seventies,' *Fortnightly* CL (1941), no. 282: 281-2.

[43] Lady W, letter at Clark.

[44] See article in the *Academy*, 17 Feb 1906.

[45] *Letters*, 53.

[46] [Bodley], *New York Times*, 20 Jan 1882; *Letters*, 53.

[47] Ethel Symth, *Impressions That Remained*, 2 vols. (1919), I: 115-7.

·发 展·

第五章　启　航

什么都比不上青春，中年人就像是生活的抵押品，老年人就像住在旧物储藏室中。但是年轻人是生活的主人。年轻人的前方有一座王国在等待他。每个人生来都是一个国王，大多数人都死在流放之中，就像大多数国王那样。为了重获青春……我什么都肯付出——除了锻炼身体，早起，或成为社会的栋梁之才。①

寻找工作

夏天到了，王尔德变得情绪低落，不复往昔的好兴致。布雷湖别墅的事情让他感到焦虑，出于无心之失，他和负责销售这套别墅的一个地产经纪几乎在同一时间里把房子卖给了不同的人。没有得到房子的买家把他们告上了法庭，要求宣布这项交易无效，不过王尔德设法获得了胜诉，由对方支付法庭费用，出庭的日期是 1878 年 7 月 8 日、11 日和 17 日，这是王尔德初次登上法庭。然而，他还

---

① 引自《无足轻重的女人》。

得支付杂费,他认为这些杂费是沉重的负担,想必也确实如此。假期结束之际,又传来了令人痛苦的消息。在返回牛津之前不久,从别人那里,他得知弗洛伦丝·巴尔贡博已经接受了布拉姆·斯托克的求婚,弗洛伦丝如今已经年满二十了。斯托克后来撰写了小说《德拉库拉》(*Dracula*),他当时是一位公认的有进取心的爱尔兰公务员和戏剧评论家,比王尔德年长七岁。他过去经常拜访梅里恩广场 1 号,在圣三一学院,就是他推举王尔德参加了哲学协会。两年前,他曾经推广过亨利·欧文在爱尔兰的巡回演出,10 月份,在王尔德不知情的情况下,他同意担任学园剧院(Lyceum Theatre)的商业经理,当时,亨利·欧文刚刚接管了这家剧院。就他新获得的这个职位而言,斯托克比王尔德更适合当弗洛伦丝·巴尔贡博的丈夫,因为弗洛伦丝很想成为女演员。无论如何,虽然学位即将到手,王尔德显然还不觉得自己适合结婚。自从诊断出梅毒之后,他必须等待两年的时间才能结婚,目前他还处于这个等待期。他给她写了一封告别信,充满自尊,致以永别。他即将离开爱尔兰,他宣布,"也许永远不会回来了",因此,他们可能再也见不到面了。他请她归还两年前自己送给她的金十字架。因为在那个十字架上,两人的名字是联结在一起的,她再也不能佩戴它了,而他将保留它,以此来纪念过去的两年时光,在那两年里,"我们两人的生命水流"曾经汇聚在一起,"那是我年轻时代最甜蜜的时光"。两年半之后,他还是为此深感遗憾,1881 年 1 月 3 日,在她首次登台之际,他匿名送去了一个花冠。"她以为我从未爱过她,以为我已经把这事忘掉了。天啊,这怎么可能!"他写信给担任中间人的爱伦·特里。[1]然而,1878 年,当弗洛伦丝·巴尔贡博订婚之后,他写给弗洛伦丝的信件听起来却是忧伤而不是失魂落魄的。他写过五首诗歌来表达自己的沮丧心情,其诱因有可能就是这件事。后来,他们在伦敦恢复了友谊。

奥斯瓦德·西克特一家是他的朋友,10 月初,他跟他们一起待在迪耶普附近的诺伊维尔(Neuville),他们并不觉得王尔德心情沮丧。他们十五岁的女儿海伦娜(王尔德叫她"内莉小姐"〔Miss Nelly〕)就是证人,她后来描述过当时的王尔德,说他兴高采烈,笑得十分尽兴。他很愿意为她诵读自己的诗歌《拉文纳》

中的片段,看到她对诗歌感兴趣,他还送给她一部马修·阿诺德的诗选。她有两个弟弟,一个七岁,一个五岁,他们都认为王尔德是个讨人喜欢的玩伴。他给他们讲述荒谬透顶的故事,当海伦娜表示怀疑的时候,他会假装忧伤地回答,"你不信任我,内莉小姐。我向你保证……唔,这故事简直就跟真的没什么两样。"[2]

他离开诺伊维尔,去了牛津,为 11 月份的神学考试做准备,两年前,就是这个神学考试成了他的绊脚石。在获得了双一等的成绩之后,这件事也就不难搞定了,社交活动成了他消磨时光的渠道。就在这个时期,他跟一位肤色更苍白的诗人伦内尔·罗德结识了,罗德比他小四岁。由于他在外交界的工作,罗德后来受封为贵族,成了伦内尔·罗德勋爵,在牛津,他是继王尔德之后的唯美主义者。他在自传中承认,王尔德把他从传统思想和行为中解放了出来。罗德还受到激励,在 1880 年获得了纽迪吉特奖。王尔德带着这位信徒到处走动,他们去温莎拜访了罗纳德·高尔勋爵,高尔认为罗德"充满了艺术愿望,在贝利奥尔学院却无发展的契机"[3],他们还去伦敦拜访了惠斯勒,罗德最终取代王尔德成了惠斯勒的朋友。1880 年到 1882 年之间,布莱克维尔出版公司(Blackwell's)在牛津出版了一份小型诗歌杂志,名字叫《流浪儿》,罗德就是它的发起人,他曾经劝说王尔德为这份杂志投稿。然而,他们的友谊几乎从一开始就遭到了罗德家人的反对,罗德本人似乎也处于两难之中,王尔德既激励了他,又搞得他心神不宁,他预感到,这位朋友的反传统行径也许会惹来麻烦。

11 月 22 日,王尔德通过了神学考试,六天后,他获得了文学学士学位。那之后,他很快就去了伦敦。对他而言,离开牛津那种古老的环境和可靠的友谊并不是件易事。3 月份,他又重访了牛津,在未来的岁月中,他也总是找借口经常回来。九十年代初期,跟艾尔弗雷德·道格拉斯谈上恋爱之后,他又重新体验了本科生的生活。在去世前不久,他想给自己取个能够青史留名的绰号,于是自封"声名狼藉的牛津大学圣奥斯卡,诗人暨殉道者"。[4]牛津已经取代都柏林成了他的故乡。

对于试图协调自身状态的王尔德来说,不能够留校是一件让人很不快的事情。遗憾的是,虽然他最终成了莫德林的宠儿,但这个学院在古典文学方面并没有空缺。(1877 年,赫伯特·沃伦中选,获得了古典文学的最后一个研究员职位,他后来成了莫德林学院的下一任院长。)就古典学而言,在 1878 年和 1879 年,正好所有的学院都基本上不招人,这简直异乎寻常。三一学院、耶稣学院和墨顿学院倒是有三个空缺。就我们所知,王尔德申请了三一学院的那个职位,入选考试原本需要六个小时,结果延长到了两天。一个名叫刘易斯·法内尔的候选人追忆了王尔德在考场上的表现,法内尔后来成了一位著名的牛津古典学者,不过他也没有获得这个三一学院的职位。据称,王尔德看了看第一部分的关于哲学的试题,其中有些题目很无聊,譬如,"形而上学和道德伦理之间有什么关系? 形而上学和宗教,和艺术之间有什么关系?"他站起身,在大厅的炉火前舒展了一下肢体,然后回来对考生们说,"绅士们,出这份试卷的人简直不学无术。我注意到每个问题中的形而上学[都没有加 s]。① 上流社会从没有这么说话的。"[5]关于形而上学这个词,他没说错,然而,不管考官们是否听见了他的吹毛求疵,他们反正是没有选中他。

他继续努力争取职位。1879 年 5 月 28 日,他写信给牛津大学的比较语言学教授塞斯,问是否有可能争取到考古学专业的研究职位。他是通过马哈菲认识赛斯教授的。12 月 8 日,他又谈起了这个话题:

> 我觉得这个职位非常适合我——因为我已经有了很多旅行经验——由于父亲的引导,从童年起,我就习惯于拜访古老的城市,撰写相关报告,制作拓片,进行测量,一切户外考古的技术我都会——我当然对这个学科怀有浓厚的兴趣——我会充满热情地做研究。你的支持无疑是十分重要的——我听说有很多竞争者。[6]

---

① 正规写法应该是 metaphysics,考卷中写成了 metaphysic。

竞争者太多了，要么就是王尔德属于失败者之一——反正，他没捞到这个职位。

王尔德对希腊仍然感兴趣，对埃斯库罗斯的《阿伽门农》始终充满感情，他向弗兰克·本森提出建议，认为可以在牛津用希腊原文上演这出戏剧。据他自称，在次年的演出中，他曾分配过角色，挑选过戏服，还安排过舞台布景。[7]他的朋友伦内尔·罗德负责绘制布景。1880 年 6 月 3 日，这出戏剧在贝利奥尔学院的大厅上演，本森在其中扮演吕泰涅斯特拉，考特尼扮演守卫。王尔德是观众之一，其他观众还包括勃朗宁、丁尼生和安德鲁·兰。在同一年，他向《传记》吐露，他打算发表两三篇关于"希腊问题"的文章。其中之一也许是他在 1879 年为校长作文奖撰写的文章。（由于牛津规章上的含糊其辞，虽然已经毕业了，他还是有资格成为该奖项的候选人。）征文题目是《古时的历史批评》，这简直就像是为他准备的题目；他递交的文章比他写过的任何散文都要更长，免不了让人觉得乏味，虽然这并不符合他的特征。

他赞扬了那些古代的历史学家，因为他们拒绝接受神话和传奇，从而确保了历史的世俗化，到了后来，他就不会这么写了；* 当时，他这么做的部分原因无疑是为了获奖。这个主题有一个敏感点，就是该怎样描述基督教取代异教之后的情形。王尔德这时已经没有过去那么虔诚了，但是他心里还记着考官们有可能是教会的成员。于是他在称赞波利比奥斯的同时，还添加了一句正统派的感慨："然而，他没有看到人心转向东方之际，灿烂破晓时的那第一道光芒，它来自加利利的山巅，像酒一样淌遍了整个世界。"当他提到怀疑论者（譬如赫伯特·斯宾塞）时，他机敏地提醒读者，即便是斯宾塞也承认一种既包括精神也包括物质的实在（existence）。

除此之外，这篇文章的结构是虚弱的，王尔德试图遮掩这个缺陷的办法是不断提到他的框架"计划"。他提及的人物包括费希特、黑格尔、维柯、孔德、孟德

106

---

* 在《谎言的衰落》中，他宣称，"古代历史学家以事实的形式为我们讲述令人愉快的虚构；近代小说家则以虚构的伪装向我们报告呆滞无趣的事实。"在别的地方，他还说过，"历史永不重复自身。历史学家们相互重复。这之间有很大的差别。"

斯鸠、德·托克维尔，其广阔范围给人留下了深刻印象。但是在整个文章中，似乎只有少数几段文字符合他的个性。他颂扬了波利比奥斯，这在当时是不同寻常的，显示了他的独立性，这证明他赞成波利比奥斯的普遍历史观。"在所有人中，偏偏只有他，"他说，"有能力洞悉（就像是从某个高处）古代世界的完整趋势，以及罗马制度和希腊思想的获胜，这种胜利是旧时代的最后启示，而且，在一种更精神化的层面上，它已经成了新时代的福音。"他记得基督教的普遍存在，但是，身处这个浪漫世纪的末期，王尔德似乎也在思考自己的位置，以及他渴望达成的共存，在关于格罗夫纳画廊的文章中，他已经流露了这种愿望，这种共存将会让佩特、罗斯金、莫里斯、斯温伯恩和当时的其他画家相互协调，达成和解。

王尔德发现五世纪的雅典跟维多利亚时代有相似之处。"新的时代是风格的时代。就历史学而言，人们能感受到一种专注的精神，正是这种精神让欧里庇得斯经常更青睐音乐而不是意义，更青睐旋律而不是现实，斯温伯恩也是如此，后期的希腊雕像因此具有一种精致的娇柔，其姿态也呈现出一种表现过度的优美。"谈及"娇柔"是符合王尔德的个性的，他从不错过涉足雷区的机会。以同样的方式，他提到了颠覆庇西特拉图僭主之政权的政变，唤起了人们对它的注意力，照他的说法，"那不是出于对自由的热爱，而是就像修昔底德认定的那样，僭主和解放者都对哈摩狄奥斯怀有充满嫉妒的爱，后者当时是一个英俊的少年，在希腊人眼中恰逢风华正茂之际。"①他无法抑制内心的那种令人起疑的旋律。

考官们或许不赞成他的观点，要么就是觉得这篇文章结构散漫。他们做出了不同寻常的决定，那一年，谁都没有获奖。王尔德的反应不得而知。不过，他继续采用各种办法，争取让自己的古典学识派上用场。他写信给当初一起去希腊的旅伴乔治·麦克米兰，说自己很乐意为他的出版社翻译希罗多德的作品，还愿意编辑欧里庇得斯的一部戏剧，最好是《发疯的赫拉克勒斯》(*Hercules Furens*)

---

①　哈摩狄奥斯(Harmodius)和阿里斯托革顿(Aristogeiton)是一对希腊同性情侣，僭主向哈摩狄奥斯求爱不成，侮辱了他的家人，他们联手刺杀了僭主，两人也因此丧生，但希腊从此建立了民主政权。

或《腓尼基女人》（*The Phoenician Maidens*），最近他花了不少心思研究欧里庇得斯。[8]这两件事他都没办成。他还撰写了一篇关于希腊女性的草稿，在文中，他颂扬了瑙西卡（Nausicaä）、安德洛玛克（Andromache）、珀涅罗珀（Penelope）和海伦。瑙西卡美若天仙，以至索福克勒斯决定在一出戏剧中扮演这个角色，他本人也是个美男子。王尔德没有发表这篇文章。

1879年9月4日，王尔德匿名撰写了一篇评论的大部分文字，这是关于《大英百科全书》第十卷和第十一卷的长篇评论，文章刊登在《雅典娜神殿》上。在这两卷《大英百科全书》中，有关希腊历史和文学的文章是由R. C. 杰布撰写的。杰布出生在爱尔兰，任教于剑桥大学，他以研究索福克勒斯著称，是马哈菲的对头，1876年到1877年之间，马哈菲跟杰布展开了长期论战，跟昔日的导师一样，王尔德也不喜欢杰布。他在自己的历史文章中说，杰布错误地提到，提米斯托克利（Themistocles）是因为跟波斯人勾结才被人以贝壳放逐法放逐的，这是出于对贝壳放逐法的误解，这种惩罚从不针对任何明确的指控，更不可能针对叛国罪。尤其是，杰布一点都不知道马拉松和萨拉米斯的重要性，以及当时形势之危急，他对希腊历史和现代历史之间的关系也没有综合认识。不过，更糟糕的是他关于文学的文章。杰布没有提到"伯里克利时代的唯美诗人"，或"海洛和勒安德耳"①，即米兰德或阿伽通，他认为波利比奥斯只是个编年史作者，把忒奥克里托斯（Theocritus）仅仅描述成了一个田园诗人。按照王尔德的说法，这样一来，杰布便忽略了《女术士》（*Pharmaceutria*），"就其炽热的色彩和对激情的全神贯注而言，在整个古代文学史上，只有卡图卢斯的《阿提斯》（*Attis*）才能够与之媲美"。E. R. 多兹指出，"维多利亚正统派认定，一切希腊罗马文学杰作的特征都是安详和稳定，王尔德的抨击是浪漫派回应这种观点的一个早期例子。杰布自始至终都是这种观点的倡导者。王尔德引用忒奥克里托斯的《女术士》和卡图卢斯的《阿提斯》来反驳它是对的，这两首诗歌都很出色，但没有人敢说它们是

108

---

① 海洛（Hero）和勒安德耳（Leander），希腊神话中的一对男女情人。

安详的或稳定的。"^[9]对于《雅典娜神殿》来说,王尔德也许是太挑剔了,他后来没有在这本杂志上发表过评论。

王尔德继续见缝插针地寻找机遇,在这个混乱的时期,他还申请过学校督学的职位。马修·阿诺德也曾担任过该职,因此它的身份就尊贵了很多。在一封可能写于1880年的给奥斯卡·勃朗宁的信中,王尔德说爱尔兰的租金"就像渡渡鸟和魔草一样……销声匿迹了",他请勃朗宁为自己写一封推荐信。^[10]"任何教育岗位,"王尔德说,"都非常适合我。"他认为勃朗宁的名字是有权威分量的。在这一点上,他简直天真到了不合时宜的地步,勃朗宁是在可疑的情形下从伊顿被迫辞职的,他的推荐未必是好事。王尔德被拒绝了。他不赞成当时的教育方式。"人们说中小学教师很离谱,"他后来在《作为艺术家的评论家》中说,还补充道,"但愿如此。"①他认为"那种全心全意试图教育别人的人……从来没有时间教育自己"。"任何值得知道的事都是教不来的。"他强调,他还敦促说,真正的目标应该是自修。在追求这一目标的过程中,王尔德深情地回忆起自己的大部分童年都是在家里受教育的,他会为自己的孩子提供同样的特权。这种观点恐怕没指望获得评选学校督学的那批人的欢心。

他在申请职位方面不断遭到挫败,而且他也知道,由于自己大手大脚,卖布雷湖别墅获得的钱正在越变越少,不过这些都没有给他带来很大的困扰。他的信心与日俱增。他母亲也一样,想象他将在国会里谋得一席之地,她过去也是这样替威利设想的,而到了这时,威利已经回到了爱尔兰,整天无所事事。王尔德在一封写给雷金纳德·哈丁的信中承认,他还没有"真正一鸣惊人"^[11],但在某种程度上,他已经开始这么做了。虽然伦敦对新人一向是不怎么热情的,可是却向他伸出了双手。他已经见到了格拉德斯通、阿斯奎斯、巴尔弗、罗斯伯里和别的一些人,他们很快就发觉,跟他在一起很有意思。在跟迪斯雷利见面时,王尔德说,"我希望你过得很好。"结果那位显赫人物回答说,"真有人过得很好吗,王

---

① 离谱(abroad)又有"远在国外"的意思,所以王尔德说"但愿如此"。

尔德先生?"[12]他的古怪行为有时是不同凡响的。艺术家路易丝·乔普林记得,
有一次在给王尔德开门时,她发现王尔德的脖子上缠绕着一条大蛇。他向她保
证说,这条蛇的毒囊已经被摘掉了。不过,引起人们注意的不是他那条会爬行的
衣领,而是他的舌头。而他的舌头不一定总是讨人喜欢的。弗兰克·本森在一
个剧院里见过他,他听到有人在说,"那个十足的笨蛋奥斯卡·王尔德来了。"王
尔德心情愉快地说,"一个人在伦敦这么快就成名了,真稀罕。"在较为严肃的场
合下,他曾经跟朱利安·霍桑的妻子说,"如果不是我亲身经历的话,我简直不
敢相信,一个人要想在社会中成为最显眼的人物是多么容易。"[13]伦敦让他有机
会实现自己以前确立的计划;他在《来自深渊》中写道,"我记得在牛津时,我曾
经对一个朋友说过……我想要尝遍世界花园中所有树上的果实,我要满怀热情
地进入社会。的确,我是这样进入社会的,我也是这样生活的。"[14]在这个果园
中,生命之树"长满了盲目的茂叶",旁边是智慧之树,"显现了凝视的愤怒"。①

依靠卖布雷湖别墅所获的两千八百英镑的余款,王尔德在伦敦安顿了下来,
他跟弗兰克·迈尔斯同住一个单身寓所。在跟女演员伊丽莎白·罗宾斯谈话
时,他找到了一个崇高的先例:"来到伦敦之前,莎士比亚只会写写打油诗文,而
离去之后,他再也没有写过一行作品。"[15]1879 年的最初几个月里,他和迈尔斯
在斯特兰德街旁边的索尔兹伯里街 13 号找到了一个住所。王尔德说,这幢房子
是"凌乱且浪漫的"。根据莉莉·兰特里的描述,那里有古老的楼梯、曲折的走
廊和昏暗的角落。管理这幢房子的家族具有狄更斯小说人物的怪癖。[16]王尔德
很快就给它起名叫"泰晤士宅",因为从这里可以看到泰晤士河。这幢房子有三
层楼,迈尔斯和他的工作室占据了顶层的空间;王尔德住在第二层;有个名叫哈
里·马里利尔的慈善学校学生获准把自己的书籍放在一楼,他还在那里学习。
有一天,王尔德在楼梯上遇见马里利尔,问他是谁。男孩提到了自己的学校,还

---

① "盲目的茂叶"和"凝视的愤怒"出自叶芝的诗歌《踌躇》(Vacillation)。

说自己在学希腊文，王尔德请他上楼来。哈里看到的情形让他大吃一惊。他看到一间长形的起居室，墙上镶满白色的壁板，跟这幢房子的散乱特征完全不协调；房间里摆放着蓝色的瓷器，到处都是百合花。爱德华·波因特为莉莉·兰特里绘制的肖像摆放在房间一角的画架上，就像一个圣坛。王尔德从牛津搬来了他的大马士革瓷砖、布莱克和伯恩-琼斯的一些素描、他的希腊小地毯和幔帐，他的塔纳格拉雕像，还购买了一些昂贵的家具。[17] 不需要花费口舌，哈里就同意在早上为王尔德端咖啡，以此换取王尔德为他辅导希腊文功课。

从很多方面来说，弗兰克·迈尔斯都算得上是一个跟王尔德意气相投的租客。他比王尔德大两岁，早已下定决心从事艺术事业。他笔下的云彩曾引发了罗斯金的评论，"就凭他对母亲的热爱和他描绘云彩的能力，他一定会有出息的。"他曾经鼓励过迈尔斯，说他是"未来的特纳"。[18] 1880 年，迈尔斯赢得了皇家艺术院的特纳奖。迈尔斯曾私下告诉莉莉·兰特里，他几乎是个色盲，因此只能在素描领域争取一席之地，但是他在肖像绘画上造诣娴熟，能够把肖像中的女性画得比真人更漂亮，但同时又很像真人。海因里希·菲尔伯曼是《生活》杂志的编辑，他聘请迈尔斯担任他的绘画主笔，刊登了他绘制的一系列社交圈肖像。他的素描在复制时往往挂上《漫游中的我》、《寡妇的小钱》、《年轻的盲女》、《憾事》和《园丁的女儿》这一类的名字，作为维多利亚时代的室内装饰画，这些作品能卖掉好几百版。威尔士亲王买下了迈尔斯的《女花童》肖像画。

迈尔斯个头很高，金发，相貌堂堂，和蔼可亲。他的父亲是诺丁汉郡的宾厄姆教区长，他家境富裕，很宠爱这个小有才华，表面上品德高尚的儿子。但是"品德高尚"这个词用来形容迈尔斯是不太确切的，王尔德对此心知肚明。迈尔斯跟罗纳德·高尔勋爵有着令人疑惑的亲昵往来，高尔带他出国，还经常邀请他去自己位于温莎的住宅。更可疑的是他跟年轻女孩的亲密关系。一位名叫萨莉的卖花姑娘曾经为莱顿勋爵、马库斯·斯通和 W. F. 布里滕做过绘画模特，她就是那些被迈尔斯带回家中的女性之一。[19]

整个社会对此毫无所知。泰晤士宅给众人提供了一种沙龙。来请迈尔斯绘制肖像的名媛们是常客,其他的访客包括惠斯勒、伯恩-琼斯、男女演员,乃至威尔士亲王。其中有一个访客是受到特别重视的。

舞台上的美人

> 诗人们知道激情是多么有市场。如今,一颗破碎的心
> 能卖上好多版。①

莉莉・兰特里来自泽西,就像维纳斯从泡沫中升起,如果我们吃得消王尔德的这种华丽隐喻,她可谓是活着的神话人物。1876 年 5 月,在西布赖特夫人位于朗兹广场 23 号家中的宴会上,她正式登场了。在宴会上,她那古典的五官——"庄严的低额,高雅的拱眉;嘴巴呈现雕琢的高贵,其形状就像是乐器的吹口;面颊的曲线是完美、精致的;然后是承载这一切的柱形颈部*,气度威严。"王尔德怀着用心良苦的狂喜作出了以上描述——立刻就镇住了汇聚一堂的客人们。[21] 她就像是一个没有做好准备的女演员,突然接到了表演新角色的通知。惠斯勒和米莱请求为她绘制肖像,弗雷德里克・莱顿想要为她制作大理石头像;弗兰克・迈尔斯当场就为她绘制了两幅素描,还把其中一幅像呈现贡品那样交给她。男演员亨利・欧文和斯夸尔・班克罗夫特也受邀参加了这次宴会,他们在称颂美人方面毫不落后,这么做的人还包括那位精明的律师乔治・刘易斯。伦敦正需要一位新的名媛,莉莉・兰特里突然应声出现。

很快,她就让同乡米莱为她绘制了肖像,名字叫《泽西百合》(*The Jersey Lily*),虽然她手持的是一支柯勒西(Guernsey)百合。G. F. 沃茨为她绘制的肖像

111

---

① 引自《道林・格雷的画像》。

* 根据伦道夫・丘吉尔夫人的描述,她的颈部环绕着三层维纳斯款式的摺领,因此更加光艳照人。[20]

有一个更端庄的标题,即《主任牧师的女儿》(她父亲既是个牧师,又是个放荡的人),画中的她头戴一顶贵格派的软帽。她曾经身穿黄色长袍为爱德华·约翰·波因特摆姿势,王尔德得到了这幅肖像,把它搁在自己起居室一头的画架上。他还收集了她的照片。因为太疲乏而不是出于艺术倾向,她拒绝为爱德华·伯恩-琼斯做模特,后者就站在她的窗外,向其他艺术家哀诉她的残忍,直到她大发慈悲,同意做模特。倾诉者接踵而来,想必要互相绊倒了,因为有人提到,王尔德曾经也在窗外向她哀诉自己的歉意,因为他的一番评论惹恼了她,他说,"除了支配人心的行为之外,我可以准确地预测一切人类行为。男人总是不忠的,女人却以自己的轻浮天性让他们相形见绌。"他拿她跟特洛伊的海伦相提并论,就像叶芝后来说过的那样,他说,"的确,特洛伊就是为了这种女士而被摧毁的,很可能为了这样一个女人,特洛伊会被摧毁。"[22] 很多年后,马克斯·比尔博姆在文中把她叫作埃及艳后克利奥帕特拉,或者更顽皮地用法语中的这个词汇(Cléopâtre)来称呼她。

在西布赖特宴会后不久,王尔德就认识了她。王尔德曾经认为他的朋友博德利不配跟佩特一起共餐,如今,博德利又一次被撇在一边;1876 年,王尔德和他在歌舞剧剧院一起观看《我们的男孩》(Our Boys),演出结束之后,王尔德跟他说要先走一步,并且满怀热情地解释说,"我将要去会见整个欧洲最可爱的女性。"[23] 这次引见发生在米莱的画室。在《我熟悉的时代》(The Days I Knew)中,兰特里太太描述了这个高个子年轻人,他留着棕色的浓密长发,他的脸庞"是如此苍白,几个浅色的大雀斑看起来格外显眼。他的嘴形很好看,嘴唇有点粗糙,牙齿呈绿色。尽管如此,他那双热切的大眼睛却熠熠生辉,弥补了长相上的不足"。她握住他伸过来的"那双懒洋洋的大手",其手指尖尖,"指甲呈完美的圆锥形",跟父亲的手指一样,它们有时显得不太干净。"他的嗓音圆润又柔和,是我听过的最迷人的嗓音之一,充满了变化和表达。"她把他作为一个朋友来接待。[24] 在他看来,她的美貌是"一种天赋"。他忙着依靠自己的才智强攻伦敦,而她则凭借自己的相貌来实现这一点。而且,他们也都是疲惫的,王尔德是一个过

气的本科生,兰特里太太则是一个不伦不类的爱尔兰游艇主的妻子,他们两人都 112
渴望在更广阔的舞台上一显身手。她谦恭地允许两位年轻的崇拜者王尔德和迈
尔斯为她效劳。迈尔斯向罗纳德·高尔预言说,凭借画笔和钢笔,他和王尔德将
把莉莉·兰特里塑造成"本世纪的乔孔达和劳拉"。①[25]他为她绘制的素描肖像
被人们翻印流传,王尔德以不相上下的铺张笔法为她撰写了半打的诗歌。有一
次,他去考文特公园为她购买了一些百合花,他在等待马车的时候遇见一个粗野
的男孩,那个男孩看到他拿着这么多花,惊呆了,大声问,"你真有钱啊!"王尔德
把这故事转述给了罗斯金,后者为之倾倒。[26]

　　1878 年 12 月,王尔德移居伦敦,那之后,他跟莉莉·兰特里的友谊就越发
密切了。她喜欢有他在自己身边。虽然王尔德生性轻率,后天的信念也好不到
哪儿去,但是,当他跟安德烈·拉夫洛维奇说起——"女人的名字应该就像是罗
马的秘密名称,从不被人提起"[27]——他也许指的就是她。他经常提到莉莉·
兰特里。在他生命的最后时期,他谈论她的方式让文森特·欧沙利文怀疑他也
许曾是她的情人之一。[28]有两首诗歌似乎证实了他具有类似情人的身份。在其
中的一首《人类赞歌》中,他提到了她那希腊式的五官,他谈到"那神仙人儿的高
挑秀眉",还宣称,"我的双唇已经饮够了你那极险峻的幸福——够了,够
了……"结婚之后,他发表了另一首诗歌,叫《玫瑰与芸香》,从题目看不出什么,
但手稿的标题却是《给 L. L.》,后来,在编辑王尔德的作品时,罗伯特·罗斯恢复
了这首诗的原始标题。这首诗歌的各种版本和一些与之相关的诗歌描述了以下
的类似事件。陷入爱河的人跟他所爱的人经常在一张花园的座椅旁相会。六月
的一天,也许就是在 1879 年,他"俯身亲吻了她",他们的关系变得更加热烈。但
是一场阵雨打断了这些序曲,她朝房子跑去,只允许他赶上来,在门口再亲吻她
一次,然后两人就一起进屋了。她穿着一身琥珀棕的套装,双肩上扬起两个蝴蝶
结,她用那双灰绿色的眼睛凝视着他(有人说莉莉·兰特里的眼睛是蓝色的,有

────────────

　　①　乔孔达(Joconde)即蒙娜丽莎;劳拉(Laura)是意大利诗人彼特拉克热爱的女人。

人说是灰色的）。陷入爱河的人想必是为自己缺乏世俗成就而向她表示歉意。她却迎头泼了一盆冷水，"你浪费了你的人生。你没有出名，这只能怪怨自己。"遭到拒绝的爱人冲出花园的大门，在回首中看到她正在招手向他致以永别。一件希腊器皿上就绘制了这样的主题。在诗歌中，王尔德强调了他的真挚，而不是他的艺术，这并不符合唯美主义者的特征：

> 的确，我是挥霍了我的青春；
>
> 但那是为了你。
>
> 你的书架上摆满了诗人，
>
> 我也把自己献给你。

113

这首诗歌写得如此糟糕，反而表明其情绪是真实的。在一首题为《爱之花》的相关诗歌中，他找到了另一种自卫的方式：

> 我已经做出了选择，我的生活符合自己的诗歌，虽然青春被挥霍一空，
>
> 我已经发现，爱人的桃金娘花冠，更胜于诗人的月桂花冠。

不管他更喜欢哪一种花冠，就莉莉·兰特里的事件而言，除了一个短暂的时期之外，他似乎是满足于诗人的月桂花冠的。当时是 1879 年到 1880 年期间，就在这个时候，全英国的头号爱人，即威尔士亲王，看上了兰特里太太。爱德华自诩她的保护人，他不参加任何没有邀请她的宴会，从而确保她既受到人们的尊重，而且总会出现在他的左右。然而，有两件尴尬事却是他无法预防的。1880年 10 月，爱德华·兰特里破产了，兰特里家的所有财产都被变卖抵债。大约就在同一时期，或者较早一点，莉莉·兰特里怀孕了。为了避免人们的流言蜚语，她在泽西度过了大肚子的那几个月，直到 1881 年夏天才返回伦敦，把女儿珍妮

(不是她丈夫的种子)留在岛上,让别人谨慎地把她抚育大。几乎毫无疑问,王尔德是少数几个知情人之一,他知道兰特里太太处境微妙,在社会上既可能是名声显赫的,也可能会变得臭名昭著,他乐于看到她成功地挑战伦敦舞台上的贞洁妻子的角色。他自己的《温德米尔夫人的扇子》(作于1891年)就是以这个事件为基础的,这是他的第一部获得成功的戏剧,剧中的埃尔林太太从欧洲回来,发现自己抛下的女儿已经长大成人。当他邀请兰特里太太扮演这个角色时,她对王尔德的想法大加嘲笑,他居然想要自己去扮演一个有着成年女儿的妇人。(她当时是三十九岁。)[29] 于是王尔德拿走了剧本,为埃尔林太太添上了一段台词,"况且,亲爱的温德米尔,我怎么可能假扮一个有着成年女儿的妇人呢?我从未承认过自己年过二十九,最多也就三十岁。如果有粉色阴影的掩映,我就说自己是二十九岁,如果没有这种条件,那就是三十岁。"

　　除了美貌之外,莉莉·兰特里还机灵过人。她知道自己的短处,很愿意请王尔德帮忙纠正它们。他跟她谈古典文学,在1881年还带她去伦敦的国王学院倾听查尔斯·牛顿爵士的讲座,牛顿爵士是位于哈利卡纳苏斯(Halicarnassus)的摩索拉斯王陵的发现者。这成了一种晨间仪式:学生们会在房外等待,直到她和王尔德坐着马车到场,然后他们就欢呼着目睹他们走进去。他跟她谈到了罗斯金,甚至还让两人见了面,不过,罗斯金把她赶出了房子,他含着眼泪说了一段斥责荡妇的话。"像你这样的美人掌握了世界的命运,不是促成就是毁灭。"他在她离去的身影后嚷嚷着。[30] 王尔德教她学习拉丁语,虽然我们很愿意相信这些课程从恺撒开始,结束于奥维德,但一封关于此事的信件(可能写于1879年)却什么也没透露: 114

　　周日　　　　　　　　　　　比肯斯菲尔德,麦尔豪斯,北普利茅斯
　　　　当然,我渴望学习更多的拉丁文,但是我们要在这里待到星期三晚上,因此在周四之前,我都见不到我亲切的辅导老师了。如果可能的话,一定要在那天下午六点左右来看我。

在你离开前大约一小时,我拜访了索尔兹伯里街。我想要问你,我该穿什么出席当地的一场化装舞会,不过,我选择了一件柔软的黑色希腊女装,边缘上饰有银质的新月和星星,头发和脖子上装饰着用钻石制成的同样图形,我把它叫作"黑夜女王"。这是我自己做的。

我还想写更多的事情,但这糟糕的纸和笔让我没法写下去,等我们见面时,我再告诉你更多的事情:(只是别告诉弗兰克)

莉莉·兰特里[31]

显然,在着装方面,她习惯于遵从他的品位,不过她也能自成一体。在诗歌《新海伦》中,我们也许能够看出他对"黑夜女王"这套戏装的着迷,诗中,他认为她可能就是塞默勒①:

哦,是你在统治洒落白辉的月亮吗?

他建议她着装更极端一些。他跟格雷厄姆·罗伯逊说,"莉莉太令人厌烦了,她不听从我的劝告。我向她保证说,不论是为了她自己还是为了我们,她都应该每天穿着全黑的服装驾车穿越公园,她应该坐在由黑马拖曳的黑色维多利亚马车里,黑色的软帽上用暗蓝宝石衬饰着'耶稣纪元后的维纳斯'[Venus Annodomini,一个关于安娜狄奥莫尼(Anadyomene)②的巧妙双关语]的字样。而她却不肯听。"[32]这一切的结果是,他让这位受教育有限却愿意学习的兰特里太太掌握了交谈的技巧,他不但在帮助推广她,还在帮助塑造她,同时他也塑造了自己。

她写给王尔德的信件有三封流传至今,除了上面的一封信之外,另一封是她

---

① 塞默勒(Semele),底比斯国王卡德摩斯之女,宙斯的情人之一,酒神狄俄尼索斯的母亲。

② Venus Anadyomene 意为"从海上升起的维纳斯",而 Annodomini 意为"耶稣纪元后",Annodomini 跟 Anadyomene 字形有相似之处,所以说这里用 Venus Annodomini 取代了传统上的 Venus Anadyomene,意指这位兰特里太太是一位当代美人。

写给王尔德的道歉信,她因为忘了马车的事情而向他道歉,还说,因为自己无法原谅自己,所以她不得不请他原谅自己。这种措辞是信心十足的,表明了控制权到底掌握在谁的手中。显然,他经常受到怠慢,失去了她的欢心,连她的家门也进不去了。有这么一次,她出现在剧院里,王尔德和弗兰克·迈尔斯已经就坐;一看到她,王尔德便禁不住流下了眼泪,迈尔斯不得不伸出援手,助他渡过难关。[33]由于她要伺候威尔士亲王和其他更幸运的情人,兰特里太太——照她在《我熟悉的时代》中的说法——发现王尔德有时显得碍事。尽管如此,他还是一个很棒的同伴,人们谣传,他每天早上都会手持一支百合送给她,吉尔伯特在《佩辛丝》中就借鉴了他的这个习惯。有些时候,王尔德似乎很有可能这么做,因为弗兰克·迈尔斯热心园艺,尤其喜欢栽种百合和水仙花,仿佛就是分别为兰特里太太和王尔德栽种的。王尔德还十分招摇地为她撰写了诗歌《新海伦》,他强调说,艺术家需要模特,他不得不寻找这一类事物,以便更好地激发自己的灵感。所以,当爱德华·兰特里(莉莉这位海伦的丈夫墨涅拉俄斯)在清晨回家时,就会被蜷缩在门阶上的王尔德绊倒,后者正在等待兰特里太太,指望在她下马车时能够看上她一眼,有些约会让她拖到更迟的时候才回来。即便王尔德只须拐个弯就可以到这里来蜷缩(这个时候,他们住得很近),这仍然是一个很好的戏剧性场面,也许王尔德的真实感受比他表现出来的还要更失落。

《新海伦》强调了莉莉·兰特里的神话特征。王尔德一向特别喜欢那些带来灾难的女人,莎乐美、斯芬克斯,还有《查密迪斯》中的雅典娜都属于这种女人。他根据十九世纪晚期的习惯手法撰写了《新海伦》,戈蒂耶把这种手法传授给了斯温伯恩,斯温伯恩转授给了佩特,佩特又转授给了王尔德。其宗旨是把活着的女性跟她们的异教和基督教原型联系起来。因此,虽然她在很大程度上是海伦——

围绕着特洛伊的围墙,神的儿子们在那场伟大的义举中战斗，那之后，你去了哪儿？

——她也敏锐地意识到了新的天命，就像阿芙罗狄蒂那样，她一直在掩藏

> 她的脸庞，今天，她位于罗马的神殿正在朽坏
>
> 而就是在那里，沉默的诸国屈膝下跪；
>
> 她从爱情中并没有获得愉悦的欢喜……

但就像蒙娜丽莎那样，她跟基督教的关系还要更近一层，乃至到了异端的地步：

> 在你到来时，一颗不朽的星星升起，
>
> 光芒四射，在东方的天空上闪耀，
>
> 唤醒了你那海岛故土上的牧羊人。

116　他从圣母祷文中借鉴了一些修饰词：

> 爱的百合，纯洁又无瑕！
>
> 象牙塔！火焰的红玫瑰！

因此，他既颂扬了她的丰富经验（就像特洛伊的海伦），也颂扬了她的无邪（作为"精神之爱"的化身）。虽然他恳求她"对我好一些，/然而我知道我生命的盛年"，他在"年轻的欧福里翁的红唇"前做了让步，这想必指的是威尔士亲王。莉莉·兰特里很喜欢这首诗歌，把它全文收进了自己的自传，这种好意本会让王尔德心生感激。

对于兰特里太太来说，跟"从蓝宝石一样的深海中升起"，以取悦她的诗人朋友相比，她还有更紧迫的问题，即保持收支平衡。亲王是慷慨大方的，但是他

性情多变,没法指望他会提供定期的每月津贴。迈尔斯是一位充满热情的园丁,他提议她可以从事园艺行业。王尔德立刻反驳说:"你要强迫莉莉穿着泥泞的靴子在地里走动吗?"[34]迈尔斯建议她去做庭院设计师,这个主意也被摒弃了。惠斯勒敦促她去当艺术家。王尔德坚持认为她应该成为一个演员。他说,她已经有了美貌,很快也能学会演技。她认为这样一来,她就能够当家做主,用不着再依靠别人。她的朋友们又振奋起来,亨利·欧文给了她一个重要的角色,她却认为自己还没有做好准备。《生活》杂志为她提供了一份很好的工作,也被她拒绝了,弗兰克·迈尔斯的素描就刊登在这份杂志的显著位置上。[35]王尔德把她引介绍给了亨丽埃特·拉布谢尔,亨丽埃特是亨利·拉布谢尔的妻子,而亨利·拉布谢尔不但是下议院议员,还是《真相》杂志的编辑。拉布谢尔太太当过演员,如今在训练那些未来的演员。1881 年 11 月 19 日,她带着兰特里太太表演了一场两个角色的剧本(即《公平交战》〔*A Fair Encounter*〕),持续时间有半个小时。这位学生很快就毕业了,1881 年 12 月 15 日,她在《委曲求全》(*She Stoops to Conquer*)中扮演了凯特·哈德卡斯尔(Kate Hardcastle),接下来,1 月 19 日,她又在汤姆·泰勒撰写的剧本《我们的》(*Ours*)中扮演了一个小角色。威尔士亲王观看了她的演出,以此来表示对她的支持,一转眼,她就成了个名演员。虽然她在舞台上的成就一直比不上她的美貌,莉莉·兰特里也做得很不错了。跟其他人一样,王尔德尽量敦促她保持水准。

　　他坚持认为她应该当演员,这也反映了他自己对舞台的喜爱。他经常去剧院看戏,而且开始考虑撰写一部剧本。他渴望会有一个伟大的演员来朗诵自己的台词,1880 年,那位热情昂扬的波兰女演员海伦·莫杰斯卡到伦敦来参演《心平气和》(*Heartsease*,《茶花女》的一个改写本),他是最早想要跟她结识的人之一。当时他一无所成,她觉得王尔德的情形是令人吃惊的。"他做过什么,这个年轻人?"莫杰斯卡太太问,"就是那个到处抛头露面的人。哦,他很会说话,但是他做过什么? 他什么也没有写过,也不唱歌,画画,或表演——他除了夸夸其谈之外什么都不做。我没法理解。"[36](王尔德为自己辩护说,"谈话本身就是一

117

种精神上的行动。"[37]他之所以称赞温赖特这个罪犯,就是因为"这个年轻的花花公子试图成为某个人,而不是做某件事"。)*莫杰斯卡起初不想跟他结交,她拒绝了去他家做客的邀请,说,"博仁塔先生身体不适,不能陪伴我。的确,一个像我这么老的女人[她当时是四十岁]去拜访年轻男性也没什么——但是,最好还是别冒险,我很希望自己始终保持天使般的完美。"[38]但是她逐渐被王尔德争取了过来。到了1880年末,她很高兴能请王尔德翻译一首她写的百行诗,即《艺术家的梦》(Sen Artysty; or The Artist's Dream)。然后,克莱门特·斯科特在《劳特利奇圣诞年刊》(Routledge's Christmas Annual)上发表了这首诗。可能就在不久之后,她最终还是去王尔德家喝茶了,其同伴包括莉莉·兰特里和画家路易丝·乔普林。王尔德探了探她的口风,看她是否愿意出演自己正在撰写的一个剧本。她们告辞之际,他彬彬有礼地献给三个女人每人一支白色的百合花。[39]

他还想在某一天为另外两个女演员撰写角色,那就是爱伦·特里和伟大的伯恩哈特本人。1879年5月,萨拉·伯恩哈特抵达伦敦。人们料想她的崇拜者会做出一些戏剧性的事情,其中最成功的恐怕当属皮耶·罗迪的所作所为,一年前,他曾经让人用一块昂贵的波斯地毯把他包裹起来,扛到她面前献给她。王尔德无法超乎其上,但是他也表现得不错。作为半官方的代表,他跟男演员朋友诺曼·福布斯-罗伯逊一起去福克斯通(Folkestone)迎接她的船只。福布斯-罗伯逊只递给她一支栀子花,他们听见有人说,"他们很快会用花朵铺成地毯来迎接你。"王尔德领会了这个暗示,一边说,"瞧!"一边把满怀的百合撒在她的脚下。[40]伯恩哈特被他迷住了。她很快就成了王尔德的客人,在泰晤士宅的白色壁板上签署了自己的名字,一天晚上,她还愿意向他们展示自己的脚最高能踢到墙壁的什么位置。

作为佩特的信徒,她似乎尽可能地过着引人瞩目的生活。虽然已经破产,她却毫不在乎地敦促她的年轻朋友们说,"钱就是用来花的。花钱吧,花钱吧!"[41]

---

　　*　在亨利·詹姆斯的《悲剧缪斯》中,面对类似的指责,唯美主义者盖布里埃尔的辩护是,"哦,有东西可以展示是如此可悲的事情。这简直是在承认自己的失败。"

在这一点上,王尔德根本就不需要别人的敦促,但是他意识到她身上有一种邪恶的东西。他曾经描述过,当两人一起喝茶时,她躺在"一个红色的躺椅上,就像一簇苍白的火焰"。[42]罗伯特·谢拉德认为,王尔德的金嗓子就是从伯恩哈特那里模仿来的,虽然跟着男演员赫尔曼·维津学过发声法,不过,与伯恩哈特相比,王尔德的嗓子只是镀金的而已。伯恩哈特也赞美过王尔德。"就那些对待女演员彬彬有礼,为她们提供服务的男人而言,他们中的大多数是心存疑虑的,"她说,"奥斯卡·王尔德就不是这么回事。他是个全心全意的侍从,为了让我在伦敦过得愉悦安逸,他做了很多努力,但是他似乎从不追求我。"[43]称赞一个人不迷恋女性,这简直算不上是一种称赞。

尽管如此,如果他需要写剧本的推动力的话,她倒是满足了他的要求。1879年6月2日,她在《费德尔》(*Phèdre*)一剧中亮相,此举仿佛是要挑战蕾切尔①的至尊地位,二十四年前,蕾切尔在伦敦因为演出同一部戏剧而轰动一时,成为传奇。王尔德当然是观看了首演。"直到我倾听了萨拉·伯恩哈特在《费德尔》中的歌喉,"他评论道,"我才完全认识到了拉辛乐曲的美妙。"[44]他为她撰写了一首十四行,6月11日,埃德蒙·叶慈把它发表在了《世界》杂志上。就像对待莉莉·兰特里那样,他也对伯恩哈特进行了追溯,直至古希腊——对他来说这是最高的称颂了——然而,他找到的与她相称的形象却是阴森森的:

> 啊,你那苍白的骨灰,肯定一度被
>
>   盛放在某个希腊的陶土瓮中,你又重返
>
> 回到这个如此乏味和空虚的俗世,
>
> 因为你已厌倦了那些不见天日的岁月,
>
>   那茫茫一片的没有香气的常春花田,
>
>   那地狱中男性与你接吻时,没有爱意的双唇。

---

① 蕾切尔(Rachel,1821-1858),法国著名女演员。

118

他曾说过,只有在叙拉古的银币上才能找到莉莉·兰特里的头像,如今,他请兰特里太太帮忙在大英博物馆的希腊钱币上寻找萨拉·伯恩哈特的侧面像。兰特里太太以友善的态度接纳了这位对手,即便有传闻说,威尔士亲王一度撇开她,投入了伯恩哈特的怀抱。伯恩哈特的回报也是亲切有礼的,她预言她将来在舞台上一定会有所成就,"她长着那样的下巴,一定会成功的。"[45]王尔德也许是因为记住了这句话,所以才让布拉克内尔夫人对塞西莉说,"下巴抬高些,亲爱的。所谓时尚在很大程度上就取决于下巴的姿态。目前的风尚是要把下巴抬得高高的。"王尔德开始确立自己的终身目标,他希望有一天能让伯恩哈特出演他的某个剧本。*

119　　　　在这些年里,与他相处最融洽的女演员朋友是爱伦·特里。为了讨他的欢心,她鼓励兰特里太太发展自己的舞台事业,她还对她在演出中的失误一笑置之,兰特里太太敏感地意识到了这一点。由于跟瓦茨结婚,然后又跟爱德华·戈德温谈恋爱,特里自己的事业却停顿了五年,在此期间,她生了两个孩子;不过,1878 年,欧文又把她请了回来,让她担任学园剧院的女主角。1879 年 6 月 27 日,她在《查理一世》中扮演了皇后亨利埃塔·玛利亚,这是王尔德的远亲 W. G. 威尔斯的剧本,王尔德被她的演出镇住了。她在第二幕中的表演给他带来了灵感,他在剧院当场写下一首十四行,包括这样的句子:

> 在孤独的帐篷中,等待着捷报,
>
> 她站在那里,双眼因痛苦而变得模糊,
>
> 就像一朵苍白的百合,被雨水打得湿透……

---

* 根据里基茨的回忆,他希望她能出演自己撰写的一部关于伊丽莎白女王的剧本。
"她穿上绣满孔雀,镶着珍珠的盛装,看起来一定棒极了!"他想到的情节包括:伊丽莎白公主和她的爱人海军大臣西摩在一起,可怜的凯瑟琳·帕尔和阴险的护国公盯着他们[王尔德认为伊丽莎白生出一个西摩的孩子];女王、埃塞克斯,还有什鲁斯伯里夫人的悲剧化激情。他经常描述那个离奇的情节,即苏格兰大使把伊丽莎白假扮成男侍卫,带到霍利鲁德去拜见玛丽·斯图亚特。我仍然感到吃惊,为什么从未有人描述过这个主题,还有女王去世时的惊骇情形?不过,我曾经听他故作严肃地说过,"当然,伊丽莎白的去世大大推动了我们在文学上的复兴。"[46]

他那无所不在的百合法宝在这里用得比任何地方都更合适。虽然它近乎是一种陈词滥调,但是爱伦·特里却被它打动了,至少这正是她想要表现的。他很快就采取行动来巩固自己已经获得的成就,1880 年 9 月,他送给她一本自己私印的剧作,这是他的第一个剧本,用深红色的皮革装订成册,还用金色字母标出了她的名字。"也许有一天,我会有幸写出值得您出演的剧本",随书附上的短笺上写着这句得体的话。爱伦·特里没有立刻答应出演他剧中的女主角,收到剧本的还有亨利·欧文,他只是礼貌地表示了谢意。另一位女演员也收到了一本装帧华丽的剧本,她就是美国人吉纳维芙·沃德,跟莫杰斯卡太太一样,她和蔼可亲,但并没有合作的意思。不过,莫杰斯卡和莉莉·兰特里曾埋怨他是个无所事事的人,如今,他给了她们一个有力的回答。他跟演员们的聚会,以及他在英国文化中扮演的新角色,这些都没有耗尽他的能力。他终于找到了自己的方向,即成为一个剧作家。

莫斯科人中的爱尔兰人

在当前的俄国政府体制下,如果还有哪个俄国人生活得兴高采烈,那么,他肯定要么认为人是没有灵魂的,要么即便有灵魂,也不值得去发展。

煽动者是一伙爱管闲事的好事之徒,他们跑到社会中的某个心满意足的阶级那里,在他们之间播下不满的种子。因此,煽动者是绝对有必要存在的。①

王尔德这样大张旗鼓到处炫耀的剧本是《薇拉,或虚无主义者》(*Vera*; *or*, 120

---

① 两段均引自《社会主义制度下人的灵魂》。

The Nihilists)。其副标题借旧俄的故事背景表述了一个当下的问题。他此时已经脱离了罗马天主教和共济会的影响——前一个是公开的,但具有颠覆性;后一个处于隐秘之中,却受人尊敬——接下来,他涉及了政治领域的一个同样复杂的话题。一方面,他在外国人之间争名夺利,另一方面,他却在写作中表达了自己作为斯波兰萨之子的感受,在牛津期间,他把自己的这种感情隐藏了起来,如今,他热切地渴望能够把祖国从英国人的重轭下解放出来,而同时他却需要这些英国人的支持。

在诗歌和交谈中,他表现出了越来越强烈的政治情绪。在写给爱伦·特里的十四行中,他颂扬了她作为皇后的哀怨,乃至让他一度遗忘了"我的共和主义人生观"。在另一首《自由十四行》中,他表达了对煽动者的厌恶:

> 并不是说我喜欢你的孩子,他们呆滞的眼睛
>
> 看不到任何事物,除了他们自己那可厌的苦恼,
>
> 他们的头脑空空,什么也不想知道——

但是他在咆哮的民主政体、暴力的统治和巨大的无政府混乱中看到了那种符合内心节拍的景象,它们体现了他自身的狂野。尽管如此,仿佛是要弃绝自己对它们的认同,他含糊但诚实地作出决定:

> 可是,可是,
>
> 那些死于街垒的基督们,
>
> 天晓得,在某些事情上,我跟他们情投意合。

跟母亲一样,王尔德也憎恶暴民统治和无节制,他俩欣赏个人英雄主义,对受压迫者充满同情。根据伦内尔·罗德的记录,就在这个时期,一场洪水迫使很多人离开了他们位于朗伯斯(Lambeth)的家园,王尔德带着他去了当地,想了解一下自

己能为灾民们做点什么。那里有一个卧床不起的爱尔兰老妇人,住在出租房里,王尔德给她讲故事听,还给了她一些钱,她感到非常开心,大声嚷嚷着对他说,"愿上帝在天国里给您一个安身之地。"[47]这种同情心就是他的政治观点的基础。

他对家长式作风表示反感。在跟年轻的维奥莱特·亨特交谈时,他自称说:"我是一个社会主义者。"他所谓的社会主义指的不是任何具体派别,而是对专制的一种普遍性的憎恨。后来,他说过,社会主义是"美丽的"[48],还说,"社会主义是一种享乐",他知道,这个定义也适用于唯美主义,他含糊其辞地认为,这两种思想最终会达成和睦的关系。在他的剧本中,虚无主义、社会主义和民主精神是混合在一起的。《薇拉》中的保罗亲王说,"在良好的民主政体下,每个人都会是贵族。"这似乎代表了作者的意见。1883 年,王尔德在剧本中增添了一段卖弄辞藻的演讲,他让阿列克谢说,"我不知道自己会是国王还是奴隶;但如果我是奴隶,除了屈膝之外,我还能做什么,如果是国王的话——国王们应该坐在哪儿?除了坐在某种民主政体的脚边,在它面前抛下自己的王冠!"[49]

《薇拉》中的政治观反映了这种贵族化的社会主义。沙皇的广为人知的残暴名声对他很有帮助,虽然基于惯例,当时的俄国沙皇亚历山大二世也免不了会施行酷刑,但他至少还释放了农奴。王尔德觉得自己是一场大规模解放运动的代言人。他写信给女演员玛丽·普雷斯科特,讨论了《薇拉》:"在这个剧本中,我想要以艺术的形式表达人们渴望自由的高昂呼声,在今天的欧洲,这种呼声正威胁着君主政体,从西班牙到俄国,从北部海域到南部海域的政府都因此动摇不稳。但这不是一部政治剧,而是一部关于激情的戏剧。"[50]他很希望这部戏剧同时兼有这两种特征。开场白的时间应该是1795 年,接下来的四幕则发生在1800 年。他寄希望于观众们缺乏对俄国历史的了解,也许他自己也一样,因为刺杀保守派保罗一世的时间不是1800 年,而是1801 年,况且,他的继承人亚历山大一世只不过表面上信奉自由主义罢了。为了省去转译的麻烦,他大胆地为这些伊万和阿列克谢沙皇们改了名字。他马马虎虎地犯下了时代错误,剧中提前出现了火车和被释放的农奴,谈及 1800 年的虚无主义者也是贸然之举,因为直到

1861 年,屠格涅夫才在《父与子》中创造了这个词汇。王尔德后来承认了这个词的起源:"虚无主义者,那位奇怪的殉道者,他没有信仰,毫无热情地走向火刑柱,为自己不相信的事物而死,他纯粹是文学作品中的虚构人物。屠格涅夫创造了他,陀思妥耶夫斯基使之丰满。"[51]他剧本中的虚无主义者因为憎恨酷刑和戒严令而团结在了一起,他们认定,反正一切皆错。

122　虽说王尔德在俄国史方面漫不经心,他的情节倒还是根据真实事件撰写的,跟沃尔特·西克特、威廉·莫里斯和萧伯纳一样,王尔德也是克拉夫钦斯基(以"斯捷普尼亚克"这个名字著称)的朋友,克拉夫钦斯基是一位贵族出身的俄国革命者,曾经刺杀了俄国秘密警察头子梅津采夫将军。[52]不过,这出剧本源自另一个事件,在 1878 年的报纸上,它还不算是件小事,但随着时间的流逝,人们已经逐渐淡忘了它。就在那一年的 1 月 24 日,发生了一起刺杀未遂的案件,一位二十二岁的女性向圣彼得堡的警察头子特列波夫将军开了枪。她是一位军事指挥官的女儿,属于贵族阶级,但是自从十七岁之后,她就变成了一个革命者。根据《泰晤士报》的报道,特列波夫囚禁了"她的爱人,一位虚无主义者",还命人鞭笞他们在狱中的一个女性朋友,因此激怒了她。这个案件引发了全球范围的关注。1889 年 12 月 14 日的《帕尔摩报》指出,"她的手枪声就像号角那样,传遍了整个欧洲。"最后,陪审团宣布她没有犯下她自己已经承认的罪行,特列波夫还被迫辞去了职位。当这位女性离开法庭时,警察试图再次逮捕她,但她的一些学生朋友挡住了他们。有一个学生,据说是她的姐夫或妹夫,朝人群开了枪,然后调转枪头,自杀了。

　　那位年轻女性的名字叫薇拉·扎苏利奇,王尔德选择她作为自己的女主角,还借鉴了她那种激烈的革命热情和缠绵的爱情,在自己的剧本中,他给她起名叫薇拉·萨博洛夫(Vera Sabouroff,最初叫卡廷斯基〔Katinski〕)。他根据需要渲染了相关史实,把事件安排在莫斯科,而不是圣彼得堡,还把刺杀的对象换成了老沙皇。那位姐夫或妹夫成了薇拉·萨博洛夫的兄弟。她的虚无主义爱人被保留了下来,不过摇身一变,变成了沙皇的皇位继承人。通过一出相似的场景,王尔德隐约再现了自己搪塞学监和其他当权者的经历,在那出场景中,士兵们猛敲房门,想要追捕虚无主义者,结果却被阿列克谢哄骗,以为他和他那些蒙面的同伴是一些演员,正在一起排练一出悲剧。

在他的剧本中,虚无主义者的誓言来自涅恰耶夫和巴枯宁撰写的《一位革命家的教义问答》(*The Catechism of a Revolutionary*),而虚无主义者集会的仪式化开幕则具有一种人们意想不到的英国源头。王尔德在牛津的阿波罗玫瑰十字分会的朋友们如果读到第一幕的开幕,他们一定会大吃一惊:

> **主席**:那个词是什么?
>
> **第一个共谋者**:那波特。[Nabat,意思为"警钟",是当时一家革命报纸的真实名称。]
>
> **主席**:回答?
>
> **第二个共谋者**:凯利特(Kalit)。
>
> **主席**:现在是什么时间?
>
> **第三个共谋者**:受苦的时间。
>
> **主席**:什么日子?
>
> **第四个共谋者**:受压迫的日子。
>
> **主席**:哪一年?
>
> **第五个共谋者**:希望之年。
>
> **主席**:我们有多少人?
>
> **第六个共谋者**:十个,九个,三个。

123

因为王尔德的这段话借鉴了一幕戏剧化的共济会仪式,即"共济会开会仪式"(Opening of a Lodge),他把会长换成了主席,把高级执事换成了第一个共谋者,低级执事换成了第二个共谋者。主席的问题大致上就是那些共济会仪式上的问题,虽然为了符合他们的暴力企图,他改变了那些共谋者的回答。

尽管这个剧本的主题是政治性的,它的大部分内容却致力于反驳革命的宗旨。阿列克谢继承了皇位,却仍然持有虚无主义者的信仰,他是一个致力于推动改革的保皇派虚无主义者;薇拉一方面充满革命热情,另一方面又屈服于爱情。"为什么他让我觉得,我虽然是一个共和主义者,有时却甘愿拜服在他的王座下?"到底为什么呢?最有趣的人物是保罗·马拉洛夫斯基亲王,他被沙皇流放,在流放期间跟虚无主义者混在了一起,他对两边的人都不信任。保罗这个人物是王尔德剧本的独特印记,他不会出自别人的笔下。无论是在宫廷还是同谋者之中,他都是一个爱尔兰人,他用自己的才智击败了他人的陈词滥调。"他会对最好的朋友捅上一刀,"有人说,"为了能在自己的墓碑上写一行警句。"虚无主义者的权利法案宣称:"自然不是一座神殿,而是一个工作室;我们要求劳动的权利。"读了这个法案之后,保罗评论道,"啊哈,我愿意放弃自己在那方面的权利。"还有一个条款,"家庭对真正的社会主义和公共团结关系具有颠覆性,因此应该被废除",他读了之后,评论道,"我完全同意第四条。家庭是一种可怕的负累,尤其是当一个人还没有结婚的时候。"保罗亲王是一连串贵族艺术爱好者中的第一人,即便是在抨击他们的超然和缺乏感情的同时,王尔德也还是对他们心怀喜爱。保罗喜欢用法语说"哎呀!(*Parbleu*!)"虽然他愉快地撇开了诸如"吾以为"和"吾昔以为"之类的古体表达,而薇拉·萨博洛夫却很喜欢这一套——她的修辞落后于她的政治观。

薇拉·扎苏利奇只不过是想要刺杀列宁格勒的警察头子,王尔德却进一步改写成了薇拉·萨博洛夫身负使命要刺杀全俄的沙皇,这有利于几出歌剧场景的展开。在最后一出场景中,薇拉不得不在政治热情和爱情之间作出选择。老沙皇已经被刺杀了。她曾经计划要为俄国刺杀新沙皇;此时,事情发生了意想不到的转折,她为了爱情改变了自己的决定,没有去刺杀新沙皇,却选择了自杀,她说,"我已经拯救了俄国。"相比于缩短沙皇的生命,延续他的生命变成了更崇高的做法。她向虚无主义者展示了那把带血的匕首,于是他们以为她已经实施了最初的计划。可以说,薇拉·萨博洛夫为两个缘由而死,她不再相信虚无主义,但仍然相信爱情。其剧本的结尾是一个复杂的提升过程,王尔德坚持认为,通过这种提升,他的政治剧超越了政治层面。

在司汤达看来,那是一个写不出像样剧本的世纪,就算《薇拉》是一个拙劣的剧本(虽然保罗亲王努力想要挽救它),它也不至于比当时的戏剧水准差得太远。王尔德趾高气昂地把它交给了伦敦的主要戏剧名流,还有纽约的女演员克拉拉·莫里斯。伯纳德·比尔太太接受了这个角色。四年前,她从斯特兰德街的喜歌剧院(Opéra Comique)走上戏台。根据安排,《薇拉》将于1881年12月17日下午在艾德菲剧院上演。[53]

伦敦生涯

英格兰的下层社会有一种异事——他们的亲戚越来越少。就这方面而言,他们真是极端幸运。①

奥斯卡·王尔德不是家里在伦敦的唯一成员。他母亲和哥哥都对都柏林感到绝望,王尔德夫人是因为她的租客不付租金,威利是因为找不到爱尔兰富婆愿意嫁给他。1879年初,梅里恩广场1号的房子被威利卖掉了,他和母亲在这一年的5月7日抵达伦敦,投奔奥斯卡而来。有几天的时间,他们借住在奥斯卡位于索尔兹伯里街13号的房子里,然后落脚在奥温顿广场1号,接着,他们搬到了格罗夫纳广场边上的公园街116号,最后搬去了切尔西区的欧克利街146号。

虽然周围的环境没有梅里恩广场那么宏伟堂皇,王尔德夫人却立刻就开始组织一个伦敦的沙龙。起初是在星期六的下午,然后又改在了星期三的下午,她

---

① 引自《理想丈夫》。

负责主持茶话,消息灵通的客人们来到这里,不至于就是为了喝茶。这些聚会十分荒谬,但别具一格,那些访客本想看笑话,结果却留了下来,发出惊叹。虽然奥斯卡·王尔德是人们的主要焦点,威利也尽了力,而且,王尔德夫人有意识地牵着人们的鼻子走。她这些年来变得越发壮硕,在客人中扬着鼓胀的船帆到处航行。她的黑色假发上还戴着蔚为壮观的头饰,其装束依然保持着六十年代的风尚,她身穿大号的紧身马甲,衣服上有很多荷叶镶边,上面还挂着一串串珠子和挂饰。如今,王尔德夫人已年近六旬,她并不热衷于展示自己的皱纹或雇不起佣人的窘境,因此每到下午三点钟,窗帘就被拉下来,煤气火焰上蒙着红色的灯罩,蜡烛在角落里摇曳着,客人们在昏暗的光线中面面相觑。

　　尽管如此,她可是一位**花枝招展的贵妇人**,她的口才是众所周知的。照她的看法,她的客人们都是些名流,要么就是即将成为名流。有一次,她遇见了沃尔特的妹妹海伦娜·西克特,当时海伦娜还在学校念书,王尔德夫人用犀利的目光瞅着她,然后宣布说,"一张非常富有才智的面孔!你在文学界的名声有一天会传到我的耳中。"奥斯卡正好旁观了这个场景,他笑了,说,"哦,得了吧,妈妈!那真是太糟糕了。"她在引介别人时同样泰然自若。"X 小姐,"她会说,"请允许我介绍 Y 先生给您认识,就是他绘制了那幅全伦敦人都在谈论不休的作品,下一季,它将在格罗夫纳画廊展出;Y 先生,我得告诉你,X 小姐将会成为伦敦的歌剧女主角。你该听听她在《罗恩格林》(*Lohengrin*)中的那段独唱!"[54] 即便 Y 先生不会画画,X 小姐不擅唱歌,她也不会因此就吝惜她的称赞。也许有一天他们会具备这种能力的。在《道林·格雷》中,王尔德通过一段匹克威克式的文字拿她开了玩笑,为了表达自己的孝顺之心,他后来又删掉了这一段:"亨普提·邓普提爵士——你知道——阿富汗边疆。俄国的阴谋;非常成功的人——妻子被一头大象杀死了——简直痛不欲生——想要娶一位漂亮的美国孀妇——如今,每个人都这么做——憎恨格拉德斯通先生——但是对甲虫很感兴趣;问问他对肖瓦洛夫的看法。"王尔德夫人是一个喜欢炫耀的人,但是她心地坦荡、为人善良。她的房子成了众人的聚会场所,像萧伯纳和叶芝这样的客人对她不免心存感激,当时,他们在伦敦还是新人。

她丈夫的去世解放了她,她可以自由从事写作了,在伦敦,她是三个王尔德中最勤奋的一个。她起初的工作是完成丈夫为一位古文物研究者和插图画家撰写的传记,传主的名字叫盖布里埃尔·贝朗热。她儿子奥斯卡也曾打算做这项工作,但是他欣然把任务留给了母亲。接下来,她又开始整理自己的瑞典笔记,那是她在 1859 年跟随威廉爵士拜访乌普萨拉省长时记录的,她把它们整理成了一册书,书名叫《来自斯堪的纳维亚的漂流木》(*Driftwood from Scandinavia*)。然后,她根据威廉爵士当初的构想,把他收集到的大量未分类的故事和传说汇聚到一起,进行了必要的改写,出版了两册意义重大的爱尔兰民间故事书。这些故事都是威廉爵士的病人写给他用来代替诊金的。(为了撰写剧本,叶芝等人曾借鉴过其中的故事。)通过这些故事,人们能看出她热情幽默的性格。接着,她又出版了两册书籍,它们是她多年以来发表的社会和文化类文章的合集(其中有很多都发表在都柏林的《民族国家》上),从中可以看出,从乔治·艾略特到发型等等,她对这一切都有明确的见解。除此之外,她还写了一些诗歌,其中有些诗句往往让人怀疑是得到了王尔德的协助,她在杂志上发表了这些诗歌。以上书籍赚到了一点钱,但她还是没法支付房租,让她心怀感激的是,奥斯卡设法争取到一些著名人物的支持,于是,在 1888 年,她获得了皇家文学基金授予的一百英镑奖金,1890 年 5 月,她又从英国首相那里获得了每年七十英镑的王室专款养老金,而她却曾经倡议人们展开一场反对英国的革命。授予这笔钱的理由是"褒奖她已故丈夫医学博士威廉·王尔德爵士为统计学和文学所作的贡献"。*她在伦敦文学圈里十分活跃,尤其是在爱尔兰文人中,她很高兴自己跟威利和奥斯卡一起成为爱尔兰文学协会的创始成员。

威利·王尔德的处境更麻烦一些。回到爱尔兰之后,他虽然当上了律师,却

126

---

* 在支持这笔拨款的名单中有利顿勋爵和斯宾塞勋爵、西奥多·马丁爵士和马丁夫人、斯温伯恩、马哈菲、奥利弗·普伦基特、乔治·奥托·特里维廉爵士、约翰·里斯伯克爵士、A. H. 塞斯教授和爱德华·道登教授。只有格拉德斯通拒绝签名。[55]

成了酒馆里的名人。当人们问起他在干什么工作时,他会回答,"偶尔做做吧。"[56]他跟奥斯卡的关系不妙,一个原因就在于他们长得很像,从表面上看,他们的处事方式也很像。威利不在乎自己的独特性遭到威胁,王尔德对此却很在乎。他们两人都身高超过了六英尺——威利身高六英尺四,王尔德身高六英尺三——两人都有发胖的趋势,都一副懒洋洋的样子。"画幅王尔德的草图,你就看到了威利。"马克斯·比尔博姆记得有人曾这么说过。不过,比尔博姆却很清楚两兄弟之间的差别。他说,威利是"非常粗俗的,既无知又低劣"。他还对威利有过更多的评价,"真是个怪兽!邪恶、油腔滑调、形迹可疑,但跟奥斯卡十分相像;他具有奥斯卡的那种忸怩、淫荡的微笑和愚蠢的傻笑,却没有一点奥斯卡的才智。他是可憎的——真是家族相似性的名副其实的悲剧。"[57]威利开始蓄胡子,他声称是王尔德付钱让他这样做的。王尔德夫人极力想让两兄弟保持良好的关系,有一段时间,她是成功的。不过,威利的劣根性表现在生活中的各个方面。他缺乏能力以奥斯卡的方式在城市里混得游刃有余。尽管如此,他还是在努力尝试。如果说王尔德是一个诗人的话,威利觉得自己也能当诗人,他带着一首曾经发表在《考塔博斯》上的诗歌来到伦敦,希望依靠这首诗歌就能打入文学圈。那是一首关于莎乐美的水平低劣的十四行,他弟弟后来迷上了这个主题。威利能够很好地朗诵这首诗歌,以至他的听众们猛然间听不出它是胡扯:

127
　　　　　　每个灵魂都属于我,完全属于我,

　　　　　　每个喉咙都连续三次大声喊出我的名字。

　　　　　　"说说你想要什么吧,"黑胡子的希律王说。

　　　　　　"天晓得,我想要获得的奖赏是一个怪东西;

　　　　　　求您,给我施洗者约翰的头颅吧,

　　　　　　就现在。"在我的双手间,是那个头颅。

　　　　　　啊,母亲,看看那双唇,那半闭的眼睛,

你觉得他在死后还怨恨我们吗？

不过，这股劲头没延续多久。如果奥斯卡写了剧本，威利也想试试自己写剧本的水平。他写了两个剧本，在都柏林付印，题目分别叫《法裔波兰人》（*French Polish*）和《夜晚的水流》（*Evening Stream*）。因为奥斯卡在 1880 年曾经告诉《传记》，说自己对到底要当画家还是作家感到犹豫不决，威利也想要当记者，还想当雕塑家。奥斯卡对他的尝试评价很严苛："威利的雕塑能明显看出死亡的迹象，却毫无生命的希望。"[58]

尽管如此，威利还是在伦敦勉强争取到了一席之地。他为父亲的书籍绘制了一些插图，从中可以看出他的素描技能，可是他没有坚持下去。他会弹钢琴，所以他对肖邦的序曲系列的结尾做了一些自己的"改进"，水平更高的人恐怕也没有胆子干这种事。[59]新闻业是他能找到的要求最低的职业。有那么几年，他在这个行业里干得很不错。他最热衷的事情莫过于在一个随笔专栏上吹捧奥斯卡。有的时候，他写得很好，比如在撰写关于帕内尔调查委员会的报道时（王尔德也出席了其中的一些会议），这也许是因为他满怀热情地接受了母亲的判断，即"帕内尔是一个受命于天的人。他将会打破桎梏，解放爱尔兰，让她成为诸国中的女王"。对于帕内尔的辩白，王尔德一家感同身受地狂喜不已。不过，总的说来，威利生活得太轻松了。在位于梅登巷（Maiden Lane）的一家名叫斯普弗斯的夜总会里，他会高谈阔论地描述记者职业的乐趣——指的是可以过懒散的日子。在《天堂的水罐》（*Pitcher in Paradise*）中，A. M. 宾斯戴德描绘了威利的部分谈话，吉米·格洛弗证明这番话是具有代表性的；他语速很快，不像他弟弟那样节奏庄重：

新闻工作者的生涯很烦人吗？天哪，根本没这回事。就拿我的日常生活为例吧。我去办公室报到，比如说，在十二点时。我对编辑说，"早上好，亲爱的勒萨热，"他回答，"早上好，亲爱的王尔德，你今天有什么点子?""噢,的确,先生,我倒是有个主意,"我回答说,"粘贴式邮票的发行纪念日到了。"

"真是个社论的好题材,"编辑叫出声来,微笑着看着我……

然后,我在斯维廷斯餐馆吃了几只牡蛎,喝了半瓶沙布利白葡萄酒……接着,我漫步走向公园。我对时髦的事物卑躬屈膝,可以看到我沿着举世无双的皮卡迪利大街溜达……但是与此同时……我试图回忆起我听过的关于粘贴式邮票的一切话题。让我想想?首先是发明者某某先生,最初的异议,最早的邮政立法,然后是邮票的制作方法;在纸上打孔;背面抹上胶质;印刷……当我沿着帕尔摩街逛回来时,我考虑了一切情形。我可以去一趟大英博物馆,翻出一大堆发霉的史实,但是一位伟大的社论主笔不需要这些,你完全明白这一点。

然后,就开始动笔了。哈!我就靠这个赚钱的。我去了俱乐部,要来墨水和纸张。我走进自己的房间。关上门……三大段耐人寻味、理由充分的文字,每段占三分之一的专栏版面——那就是我的最终目标。我脑子里的想法源源不断,无拘无束地流淌着。时间过得真快!来了位老友。我们约好在皇家咖啡屋共进晚餐,然后顺便去阿尔罕布拉剧院看一出新芭蕾舞。我按了一下按钮,信使出现了。社论被送往圣勃莱德教区的舰队街 141 号,我们手挽着手一起离去。[60]

偶然,他没有邮票可写了,这种时候,尤其是当编辑要他写个短篇小说时,他就去向弟弟求教。奥斯卡在早餐桌上就帮他编过好几个故事。

不过,王尔德夫人和威利只有希望成为伦敦的边缘角色,而奥斯卡却成了它的中心。到了这时候,他已经结交了大批的人,其中不乏王室成员。威尔士亲王要求跟他见面,人们为此编了一个警句:"我不认识王尔德先生,不认识王尔德先生,也就没人认识你。"[61]1881 年 6 月 4 日,亲王参加了一场测心术聚会,这次聚会在迈尔斯和王尔德合租的房子里举行,可想而知,是因为莉莉·兰特里也参加了。这两个年轻人如今已经从索尔兹伯里街 13 号搬到了切尔西区的泰特街,这个地段最近变得时髦起来。迈尔斯过去曾邀请爱德华·戈德温来重新设计他们的房子,戈德温也曾为惠斯勒设计过他的白房子,他们觉得作为建筑师,戈德温的见解跟他们最契合。早在 1878 年 6 月,戈德温就为了他们设计好了图样,但是公共事务委员会对此表示反对,就像他们曾经反对过白房子的最初设计。9 月 30 日,他们递交了经过修改的计划,1880 年 7 月,这幢房子终于可以入住了。它被设计成互相衔接的若干个长方形,其砌砖是红色和黄色的,屋顶覆盖着绿色的石板,窗户外面有阳台。这是一件唯美主义的创作,年轻人心情愉快地搬了进去。在他们之前,两个名叫斯济慈(Skeates)的女性曾住在这里,而且拐角处还有雪莱屋(住着这位诗人的某个后裔),因此,王尔德把这幢房子重新命名为济慈屋。

129

在这个时期的王尔德友人中,除了莉莉·兰特里和迈尔斯之外,最瞩目的就是惠斯特和伦内尔·罗德了。王尔德继续保持着跟罗德在牛津的交情。罗德在古典文学学位考试中没有获得一等的成绩,王尔德安慰了他:

济慈屋

亲爱的伦内尔:

　　致以我最衷心的祝贺。古典文学是牛津唯一像样的学科,只有在这个思想领域里,一个人才能够**同时**做到既才华横溢,又不受理智的驯服,既沉浸于理论,又见多识广,既具有创造性,又充满批判精神,他可以耗费所有的青春激情去撰写那些具有古代的肃穆气质的真理。

　　我真希望你能获得一等——我身边的人不该都是那种迟缓的、热衷于三段论的苏格兰人。不过,属于无神论的一等成绩就如同凛冽的高加索山脉,对于一个有文化的人来说,二等成绩的氛围也许还要更美好些。

我很快就会回来。

你真挚的

奥斯卡·王尔德[62]

1879 年夏天,王尔德和罗德曾一起出门旅行。7 月份,罗德、他的父母和姐姐(或妹妹),还有王尔德一起住在拉罗什地区的莫尼耶旅馆(位于比利时)。同一旅馆的其他客人恰好留意到了他们。其中之一是个名叫保罗·德勒尔的八岁男孩,他是比利时地质学家、诗人和小说家格扎维埃·德勒尔的儿子。保罗·德勒尔清楚地记着王尔德给人留下的印象。后来,他这样描述过王尔德,"高个子,脸色苍白,刮光了胡子,留着长长的黑色直发;他身穿白色的衣服,从头到脚都是白色的,从他那高高的宽边毡帽到他的手杖,那是一根象牙色的权杖,顶部是圆的,我经常拿着它玩。我们叫他'皮埃罗(Pierrot)'。"皮埃罗会走向布朗兹河谷,来到一个名叫群墓(the Tombs)的地方(因为这里的草地上覆盖着扁平的石片),用拖曳的嗓音和单调的节奏高声朗诵诗歌,男孩觉得很有趣。旅馆里还有另一位客人,他就是荷兰诗人雅克·佩尔克(1858-1881),他写了一首诗歌,描述了陪伴在一位美女身边的王尔德:

130

站在她身旁,这位英国青年浑身散发着

青春的气息,她也一样,

充满了才智,还有欢乐和愉悦,

他在内心是个诗人,讨厌一切恶的事物。[63]

王尔德和罗德从拉罗什继续出发,前往图尔奈,他们在那里看到并拜祭了一位骑士的坟墓,坟墓上刻着一句话,"不是不报,时候未到。"罗德为此写了一首诗,两年后,在罗德第二部诗选的跋中,王尔德谈到"一座位于弗莱芒的灰色古墓,关于这座古墓有一个奇怪的传说,让人不禁觉得,也许人死之后,激情仍在延续……"[64]他决定避而不谈那句预言中的不祥征兆。

次年，也就是 1880 年，罗德出版了自己的第一部书籍《南方之歌》(Songs in the South)，这部书的题词是"伦内尔致奥斯卡，1880 年 7 月"，至少同样令人惊讶的是，接下来还有一段意大利文的献词：

> 贪婪和残酷的人将会汇聚
>
> 　来观看你的受难，他们是你的听众；
>
> 都来看你被钉在十字架上，
>
> 　没有人会对你心怀怜悯。

王尔德的人生就像易卜生的戏剧那样，充满了悲剧性的预兆。他本人和他的一些诗歌不断让罗德感到担忧。某些诗句明显是令人不快的。事实上，他也曾像死去的骑士那样对王尔德做出同样的警告。王尔德拒绝修改那些诗句。罗德在回忆录中说，虽然他知道朋友们对王尔德的影响力感到不满，他还是"目中无人地以他们的批评为傲"[65]，这种反应显然是受了王尔德的傲慢态度的影响。

因此，在 1881 年夏天，他们再次一起出门，这一次是沿着卢瓦尔河旅行。王尔德写信给乔治·刘易斯十二岁的儿子，作了一番幽默的描述："我跟一位讨人喜欢的牛津朋友在一起，因为我们不想让人知道自己是谁[估计是为了避免让罗德的朋友觉得他们还保持着亲密关系]，他在旅行中使用的假名是史密斯爵士，我的假名是鲁滨逊勋爵。然后，我去了巴黎——一座大城市，法国的首都——我在那里过得很愉快。"也许就是在这个时候，他们还去了沙特尔，毫无疑问，他们去了安布瓦斯，次年，王尔德提到过这个地方：

> 我们一度在安布瓦斯逗留，他和我，那个小村落有着灰色的石板屋顶，陡峭的街道和荒凉、可畏的关隘……从村落往上，越过河流的弯曲地带，我们时常在下午去那里，坐在大驳船中绘制素描，那些驳船在秋

131

天把酒运送到海边,冬天则负责运输木料,要么,我们就躺在茂密的草
丛中,计划着那些辉煌的事情,还有就是要怎样骚扰那些俗人,或者,我
们沿着莎草密布的河畔低地漫游,"互相用芦苇较量着玩",就像古代
的西西里伙伴们那样······[66]

跟亨特·布莱尔一样,罗德颇费苦心地表明王尔德跟他不是性伴侣。不过,就依
恋关系而言,这种自负导师和胆怯信徒之间的关系跟爱情有着相似之处。

王尔德跟詹姆斯·麦克尼尔·惠斯勒的关系就毫无爱情可言了。惠斯勒索
要的是近乎谄媚的赞美,回报的是近乎敌意的控制。王尔德低头俯视他,觉得惠
斯勒是个矮小却可怕的人。王尔德刚到伦敦的时候,惠斯勒被迫离开那里。
1878 年 11 月 25 日,惠斯勒控告罗金斯的诽谤案开庭了,他勉强赢了官司,但赔
偿金微乎其微,还不包括法庭费用,结果搞得他破产了;1879 年 9 月,他逃到威
尼斯,在那里一直待到 1880 年 11 月,他在那里制作了一系列出色的蚀刻画,足
以让他回到英国。虽然他没法从艺术批评家哈里·奎尔特(或艾里,照惠斯勒
的叫法)手中抢回自己的故居白房子,他在泰特街找到另一幢房子,因此成了迈
尔斯和王尔德的邻居。1879 年,王尔德还是籍籍无名之辈;1880 年,他就已经成
了名流。这两个人暂时还是相配的。惠斯勒比他年长二十岁,母亲是美国人
(王尔德跟罗伯特·谢拉德说过,惠斯特算不上"高贵的弗吉尼亚绅士"[67],不
过倒算得上是北卡罗来纳绅士)。他在法国待了几年,跟那里的主要艺术家和
作家混得很熟。王尔德也想要做到这一点。在惠斯勒的一生中,他会跟人建立
起似乎很稳固的友谊,结果却往往在一场短暂但彻底的争吵中分崩离析。跟他
交朋友迟早要碰壁的;王尔德设法与他相处了好几年。这位大师说的那些刻薄
话,他尽量往好处理解,他最有魅力的特征之一就在于他乐于接受那些讽刺他的
笑话。

虽然在格罗夫纳画廊的初展中,王尔德恐怕并不欣赏惠斯特的绘画,当时,
他几乎只能接受拉斐尔前派的风格,不过,1879 年 5 月 5 日,在都柏林的一家报

纸上,他发表了一篇文章,评论了后来的另一次展览,多少算是一种弥补。[68]这一次,他称赞说《金色女孩》(*The Gold Girl*)是"非常出色的"。他甚至认为《夜景》(*Nocturnes*)也有一些可取之处。他不再怀疑惠斯特是伦敦最伟大的画家,不过,他不顾惠斯勒的感受,还是表达了对伯恩-琼斯的赞美。无论是对罗斯金最喜欢的特纳("那个老外行"),还是伯恩-琼斯等拉斐尔前派,惠斯勒都态度不敬。彭内尔夫妇引用过他的话,说,"罗塞蒂,哦,你知道的,他并不是一个画家,而是一位绅士和诗人。至于那些追随他的人,他们才力不足,只会干一些犯法的事。"[69]在惠斯勒的画室,王尔德是一位受欢迎的客人,当这位大师边工作边闲聊时,王尔德恐怕会对这一类的评价惊诧不已。王尔德和惠斯勒两人在一起,构成了伦敦的一道奇观。爱伦·特里在很久之后评论说,"在我认识的人里,最出众的莫过于惠斯勒和王尔德……这两人身上都有一种突如其来的个人化的、厚颜无耻的东西,简直没法去描述。"[70]

惠斯勒总是以欺凌的方式结交朋友。他邀请人跟他一道出游时总是很专横,而且习惯于拿受邀者开玩笑:

周日晚上

现在,奥斯卡,你只需再次乔装打扮起来,然后**明天**跟我一起去泽西。

明天,我将去画室——大约十二点,我派人去喊你——我们可以最后确定一下我们的安排,然后也许乘五点的火车出发——

[蝴蝶式签名]

[在随信附上的吸墨水纸上画了个女人的头像]

所谓"乔装打扮"想必是王尔德正在到处炫耀的某件新外套。不过,这封信表明他们是彼此理解的,正如以下这封信:

奥斯卡瑞诺（Oscarino）！——我无意间扯开了信件——**请原谅**——

我什么都没有读——除了第一个词——"厄勒克特拉（Electra）"——我不知道这是谁寄来的——所以，我们碰面时，你得告诉我——

[蝴蝶式签名]

还有一封同时期的信件，信中，惠斯勒把他的信徒——艺术家沃尔特·西克特推荐给了当时住在巴黎的王尔德，更确切地说，是硬塞给了他：

不，奥斯卡！——如果有必要的话，我可以割爱更长的时间——对他好一些——别想把劣质酒硬塞给我的使者！

记住，他不再是以沃尔特·西克特的名字出游——当然，他是令人惊叹的——他难道不是一位令人惊叹的人的代表吗？——他的品位肯定是当下最优雅的——即便卢浮宫在他面前也毫无秘密可言……

我还要说什么？——他可以向你解释那令人惊叹的目录——除此之外，他不是拥有我的祝福和回程票吗？[71]

133 惠斯勒诙谐地夸大了自己的自负心态，但事实也的确如此。

两个人都很机灵，而且健谈，因此形成了一种竞争关系，王尔德这个更善良的人往往是其中的落败者。道格拉斯·斯莱登曾提到，1883年，位于波福特街的露易丝·乔普林家曾经举办过一场招待会。王尔德和惠斯勒两人分别到场，他们都来得过早了，发现那里几乎没有人，显然都感到有些不安。斯莱登描述了两人之间的打趣，听起来似乎很真实：

"吉米，去年这个时候，我在纽约，所有我们这些人都随身带着一批崇拜者。在这里也该这么做。"

［惠斯勒没有回答。］

"我听说,你是途经迪耶普去参加法国美术展览的。吉米。你是为了省钱吗?"

"别犯傻了。我是去画画的。"

"你画了多少张画?"

"花了多长时间?"

"你才那么走呢,不是我。没有哪位绅士会走迪耶普这条路。"

"我经常走这条路,"乔普林太太说,"要花五个小时。"

"那里的一小时有多少分钟,奥斯卡?"

"我不太肯定,但是我想大概有六十分钟吧。我不是个数学家。"

"那么,我肯定就是画了三百幅画。"[72]

斯莱登声称,就是在这次宴会上,王尔德对某个女人说的话评论道,"我真希望那是我说的",惠斯勒回答,"奥斯卡,你会说出这样的话的,你会的";不过,还有一种更可靠的说法,认为那番话是惠斯勒对汉弗莱·沃德说的,后者是《泰晤士报》的艺术批评家,王尔德听了之后感到很羡慕。沃德曾经说惠斯勒的这幅画很好,那幅画不好,最后,这位艺术家发话了,"亲爱的朋友,你根本不该说这幅画是好的,那幅画不好。好或不好不是你应该使用的词汇。但你可以说'我喜欢这幅'或'我不喜欢那幅',这样你还算没有越权。现在来跟我喝一杯威士忌吧;你肯定会喜欢它的。"[73]王尔德不介意从别人那里借鉴他需要的话,部分原因在于他通常会对它们作些润色。1885 年 5 月 30 日,在评论威尔斯的《奥莉维亚》(Olivia)时,他写道,"只有那些缺乏想象力的人才会自己发明创造。众所周知,真正的艺术家善于利用他从别人那里汲取到的东西,他什么都汲取。"而惠斯勒却太自负了,意识不到在很大程度上,他自己的艺术理论是源自戈蒂耶的。

这两个人之所以乐于相处,其原因多少有点不同。王尔德不知道的是,惠斯勒将成为未来的《制造敌人的优雅艺术》(The Gentle Art of Making Enemies)的作

134　者,他往往会把老朋友转变成新敌人。这样的例子很多。后来,当两人的友谊出现裂痕时,王尔德没法理解这件事。因为,如果说他曾经从别人那里汲取东西,他也曾给予别人东西。他赞美过惠斯勒,无论是口头上还是在餐桌上,王尔德都款待过惠斯勒,从各方面来说对他都很慷慨和忠实。不过,王尔德总是有点天真,尤其是跟冷酷的人打交道时,因为他自己的天性中没有残酷的东西。弟子也许会背叛自己的老师,这一点他是可以想象的,但他却想象不到老师会伤害弟子。

　　伦敦越来越关注泰特街的名流们。到了七十年代末,他们成了讽刺剧作家的嘲笑对象。最早讽刺他们的是1877年12月上演的《蝗虫》,它以滑稽模仿的形式嘲笑了格罗夫纳画廊的开幕式,其中有一出三人舞,被认为是在描述惠斯勒、迈尔斯和王尔德。接下来是《猫在哪儿?》,这出戏源自德国,由詹姆斯·奥伯里改编,1880年11月20日,它在标准剧院上演。其中包括这样的台词:"我感觉就像——就像一个没有护墙板的房间。"一位名叫斯科特·拉姆齐的作家角色说。赫伯特·比尔博姆·特伊在扮演这个角色时模仿了王尔德的风格,这出戏获得了成功。王尔德故意不去观看它。结果,上演三个月之后,爱伦·特里设法劝服了他,请他一起来分享自己的包厢。他当时评论说这出戏很糟糕。《潘趣》的编辑伯南德在为班克罗夫特夫妇改编《乡村丈夫》(*Un Mari de la campagne*)时,决定对王尔德和唯美主义挖苦一番。他为这个剧本起名叫《上校》,把它交给了班克罗夫特夫妇,但他们决心放弃它。不过,另一家公司接受了它,1881年2月,它在威尔士亲王剧院上演,一举成名。甚至连维多利亚女王都被威尔士亲王说服,观看了这场戏剧,在巴尔莫拉宫(Balmoral),他们还进行了一场御演。费尔南德斯和霍特里在伦敦和各省分别扮演了一个名叫兰伯特·斯特莱克(Lambert Stryke)的唯美主义者,他们都模仿了王尔德的行为举止。唯美主义的风尚已经发展到了被反唯美主义风尚取而代之的地步。

　　还有一部影响力更持久的作品,它还在创作之中,即吉尔伯特和沙利文的

《佩辛丝》。吉尔伯特起初的计划是把自己的叙事歌谣《相互竞争的副牧师》（*The Rival Curates*）改编成剧本，故事中的副牧师相互竞争，可谓道高一尺，魔高一丈，直到他们被迫去扮演相反的角色。不过，他很快意识到，当时的文化氛围需要的是相互竞争的唯美主义者，虽然马克斯·比尔博姆坚持认为后者已经过时了。1880年11月，吉尔伯特写完了半个剧本，为了避免别人模仿，他尽可能地保守了秘密。于是，1881年4月23日，《佩辛丝》上演了。已经有人告诉王尔德，说这部剧本模仿并嘲笑了他，他写信给扮演伯恩桑的乔治·格罗史密斯：

济慈屋　　　　135

泰特街，切尔西区

亲爱的格罗史密斯：

　　我很想出席你在复活节上演的新剧的开幕式——倘若还有包厢的话，如果你能让售票处为我保留一个三几尼的包厢，我将十分感激；得到售票处的消息之后，我会送去支票的。

　　有了吉尔伯特和沙利文，我相信我们能看到比《上校》的小闹剧更出色的作品。我期待我会被大大地逗乐。

奥斯卡·王尔德谨启

吉尔伯特希望自己的唯美主义者是一个综合性人物，但是他几乎无法忽视这一点，即王尔德是其中最耀眼的代表性人物。不过，他创造了两个不同的角色；其中的雷金纳德·伯恩桑是耽于声色的，而阿奇博尔德·格罗夫纳却是精神化的。王尔德则结合两者为一体。也许是为了把人们的注意力从王尔德那里引开，格罗史密斯以惠斯勒为原型扮演了伯恩桑，黑色的卷发中掺杂了一绺白发，留着胡髭和山羊胡，戴眼镜，还保留了惠斯勒那著名的口头禅"哈哈"（Ha Ha）。[74] 虽然伯恩桑和格罗夫纳这两个唯美主义者糅合了罗塞蒂的飘逸、斯温伯恩的纵欲和罗斯金的哥特化倾向,但他们身上明显有来自王尔德的成分,后者是当时唯美主义的最能言善辩的旗手。

少女们对伯恩桑怀着无望的爱,这无疑是描述了王尔德在济慈屋的聚会活动,名媛们不断地出席那些聚会。伯恩桑留着王尔德式的长发,他撰写了一首诗歌,它被描述成是"一篇狂热的、怪诞的、耽于肉欲的作品"。虽然王尔德并没有把拉斐尔前派的所有百合都占为己有,但他对这种花的迷恋被反映在了伯恩桑的台词中,"诗人发现所有的事物都那么平庸,不禁从内心哀泣起来。为了体会这一点,他们多情地互相依恋在一起,想念着那些黯淡的百合"。王尔德还曾经"用他那只中世纪的手拿着一支罂粟或百合走在皮卡迪利大街上"——而不是一只文艺复兴的手——至少,据说他曾这么做过。他后来会说,"做过这种事没什么了不起,让人们以为你做过这种事才是一种胜利。"[75] 伯恩桑被描述成是"青花瓷和其他陶器的鉴赏家",虽然王尔德并不是唯一收藏蓝色瓷器的人,在他之前还有罗塞蒂和惠斯勒,但他对这种瓷器作过最好的评论。

至于格罗夫纳,他自称是"美的托管人",也就是指王尔德"拥有美的所有权"。他提到"过分讲究的里米尼的弗兰切斯卡(Francesca da Rimini)",这恐怕不但涉及了罗塞蒂,还涉及了简·斯波兰萨·王尔德。对合成色的偏爱把别人一网打尽(因为格罗夫纳画廊的深红色墙壁如今被涂成了葱绿色),不过,王尔德也同样属于这个群体。《佩辛丝》让人觉得唯美主义运动只具有单一的特性,但正是由于王尔德的夸大其词,它才可能这么做。马克斯·比尔博姆说《佩辛丝》延长了唯美主义运动的寿命,他可能是对的。然而,它只不过是针对王尔德之刺戳的一种招架。

乔治·杜莫里哀在《潘趣》上发表了一系列讽刺画,吉尔伯特的剧本得益于此。作为艺术专业的学生,杜莫里哀曾经和惠斯勒一起生活在巴黎。老友跟王尔德在一起的情形也许激发他在 1881 年初构思了两个唯美主义的典型,一个是诗人莫德尔(Maudle),另一个是画家杰拉比·波斯尔思韦特(Jellaby Postlethwaite)。这些讽刺画每周出现在杂志上,从未提到惠斯勒,却不断指向王尔德。因为前者太有名望了,不适合随便拿来做目标。这些画作大大取笑了王尔德那飘拂的头发、他的百合、他的回旋诗和其他法国文体、格罗夫纳画廊、蓝瓷器,还有以《印象》为题的诗歌。他的名字变成了奥斯克罗·王尔德谷斯、德拉维特·迈尔德、大眼诗人、"乔纳森兄弟"式的王尔德、奥西恩·王尔德尼斯。至少有一次,莫德尔的脸庞明显模仿了王尔德的面貌。虽说这种打趣根本谈不上始终是机智的,但它至少是令人愉快的。王尔德很清楚,跟《潘趣》发生争执的话,就会产生有用的宣传效应。他故意总是和蔼可亲地对待杜莫里哀。有一次,在观看惠斯勒作品的展览时,两人正站在一起交谈,这位画家走过来,问,"你们中的哪一个发现了另一个?"杜莫里哀本想回答,"我们一起创造了你,"然而,惠斯勒说完转身就走了。不过,在小说《特里比》的初稿中,他确实用上了这个巧妙的答复。[76]但是在伯恩-琼斯看来,杜莫里哀和王尔德的价值根本就不能相提并论。当杜莫里哀的朋友汉密尔顿·阿伊代把杜莫里哀的讽刺画吹得天花乱坠时,伯恩-琼斯大声说,"你想怎么说就怎么说吧,可是,王尔德一根小手指拥有的才智,就已超过了杜莫里哀整个可悲的小身体!"

王尔德的才智其实比《佩辛丝》的剧作者还要更胜一筹;他们在干草市场剧院的晚宴上相遇了,凭借出色的口才,王尔德控制了餐桌交谈近半个小时。吉尔伯特总算抓住了一个机会,说,"我真希望我能像你这么擅长交谈,"然后又自以为是地补充说,"我还是愿意闭上嘴,以此为美德吧!"王尔德反驳说,"哈,那就太自私了! 我愿意放弃说话的乐趣,但不能不允许别人享受倾听的乐趣。"[77]他在《不可儿戏》中干掉了吉尔伯特和沙利文,在这出戏中,舞台指示曾提到杰克和阿尔杰农,"他们吹着糟糕的流行调子,其曲调源自一出英国歌剧"。

因此,王尔德学会了一种行动和说话的方式,他完全明白它们有可能遭到嘲笑,而且也确实会遭到嘲笑。照收这种嘲笑也是他计划的一部分。坏名声是好名声的那位邪恶的孪生兄弟;王尔德准备追逐这一位,希望另一位也会对他青眼相加。

137

被神化的漂泊者

　　我们生活在这样一个时代，人们对待艺术的方式让人

觉得它本该就是一种自传形式。①

　　王尔德私人印刷的《薇拉》在市面上流通了七个月，那之后，他认为可以出版诗集了。到了此时，在他打算收进诗集的六十一首诗歌中，已经有三十首曾经发表在杂志上。他尤其希望能把自己的很多短诗和抒情长诗放在一起，起到互相平衡的作用，有一天，伦内尔·罗德偶然遇见王尔德，他面前搁着一本敞开的植物学书籍，正在为《伊底斯的副歌》挑选甜美的花朵，这是他三首最长的诗歌之一。[78]＊这首诗歌的开篇处繁华如锦，但是从植物学的角度来看，却有点不可信：

　　　　这英国的泰晤士河远比罗马更神圣，

　　　　　　那些蓝铃花就像一股骤然的海水

　　　　在林地间穿流，无边无际的

　　　　　　绣线菊和白色银莲花

　　　　点缀着它们的蓝色波浪……

绣线菊在六月开花，银莲菊在四月开花，而蓝铃花跟风铃草是不一样的，它不会

---

　　① 引自《道林·格雷的画像》。

　　＊ 王尔德很快就不再跟自然打交道了。他告诉玛戈特·阿斯奎斯（Margot Asquith），"我讨厌风景——它们是为劣等画家准备的，"他还补充说，"我们进屋去吧——布谷鸟的叫声让我觉得难受。"[79]

大片大片地盛开。

　　罗德在一家名叫戴维·博格（David Bogue）的小出版社出版了自己的第一部诗集，王尔德决心以此为例。1881 年 4 月，他写信给博格，表达了类似的愿望。5 月 17 日，双方签订了合同，王尔德负责承担出版的全部费用；博格相应地只能获得一小部分利润（略超过百分之十吧）。王尔德对装订提出了具体要求，他选择的装订材料是白色的羊皮纸，印刷在荷兰的手工纸张上。以莫里斯、罗塞蒂和斯温伯恩为例，他希望这部书拥有与众不同的封面和印刷排版。初版的发行量是七百五十部，不过，第一年里发行的诗集将会以三种"版本"的形式出现，每版二百五十部。一家名叫罗伯茨兄弟的公司在波士顿出版了三种美国"版本"，时间也是 1881 年。这本书籍在英格兰颇受欢迎，所以 1882 年又加印了两次，那之后，直到 1892 年，这部书才再次获得重印的机会。

　　根据最初的出版计划，王尔德曾打算在扉页上印一句警言，就在那个简明扼要的书名《诗集》和作者名之下：

　　　　我最初的诗歌是孩子的诗歌，接下来的诗歌是青少年的诗歌。[80]

这是自我放纵的借口，不过，二十六岁的他可谓是一个有点发育迟缓的青少年了。他最终还是明智地决定放弃这个警句，还有原本打算印在下一页上的济慈引言：

　　　　除了对永恒的神、美的法则和对伟人的追思之外，我对公众或其他
　　存在物毫无谦卑之心。

蔑视读者不会有什么好处，王尔德用一首题为《唉！》的十四行取代了济慈的引言，他把这首诗称作是诗集的序言。它虽然很花哨，却认真地想要对他本人做一番解释。叶芝曾打算把《安魂祈祷诗》收入一部诗选，王尔德告诉叶芝，《唉！》是

138

最能反映他的性格特征的诗歌。

唉!

就这样随着每一阵激情漂流,直到我的灵魂

变成一把带弦的诗琴,任各处的风来弹奏,

难道就是为此,我才放弃了

我那古老的智慧和严峻的自制吗?

我觉得,我的生活就像是被人两次书写的卷轴

在某个孩子气的假日里一挥而就

上面是吹奏管乐器的悠闲曲子,还有法国的古诗

它们只损害了整体的秘密。

的确,有那么一度,我本可以走在

阳光映照的山巅,从生活的不和谐音中

拨响一根清亮的音弦,传入神的耳中:

那一刻已不复存在了吗? 看! 用一根小棒

我只是轻触了浪漫的蜂蜜——

难道我就必须失去灵魂的遗产?

139　　　这首十四行反映了他在牛津体验过的心境,在 1877 年 3 月 3 日的信中,他曾抱怨说,他的"思想瞬息万变,他变得更加软弱,比任何时候都要更自欺"。但是成熟的标志之一,就在于寻找正当的理由,对那些自己不成熟时觉得心怀歉意的事情予以肯定。用法文表示慨叹跟用英文表示慨叹不是一回事,用诗意的语言描述随波逐流与随波逐流本身也不是一回事。

　　不用说,《唉!》是一首受牛津影响的诗歌。词语"漂流"和用一根小棒轻触蜂蜜的意象源自王尔德的金鉴——佩特的《文艺复兴史研究》。在作为最后一章的结论中,佩特认为,正如人们过去不知道肉体是由各种力量合成,而不是由

一组实物构成,因此心智也应该被认为是一种流动的过程,而不是固定和明确事物的结合。威廉·詹姆斯和亨利·柏格森很快就会把意识描述成一条河流或一股溪流;对于佩特而言,它还要更剧烈,是一个漩涡。它"只是向前飞奔的中央溪流,一种瞬息之瞥视、激情和思想行为的**漂流**"。漂流不是应受谴责的,而是不可避免的。为了以更辉煌的形式漂流,我们应该依靠"强烈的激情",从而"在一个给定的时间里获得尽可能多的悸动"。"其目的不是经验的果实,而是经验本身。"

《唉!》在结尾处的意象就跟开头处的意象一样,也是由佩特提供的,它源自《文艺复兴史研究》的倒数第二章,是一篇关于温克尔曼的文章,佩特在文中引用了约拿单对扫罗的恳求,"我只不过用手中小棒的一端蘸了点蜂蜜尝尝,瞧!我得为此而死。"对于佩特来说,这段话概括了"艺术生活,以及随之而来的不可避免的感官享受",它会跟基督教的禁欲精神及其对触觉的抵触形成对照。在把这种情绪转化进入自己的诗歌时,王尔德表现出了一种让佩特感到陌生的愧疚。王尔德承认有一种反作用力的存在,它会把他带向"威严的山巅"(后来被改成了"阳光映照的山巅");这是一种包含了古典和基督教成分的自我克制,是他的"灵魂的遗产"。正如王尔德在这首诗歌中的处境,在韵律和颓废之间,在苦行和放纵之间被撕扯,也有其艳丽之处。约拿单获救了,因此不管王尔德怎样唉声叹气,他也有获救的希望,因为虽然他一直是自我放纵的,但他在这种过程中始终心怀懊悔。

王尔德把这首诗放在书首,表明他承认自己的分裂,这种分裂贯穿了他的诗集,但偶尔也会达成和解。他愿意说这种属性是源自父母的,他的父亲是一位古文物研究者,母亲是一位自由论者,一位对往昔怀有激情,另一位对未来充满激情。然而,他也承认,"对于唯美主义的心灵来说",天主教比新教更有吸引力,虽然就他的情形而言,他对希腊人的兴趣屏蔽了前者的魅力。也许有人会认为他具有双重性格,不过他居然自称有三重性格:"我确信,"他对朱利安·霍桑太太说,"我分别有三个独特的灵魂。"[81] 因为,除了他的反驱动力之外,他还有第三种驱动力,用来思考前两种驱动力。书的扉页上印有一个纹章,是根据他的要

140

求设计的,其图案包括教皇的三重冕,下面是共济会的玫瑰,围绕两者的是一个蛋形的椭圆,椭圆的两边印着红字:"在此标志之下,汝将战无不胜。"三重冕和玫瑰援引了天主教和异教的两种天命,还有它们在共济会中有可能达成的和解。这是一种三重的争执,相比于他赞美过的十九世纪杰出诗人(从济慈到莫里斯)的争执,他知道这种争执还要更具有包容性,因为在《爱神的花园》中,他体会到了那种对异教的冲动,斯温伯恩在《普洛塞尔皮娜赞歌》中也曾体会到相同的冲动:

> 新的征兆在它的征服者面前变得模糊、灰暗。

但是在《爱神的花园》中,异教的胜利受制于王尔德的问题:

> 为什么我仍需注视
> 那位被弃基督的全无血色的苍白面孔?

同样,在《未拜访的罗马》中,教皇是"羊群们的和蔼牧人",可是在《人类赞歌》中,王尔德在梵蒂冈拜见过的庇护九世跟爱国者马志尼形成了鲜明对比,他被描述成"攫住生锈钥匙的老人","跟上帝和罪的记忆单独相处",而教会在《未拜访的罗马》中一度是"奇妙的殿堂",如今却变成了"血腥淫妇们的残忍母亲"。《伊底斯的副歌》挑战式地宣布:"这英国的泰晤士河远比罗马更神圣",还认为英国的罂粟胜过了意大利的教皇[①],而《意大利》悲叹着:

> 罗马那被亵渎的城镇
> 在为她那位天意选定的国王服丧!

---

① Poppy(罂粟)跟Pope(教皇)字形比较接近。

他大张旗鼓地背离了天主教,而他也曾经是这样靠近它的。

他在《唉!》中承认并遗憾自己放弃了古老的智慧,仿佛是要跟这首诗唱反调,《人类赞歌》认定他已经为了雅典娜而抛弃了维纳斯:

> 因为我是她的,她不爱任何人
> 她洁白无瑕的胸脯上留有蛇发女妖的印记。

同样怀着这种情绪,王尔德撰写了他最雄心勃勃的诗歌《查密迪斯》,他认为这是他最好的诗歌。佩特关于温克尔曼的文章宣称"希腊宗教也有印满吻痕的雕像",还说温克尔曼对"处理异教的大理石雕像……全无羞耻之心"。在王尔德的脑海中,这些话跟他从卢西恩那里看到的一个故事交织在了一起,那个故事提到一个拥抱阿芙罗狄蒂雕像的年轻人。他决定把女神的名字改成雅典娜,因为,作为处女,她会尤其感觉自己遭受了冒犯,并因此怀恨在心。查密迪斯是够色情的: ¹⁴¹

> 他走得更近,触摸了她的喉咙,用双手去亵渎
>
> 解开她的胸衣和橘黄色的长袍,
> 敞开光滑象牙色的胸脯,
> 直到外袍从腰间落下
> 雅典娜不会向任何爱人展示的
> 隐秘部位也呈现了在了眼前,
> 那高贵的胁腹,逐渐圆壮的大腿,微凸的雪山丛。
>
> · · ·
>
> 然后,他满怀饥渴的喜悦,用双唇
> 去吃她的双唇,用双臂猛然搂住
> 那高耸的脖颈,全然不想去控制自己的激情意志。

我从未料想情人会进行这样的幽会,

　整整一夜,他都在低诉那些甜蜜的话语,

不受打扰地,看着她那美好的、未受过冒犯的四肢,

　亲吻她那苍白的、银色的身体,

用手指抚弄那光滑的脖颈,把自己滚烫、跃动的

心脏紧贴在她寒冷如冰的胸脯上。

雅典娜采取了报复措施,她引诱了查密迪斯,让他自己落水淹死。他的尸体漂到了岸边,一位山林水泽仙女爱上了他,她徒劳地试图唤醒他,最终死于单恋,在这个场景中,王尔德有了描述男性之美的充分余地。阿芙罗狄蒂插了一手,她为两人做了安排,涤清了他们的渎神罪和恋尸癖,让他们在冥间过上了两情相悦的生活:

她尽情地亲吻他那积贮已久的美好之处

　她的处女膜就全等着他来摧毁。

查密迪斯的雕像之爱和山林水泽仙女的尸体之爱让这首诗歌显得有些淫荡。王尔德跟济慈一样喜欢美好的事物,跟斯温伯恩一样留恋痛苦,不过,这首诗之所以具有生命力,就在于它对精神性欲之越轨的形象化描述。

142　　跟戈蒂耶一样,王尔德在诗集中对常见和不常见的爱情形式都有描述。他的诗集从各种形态来看都是有悖常情的。他喜欢赫拉克勒斯的男侍许拉斯,起初,查密迪斯和许拉斯被混为一谈:

那个无信义的逃亡者

他如今跟一位水中仙女同床共枕

把赫拉克勒斯抛在了脑后。

在《爱神的花园》中也有许拉斯的身影。同时,自恋的那喀索斯出现的几率也不低。在《伊底斯的副歌》中,王尔德向我们呈现了安提诺乌斯和萨耳玛西斯(Salmacis)这两个人物,前者是哈德良的娈童,后者是一个两性人。在描绘无性别的事物时,他也会表现出一种对感官享受的沉湎,就像在《人类赞歌》中,王尔德提到华兹华斯过着"无可指摘的"生活,然而,他敢于"亲吻他所处世纪的遭重创的嘴唇!"他热心地告诉人们,这些诗歌都是根据他的经验撰写的:

> 那些从不了解情人之罪恶的人
> 就不要来阅读我的歌谣了。

> (《查密迪斯》)

跟《圣米尼阿托》一样,查密迪斯的人生也提到了那种令人痛苦的事情,即"我的罪和耻辱",不过,对他来说,它们成了"一种罪恶的灼热情感,一种辉煌的耻辱"。

继续翻下去,就到了最后一首长诗《人类赞歌》。这是一首冬日之诗,而《伊底斯的副歌》是一首春日之诗,《爱神的花园》是一首夏日之诗。跟所有的基督徒一样,年轻的异教徒其实是郁郁寡欢的;他渴望让精神和肉体保持一致,却发现这种融合是难以实现的。后来,在《社会主义制度下人的灵魂》中,王尔德将会谈到他此时的期待,即我们都有责任"过彼此的生活,而不是我们自己的生活/天啊"。我们被带到一个新的髑髅地,在那里,每个人都在展现整个基督教的寓言,王尔德将会以自身的经历来证实这一点。基督所做的只不过是预示所有人都会发现的事情,即每个人都既是受害者,也是压迫者:

> 刺戳的长矛和淌血的肋侧,
> 在泄密的嘴唇和遭到背叛的人生。

不过,正如我们再现了被钉十字架的过程,我们或许还会再现复活的过程。

> 否,否,我们只不过是被钉死在十字架上,虽然
>
> 　　带血的汗珠从我们的眉间落下,如雨水,
>
> 拔掉钉子之后——我知道,我们会回到地面,
>
> 　　止住流血的伤口——我们会再次复原,
>
> 我们不需要绑着牛膝草的棍子,
>
> 纯属人性的,也就具有神性,也就是神的。

143

在这里,主教的法冠和玫瑰结合在了一起。他们有着共同的受苦和罪,其意义是相同的,天主教和异教在此基础上混为一体,与此同时,他们获得了允诺,当对立的事物相互融合,生命最终也会达成和谐。如果说王尔德有什么信仰的话,这就是他的信仰。其价值就在于它让很多读者都接受不了。不过,他谈论融合时是心怀犹疑的,数月之后,他怀着这种心情说:“我的下一部书籍也许跟第一部书籍正好相互矛盾。”[82]自相矛盾就是他信奉的正教。

称颂和指责

> 批评家的主要目标就是,照事物原本不存在的面貌去
> 看待它。①

跟出版《薇拉》时一样,王尔德在作家和朋友之间到处征求人们对新书的肯定意见。莉莉·兰特里当然是得到了一本,上面题着:“给昔日特洛伊,今日伦

————————

① 引自《作为艺术家的评论家》。

敦的海伦。"罗伯特·勃朗宁、马修·阿诺德、斯温伯恩和约翰·阿丁顿·西蒙兹都收到了诗集。王尔德写给阿诺德的信件被部分保存了下来,信中,他一边恭维收信人,一边谦逊地提到自己的成就:

[1881 年 6 月－7 月]　　　　　　　　　　　　济慈屋,泰特街

　　亲爱的阿诺德先生,您愿意收下我的一部诗集吗?……我们所有的牛津学生一直都喜爱您出色的作品,为之惊叹不已……因为,直到现在(恐怕已经有点太迟),我才发现一切艺术都需要以孤独为伴,直到现在,我才真正明白这种伟大艺术的艰难,虽然这种艰难也是光彩夺目的,而在这一行业里,您却是一位杰出的、地位至高无上的大师。不过,尽管价值有限,还是让我向你呈上这本诗集吧,请相信我对您的深情称颂。

　　　　　　　　　　　　　　　　　　　　　奥斯卡·王尔德谨启

阿诺德在回信中并没有打击王尔德的积极性,虽然这封信的风格是四平八稳的:

[1881 年]7 月 9 日　　　　　　　　佩恩斯黑尔别墅,科伯姆,萨里

　　亲爱的王尔德先生,昨天晚上,正准备离开雅典娜神殿俱乐部时,我收到了你的诗集和短笺。我只是刚翻阅了一下,不过,我觉得这些诗歌确实把握住了韵律,要想写出好诗,这是最基本的要素;事实上,就写诗而言,作为一切努力的根本,这种把握并不是虚假和徒劳无益的。当我有了空暇——我们都太缺乏空暇了——的时候,我会仔细阅读这本诗集。我看到你已经发现了拜伦极力强调的力量——一个人要想写出最好的作品,就必须摆脱伦敦的生活。

　　对我和我所做过的事情,你的短笺给予了非常友善的——简直太友善的——评价。我对公众谈不上怎么感激;不过,我的诗歌和散文同

144

行对我既友善又重视，任何人都会感到满意的。

马修·阿诺德谨启

阿诺德本人也在诗歌中描述过在两个世界之间徘徊的情形，"一个是死的，另一个缺乏生的力量"，他会对这个在天主教和唯美主义之间摇摆的青年怀有同情心，这个青年对两者都不能做到全心全意，他渴望找到一条中间路线，这条中间路线要能同时满足他对另外两个方向的偏好。根据斯温伯恩的说法，他还没有读完这部诗集，就被其中的一首《剪影》(Les Silhouettes)感动了。《雅典娜神殿》、《周六评论》和《旁观者》的评论家却没有表现出这种好感。《潘趣》说这本诗集是"兑了水的斯温伯恩"。按照他们的指责，王尔德简直是无恶不作，他不但剽窃他人，而且既不真诚又下流，对于一个人的处女作来说，这是很激烈的指控了。

而他们的证据却不是那么具有说服力。的确，王尔德还需要确立自己的个人风格，他最终会在散文而不是诗歌方面实现这一点。剽窃是常见之事，每个英国诗人都以类似于引用的形式向他们的前辈致以敬意，按照勒加利纳的说法，这只是"偷小偷的东西"而已。之所以说他不真诚，是因为他呈现的是令人烦忧的犹疑状态，而不是讨人喜欢的轻松的肯定性。他的下流是他故意采取的冒险策略，藉此，他尽可能坦率地描述了自己的感官欲望。他属于"肉欲诗派"(the fleshly school of poetry)，他也承认这一点。他的下流并不算很过火，《潘趣》暗示了这一点：

这位诗人叫王尔德，

但是他的诗歌是温驯的。①[83]

---

① Wilde 这个名字有狂野的意思。

面对敌意，王尔德从朋友那里获得了一些支持。罗德认为这部书"文笔十分出色"。王尔德请奥斯卡·勃朗宁为它写评论，勃朗宁遵从了，他在《学园》上发表了一篇评论，为此付出了一定的代价。勃朗宁的文章有一个令人愉快的结尾，他说，"英格兰又多了一位新诗人"，不过，在得出这个结论之际，他还提出了对以下事物的反对意见："一种共鸣情感的无规则悸动，它永不感到疲乏。罗马天主教仪式、严峻的清教徒精神、炎热的希腊海岛、凉爽的英国小径和溪流、异教信仰、基督教信仰、专制和共和主义、华兹华斯、弥尔顿和斯温伯恩先生，他轮流对这一切事物热情地表示崇拜。"[84]对于王尔德来说，这本书的创新意义正在于此，正在于他对各种对立事物的包容态度。约翰·阿丁顿·西蒙兹为这部诗集给王尔德写了一封信，他就一些文化紊乱的情形也提出了反对意见，不过，总的来说，西蒙兹称赞了王尔德的真挚，虽然别人并没有发现这一点。他的信件如今只留下一份草稿：

亲爱的王尔德先生——如果时间长了，人们就会互相遗忘，你忘了我也是完全可以原谅的……我们上次通信到现在已经有好几年时间了。这些年我一直在生病，隐居在这片山里，做些研究工作。你利用时间的方式跟我不一样，你在更广阔的舞台上扮演着更出色的角色……我希望你不但享受了青春的愉悦，至少也同样获得了可靠的心灵上的满足（她对时间、地点和机遇几乎毫不关心），就像我自己的心灵一样。我之所以现在提笔写信，是因为我已经读完了你的诗集。如果它们没有让我觉得很感兴趣，引起我的共鸣的话，我是不会写信跟你谈这事的。从中我感受到了诗人的天赋；它们的变化是显而易见的。在我看来……那些据我判断写作时间最靠后的诗歌是最深刻、最真挚的，也最能够摆脱绚烂的青春期的那种奔放。如果我没有搞错的话，这些诗歌的直接和深切的表达方式走对了路子，展现了诗人的特质。关于诗集中的那些较早期的诗歌——旅行印象和牛津之作——我觉得它们代表的那个阶段早已被你超越。就其本身而言，在它们那种轻快的漫不经心、那种济慈式的对美的全身心投入，以及后期个人经历的强度之间，存在一种有点令人苦恼的对比，对于纯粹的想象力发挥而言，它是如此具有杀伤力，对现实是如此紧抓不放。还有，虽然对哪怕最确定的主题，诗人也有权利发表不同的意见，但你混淆了对梵蒂冈囚徒和对斯温伯恩的马志尼的崇拜，你不觉得这种混淆有点太显著了吗？你看，你这本诗集让一个已经看厌了书籍的人重又燃起了火焰。有几本新诗集能做到这一点！太阳都已经升得老高了！这些是我真正想说的话，正是为此，我才写了这封信。不久前，你来征求我的意见，因此，作为一个上了年纪，体会到紧迫感的人，或许我也有权现在来问你，你打算接下来怎样利用你的天赋？孩子，如果你有足够的人生，回答我这个问题，我将会怀着同情心倾听，满怀热情地等待你开口。在我看来，《人类赞歌》似乎是诗人早期风格和晚期风格之间的过渡阶段，其中有一些东西，一些格调，如果得到适宜的发展，也许会成为我们时代的号角。[85]

西蒙兹的赞扬方式是认真地对待他，把他称作"孩子"。

就《诗集》而言，事情变得清楚起来，王尔德指望别人会宽容地对待他，然而这种机会是微乎其微的，甚至根本没可能。伦内尔·罗德的警告是很有理由的。1881 年的诗歌界并没有辉煌到这个地步，乃至这些诗歌就该受到如此多的斥责，但是显而易见，批评家们暗中做好了准备，要伺机攻击王尔德，只有真正的独创性才能够让他们闭嘴。最令人难堪的回应来自牛津学联。它的秘书写信给王尔德，希望他能向学联的图书室捐赠一本诗集，王尔德题写了一本：

给牛津学联图书室
我的第一部诗集

奥斯卡·王尔德

81 年 10 月 27 日

当获得赠书的消息被公布之后，奥利弗·埃尔顿——后来成为一位英国文学史学家——站出来进行公开谴责。在亨利·纽博尔特的协助下，他编辑了一份所谓的抄袭其他诗人的列表。根据纽博尔特回忆，他的演讲一开始就吸引了大家的注意力，最后赢得一片交织着喝彩和喝倒彩的声音。

> 并不是说这些诗歌内容空洞——虽然它们是空洞的；并不是说它们有违道德——虽然它们是有违道德的；并不是说它们有这个或那个毛病——虽然所有这些毛病它们都具有；问题就在于，它们的大部分内容根本不是这个所谓的作者撰写的，而是由若干更著名的、更应当被视为作者的人撰写的。它们实际上是由威廉·莎士比亚、菲利普·西德尼、约翰·多恩、拜伦勋爵、威廉·莫里斯、阿尔杰农·斯温伯恩，以及另外六十个人撰写的，我现在手中拿着的这张纸上的段落就是从他们作品中摘抄来的。牛津学联已经拥有所有这些诗人的更好也更全面的著作；我们获赠的这本书是他们写的，不是王尔德先生写的；我提议拒绝接受这部书籍。[86]

会议记录具有一种斯威夫特小说式的荒谬。大家进行了激烈的论战，六个人反对受赠，包括图书管理员在内的四个人支持受赠。在分组表决中，一百二十八票赞成，一百八十八票反对，但图书管理员要求全体成员进行表决。下一周，主席宣布，一百八十人投了赞成票，一百八十八人投了反对票。于是，王尔德的朋友乔治·柯曾插了一手，"他以轻蔑的口吻，"王尔德后来回忆道，"说了一些尖刻的话……关于俱乐部不得不归还王尔德先生的诗集，这真是一种不幸的情形，因为是图书馆委员会自己请求别人送上这份礼物的。"俱乐部秘书没有其他选择，只好把书籍还给王尔德，并表示了歉意，王尔德冷静但尖刻地回复说：

147

查尔斯街9号

格罗夫纳广场

亲爱的先生：请让学联委员会放心，虽然遗憾的是，他们没有先了解一下成员们对我的作品的感受，我完全不认为他们是有意想要冒犯我，我很愿意接受如此真诚的道歉。

事实上，我主要遗憾的是，在牛津，竟然还有这么多年轻人愿意以自己的无知为标识，自己的武断为准绳来衡量富有想象力的美好作品。替牛津学联的名声和地位着想，我还想要表达一个愿望，但愿其他英国诗人或作家再也别体会到这种感受（我肯定你我都体会到了），这种粗陋的无礼待遇，这部书原本是你们正式请我捐赠的，如今却又正式拒绝了它。

能否把诗集寄到我的私人地址？请相信我的真挚

奥斯卡·王尔德[87]

这个事件直到一年后才完全告终，在那一年的10月18日，图书管理员提议要为休息室购买一本王尔德的《诗集》，但这个提议被否决了。然而，此事还有进一步的反响。1881年11月17日的《牛津暨剑桥本科学刊》显示，反对这本书的情绪在一定程度上是针对王尔德个人的，据推测，下文中讨论的那个过着"罪恶的生活"的人指的就是他：

一些本科生没有被大学生活的丰富多彩和刺激搞得眼花缭乱，这是件好事。很多人似乎忘了，一段美好或荒废的大学生活会给后来的人生带来多么巨大的影响。如果来到这所大学，最终却被"勒令退学"，并在余生里羞于承认自己跟这所大学的关系，那还不如不要来这里。如果一个人在大学里过着罪恶的生活，即便在当时，此人并没有因为自己的行径而遭到报应，但他的同学们也早已把他的癖性记在了脑

海里,那之后,他们随时可以提醒这个人,让他想起自己的过去。我们
希望大家记住这一点,作为这所古老大学的成员,请表现出更多的团体
精神,不要让自己做出什么名誉扫地的事情来。

就是出于这种院校精神,最终才会导致对王尔德的审判。

王尔德写给牛津学联的信件中提到的个人住址是查尔斯街 9 号,这也反映
了他命运的变化,它是出版《诗集》的一个直接后果。弗兰克·迈尔斯的父亲是
神职人员,他过去就讥笑王尔德,认为他是难以理解的;如今,他对王尔德有了令
人不快的了解。他写信给儿子,谈到了这些诗歌中的邪恶倾向;接着,他断定弗
兰克·迈尔斯并没有把他的两封信拿给王尔德看,于是在 8 月 21 日直接写信给
王尔德,说他妻子觉得有一首诗歌既令人不堪,而且还有危害性,所以把它裁掉
了。虽然里面有好几首诗歌都可能是她的目标,但据推测,《查密迪斯》才是冒
犯她的那首诗,那里面有骇人的性交情节,还有心照不宣的旁白。从《被揭示的
真相》(Revealed Truth)出发,王尔德的诗歌倾向就是反基督教的了。跟雕像进
行交媾,哪怕是出于想象,没有得到回应的,也属于出格的行为。在《厌世》中亲
吻"罪恶的嘴"同样是出格的。"至于道德,我禁不住想说,弗兰克应该是清楚
的——我相信,他经常跟你进行争论。我们首先考虑的肯定是他,他的好名声和
他的职业。如果我很遗憾地建议你们分开一段时间,并不是说,我们不相信你的
品质跟你在诗歌中表现出来的其实非常不同,而是因为你不像我们这样了解已
发表诗歌的危险性,它会让所有的读者自言自语,'这已经超出了诗歌的范畴',
'这简直是放荡的,任何人读了它都会深受其害。'"[88]

迈尔斯牧师丝毫没有想到,自己儿子的阴暗癖性比那位室友在诗歌中表现
出来的淫荡还要更严重。不经意中,王尔德跟罗伯特·谢拉德提到过前不久发
生在济慈屋的事情。迈尔斯当时"正在跟一个年轻女孩鬼混",三个带着逮捕证
的警察来了,他们猛敲前门。"以法律的名义,开门!"他们叫嚷着。王尔德没有
吭声,直到迈尔斯安全地爬过了屋顶。然后,他才打开门,向愤怒的警官们解释

148

说,迈尔斯去了欧洲大陆,他以为是朋友假扮成警察在跟他开玩笑。他那和蔼的自信态度说服了伦敦的警察,就像当年它也曾说服过牛津的学监,他们受了蒙蔽,心情平和地离开了。[89]

迈尔斯牧师在写信给王尔德之后,又写了一封给他的儿子,责令他跟朋友分开。弗兰克·迈尔斯把父亲的话告诉了王尔德。迈尔斯有一个名叫萨莉·希格斯的模特,她是鱼贩的女儿,当时正好在场,她描述了王尔德的愤怒。他要求迈尔斯告诉他,是否他会以道德的名义遵从他父亲的指令。迈尔斯在经济上还要依赖父亲,他很苦恼地说自己别无选择。"那么,很好,"王尔德说,"那我就离开你。我现在就走,我这辈子再也不会跟你说一句话。"(王尔德让笔下的道林·格雷威胁巴兹尔·霍尔沃德说,"我发誓,我这辈子再也不会跟你说一句话。")他冲上楼去,把衣服抛进一个大箱子,还没有等到别人来帮忙,他就从扶栏上把它翻了过去。箱子砸在一个贵重的古董桌子上,把它砸成了碎片。他冲出屋子,砰然关上门,招来一辆出租马车,走了。[90]

149   迈尔斯的结局是不幸的。他的父亲去世了,他开始崩溃。他写给乔治·鲍顿太太(艺术家的妻子)的一封晚期信件几乎是难以辨认的涂画:"告诉乔治,我早已经放弃了他的主张,还有奥斯卡的——吉米[·惠斯勒]的——就是为了艺术而艺术,如果这是好事,[如果某种]不幸的事故发生了,它伤害了什么人,为什么这会是艺术家的错。"[91]就这样,仍然崇尚美德的迈尔斯跟王尔德分道扬镳了。1887年,人们不得不把他送到靠近布里斯托尔的伯灵顿救济院,四年后,他死在那里。

王尔德曾经因为回归新教而激怒了亨特·布莱尔,但是新教牧师却被他气得更厉害。他的诗歌不仅仅是为了取悦读者,他开始经历一种他曾经替济慈设想过的受难过程。他很清楚自己的主张会让英国人感到不安,这些人褊狭地坚持他们的因循、虔诚和保守,而作为爱尔兰人的他却不管这一套。他没打算改变自己。应该做出改变的是他们。

注释

［1］ *Letters*, 54, 74.

［2］ ［Mrs］H. M. Swanwick（Helena Sickert）, *I Have Been Young*（1935）, 64-5.

［3］ Gower, *My Reminiscences*, II：320.

［4］ *Letters*, 720.

［5］ Farnell, *An Oxonian Looks Back*, 70-1.

［6］ Letter to A. H. Sayce, 28 May 1879（Bodleian）.

［7］ 根据《纽约电讯报》（New York *Telegram*）1882 年 1 月 13 日对王尔德的报道。本森不认为王尔德做过这些事情。

［8］ *Letters*, 59.

［9］ *Athenaeum*, 4 Sept 1880, 301-2；the section of the review identified as by Wilde（see ch. IV, no. 26）runs from 'Mr Jebb's article' to 'Athens.' E. R. Dodds's comment is from a letter to me.

［10］ *Letters*, 63.

［11］ Ibid. , 61.

［12］ Robert Sherard, *Twenty Years in Paris*（1905）, 347.

［13］ Louise Jopling, *Twenty Years of My Life, 1867 to 1887*（1925）, 79；F. Benson, *My Memoirs*, 138；Mrs Julian Hawthorne in *Harper's Bazaar*, 18 June 1881.

［14］ *Letters*, 475.

［15］ Elizabeth Robins, *Both Sides of the Curtain*（1940）, 9.

［16］ *Letters*, 62；Mrs Claude Beddington, *All That I Have Met*（1929）, 34.

［17］ Beddington, 34-5；cf. Laura Troubridge, *Life Among the Troubridges*, ed. Jacqueline Hope-Nicholson（1966）, 152.

［18］ Shane Leslie, *J. E. C. Bodley*（1930）, 26.

［19］ Edwin A. Ward, *Recollections of a Savage*（1923）, 111.

［20］ Lady Randolph Churchill, *Reminiscences*（1908）, 105.

［21］ 'Mrs Langtry as Hester Grazebrook,' New York *World*, 7 Nov 1882.

［22］ Noel B. Gerson, *Lillie Langtry*（1971）, 54；Wilde reported in Halifax *Morning Herald*, 10 Oct 1882.

［23］ Bodley journal（Bodleian）.

［24］ Lillie Langtry, *The Days I Knew*（1925）, 86-7.

［25］ Gower, *My Reminiscences*, II：153.

［26］ ［Raymond and］Ricketts, 29.

［27］ Raffalovich in *Blackfriars*（1927）.

［28］ O'Sullivan, 175-6, and see *Some Letters of Vincent O'Sullivan to A. J. A. Symons*（Edinburgh, 1975）.

［29］ Langtry, 97.

［30］Ibid., 97.

［31］*Letters*, 66n.

［32］[Walford] Graham Robertson, *Time Was* (1931), 70.

［33］Langtry, 96.

［34］Ibid., 143.

［35］Heinrich Felberman, *The Memoirs of a Cosmopolitan* (1932), 125.

［36］Atkinson, 562.

［37］'Should Geniuses Meet?,' *Court and Society Review* IV (4 May 1887): 413-4.

［38］From 'Copies of 100 Letters to O. W. ,' in my possession.

［39］Jopling, 78.

［40］Ada Leverson, 'The Last First Night,' *New Criterion*, Jan 1926, 148-53.

［41］W. W. Ward, in V. Holland, *Son of O. W.* , 220.

［42］Violet Hunt, *The Flurried Years* (1926), 13.

［43］Sherard, *O. W. : Story of an Unhappy Friendship*, 13.

［44］'Literary and Other Notes,' *Woman's World*, Jan 1888.

［45］Langtry, 123.

［46］[Raymond and] Ricketts, 16.

［47］[James] Rennell Rodd, *Social and Diplomatic Memories*, *1884–1893* (1922), 22-5.

［48］V. Hunt, *The Flurried Years*, 13; Walter Sichel, *The Sands of Time* (1923), 125.

［49］Mason, 281.

［50］*Letters*, 148.

［51］*The Artist as Critic*, 308.

［52］Denys Sutton, *Walter Sickert* (1976), 30.

［53］Mason, 254.

［54］Mme de Steiger, 'Oscar Wilde and His Mother,' *T. P. 's Weekly*, 25 Apr 1913.

［55］*Letters*, 227-8n.

［56］Wyndham, 107.

［57］Max Beerbohm, *Letters to Reggie Turner*, ed. Rupert Hart-Davis (1964), 63; Cecil, 85.

［58］Lady Augusta Fane, *Chit Chat* (1926), 103.

［59］E. Smyth, *Impressions That Remained*, 1: 115.

［60］*Jimmy Glover, His Book*, 15-6.

［61］Mrs Julian Hawthorne in *Harper's Bazaar*.

［62］*More Letters*, 33-4.

［63］W. Schrickx, 'Oscar Wilde in Belgium,' *Revue des langues vivantes* (Brussels)

XXXVII (1971), nos. 2/3：117-256.

[64] Wilde's 'Envoi' to Rennell Rodd, *Rose Leaf and Apple Leaf* (Phila. , 1882), and Rodd's poem 'Une heure viendra qui tout paiera,' p. 65.

[65] Rodd, *Social and Diplomatic Memories*, 24.

[66] *Letters*, 73; 'Envoi' to Rodd, *Rose Leaf and Apple Leaf.*

[67] Sherard, *The Real O. W.* , 286.

[68] Review in *Saunders's Irish Daily News*, 5 May 1879.

[69] W. Rothenstein, 114; E. R. and J. Pennell, *The Whistler Journal* (Phila., 1921), 34.

[70] Ellen Terry, *Memoirs*, ed. Edith Craig and Christopher St. John (1933), 231.

[71] Whistler, two undated letters to Wilde in 'Copies of 100 Letters to O. W. ,' in my possession; 'Oscar Wilde MSS,' *Pall Mall Gazette*, 5 July 1911.

[72] Sladen, 65.

[73] Pearson, *Life of O. W.* , 97.

[74] Lewis and Smith, 46.

[75] New York *World*, 8 Jan 1882.

[76] E. R. and J. Pennell, *The Life of James McNeill Whistler* (1911), 724; Léonée Ormond, *George du Maurier* (1969), 468-9.

[77] Hesketh Pearson, *Gilbert, His Life and Strife* (1957), 110.

[78] Rodd, *Social and Diplomatic Memories*, 22.

[79] Margot Asquith, *More Memories* (1933), 120.

[80] Mason, 285.

[81] Mrs Julian Hawthorne in *Harper's Bazaar.*

[82] 他在访美之旅中这样说过。

[83] Richard Le Gallienne, 'Mr Wilde's Whim,' *Daily Chronicle*, 23 May 1892; *Punch*, 23 July and 12 Nov 1881.

[84] Rodd's view, expressed in a letter of the time, is somewhat modified in his *Social and Diplomatic Memories*, 22. Oscar Browning's review is in *Academy* XX (30 July 1881)：103-4.

[85] J. A. Symonds, draft of a letter to Wilde [1881], sold by a bookseller.

[86] Henry Newbolt, *My World As in My Time* (1932), 96-7.

[87] *More Letters*, 37, 102-3.

[88] Letter at Clark.

[89] Sherard, *The Real O. W.* , 110-1; also a MS. (Hyde).

[90] *Frank Harris: His Life and Adventures* (1947), 303; E. A. Ward, *Recollections of a Savage*, 110-1.

[91] Frank Miles, letter to Mrs Boughton [1886], (Clark).

第六章　才华初露

我过去的整个人生只不过是一个学生的
梦想。今天,我的人生开始了。

如今,我们真的跟美国在各个方面都是
一模一样,当然,除了语言之外。①

新前景

150　　王尔德离开弗兰克·迈尔斯的房子时怒气冲冲,不过,他很快就冷静了下
来,开始寻找新的寄宿房。他在泰特街度过了一年多的愉快时光,当时,他俩是
分摊租金的,他自己一个人无法负担那样的房子。起初,他跟母亲一起住在奥温
顿广场1号,然后,他搬去了格罗夫纳广场边的查尔斯街9号(如今的卡洛斯大
街),他在那里的三楼租下了两个带家具的房间。这两个房间镶嵌着橡木壁板,
还有环绕着黑框的雕版画。一个退休的仆役长和他的妻子管理着这幢房子,如
果需要的话,还可以提供餐饮。主要的不便之处是,他没法带上自己珍视的大多

---

① 第一段引自《帕多瓦公爵夫人》;第二段引自《坎特维尔幽灵》。

数小古玩和家具。其中一些可能被暂时留在迈尔斯那里,因为突然离去之后,他至少还使用过一次泰特街的旧址;迈尔斯不得不赶走王尔德,心里也不受用,或许因此会在一些小地方帮他一把。

跟迈尔斯的不合倒没有产生其他影响,当然,这件事证实了一点,即朋友可能会出卖你。英国盛行伪善的作风,在这里得到了充分的表现,一个猥亵儿童的人居然以高标准的道德规范来责求他。王尔德越发相信自己是个**离经叛道的诗人**,这种人会遭遇的危险,他也都会遭遇。不过,他也继续爱惜着自己那颇为不同的角色,即作为世界主义者的角色,为此,他要求跟一个有闲、有钱的阶级为伍,并受到他们的纵容,就像对他那样,对这个阶级来说,语言是一种行动的形式,而且是一种不容忽视的形式。

要想维持这第二种地位,他需要的不是弗兰克·迈尔斯,而是金钱,可他比任何时候都更缺钱。他那份微薄的遗产如今已日渐减少。从他的地产记录可以看出他的窘境:1881 年 1 月,他抵押了位于菲湖的狩猎小屋劳恩罗,那可是他珍爱的房子;1882 年 10 月 25 日,他把另一块都柏林地产卖给了姓马图林的亲戚。写诗是无利可图的,他挣钱的主要希望是伯纳德·比尔太太将会出演《薇拉》。威利·王尔德如今在写戏剧批评,他警告弟弟说,比尔太太不可能演好薇拉这个角色,但奥斯卡很想让她试一试。这出戏的上演将会堵住莫杰斯卡太太和别人的嘴巴,他们曾指责说他什么都没做过。这出戏将会为他的生活方式作公开的辩护。

他受到了足够的鼓励,乃至打算再写一部戏剧。早在 1880 年,他就已经在《传记》上宣布,他要写一部五幕的无韵体悲剧。这个剧本起初被命名为《佛罗伦萨公爵夫人》,最后改换了地点,变成了《帕多瓦公爵夫人》。王尔德习惯了左右摇摆,他设计的这出戏是推崇贵族统治的,正如《薇拉》是赞成共和主义的。可以说,它属于韦伯的詹姆士一世传统,正如《薇拉》遵循的是萨杜的夸张现实主义传统。新剧本也包括了一次暗杀,不过这一次不是要暗杀"全体俄国人的世上之父",而是要暗杀一个背信弃义的叔叔(就像《理查三

151

世》、《哈姆雷特》和《同性相斥的女人》〔*Women Beware Women*〕中的情节）。虽然王尔德早就想到了这个主题,但直到 1882 年末,他才开始撰写这个剧本的情节梗概,一直写到第二年。他的朋友福布斯-罗伯逊敦促他撰写更多的剧本,他断定王尔德能在破纪录的时间里写出半打剧本,这对他简直再容易不过了;然而,王尔德没那么容易振作起来,写了最初的两个剧本之后,直到九十年代,他没有再涉足戏剧写作。

正当他不耐烦地等待比尔太太开始排练这出戏的时候,另一方面的人出人意料地来联系他了。他收到了一份发给他的电报,看样子很了解他的情形,这份电报发到了他母亲的住宅,原来,纽约的剧院老板理查德·多伊利·卡特是发电报的人。从 1881 年 9 月起,卡特就在纽约上演《佩辛丝》,其轰动程度不亚于它在伦敦上演时的情形。他还有另一项事业,就是组织巡回演讲,照王尔德的说法,他可能是接受了萨拉·伯恩哈特的建议,打算让美国人看看这位唯美主义旗手的风采,倾听一下他的演讲。卡特希望《佩辛丝》能推动王尔德的演讲,反之,王尔德的演讲也能进一步扩大《佩辛丝》的影响。

他尤其希望引进一位据说是伯恩桑原型的人,因为美国人对这种人几乎没什么直接知识,他们也不习惯跟杜莫里哀一样嘲讽这种人。当然,美国拥有对金钱和权力感到不满的亚文化,但是,他们的这种文化缺少单独的、有名望的倡导者。只穿衬衫的惠特曼、蓄胡子的朗费罗、神情紧张的爱默生都几乎不可能被认为是吉尔伯特的原型。美国只汲取了唯美主义的皮毛,即从肩部下垂的衣褶流畅的女式长袍、安妮女王时代的家具、莫里斯的壁纸,以及日本的屏风——他们才刚刚开始了解这一切。王尔德也许可以把这些线索贯穿到一起,让它们具备整体的力度。

最初的主意是让王尔德上台朗诵,就像狄更斯那样。来自卡特办公室的电报是这样写的:

可靠的经纪人委托我咨询你,是否愿意考虑他提出的朗诵五十次的条件,从 11 月 1 日起。保密。请回复。

王尔德没有花很长时间来思考这个问题。次日,即 10 月 1 日,他发出了回电,
"只要条件优厚即可。切尔西区,泰特街。"条件是优厚的:卡特将负担王尔德的
费用,所获净利两人平分。王尔德直到 12 月才答应下来。一位名叫 W. F. 莫尔斯
的退休陆军上校负责为卡特管理演讲业务,他跟王尔德就具体细节进行了通信。
事情逐渐变得清楚起来,这次巡回演讲不可能那么快就安排妥当,王尔德需要更多
的时间做准备。他想到了一些题目,然后,莫尔斯跟全国的演出经纪人就这些题目
进行磋商。从一开始,大家就有共识,王尔德将会以英国社交圈名流而不是作家的
形象出现。莫尔斯明确地表示,他和卡特并不赞成王尔德的教义,不过,他认为这
种思想很时髦,值得举办一次巡回演讲。在莫尔斯写给演出经纪人的信中,他把这
些话说得很明白,譬如以下这封信,收信人是一个可能对此感兴趣的费城人:

> R. 多伊利·卡特歌剧公司
>
> 百老汇 1267 号总部
>
> 纽约　1881 年 11 月 8 日

亲爱的先生:

　　我最近跟英国新诗人奥斯卡·王尔德先生通过信,谈的是在冬季
进行一次美国巡回演讲的事情。我起初之所以注意到他,是因为我们
在纽约为歌剧《佩辛丝》做准备的时候,经常听到有人引用他的名字,
认为他是唯美主义思想的源头,他还是一部新出版的诗集的作者,这部
诗集在伦敦社交界引起了强烈的反响。有人向我提建议,如果把王尔
德先生请到这个国家来,让他当众阐述自己的唯美观念,不但社交圈会
愿意听这个人讲话,以社交礼节接待他,而且普通大众也会有兴趣听他
讲话,听他对这种时髦疯病的最新形式进行一番真实、准确的定义和解
释……他跟我说,他已经准备了三篇演讲或文章,其中之一描述的是日

常生活中的"美",另一篇阐述的是莎士比亚使用过的诗歌手法,第三
篇是一首抒情诗……那么,如果他来的话,我想安排他在你的城市进行
一次公开朗诵或演讲。我们首先会在纽约宣布他的到来,然后大作广
告,逐步营造气氛(他可能会在纽约本地演讲三到四次),那之后,他想
要拜访这个国家的其他地区。就你管辖的那些娱乐场所而言,你能为
他安排一个地方吗?需要用一两个晚上,价格适中,或者我们可以合伙
进行这次投机……

R. 多伊利·卡特谨启

由 W. F. 莫尔斯代笔[1]

根据莫尔斯所获的答复,王尔德的保留节目随即被缩小了范围。人们不想
听抒情诗。《查密迪斯》是他最喜欢的诗歌,或许就是他想要朗诵的那首,但即
便是《查密迪斯》,也不能跟十五年前狄更斯在美国朗诵小内尔之死相提并论。
另一个关于莎士比亚的演讲也不会让殖民地的人感到心情振奋。真相已经大
白,美国想要的是"美"。12 月,王尔德接受了这个提议。他显然是提出了要求,
认为这次巡回演出应该从 1882 年初开始,这样他就可以留在伦敦观看《薇拉》
的开幕式了。

可是《薇拉》是没法上演了。最近发生的两次暗杀让全世界心惊胆寒,一次
是发生在 3 月 13 日的刺杀沙皇亚历山大二世事件,另一次是发生在 7 月的枪击
加菲尔德总统事件,后者在 9 月 19 日去世。王尔德或许本希望这些谋杀案会让
他的剧本变得受人关注,但这种希望落空了。人们突然兴起了一种保皇情绪,当
维多利亚女王在《上校》(讽刺唯美主义的作品)的御演中露面时,观众们一片欢
呼。(那之后,她接见了男演员埃德加·布鲁斯,即当时扮演上校的人。[2])演员
们都恳求不要让他们扮演共和主义的角色。《薇拉》的上演有可能会引起俄国
政府的关注,因为在 1881 年 12 月 26 日,《纽约时报》说,格兰维尔勋爵(当时的
外交大臣)已经获知了有关这个题材的消息。有一家报纸报道说,既然王尔德

如今属于"欧洲诸强"之列,他就不能冒犯一位王室的头脑。威尔士亲王本人或那些体贴其愿望的人也许会进行干涉,因为他的妻子就是新沙皇皇后的姐姐,几乎不可能指望他会对一次未遂的刺杀表示欣赏,哪怕是发生在舞台上的。似乎存在着某种来自官方的压力,因为 11 月底,《薇拉》的排演在即将开始之际(由王尔德的朋友戴恩·布西考尔特担任导演,比尔太太担任主角)被取消了。[3]它预示了王尔德后来在《莎乐美》上演时遭受的挫折,即便这种审查是非正式的,它也不会因此就不那么令人气愤。

这个打击对王尔德的美国之旅构成了一个新刺激,因为在一个共和国里,砍掉国王的脑袋几乎不会引起人们的大惊小怪。另一方面,加菲尔德被刺和吉托为此受审的内容将会在未来的好几个月里充斥着美国新闻界。王尔德没有感到气馁;在他离开之前,他宣布,除了把唯美主义那亲切却又令人深思的信息传达到美国之外,他还将设法安排《薇拉》的上演,并出版另一部诗集。他写给某个不知名的收信人的一封信件被保留了下来:

济慈屋

泰特街

切尔西,伦敦

亲爱的先生:

根据朋友戴恩·布西考尔特的建议,我希望能寄给您一个关于俄国的新的原创剧本。剧本所表达的热情基调是民主主义的——因此,无法想象在伦敦上演这个剧本。它还是一部悲剧,剧本的实质是人性的。有两个很好的男性角色——那种梅特涅老亲王式的政治家,警句迭出,肆无忌惮,另一个就是沙皇。

男主角是一个年轻的狂热分子,女主角就是剧本题目中的人,根据我的构思,她是一个激情澎湃的人,只要您了解萨拉·伯恩哈特,您就了解这种人。

如果您能接受这部剧本，我很愿意就上演的问题跟您进行通信。

你忠顺的仆人

奥斯卡·王尔德[4]

他为旅行做了精心的准备。首先是穿什么衣服。他设计了一身的装束，让他的裁缝照样裁制。C.刘易斯·海因德看到他从一家毛皮商店里走出来，身穿"饰有盘花纽扣的制作精美的绿色毛皮大衣"，头上戴着波兰帽子。下一周，《世界》杂志上刊登了一封惠斯勒的来信：

> 奥斯卡，——你竟敢如此！你在我的切尔西进行这种不合时宜的狂欢，到底是什么意思！
>
> 把那些东西还给内森，再也不要让我看到你在街上打扮成那个样子，二流的科苏斯和二流的曼塔利尼先生，你正好集他们的服饰于一身！*
>
> [蝴蝶式签名][5]

厚外套也许不适合英国的气候，但它适合美国的气候。至于演讲嘛，根据他在圣三一学院和牛津的经历，王尔德知道自己没有演说的天赋。他在美国也多次承认这一点。他要做的是营造一种迷人的氛围，而不是胁迫听众。他觉得自己不擅长矫揉造作的手势和着重的强调，但是他告诉教他发声术的朋友赫尔曼·维津，"我希望能以一种自然的方式演讲，只须表现一份感情就行了。""哦，"维津说，"你还没有学会那一手吗，奥斯卡？"[6]他擅长滔滔不绝的、流畅的演讲，这是他的独特才华，那些厌倦了夸张的演讲姿态的美国人，他们也许很愿

---

　　* 拉戈斯·科苏斯，匈牙利革命家，1851年至1859年间居住在英国，头戴波兰帽子；曼塔利尼先生(Mr Mantalini)，在狄更斯的小说《尼古拉斯·尼克贝》中，他是一位女帽商的丈夫，身穿一件华丽的晨袍。

意接受他的风格。

王尔德还没有准备好演讲，或许他还在等待之中，他要在做准备之前先估量一下那个国家的文化热度。从其他方面来讲，他是具有远见卓识的；他对同时代的英国艺术和文学了如指掌；他还认识大多数文艺界和政坛的名人，其中不但有勃朗宁、丁尼生、斯温伯恩、罗塞蒂、米莱、阿尔玛-坦德姆、伯恩-琼斯和惠斯勒，还有迪斯雷利和格拉德斯通。至于美国，他阅读过爱伦·坡、惠特曼、霍桑、霍姆斯、洛厄尔、豪厄尔斯、朗费罗和詹姆斯的作品，后来还会特意朗诵更多的本地人的作品（诸如凯布尔、福西特和赖安神父）。他决心去拜见那些名人，为此，他给许多朋友写了信，请他们帮忙撰写引荐信。譬如，其中有一封是写给詹姆斯·罗素·洛厄尔的，洛厄尔当时在担任驻扎伦敦的美国大使：

> 查尔斯街9号
>
> 格罗夫纳广场

亲爱的洛厄尔先生：

> 我将于周六乘坐"亚利桑那号"去美国，进行一系列关于英国现代艺术运动的演讲。我想就我们这点小小的交情请您写一些引荐信。我知道，对于所有的美国杰出人物和才智之士来说，您的名字简直就如同一张通行证。

> 奥斯卡·王尔德谨启

作为回应，洛厄尔在1881年12月21日给奥利弗·温德尔·霍姆斯写了一封信：

> 亲爱的霍姆斯医生——一位聪明的才子就像一个美好的天气，不应该需要别人来推荐，但是，如今陌生人已不再能够贸然走进来，以恳求者的身份坐在我们的炉边，向我们提出要求，所以我请你好好招待这

封信的持有人,奥斯卡·王尔德先生,你肯定已经阅读过关于他的报
道,而他本人比关于他的报道还要更出色。

J. R. 洛厄尔谨启[7]

1882 年 1 月,他在《大西洋月刊》上发表了一篇关于王尔德的诗歌的评论,文章
没有署名,但对王尔德的诗歌给予了相当的好评。

156　　　大西洋两岸的很多人都在留意王尔德即将到来的旅行。惠斯勒可能是听说
王尔德要去吹捧拉斐尔前派,他告诉王尔德,"如果你晕船了,就把伯恩-琼斯吐
出来吧。"[8]* 新闻界开始把这趟旅行描述成一件大事,要么对之蹙眉,要么对之
笑脸相迎,可以说,大家并不是一边倒地乐见其成。在英国,报纸对此的反应是
有分歧的:《帕尔摩报》在 12 月刊登了一系列反对唯美主义的信件,它们逐渐变
得不那么令人愉快。一个通信者毅然署名"提图斯·曼留斯"①,他可能是编辑
部的成员,他送来了一封题为《伯恩桑和邦克姆》的信件。除了毫无根据的诋毁
之外,信中还说,"面对这些故作歇斯底里的唯美主义者,也许这位伟大先知比
任何人都更偷乐不已,并心怀蔑视——顺便说一句,在他自己的故乡爱尔兰,他
可几乎算不上是先知,而在我们这个国家,他也几乎算不上是诗人。"12 月 28
日,一篇刊登在重要版面上的文章贬损并摒弃了王尔德的运动。

不过,王尔德也有英国新闻界的朋友,尤其是《真相》杂志的亨利·拉布谢
尔和《世界》杂志的埃德蒙·叶慈。他们肯定会为王尔德说好话,尤其是拉布谢
尔,1881 年 12 月 22 日,他在《真相》面对面的两页纸上宣布:

奥斯卡·王尔德先生即将在本周末乘坐"亚利桑那号"前往美国,
他已经安排好要在那里推出自己的共和派戏剧《薇拉》,在他逗留期

---

* 在诉罗斯金的诽谤案中,伯恩-琼斯曾经替罗斯金作证,那之后,惠斯勒总是说伯恩-琼斯对绘
画一无所知。

① 古罗马共和时期的执政官。

间,他将会发表一系列关于现代生活之浪漫性的演讲。对于那些出于各种原因已变得家喻户晓的人,美国人远比我们更有认识他们的好奇心,在这一点上,我认为他们比我们更聪明,因为如果没见过本人的话,就很难真正了解其人的人格。王尔德先生——无论别人怎么说他——具有一种独特的个性,因此,我猜想他的演讲将会吸引很多听众和观众。

王尔德的旅行在继续,拉布谢尔也继续表达自己的支持。于是,1882 年 2 月 2 日,在一篇精心构思的长达三页的《旅行中的唯美主义者》(The Aesthete on His Travels)里,拉布谢尔引用了欢迎王尔德的评论文字,还建议说,超级唯美主义可以被用来矫正美国的超级唯物主义。在圣路易斯,王尔德有理由把拉布谢尔称为"欧洲最优秀的作家,一位不同凡响的绅士"。[9]

　　莫尔斯继续推销王尔德的演讲计划,他列举了他父母的头衔和天赋,他的牛津教育背景和所获奖项,他的诗歌,他在唯美主义运动中的身份。王尔德的演讲题目不再是轻率的"美",而是"英国文艺复兴的艺术特征";最后确定下来题目是"英国文艺复兴"。王尔德从他最喜欢的佩特著作中汲取了这个题目。虽然《文艺复兴史研究》表面上是关于意大利文艺复兴的,但它包括了关于十八世纪温克尔曼的研究,还指出,对于那些在现代社会中专注地寻求艺术悸动的人,文艺复兴也不是不可能的。王尔德为"文艺复兴"这个词赋予了一种生动有力的不明确性,让这个词有足够的空间容纳罗斯金、佩特、拉斐尔前派、惠斯勒和他自己。

　　该怎样把这些人联系在一起,这是一个问题。王尔德以唯美主义代言人的身份出现,他承担了一种更甚于传统意义的责任。到目前为止,他支持的是姿态而不是理论,他鼓励的是一种崇拜仪式,而不是运动。跟波利比奥斯一样,他现在必须把那些不系统的东西系统化。拉斐尔前派不会提供很大的帮助;他们从不擅长阐述一般性的原则,到了 1882 年,他们的头发斑白,青春已逝,甚至就更不可能去作这样的总结了。尽管如此,王尔德对他们所有的人都充满热情,他开始构思一场讲座,对他们表示推崇,并撇开他们的分歧。他计划在蒸汽船"亚利

157

桑那号"上撰写这份讲稿,1881 年 12 月 24 日,他登上了这艘船。不过,1 月 2 日船只到港之际,他并没有准备好讲稿。他的计划变得更具雄心;他不但应该系统地阐述这场自己被视为其代表人物的运动,还应该像道林·格雷一样,"把生活的猩红色线索收集起来……把它们编织成一幅图案"。[10]

诗人和新闻界

> **赫丝特**(微笑着):我们拥有世界上最大的国家,卡洛琳夫人。在学校的时候,他们经常告诉我,我们的一些州有英国和法国加起来那么辽阔。
>
> **卡洛琳夫人**:哦!你肯定觉得住在那里通风很好,我猜想。①

1882 年 1 月 2 日的晚上,"亚利桑那号"在纽约港靠岸。时间已经太迟,直到第二天上午,他们才能通过检疫。渴望看到王尔德的媒体人等不及了。照王尔德的那种别致说法,胆识过人的记者们"从海中冒了出来",他们的钢笔上仍然蘸着盐水呢。事实上,他们租了一艘小艇,从而登上了大船。王尔德待在船长的船舱里,他出来迎接他们,身穿那件几乎拖到脚上的绿色大衣。人们对这身行头进行了仔细的打量:衣领和袖口饰有海豹皮或水獭皮,那顶圆帽子也是这种材料制作的,有人说那帽子是吸烟帽,还有人说他戴的是头巾。外套里面可以看出是穿了一件衬衫,其衣领属于宽阔的拜伦勋爵式的,他还扎了一条天蓝色的领带,让人多少联想到了现代海员的服饰。他那双瘦小的脚上穿着黑漆皮的鞋子。

王尔德本以为在他到来之前,美国"想必浮现着一片曲解的疑云"[11],但是

---

① 引自《无足轻重的女人》。

他没有准备好要面对记者；记者是如此众多，他们什么都问。记者们也没有准备好要面对他。他不是记者想象中的伯恩桑，而是一个比他们还要更高大的人，宽肩膀、长胳膊，双手看上去能够紧攥成拳头。你可以奉承他，但别威胁他。一份有节制的《纽约晚邮报》仅仅报道说，他"长着一张苍白、扁平的大脸"。他的手指上戴着一个巨大的印章戒指，上面印有希腊的古典侧像。同一只手上还夹着一支点燃的烟，但他似乎并没有在吸它。他的嗓音让《纽约论坛报》派来的人感到惊讶，因为这种嗓音一点都不娇柔——相反，它是雄壮的。另一个记者认为王尔德说出的话就是六音步的诗歌；《纽约世界报》听到他每逢第四个音节都会重读一下，或者以一种规律的节奏这么说话："我从英国来，因为我觉得美国是最值得一看的**地方**。"[12]无论是以规律的节奏还是省略发音法说话，总之他的说话方式是独具一格的。

　　他对横渡大西洋有何感想？王尔德没料到自己的每个词都会被人引用，而且往往是以歪曲了的形式，他只说这趟旅行是平淡无趣的。记者们决心一定要找出个头条的标题来，他们包围了其他乘客，直到有一个人告诉他们，王尔德在旅行中曾说过，"大西洋并没有真的让我感到满足。它根本不像我以为的那么壮观。在我看来，这片大海是如此驯良。咆哮的海洋根本不咆哮。"这位诗人曾描述过"无法酿酒的大海"*，他的这番挖苦话被印成了大字——"王尔德先生对大西洋感到失望"——然后以电报的形式被迅速发往英国。《帕尔摩报》刊登了一首诗——《失望的大海》（The Disappointed Deep），拉布谢尔的《真相》上刊出了一封信，起首部分是："我对王尔德先生感到失望"，署名是"大西洋"。人们公认这段话比王尔德实际上说过的话更具有新闻价值，他的原话是在 1877 年从雅典到那不勒斯的船上说的，当时，他遇上了一场飓风，"那是我所见过的最恢宏的景象"，为此，他渴望再遇到另一场简直"要把驾驶台从船上卷走"的暴风雨。漂洋过海的乘客们的戏谑被记者当真了，他们流露出了迷惑，试图走得比《潘

---

　　* 在《来自深渊》中，王尔德将会表白自己具有"一种对伟大、简朴的太初事物的渴望，譬如大海，在我看来，它跟大地一样都是一位母亲"。[13]

趣》和《佩辛丝》更远。

159　　　小艇已经停留得太久,但是记者们还在继续追问王尔德的文化使命。他穿越大洋来传播的这种唯美主义究竟是怎么一回事?王尔德笑了起来,再次让他们大惊失色,因为伯恩桑是没有幽默感的。然后,他勇敢地直面他们:"唯美主义就是追寻美的迹象。它是研究美的学问,人们藉此寻找艺术之间的相互关系。更确切地说,它就是追寻生活的秘密。"(他将会在自己的演讲中透露什么是生活的秘密。)有一个记者也许比其他人更消息灵通一些,他向王尔德提出质疑:"这种运动(假设它存在的话)难道不是只培养了一种对美的特异反应,而没有培养一种欣赏美的正确、一致的品位?"王尔德礼貌地回答,"哦,可以这么说。不过,所有的运动都培养了参与者的某些特性。事实上,没起到这种作用的运动简直就没什么价值。"到目前为止,他已经安然经历了这场考验。

次日,乘客们离船之后,记者们又回来了。王尔德再次拒绝给唯美主义下定义,不过,他没有逃避挑战:"我来到这里是为了传播美,我不反对这种说法。"他自己打断了这种含混的表达:"喂,搬运工,提那个箱子时更小心些,行吗?"箱子里装着他在美国要穿戴的全套服饰,还有他打算送人的诗集。美,他继续说,很可能是随处可见的。他吐出一口烟,双手深插在一件绿色晨衣的口袋里,说,"美比我们以为的还要更接近我们。我们周围到处都是材料,但是我们需要一种系统的方法来呈现它。"一位记者指着泽西城那一侧河岸上的一架谷物升降机问,"那玩意会有美学价值吗?"王尔德横扫了一眼,如今他变得小心起来,回答说,他近视得太厉害,看不见他提到的东西。"那么,百合花和霍博肯城(Hoboken)都会是美的吗?"那位记者坚持问道。"可以这么说,"王尔德表示认同,"其范围很广泛,没有局限性,一切的定义都不妥当。一些人也许寻找了半天却什么都没有发现。但是,如果根据正确的规则去寻找的话,这种寻找本身就会构成唯美主义。他们将会在这种努力的过程中感到幸福,哪怕觉得没有希望找到自己寻求的东西时,也是幸福的。别指望美的复兴过程不伴随着内在和外在的斗争。""那么,这种运动结束于何时?""它是没有终结的;它将会永远持续下去,正如它没有起点那样。我曾使用过'复兴'这个词,就是为了表明对我来说它并不是一种新事物。它是始终存在的。随着时间的流逝,人或表达的方式也许会出现变化,但其原则是不变的。人渴望美……他们感到空虚;自然填充了那种空虚。唯美主义者遭到奚落,那是因为盲目、寡欢的人们找不到美,只好嘲笑他们。"

王尔德打算传播的美并不是禁运品。在根据规定通过海关时,据说,当海关人员问他"有什么东西要申报"时,他回答道,"除了天才之外,我别无他物需要申报。"或者说有人认为他说过这句话(同时代人没有留下这种记录)。他很可能说过这句话,因为在港口待了一天之后,他已经意识到警句脱口而出的重要性。英国的媒体再次被迫注意到他。兴奋过度的《帕尔摩报》不但在 1 月 4 日和9 日发表了两首《护墙板之歌》(Idylls of the Dado),还在随后的某个日期里发表了一篇题为《伯恩桑后记》(A Postscript to Bunthorne)的社论,社论说,杜莫里哀发明了唯美主义者,"一位来自爱尔兰的机灵年轻人",摆出典型的唯美主义者的姿态,以此为乐,如今,他成了"风行一时的中心人物","他说的话被电报传遍了全世界",被发表在"最重要的杂志"上。《帕尔摩报》对此愤愤不平。

一系列的款待就此开始了。人们对待王尔德的方式就像对待**小王子**(*petit roi*),他在家信里这么吹嘘是完全有理由的。布福特旅馆人满为患,莫尔斯把他安排在了 31 街和百老汇交界处的格兰德旅馆。他的行踪保密,这样一来,他就可以写完自己的演讲稿了。不过,对于连番邀请他的午宴、下午茶、晚宴和夜间招待会,王尔德毫无惧色。纽约的报纸暂且忍住没有发出嘲笑声,因为他显然让一连串有名望的男女主人们感到很开心。1 月 5 日下午三点到六点,在东 29 街112 号的小海斯夫妇家中举办了第一场宴会。海斯是一位旅行作家,他的妻子已经具有唯美主义的倾向,他们的房间被优雅地布置成日本的风格。王尔德登场时穿的是一件扣子扣得很紧的艾伯特亲王式外套,手中拿着一双浅色小羊皮手套。就跟在船上一样,他戴着宽边衣领,衣领边围着一条浅蓝色的围巾。他留长发,但长得并不过分。王尔德很快被安排在两间大宴客厅之间的通道上,背后

160

是一张巨大的日本伞,它的长柄从左边保护着他,一道隔板从右边把宴会厅隔开。厚重的深色窗帘挡住了日光,在卡拉瓦乔式的煤气灯光中,正在侃侃而谈的王尔德看起来就像是"一位异教的偶像"(照一个记者的说法)。这种装饰风格也许让他想起了惠斯勒和他的日本因素,因为他向客人们保证说,惠斯勒是"英国的头号画家,只不过英国要花三百年的时间才能认识到这一点"。[14]

招待会结束之后,王尔德陪伴着海斯夫妇和九位别的客人一起去了标准剧院,《佩辛丝》就在那里上演。他们到场前几分钟,帷幕就已经升起,简夫人正准备告诉佩辛丝什么是爱。起初,王尔德待在包厢的后面,远离别人的视线,不过,自我退避并不是他的风格,他最终挪到了前排。当赖利扮演的伯恩桑登台的时候,所有的观众都转过头去盯着王尔德看。伯恩桑在英国被打扮成了惠斯勒的样子,在美国却以王尔德的形象出现。于是,王尔德对一个女性朋友笑了笑,屈尊俯就地评论,"这是庸才对那些不凡之辈的恭维方式之一。"(在《帕多瓦公爵夫人》中,他写得更直截了当,"一个人能做到的最古怪事情/就是有头脑,然后众人就会对他冷嘲热讽……")第一幕戏落幕之后,他们被邀请到了后台,整场歌剧结束后,有五十个人在外面等候,想要看一眼王尔德的样子。但已经有人向他指引了一个侧门,于是他悄悄地走了。

一些作家强调说,他们不会受邀出席那些王尔德可能到场的宴会,这些作家之一是克拉伦斯·斯特德曼。埃德蒙·戈斯曾提醒斯特德曼别靠近王尔德,前些日子,戈斯告诉他,王尔德的诗集是"一种低级趣味的毒菌,一种散发恶臭的寄生物",依靠作者的贵族朋友的帮助,这本书已经发行到了第三版。不久前,戈斯第一次见到了王尔德,王尔德为两人的相遇表示喜悦,戈斯说,"恐怕你会感到失望的。""哦,不,"王尔德回答,"我对文人从不感到失望。我觉得他们极有魅力。让人失望的是他们的作品。"[15]这种怠慢的间接结果是,斯特德曼给《大西洋月刊》的编辑奥德里奇写信说,"这个充斥着腓力斯俗人(Philistine)的城市在王尔德事件上活像个傻瓜……他已经收到了数百份请束。"[16]斯特德曼本人也收到了其中的两份请束,它们来自詹姆斯·罗素·洛厄尔和乔治·刘易斯。在波士顿,奥德里奇还会以类似的方式避开王尔德。约翰·伯勒斯是一位自然学家,他有所保留地接受了王尔德,根据他的总结,王尔德是"一位出色的健谈者,一个漂亮人物,不过,是个酒色之徒。当他走开时,他的臀部和后背的动作中有一种让你觉得不舒服的东西"。[17]

王尔德之旅在社交方面是旗开得胜的。他持有一封霍顿勋爵写给山姆·沃德"大叔"的引荐信,沃德是茉莉亚·沃德·豪的哥哥,小说家 F. 马里恩·克劳福德的伯伯。六十八岁的沃德是一个政治说客,他老于世故,还是社交场合不可缺少的人物。他热情地接待了王尔德,在信中把他称作"我亲爱的查密迪斯",还带他去朗布兰奇拜见了格兰特将军。而王尔德呢,他提到了沃德本人的一些诗作,于是沃德相信这位年轻人在唯美主义的问题上是"有一手"的。他没有照惯例外出吃饭,而是在自己位于克林顿大街 84 号的公寓里举办了奢华的晚宴,盛情款待了王尔德。餐桌中央摆放着白色铃兰花,两支系着红缎带的马蹄莲就摆在王尔德的姓名牌子前面。客人们在纽扣孔上插了白铃兰。更糟糕的是,沃德曾写过一首题为《白色铃兰花》的歌曲,另一位名叫斯蒂芬·马塞特的客人为它配了曲,当场唱了起来。王尔德礼貌地邀请他再唱一遍。媒体适时地获知了相关消息,他们得到通知:"大家一致判定,王尔德是自从霍顿勋爵以来的最佳健谈者。他见闻广博地畅谈了关于威廉·哈考特爵士、格拉德斯通,以及英国和欧洲大陆反对党领袖的轶事。"为了倾听王尔德的讲话,大多数客人留下来待到很晚。沃德显得兴高采烈,作为一位不服输的蹩脚诗人,他为王尔德写了一首诗,第一段是:

> "父亲,唯美主义是什么?"
>
> 一个孩子问。
>
> 他为难地说,"去问神秘莫测的
>
> 奥斯卡·王尔德吧。"
>
> "奥斯卡,唯美主义是什么?"

女孩问。

"它就是,"奥斯卡笑了,"这可怜的

哀求的小问号。"

拉布谢尔满怀好意地在《真相》上发表了这首诗。沃德还把这首诗的抄本寄给朗费罗。他引荐王尔德去拜见自己的妹妹茱莉亚·沃德·豪,为此写了封信:"我认为他为人真诚,其举止和性格都既讨人喜欢又得体,请别介意他那些稀奇古怪的趣味,随着年龄增长,他会放弃它们的。"他还为王尔德写了另一首诗:

去吧,奥斯卡! 你还年轻,

拥有你自己的信念,

坚持这种信念是明智的——

美并不是一种虚构!

王尔德送给他一本自己的诗选,上面题写着:"为艺术而艺术,谨向我的叔叔赠上我的诗集。您真挚的奥斯卡致山姆·沃德。"王尔德承认自己对沃德的友谊索求过多,有一天,他溜达着走进沃德的房间,对他和马里恩·克劳福德叹息说,"这一切到底会怎么结束? 半个世界不相信上帝,另外半个不相信我。"一年以来,他们频繁相见,直到最后,沃德才表达了一丁点的不满:"像一头大象的侍从那样走来走去,我感到烦了。我可不希望总在报纸上以他的保姆的身份出现。"[18]尽管如此,他们的友谊还是维持了下去。

　　虽然王尔德更专注于欢庆活动而不是撰写讲稿,他并没有忘记自己的目标,即请一位纽约女演员来出演他的《薇拉》。就他所知,最有可能扮演这个角色的人是玛丽·安德森和克拉拉·莫里斯。他的船只靠岸两天后,他去观看了安德森在《罗密欧和朱丽叶》中的演出。他在观戏之后的评论只能算是客气的:《纽约时报》在 1 月 6 日引用了他的话,"她是一位非常美丽的女人,不过,依照惯例,莎士比亚戏剧表演中的服饰会大大削减看戏的乐趣,我觉得是这样。可是安德森小姐演得棒极了,但我还是更愿意看她出演别的戏剧,而不是莎士比亚的戏剧。为什么呢,伦敦的观众曾被莫杰斯卡倾倒,直到她扮演了朱丽叶为止。那之后,她似乎失去了观众的欢心,他们对那之后的她总感到不满意,无论她扮演什么角色。"当时,他更倾向于克拉拉·莫里斯,所以就没有多留意玛丽·安德森,不过,仿佛是为了示好,1 月 14 日,陪伴着克拉拉·莫里斯和她丈夫,王尔德去布斯剧院观看了玛丽·安德森在《皮格马利翁和伽拉忒娅》(*Pygmalion and Galatea*)中的演出。

众所周知,莫里斯小姐是一个感情强烈的演员。1 月 8 日,在东 38 街 172 号的克罗利府上举办了一场招待路易莎·梅·奥尔科特的宴会,王尔德和莫里斯小姐都受到了邀请。在接待室里看到她之后,王尔德立刻用自己的双手握住她的手。"我从萨拉·伯恩哈特那里听到好多关于你的事,"他说,"萨拉告诉我,'她有性格;我只想这么说。'"来自这位显赫对手的半心半意的恭维并没有让莫里斯小姐感到满意,不过,在随后的交往中,她开始对他有了好感。1 月 11 日,她和王尔德,还有另外几个客人一起受邀去凯特·菲尔德的服装合作社(Cooperative Dress Association)共进午宴,这一次,他说服她收下了自己的剧本,这样她就可以回去读读了。她在好几周的时间里都没有做出决定;不过,就在次日下午,他观看了她第一次在《新玛格德琳》(*The New Magdalen*)中扮演默西·梅里克(Mercy Merrick,上演于联合广场剧院),无论是在后台,还是事后当王尔德面对一位记者时,他都毫不吝惜地表达了自己的赞誉之词。据称,他是这么说的:"莫里斯小姐是我所见过的最伟大女演员,如果说我可以就她扮演的这个角色来做评价的话。在英国,我们没有感情这么强烈的女演员。按照我的标准,她是一位伟大的艺术家,因为她所做的一切和所说的一切,以其所做和所说的方式,不断激发了人们的想象力去补充她的表演。那就是我所谓的艺术。她在伦敦会是一位出色的女演员。然而,我觉得一部像《新玛格德琳》这样的旧剧本并不适合展现她的风姿。她是一个名副其实的天才。"

　　就是在这种恭维的氛围中,克拉拉·莫里斯仔细阅读了《薇拉》。然而,2月初,她断定这个角色不适合自己。王尔德并没有完全放弃她。他决定让多伊利·卡特想办法安排演出,并敦促他再试试能否劝服克拉拉·莫里斯;3月16日,他写信给卡特说:"不过,我完全明白跟她是多么**难**打交道。"放弃她之后,他建议不妨试试萝丝·科格伦,科格伦是一位英国女演员,但她主要在美国演戏。卡特抱怨说,对于那些完全不了解俄国情形的美国人来说,《薇拉》太难懂了,王尔德很快就撰写了一个序幕,来缓和这种困难。他又写了几封敦促卡特的信件,可是毫无用处。克拉拉·莫里斯跟人约定好了要出演另一个剧本。虽然暂时遭到了挫败,王尔德还是决心在美国申请版权来保护自己的这个剧本,同时继续四下寻找一个女演员。

　　然而,他的主要事情是演讲。他最终写完了讲稿,也打印了出来。"如果周一没有获得成功的话,我就完蛋了。"他写信给伦敦的乔治·刘易斯太太说。抵达美国一周后的1月9日,当他出现在奇克林礼堂的讲台上时,他简直不可能失败。票都卖光了,甚至连站票都没有了,所得款项达一千二百一十一美元。莫尔斯上校用一两句话介绍了王尔德,然后,这位演讲者从随身携带的摩洛哥山羊皮盒里拿出讲稿,翻开它们。此时,他的听众可以好好打量一下他的装束了,他的衣着完全不同于他在招待会上的打扮,远比演讲中的一切内容都更大胆。("十九世纪的装束是可憎的,"《道林·格雷》中的亨利·沃顿勋爵说,"它是那么阴郁,那么令人沮丧。")最显著的特色是齐膝短裤,它炫耀了他姿态优美的腿和脚。有些人自以为认识这套服装,说它们是宫廷服饰,也许没有人知道,那是王尔德所属的牛津阿波罗会所的装束。他的长裤也是显眼的。"奇怪的是,"他后来说,"一双长丝袜竟然会让一个民族如此不安。"[19]海伦·波特后来曾在公开表演中扮演过王尔德,她以专业的眼光仔细观察了他:

　　　　服饰。——一件深紫色的短上衣,齐膝短裤;黑色长筒袜,镶有鲜

164

亮带扣的无筒鞋;外套的衬里是淡紫色的缎子,袖口和低翻领的领结都饰有华丽的褶边,长发中分,或梳向一边。进来时肩披环形的骑士斗篷。嗓音是清晰、从容的,丝毫没有不自然的地方。不时地换一下姿势,头偏向较常用的那条腿,总是流露出一种在休息的样子。

这位真正艺术的信徒说起话来非常考究,结束一句话或一段话时总使用升调。[20]*

他朗读的文章跟他的服饰形成了对比。他依靠自身的噱头赢取了听众的注意力,但他维系这种注意力的方式却严肃到令人吃惊的地步。他讲述的不是稀释了的和过分讲究的早期佩特,而是一种被重新考量过的唯美主义。它非但不是无精打采的,而且是精力充沛的。通过美化生活的外在方面,他就能够美化内在方面。对于那些指望他给出美的定义的人,他采取了一种缓和的方式,他引用了歌德的话来支持自己的观点,即应该用事例而不是吹毛求疵的哲学分析来定义美。他说,正如在此之前的意大利文艺复兴,英国的文艺复兴是"一种人之精神的新生"。在这个标题之下,他可以讨论人们对一种更典雅、更优美的生活方式的渴望,对肉体之美的激情,对形式而不是内容的关注,还有对新的诗歌主题,对新的艺术形式,对新的智性和想象之愉悦的探求。正如歌德预见的那样,新的欧福里翁既是希腊文化和浪漫主义的结合产物,也是特洛伊的海伦和浮士德的结合产物。

王尔德主要探讨的是一些大事件。法国革命迫使艺术去尊重物质生活的事实,但那些事实却令人窒息。拉斐尔前派们聚集到一起,抗议事实的统治。英国公众不了解这些杰出的人物,一点关系都没有。"对本民族的伟大人物一无所知,这是英国教育的必然要素之一。"这些艺术家经常成为讽刺文学的对象,这也绝不会有损他们的价值。他进一步阐述了他在《佩辛丝》演出时说过的话:

165

* 关于海伦·波特对他的演讲方式的说法,见附录 B。

"讽刺文学一向不但是可耻的,还是贫瘠的,不但是目空一切的,还是孱弱无力的,在通常情况下,它对那些艺术家致以的敬意,正是庸才对天才致以的敬意……在一切问题上跟四分之三的英国公众持相反意见,这是心智健全的首要条件之一。"[21]

就他提到的大多数艺术家而言,要想在这些人身上确定英国文艺复兴的一些特征,那可不是件易事。王尔德并没有花时间去充分论证就断定,他们牺牲了内容来颂扬形式,对道德教训或严肃主张漠不关心。(在《柏拉图和柏拉图主义》中,佩特曾经指出,对于柏拉图来说,形式就是一切,实质什么都不算。)他说,他们是对的,因为希腊雕塑之所以出现,不是因为什么新主张,或陈旧的道德偏见,而是因为帕罗斯岛上发现了大理石,正如油画颜料的发现促成了威尼斯画派,新乐器的诞生推动了现代音乐的发展。拉斐尔前派反对的是空洞的传统作品。是一种表现的能力,而不是感觉的能力,促生了真正的艺术。甫诞生之际,艺术就赋予生活一种它迄今未有的价值。它的创造物比活生生的事物还要更真实。正如斯温伯恩曾当着王尔德的面在餐桌上说过(在霍顿勋爵家),荷马的阿喀琉斯比英国的威灵顿更真实。王尔德正在逐步构思他后来的发现,即生活模仿了艺术。

虽然跟佩特一样,他经常表示他的文艺复兴是一种历史中的循环往复的现象,他也经常坚持认为,这种精神在当下的觉醒比过去更彻底。虽然它缺乏希腊和罗马"之美的具有神性的自然预见",它具有一种他无意贬低的"紧张的自我意识"。它实质上是一种西方现象,即便它的一些装饰图案来自东方。他希望如此焦虑和不安的西方精神能在优美的环境中放松下来,这种环境可以促成一种更完满的生活。因此,装饰艺术是重要的。"你们已经倾听《佩辛丝》达一百个晚上了,而只听我说过一次话,"他说,"你们曾经听过,我想,你们中的少数人听过,在英国,有两种花卉跟唯美主义运动是相关的,据说(我向你们保证,这是胡扯),有些信奉唯美主义的年轻人拿它们当食物吃。哦,不管吉尔伯特先生会对你们怎么说,让我告诉你们,我们之所以喜欢百合和向日葵,根本不是因为我们崇尚吃素。而是因为这两种美好的花卉在英国是最完美的设计原型,它们很自然地最适合装饰艺术。"他以这种口气得出了毫不含糊的结论。他的最后句式采用了佩特的措辞风格,也就是使用感叹词"哦!"——"我们耗费时间去寻找生活的秘密。哦,生活的秘密就是艺术。"他最终揭示了这一点。

巴门诺克人①

> 有一种庸俗的错误,认为美国是被发现的,它仅仅是被
> 探明而已。

　　观众们给予了热烈的掌声。并不是所有的人都感到高兴,有些人觉得很乏味,但他们都承认,他们出席的活动是不同寻常的。山姆·沃德称赞说,王尔德避免了修辞上的陷阱——这是对人们所谓的"单调"的一种客气说法。王尔德对他们所作的演讲既仰赖于论证,也仰赖于节奏和风格,他不断以抑扬顿挫的调子敦促他们想象那种他没有给出定义的美。演讲本身就是一种通过口才来传播美的方式。演讲结束后举行了招待会,当王尔德走进休息室的时候,一支管弦乐队开始演奏"上帝拯救女王",很少有爱尔兰人会赢得这种荣耀。也许就是在此时,一位女性问他该怎样布置一些装饰性的屏风,他回答,"为什么要布置? 为什么不随它们去?"[22]招待会结束之后,人们把王尔德带到一家俱乐部。那里有一些年轻人,大概非要他以世俗方式例证一下他在更精神化的层面上传播的美。王尔德似乎去了夜生活区,也许做了他们建议他做的事情。[23]

　　他觉得这个开端很不错,于是写信给乔治·刘易斯太太说,"我可以肯定,你一定为我所获得的成功感到高兴! 相比于狄更斯的演讲,这次礼堂里的听众

　　① 　根据诗作《从巴门诺克开始》(Starting from Paumanok)的内容,惠特曼出生于巴门诺克,因此这里被称为巴门诺克人(Paumanokides)。

167　人数更多,水平也更高……我有几个……秘书。其中一个整天代替我为崇拜者签名[他后来提到,这个人因为手指痉挛不得不去医院就诊了],另一个人简直是每十分钟就要把留给我的花束收拾起来。第三个人长着跟我相似的头发,他负责把自己的头发寄给城里的无数少女,因此很快就变成了秃顶……像我这样喜欢保持隐姓埋名之美德的人,你可以想象我是多么讨厌这种巴结,据我所闻,萨拉·伯恩哈特来访时的情形都没有这么糟糕。"[24]他成功展现的并不是一个传统意义上的名人。当这位名人以难以置信的拐弯抹角方式穿越这个国家时,他正在成为人们激烈争论的主题。

　　王尔德的下一次讲座被安排在费城的园艺厅,时间是 1 月 17 日。不过,他首先还有另一件事要做。当他抵达费城 16 街的奥尔丁旅馆时,一群新记者追问他最崇拜的美国诗人是谁。他毫不犹豫地回答,"我想,沃尔特·惠特曼和爱默生对这个世界的贡献比任何人都要大。"朗费罗虽然也是令人钦佩的,但是他在很多时候仰赖的是欧洲的源泉,因此在欧洲的影响力也就有限。王尔德实际上认为爱伦·坡("这位善于韵律表达的非凡大师")比别人都更重要,可是爱伦·坡已经去世了。"我确实很想拜见惠特曼先生,"王尔德透露说,"也许在英国读他的人没有那么多,但是英国从不欣赏任何还活着的诗人。他的诗歌中有一种很希腊化、心智很健全的东西,它是那么普世,那么包罗万象。歌德和席勒的泛神论在他的诗歌中都得到了充分的体现。"[25]惠特曼的两个出版商朋友斯托达特和蔡尔兹计划在费城为王尔德举办宴会,他们都邀请了惠特曼,请他从新泽西的卡姆登(Camden)来参加活动。惠特曼拒绝了两人的邀请,不过,他请蔡尔兹先生向王尔德致以"我衷心的问候以及美国式的欢迎"。然而,1 月 18 日,也许是读到了王尔德在报刊上对他的赞誉,他给斯托达特寄来一张卡片,"沃尔特·惠特曼今天下午两点到三点半在家,很希望能接待王尔德先生和斯托达特先生。"[26]

　　斯托达特是吉尔伯特和沙利文歌剧的出版人,他和王尔德在纽约相识,某天晚上,他跟王尔德一起去纽约的剧院看过戏。他俩一起驾车去了卡姆登(王尔德后来根据伦敦的习惯把它称作卡姆登镇)。惠特曼当时和他的弟弟、弟媳生活在一起。他们走进的房间空气清新,阳光明媚,王尔德称赞说,这是他在美国拜访过的最令人难忘的房间。餐桌上摆放着一个质朴的大水壶(根据王尔德叫法,是"坛子")。两位知名人物见面时是怎么打招呼的?这很快成了讽刺文学猜测的主题。1882 年 11 月,海伦·格雷·科恩在《世纪》杂志上发表的一篇滑稽作品是很切题的:

巴门诺克人:

这会是谁?

这个衣着怪异的年轻人,他头发松散,姿态倦怠,

朝向我翩然掠过,

他睁开那充满感情的圆眼珠

瞅着我这房间的天花板?

那喀索斯:

噢,号角,从这黄铜的喉咙,

吹出穿越大海的奇异声音,

彼岸的英国,就像要用一条护城渠

围困住一头强壮的海狮,它孤独地坐在那里!

王尔德以较谦逊的语气先开口了,"我是作为一个诗人来拜访诗人的。"惠特曼回答,"继续。"王尔德继续说,"我来拜访你,就像拜访一个我在摇篮里几乎就认识的人。"他解释说,《草叶集》刚出版,他母亲就购买了一本;据推测,那应该是在 1868 年(王尔德把时间提前了两年),当时威廉·迈克尔·罗塞蒂编辑了一部惠特曼诗选。王尔德夫人向儿子朗诵了这些诗歌,后来,王尔德去了牛津,他和他的朋友们还曾经一边散步,一边拿着《草叶集》朗读。惠特曼听了十分高兴,他走到食橱边,拿出一瓶弟媳的家酿接骨木酒。王尔德毫不畏缩地干掉了惠

特曼斟满的酒,他们开始继续喝瓶里剩下的酒。"我要喊你奥斯卡,"惠特曼说,王尔德把手放在诗人的膝盖上,回答:"我简直太喜欢这个主意了。"在惠特曼看来,王尔德是"一个漂亮的棒小伙"。王尔德个头太大了,他没法坐在惠特曼的大腿上,就像来拜访这位贤人的其他年轻人那样,不过,即便不能对王尔德搂搂抱抱,也还是可以对他溺爱一番的。[27]

　　一瓶酒喝光了,惠特曼提议一起去他的书房,在那里,照他的说法,他们可以不用讲什么客套。书房里到处都是灰尘覆盖的报纸,因为它们提到了惠特曼的名字,王尔德后来向谢拉德抱怨说,诗人不得不在这么脏乱的环境中写作。简直找不到能够安坐的地方,但是把一堆报纸从椅子上挪开之后,王尔德还是设法坐了下来。他们有很多话题要谈。惠特曼很想知道关于斯温伯恩的事情,很久以前,斯温伯恩是惠特曼在英国的崇拜者,他曾经写过一篇题为《给大洋彼岸的惠特曼》(To Walt Whitman Across the Sea)的颂词。王尔德跟斯温伯恩关系不错,他答应把惠特曼的友好示意转告给斯温伯恩。惠特曼送给王尔德两张照片,一张给他本人,另一张给斯温伯恩,作为回报,王尔德许诺会把萨朗尼在纽约为自己拍的近照寄给惠特曼。(他拍了大约二十张不同姿态的照片。)王尔德谈到年轻的作家和艺术家正在掀起一场新的文艺复兴运动。惠特曼不安地问及丁尼生,丁尼生的"文字乐感就像晚香玉一样,几乎总是散发着极度甜美的馥香",他对此十分赞赏。"你们这些年轻人不会把那些已成名的偶像弃置一旁吗? 比如丁尼生等人。"王尔德后来嘲笑丁尼生是"怀特岛的荷马";他当时试图打消惠特曼的疑虑。"决不会。丁尼生的排名简直太稳固了,我们十分喜欢他。不过,他并不想成为活生生的世界的一部分,也不想成为兴趣勃发、充满行动力的滚滚洪流的一部分。他具有无上的价值,但他过着远离时代的生活。他生活在一种不真实的梦境中。而我们却身处当下的中心地带。"[28]对那最后一句堂皇的措辞,惠特曼恐怕是赞同的。

　　王尔德乘胜追击,进一步追问惠特曼对新唯美主义流派的看法。惠特曼回答这个问题时,脸上流露出了跟他六十三岁年龄相符的宽容微笑,"我希望你能获得成功,奥斯卡,至于唯美主义者,我只能说,你还年轻,充满热情,田野是宽阔的,如果你需要我的建议,那就是,继续前进吧。"王尔德也表现出了与之媲美的客气,他问及惠特曼的诗歌和写作理论。惠特曼从未阐述过自己的诗文理论,不过,他总是坚持不懈地赞美自由诗体。他十分坦率地回答:"哦,你知道的,我一度是个排字工人,当一个工人排满排字盘的时候,他会突然停下,然后开始排下一行。"他毫不掩饰地继续说,"我的目标是让我的诗文在纸页上看起来整洁、漂亮,就像排列在方形墓碑上的墓志铭。"为了说得更清楚一些,他还用双手在空中比划了这样一个墓碑。王尔德珍藏了这段评论和他的手势,若干年后,他在道格拉斯·安斯利面前又重述了这段话,重新比划了这个手势。[29]但是惠特曼的结论十分朴实,给人留下了深刻的印象,"我一直试图解决这些问题"。

迄今为止,两人的交流是兴高采烈的,意见相当一致。王尔德冒险进一步逼近,他说,"除非有人能以充满魅力的风格或漂亮的主题吸引我,否则我才不会听他的话呢。"对于这句话,年长的诗人提出了抗议,"为何如此,奥斯卡,我总觉得,那些试图极力讨好美本身的人是有问题的。我的主张是,美是一个结果,不是一种抽象概念。"这一次,轮到王尔德作出让步了:"的确,我记得你曾经说过,'所有的美都源自美的气质和一个美好的头脑',毕竟,我也是这么想的。"

他转移到一个两人肯定都喜欢的话题,即惠特曼在蔑视传统和抵制充满敌意的批评时表现出来的勇气。拿他自己的诗歌遭受到的敌意评价与之相比,正可谓是不相上下。就当时而言,惠特曼的例子似乎表明美国比英国还要更自由一些,不过,刚过了五个月,第六版《草叶集》的发行计划就出人意料地被撤销了,因为其中的两首诗歌受到了起诉的威胁。王尔德说,"你无法想象,在英国,文学和艺术所受的约束是两倍乃至三倍的。违反禁令的诗人或艺术家肯定会遇上麻烦。然而,在英国,有一个意志坚定的最优秀的阶层,不但包括年轻人,还包括任何年龄的人,既有男人也有女人,他们做好了准备,渴望投身于艺术、科学或政治领域内一切能打破那种停滞状态的事情。"他称赞美国大众比英国和欧洲大众都要更杰出,这让惠特曼感到很高兴。惠特曼后来说,王尔德不是第一个提出这种观点的人,但这表明王尔德是个头脑清醒的人。

聊了两个小时之后,惠特曼说,"奥斯卡,你肯定口渴了。我要为你调制一点潘趣酒。""的确,我是渴了。"惠特曼为他调配了"一大玻璃杯的牛奶潘趣",王尔德"一饮而尽,然后就离去了",惠特曼后来回忆说。不过,当他离去的时候,老诗人在他身后大声说,"再见,奥斯卡,愿上帝保佑你。"在跟斯托达特一起驾车返回费城时,王尔德罕见地保持了沉默,内心充满对他所谓的"高贵老人"的感情。为了缓和他的情绪,斯托达特评论说,那杯接骨木酒恐怕不容易咽下。王尔德不能容忍这样的批评:"即便那是醋,我也会一样干掉它,因为我心中充满了对那个人的难以言表的赞美。"他再次接受记者采访时,提到了惠特曼,"他是我所见过的最高贵的人。我认为他是那些杰出、开阔、完善的人之一,他们可能生活在任何时代,不属于任何一个特殊人群。他是强壮且真实的,心智十分健全;迄今为止,他是我们现代生活中最接近希腊人的人。"

这就像一位十八世纪的城市诗人在赞美一个朴素的牧羊人。王尔德跟爱伦·坡一样,关心"衣服的质地和裁剪",在他看来,惠特曼的诗歌只有主题,没有形式。王尔德后来评论惠特曼说,"如果他不是一个诗人的话,他会形成一种强烈的特色,也许既不是散文,也不是诗歌,而是他自己的某种崇高、原初、独特的东西。"在惠特曼看来,王尔德的最大优点是年轻,"如此坦率、直言不讳,充满男子气概"。在惠特曼面前,王尔德抛弃了自己的那种做作:"我看到了幕后的真实情形。"惠特曼说。他为王尔德遭受的批评作了辩护:"我不明白为什么人们要写这些挖苦他的东西。他说起话来虽然带有英国社交圈的那种拖腔,但是跟我以前遇见的任何年轻英国人或爱尔兰人相比,他能够更好地阐述自己的观点。"惠特曼曾经对一位年轻朋友亨利·斯塔福德吹嘘说,"王尔德很喜欢**我**,这说明他的判断力**不错**。"[30]这恐怕会让斯塔福德感到有点嫉妒。王尔德后来在波士顿某人的客厅里说过一句话,惠特曼特别喜欢并引用过这句话:"如果我斗胆代表他们说话——其中也包括我本人——我会说,我们诗人寻求的不是你的赞美和褒奖,而是你的理解——你对我们所代表和实行的事情的认同。"

王尔德信守了诺言,他立刻写信给斯温伯恩,向他传达了惠特曼的友好致敬。斯温伯恩的回信日期是 2 月 2 日,想必也是即时撰写并寄出的:

亲爱的王尔德先生:

你向我描述了沃尔特·惠特曼,向我保证他对我怀有亲切、友好的感情,我满怀真挚地对此充满兴趣并感到满足;我同样满怀真挚地感谢你好心写信告诉我这件事。

我想尽我的真挚之心表示,我还要再次感谢你,如果你能——有机会的话——以我的名义向他保证,我绝对没有忘记他,或减少对他那些最高贵作品的赞誉——尤其是其中的一些作品,无论从物质上还是从精神上,它们描述的都是诗歌所能处理的最高贵主题。我一直都认为,我相信将来人们也会普遍这么认为,他最出色而且无疑也是最令人称羡的特点是,他善于描述伟大的事物——譬如,自由,还有死亡——更甚于他描述其他一切事物。当然,这并不是说我——相反,它表明我并不——赞成他所有的理论,或对他的所有作品怀有同等的喜欢——我从不指望自己能获得这种赞誉,也几乎没想过要这么赞美别人;就算这话有点像是一种直截了当的侮辱吧。[31]

王尔德把斯温伯恩的信抄写了一遍,只删去了几个稍微削弱其效果的词语,然后,3 月 1 日,他把它转寄给了"我最亲爱的沃尔特"。他许诺要再次拜访惠特曼,5 月初,他的确这么做了。这一次没有斯托达特在场,两个人可以更自由地交谈。没有人记录下他们的交流,但是他们的告别却被记录了下来。乔治·艾维斯在九十年代是一个劝人接受性倒错行为的倡导者,王尔德后来告诉他,在他面前,惠特曼并没有设法掩饰自己的同性恋倾向,而他在约翰·阿丁顿·西蒙兹面前却会这么做。"沃尔特·惠特曼的亲吻,"王尔德说,"仍然留在我的嘴唇上。"[32]后来,在波士顿为奥赖利的签名簿签名时,他还会进一步阐述这个主题。

他在惠特曼的题词下写了这句关于他的话，"这个人的生活无可指摘，但他敢于亲吻他自己所处世纪的遭重创的嘴唇。"（他引用的是自己在《人类赞歌》中描述华兹华斯的诗句。）[33]

　　既然斯温伯恩、王尔德和惠特曼都表白了他们相互的致敬，他们又觉得有必要重新审视一下自己的判断，尤其是斯温伯恩，他本来对惠特曼是那么推崇，却很快就公开谴责了惠特曼的那种毫无形式感的咆哮。他还担心不够分量，又嘲笑了"对菖蒲的膜拜仪式，根据约翰·阿丁顿·西蒙兹先生对他那些菖蒲同伴的解释"。① 斯温伯恩宁愿挨鞭笞，也不愿倾听那种喧嚷。在《十一月的枝桠》（出版于 1888 年）中，惠特曼脱离了王尔德的运动："那些坚持认为我的诗歌是一种文学行为……或主要以艺术和唯美主义为目标的人，他们不会理解我的诗歌。"当王尔德为这本书写评论的时候，他意识到这个句子讲的是他，他指出，惠特曼诗歌的价值在于"它的预见能力，而不在于它的语言表现……就其人而言，他是一种新文体的先驱。在人类的史诗和精神发展史中，他是一个要素。即便诗歌忽略了他，哲学也会留意到他"。那种热烈的情绪在某种程度上已经降温了。当惠特曼对自己的信徒谈及王尔德的友谊时，他的心思是稍微有点矛盾的，"他从未燃起过火焰，但始终是一道稳定的光线。"[34]

172

注释

　　[1] W. F. Morse, 'American Lectures,' in *The Works of Oscar Wilde*, Edition De Luxe (Boston and N. Y., 1909), in the unnumbered volume containing *His Life*, 73-5. The letter from Morse is at Morgan.

　　[2] *Jimmy Glover, His Book*, 20.

　　[3] *The World*, 30 Nov 1881.

　　[4] TS. Copy at Clark.

　　[5] *The World*, 30 Nov 1881; James McNeill Whistler, *The Gentle Art of Making Enemies* (1904), 243; 'Oscar Wilde MSS,' *Pall Mall Gazette*, 5 July 1911.

---

　　① 菖蒲崇拜在这里指的是惠特曼的同性恋倾向；惠特曼曾经写过一组关于菖蒲的诗歌，诗歌颂扬了男人之间的深情。

［6］Sherard, *The Real O. W.* , 288.

［7］James Russell Lowell, *Letters*, ed. M. de Wolfe Howe (New Haven, Conn. , and London) , 262.

［8］Rodd, *Social and Diplomatic Memories*, 22-5.

［9］Lewis and Smith, 209.

［10］*The Picture of Dorian Gray*, ed. Murray, 95.

［11］Philadelphia *Press*, 17 Jan 1882.

［12］New York *World*, 3 Jan 1882.

［13］*Letters*, 509.

［14］New York *World*, 3 Jan 1882.

［15］Ann Thwaite, *Edmund Gosse* (1985) , 211.

［16］Mrs Thomas Bailey Aldrich, *Growding Memories* (1921) , 246.

［17］Clara Barrus, *The Life and Letters of John Burroughs*, 2 vols. (Boston, 1925) , 11 : 106.

［18］Maud Howe Elliott, *Uncle Sam Ward and His Circle* (N. Y. , 1938) , 602-9; Sam Ward Papers, p. 444 (NYPL); *New York Times*, 6 Jan 1882.

［19］Lewis and Smith, 382.

［20］Helen Potter, *Impersonations* (N. Y. , 1891) , 195-7.

［21］Cincinnati *Daily Gazette*, 21 Feb 1882.

［22］Mark Edward Perugini, *Victorian Days and Ways* (1932) , 244.

［23］Sheard, *The Real O. W.* , 336.

［24］*Letters*, 86.

［25］Philadelphia *Press*, 17 Jan 1882; for Wilde on Poe, see *The Artist as Critic*, 28.

［26］Whitman letters at Texas.

［27］Philadelphia *Press*, 19 Jan 1882.

［28］Cincinnati *Daily Gazette*, 21 Feb 1882; Philadelphia *Press*, 19 Jan 1882.

［29］Ainslie, 96.

［30］Horace Traubel, *With Walt Whitman in Camden* (N. Y. , 1914) , 11. See also Whitman, letter to Henry Stafford, 25 Jan 1882, in Whitman, *The Correspondence*, ed. E. H. Miller, 5 vols. (N. Y. , 1961–1969) , III, 1876–1885 : 264.

［31］*The Swinburne Letters*, ed. Cecil Y. Lang (New Haven, Conn. , 1960–1962) , IV : 255; quoted in *Letters*, 99-100.

［32］George Ives journal, 6 Jan 1901, p. 4305 (Texas).

［33］From a bookseller's catalogue (Hart-Davis).

［34］'The Gospel according to Walt Whitman,' *Pall Mall Gazette*, 25 Jan 1889; Traubel, *With Whitman in Camden*, 284.

第七章　教导美国

每一个雄心勃勃的人都不得不用自己的
武器跟他所处的世纪作战。这个世纪膜
拜的是财富。这个世纪的神就是财富。
要想获得成功，就必须拥有财富。不管
付出怎样的代价，都必须拥有财富。[①]

唯美主义获得定义，但处于险境

173　　跟惠特曼的见面提醒了王尔德，他至今一直在回避给自己的理论下定义。
另一个提醒来自英国的伦内尔·罗德，他很有兴趣地阅读了朋友在纽约和卡姆
登创下的丰功伟绩。

好吧，你似乎在那边玩得太爽了。我们都觉得有点嫉妒。还有，你
的宣言当然也是十分精彩的，但是你没必要说得那么肯定。你回来之
后，将会发现没人反驳你！这对你没什么好处！我们读到以下情节时

---

① 引自《理想丈夫》。

都感到吃惊：王尔德先生听说楼上有女士[1882年1月16日在罗伯特·斯图尔特·戴维斯府上]，就拒绝进餐。即便在以色列，这规矩也不是众所周知的。

前几天，我见到了你母亲，我们为你欢呼。比奇洛太太也写到了你。但还是按顺序说吧，如果是她的话，可能就会这么说。我真希望你去拜见惠特曼的时候，我也在你身边。那场面想必十分吸引人。当他说，"你肯定口渴了，奥斯卡"——嘿，哪怕是啤酒，我也会喝的。

吉米和我刚开始着手侦查他的一张照片被伪造的事情，你当然知道是谁做的。他如今已是今非昔比

你永远的

伦内尔

为什么你不跟他们多谈谈吉米和我，比如说，提到我！（这话说得多凄惨）提到我们所有人吧。

欧文已经寄了一张他十分喜欢的短笺给你[1]

关于提到伦内尔·罗德的事情，王尔德已经考虑了一段时间。他随身携带了罗德的书籍《南方之歌》，并许诺要想办法为它寻找一个美国出版商。在费城，王尔德有很多时间跟斯托达特相处，他建议斯托达特出版罗德的诗选，他自己为之作序。斯托达特认为这个序言比罗德的诗歌还更重要，王尔德也是这么认为的，他觉得这是一个表述唯美主义流派之原则的好机会。他在横渡大西洋的时候就已经草拟了一些想法，2月份，他把它们撰写出来，寄给了斯托达特。这部诗选被王尔德重新命名为《玫瑰叶和苹果叶》，根据预告，它将在1882年10月出版。罗德心怀感激地说，他要把这本书题献给王尔德。

斯托达特在费城款待了王尔德，这种款待的特色就是他的一片真挚之情，其热情程度简直不亚于纽约对王尔德的款待。不过，王尔德并不知道自己的麻烦已经临近。他在奥尔丁旅馆下榻，多伊利·卡特邀请的另一个演讲者也住在这

里。这个人就是阿奇博尔德·福布斯，一个自信的苏格兰人，作为记者，他曾经走访过几场战役，他很愿意向人们展示他在各个前线展示过的勇气。他表现得像个战士，留着粗硬的胡髭，还娶了美国陆军军需司令官的女儿。牛津的威名并不能威慑他，1878 年 3 月 13 日，他曾经在那里作过演讲。福布斯习惯于在讲坛上炫耀自己所有的奖章，他觉得王尔德在奇克林礼堂登场时的齐膝短裤让人特别受不了，媒体对他这位敌手的关注也让他不爽。他心存不良地给一位女友写信说，"奥斯卡·王尔德也在这里……他穿着齐膝短裤，可是，唉，居然没拿百合。今晚他要在这里演讲。他的演讲一文不值，然而，他很会吸引人群，把他们耍得晕头转向，这手段还是蛮高明的。"[2] 按照福布斯的幻想，王尔德已经跟刚从伦敦动物园买下非洲大象江波的 P.T. 巴纳姆达成了周薪两百英镑的协议，他将带着江波到处走动，一只手拿着百合花，另一只手拿着向日葵。（巴纳姆确实对王尔德很有兴趣，5 月份，当王尔德再次到纽约进行演讲时，他就坐在前排。）福布斯描述的另一件事情就未必是出于想象了，他说，一个理发师来为王尔德理发，却没有带上卷发钳，王尔德为此愤慨不已。

心怀怨恨的福布斯跟王尔德乘坐同一趟火车从费城抵达巴尔的摩。莫尔斯上校的计划是让王尔德出席福布斯的演讲——《一个战地记者的内心生活》，然后他们一起前往查尔斯·卡罗尔府上，参加那里举办的招待会，后者一向被认为是居住在卡罗尔顿的卡罗尔的后裔。不过，在火车上，或许是因为王尔德就自己的收入吹嘘了几句，于是，福布斯开了一些愚蠢的玩笑，说可以把唯美主义商业化，这些玩笑刺激了王尔德。王尔德自觉受到了侮辱，他没有在巴尔的摩下车，而是继续前往华盛顿。这下子，卡罗尔也被冒犯了，莫尔斯发出电报，请王尔德返回巴尔的摩，王尔德拒绝了，他在华盛顿的旅馆住了下来。福布斯在演讲中添加了一个新段落，发泄了自己的怒气，这段话是拿他的衣服跟王尔德的衣服作比，当时，他在骑行了一百五十英里之后，受到传唤去觐见沙皇。"现在，我希望你们能够理解，我是唯美主义狂热的一个追随者——一个非常谦卑的追随者，可我当时看起来不是很像艺术家。我没有穿上狗皮齐膝短裤,也没有天鹅绒外套,我的黑丝袜上遍布窟窿。也没有人打算在那片原始、贫瘠的俄罗斯荒原上种植向日葵和百合花。"根据福布斯的要求,这段粗俗的话一字不漏地被刊登在报纸上。王尔德意识到,自己给了对手登上头条新闻的机会,还毫无必要地冒犯了巴尔的摩的社交界。更糟糕的是,据一家报纸上的文章声称,当巴尔的摩的周三俱乐部向王尔德发出请柬时,因为这个招待会没有在私人住宅中举行,他或他的业务经理就向他们索价三百美元。(王尔德说,莫尔斯上校派来一个能力不足的人,这事是他干的。)贪婪的做法无助于推动唯美主义事业的发展。

王尔德开始设法摆脱困境。他最初的努力是不坦诚的,导致了事态的进一步恶化。1 月 21 日,他告诉《华盛顿邮报》,他从不打算出席福布斯的演讲:"我们的观点相去甚远。如果以昨晚的那种方式讽刺我会给他带来乐趣的话,那也好。这恐怕是有意图的,根据上述的事实来看,他的听众都跑来见我,这实现了一个很好的目标。这是在以我为代价宣传福布斯先生。"这下子轮到福布斯感到愤怒了。他写信给王尔德,宣称他已经听到王尔德亲口说自己的旅行是唯利是图的。(次年,当多伊利·卡特说服马修·阿诺德赴美作演讲的时候,阿诺德也不慎在记者面前说了同样的话。)王尔德再次让人小觑了他的动机。福布斯自己的目标也许还要更远大一些。

王尔德意识到自己必须想办法调解两人之间的分歧,于是,他撰写了一封抚慰信。不幸的是,他所做的只不过就是提到了福布斯写给他的话,福布斯觉得王尔德轻视自己,威胁说,如果王尔德不作出适当道歉的话,他就要在报纸上发表两人之间的通信。这场争论危及了王尔德的旅行全程。"人们的整体情绪趋势出现了转变。"1 月 24 日或 25 日,他心存担忧地写信给卡特说。处于这种困境之中,他想出了一个聪明办法,即向他在伦敦的律师乔治·刘易斯求救,他知道刘易斯也是福布斯的律师和朋友。刘易斯帮了他一把,他发电报给福布斯说,"行行好,别抨击王尔德了。就算你帮我一个忙。"[3]福布斯放弃了自己的公开宣言,然而,伦敦的《每日新闻报》收到了一系列的匿名电报,内容如此粗俗下

流,王尔德相信它们就是出自福布斯之手。1882 年 2 月 2 日,其中一份电报这样
描述了王尔德的波士顿演讲:"他演讲十五分钟后,很多人离去了。无论何时,
只要他开始喝水,听众里就爆发出喧闹的掌声,持续数分钟之久。这种事情不断
发生,王尔德先生只好停了下来,他对听众怒目而视,直到他们恢复安静为止。
他对波士顿的印象据说是令人不快的。"3 月 2 日,一份电报声称,在纽约的世纪
协会,"很多成员干脆拒绝被引介给他……一位退伍的成员……到处走动说,
'她在哪儿?你见到她了吗?噢,为什么不用"她"这个称呼呢?'我知道她是一
个夏洛特-安!①"这些奚落既包括了对女性气质的谴责,也包括了自以为是的断
言,王尔德怀疑其幕后黑手是福布斯,这也许是有道理的;在数年后出版的一本
自传中,福布斯依然流露出了挑衅的姿态。但既然福布斯表面上安静了下来,王
尔德也就可以回到巴尔的摩,弥补一下人际关系了;他在听众中虽然没看到卡罗
尔,但至少看到了卡罗尔夫人,这也让他感到很高兴,他还免费出席了周三俱乐
部的招待会。不过,他写信给卡特说,"要是下次再像巴尔的摩这样搞得一败涂
地,我想我就会停止演讲。"[4]

　　在一定程度上,福布斯的抨击导致媒体的态度出现了微妙的变化。起初来
拜访王尔德的记者看起来充满了友好的热情,他也以同样的态度回报了他们,不
料,当他在报纸上读到自己说过的话时,却发现它们已经被改头换面,听起来很
刻毒。他彬彬有礼地试图回答他们那些往往毫无头脑的问题,结果却给他们留
下了很多钻空子的机会。王尔德有理由想起罗斯金的话,后者曾经提醒他要警
惕记者,"你会听到关于你的一切说法。他们什么都不会错过。"[5]王尔德一度
抱怨说,他在美国除了报纸之外什么都没看到。最恶劣的报纸之一是《纽约论
坛报》,其编辑怀特洛·里德对乔治·刘易斯和埃德蒙·叶慈的引荐信置之不
理,纵容他手下的撰稿人不断抨击王尔德达一年之久,把他说成是"一个不入流
的罗斯金"和一个自命不凡的骗子。《华盛顿邮报》也与他为敌;在头版上刊登

---

　　① 指王尔德是同性恋。

了一幅王尔德手持向日葵的素描,与之并列的是一个拿着椰子的"婆罗洲岛民"。莫尔斯上校没有跟王尔德商量,就不明智地写信去抗议这种"毫无根据的敌意",报纸上刊登了一篇自鸣得意的社论,宣布这种对照是公正的。然后,一些芝加哥报纸宣称整件事只是一个宣传上的噱头,王尔德亲自校订了抨击稿件,还在讽刺画发表之前审核过它。不可能还有比这更龌龊的了。虽说有几家报纸偏袒他,但是更多的报纸决不会意识不到,把他描述成傻瓜才是更好的新闻题材。《纽约时报》客气地引用了他的反驳,"如果你能在低级报刊中幸免于难,你就不必害怕黄热病了。"[6]后来,他会以这样一段精彩的评论作为报复,"在古时候人们有肢刑架,如今他们有新闻业。"[7]不过,即便是在当时,他也在一本访客登记簿中引用了戈蒂耶的话:"给评论家的警告:无所作为是一个很重要的优点,但是别做过火。奥斯卡·王尔德,82 年 3 月 20 日"

英国方面对他的美国之旅的反应同样是苛刻的。惠斯勒、罗德等人在 2 月 4 日发来的信是有趣的,但也伤人感情,因为王尔德正在美国宣扬惠斯勒的伟大和罗德的杰出:

> 奥斯卡! 我们这些泰特街和波福特花园的人为你的胜利而欢喜,我们很高兴你获得了成功,但是——我们觉得,除了你说的那些警句之外,你说起话来就像是在外省的西德尼·科尔文*,除了你的齐膝短裤之外,你穿戴得就像是艾里·奎尔特('Arry Quilter)。
> 签名者:J. 麦克尼尔·惠斯勒、詹尼·坎贝尔、马特·埃尔登、
> 伦内尔·罗德
>   请纽约各家报纸转载。[8]

王尔德夫人当然是靠得住的,她肯定会从赞许的角度看待问题。1 月 23

---

* 当时,评论家西德尼·科尔文对王尔德的态度是不为人知的,但是在 1914 年 7 月 27 日一封写给 D. S. 麦克尔的信中,他说"奥斯卡·王尔德精神"是"我们时代最有害也最可恨的疾病"。

日,她写信给儿子说,"你的信件和所有新闻都是让人高兴的。从那以后人们一直在给我寄新闻摘录,我觉得你似乎受到了热情的款待。尤其是人们为你[在 1月 12 日]演奏'上帝保佑女王'!"但即便是她,也补充了一句,"马哈菲写信给我,'奥斯卡本该咨询我一下——他犯了大错。'"在纽约,克拉伦斯·斯特德曼对王尔德持有明确的敌对态度,斯温伯恩写信给他说,"我只见过奥斯卡·王尔德先生一面,是在我们的熟人霍顿勋爵府邸举办的一次聚会中。我觉得他似乎是一个与人无害的年轻小角色,没想到他会是那种江湖骗子,就像他现在看起来在做的事情那样。他最近写信给我,谈到了沃尔特·惠特曼,这封信倒是很谦虚、很有绅士风度的,而且也通情达理,没有任何夸耀或做作的地方。……"[9]

接下来是博德利。比斯温伯恩的那种轻蔑更龌龊的是 1882 年 1 月 21 日发表在《纽约时报》上的一篇长文,虽然它是匿名的,但只有王尔德的这位牛津老友才能写出这样的文章。* 其口气让人不快,简直到了令人吃惊的地步。在文章中,博德利无情地描述了王尔德作为新生的笨拙,他跟监考官的冲突,他对共济会的喜爱,还有他对罗马的轻浮态度。他否认王尔德曾经跟罗斯金一起挖坑的事情,王尔德的衣服太精美了,不适合干这样的活。他的唯美主义被描述成一种过时的事物,博德利还对王尔德所获的纽迪吉特奖不屑一顾。王尔德曾经丧失了一个担任研究员的机会,因为"更健全的人还是认为",他"那副打扮简直让人觉得阴阳怪气",用这个词来形容一位老友可谓是将他置于险地。博德利说,他的诗歌也不具有原创精神。博德利就是怀着这种不友好的敌对态度得出了结论:"他具有相当的能力,他觉得可以用这种能力来获得一种廉价的恶名。他是个好心肠的人,一直很逗乐,也许还保持了一些幽默感。美国社会是会鼓励他继

---

　　* 之所以断定这篇文章的作者是博德利,其证据不仅是文中的内容——它提到了共济会的制服、威利·王尔德和其他只有博德利才知道的事情——还因为博德利的母亲在 1882 年 2 月 20 日曾写信给他,她在信中说,"我觉得 O. O. F. 王尔德先生不会很喜欢你对他的牛津生涯的指责,不过,就我对他的了解,他没有任何不妥的地方,我很清楚地记得,他是一个非常单纯的年轻人,他在植物园里跟我说话,然后护送我和女孩子们爬上了莫德林塔楼;你还记得吗? 可怜的贝塔说她再也不能或不愿从上面走下来了! 当时他还没有想到那一套行头——齐膝短裤、燕尾服、百合花和向日葵——简直是一堆没有男人味的荒唐玩意。"[10]

续走在他已经选择的道路上呢(那只会有一种结局),还是给他一个必要的教训(这也并非是不友善的)? 愿他回家之后好好想想这问题,变得更明智些。"毫无疑问,新闻报道对王尔德在美国的行径大加描述,搞得朋友们心烦意乱,但是博德利的抨击想必还是让王尔德大吃一惊,他后来会说,"写传记的任务总会落到犹大的手中。"

这种日益增长的反感情绪也出现在王尔德的第二次重要聚会中,这次聚会发生在华盛顿。跟他和美国首要诗人见面的情形相比,其场面正好相反。他当时对小说家亨利·詹姆斯只略有所知,后者已经在华盛顿逗留一个月了。他们都受邀参加了爱德华·G.洛林法官府上的招待会,王尔德露面时穿着齐膝短裤,还带了一条黄色的大真丝手帕。麦克莱伦将军在场,黑尔参议员和其他权贵们也在场。虽然詹姆斯写信说,没有人注意到王尔德,洛林的女儿告诉一个朋友,亨利·詹姆斯"简直太乏味了",而王尔德却"十分有趣"。不过,詹姆斯出人意料地感到高兴起来,因为王尔德对一个记者说,"作为小说家,没有哪个英国人能跟豪厄尔斯和詹姆斯相提并论。"[11]*詹姆斯刚出版了《一位女士的肖像》和《华盛顿广场》。他向亨利·亚当斯太太提到过王尔德,但她拒绝接待詹姆斯的"朋友",因为他是个"傻瓜"。[12]出于礼貌和好奇,詹姆斯决定邀请王尔德来自己的旅馆,向他表示致谢。

这次会见并不成功。詹姆斯说,"我很怀念伦敦。"王尔德忍不住奚落了他。"真的吗?"他问,无疑流露了他那种很文雅的牛津口音。"你在乎身居何处? 世界就是我的家。"[13]他觉得自己是一个世界公民。当人们问起他有什么计划时,他习惯于回答,"我不知道。我从不制定计划,我总是随心所欲。"对于詹姆斯这位描写国际性主题的大师来说,这种话冒犯到了他。詹姆斯皱起眉头。作为一个生活在国外的美国人,他知道什么是世界级游民。对于这个十分了解孤立状态的人来说,最有损唯美主义之价值的特质就是它的无根性。到了会谈结束时,

---

　*　文森特·欧沙利文曾经把王尔德的名字和安德鲁·兰的名字联系在一起,豪厄尔斯对欧沙利文说,"这是不同的。兰只不过以文学为生。而如果文学从不存在的话,王尔德就会发明出文学来。"

詹姆斯简直已经火冒三丈了。除了其他的那些矫揉造作的言语，王尔德还说了这样一番惹恼他的话，"我即将启程去波士-士-士顿；到了那儿，我会拿出一封写给我最好朋友的最好朋友的信件——是伯恩-琼斯写给查尔斯·诺顿的。"詹姆斯跟这两个人都很熟悉，简直太熟悉了，所以他无法欣赏这种借别人名字自抬身价的玩笑。

詹姆斯对王尔德的齐膝短裤心存不满，对他的自我宣传和不得要领的游牧精神嗤之以鼻，还对他的耽于声色深感不安，这是可想而知的。他告诉亚当斯太太，说她是对的。"'霍斯卡'·王尔德（'Hosscar' Wilde）是一个愚昧的傻瓜，最低劣的无赖"，"一头肮脏的野兽"。王尔德给詹姆斯留下的印象如此色情，以至詹姆斯似乎是把他当成了一种威胁。因为，由于王尔德的轻蔑和招摇，无论是宽容地对待他那种离经叛道，还是根本就不知道那回事，都同样会给人带来危险。詹姆斯的同性恋是深藏不露的，王尔德的同性恋却是开诚布公的。詹姆斯似乎已经预感到了将来的丑闻，于是跟这个身穿小丑服的讨厌家伙划清了界限。亚当斯太太明白他的意思，她说过，王尔德的性别是"未定的"。[14]大约在八年之后，詹姆斯一度变得宽容起来，甚至跟其他人一起担保王尔德进入萨维尔俱乐部（但没有获得成功），不过，他总是坚持说他不是王尔德的朋友。（他对罗伯特·罗斯要更大度些。）在《悲剧缪斯》中，他较为宽厚地追述了他们在华盛顿的交谈，书中的盖布里埃尔·纳什（Cabriel Nash）总是正在往"别处"去，他还坦白说，"我流浪、漫游、漂泊。"就王尔德而言，他并不知道自己招来了詹姆斯的敌意。2月21日，他在路易斯维尔说，他曾经遇见一位戴西·米勒（Daisy Miller），"她的样子让我对亨利·詹姆斯越发崇拜起来，这种崇拜之情增加了一千倍之多"。[15]

不过，他这些令人不快的会见和他跟媒体的冲突让他获得了新的信心。他们可以抨击他，但是他们却没法不关注他。嘲讽也是一种恭维的形式，只要持续足够久，人们就会这样看待它。再者，他还可以越过记者这个阶层，求助于大众。他就是这么做的。

新英格兰：一次现代朝圣之旅

> 清教徒、道学先生或传教士，成为这三者之一是件恶劣
> 的事。同时具备这三者的身份，这就让我想起了法国
> 大革命最过分的阶段。①

不管亨利·詹姆斯是怎么想的，或亨利·亚当斯太太是怎么说的，他们都无　180
损于王尔德在华盛顿受到的招待。他告诉弗朗西丝·霍奇森·伯内特(后来创
作了《方特勒罗伊少爷》)，说罗斯金认为她是一位真正的艺术家，他阅读了她的
所有作品，伯内特为此大喜过望。作为回报，她把王尔德引介给其他的作家。
W.H.赫尔伯特是《纽约世界报》的编辑，他不但是山姆·沃德的朋友，此时也成
了王尔德的朋友，他还引介王尔德进入了政治圈。詹姆斯·G.布莱恩和参议员
托马斯·F.贝亚德、乔治·H.彭德尔顿三人都是殷勤好客的。王尔德的评论被
人们广泛引用。在他离开华盛顿之前，他力劝这个城市拿出更多的雕塑来。
"我觉得你们有很多关于战争的雕塑，"他说，"我敢说，你们不想要更多骑在马
背上的青铜将军了。现在，让大家试试和平时期的主题吧。"[16]（亨利·詹姆斯
喜欢"青铜将军"这个说法，曾经借用过它。）然后，他经由奥尔巴尼去了波士顿，
去参观最出色的美国文化了。

他随身携带了写给查尔斯·艾略特·诺顿、奥利弗·温德尔·霍姆斯和山
姆·沃德的妹妹茱莉亚·沃德·豪的引荐信，于是，人们为他举办了晚宴和其他
招待会。豪太太不止一次邀请了他，王尔德回复了其中的一次邀请，这封信恭维
了她，让她很陶醉：

---

① 引自王尔德 1898 年 6 月 27 日写给罗伯特·罗斯的信件。

亲爱的豪太太:我将会在七点拜访您,然而,不存在跟您进行"非正式"共餐这种事——当您在场的时候,空气中充满了世界主义精神,房间里似乎挤满了出色的人;您是那种很罕见的人,他们会让人觉得,他们能够在活着的时候创造历史。

不,不可能是"非正式"的——但是,跟您共餐是最重要的特权之一。

奥斯卡·王尔德谨启[17]

他在一次聚会时逗乐了她,他说"朱红色"(vermilion)和"阳台"(balcony)这两个词发音太平淡了,应该对前一个词的"r"和后一个词的"c"予以更多的强调。

王尔德很想见朗费罗,他母亲偶尔会跟朗费罗通信。根据 1 月 30 日的《波士顿晚间旅行者》的报道,朗费罗说过,"哦,王尔德先生曾经撰写过一些很好的诗歌,他不可能是一个无知的人。"王尔德知道,山姆·沃德曾经把罗纳德·高尔勋爵引介给朗费罗,他也带来了一封沃德的引荐信。这位诗人起初有点不乐意,因为他的身体日渐衰弱,但是王尔德坚持要见他,最后获得了共进早餐的邀请。他在一场令人目眩的暴风雪中拜访了朗费罗,然后在一阵飓风中离去,他后来说,"这正是拜访诗人的适宜情境。"看到老诗人的时候,他大为感动。朗费罗笑着告诉王尔德,他自己曾去过英国,还收到了前往温莎的邀请。女王对他恭维了一番,朗费罗回答,他吃惊地发现自己在英国居然有这么大的名声。"喔,我向你保证,朗费罗先生,"女王说,"你名气大极了,我所有的仆人都读过你的作品。""有的时候,"朗费罗说,"我会在深夜里醒来,怀疑这是否算得上一种故意的怠慢。"王尔德在向文森特·欧沙利文转述这个故事时说,"这是陛下在指责诗人的虚荣。"他们的对话还流传下来一部分,据说,王尔德问他,"你怎么看待勃朗宁?"朗费罗回答说:"就我能够理解的部分来说,我很喜欢他。"王尔德尽量表示同意,他大声说,"太好了!"还许诺说他会传诵这个很可能一举成名的警句。他的热情是有限的。"一个很好的老人,"他说,"朗费罗本人就是一首美好的诗歌,比他撰写的一切都更美好。"后来,他对克里斯·希利说,"只有对那些从未读过诗歌的人来说,朗费罗才是一位伟大的诗人。"[18]朗费罗死于两个月后的 3 月份,爱默生死于 4 月。6 月 2 日,王尔德回到波士顿进行第二次演讲,他在演讲的结束语中缅怀了他们:

> 还有,最后,让我们记住,艺术是一种死神也无法损害的事物。康科德的小屋也许会变得荒无人烟,但是新英格兰之柏拉图的智慧不会就此归于沉寂,那位古雅天才的才智也不会就此黯然失色;在我们听来,朗费罗的双唇依然是悦耳的,虽然他的遗骸已经化为他所喜爱的花朵。

他在波士顿和剑桥的各种活动被排得很满。他跟另一位有名望的波士顿人——演讲家温德尔·菲利普斯——共进了午餐,后者谈论了巡回演讲,他评论说,每个人都能感动广大听众,但是要面对几乎无人落座的空椅子演讲,就是另一回事了,王尔德本人的听众正在日益减少,他也会认识到这个事实。除了他拜见的这些婆罗门之外,他还遇上了两个爱尔兰人,他们让他感到更自在一些。戴恩·布西考尔特是一个老朋友,他友好地接待了王尔德,他的在场有助于王尔德面对那些好斗的采访者。美国媒体对王尔德的态度让布西考尔特感到愤怒,跟他的提议一样,这种愤怒对王尔德来说也是一种慰藉,他曾提议送王尔德几千英镑,让他不再受控于卡特和莫尔斯,但是王尔德没有接受。[19]另一个爱尔兰人是诗人、才子和反叛者约翰·博伊尔·奥赖利,如今,他成了《波士顿舵手报》(*Boston Pilot*)的合伙人,他对来自母国的拜访者总是充满了热情。王尔德试图跟奥赖利一起推动他的另一目标,即设法在美国出版他母亲的诗集:"我觉得我母亲的作品在这里会获得很大的成功,"他写信给奥赖利说,"跟她这个堕落的艺术家儿子的作品很不一样。我知道,你认为我只会为护墙板而激动不已。你彻底搞错了,但我不会为此争论。"[20]1 月 28 日,他跟奥赖利一起去环球剧院观看了《俄狄浦斯王》。

1月31日的晚上，王尔德在波士顿的音乐厅举行演讲，又下雪了。但房子里还是坐满了人。（茱莉亚·沃德·豪是听众之一。）也就是说，除了前两排之外，坐满了人，前两排座位空无一人，令人不可思议，直到演讲者即将出场之际。届时，突然有六十个哈佛学生沿着中间的过道走来，身穿华丽的唯美主义套装，包括短裤、无尾晚礼服、惠斯勒式的白发，伯恩桑式的帽子，每个人都摆出彩色玻璃中的姿态，手持一支向日葵。他们的首领晃悠着走向自己的座位，他脚步蹒跚、神情倦怠、目光茫然。当舞台上的门被打开，演讲者迈入现场之际，整个大厅中充满了嬉闹声。

不过，王尔德能够以嘲弄的方式对待那些嘲笑他的人。他事先已得到消息，因此穿上了传统的晚礼服和裤子，只有他那条宽度不同寻常的领巾，略微显露了他的反传统思想，这条领巾简直快要够到两侧的肩膀了。他来迟了，不得不从后台的楼梯爬上去，因此观众们先看到了他的上半身，然后，让他们感到沮丧的是，他们看到他的腿上穿着普通的裤子。[21]王尔德还撰写了一段新的开场白。他语调平淡地开始了，"作为一个大学毕业生，我向你们致以问候。我很高兴能够在波士顿进行公开演讲，它是唯一影响了欧洲思想的美国城市，也是唯一向欧洲提供了一种新的伟大哲学体系的美国城市。"然后，他仿佛是不经意地扫视了一下那个怪诞的半圆形前排队伍，笑着说，"我看到我周围有一些唯美主义运动的迹象。我看到了某些年轻人，他们无疑是真挚的，但是我可以断然地告诉他们，他们的模仿只不过让人感到滑稽罢了。当我环顾四周，我第一次被迫进行热烈的祈祷，'把我从这些信徒的手中拯救出来吧。'正如华兹华斯所言，还是让我'远离那些大胆的恶徒吧'。"到了这时，他的听众已经基本上被他争取了过来。学生试图重新取得优势，每次当他拿起水杯饮水时，他们就会欢欣鼓舞地喝彩，但是这种报复作用甚微。

王尔德冷静地继续展开他的例行演讲。只有在接近尾声，当他提到他和牛津同学在罗斯金的率领下修筑欣克西北路时，他才再次留意到那些学生。"这

些迷人的年轻人也许乐于效仿我们的范例;劳动对他们是有好处的,虽然我不认
为他们能够把路修得那么好。"当天的早些时候,他拜访了哈佛,他说,"请允许
我向眼前的学生郑重地宣告,唯美主义运动包含的东西不仅仅是齐膝短裤和向
日葵。"他尤其喜欢哈佛的体育馆,敦促他们在这幢建筑物中摆放一座希腊的运
动员雕像,藉此把体育运动和美学结合起来。(事实上,他把一座普拉克西特列
斯的赫尔墨斯石膏像送给了他们,照罗伯特·罗斯的说法,"这是他对哈佛学生
以德报怨的范例。"1892 年,罗斯在剑桥的时候,那座铸像还在当地。此后,它就
不见了。)[22] 就这一点,王尔德后来评论说,"年轻人最终还是默默地顺从了。我
能够理解他们,因为我自己觉得,当我还是牛津的一年级新生时,我也很可能会
做出同样的事情。不过,当他们把自己的脑袋搁在狮子嘴里时,我觉得他们就该
被咬上一口。"这是他的巡回演讲中最辉煌的时刻之一,2 月 2 日,像《波士顿晚
间抄报》这样的权威也确认了他的胜利。

王尔德表现出了对生活的内行态度,他的表达方式芬芳四溢,正是这些而不
是他的学说让美国人觉得难以轻易接受。他的美之符咒让人听起来有点带有颠
覆性,有点不那么健康。他的巡回演讲或多或少是获得了成功,它们是一系列的
对抗行为,他那恶名昭彰的、反传统的魅力跟传统的男性气概和继之而起的疑虑
形成了对抗。他的服饰让反对意见变得两极化。偶尔他也想放弃这种装束,但
是观众的失望让他再次穿上了它们。对他的抨击有时是毫无根据的,譬如安布
罗斯·比尔斯在 3 月 31 日发表的一篇文章。不过,头一篇针对他的文章的发表
日期还要更早些,那是 2 月 4 日希金森发表在《女性期刊》上的。希金森是一个
很受尊敬的讨厌鬼。他在文学方面负债累累,某个不知名的阿默斯特地区的女
人曾向他展示过一些奇怪的诗歌,他认为它们是不值得发表的;直到艾米丽·迪
金森去世之后,他才愧疚地协助编辑了这些作品。希金森利用王尔德来访的机
会公开抨击了他和惠特曼两个人,仿佛字母表的末端需要被修剪一下。① 在内

①　王尔德(Wilde) 和惠特曼(Whitman) 的名字都排在姓名字母表的末端,故有此说。

战时期,希金森是一个黑人军团的上校,他指责惠特曼谎称自己曾参加战役,而其实他只不过是在医院里当过护工。王尔德的查密迪斯脱掉了雅典娜青铜像的衣服,作为曾担任过唯一神教(Unitarian)牧师的人,这件事让他更愤慨不已。"裸体并不意味着古代雕像就具有神圣的洁白,"他说得有点不确切,因为希腊的雕像是上了色的,"却意味着对某种受损之清白的强制性揭露。"希金森以那种军人和牧师的暴戾态度斥责了王尔德,认为他本该去帮助解决本国的爱尔兰问题,结果却在那里创作淫荡的诗歌。让希金森尤其感到不安的是,他的纽波特邻居茉莉亚·沃德·豪居然在自己家里款待了这位色情诗人,他几乎点出了茉莉亚·沃德·豪的名字。

184　　结果,希金森成了豪太太发泄愤怒的对象。2 月 16 日,她写信给《波士顿晚间抄报》,认为上校无权决定谁应该获得社交圈的接待。像希金森这样有名望的鉴赏家也曾称赞过王尔德的诗歌。王尔德不但愿意教授他人,也愿意学习。"无论从哪一种意义上说,拒绝最有影响力、最有文化的社群中的一员,哪怕他是令人不快的,这也很难说就符合基督教的原则。"王尔德为这封"高贵、漂亮的"信件向她表示了感谢。[23]希金森闭嘴了,不过,3 月 18 日,《帕尔摩报》以讽刺的口吻赞扬了豪太太的勇气,因为她想要提高王尔德的价值。当时,他在美国为自己诗歌中的异性恋暗示付出了代价,正如后来他会在英国为自己散文中的同性恋暗示付出代价。

　　2 月 7 日,希金森的文章发表三天之后,在罗切斯特市发生了一件同样令人难过的事情。在当地,罗切斯特的学生试图胜过他们的哈佛同辈,他们用呵斥和嘘声盖过了王尔德的演讲。王尔德双手抱臂,安详地凝视着那些找茬的人,直到喧嚣声逐渐变弱,他才开始继续演讲。演讲进行到一半的时候,根据事先的安排,一个老黑人身穿正式服装,戴着一只白色的小羊皮手套,他模仿了王尔德的装束,捧着一大束花朵,沿着中央通道跳着舞走过来,在前排的一个座位坐下。警察试图让哄堂大笑的人群恢复安静,结果反而把事情搞得更糟,演讲者极力试图结束自己的演讲,很多听众等不到那个时候,就已经离去了。[24]

　　不过,这种伤害也得到了慰藉。2 月 5 日,诗人华金·米勒跟王尔德在纽约共餐,9 日,他写信给王尔德,认为"那些罗切斯特恶棍"的行为是可耻的。次日,赫尔伯特在《纽约世界报》上发表了该信,王尔德在 2 月 28 日的一封信中回复了米勒,3 月 3 日,《世界报》刊登了王尔德的信件。这是一封针对他所有敌人的激烈答复,尤其是希金森:"毕竟,我得谈谈这个人,这个乱写东西的小人物,生活在高贵、历史悠久的麻省,他究竟是谁? 对于那些他无法理解的事物,他乱涂乱写和叫嚣起来是这么轻巧。……那些抄写员是谁? 他们以那种毫无意义的敏捷手法从治安新闻写到帕台农神庙,从罪行写到文艺评论,他们虽然无能,却神态自若地统治着他们刚刚扫掠过的办公室。"虽然他看起来漫不经心,而且自觉无辜,但王尔德越来越感受到了针对他的敌意。"你身处一种怎样的暴风雨和旋风中!"2 月 19 日,他母亲写信跟他说。他是无所畏惧的。"我没什么可抱怨的,"他对一个记者抱怨说,"他们对待我的态度显然是令人愤慨的,但我不是那个受到损害的人,受损的是公众。通过这种荒谬的攻击,人们学会了嘲笑那些他们本该崇敬的事物。"倘若说媒体的反对态度是让人不快的,它的赞成却会显得更糟。"如果英国和这个国家的媒体以不同的态度对待我,如果我获得了称赞和认可,那么,我这辈子就要头一次开始怀疑我自己和我的使命了。"然后,他更加自负地说,"《纽约先驱报》所说的话对我会有什么影响呢? 你去看看米洛的维纳斯,你就知道那是一件极其优美的创造物。如果世界上所有的报纸都宣称它是一件拙劣的讽刺作品,难道你的观点会因此有丝毫的动摇吗? 决不会。我知道我是对的,我有一件使命要完成。我是坚不可摧的!"[25]（在《帕多瓦公爵夫人》中,公爵评论说,"众望所归,我从未遭受过这种侮辱。"）他有一个著名的先例可循:"雪莱被赶出了英国,不过他在意大利写得也一样出色。"遭受济慈和雪莱的待遇并不是一件太坏的事情,但他感到吃惊的是,一位英国访客在美国所受的待遇竟然远不如美国人在英国所受的待遇。

　　跟媒体打交道也不一定都是难事。他抵达波士顿旅馆的时候,看到了一张记者的名片,据称他代表了一系列的西方报纸,迫切地希望对王尔德进行采访。王尔德穿上了晨衣,准备接受采访。来了一个非常年轻的绅士,"或者干脆说就是个孩子,当我看到他的时候,我判定他年近十六了。我问他是否上过学。他说他不久前辍学了。他向我请教,问他在记者这一行中该怎样发展。我问他是否懂法语。他说不懂。我建议他去学法语,还提了些关于该读什么书的建议。事实上,是我采访了他。最后我给了他一个橘子,然后送走了他。我不知道他拿那个橘子做了些什么;他似乎很高兴得到它"。[26]

美化美国

> 至于那些刊登着关于政治、治安法庭和名人的沉闷报
> 道的现代报纸,我早就不再关心他们对我的描述
> 了——我的时间全都交给了神祇和希腊人。[27]

王尔德从波士顿出发,前往纽黑文,在中途屡次停顿之后,他抵达了芝加哥。他身边有一个名叫 J. S. 威尔的业务经理,还有一个名叫 W. M. 特拉奎尔的黑人男仆,后者负责照管他的衣物。一个州接一个州,他耐心地穿越中西部地区,抵达内布拉斯加州,3 月底,他从那里出发,前往加利福尼亚州,进行一次为期两周的巡回演讲,据说为此获得了五千美元的收入。然后,他踏上归途,在堪萨斯、爱荷华和科罗拉多之间交叉往返,直至新泽西,他的第一轮演讲结束于 5 月 12 日,接着,他抵达了弗吉尼亚。他本来只计划演讲到 4 月,但他的名声远扬,促成了更多的演讲预约。有一度他提出要返回伦敦,然后,7 月份,他说要继续前往日本。他向惠斯勒提议说,他们两人可以一起拜访日本,合作撰写一部关于日本的书籍,但是惠斯勒唯一的答复就是沉默不语。王尔德在德梅因(Des Moines)遇上了一位年轻的画家,名叫斯宾塞·布莱克

(Spencer Blake)，他突然改变了想法，邀请了这位画家，后者同样突然地接受了邀请，愿意以私人秘书的身份陪伴在他左右，那之后，他们将一起前往澳大利亚，然后回伦敦，1883 年秋天再返回美国。[28]这个计划泡汤了。王尔德要为这次远征筹集资金，他本可以撰写关于日本艺术的文章，在澳大利亚，他还可以作演讲，然而，没有人像美国的卡特这样跟他签订一系列定期演讲的预约合同。莫尔斯上校建议，结束了在夏洛茨维尔（Charlottesville）的演讲之后，他不妨展开第二轮美国巡回演讲，王尔德暂时没有答复他，他当时尚未彻底放弃前往远东的旅行计划。

　　他接受了莫尔斯的合约*，5 月 13 日，他抵达加拿大中部和东部地区；一个月后，他来到美国南部，从孟菲斯出发，他拜访了大多数南方州。然后，他向北行进，直到 7 月中旬，他还在罗德岛、纽约和新泽西的矿泉疗养地作演讲，虽然根据惯例，演讲的季节早就该结束了。这次巡回演讲拖拖拉拉，8 月早已经来临，演讲还在持续当中。9 月末，他再次启程进行第三轮演讲，这次演讲为期三周，目的地是新英格兰和加拿大东部的若干地区，10 月 13 日，他在新不伦瑞克的圣约翰举行了最后一次演讲。那之后，他就返回纽约，停止了演讲。

　　他的演讲日程很密集，正如以下的表格所示。

————————————

　　*　根据他的要求，一位名叫沃茨的纽约裁缝为他制作了若干新衣服。王尔德设计了两套新套装，一套是黑天鹅绒的质地，另一套的颜色就像是在月光中闪耀的湖水，"月光下的湖色"，其实也就是鼠灰色而已。黑套装的"紧身上衣是纯黑的，紧贴着身体，没有任何明扣，模仿的是弗兰西斯一世的风格"。袖子的下半部分是"带有绸纹的天鹅绒，上面绣着野花的图案，紧贴着胳膊。胳膊的上半部分由非常蓬松的天鹅绒布料制成，只不过式样更蓬松，而且主要部分是纯色的天鹅绒。袖子由两种织锦天鹅绒图案构成，镶着精致的薄绸褶边。围绕着脖子有三圈窄褶边，其材料跟袖子的褶边是一样的。马裤正抵膝盖，紧包着腿，底部有两个小纽扣。长袜是黑丝袜，鞋子是低边的，用一个银带扣系着。了解以下的数据也许是件趣事，它们是这套装束的尺寸：裤子 30 英寸；紧身上衣的底边 45 1/4英寸；腰围 38 1/2寸；胸围 36 1/2 英寸。袖子上截的蓬松部分是 32 英寸，底部是 11 英寸，衣领的尺寸是 17 英寸。"（《纽约世界报》，1882 年 5 月 4 日）

187　**王尔德的旅行路线,1882 年 1 月 9 日至 10 月 13 日**
（他停留但没有作演讲的地方被括弧标出）

I. 从 1882 年 1 月 9 日到 5 月 12 日

1882 年 1 月 9 日	奇克林礼堂,纽约市,《英国的文艺复兴》
17	园艺厅,费城
23	林肯礼堂,华盛顿特区
25	林肯礼堂,巴尔的摩
27	奥尔巴尼音乐厅
31	波士顿音乐厅
2 月 1 日	佩克歌剧院,纽黑文
2	哈特福德歌剧院
3	布鲁克林音乐协会
6	市政歌剧院,尤蒂卡
7	歌剧院,罗切斯特
8	音乐协会,水牛城
9	[尼亚加拉]（前景旅馆）
13	中央音乐厅,芝加哥
16	旧学园,韦恩堡,印第安纳
17	音乐厅,底特律
18	凯斯厅,克利夫兰
	[辛辛那提]
20	哥伦布
21	共济会圣殿,路易斯维尔
22	英国歌剧院,印第安纳波利斯
23	歌剧院,辛辛那提
25	商业图书馆大厅,圣路易斯
27	歌剧厅,斯普林菲尔德,伊利诺伊
3 月 1 日	迪比克,爱荷华
2	罗克福德,伊利诺伊
3	奥罗若,伊利诺伊
4	拉辛,威斯康星
5	大歌剧院,密尔沃基

6	乔利埃特
7	杰克逊维尔,伊利诺伊
8	迪凯特,伊利诺伊
9	皮奥里亚,伊利诺伊
10	布鲁明顿,伊利诺伊
11	芝加哥中央音乐厅
15	音乐协会,明尼阿波利斯
16	歌剧院,圣保罗
17	歌剧院,圣保罗(圣帕特里克节演讲) [纽约]
20	音乐协会,苏城,爱荷华
21	博伊德歌剧院,奥马哈
27	普拉特礼堂,旧金山
28	奥克兰轻骑兵军械库,奥克兰,加利福尼亚
29	普拉特礼堂,旧金山
30	圣何塞,加利福尼亚
31	萨克拉乃托,加利福尼亚
4 月 1 日	普拉特礼堂,旧金山
3	加利福尼亚礼堂,圣何塞
4	莫扎特礼堂,斯托克顿
5	普拉特礼堂,旧金山
10	莱文沃思歌剧院,堪萨斯
11	盐湖剧院,盐湖城,犹他
12	歌剧院,丹佛
13	特博大歌剧院,莱德维尔,科罗拉多
14	科罗拉多斯普林斯,科罗拉多
15	丹佛
17	科茨歌剧院,堪萨斯城,密苏里
18	图特歌剧院,圣约瑟夫,密苏里
19	[莱文沃思,堪萨斯]
20	歌剧院,托皮卡,堪萨斯

188

21	自由礼堂,劳伦斯,堪萨斯
22	科林斯礼堂,艾奇逊,堪萨斯
24	林肯,内布拉斯加
25	弗里蒙特,爱荷华
26	德梅因,爱荷华
27	爱荷华城
28	锡达拉皮兹,爱荷华
29	岩岛,爱荷华
5月2日	代顿,俄亥俄
3	康斯托克歌剧院,哥伦布,俄亥俄
4	哈里斯堡,宾夕法尼亚
8	福雷荷德
9	纽瓦克
10	[费城]
11	沃勒克剧院,纽约
12	李街浸礼会教堂,威廉斯堡,弗吉尼亚

189

II. 从 1882 年 5 月 13 日到 8 月 26 日

5月15日	女王礼堂,蒙特利尔
16	大歌剧院,渥太华
18	音乐厅,魁北克
20	女王礼堂,蒙特利尔
22	歌剧院,金斯敦,安大略
23	市政厅礼堂,百维尔,安大略
25	大歌剧院,多伦多,安大略
26	斯特拉特福德歌剧院,布兰特福德,安大略
27	园艺花园文体厅,多伦多
29	市政厅礼堂,伍德斯托克,安大略
30	大歌剧院,汉密尔顿,安大略
31	韦斯利恩女子学院,汉密尔顿
6月2日	环球剧院,波士顿

11	歌剧院,辛辛那提
12	留布雷剧院,孟菲斯
14	[维克斯堡]
16	大歌剧院,新奥尔良
17	沃思堡,得克萨斯
19	文体馆,加尔维斯敦
20 或 21	特纳歌剧厅,圣安东尼奥
23	格雷歌剧院,休斯顿,得克萨斯
26	西班牙堡,路易斯安那
27	[博瓦尔(拜访杰斐逊·戴维斯)]
28	弗拉斯卡蒂游乐园,默拜尔,阿拉巴马
29	麦克唐纳歌剧院,蒙哥马利,阿拉巴马
30	哥伦布,佐治亚
7月3日	罗尔斯顿礼堂,梅肯,佐治亚
4	德盖尔歌剧院,亚特兰大
5	撒万纳剧院,撒万纳
6	奥古斯塔,佐治亚
7	学园,查尔斯顿,南卡罗来纳
8	威尔明顿,特拉华
10	怀克音乐协会,诺福克,弗吉尼亚
11	里士满剧院,里士满,弗吉尼亚
14	歌剧院,维克斯堡
15	赌场,纽波特,罗德岛
17	[纽约]
28	朗布兰奇
29	[跟亨利·沃德·比彻在皮克斯基尔]
8月2日	巴比伦,长岛
5	长滩
7	长滩旅馆,长滩
9	古尔德礼堂,鲍尔斯顿斯帕,纽约
10	国会礼堂舞厅,萨拉托加,纽约

190

11	亭阁旅馆,沙伦斯普林斯
12	库珀旅馆,库珀斯敦,纽约
14	斯普林旅馆,里奇菲尔德斯普林斯
15	卡茨基尔旅馆,在卡茨基尔山脉
16	长滩旅馆,长滩
17	山区旅馆,康沃尔
18	特安帕旅馆,卡茨基尔
19	大旅馆,卡茨基尔
21	八角旅馆,西布赖特,新泽西
22	西区旅馆,朗布兰奇
23	帕利塞德山区旅馆,斯普林莱克
24	科尔曼旅馆,阿斯伯里帕克
25	大西洋城
26	斯托克顿旅馆,开普梅

III. 从 1882 年 9 月 26 日到 10 月 13 日

9 月 25 或 26 日	娄尔斯大歌剧院,普罗维登斯,罗德岛
28	音乐厅,波塔基特,罗德岛
29	北阿特尔伯勒,麻省
10 月 3 日	班戈,缅因
4	市政厅礼堂,弗雷德里克顿,新不伦瑞克
5	机械学院,圣约翰,新不伦瑞克
6	音乐协会,阿默斯特,新斯科舍
7	基督教青年会,特鲁罗,新斯科舍
9	音乐协会,哈利法克斯,新斯科舍
10	音乐协会,哈利法克斯
11	市场礼堂,夏洛特敦,爱德华王子岛
12	拉迪克礼堂,蒙克顿,新不伦瑞克
13	机械学院,圣约翰,新不伦瑞克
10 月 14 日至 12 月 27 日	[纽约(第五大道旅馆,不伦瑞克旅馆,温莎旅馆和西 11 街 48 号)]

191

这是一场不同寻常的旅行。即便美国没有拜倒在这位征服者的脚下,至少有一半的美国和加拿大倾听了他的讲座,另外一半也不得不注意到这件事。关于他的装束的新闻继续出现在英国媒体上,乃至他的母亲会在 9 月 18 日写信给他说,"你仍然是伦敦的话题——出租马车车夫问我跟奥斯卡·王尔德有什么关系——送奶工人买了一张你的照片!事实上,在伦敦你成了最有名的人。我觉得你回来时会被热情的人群团团围住,不得不躲进马车。"在美国,他的诗歌受到了被盗版的恭维,这种盗版诗集每本定价十美分。出版的流行歌曲中有些以《奥斯卡·王尔德之勿忘我华尔兹曲》、《反复无常的年轻人》和《亲爱的奥斯卡!》为题。当他走过来的时候,年轻女性头戴向日葵编织的帽子,或唱着《我们是二十个害了相思病的少女》。幽默作家尤金·菲尔德把自己打扮成了王尔德的样子。4 月 15 日,他手中拿着百合花,懒洋洋地凝视着一本书,乘坐在敞篷马车中驶过丹佛。得知这个消息后,王尔德只是说,"对于我的演讲来说,这是多么出色的广告啊。"[29] 人们不断向他咨询关于成立新的艺术学校和画廊的计划,就像他忍不住向刘易斯太太吹嘘的那样,年轻的艺术家对他敬若神灵。* 王尔德变得更加目中无人,对自己的使命也更加严肃。3 月 23 日,有人在奥马哈问他将来打算做些什么,他大笑起来,点燃一支烟,猛然向后靠在椅子上,坦白地回答:"哦,我是一个充满雄心壮志的年轻人。我想做世界上的一切事情。我无法想象还有任何事是我不想做的。我想写好多诗歌。我想学画画,哪怕我过去没做到。我想要写大量的剧本,我想要让这个艺术运动成为一种新文明的基础。"[30]

据说,他曾在波士顿提过以下的建议,他似乎是认真这么想的,"人生的最高目标是生活。没有几个人生活过。真正的生活就在于实现一个人的完满的人生,实现他的每一个梦想。这不是不可能的。"某种程度上,王尔德正在同时扮演亨利·沃顿勋爵和道林·格雷的角色,他俩一个是诱惑者,另一个是受诱

---

* 年长的艺术家对他就没有那么肃然起敬了:5 月份,在纽约的艺术学生联盟上对学生讲话时,乔治·英尼斯拒绝让王尔德插话。

惑者。

192 起初,莫尔斯上校并没有把演讲安排得很满,但是巡回了最初的几个城市之后,他就安排了一系列的单场演讲,相互之间几乎没有间歇。莫尔斯得知王尔德也愿意出席日场活动,于是又增添了一些日场演讲。王尔德每周要进行六次演讲,他略表抗议之后还是适应了这种生活。虽然偶有迟到,但总的来说,他对这些预约是尽心尽职的,有一次,在萨拉托加,为了准时抵达里奇菲尔德斯普林斯(Richfield Springs),他还租用了一辆特殊的机车。由于被列入一桩离婚案件的共同被告,著名布道者亨利·沃德·比彻的名声已经受损,他此时正在纽约附近消暑,王尔德拜访了他。*

  到了6月15日,他的巡回演讲的总收入是18 215.69美元。减去7 005.06美元的开销之外,王尔德获得了剩下的11 210.63美元中的一半。[31]这是一笔可观的数目。在这些有利可图的旅行中,有时,他乘坐的火车以令人不知所措的速度飞驰过美国大陆,乃至他写给斯托达特的信件中有一封的开头是"于某地某时——我不确信是在哪儿,在什么时候"。不过,对于那些不留情面的采访者,他并没有流露出困惑的神色,在每一个城市,他通常都会设法做到不但进行演讲,还腾出时间去参观艺术画廊和艺术学校,以及在招待会和宴席上拜见当地的知名人士。王尔德是美国曾经接待过的最令人愉快的访客,并不是每个人都知道这一点,但是他给数千人留下了深刻印象。譬如,有一个名叫巴布的年轻人曾写信给他母亲,提到王尔德拜访杰克逊维尔的伊利诺伊学院的事情(巴布的儿子詹姆斯后来担任了耶鲁大学图书馆馆长,这封信件因此被保留了下来):"他的措辞十分美妙,描述起事物来简直无与伦比。他的语言很流畅,偶尔还会闪现出美好的词语。芒罗·勃朗宁和我有幸去邓洛普宅拜访了他。他表现得非常热

---

 * 他对比彻没有留下什么好印象。后来,在伦敦的皇家文学基金会的一次宴会上,有人说,"我们正在谈论,王尔德先生,拿一个像塔尔梅奇博士(Dr Talmadge)这样的人跟一个像亨利·沃德·比彻这样的人作比较,这是多么不可能。""的确如此,"王尔德说,"就这像是拿戏剧里的老丑角和小丑角作比较一样。"

忧——在走进和离开他的房间时，他都向我们伸出了手。跟他交谈是件快事——轻盈，美好，妙趣横生。他说如果他是一个美国的年轻人，西部地区对他会有很大的吸引力。"[32]这样一位名人对年轻人想必会有相当的影响力，即便不算是重要的影响力。在他的余生中，人们总会走过来，告诉王尔德他们曾听过他的演讲。

在他的旅行初期，王尔德发现除了《英国的文艺复兴》之外，他还需要准备另外一个演讲。东部的报纸在专栏上毫不犹豫地刊登了他的各种评论，简直到了逐字逐句的地步，因为其他报纸也转载了这些评论，王尔德还没有开始演讲，他的听众们就已经了解了他的观点。费城朋友罗伯特·S.戴维斯也许是第一个鼓励王尔德再准备一个题材的人；1月20日，他有点非正式地提到一个关于"日常生活中的现代美学"的演讲，其内容相应地跟家庭、服饰和艺术品鉴赏有关。王尔德对此颇感兴趣，但并没有即时被说服。他继续演讲自己的《英国的文艺复兴》，直到2月份抵达芝加哥为止。他在当地要作两次演讲，当他从《水牛城信使报》（*Buffalo Courier*）的报道中得知，芝加哥的报纸已经印刷了《英国的文艺复兴》，他匆忙地拼凑了两个新演讲，自那之后，他就开始推广这两个新演讲。其中之一是他在3月份第二次拜访芝加哥时推出的，它被人们称作《漂亮房子》（The House Beautiful，是佩特把这个糟糕的措辞流传了下来）。另一场最早在2月13日推出，题目是《装饰性艺术》。这两个演讲跟第一个演讲有所不同，因为它们不是从历史的角度出发，而是描述了美学原则的实践应用。

《装饰性艺术》跟《英国的文艺复兴》关系更为紧密，它引用了很多跟罗斯金和莫里斯有关的例子。王尔德描述了最近在英国兴起的手工艺时尚，还有，为什么心情愉快的手工艺人制作的物品比毫无感情的机器制作的物品要更好。他飞快地从一个论点转移到另一个论点，对组织结构并不怎么担忧，他依靠的是那种连珠炮式的饶舌模式，它很快就表现出了可靠的品质。现代服饰是卑贱的，正如雕塑上的装束："目睹我们那些已逝的政治家雕像，他们身穿大理石罩袍和双排扣的青铜马甲，我们不禁对死亡产生了一种新的恐惧。"应该成立艺术学校，这些学校应该跟贸易和制造业有着比如今更直接的联系。艺术应该描述那些用铁路覆盖世界，让船只漂浮在海上的人。除此之外，每所艺术学校都应该有一座博物馆，就像伦敦的南肯辛顿博物馆，艺术家和手工艺人可以去那里欣赏自己领域的杰作。糟糕的艺术比没有艺术还要可怕："［在费城设计学院，］我看到年轻的女士在餐碟上绘制月光，在汤盘上绘制日落。"不用到很远的地方去寻找艺术的题材："我所见过的最优雅角色当属一位科罗拉多的矿工，他在银矿里用锤子敲打一根杆状物；我们随时可以用大理石或青铜塑造出他的形象，于是他将在艺术中获得永恒的高贵。"现代珠宝是俗气的，因为没有人留意个体手工艺人；现代壁纸简直太难看了，一个在这种环境中长大的男孩子可以宣称，他之所以走上犯罪道路就是因为受到了此类壁纸的影响。应该公开摒弃沉重的陶杯，换成那种小巧的瓷杯，他看到中国工人曾用它们作为饮具。最后，还必须改造教育：孩子们不该学习"那种记录丢脸事的历法，即欧洲史"，而应该在工作室中学习艺术有可能带来的新的世界史，它预示着人类的相亲相爱，预示着和平而不是战争，预示着对神之匠人的称颂，以及新的想象力和新的美。

194

　　《漂亮房子》更具有指导性。王尔德就仿佛在屋子中走动，评点着他看到的错误。门廊处不应该贴壁纸，因为这里太接近户外了；贴壁板要更适合一些。应该铺瓷砖而不是地毯。房间的墙上和天花板应该涂合成色。必须用小窗户来回避耀眼的光线。还必须用荷兰瓷炉来取代丑陋的取暖炉。不要摆放假花。要使用吹制玻璃而不是雕花玻璃。还有安妮女王时代的家具。他接下来讲到房子的居住者和服饰。女人应避免裙饰和胸衣，还应效仿希腊雕塑上的衣物。至于男人，他在美国见过的仅有的穿着入时的人是科罗拉多的矿工，他们头戴宽边帽子，身着披风。他腿上的这种齐膝短裤比长裤更实用。在给出这些指示之后，王尔德转而讲起了艺术和道德之间的关系。他非但不说两者之间没有关系，还说艺术具有一种精神上的功用；无论它跟什么接触，它都能提高这种事物，使之神圣化；公众对它的否定并不能阻止它的发展。

　　这不完全是胡扯；其中的大部分内容是无懈可击的。王尔德越来越倾向于宣扬他的个性而不是学说。在回答问题时,他开始机敏地提到当地的特色,这些回答因此显得耳目一新。在芝加哥,他抱怨说,新建的水塔是"一座城堡式的怪物,还配有胡椒盒式的角塔和荒谬的吊闸",不过,王尔德也略微安抚了芝加哥人,他认为,在水塔内部,"那对称、协调的巨大轮子"是符合唯美主义的最高标准的。虽然反对机械制造的物品,他承认,在某些方面,机械能解放人类,让他们更好地利用时间。然而,就像他在奥马哈说过的那样,"机器导致的邪恶不仅仅在于操作机器带来的后果,而是事实上,它把人自身也变成了机器。而我们希望他们成为艺术家,也就是说成为人。""如果美国有伟大的音乐家的话,"他说,"让他撰写一首机器交响曲吧。"然后,他又补充说(这一次不那么像神谕),"但首先他们必须取缔蒸汽笛。"[33]有人问他对旧金山的风景有什么看法,他说,它是"没有艺术的意大利"。他称赞了塞勒姆的带七个尖角阁的房子(the House of the Seven Gables)①,偶尔还称赞过其他地区的某个建筑;他恭维了巴尔的摩的查尔斯·普拉特,因为普拉特向一座公共图书馆捐赠了一百万美元。在新奥尔良,他谈到自己的叔叔 J. K. 埃尔吉博士,这位博士曾在当地的拉皮德县投身南部邦联的政治活动。流向奥尔巴尼的哈德逊河赢得了他的赞扬。尼亚加拉瀑布遭到了较为尖刻的评论:"尼亚加拉有幸免受我的批评,"他承认,"不过,我不得不说,对于很多在这里度蜜月的美国人来说,它将是他们已婚生涯中的第一桩扫兴事。"他尤其不满它那种单调的轮廓,"无边无际的水以错误的方式落下。"[34]然而,当他从瀑布下穿行时,他开始产生敬意:"我觉得,站在桌岩边,我从未这么强烈地意识到,仅仅是自然的物质形式也能显得如此壮观和美丽。令人赞叹的是,瀑布的正下方是平静的,河底的激流在很远的地方出现。"他在瀑布中发现了那种不怀激情的冥思,他有时认为这是艺术的特征之一。"还有一件事让我十分感兴趣,"他说,"就落下的水帘之形状而言,那是一种奇特的重复,相同的形式,而且图案几乎也是相同的。它给我一种感觉,哪怕是我们眼中之自然的最

195

---

① 该房子出现在纳撒尼尔·霍桑的同名小说中。

奔放的自由形式,其实也完全受制于统治法则。"当尼亚加拉的前景旅馆请他在私人签名册上留言时,他开始发表豪言壮语:"当民主的巨浪撞击在国王安然躺卧的岸堤上,也会发出这些水浪发出的怒吼。"[35] 在《薇拉》中,他曾经以嘲讽的口吻评论过这种观点,戏中的沙皇继承人说,"在遥远的地方,我听到民主的巨浪撞击在那些受诅咒的堤岸上",保罗亲王却回答,"如果是那样的话,你和我都得学会游泳"。

他的美国之旅带来了一个意外的结果,就是他对自己的爱尔兰身份的重新发现。他在牛津已经放弃了爱尔兰口音,还一直试图淡化英国和爱尔兰之间的分歧。因此,同胞对他的最初态度是带有敌意的。1882 年 1 月 14 日,他的旅行刚刚展开,纽约的《爱尔兰民族》就刊登了一篇文章,其大字标题流露了不以为然:

斯波兰萨的儿子

奥斯卡·王尔德的演讲题目

是所谓的英国文艺复兴

————

唯美主义的彻底性

————

当一种丑陋的暴政正在

遮蔽他的故国,他却在

谈论美

————

可悲的是,天赋用错了地方

196 斯波兰萨的儿子在继续穿越大陆,他出人意料地发现,爱尔兰裔美国人是他的潜在同盟,他们对他的唯美主义毫不关注,却热爱他的民族背景。圣帕特里克节的那一天,他身处明尼苏达州的圣保罗,一位名叫尚利神父的人引介了他,把他称作"一位爱尔兰最高贵女儿"的儿子,"在 1848 年的动乱时期,这位女儿用她笔下的作品和她本人的高贵事例努力维系了爱国的烈焰,使之熊熊燃烧"。在那种氛围下,王尔德也受到了鼓动,他把爱尔兰民族描述成一度是"欧洲最贵族化的民族",爱尔兰曾经是欧洲的大学。"韵律,作为现代诗歌的基石,完全是爱尔兰的产物。"他自夸道。"然而,随着英国人的入侵,"他告诉人群,"爱尔兰的艺术就走到了尽头,它已经灭亡了七百多年。我很高兴它已不复存在,因为在一个暴君的统治下,艺术是不可能生存并蓬勃发展的。"不过,爱尔兰的艺术冲动并没有就此死去;它仍然留存"在每一股溪流中",留存在对昔日爱尔兰伟人的普遍尊重中。他喜欢把爱尔兰称作"民族中的尼俄柏",正如拜伦对罗马的叫法,当爱尔兰重获独立,它的艺术流派将会再次复兴。[36]

5 月 6 日,弗雷德里克·卡文迪什勋爵在都柏林的菲尼克斯公园被爱尔兰民族主义团体"无敌者"刺杀,他对此反应迅速。卡文迪什曾经跟王尔德在梅里恩广场共餐。有一个记者询问他的看法,王尔德回答,"当自由的手上沾满了鲜血,跟她握手真是件难事。"接着,他又补充,"我们忘了英国该受到怎样的谴责。她正在收获七百年不公带来的果实。"[37]由于这些评论,社论作家对王尔德表达了不同寻常的称赞。他通常坚持的是自己的共和主义态度,正如 2 月 21 日他在路易斯维尔的发言:"的确,我是一个彻底的共和主义者。其他的政府形式不会如此有利于艺术的发展。"不列颠也应该成为一个共和国,正如他在《欢迎女皇》中的看法。"当然,我不能跟我的朋友威尔士亲王谈论民主的原则。正如你所知,那只是一种社交场合的机智罢了。"(自我吹嘘他跟王室的交情,这就显得不那么机智了。)然而,4 月份,他跟一位旧金山的记者说,他的政治信条其实就隐藏在《对自由的神圣渴望》中,在这首诗里,他是那么憎恶政治煽动者,乃至认为独裁者也比他们要好一些。[38]在题为《1848 年的爱尔兰诗人》的第四篇演讲中,他还为爱尔兰人的性格作了辩护,他最初在旧金山作了这个演讲,随后在其他几个地方也演讲过。他还能记得,这些诗人中有几个最老的人曾拜访过他家,譬如史密斯·奥布赖恩、约翰·米切尔和查尔斯·加万·达菲。他称赞了这些人，除了叶芝和乔伊斯最喜欢的詹姆斯·克拉伦斯·曼根之外，还有托马斯·戴维斯，他认为戴维斯是其中最优秀的诗人。他提到了当前的诗人，弗格森、沃勒、德维尔、"伊夫"，最后还有自己的母亲，他随身携带了她的照片。"也许我不该谈论斯波兰萨的诗歌品质——因为面对爱，批评也会缴械——然而我愿意遵从这个民族的裁决。"[39]他去了南方，跟杰斐逊·戴维斯共度了一个晚上*，当时，他指出了南部邦联和爱尔兰人之间的共同之处；双方都进行了搏斗，都以失败告终，两者对自治的追求让他们彼此相似。根据记载，他说过，"杰斐逊·戴维斯和南方为之而战的原则是不可能被打败的。"在写给豪太太的信中，他说得更坦白，"所有的失败都是多么地迷人！"[41]不过，当他跟格兰特将军交谈时，他觉得北方也具有令人钦佩的品质，格兰特将军不幸取得了胜利。

　　王尔德常有机会直接促进艺术事业。在芝加哥，一个名叫约翰·多诺霍的年轻雕塑家寄给他一座小型浅浮雕，这是一个女孩的坐像，根据王尔德的诗歌《安魂祈祷诗》制成。王尔德拜访了多诺霍，发现他"住在一幢大楼顶层的光秃秃的小房间里，房间中央搁着一座小雕像，是年轻的索福克勒斯正在指挥萨拉米斯战役后的舞蹈和……音乐，一件美和手艺的最高层次的结晶，正在等待着从泥土被浇铸成青铜。这是迄今为止我在美国见过的最出色的雕塑"。他说，多诺霍让他想起了"那些古老的意大利故事，关于努力奋斗的天才的故事。出生在穷苦之家，他有一种创造美的欲望。有一天，他看到一些工人在做檐口的模型，他向他们要了一些泥土，回到家中，开始做模塑。一个认为他有天赋的人给了他一些钱，让他在巴黎生活了一年"。不过，他如今过着忍饥挨饿的日子，依靠"萝卜和干面包片而生，那是斯多葛派的食品"。[42]王尔德以这种风格谈论多诺霍，结果订单向艺术家蜂拥而来，这下子，多诺霍可以迁居巴黎了，他在那里成立了

---

　　* 他后来说，在南方，不管提到什么，人们都会回答，"你应该看看战前的它。"他过去从不知道战争会带来怎样的摧残，直到有一晚，在查尔斯顿，他转向某个人，说，"月亮真美！"得到的回答是，"先生，你该看看战前的月亮。"[40]

一间工作室。然而,当他的恩人后来需要帮助时,他却没有提供任何援助。

王尔德还为其他事业尽了力。詹姆斯·爱德华·凯利在纽约为他制作了一幅蚀刻画,画中的他牵着一个年轻男孩的手,那也许是凯利的儿子。在公众宣传中,他明智地只展示了自己的头部。4 月份,在旧金山,他让西奥多·沃尔斯为自己绘制了一幅肖像。[43]5 月 2 日,他赞扬了弗兰克·杜弗莱克,说他是美国最好的画家。在新不伦瑞克的圣约翰,他从约翰·C.迈尔斯手中购买了一幅海边水彩画。6 月 2 日,他赞美了霍默·沃森的风景画,把他称作"加拿大的康斯特布尔",虽然这个标签对于沃森并不十分合适,但它却被叫开了。王尔德为沃森争取到一些订单,他自己后来也订购了一幅他的画。在多伦多,F. A. T. 邓巴为王尔德制作了一座胸像,但如今已经失传。他说,路易·弗雷谢特是加拿大最好的诗人。在新奥尔良,他称赞了乔治·华盛顿·凯布尔的小说和赖安神父的诗歌。[44]他为加拿大艺术家弗朗西丝·理查兹撰写了一封给惠斯勒的推荐信,在那之后的某个时候,他还让理查兹为自己绘制了一幅肖像。他数次拜访了一个名叫罗伯特·布卢姆的纽约画家,他喜欢布卢姆的肖像画。王尔德建议一位女模特穿上他最喜欢的颜色,即牛奶咖啡色和灰绿色,外加一支黄色的香水月季;他对另一个模特说,布卢姆笔下的悦目色调让他有一种类似在吞食一件黄色绸衣的感受。[45]王尔德并没有试图炫耀自己的恩惠。他从不知道自己对他人的一些最重要的影响。譬如,约瑟夫·彭内尔太太后来变成了惠斯勒最忠实的信徒和朋友,她就是在王尔德的巡回演讲中第一次听到这位画家的名字。纳塔利·克利福德·巴尼当时只有六岁,人们把她放在王尔德的膝盖上,巴尼认为这次经历影响了自己的性格发展,她后来下定决心要成为一个作家。

跟惠斯勒不一样,王尔德没有到处树敌的习惯,即便是那些能力不足的人,他也设法友善地对待他们。当人们把自己的手稿寄给他,他总会阅读并给出意见。安娜·莫里森·里德寄给他一本名叫《蒙难地》(*Gethsemane*)的诗集,3 月 31 日,他写信给作者说:

亲爱的女士,我已经很愉快地读完了你的这本迷人的小册子,书中充满了对田野和花朵的美好、淳朴的喜悦,它满怀共鸣地拨动了生活的琴弦,死神和爱让这一切在我们心中不朽。请接收我对你的恩惠的感谢,相信我。

奥斯卡·王尔德谨启

在辛辛那提,他听说女主人有时也会写诗,就敦促她把这些诗歌结集出版。"也许,"她回答,"在天堂里,我会出版书籍,而不是主持招待会。""不,不,"王尔德说,"天堂不会有出版商。"不过,他对礼仪的要求偶尔会有损他的友善,就是在美国,他惹恼了英国演员查尔斯·布鲁克菲尔德,因为他说到布鲁克菲尔德在出席一场茶会时没有摘下手套。布鲁克菲尔德从未原谅过他。[46]

他主要的努力是为朋友伦内尔·罗德谋福利。到了7月底,诗集《玫瑰叶和苹果叶》已经送到了王尔德手中,他设法让他们向作者支付了一小笔预付款。王尔德很高兴斯托达特接受了自己的建议,他认为这本书是"印刷品中的杰作"。跟他自己的诗集一样,这个印刷了一百七十五部的版本有着羊皮纸的封面,题目是以红色和黑色印刷的。只有一面纸上印着诗歌,中间装订着空白的苹果绿衬纸。(这些纸张是在费城的仓库中找到的,人们本打算用它们印刷纸币。)在扉页上,王尔德的艺术家朋友凯利绘制了一个戒指上的图章,那是王尔德母亲送给王尔德的戒指。序言的题目是《使节》,具有王尔德的华丽风格,它称赞了罗德,还提出了他所谓的"现代浪漫派"的纲要。他认为这个流派跟罗斯金追求的高贵道德主张不是一回事,并含蓄地指出它跟拉斐尔前派(他们的怀旧和叙事)也是不同的。更确切地说,王尔德的流派是以惠斯勒和艾伯特·摩尔为榜样的,他们的作品除了图案和颜色之外毫无意义。形式的完美就是目的,外加个性的表达。新一代的诗人不再考虑信仰和怀疑的问题,他们检验的是信仰的形式,他们的天性"沾染了那种依然留恋一些美好信条的情绪"。他们不赞

成智性的、形而上的或教诲性的目的,认为一切事物都服从于"至关重要的激励
人心的诗歌原则"。他们认为印象比理念更重要,短暂的迸发比持续的抒发更
重要,例外比典型更重要,处境比主题更重要。他没有提到真挚,因为它"只需
具有创造力的得当操作就可以实现,没有这种操作,一首诗歌或绘画……只会是
废弃的、不真实的作品"。*

　　10月初,罗德收到了自己的书籍。初看之下,他喜欢这本书的奢华,并写信
褒扬了斯托达特。然后,他又看了一遍。虽然他确实打算把这本书题献给王尔
德,但他不曾想到朋友会采用以下这段题词,那是罗德写在送给王尔德的英文版
诗集上的:

给

奥斯卡·王尔德——

"心灵的兄弟"——

这寥寥无几的诗歌,以及未来的很多诗歌。

跟他原本的打算相比,这段话显得过于"感情外露"了。他也不喜欢序言中的纲
领,因为它声称他是"某种信徒",并把他跟"很多我并不赞成的东西"混淆在一
起。王尔德还泄露了他们私下同游欧洲的事情。王尔德本人对传统的服饰和思
想都不屑一顾,他没有意识到,罗德当时刚开始在外交部工作,这是一份很有前
途的职业,他无法承受这样的炫耀。罗德写信试图撤回那个题献,但是太迟了。 200
书籍已经出版了。1882年11月4日,《周六评论》发表了一篇嘲弄性的评论,跟

---

　　* 与其说这番描述适合罗德的诗歌,不如说它们更适合王尔德的两首《印象》,2月15日,他的
朋友戴维斯在自己的费城杂志《我们大陆》上发表了这两首诗。第一首诗歌《花园》是为了回应某人
的许诺,只要他在诗中提到百合和向日葵,每行诗就可以赚到一几尼的奖金。第二首诗歌《大海》可
能是在横渡大洋时撰写的("一片白色的薄雾飘过横桅索,/荒凉的月亮挂在冬季的天空/像怒狮的眼
睛那样闪烁/从茶色的云朵鬓毛中")。每首诗歌都是纯粹的描述,故意回避除了诗歌本身之外的任
何意义。

罗德担心的一样,它是令人困窘的。这位匿名的评论家以十足的挖苦口气描述了书籍的版式,戏弄了跟罗斯金的说教风格分道扬镳的假定的伟大变革,嘲笑地引用了王尔德的《使节》:"在追随王尔德先生的'很多年轻人'当中,这位罗德先生是王尔德先生和缪斯的宠儿,他'跟我自己的关系比任何人都更亲近'。"这篇评论让斯温伯恩在当天给朋友写了一封信,"你读了《周六评论》上关于王尔德的年轻人的文章了吗?那位战无不胜的亚历山大的赫菲斯提昂?① 这些傻瓜真的足以让一个人皈依卫斯理公会,将来只给《卫理公会杂志》(*The Methodist Magazine*)投稿。"[47]王尔德本想要取悦罗德,结果却恐吓了他。

　　王尔德在美国的某些活动是很危险的。9 月 19 日,一个名叫 H. K. 伯里斯的经纪人带他去参观华尔街,直到那些缺乏唯美精神的雇员们威胁要攻击他们,他们才仓促从一个后门撤退了。[48]10 月中旬,在新不伦瑞克的蒙克顿,王尔德几乎被逮捕;12 月份,在纽约,他差点遭到诈骗。蒙克顿事件的起因是基督教青年会邀请他在某一天为他们作演讲。王尔德的代理人建议他换个日子,但是,在没有收到回复的情形下,他就接受了另一场演讲的合约。郡治安官已经准备好了逮捕令,幸运的是,当地的朋友担任了保证人,向基督教青年会施加了压力,于是他们撤销了官司。[49]

　　纽约的厄运是这么回事,1882 年 12 月 14 日,路上有一个人走近王尔德,他自称是摩根银行的安东尼·J. 德雷克塞尔的儿子,他说王尔德曾经跟他的父亲见过面。王尔德对父子俩都毫无印象,但还是邀请年轻人跟他共进午餐。这位"德雷克塞尔"刚赢了彩票,邀请王尔德陪他去取钱。结果他们去的地方是个赌窟,"德雷克塞尔"的奖金是由赌场出资让他免费玩一场。他恭谦地宣称他要为王尔德玩一场,他赢了,于是把自己赢的钱都给了王尔德。然后,王尔德自己也抛出了骰子,他起初赢了钱,接着开始大量输钱。他很快就签写了超过一千美元

---

① 赫菲斯提昂(Hephaestion),亚历山大大帝的同性恋伙伴。

的支票,到了这时,他就不肯再玩了。"德雷克塞尔"跟他一起走了,他说他觉得王尔德受到了错误的对待,还许诺说要"负责处理这件事"。王尔德自己想了想,匆忙赶到银行,要求银行停止支付那些支票。然后,他去了位于 30 街的警察局,告诉那位对他心怀同情的警官,说他自己是个"该死的傻瓜"。面对一系列声名狼藉的骗子的照片,他认定"德雷克塞尔"就是"饥饿的乔"·塞利克,属于这一类人中最聪明的。警官让王尔德提起诉讼,但是他没有这么做。也许是作为塞利克对他的回报,他那些不能支付的支票在几天后被寄到了警察局,然后被还给了王尔德。不过,他没法拿回那些他已经付出的现金。他写信给约翰·博伊尔·奥赖利,痛不欲生地说,"我落入了贼窟之中。"[50]《纽约论坛报》对他的境遇感到幸灾乐祸,还以诗歌的形式进行了调侃:

> 于是,就像一个单纯的孩子,
>> 噢,那美好、欢快的微笑和那燃烧的双眼,
> 他说,"如果承蒙您允许的话,亲爱的王尔德先生,
>> 我将向您展示一种绝妙的小游戏。"

王尔德还进行了另一桩不幸的投资,即购买凯利永动公司的一份股票,他期待会因此发一笔财。[51]他非但没料到它可能带来厄运,还相信自己会走运。

王尔德还有两次差点遇上危险。7 月 4 日,在亚特兰大,他头一遭体验了歧视黑人的恐怖行径。他的代理人维尔为王尔德、他自己和男仆特拉奎尔购买了三张前往萨凡纳的卧铺票。普尔曼卧车(Pullman car)的经纪人指出,公司不允许黑人乘坐卧铺。王尔德说特拉奎尔已经跟随他游遍了南方,坚持要让他留下来。于是,经纪人说,下一站是琼斯伯勒,如果琼斯伯勒的人看到车子里有一个黑人,他们会聚众袭击他。王尔德没有选择,只好屈服了。[52]

另一事件预示了后来在王尔德的一生中经常发生的事情。4 月 23 日,他抵达了内布拉斯加州的林肯,次日晚上,他将在那儿作演讲。24 日的上午,王尔德

201

被引介给一位内布拉斯加大学的年轻教师。这就是乔治·E.伍德伯里,他后来将成为比较文学领域中的名人。王尔德已经听说伍德伯里是查尔斯·艾略特·诺顿的朋友,他很高兴有他陪伴在身边。他们一起乘坐马车"穿越桑树林和潮湿的空气"前往林肯收容所,跟王尔德一样,那是伍德伯里第一次踏进监狱的边界。伍德伯里写信给诺顿,觉得"我看到的那些可怕事情让我很沮丧",虽然他认为王尔德对此更有承受力,但王尔德在给英国的信件中也写道,那个地方的荒芜让他感到同样恐怖。他对相面术表现出了一种孩子气的信任。有人向他展示了一些罪犯的照片,他评论说,"噢,多么可怕的脸。他做了些什么?"诺布斯典狱长毫不犹豫地以最生动的语言讲述了这些罪犯的故事。"哦,这是一头野兽,一只动物,"王尔德面对一张照片嚷嚷着,"根本没有任何人类的痕迹。"那之后,他写信给海伦娜·西克特说,他们"都长相猥琐,这让我感到安慰,因为我不想看到一个长相高贵的罪犯"。接着,他被领到一间用石灰水刷白的单身囚室里,那个罪犯被叫作格兰德艾兰的艾尔斯,他将在6月20日被绞死。"老兄,你读书吗?"王尔德问。"先生,我读的。""读过什么?""有时读小说。我目前在读《雷德克利夫的继承人》[*The Heir of Redclyffe*,作者是夏洛特·M.杨]。"王尔德跟其他人一起离开了单身囚室,然后,他忍不住说了一句温赖特式的评论:"这位注定不幸者的双眼让我心神迷惑,但如果他会读《雷德克利夫的继承人》的话,那或许还是听从法律的安排比较好。"在写给海伦娜·西克特的信中,他的态度要更严肃些,他认为读小说是"面对上帝或虚无的一种糟糕的准备"。[53]

他们继续前往那些黑牢,这些囚室被用来囚禁一些难以控制的罪犯。在诺布斯的邀请下,王尔德和伍德伯里踏进了黑牢,站在那种惩戒性的黑暗中,他们听到坚固的大门在身后铿锵作响。在拜访了另一个罪犯的囚室之后,这些令人不快的感觉才得以缓和,王尔德在该罪犯的囚室里看到两排整洁的书籍。他迅速地浏览了一下书名,直到他瞥见了雪莱,然后,让他吃惊的是,还有凯里翻译的但丁。"噢,亲爱的,"他说,"谁会想到在这里能看到但丁?"他写信给海伦娜·西克特,"照我看来,过了数百年,一位被流放的佛罗伦萨人的悲哀竟能够抚慰现代监狱中某个普通犯人的悲哀,这是既奇特又美好的事情。"[54]十四年后,他自己也被关进了监狱,他还记得要阅读但丁。

在这种体验的影响下,跟他遇见的大多数人相比,他对伍德伯里袒露了更多的事情。他们谈论了罗斯金,王尔德说,"就像基督那样,他承受了整个世界的罪行",不过,另一方面,他又"总是"自相矛盾地"撇清自己所有的责任,就像彼拉多那样"。伍德伯里显然期望他不要那么断然地跟道德划清界限,王尔德回答说,"我从未接触过任何无形的、看不见的事物,除了一次例外,那是在我正打算撰写《欢迎女皇》之前。"他坚持认为,"诗歌既不应该是智性的,也不应该是感性的"(也就是说,既不应该是教诲性的,也不应该是自传体的)。伍德伯里指出,王尔德自己的诗歌并没有贯彻他的原则,"哦,"王尔德说,"那些诗歌并不是最好的诗歌。"

虽然心里也许并不赞同,但伍德伯里还是被说服了:"我从未见过这样的人,他的魅力如此隐秘、如此迅速地攫住了我,以如此尽善尽美的方式。他的诗歌比他的理论要好,而他本人比他的诗歌还要更好。""他是我遇见的第一个艺术家——第一个被艺术感觉控制的人。就他对戏剧性情境的感受来说,他就像是莎士比亚笔下的理查二世,这种感受跟目标和事实不相干,我的意思是,生活中的目的或感受。"王尔德在林肯的长老会街教堂作了演讲,伍德伯里说,"很久以来,我跟教堂最亲近的关系就是出席你的演讲了。"(事实上,因为对宗教心存怀疑,他丢掉了自己的工作。)王尔德回答说,"喔,伍德伯里先生,那是我听过的最不幸的事情。"伍德伯里写信给诺顿说,"然而,这不是很具有讽刺性吗? 我初次见到罪犯和音乐中的痛苦,在我心目中,他这位美的使徒竟永远跟它们联系在一起,跟长老会教堂联系在一起?"[55]

尽管如此,还是有很多东西可以激励王尔德。在路易斯维尔,他碰巧在演讲时引用了济慈的《蓝色十四行》,无意中取悦了听众里的一个女性,原来,后者就是济慈的侄女,即他弟弟乔治的女儿。艾玛·(济慈)·斯皮德太太邀请王尔德来欣赏她拥有的一些她伯伯的手稿,她非常喜欢王尔德的陪伴,后来把这首十四行的手稿作为礼物送给了他。[56]7 月份,在位于纽波特的茱莉亚·沃德·豪的家中,王尔德让大家感到惊诧,因为他的口才胜过了波士顿的两位伟大的健谈者,即托马斯·阿普尔顿和奥利弗·温德尔·霍姆斯。接着,有一个闲谈专栏散布谣言说,王尔德即将跟豪太太的女儿莫德结婚,他并没有感到恼火,虽然这是毫无根据的,于是,豪太太只好出面了,她说,"如果说,这世界上还有两个人彼此间毫无共鸣,那就是他们两个了。"王尔德确实承认过,在这趟旅行中,他五次爱上了别人,每一次他都有可能陷入感情的纠纷,如果不是业务经理坚持让他继续前往下一站的话。在见过阿拉巴马州蒙哥马利的阿尔塞希亚·艾伦小姐之后,他断定她是"美国最漂亮的年轻女士",萨拉托加的《周刊》(*Weekly Journal*,1882年第 7 - 8 月期)认为这是值得一提的。然而,他还告诉过山姆·沃德,他曾经在旧金山爱上了某个人。[57]

还有一些非正式的场合,譬如,一些年轻艺术家曾邀请他到旧金山的一间工作室来喝茶。他们非常精心地装饰了这个房间,甚至在天窗上绘制了玫瑰和玫瑰叶,在门边摆放了一座戴着帽子和面纱的女人雕像,他们把她叫作"胡扯小姐"(Miss Piffle)。一位华人朋友特地前来表演茶道。王尔德走进房间,扫了一眼客人,还有那位向他鞠躬的华人,以及天窗上的玫瑰,他说,"这正是我的归属地。这正是适合我的环境。我不知道在整个美国居然存在这么一个地方。"他称赞了茶和茶杯,然后在房间里走动,颂扬了工作室的其他特色,差一点绊倒在"胡扯小姐"的身上。王尔德后退了一步,表示了歉意,他从某些痕迹上看出这座人像的身份。照他自己的理解,他跟她怀有惺惺相惜的感情。他语气不变,跟她谈论了旧金山。他机智、愉快地回答了这位假想人物的话语,仿佛她真在说话似的。[58]

王尔德以自负、惊愕和讽刺的复杂口吻讲述了自己的美国探险。在他陆续写给家乡朋友们的评论中,他描述了一些引人入胜的时刻,譬如盐湖城的听众们,在那里,每个摩门教丈夫的座位边上都围着一圈妻子,要么就是,他发现在他当时抵达的市镇上,艺术正处于辉煌的复兴之中,他所说的地方正好是伊利诺伊

州的格里格斯维尔。他最出色的探险之一发生在落基高山上的莱德维尔，它也
被大大渲染了一番。王尔德做好了准备，他在自己常穿的绿色大衣下面套了一
条宽松的长裤，还戴了一顶矿工的宽边软帽。在一万英尺的攀爬过程中，他离开
了自己的铁路客车，上了马车，跟工程师坐在一起，那位工程师原来是一个爱尔
兰人，他们谈得特别起劲。不过，当王尔德抵达目的地之后，他觉得昏晕，人们找
来了一位内科医生。对疾病的诊断结果仅仅是"缺氧"，于是招待会继续进行了
下去。市长 H. A. W. 泰伯被人称作"银王"，他邀请王尔德参观了"无敌之矿"。
王尔德坐在一个桶里被放入矿井；刚抵达底部，他就发现人们组织了两个仪式。
其中之一是让他用一个银钻头打开一条新隧道，为了纪念他，这条新隧道被命名
为"奥斯卡"。"我本希望，他们会以那种极其单纯的态度让我分享'奥斯卡'隧
道的股份，"他后来评论说，"可是，他们以质朴、粗野的方式撇开了这种选择。"
然后是矿井底部的大餐。"当那些矿工看到艺术和食欲可以结合在一起，他们
简直惊诧得没边了。"他说。他点燃一支雪茄，他们欢呼起来；当他毫不皱眉地
干掉一杯酒，他们说他是"一个没戴玻璃假眼的打手"。至于那顿大餐，"第一道
菜是威士忌，第二道菜是威士忌，第三道菜是威士忌，所有的菜都是威士忌，但他
们还是把它称作大餐"，王尔德并不打算纠正他们的这种谬见。"到了晚上，我
去了赌场，"王尔德后来回忆说，"在那里，我看到了矿工和矿工的女友们，一个
角落里，还有一位钢琴师——坐在一架钢琴边上，上面贴着一条告示：'请不要
射杀钢琴师；他已尽力而为。'我被打动了，它承认了一个事实，就是糟糕的艺术
应该受到死刑的惩罚，我觉得，在这个遥远的城市里，左轮手枪在音乐领域中的
美学作用显然是得到公认的，我的使徒任务将会大大减轻，事实也是如此。"[59]
在《帕多瓦公爵夫人》中，公爵带着略微不同的残忍态度评论了射杀示威者的
事情：

我恐怕
他们已经有一点走调了，

因此我得告诉我的人,向他们开枪。

我无法容忍恶劣的音乐!

后来,有人问他那些矿工粗不粗野、敏不敏捷,王尔德为他们作了辩护,他后来也是这样,经常为普通百姓作辩护:"敏捷,但不粗野。跟那些我在较大的东部城市里遇见的人相比,他们是有教养的、文雅的……你没有机会表现自己的粗野。左轮手枪是他们的礼仪手册。它教的东西,人们永远不会忘掉。"在他演讲的时候,听众给他带来的乐趣超过了他给他们带来的乐趣:"我跟他们谈到早期的佛罗伦萨人,他们呼呼大睡,仿佛他们山区家园的峡谷不曾被罪行玷污过。""不凑巧的是,"他描述了惠斯勒以蓝色和金色绘制的一幅夜景。"于是他们一跃而起,以那种特别单纯的口吻诅咒说,这种事情是不能容忍的。一些较为年轻的人拔出了他们的左轮手枪,匆匆忙忙地走了出去,想看看吉米是否在'酒吧间里转悠'。"他观看了一出《麦克白》,其中的麦克白夫人是由一个已定罪的投毒者扮演的。(就像在《道林·格雷》中,陷入爱河的西比尔·文恩扮演了朱丽叶。)由于这些矿工挖掘的是银矿,王尔德从那位著名的银匠本韦努托·切利尼的自传中挑选了几段读给他们听。"我的听众责备我没有把他带来。我解释说,他已经死了好一阵子了,结果他们问道,'谁射杀了他?'"王尔德把自己的莱德维尔之行描述得如此有趣,以至于他在当地宣传艺术的成就也许变得不值一提。没有什么挑战是他不敢接受的。他微笑着向惠斯勒吹嘘道,"我已经教化了美国——**除了天空之外!**"[60]

除了愚笨的行为和自我宣传之外,整个旅行可谓是一种集勇气和风度于一体的成就。王尔德把"美学的"(aesthetic)这个词成功地移植到了美国,虽然美国人把第一个字母"a"给删掉了。不管人们觉得他的学说是多么女性化,它们构成了美国人目睹过的最坚定、最持续的针对物质庸俗的抨击。这种抨击本身也显得有点庸俗,但这不影响它的作用。王尔德展示的不仅是一种艺术理论,还是一种生活理论,不仅是一个卓越的人格,还是一个对立面,与之对立的是那种只知发展却不顾生活质量的现象。那些报纸也许并不公平,但它们的确让王尔德获得了应有的关注。从此以后,人们会意识到艺术家也具有英雄的特质;要想迫害他可能会付出昂贵的代价。

不过,王尔德还没准备回家去。

梦幻剧院

观众是有接受能力的。他们是大师用来演奏的那把小提琴。

让家人和朋友感到吃惊的是,在 10 月中旬结束演讲之后,王尔德又在美国逗留了两个半月。他从第五大道旅馆搬到了不伦瑞克旅馆,然后又搬到温莎旅馆,最后搬到市区,先落脚在欧文广场 61 号(位于 17 街的角落),然后落脚在格林威治村的西 11 街 48 号。[61]他的母亲很感谢他寄来的一些钱,写信给他说,"我以为你已经乘船去了日本——你在纽约待了这么多日子啊。"她补充说,"你已经出色地闯出了一条路。"[62]他之所以迟迟没有离去,显而易见的原因是他患上了疟疾,12 月 23 日,面对《安德鲁的美国女王》杂志,他把疟疾描述成"一种唯美主义的疾病,但是讨厌极了"(1895 年,他的医药箱中还有奎宁,所以疟疾可能复发过)。还有另外两件事也阻挡了他的脚步。一是莉莉·兰特里即将赴美。她在伦敦度过了短暂的学徒期之后,组织了自己的公司,即将来美国巡回演出。在整个旅行中,他一直声称她是自己运动的支持者,她居住的房子里摆满了唯美主义的物品,他不但称赞了她的美貌,还称赞了她的那种"十分悦耳的、控制良好的嗓音"。"即便是我自己的那些劣质十四行,被她朗诵起来,也会让我喜悦得发抖。我要为她写诗直到她九十岁。"1882 年 11 月 18 日,他对同一家期刊说了这番话。在蒙克顿,一位采访者问他,是不是他发现了她,王尔德巧妙地规避了这个问题,说,"我宁愿自己发现的是兰特里太太,而不是美国。"这句话在新闻界传开了。[63]

　　她按预定在 10 月 23 日乘坐蒸汽船"亚利桑那号"抵达美国。王尔德正好赶上在凌晨四点半离埠的小艇。次日的《纽约时报》描述了他的外表：

　　　　在这个世界上，恐怕从没有哪个成年人打扮成他这副样子。他的帽子由褐色布料制成，不低于六英寸；他的外套是黑色的天鹅绒；罩在外面的大衣是绿色的布料，上面饰有很多毛皮；他的裤子与帽子相配；领带很俗丽，衬衫领口开得很大，展示了一大片充满男子气概的胸脯。外加一双褐色布料的手套和下巴上的几个丘疹，这就是他的全套打扮。他那飘逸的头发和外套上装饰的毛皮正好属于同一种色调，给人的印象是他的头发跟外套上的毛皮连成了一体，从头到脚绕了一圈。

王尔德捧着一大把百合花，以那种与之相称的炫耀姿态献上了花束。

　　10 月 29 日，星期日，公园剧院将上演《不相配的一对》(*An Unequal Match*)，兰特里太太扮演的是赫丝特·格雷兹布鲁克的角色，这出戏的作者是汤姆·泰勒，时间只剩下不到一周了。在这几天里，王尔德为她效了力。他带她去萨朗尼那里拍摄了剧照。* 听说她还计划在《皆大欢喜》中扮演罗莎琳德，他说服她不要像萝丝·科格伦那样在戏中穿长靴。作为回应，两人为他该留怎样的卷发争执了起来。[65] 她跟一个名叫弗雷迪·格布哈特的美国富人往来密切，有一次，当王尔德拜访她的时候，她突然把一条昂贵的项链扔给他，解释说，"我刚见过弗雷迪，他从口袋里拿出这条项链，隔着桌子扔给我，像一头莽撞的熊那样说，'如果你想要它的话，就留下吧。'所以我觉得，我应该断然把它扔给别的某个人。"王尔德也许不觉得这是件趣事。他们还有一段对话被记录了下来。她问他为什么想去澳大利亚，他回答说，"哦，你知道吗？当我瞅着地图的时候，我看到澳大

───────────────

　　* 他后来说，她拍照时选择了"尼亚加拉瀑布作为一种朴实无华的背景"。[64]

利亚是一个多么丑陋的国家,我觉得自己似乎想去那里,看看是否能让它的形状变得漂亮些。"[66] *

演出那天的早些时候,在戴维·比拉斯科(David Belasco)的陪伴下,兰特里太太参观了斯蒂尔·麦凯刚发明的新型可移动双重舞台。那之后不久,她收到了一个可怕的消息,公园剧院着火了。演出被取消了,不过,幸运的是,一周后,他们可以在沃勒克剧院上演自己的戏剧。11月6日,王尔德和斯蒂尔·麦凯观看了首演,然后,根据《纽约世界报》的朋友赫尔伯特的建议,他穿着齐膝短裤前往那家报纸的排字房,在那里撰写了一篇关于这次演出的评论。题目很简单,就是《兰特里太太》,它先是赞美了她的美貌,他说只有在古希腊才能见到这等容貌,但他强调说,她的演出是"古典风度"和"纯粹现实"的艺术融合。王尔德认为,随着拉斐尔前派的兴起,之所以会出现新的英国艺术运动,其灵感正源自兰特里太太的脸庞。他非常喜欢她的服饰,但对舞台布景却几乎没有任何褒词,不过,他认为有了她的存在,那种布景就不足道了。[68]对于一部水准明显很平庸的戏剧来说,他也只能说到这份上了,然而,这场戏试图通过她把美和艺术紧密联系起来,她肯定会感到心满意足。若干日子之后,她结束了巡回演出,在新闻界,她成了丑闻的对象,因为她在美国人中传播美的方式跟王尔德全然不同。

不过,王尔德还有另一种兴趣。在为莉莉·兰特里作评论的时候,他提到了

₂₀₈

---

* 王尔德选择了澳大利亚而不是苏格兰作为他地域性笑话的题材。1889年2月,他在澳大利亚的《百年纪念杂志》上发表了《黄色交响曲》,根据一家澳大利亚杂志的记录,他说过:"所以,在博塔尼湾,他们渴望我的美。我曾打听过关于这个博塔尼湾的事情。它是食人族的家园,迷失灵魂的家园,罪犯们被流放到这里,穿着可憎的黄制服。他们甚至被叫作'金丝雀'。于是,我为他们撰写了一首黄色交响曲——他们会觉得仿佛就在家中。我让'榆树'押了'泰晤士河'的韵。跟他们所犯的罪行相比,这是一种轻微的罪过。一首怀有同情心的交响乐——多么美妙!假设我添加了一节:

> 在遥远的安蒂波迪斯
> 当隆起的太阳沉下安睡
> 一个罪犯应把我的黄色歌咏
> 拥向他黄色的胸脯。"[67]

在《温德米尔夫人的扇子》中,一个来自澳大利亚的角色被取名叫"霍珀"(袋鼠)。

出现在麦迪逊广场剧院的新型舞台帷幕——这是对制作者的不言明的恭维,此人就是斯蒂尔·麦凯。麦凯也许是当时最伟大的戏剧改革家了,他对昔日的第五大道剧院进行了全盘的改造,使之成为麦迪逊广场剧院。安全帷幕是他的新设计之一,另一设计是折叠座位,还有莉莉·兰特里检验过的可移动双重舞台。跟王尔德一样,麦凯很想促成一次文艺复兴,尤其是一次戏剧表演的文艺复兴。尽管已年满四十,他看上去简直跟王尔德一样年轻。他曾经是德尔萨的学生,这位年长的大师指派他担任自己的接班人,传授一种把姿势和语言结合起来的新手法。麦凯在纽约开办了一所德尔萨学校,它最终变成了美国的第一所表演学校。麦凯以《哈姆雷特》为例,向王尔德传授了德尔萨体系。[69]他撰写了大量的剧本,不过,他似乎承认,自己的主要天赋在于制片和舞台装置。有一件事情是他根本搞不懂的,那就是理财。跟王尔德一样,他在娱乐款待方面是奢侈浪费的,1879年至1881年间,他经营过麦迪逊广场剧院,但后来由于财政困难,他被迫放弃了它。

如今,麦凯想出了一个甚至更辉煌的计划,即一家梦幻剧院。到了6月16日,他已经拿出了设计草案,他决定在33街和百老汇交界的地方创办这个剧院,就跟伦敦的萨沃伊剧院一样,它跟一家旅馆毗邻。只要有一百万美金就行了。乔治·W.蔡尔兹是有可能支持该计划的人之一,他来自费城,是王尔德的朋友,很富有。在8月份和9月份,麦凯跟赞助人碰了几次面,但他并没有完全说服他们掏腰包。

王尔德对这些磋商很关心,因为他和麦凯有着共同的愿望。麦凯计划在新剧院开幕时上演王尔德的《帕多瓦公爵夫人》,还有《薇拉》(对于该剧,他做了若干他认为有必要的修改)。很可能在这之后还有《阿维尼翁的红衣主教》,这是一出雪莱风格的戏剧,王尔德已经为此写出了剧情梗概。他们希望让玛丽·安德森出演《公爵夫人》。经过几个月费尽心机的哄诱,王尔德终于可以跟她在朗布兰奇拜探讨这部剧本了。她记得王尔德告诉她,“舞台是一把钥匙,它将为你打开艺术世界的大门。”“除非见到你,跟你进行交谈,否则我没法撰写剧情梗概。所有好的剧本都是一种组合,它把诗人的梦想和致力于表演的演员的实践知识融合在一起。……我希望你能跻身世界上最伟大的女演员之行列……因为对你怀有一种既无瑕又炽热的信心,我丝毫不怀疑我能为你而且将会为你撰写一部剧本,它是为你而创作的,从你身上获得了灵感,它将让你得到雷切尔式的荣耀,而我也许会因此收获[维克多·]雨果式的名望。"9月8日,依然信心百倍的他安排了跟她的碰面,确定了剧情梗概:"我觉得,照我的想法,我们俩会在一夜之间同时成为不朽的人!"[70]只剩下具体条款要商定了。王尔德希望能拿到五千美金的预付款,外加演出版税。但是安德森小姐的继父暨业务经理汉密尔顿·格里芬(王尔德把他叫作"狮鹫格里芬")牢守着她的利益。王尔德期待到了9月中旬她会接受这个合约,可是,在20日,他跟麦凯抱怨说,"没有来自安德森的消息——'狮鹫格里芬'毫无回应。噢,艺术和肯塔基,你这个联盟是多么不幸! 她是那么美好、友善(他是个讨厌的胖子),如果我能看到她,我就能摆平这一切。"但他还是相信,这位出生于肯塔基的女演员最终会接受合约的。"还不到绝望的时候,"他告诉麦凯,"你和我两个人在一起,就可以征服世界。为什么不呢? 让我们就这么做!"[71]

作演讲的同时,他计划在9月23日(周日)跟玛丽·安德森和格里芬在旺多姆旅馆碰头。他们表示,安德森将会出演这部戏剧,她计划在1月22日上演。王尔德警告他们,麦凯觉得舞台布景和戏装要耗费一万美元,但安德森小姐表明,为了这出戏,"不管花多少钱"她都愿意。(在《帕多瓦公爵夫人》中,王尔德将会提到"一种奖品/在未开化的美国/比狮鹫守护的所有黄金还要更值钱"。)王尔德觉得自己的机会来了,他说,斯蒂尔·麦凯也许会同意导演这部戏剧,只要给予他绝对的控制权。"他们同意了。"王尔德欢欣鼓舞地通知朋友。他和麦凯将推出《帕多瓦公爵夫人》,接着是《薇拉》,"然后,世界就会拜倒在我们的脚下!"10月4日,麦凯告诉王尔德,玛丽·安德森和格里芬已决定把《帕多瓦公爵夫人》推迟到1883年9月,到了那时,他们争取能连续上演很长一段时间。[72]12日,玛丽·安德森写信给王尔德,正式接受让麦凯做导演,同意在布斯剧院演出。

12月1日,格里芬发来最后通牒,答应在王尔德签署合约时先给他一千美元,当玛丽·安德森验收了完整的剧本时,再支付四千美元,期限是1883年3月1日。她将在一年内上演这出戏。那天晚上,在德蒙尼科餐厅,王尔德告诉作家埃德加·索尔特斯,"这个薪水简直不够维持温饱。"[73]

与此同时,麦凯虽然不得不因为缺乏资金而推迟梦幻剧院的计划,但他还在为王尔德操心。11月初,他跟女演员玛丽·普雷斯科特进行了接洽,敦促她出演薇拉。11月9日,普雷斯科特小姐满怀崇敬地写信给王尔德,邀请他在两天后跟她和她丈夫威廉·佩泽尔一起共进早餐。她觉得自己适合扮演薇拉这个角色,但希望他改写第二幕中一段冗长的场景和第一幕中的一些阿列克谢的台词。

210　只剩下跟金钱有关的事项了。这一次,除了可观的预付款之外,王尔德还坚持要求他必须拥有永久的上演权。王尔德向索尔特斯提到,他们请他作一些修改,"可我有什么资格篡改一部杰作?"[74]事实上,他同意了他们的要求。12月,佩泽尔和王尔德谈不拢条件,王尔德专横地让他们交还剧本。不过,1883年1月9日,普雷斯科特小姐提出了新条件,平息了他的不满,他们将先支付他一千美元,然后每演出一次支付他五十美元。她将在1883年秋天上演这个剧本。王尔德接受了条件。1883年2月11日,这出戏剧的预告被刊登在报纸上,很快,普雷斯科特小姐的一千美元就寄到了。如今,他两个口袋里都装着剧本的合约,或看起来是这么回事。作为庆祝,他借给麦凯两百美元。

王尔德安排自己剧本上演的这些活动跟他"教化美国"的主要目标绝无冲突。演讲手段必然是一种有限的手段。10月28日,在忘忧果俱乐部,人们邀请他以戏剧(作为培养艺术品位的训练)为题进行演讲和阐述。他还利用这个机会正式评论了美国报纸对待他的令人不满的方式,那些未指名的最恶劣的冒犯者之一,就是忘忧果俱乐部这次活动的主持人,即《纽约论坛报》的怀特洛·里德。王尔德后来对文森特·欧沙利文说,"赞誉会让我感到谦卑。但当我受到污蔑的时候,我知道我的表现棒极了。"12月27日,王尔德离开了美国,来送行的人包括莫杰斯卡和诺曼·福布斯-罗伯逊,《论坛报》不留情面地引用了他的这段话,或者自称是他说的,认为他承认自己的美国之行是"一次失败之举"。[75]

但是,从什么意义上说是失败之举呢? 的确,王尔德本人会承认,这个国家在地图上的形状跟他初次抵达时没什么两样。然而,从其他方面来讲,也有很多迹象表明了他的获胜。如今,在整个美国和加拿大,奥斯卡·王尔德都成了一个令人难忘的名字,几乎不亚于他在大不列颠的名声;他已经安排好了上演自己的两出戏剧的事项;他挣了很多钱,也花了很多钱;他传播了自己的理论,通过这些理论,他惹恼了许多人,让许多人感到厌烦,许多人感到有趣,同时也改变了许多人的信念。他让人们彻底厌倦了"美"和"美丽的"这些词语。也许齐膝短裤是一种错误,虽然它们展示了他好看的双腿;即便确实如此,它们也是那种王尔德会不断犯下的错误,他激怒了那些他本想讨好的人,尽管如此,他后来还是想办法取悦了其中的大多数人。

除了他对美国人的影响之外,王尔德的美国之行对他本人也具有一种影响力。"你会有多么大的改变。"他母亲曾怀着某种惊恐之心写信给他。在经受了那些批评之后,他能够更好地评估自己的价值。他学到了很多讨好观众的办法,也开始意识到唯美主义运动中究竟蕴含了多少可能性。唯美主义者不是人的虚影。为了证明这一点,王尔德自己就长胖了好几磅。也许,更确切地说,唯美主义者是仅有的完人,成为艺术家意味着不断为一个人的自我形象添砖加瓦,不成为艺术家意味着仅仅是一种习惯的动物。到目前为止,王尔德只是在演讲结束词中提到了他后来会进一步论述的那些内容,艺术中不但蕴含着生活的秘密,还蕴含着生活的未来,它发现和满足了新的需求和愉悦,开创了一种新的文明。

211

注释

[1] Letter at Clark.

[2] Archibald Forbes, letter to Miss Flossie, 15 Jan 1882 (Clark).

[3] *Letters*, 89; Morse in *Works*, 80.

[4] *Letters*, 89.

[5] Lewis and Smith, 205.

[6] Washington *Post*, 21 Jan 1882; *New York Times*, 23 July 1883.

［7］ *The Artist as Critic*, 276.

［8］ *Letters*, 102n.

［9］ *Swinburne Letters*, IV：166；quoted in *Letters*, 100n.

［10］ Mrs Bodley, "For Remembrance," IV, pt. i：648-9 (Bodleian).

［11］ Philadelphia *Press*, 13 June 1882；O'Sullivan, 176.

［12］ Mrs Henry Adams, *Letters*, ed. Ward Thoron (1937), 338.

［13］ Leon Edel, *Henry James: The Middle Years* (Phila. , 1962), 31.

［14］ Edel, *H. J.: The Middle Years*, 31；Ernest Samuels, *Henry Adams: The Middle Years* (Cambridge, Mass. , 1958), 164；Mrs Henry Adams, *Letters*, 342.

［15］ Cincinnati *Daily Gazette*, 21 Feb 1882.

［16］ *Our Continent*, 15 Mar 1882；Washington *Post*, 21 Jan 1882.

［17］ *More Letters*, 47；and cf. Maud Howe Elliott, *This Was My Newport* (Cambridge, Mass. , 1944).

［18］ *Letters*, 94n；Chris Healy, *Confessions of a Journalist* (1904), 130-8.

［19］ Boston *Sunday Herald*, 29 Jan 1882.

［20］ Letter to John Boyle O'Reilly, n. d. (Hart-Davis).

［21］ Morse in *Works*, 81.

［22］ Ibid. , 82；Ross's correction to Harris (Hyde).

［23］ *Letters*, 122n.

［24］ Lewis and Smith, 155-6.

［25］ Rochester *Democrat and Chronicle*, 8 Feb 1882.

［26］ Boston *Sunday Herald*, 25 Jan 1882.

［27］ Letter to Miss Selwyn, Oct 1887, Frances Edwards Catalogue no. 560 (Ledger-Ross Collection, Bodleian).

［28］ Iowa *State Register* (Des Moines), 27 Apr 1882.

［29］ Thompson, *Eugene Field*, 1：171-2；Charles H. Dennis, *Eugene Field's Creative Years* (N. Y. , 1924), 213.

［30］ Omaha *Weekly Herald*, 24 Mar 1882.

［31］ Account book in the Arends Collection, NYPL.

［32］ Letter at Yale.

［33］ 'Oscar Wilde,' Chicago *Tribune*, 14 Feb 1882；Omaha *Weekly Herald*, 24 Mar 1882；*Freeman's Journal* (Dublin), 11 July 1883；*New York Times*, 24 Mar 1883.

［34］ *New York Herald*, 10 Feb 1882；Boston *Globe*, 10 Feb 1882.

［35］ New York *Tribune*, 12 Feb 1882.

［36］ New York *World*, 18 June 1882；St. Paul *Globe*, 18 June 1882.

［37］ Hyde, *Oscar Wilde*, 71；Philadelphia *Press*, 9 May 1882.

［38］ San Francisco *Daily Examiner*, 27 Mar 1882.

［39］ *Irish Poets of the Nineteeth Century*, ed. Robert D. Pepper（San Francisco, 1972）, 33.

［40］ Unidentified clipping at Clark.

［41］ Saratoga *Weekly Journal*, 20 July 1882; Atlanta *Constitution*, 5 July 1882; *Letters*, 122.

［42］ Lewis and Smith, 180; Cincinnati *Daily Gazette*, 21 Feb 1882.

［43］ Lewis and Smith, 256, 261.

［44］ Kevin O'Brien, *Oscar Wilde in Canada*（Toronto, 1982）, 67; Lewis and Smith, 362.

［45］ Martin Birnbaum, *Oscar Wilde: Fragments and Memories*（1920）, 28-9.

［46］ See Sherard, *The Real O. W.*, 169, on the Brookfield incident.

［47］ *Swinburne Letters*, IV：312.

［48］ *New York Times*, 20 Sept 1882; *Andrew's American Queen*, 23 Sept 1882.

［49］ Boston *Globe*, 16 Oct 1882; Moncton *Times and Transcript*, Diamond Jubilee, July 1954.

［50］ New York *Tribune*, 29 Dec 1882; *New York Times*, 29 Dec 1882. Letter to John Boyle O'Reilly sold Parke-Bernet, 6 Mar 1945（Hart-Davis）.

［51］ Sherard, letter to A. J. A. Symons, 13 May 1937（Clark）.

［52］ Atlanta *Constitution*, 6 July 1882.

［53］ *Letters*, 115.

［54］ Ibid., 115.

［55］ George E. Woodberry, letter to Charles Eliot Norton, 25 Apr 1882（Houghton）.

［56］ *Letters*, 108.

［57］ M. H. Elliott, *This Was My Newport*; *Andrew's American Queen*, 17 June, 15 and 29 July 1882.

［58］ Isabel Field, *This Life I've Loved*（1937）, 139-44.

［59］ *Letters*, 111-4; *Impressions of America*, ed. Stuart Mason（Sunderland, 1906）, 30-3; *The World*, 7 Mar 1883.

［60］ *Letters*, 119.

［61］ Birnbaum, photograph opposite p. 26.

［62］ Lady W, letter to Wilde,［Oct?］1882（Clark）.

［63］ O'Brien, *O. W. in Canada*, 128.

［64］ Langtry, 93.

［65］ Birnbaum, 27.

［66］ *New York Tribune*, 31 Oct 1882.

［67］ Ledger papers（Bodleian）; *The Bookfellow*（Australia）, 15 Nov 1914.

［68］ 'Mrs. Langtry［as Hester Grazebrook］,' New York *World*, 7 Nov 1882.

〔69〕 Undated item in *Society*.

〔70〕 Mary Anderson, *A Few More Memories* (1926), 20; *Letters*, 124-5, 126.

〔71〕 Letters to Steele Mackaye in Percy Mackaye, *Epoch: The Life of Steele Mackaye* (N. Y. , 1927), 444, 445-6.

〔72〕 Mackaye, *Epoch*, 446; letter to Steele Mackaye, 〔11 Oct 1882〕 (Taylor Collection, Princeton).

〔73〕 Edgar Saltus, *Oscar Wilde: An Idler's Impressions* (Chicago, 1917), 14-5; Lewis and Smith, 410.

〔74〕 Saltus, 15.

〔75〕 O'Sullivan, 11; New York *Tribune*, 28 Dec 1882, 10 Jan 1883, 4 Feb 1883.

第八章 反文艺复兴

> 当那一天开始破晓,或落日泛红,我们该是
> 多么兴奋!……世界的真实外表将会在我
> 们的惊诧目光下改观。巨兽和怪物将会从
> 海面上升起。……龙会在荒地附近漫游,
> 凤会从它的火焰之巢中高翔向天空。我们
> 将制服蛇怪,看见蟾蜍头顶的宝石。①

在巴黎的爱尔兰人

刚回到英国时,王尔德情绪高涨。他有很多故事要讲,也有很多听众愿意倾 212
听。他要感谢乔治·刘易斯帮他调停了跟福布斯之间的争执,还有《世界》杂志
的埃德蒙·叶慈和《真相》杂志的拉布谢尔,当人们普遍忍不住对他的美国之旅
加以嘲笑时,他们却还是那么友善。这下子,他的母亲和哥哥可以高兴地倾听他
讲述美国往事了,他们也会为他那令人眩晕的国际名声欣喜不已。作为一种运
动,人们认为唯美主义已经过时;从此以后,王尔德将以一种更为谨慎的方式使

---

① 引自《谎言的衰落》。

用这个词和它的同源词。不过,虽然运动开始衰落,但作为充满活力的运动领袖,人们比任何时候都更有可能向他咨询一切与此相关的问题。

当然,王尔德拜访了惠斯勒,为此还穿上了红色套装,他受到了惠斯勒的欢迎,不过惠斯勒的话中有刺,王尔德忍不住又说,"吉米,你真是个魔鬼。"他热情称赞了惠斯勒在威尼斯制作的第二套蚀刻画——"这样的水面风景是上帝都没有见过的。"他写信给沃尔多·斯托里说。[1]因为伦内尔·罗德的不以为然,这次会面有点不那么令人愉快,罗德既不喜欢王尔德的套装,也不喜欢他的姿态。在他看来,王尔德就像是赫利奥加巴卢斯或萨丹纳帕路斯①,很久以前,罗德曾幽默地预言过,王尔德是听不进别人的劝告的。当罗德试图抗议王尔德不该以霸道的方式宣传《玫瑰叶和苹果叶》时,王尔德并没有向他道歉;王尔德认为自己才是那个受了委屈的人。1月或2月间,罗德给王尔德写了一封斟酌良久的信件,结束了两人之间的友谊。王尔德的反应是:"唯一值得创立的流派就是没有信徒的流派。"至于罗德那封刺激人的信件:"他所说的话就像一只可怜的小红雀在路边啼叫,而我那不可测量的雄心则在路上昂首阔步,向前走去。"对于红雀的啼叫,他不会永远都这么不屑一顾。罗德的雄心是可测的,他此后躲开了王尔德。从那之后,对于王尔德来说,他是"真诗人和假朋友"。[2]在很大程度上,罗德已经取代王尔德成了惠斯勒的宠儿,跟罗德的断交预示着王尔德跟惠斯勒的关系将会恶化。

在伦敦,王尔德搬回了查尔斯街。不过,他并不打算立刻恢复在伦敦的生活。当他体验了派头十足的美国之旅,享受过黑人男仆和白人经理的伺候,外加豪华的旅馆房间和那些来自最富有家庭的奢侈邀请之后,再过这种生活就有点太扫兴了。为了戏剧性地表现自己的还乡,他必须先去别的某个地方,完成他的《帕多瓦公爵夫人》。一年前,他曾写信给阿奇博尔德·福布斯说,带着从美国赚的钱,他希望能在威尼斯、罗马和雅典住上几个月。然而,征服另一个民族会

---

① 赫利奥加巴卢斯(Heliogabalus),罗马皇帝,生性放荡残忍;萨丹纳帕路斯(Sardanapalus),亚述末代皇帝,荒淫无度。

给他带来压力,他需要去一个他能够流利使用当地语言的地方,于是,他去了巴黎。他过去曾拜访过巴黎几次;他母亲曾翻译过两部拉马丁的书籍,这位伟人亲自向她表示过谢意。王尔德对法国文学十分熟稔,他尤其崇拜巴尔扎克、戈蒂耶、福楼拜和波德莱尔。

1883 年 1 月底,他穿越了英法海峡。在大陆旅馆住了几天之后,他搬到了左岸的伏尔泰旅馆。跟往常一样,他带上了朋友的推荐信和自己的《诗集》。美国记者西奥多·蔡尔德在为《世界报》撰稿,他是最早宴请王尔德的人之一,其他人也开始陆续邀请他。艺术家雅克-埃米尔·布朗什还绘制了一幅画,画中的年轻女士正在阅读王尔德的《诗集》。

帮助他适应巴黎生活的人群中有一个年轻的英国人,刚满二十一岁,名叫罗伯特·哈伯勒·谢拉德。他为王尔德撰写了好几部传记,包括《令人不快的友谊故事》、《奥斯卡·王尔德生平》、《奥斯卡·王尔德真相》,还有很多不那么出色的文章。虽然我们需要了解关于王尔德的信息,但恐怕很少有人曾受过一个传记作家的如此厚爱。谢拉德为人傲慢,冥顽不化,他还缺乏悟性。王尔德之所以竟能够忍受这个人,是因为谢拉德也还有三个起到弥补作用的优点:他年轻,白肤金发,充满了偶像崇拜的精神。确切地说,他并不英俊,但他具有那种"充满魅力的丑陋"。不到四个月的时间,他就提出请求,想把一本名为《私语》(*Whispers*)的诗集题献给王尔德,王尔德称赞了这部诗集,同意接受他的题献,这一次跟伦内尔·罗德的情形不一样,他无须自己写题词了。谢拉德的题词是:"给奥斯卡·王尔德,诗人暨朋友,怀着深情和敬仰献上。" 214
奥斯卡·王尔德的放纵对他哥哥威利并没有什么影响,在《名利场》杂志的一篇评论中,威利宣称,诗歌就应该写得像私语那样,而且本该如此。奥斯卡对谢拉德稍后的一部书籍给予了更慷慨的评价,说他"经受住了考验,这些考验包括'早期诗歌'、一部三卷册的小说,以及符合他那个年龄阶段的其他烦恼"。[3]

谢拉德是华兹华斯的外曾孙。王尔德为这种出身揶揄过他。他父亲是一位英国国教牧师,姓肯尼迪,他率领全家搬到了欧洲大陆,然后去了根西岛,在那里,他们跟维克多·雨果同住一幢房子,因此结下了交情。1880 年,谢拉德前往牛津的新学院求学,但在第一学年就因为欠债被勒令停学了。于是,他来到巴黎,打算成为一位作家,他把自己的名字从肯尼迪改成了谢拉德,在跟王尔德相识之前,他已经出版了一部小说。他的天性是好斗的,根据他听到的王尔德轶事,谢拉德本来是不会喜欢王尔德的。他有一个名叫玛利亚·卡萨维蒂-赞巴克的朋友,是个美丽的希腊人,在伯恩-琼斯的《默林的被骗》中,卡萨维蒂-赞巴克是维维安的原型模特,而在其皮格马利翁和伽拉缇系列中,她是伽拉缇的原型模特。当卡萨维蒂-赞巴克邀请谢拉德过来跟王尔德一起共餐时,谢拉德差点拒绝了这个邀请。他踏进房间时,王尔德的外表证实了他的预感:这一次他没有穿齐膝短裤,但打扮成了德奥尔赛伯爵(Count d'Orsay)的样子,袖口向外翻扣在短外套的袖子上,紧身裤、彩色手帕、襟花、沉重的戒指、精心梳理的发型。(王尔德的母亲写到,他的裤子和衣袖收得那么紧,乃至在大街上看起来都是很显眼的。)谢拉德尽可能忍着不发出嘲讽的笑声;为了憋住嘲笑,他开始跟阴郁的保罗·布尔热和庄重的约翰·辛格·萨金特聊天。王尔德起初也没有喜欢上谢拉德。"因为你那一头金色的长发,我把你想象成了在拉大提琴的赫尔·舒尔茨(Herr Shulz)。"后来,他想到一个更为友善的比喻:"那是颓废时期的一位罗马皇帝的头像——一位只统治了一天的皇帝的头像——一个被印制在劣质硬币上的头像。"[4]

直到他们坐下来进餐的时候,谢拉德才开始怀疑,他认为王尔德是骗子或冒牌者的最初判断可能有误。那天晚上,领引餐桌讨论的人究竟是谁,这是毫无疑问的。王尔德已经开始在笔记簿上记录一些可供交谈的话题,他当时可能就用上了其中的一些。他的笔记簿上的话题包括:

> 诗歌艺术家和诗人;两种非常不同的事物:参见戈蒂耶和雨果。
>
> 写作时我需要穿黄色的绸衣。

诗歌是理想化的语法。

我想要把狮子关在金笼子里;这很可怕——吃过人肉之后,狮子们 215
喜欢上了骨头,它们从来得不到这些东西。

他曾听别人说过一些话,譬如在伏尔泰旅馆,一位侍者说,"艺术,那就是混乱
无序。"这简直跟他在美国对这个主题的全部论述正好相反,为了表示区分,
他以"O. W."的形式草签自己的名字。卢浮宫的一位看门人跟他说,"那些过
往的大师们——只不过是干尸罢了,对吗?"王尔德并不接受这个判断,他告
诉餐桌边的客人们,他经常在卢浮宫的"米洛的维纳斯"面前一坐就是好几个
小时。他的朋友戈德温在自己的客厅里有一座维纳斯的复制品,前面摆放着
冉冉升烟的香炉。王尔德正说得起劲,谢拉德找到了机会,他粗鲁地插嘴说,
"我从未去过卢浮宫。人们提到这个名字时,我总是想到卢浮宫百货大楼,在
那里我能买到全巴黎最便宜的领带。"让他吃惊的是,王尔德很有风度地接受
了他的评论:"你说得很对,那确实很棒。"他说。餐后,他专门来找谢拉德攀
谈,邀请他次日共进晚餐。"你直率地承认对艺术毫无兴趣,"他后来解释,
"我发现你是从心理学的角度想引起我的兴趣。"[5]聪明的人,哪怕做出粗俗
的事情,也是可以容忍的。王尔德正在考验法国的文化圈,他知道它跟自己在
美国的体验是远不一样的。

次日晚上,即1883年2月底,当谢拉德来到伏尔泰旅馆时,他发现王尔德租
了二楼一套可以俯览莱茵河的套房。他开始称赞那种风景,可王尔德阻止了他,
跟谢拉德昨晚对卢浮宫的那番评价相比,王尔德的扫兴话甚至还要更决绝,
"哦,那完全无关紧要,对旅馆主人例外,他当然是把这河景的价钱算进了账单。
一位绅士是从不会眺望窗外的。"(为了避免说"我"这个字,王尔德编造出了一
个虚构的绅士,这位绅士的所作所为永远出人意料。)至于谢拉德,为了不朝外
看,他就选择了朝里看。王尔德身穿一件白色的羊毛晨袍——这是他写作时的
服饰,正如巴尔扎克曾身披修道士衣装。同样具有巴尔扎克风格的是王尔德的

216　象牙手杖,它的杖头上覆盖着绿松石。* 王尔德的模仿还不止于此:后来,在为画家威尔·罗森斯坦摆姿势的时候,他还穿了一件红色的马甲,那一次效仿的不是巴尔扎克,而是戈蒂耶。

　　房间里还陈列了其他招摇的饰品。桌子上摆放着华丽的纸张,是王尔德用来撰写《帕多瓦公爵夫人》的。壁炉架上搁着皮维·德夏凡纳画作的复制品,画中有一个苗条的裸女,她坐在乡村墓地的一张裹尸布上,目光中充满了对自身之复活的惊愕。谢拉德称赞了这幅画,王尔德立刻就把它送给了谢拉德,他在画作的饰边写下了一句唯美主义箴言,“只有美的事物才是真实的。”他告诉谢拉德,要用带有朱砂色窄边的灰色纸板为它制框,谢拉德和茱莉亚·沃德·豪都留意到,王尔德提到“朱砂色”(vermilion)的发音是那么缓慢,乃至他们能听到那个遗漏掉的“l”。

　　王尔德手中有了钱,他一向是慷慨大方的,于是带着谢拉德去了一家一流的餐厅,即图尔农大街上的富瓦约餐厅。他向朋友解释了自己的富裕,“我们在跟公爵夫人共餐”,意指他花的是玛丽·安德森为该剧本支付的预付款。后来,两人见面时,他还是这样大手大脚,他不但为客人和自己买单,还为各种左岸食客买单,为此,他引用了蒲鲁东的话“财富就是盗窃”。(其中之一是珀迪·路易,他想要返回自己的故乡布列塔尼,应募海军。王尔德为他购买了一身衣服,还给了他路费。)[7]他们在讨论到底该要红酒还是白酒,谢拉德说,白酒其实应该被叫作黄酒,王尔德喜欢这个主意,并把它占为己有。作为回报,谢拉德的头发不再是金色的,而是“蜜色的”。起初,谢拉德口气生硬地把这位请客者称作“王尔德”,但是王尔德不接受这种称呼:“你不应该叫我王尔德。如果我是你的朋友,对你来说,我的名字就是‘奥斯卡’。如果我们只不过是路人,那我就是王尔德先

---

　　* 在为巴尔扎克的一部书籍撰写书评时,他说,“持续阅读巴尔扎克会把我们活着的朋友降低成虚影,把我们的熟人降低成虚影的虚影;谁愿意去晚宴上拜见少年时代的朋友汤姆金斯呢? 如果他能坐在家里跟吕西安·德·吕邦泼雷交流的话。能够进入巴尔扎克的社交圈,简直比收到梅费尔(Mayfair)当地所有公爵夫人的名片还要更令人喜悦。”[6]

生。"谢拉德屈服了,他承认他们初次见面时,他对王尔德怀有敌意。"罗伯特,你简直大错特错。"王尔德说,他解释说,作家们是意气相投的,他们从彼此的作品中获得乐趣。[8]

谢拉德还是略带叛逆的心态。王尔德谈到了美国的美学讲座,还强调在最平常的事物中也可以发现美,谢拉德的表现就像是一位纽约的记者,后者曾提问,在霍博肯是否也能找到美。谢拉德把雪茄烟头按在自己茶碟的咖啡中,说,"你在这种行为中看到任何美了吗?"王尔德毫不为难——"哦,当然,它创造了一种给人印象很深刻的褐色"——谢拉德本想继续嘲讽一番,然而王尔德的表情中有一种东西阻止了他。餐后,他们走过了杜伊勒里宫的原址,十二年前,巴黎公社的人放火焚毁了这座宫殿。王尔德评论道,"对我来说,那里的每一块熏黑的小石头都是民主宝典中的一章。"几乎没有什么话能比这话更让他的朋友感到喜悦了。谢拉德对法国大革命充满热情,他的所有信件都是根据革命日历标注日期的。发现这一点之后,王尔德总是在信中称他是"市民罗伯特·谢拉德"。谢拉德向王尔德询问他的政治观点,王尔德承认自己的信仰是"一种文雅的共和主义"。[9]

第二天,两人再次碰面,此后,在王尔德居住巴黎期间,他们几乎每天都碰面。两人进行了很多交谈,变得感情深厚;谢拉德开始使用"我最亲爱的奥斯卡"这样的称呼,他们似乎还以一种社交的姿势亲吻了彼此的嘴唇。[10]谢拉德在考虑结婚,他发现王尔德对此没什么好感。("我听说过关于男人妻子的一些怪事。"西莫内在《佛罗伦萨悲剧》中说。)王尔德开导他的朋友说,妻子的失贞几乎是普遍存在的。如果谢拉德要结婚,他的建议是,"你可以行卑鄙之事,罗伯特。她迟早也会对你做同样的事。"(就谢拉德的情形而言,事情果真如此。)当他们路过一座亨利四世的雕像时,王尔德在反复思考一个他后来会跟路易·拉图雷特展开讨论的话题:"又一个戴了绿帽的法国伟人!法国的所有伟人都戴了绿帽。你没留意到这一点吗?所有人!在所有的时代。不是由于他们的妻子,就是由于他们的情妇。维庸、莫里哀、路易十四、拿破仑、维克多·雨果、缪塞、巴尔

217

扎克、国王们、将军们、诗人们！我提到的这些人，都戴过绿帽，没提到的还有上千人呢。你知道这意味着什么吗？我告诉你。在法国，伟人太热爱女人了。女人不喜欢这一点。她们利用了这个弱点。在英国，伟人什么都不爱，不爱艺术、金钱、荣誉……也不爱女人。这是一种优势，毫无疑问。"[11]*

　　追随者谢拉德向王尔德提问，如果丈夫发现妻子不贞，他应该怎么办，王尔德勾勒出一个场景："假装不知道他们的私通，看到他们就显得兴高采烈。然后你们三个一起度过夜晚，届临情人快要离去的时候，事情就变得有趣了。你自己应该变得越来越像个丈夫，应该结束这次聚会，对他说几句让他走人的话，譬如，'哦，再见。我们是年轻的夫妻，你明白的……'然后对不贞的妻子说，'到床上去，亲爱的，去床上。'接着，过了几分钟，你在婚房的窗前穿上睡衣，当然，那位唐璜正从街对面凝视着窗口，叹息着当晚克瑞西达（Cressid）睡觉的地方。你在窗前引起他的注意力，向他挥手，表示他应该走了，然后你赶紧去享受等待着你的婚姻中的乐趣。"[13]显然，王尔德正在构思丈夫对情人的出人意料的控制，他将在《佛罗伦萨悲剧》中展示这一点。

　　不过，如果说他愤世嫉俗地反对婚姻，他倒也没有泰然自若地对待婚外的性关系。一天晚上，他去了伊甸音乐厅，挑选了一个叫玛丽·阿盖唐的名妓（她后来被谋杀了）。很少有男人会在次日说出他这样的话，"我们都是怎样的兽类啊，罗伯特。""你唤醒了我内心的种种兽欲，你让我成为我不愿成为的人。"他在《斯芬克斯》中是这样表达的。在《妓院》（The Harlot's House）这首诗中，妓女的舞蹈也就是死神的舞蹈，只有未被玷污的黎明（"就像一个受惊的女孩"）的临近才能够调和它，这首诗也是他内心嫌恶的回涌。正如他对安德烈·拉夫洛维奇

---

　　* 后来，王尔德跟约翰·奥古斯塔斯谈起自己的朋友埃内斯特·拉热内斯，拉热内斯说话时用的是假嗓子。他的出版商粗鲁地认定，那是因为他患有阳痿。听到这种说法，拉热内斯的回应是跟出版商的妻子发生了关系，持续时间很长，最终获得了成功。[12]王尔德说，这是"有史以来最巧妙的应答"。

的诗歌的评价,它是"法国大革命之后的赫里克①"。[14] 谢拉德担心王尔德有可能遭到了敲诈,但是王尔德不耐烦地回答,"我口袋里的钱都给了她们",仿佛其中最糟糕的经历还不是跟金钱有关的事。

这位新朋友让年轻的谢拉德愈发眩惑。他们谈了很多文学轶事,尤其是跟英国作家有关的,譬如斯温伯恩和卡莱尔。王尔德能记住《法国大革命》中的长篇大论。不过,他们很多时候谈论的是更符合巴黎当时情境的四个人,即内瓦尔、爱伦·坡、查特顿和波德莱尔。这四个人的作品阴气沉沉,正符合十九世纪八十年代早期的氛围。王尔德和谢拉德追溯了内瓦尔在巴黎走过的路径,王尔德时常吟诵那些跟爱和死亡有关的诗句,譬如《西达利丝》(Les Cydalises):

> 我们的爱人在哪儿?
> 她们在坟墓中。

同样的主题让他迷上了波德莱尔。他喜欢《腐尸》(Une Charogne),因为它把死尸和爱人无情地联系在了一起:

> ——然而你将会变得跟这污物一样,
> 　　这令人恐怖的传染源,
> 　我眼中的明星,我生命的太阳,
> 　　你,我的天使和我的热情!

他喜欢的另一首诗是《凶手的酒》(Le Vin de l'assassin),诗中的凶手自夸曾杀害了自己的妻子。王尔德喜欢《音乐》(La Musique)的理由却是体面的,这首诗拿被音乐撕裂的感觉跟暴雨中的船只相比,或跟绝望中的平静相提并论。[15]

219

---

① 罗伯特·赫里克(Robert Herrick,1591-1674),英国"骑士派"诗人,著有《雅歌》(1647)和《西方乐土》(1648)。

　　王尔德希望跟法国作者和艺术家见面，他被邀请前往维克多·雨果宅邸参加一场晚间招待会。在那里，一位波兰贵妇试图挑起他的兴趣，然而，他更愿意跟《提示》的编辑瓦克里讨论斯温伯恩。斯温伯恩曾拜访过巴黎，他"就像一条鲤鱼"那样跳来跳去，据此，瓦克里猜想他肯定是个酒鬼。王尔德机智地解释说，斯温伯恩具有一种灵敏的气质，仅仅看着一杯酒，就足以让他像个酒鬼那样发起酒疯来，实际上，他几乎是滴酒不沾的。他讲述了一些关于斯温伯恩的轶事，让瓦里克大乐，于是他带王尔德去拜见雨果，可是雨果在饭后总显得昏昏欲睡，即便王尔德也没法让他打起精神来。离去时，王尔德热情洋溢地引用了雨果在《黄昏之歌》（*Chants du crépuscule*，第五首）中的《拿破仑二世》：

　　　　带着一种崇高的表情，他愉快地大喊：
　　　　——未来！未来！未来属于我！

他忘了诗人对这位命运多舛的皇帝的回答是：

　　　　不，未来不属于任何人！
　　　　陛下，未来属于上帝！

　　他的年轻朋友谢拉德有点愚笨，王尔德对此肯定是心知肚明的，但他还是无可指责地对他表示体谅。有一天，为了寻找一部德尔沃撰写的内瓦尔传记，他在巴黎奔波了好几个小时，他希望得到这部书之后，谢拉德能为英国媒体写一篇内容充实的文章，赚点钱。谢拉德没能获得这个任务，然而，王尔德还是及时找到了德尔沃的这部书，为他买了下来，这是一部昂贵的书籍。谢拉德对艺术的兴趣是有局限的；譬如，他对印象派绘画心存怀疑。王尔德尽力想要让他欣赏德加的画作，德加的阁楼画室就位于方丹-圣乔治街，最近，他跟惠斯勒曾经沿着梯子爬上去拜访过这个画室。"除了那些不值得一看的东西之外，"他向谢拉德断言，

"没有什么东西是值得一画的。"[16]* 无论是当时还是后来,谢拉德都没有显示出任何理解这番话的迹象。不过,王尔德终于开始称赞印象派的作品,尤其是德加、莫奈和毕沙罗一家。**

不过,谢拉德确实对王尔德进行了近距离的打量,我们应该感谢他留下了那些描述王尔德的篇章。除了几处变更之外,王尔德如今穿戴得就像一个时髦的法国人。他头戴常规的丝绸帽子,身穿大礼服。但是他的短上衣袖口向上折起,这是不同寻常的,还有他那毛皮皮衬里的外套大衣也是不同寻常的,那是他在美国巡回演讲时穿过的衣服。当王尔德放弃了自己的美国服饰时,谢拉德大胆地表示了称赞,王尔德觉得这番话"令人乏味",这个词在他的口中一向是"令人不快"的意思。然而,他大体上是赞成这种说法的:"所有那一切都属于初级阶段的奥斯卡。我们如今考虑的是第二阶段的奥斯卡·王尔德,无论从哪一方面来说,他跟那位走在皮卡迪利大街上手持向日葵的长发绅士都是不一样的。"[18]《潘趣》也留意到了这种改变,1883 年 3 月 31 日的期刊上,它刊登了一则讽刺性广告:"出售———一位成功的唯美主义者的全部存货、用具和创造物,他即将停业。这些东西将包括大量已凋谢的百合花、受损的向日葵和破烂的孔雀羽毛、几个长假发套、一批无法理解的诗歌、若干难以忍受的照片,还有一份可贵的手稿,题目是《唯美主义者指南》(Instruction to Aesthetes),其中包括了唯美主义流行语的列表,唯美主义姿势的素描,以及很多手工艺的精选秘诀。另外还有若干被长期使用过的护墙板,色彩灰暗的帷帘,青花瓷器和黄铜炉格子……不拒绝任何合理的出价。"

后来,王尔德会称赞赝造者温赖特,因为后者通过披上伪装来强化自己的人

---

* 德加有一句话让王尔德觉得很有趣,他草草记下了这句话,"还有比中产阶级更可怕的——我说的就是那种模仿我们的人。"

** 德加是个言语尖刻的人,他跟西克特谈到了王尔德,"他看起来就像某个在郊区剧院里扮演拜伦勋爵的人。"至于惠斯勒,德加对他说,"惠斯勒,你的举止就像一个缺乏天赋的人。"[17]当惠斯勒夸耀一顶带有扁平帽檐的新帽子时,德加对他说,"的确,它非常适合你;但是我们可不能穿戴成这样回阿尔萨斯和洛林去。"

格。[19]对他而言,服饰也是一种把每一阶段发展到极致的方式,不管它们会让旁观者感到困惑还是恼火。他还喜欢那个浪漫的观点,即灵魂可以不断重生,直至永远。人们认为他目前的服饰是较为传统的,他不接受这种意见——它只不过是以更微妙的方式呈现反传统的特色罢了。每到一个新的国家,他就需要一整套新的行头。

他还改变了自己的发型。这一次不再是长发了,他决定留一个罗马式发型,他把自己的理发师从斯克里布路拖到了卢浮宫,让他见识了一座大理石胸像。(后来,他说那是尼禄的胸像,但路易丝·乔普林听他说是"安提诺俄斯"。[20])

221 理发师满足了他的要求,在好几个月的时间里,王尔德都保持着这个皇帝的发式。*("卷发配卷牙。"有人揶揄道。[22])"我想你的头发是天然卷,是吗?"塞西莉问阿尔杰农,阿尔杰农回答,"是的,亲爱的,略微也借助了其他力量。"不过,他并没有费心去装扮自己的脸,他似乎想要违反自己的理论,在阿尔玛-塔德玛家举办的一场假面具舞会上,他拒绝戴上假面具。他对自己的五官特征很满意,后来还向密友们吹嘘过它们。

王尔德总说,他在巴黎暂住时期的工作是很顺利的。当他只顾玩乐的时候,他会对自己提出要求:"我不应该这么做。我应该去写作,应该去写作。"当他真的写作时,他装出比佩特还要讲究的样子。"我一整个上午都在检查诗集的校本,"他跟谢拉德说,"我删掉了一个逗号。""那下午呢?""下午?哦,我又把它添了回去。"[23]王尔德发现自己喜欢的作家对描述自然的诗歌都全无兴趣,他从1874年就开始撰写《斯芬克斯》(他把它拼写成"Sphynx"),如今,他翻出旧稿,怀着新的热情开始继续创作。他将会是颓废时代的鲁滨逊·克鲁索。这一次,他不再从植物学书籍中查询花朵的名字,而是从字典中搜索稀奇古怪的词汇,他

---

* 王尔德的理发师说话很逗,王尔德记录了以下部分:

"我很喜欢喝彩,但实际上,我已经发现,公众们看不出错误在哪儿;先生,就艺术而言,你可以一直作假;我自己也犯错误;可我总会遮掩过去……当我在一个新国家旅行时,我总是观察别人的发型;我很清楚,有些人忙着参观公共建筑,但我对此毫无兴趣;对我而言,只有发型才值得一看……不过,想要成为一个理发师,你首先还必须会相面。"[21]

把这些词汇用作韵脚,来装饰自己那些充满异国情调的题材。谢拉德被委以重任,去寻找带"ar"的词汇,他一下子找不到这样的词,于是受到了责备,"为什么你没有从帕西(Passy)帮我带来韵脚?"王尔德已经用上了"妓院"(lupanar)这个词,但是谢拉德提到了"睡莲"(nenuphar),王尔德立刻就采用了它。

> 健壮的阿庇斯曾经跳下战车,匍匐在你的脚前吗?
> 你这甜美、蜜色睡莲的巨大花朵。

要想找到跟"停灵台"(catafalque)相配的三音节韵脚,这事就更不容易了,不过,王尔德满足于"安姆尔克"(Amenalk)这个词:

> 你注意到塞浦路斯人亲吻停灵台上的白色阿顿了吗?
> 你追随过安姆尔克,那位赫里奥波里斯的神吗?[①]

222

自从波德莱尔和马拉美之后,巴黎人无疑都迷上了爱伦·坡,其氛围正适合召唤和驱除这种邪恶精灵。"它[《斯芬克斯》]将摧毁英国人对本国的热爱。"他说。跟爱伦·坡在《创作的哲学》中建议的一样,韵脚都是精心挑选的。韵脚词典对抒情诗有很大的帮助,他说。虽然诗节的形式跟《悼念》(Memoriam)中的形式是一样的,但这一次是两行一节而不是四行一节,长诗行的效果暗示着展开一卷绵延不断的不祥的卷轴。[24]甚至连诗节的形式似乎也在体现那种支配诗歌的怪诞形象的腐朽。不过,这种颓废并不是远古的。"他的斯芬克斯不是在沙漠中提出自己的谜语,"文森特·欧沙利文说,"而是在一个房间里——旅馆的一个房间里。"[25]王尔德对社交生活之外的一切生活都全无兴趣。

---

① 阿顿(Adon),古代闪族神话中的神;赫里奥波里斯(Heliopolis),古埃及的城市。

公爵夫人的命运

我并没有储藏那些由狮鹫守护的黄金。

　　他的大部分精力都花费在《帕多瓦公爵夫人》上了。他并没有按照格里芬的合约规定在 1883 年 3 月 1 日之前就完成这个作品,而是拖到了 3 月 15 日。寄出手稿之后,3 月 23 日,他写信给玛丽·安德森,想要打消她可能会有的一切疑虑。"我可以毫不犹豫地说,它是我所有文学作品中的杰作,是我青春时代的丰碑。"在这部纯粹的浪漫剧中,前帕多瓦公爵的儿子,年轻的吉多·费兰蒂发誓要杀掉谋害父亲的凶手,全然不知这位凶手就是现任的公爵。这位公爵并不是一个简单的坏人,王尔德对安德森小姐说,而是一个愤世嫉俗者和一个哲学家,这种人先是出现在《薇拉》中,后又出现在其他戏剧中。跟薇拉一样,吉多一会儿充满欲望,一会儿又对这种欲望产生反感;刺杀凶手的时刻到了,他却无法鼓起劲来做这件事。跟王尔德戏剧中的大多数主角一样,他既直率又仁慈。这部戏剧的新变化在于不幸的公爵夫人,她爱上了吉多,以为他希望公爵死掉是为了他们的爱情。因此,她杀掉了自己的丈夫,不是因为恨他,而是出于对吉多的爱。令人吃惊的是,吉多感到震惊,因为她所犯的罪行是他好不容易才躲开的。当他告诉公爵夫人他恨她的时候,她把他出卖给了守卫,说他才是凶手。他的关键时刻到来了,他以崇高的方式承认了罪行,就像司汤达笔下的于连·索雷尔,他等待着死刑的执行。心怀悔恨的公爵夫人试图帮他逃跑,但是他已经决定要为她而死。她拒绝道,"我是一个有罪的女人",他口若悬河地为她作了辩护。

　　　　犯罪?——让那些
不懂得什么叫诱惑的人,

223

让那些不曾像我们一样走在

激情之烈焰中的人,那些生活

乏味、苍白,一句话,让那些,

如果有这种人的话,不曾被爱过的人,

向你投出石头吧。

这是王尔德戏剧经常涉及的主题,有罪的激情是普遍深入的,它也是可以原谅的。吉多也堪称是一个唯美主义者,他觉得自己的一生并没有被浪费掉:

什么,比阿特丽斯,我难道不曾

跟美对峙吗? 就人的一生

来说,那已足够了。

在写给玛丽·安德森的信中,王尔德指出了她将要出演之角色的那些激动人心的时刻。第一幕的高潮是她作为公爵夫人登台。公爵夫人的角色首先混合了遗憾和怜悯,然后,激情战胜了这些情绪,于是又增添了悔恨,接着是激情和悔恨交织在一起。他指出,其中有一些喜剧的情节来缓和那种悲怆。不过,跟他后来的戏剧一样,他坚持戏剧的至高优点在于智性基础。跟小仲马的《茶花女》不一样,《茶花女》缺乏才智,只不过利用了观众对一个"年纪轻轻就死去的(她咳嗽起来真可怕!)"女人的同情,王尔德认为,他自己的剧本展示的激情如同受制于魔鬼,为此,受控制的人可以要求人们的怜悯,也能够获得这种怜悯。[26]

跟玛丽·安德森的通信显得有点一头热。她寄给他一些报纸,上面有她目前演出的评论。然而,除此之外,她保持了沉默。4 月底,王尔德手上的钱几乎花光了,他给她发了电报。有一天,他跟谢拉德坐在一起,正好收到了一封来自维多利亚(地属加拿大英属哥伦比亚省)的回电。他打开电报,冷漠地阅读了它,从蓝色的电报上撕下一小条,搓成小球,塞进了嘴里。然后,他把电报递给谢拉德,说,"罗 224

伯特,这太烦人了。"玛丽·安德森明确表示拒绝。"今晚,我们不能跟公爵夫人共餐了,"他说,"更确切地讲,我们要跟汉弗莱公爵(Duke Humphrey)共餐了。不过,对齐默餐厅的猪肉腌菜锅该怎么交代?"*谢拉德已经白吃白喝了好几周,因为王尔德坚持认为,"朋友们要有福同享,有难同当",但是现在他挺身而出,问王尔德,"你不愿意让我请一次客吗?在河对岸的一个小餐馆,他们的服务是不错的。"王尔德同意了,谢拉德对巴黎很熟悉,他带着王尔德绕了一圈,进了巴黎咖啡屋的侧门。王尔德对这个玩笑心领神会,说,"真是一个很棒的小餐馆!"他们在交谈中没提到《帕多瓦公爵夫人》,不过,他们在餐后去了女神游乐园。王尔德发现有人盯着他看,他坚持在帷幕即将拉开之际离去。这是他表现出的仅有的不安迹象。[28]

玛丽·安德森的信件在数日后寄到。它并没有带来慰藉:

亲爱的王尔德先生:

……我恐怕,照目前这个样子,这部戏剧无法像《威尼斯幸免于难》(Venice Preserved)或《卢克丽霞·博基亚》(Lucretia Borgia)那样赢取今天的观众。

我们两人如今都无法承受失败,如果我出演你的公爵夫人,它将不会获得成功,因为这个角色不适合我。对于你的伟大才干,我一如既往地钦佩不已。我希望你能理解我对这件事的态度。……[29]

这样一来,事情就大大地退后了一步,然而不能就此低估王尔德的自负。他对自己的主要天赋并不怀疑,安德森小姐怀疑不怀疑是她的事。他可以在任何一个选定的晚上证实这一点,比如让那些原本不喜欢他的人对他着迷。幸运的是,他

---

* (跟汉弗莱公爵共餐意味着没饭吃。)有一次,王尔德出人意料地出现在西克特家,问是否可以跟他们一起吃饭,因为他正要去拜访附近的某幢住宅。西克特太太解释说,他们刚吃过午餐,但是她可以给他,照苏格兰人的说法,"一个鸡蛋用来作茶点"。当鸡蛋被拿上来,王尔德郁闷地瞅着它,仿佛他以前从未见过鸡蛋。奥斯瓦德·西克特大笑。[27]

还有跟玛丽·普雷斯科特的关于《薇拉》的协议。他已经根据她的要求改写了第二幕,还有第四幕的恋爱场景。她请他添加一个孩子的角色,他这么做了。他的修订让这位女演员感到满意。为了装饰斯拉夫风格的舞台布景,他寄给她一个俄式茶炊,那是萨拉·伯恩哈特送给他的,她很感激。预演被安排在朗布兰奇,她邀请他在 8 月 18 日之前参加最后的排演。

颓废者

"我相信人种,"她嚷嚷说……"它可以进化。"

"我对衰落更感兴趣。"

"那艺术呢?"她问。

"它患上了疾病。"①

王尔德在戏剧方面遭遇的困难并没有妨碍他在巴黎的社交生活。这一次,他会见的多半是较年长的艺术家和画家,八年后,他会跟年轻一代结识。面对一些宴请他的美国艺术家和记者,他发表了一篇关于美国之行的机智演讲。在画家朱塞佩·德尼蒂斯的家里,他跟德加、卡赞和毕沙罗一家进行了交流,在离去的时候,就像惠斯勒那样,他自负地说,"我真棒。"他释放出的能量和活力简直不同寻常,甚至对他自己来说也是如此。他带着谢拉德去歌舞剧院观看伯恩哈特扮演萨杜剧中的费朵拉。虽然这部剧本是萨杜独立构思的,但是它跟王尔德的《薇拉》十分相似,因为萨杜也觉得屠格涅夫和陀思妥耶夫斯基的虚无主义者是一个很好的题材,掺上贵族要素,再撒上爱情的调味品。费朵拉公主不但卷入了虚无主义者的密谋,还成为一系列误会的牺牲品,扮演这个角色的伯恩哈特得

225

---

① 引自《道林·格雷的画像》。

以经历感情上的起伏跌宕,她爱过、悲痛过、仇恨过、遮遮掩掩过、参与共谋过,最后痛苦地作了坦白,选择了自杀。它跟《薇拉》一样无聊,不过,其戏剧感还要更陈腐。显然,王尔德没指望在巴黎上演《薇拉》了,无论伯恩哈特是否参与演出,《帕多瓦公爵夫人》是以无韵体撰写的,不适合翻译或上演。

不管他心里是多么惊恐不安,他都克制住没有表现出来。《费朵拉》(Fédora)幕间休息时,萨拉·伯恩哈特在幕后更衣,王尔德和谢拉德被领到伯恩哈特的化妆间旁的小客厅里。她从帷幕间探出头来好一会儿,用最热情的微笑欢迎王尔德。她当时的情人让·黎施潘就没那么高兴了。几天后,他们接到邀请去她家拜访她(位于福蒂纳街角的维埃大街)。路上,王尔德在街头小贩手中购买了一大捧桂竹香。谢拉德认为它们很俗气,但是萨拉从壁炉边一大堆色彩斑斓的软垫中舒展了一下身体,很高兴地收下了它们。作为一位来自伦敦的老友,王尔德在这里获得了比在演员休息室更多的尊重。亚历山大·帕罗迪曾撰写过萨拉的第一部成功之作《被征服的罗马》(Rome vaincue),他谦恭地称王尔德为"大师"。[30]

226   也许就是在这个场合,根据他的记述,他和科克兰进行了一场交谈,科克兰问他《帕多瓦公爵夫人》讲的是什么。王尔德回答说,"我的戏剧? 它只谈了风格。雨果和莎士比亚两人加在一起,已经用尽了所有的题材;人们再没有创新的可能,哪怕连新的罪行都无法实现;因此,没剩下情感,只剩下异乎寻常的形容词。剧本的结局颇具有悲剧性;我的男主角在胜利之际想要说一句警言,却达不到预期效果,于是他像一个学者那样,被迫发表了不情愿的演讲。"科克兰转向一个更有内容的话题:

> **科克兰**: 文明是什么? 王尔德先生。
>
> **王尔德**: 对美好事物的热爱。
>
> **科克兰**: 什么是美好的事物?
>
> **王尔德**: 中产阶级认为丑陋的东西。
>
> **科克兰**: 中产阶级认为什么算是美好的东西?
>
> **王尔德**: 那种东西并不存在。[31]

这位演员似乎喜欢这些高深莫测的回答,而没有感到厌恶。

　　萨拉·伯恩哈特跟他们谈起了她最新的被保护人,即莫里斯·罗利纳,去年11月,她把他引介给大家,说他是一位才华出众的诗人和悲剧作家,一个灵感充沛的音乐家,还是一个不可思议的艺术家,"巴黎的奇人之一"。罗利纳刚出版了自己的第二部诗选《神经官能症》(*Les Névroses*),他被人说成是第二个波德莱尔。王尔德设法在好客的画家朱塞佩·德尼蒂斯家跟他见了面。德尼蒂斯的绘画题材是那些风景如画的巴黎街景。他的家里到处都是日本风格的物品,反映了他跟朋友埃德蒙·德·龚古尔具有相同的品位。(1882 年,龚古尔最新出版的小说《拉福斯坦》〔*La Faustin*〕就是献给德尼蒂斯的。)王尔德背后的墙上挂着绣毯,他跟德加、卡赞和毕沙罗一家进行了交流,同时还观察了罗利纳本人,罗利纳当时有三十多岁,双目炯炯有神,神情不安但热情洋溢。1882 年 11 月 9 日,艾伯特·沃尔夫在《费加罗报》中描述了他的形象,说他是十足的艺术家。有人邀请罗利纳在餐后给大家朗诵一首诗歌,罗利纳答应了,他从《神经官能症》中选择了一首《特罗普曼的独白》(Le Soliloque de Troppmann)。这首诗歌在朗诵时需要伴以手势和脸部的扭曲表情,因为特罗普曼是一个残忍的恶人,他先杀害了一位丈夫和他的孙子,然后是他的妻子和五个孩子。独白详细描述了他把母亲和孩子们骗到家中实行计划时的想法。它之所以给人留下深刻的印象,就在于诗中全无内疚之情,仿佛邪恶在万物中也有其确定位置。(《笔杆子、画笔和毒药》也采用了这种手法。)王尔德对这首诗歌的力量留下了印象,他邀请罗利纳跟他共餐。*

227

---

　　* 他的话给王尔德留下了深刻印象,王尔德把它们记录了下来。在一张以"罗利纳"开头的纸张上,记载着以下的笔记:

　　　　美好的事物只有一种形式,但是每个人对不同的事物有不同的表达;因此,诗人是无法被人理解的。

　　　　我不相信进步;但我相信人的反常会停滞。

　　　　我需要梦想和虚幻的事物;我颂扬日本的椅子,就因为它们不是用来给人坐的。

　　——他的音乐观念延续了诗歌之美,但放弃了诗歌的观念。[32]

罗利纳随后也邀请了王尔德,凌晨三点,在一封接受邀请的信中,王尔德写道,他刚刚重读了罗利纳诗集中的《走向公牛的母牛》(La Vache au taureau)。这首诗歌描述了两个年轻的乡下人,一个男孩和一个女孩,目睹了母牛和公牛的交配,他们缄默地承认,今晚他们将重复同样的过程。对交媾的描述是强烈的,王尔德满怀真挚的热情写道:"……这是一首杰作。其中能体会到真正的自然气息。我为此向你表示祝贺。自从卢克莱修的《物性论》以来,世人再也不曾读到过此类的东西;这是田野里的维纳斯接受过的最出色赞歌,因为它是最朴实的。"尤其吸引王尔德的是罗利纳跟波德莱尔的相似性。这种相似在《神经官能症》中随处可见,诗集的序诗《罪的幻影》(Le Fantôme du crime)是献给埃德蒙·阿罗古的,阿罗古本人最近的诗集公然以《歇斯底里的诗歌》(Poèmes hysteriques)为书名。这首诗歌呈现了:

谋杀,强奸,偷窃,弑亲

正如波德莱尔的《致读者》(Au Lecteur)呈现过:

愚蠢,错误,罪行,卑劣

228 罗利纳的题材还包括自杀、疾病、疑病症、死尸、防腐处理、活埋、幽灵、疯狂、魔法和腐烂,爱伦·坡是其中的主导人物,他被描述成了黑暗天使。谢拉德相信罗利纳在吸毒并且需要别人的帮助。"如果你看到一个人跳进了河中,你会追随他的行动吗?"他忍不住问王尔德,后者对罗利纳的毒瘾貌似无动于衷。"我会认为这是十足的鲁莽之举。"王尔德回答说。[33]

这位英国文艺复兴的代言人无意中步入了正处于颓废全盛时期的巴黎。颓废精神体现在两份新的评论性杂志的特色中,这两份短命的新杂志都创办于1882年,一份是《黑猫》,另一份是《新左岸》。让·洛兰后来会把自己的一个短篇小说题献给王尔德,他从 1882 年开始就着眼于同性恋的主题,首先是跟女性有关(《现代性》〔*Modernité*〕,1882 年 9 月 2 日发表于《黑猫》),然后涉及了男性(《巴蒂尔》〔*Bathylle*〕,1883 年 7 月 1 日发表于同一份杂志)。不管王尔德是否看到了这些文章,他想必跟新朋友保罗·布尔热讨论过这个话题,布尔热正忙于撰写一部书籍,探讨当代文学中的颓废精神。接着,魏尔伦出现了,王尔德跟他在咖啡馆见过一次面。此时的魏尔伦状况不佳,他的爱人吕西安·勒蒂努埃一年前死于疟疾。魏尔伦那幅灰头土脸的样子让王尔德产生了反感,但他承认魏尔伦是个才华横溢的人。跟洛兰一样,魏尔伦正开始发表同性恋诗歌,他或许还向王尔德朗诵了自己的新诗《倦怠》(Langueur),第一句是:"我是颓废末期的帝国。"除了撰写关于性反常和衰败的诗歌,1882 年 11 月,魏尔伦还发表了《诗歌艺术》(Art poétique),这首诗认为所有不具备音乐感和微妙性的诗歌都仅仅是文学作品而已。艺术创作似乎必然导致道德的分解。对于王尔德来说,他曾赞美过"被阳光普照的山巅",如今却发现自己身处颓废的深渊,这真是一种令人眩晕的喜悦。难怪《斯芬克斯》会稳步发展成形。

他渴望见到法国文人中的栋梁之才,即龚古尔两兄弟中仍然在世的哥哥埃德蒙。他给他写了一封信,随信附上一本书:

> 亲爱的先生:
>
> 请接收我的诗集,它表明了我对《拉福斯坦》作者的无限崇敬。
>
> 一想到我的这些早期的诗歌之花也许能在你的华托和布歇画作,还有那些漆制、象牙制和青铜制的珍宝附近找到一席之地,我就感到十分幸福,在你的《艺术者之家》(*Maison d'un artiste*)中,以上的这些物品已获得了永生。

他的结交办法果然生了效,因为王尔德在写给泰奥多尔·迪雷的信中提到,下周三,他将陪伴迪雷去拜访龚古尔,信中还赞美了龚古尔的另一部小说:"在我看 229

来,他是现代散文的大师之一,他的小说《玛奈特·萨洛蒙》(*Manette Salomon*)是一部杰作。"[34]

跟《拉福斯坦》一样,《玛奈特·萨洛蒙》也是唯美运动的衍生品;它们探讨的都是艺术以及艺术和生活的关系。玛奈特是一位犹太模特,她控制了自己的爱人,毁掉了他的才华(表达了龚古尔对女人的厌恶)。《拉福斯坦》跟王尔德正在寻觅的东西较为接近,尤其是因为书中的艺术家是一位女演员,以伯恩哈特和雷切尔为原型。在书中,生活和艺术的冲突是很坦率的:相比于爱上别人,拉福斯坦更擅长的是玩弄爱情。在一出临终的场景中,她的英国爱人安南达尔勋爵清楚地明白了这一点。当安南达尔因为疼痛而面目扭曲时,拉福斯坦轻率地模仿了他的苦脸,接着,她意识到他看到了自己的模仿。他鼓足最后的力量,"以撒克逊种族的那种毫不留情的态度",用英语对他的侍从大声说,"把那个女人赶出去!"她疯狂地亲吻他的手,但是他拒绝了她:"一个骗子……你就是那种人……不会爱人的女人。"他躲开了她那恳求的模样,甚至更不由分说地重复,"把那个女人赶出去!"(Turn out that woman! 一个有助于理解的脚注解释说,该英文短语的意思是"把那个女人赶出门外!")这个结尾是小说最令人难忘的部分,王尔德记住了它,在剧终的幕前演讲中,他采用了这种手法。在《斯芬克斯》中,他命令,"滚开!滚开!"在《莎乐美》中,希律王转脸看到莎乐美满怀恋尸癖的热情在亲吻那个头颅,他对卫士大喊,"杀掉这个女人!"

王尔德不可能没留意到,他在美国曾赞扬唯美运动具有崇高的理想精神,而在法国,人们满怀热情推动的这场运动看起来却要可疑得多。在美国的演讲中,他曾天真地认为,我们必须美化自己的生活,身处美好的事物之间。此时却有一部小说显示,这种美化也许会显得不健康。《拉福斯坦》促成了《道林·格雷的肖像》中的西比尔·文恩;跟拉福斯坦正相反,西比尔由于恋爱失去了作为女演员的能力。更确切地说,拉福斯坦集两种可能性于一身。为了表演《费德尔》,她觉得自己需要谈恋爱,但是她警告爱人,如果她离开舞台,他将会在六个月后就失去对她的爱。一种相反的推动力促使拉福斯坦为了爱人而放弃自己的职业,却发现没了这种职业,生活就变得令人生厌。有一个丈夫也许是件好事,但是拥有剧院的观众还要更好。王尔德意识到,这种生活和艺术的张力产生了戏剧性的刺激,在未来的十五年里,他以各种形式呈现了这些张力。

《拉福斯坦》中还有别的东西迷住了王尔德。安南达尔勋爵有一个名叫乔治·赛尔温阁下的朋友,赛尔温对这位年轻人产生了邪恶的影响,把他引介给未指名的"卑劣荡妇",他对拉福斯坦的爱把他从前者那里拯救了出来。赛尔温拜访了这对恋人,安南达尔对拉福斯坦解释说,他的朋友是"一个虐待狂","这个男人的恋爱和欲念是混乱的、病态的"。仿佛是为了证实这个观点,赛尔温跟拉福斯坦一起观看了养鸡场,他指出两只同性恋的公鸡跟别的公鸡、母鸡都保持着距离。拉福斯坦感到震惊,她希望他的拜访就此结束;他颇为突然地收到一封上端标有"多尔曼斯小屋"的信件。她对这个名字一无所知,但两个男人却心领神会,他们知道多尔曼斯是《闺房哲学》(*La Philosophie dans le boudoir*)①中的哲学家,是萨德最可怕的幻想人物之一。龚古尔似乎不必要地唤醒了性虐待的幽灵,然后又驱散了它;这个情节并不需要它;安南达尔和赛尔温都是完全不可信的人物。可是,为"解构一切意义"(照兰波的说法)添砖加瓦的那种意图想必激励了王尔德,他后来构思了一位英国贵族,对道林施加了邪恶的影响,虽然跟龚古尔表现出的重口味相比,亨利勋爵只不过略有相似之处。道林的那种古怪恋爱既源自《拉福斯坦》,又源自《反常》,《反常》受到了《拉福斯坦》的影响,它以明确和含蓄的方式称颂了龚古尔的小说。

1883年4月21日,王尔德拜访了埃德蒙·德·龚古尔的"奥特伊阁楼"(grenier d'Auteuil)。龚古尔是一个记日记的人,他还喜欢把那些耿耿于怀的事情记录下来,王尔德的一些对话也被他记录在案。这些对话让他觉得很有趣,尤其是当他们讨论到斯温伯恩的时候。5月5日,他再次碰见龚古尔。从德尼蒂斯的宴会上回来,龚古尔在日记中提到,他又见到了王尔德,他认为王尔德是同

---

① 《闺房哲学》是性幻想作家萨德的小说。

性恋者("具有可疑的性别"),因此对其心怀轻蔑,不过,龚古尔记录了王尔德对美国的一些回忆。

在预告了文艺复兴的到来之后,又听到了预告颓废时代的信息,这真让王尔德感到神清气爽。他在美国说过的话太有益健康了,在巴黎简直没法消化这么健康的东西——连谢拉德对维纳斯的粗俗指摘也显示了这一点。从另一方面来说,巴黎的颓废精神自诩率真,但其中也有荒谬的成分,正如王尔德自己的作品《斯芬克斯》。在巴黎待了三个月之后,他不会口若悬河地谈论文艺复兴了,但也许——人们慢慢意识到了这种征兆——它会略微感染上颓废的病毒。佩特对这种融合过程早有预料,不过他却摒弃了它。王尔德还要更有勇气些。

与此同时,过着这种颓废而不是复兴的生活,王尔德在美国挣到的钱正在逐渐耗尽,虽然其中有些是被打算返回伦敦的谢拉德借走了。5月中旬,追随着谢拉德的踪迹,王尔德也回到了伦敦。

注释

[1] Letter to Waldo Story, [31 Jan 1883] (Manuscript Room, NYPL).

[2] Rodd, *Social and Diplomatic Memories*, 25; Birnbaum, 14; Sherard, *Life of O. W.*, 215-6; *Letters*, 144.

[3] Sherard, *The Real O. W.*, 51.

[4] Sherard, *O. W.: Story of an Unhappy Friendship*, 25, 58.

[5] Wilde's notes (NYPL: Berg); Birnbaum, 14; Sherard, *O. W.: Story of an Unhappy Friendship*, 24.

[6] *The Artist as Critic*, 30.

[7] Sherard, *The Real O. W.*, 22-5, 67.

[8] Sherard, *O. W.: Story of an Unhappy Friendship*, 59, 20.

[9] Sherard, *The Real O. W.*, 36.

[10] Sherard, letter to A. J. A. Symons, 3 June 1937 (Clark); Robert Pepper called this to my attention.

[11] Louis Latourette, 'Dernières heures avec Oscar Wilde,' *Nouvelles Littéraires*, 5 Dec 1928.

[12] Augustus John, *Chiaroscuro: Fragments of Autobiography*, *First Series* (1952), 433-4.

［13］Sherard, letter to A. J. A. Symons, 31 May 1937 (Clark).

［14］Letter from W. R. Rodgers (Hart-Davis); Sherard, letter to Symons, 31 May 1937 (Clark); Raffalovich in *Blackfriars* (1927).

［15］*Sherard, The Real O. W.* , 251.

［16］Wilde's notes (NYPL: Berg).

［17］Walter Sickert, *A Free House!* . . . (1947), 44.

［18］Sherard, *The Real O. W.* , 200.

［19］The *Artist as Critic*, 325.

［20］Jopling, 80.

［21］Wilde's notes (NYPL: Berg).

［22］E. Terry, *Memoirs*, 253; *Truth*, 4 Oct 1883.

［23］Sherard, *O. W. : Story of an Unhappy Friendship*, 72.

［24］Robert Merle, *Oscar Wilde* (Paris, 1984), 83-4, compares the verse form of 'The Sphinx' to a serpent.

［25］O'Sullivan, 231.

［26］*Letters*, 139.

［27］Swanwick, 66-7.

［28］Sherard, *The Real O. W.* , 238.

［29］Mary Anderson, letter to Wilde, n. d. (owned by the Players) (Hart-Davis).

［30］Sherard, *O. W. : Story of an Unhappy Friendship*, 68.

［31］Wilde's notes (NYPL: Berg).

［32］*Letters*, 145; Wilde's notes (NYPL: Berg).

［33］Sherard, *O. W. : Story of an Unhappy Friendship*, 50.

［34］*More Letters*, 53.

第九章　两种舞台

卡弗沙姆勋爵：该死的，先生，你有责任结婚。你不能永远过着享乐的生活。如今，每个有地位的男人都是已婚男人。单身汉不再时髦了。他们是名誉有损的人。人们对他们议论纷纷。先生，你必须找一个妻子。①

适婚年龄的王尔德

232　　王尔德跟母亲在格罗夫纳广场的公园路 116 号住了一阵子，在此期间，他为重新进入社交界筹足了钱。一位乐于助人的放债者借给他一千二百英镑，也许就是那个名叫 E. 利维的人，王尔德在美国就跟他打过交道。王尔德还尽力设法从斯蒂尔·麦凯那里收回一笔债务，但不知道他是否得偿所愿。1883 年 5 月 17 日，他写信给麦凯说：

———————

① 引自《理想丈夫》。

公园路 116 号,格罗夫纳广场

亲爱的麦凯:

你是否好心愿意把我借给你的两百美元还给我。我在这里开销极大,牛津上学时的账单(那是我过去花的钱,白纸黑字的幽灵!)就像沙漠里的鹌鹑那样蜂拥而来,却没有那么美好。诺曼[·福布斯-罗伯逊]告诉我,他在纽约见到了神采飞扬的你,我一直在巴黎撰写玛丽·安德森的剧本。我很喜欢它,它是我写过的最有力的作品,十分幽默,情境如画。我希望你们都安好,还没有忘记我。我期待很快能收到你的回信。

奥斯卡·王尔德谨启[1]

跟剧本的作者不一样,玛丽·安德森没那么喜欢《帕多瓦公爵夫人》,这封信件显然对此只字未提。他也没提到这个剧本在伦敦没有进展。茱莉亚·弗朗科的妹妹艾丽尔太太让亨利·欧文读了它。"奥斯卡肯定读过《威尼斯商人》。"她说。欧文回答,"我也是这样期待的,可我认为这几乎不可能。"

王尔德描述自己在英国受到的款待时显然还是兴致勃勃的。他写信给谢拉德说,"伦敦的精彩生活让人眼花缭乱,把我从斯芬克斯身边掠夺走了。"仿佛斯芬克斯不但是诗歌,还是缪斯女神。"必须让社交圈大吃一惊,我的尼禄发型已经让它大吃了一惊。没有人认出我,每个人都告诉我,说我看起来很年轻;这当然是件令人高兴的事情。"《世界》杂志注意到了他的新发型,它在一首亲切友好的打油诗中写道:

我们的奥斯卡再次归来,但是,喔,

曾经满头金发的他已经变了样!

难道是他的灵魂渗入了铁?喔,不!

只不过是他的头发染成了铁褐色。[2]

王尔德觉得,因为在巴黎零星完成了一些工作,现在他可以休息一阵子了。不过,在他的两部剧本中,只有《薇拉》是确定可以上演的,但那也要等到 8 月份。他还有几个月的时间用来思考他母亲的明智忠告,她总是敦促他和威利通过结婚改善自己的经济地位。威利早就做好了准备,可是女人要么对他一笑置之,要么随着他的热情的衰减,她们就对他失去了兴趣。他弟弟奥斯卡进展也很缓慢,虽然不是出于同样的原因。他兴趣广泛,同时,沃尔特·惠特曼和谢拉德的亲吻也拖了他的后腿。

然而,毫无疑问,婚姻将会止住谣言。虽说他觉得牺牲是高贵的,但他还是宁愿不要成为牺牲品,那些研究其性格的学者并不总愿意承认这一点。《潘趣》最近把他称作"玛丽-安",博德利在《纽约时报》上把他叫作"阴阳人",如果说王尔德还没有读过龚古尔在 1883 年写下的日记(把他描述成"具有可疑的性别"),他至少可以猜到其他人也是这么认为的。一位妻子能让他免受道学家的指摘,一位富裕的妻子还能把他从放债人的手中拯救出来。那些本会毫不反抗地拜倒在他脚边的人,他不再需要努力去赢取他们,是谣言阻止了这些人作出决定。结婚之后,他就可以面对社会而不冒犯它。稳定的生活,对老婆的畏惧和一成不变的日子也许是乏味的——佩特曾告诫过,形成习惯就是失败之源——然而,王尔德至少可以想象他轻松愉快地扮演着丈夫的角色,就跟他扮演单身汉时一样。

他考虑过结婚这档事。他理想中的第一个妻子是弗洛伦丝·巴尔贡博,可是,在恼人的现实中,布拉姆·斯托克带走了她。接着,莉莉·兰特里迷住了王尔德,不过,他基本上没考虑过娶她为妻,因为她仍然是已婚的,而且跟他一样经济窘迫。他认真考虑过结婚的第二个女人是维奥莱特·亨特,时间是八十年代的初期。维奥莱特·亨特是风景画家艾尔弗雷德·威廉·亨特和小说家玛格丽特·亨特的女儿,她自己也将注定成为一个小说家。王尔德称她是"全英国最美好的紫罗兰"。① 他们在伦敦相遇时,她还未满十七岁。"我觉得自己就像是

---

① 维奥莱特(Violet)这个名字在英文中是植物紫罗兰的意思。

一个年轻的征服者，"当他们满怀热情地一起聊天时，他是这么说的，"我们将会统治世界——你和我——你以你的容貌，我以我的才智。不过，你肯定也会写作，你从你亲爱的母亲那里继承了文学技巧，你已经参与了两场悲剧和一场胜利。"（悲剧是罗塞蒂和斯温伯恩，胜利是罗伯特·勃朗宁。）1881 年 7 月，她写信祝贺他出版了诗集，这证明"你完全配得上你那四幅伯恩-琼斯的素描！"他回复说，她弥补了那些诗歌引发的"诽谤、奚落和嫉妒"。在自传《迷惘的年代》（*The Flurried Years*，出版于 1926 年）中，维奥莱特·亨特回忆道，有一天王尔德谈起非洲的地图，他说，"哦，维奥莱特小姐，想象一幅描绘了整片大陆的地图，除了一两个无关紧要的城市，就是一片标有'此处有狮子！'的空白。维奥莱特小姐，让我们去那里吧。"她回答说，"去喂狮子？"或许就是在 1880 年，他提出了较认真的求婚。她没有在自传中提到这事，不过根据道格拉斯·戈德林在《南方小屋》（*South Lodge*）中的说法，她后来一直在吹嘘这件事。[3] 让她恐惧狮子的现实感同样也让她不愿嫁人。她后来跟福特·马多克斯·福特同居生活在一起，没有结婚，也没有被狮子吃掉。

　　还有另外两个候选人。一位是迷人的夏洛特·蒙蒂菲奥里，当王尔德在莫德林读书时，她兄弟伦纳德就在贝利奥尔学院求学。（1879 年 9 月，他去世了，年仅二十六。）王尔德似乎向她求过婚，但被拒绝了，时间也许是 1880 年或 1881 年。那天晚上，他送给她一张短笺："夏洛特，对于你的决定，我觉得很遗憾。以你的金钱和我的头脑，我们本可以鹏程万里。"[4] 她撕掉了短笺，然而记住了其中的内容。另一个人选要更适合些。事情发生于 1881 年 5 月，可能就是在被维奥莱特·亨特和夏洛特·蒙蒂菲奥里拒绝后不久。王尔德跟母亲一起拜访了一位属于阿特金森家族的女性，王尔德一家在都柏林就跟他们认识了。女主人把自己的外孙女康斯坦斯·劳埃德介绍给王尔德，她比王尔德年轻三岁（生于 1858 年 1 月 2 日）。根据她哥哥的描述，康斯坦斯身高有五英尺八英寸；她留着波浪形的栗色长发，眼睛微凸，身材很好。[5] 她对音乐、绘画和刺绣感兴趣，能够用意大利文阅读但丁（她确实这么做过），是一个有逻辑和数学头脑的人，她很害羞,但热衷交谈。王尔德对她显然很留意。在离开时,他对王尔德夫人说,"顺便说一句,妈妈,我打算娶那个女孩。"[6]康斯坦斯的父亲死于1874年;她没有跟再婚的母亲生活在一起——从童年开始,他们的关系就不好——不过,自从二十岁之后,她就跟祖父生活在一起了,他是一位英国王室法律顾问,名叫约翰·霍雷肖·劳埃德。* 劳埃德在兰开斯特街100号有一幢府邸,他让一个名叫艾米莉·劳埃德的侄女(康斯坦斯的姑姑)为他照料这幢房子。王尔德和康斯坦斯之间逐渐形成了共识。王尔德夫人邀请她来参加某个周六下午的招待会,奥斯卡也在场。艾米莉·劳埃德邀请王尔德在1881年6月6日来兰开斯特街喝茶。康斯坦斯写信给哥哥奥索,描述了这次见面。奥索和王尔德都曾经在牛津就学,他对王尔德略有所知。"O. W.昨天傍晚五点半来了(到了那个时候,我害怕得浑身发抖!),他待了半个小时,恳请我在近期内再次去拜访他母亲,几乎不需要别人的请求,不用说,这话我藏在了心里。[如果没有年长妇女的陪伴,艾米莉·劳埃德不鼓励侄女到处走动。]我禁不住喜欢他,因为当他跟我单独交谈时,他一点也不做作,他谈吐自然,除了他的语言比大多数人的语言要更出色。"为了满足她的要求,奥索想必把王尔德在牛津的某件倒霉事告诉了她,因为她补充说,"我很高兴他们没有把他丢进水中,虽然你会为此感到开心!"[8]

王尔德成了一位常客。除了康斯坦斯和哥哥奥索之外,劳埃德也喜欢上了他。然而,艾米莉姑姑始终保持着距离。1882年和1883年的最初几个月,当王尔德在美国和巴黎时,康斯坦斯来到一所艺术学校求学,她喜欢一种具有唯美风格的服饰。他们的关系开始走向谈婚论嫁。查尔斯·亨普希尔(高等律师,即后来的亨普希尔男爵)跟王尔德认识,他曾经也是梅里恩广场的住户,1882年12月,他拜访了王尔德夫人,"对康斯坦斯赞不绝口"。她心照不宣地写信给在美国的儿子,"我几乎想说,我希望她能成为我的儿媳,但我没说出口。是康斯坦斯把我们的地址告诉了他。我觉得这次拜访看起来很有指望。"[9]而她本人呢,

---

* 根据康斯坦斯哥哥的说法,当康斯坦斯试图描述童年的不幸时,王尔德态度冷淡。那些认为童年造成了自身悲剧的人让他觉得乏味。[7]

1883 年 2 月 28 日,她邀请康斯坦斯和奥索来参加自己的家庭招待会,对身在巴黎的奥斯卡也大大夸赞了一番。

5 月份,王尔德从巴黎刚回来,就邀请康斯坦斯在 16 日到他母亲家中做客。她来了,由奥索陪伴左右,听他抱怨说瑞士是"一个如此可怕的地方——其丑陋的群山让它显得那么粗俗,只有白色和黑色,就像一张巨幅的照片"。他更喜欢一切微型的事物,他说,不过比例要均衡,从而表现出高度。次日,康斯坦斯和奥索出席了王尔德夫人家中的招待会,奥斯卡没有到场;但是在 19 日,他出现在劳埃德的家中,头发剪短了。双方继续互相提出邀请。康斯坦斯答应在 24 日来王尔德夫人家中拜访,然而她受人诱惑,去了怀特岛。为了表示道歉,她在 28 日邀请了王尔德一家。王尔德夫人接受了请柬,她鼓励康斯坦斯来参加她自己在 26 日举办的招待会,她还提到了康斯坦斯错过的聚会,"奥斯卡说起话来就像是柏拉图,态度神圣,可他不时会提到,女人是不可信任的,还有,你违背了自己的诺言。"

王尔德对自己的妹妹感兴趣,奥索·劳埃德颇觉为难,然而他认为她自己有才智解决这个问题。康斯坦斯曾经订过婚,结果却不得不接受未婚夫悔约的现实,她对王尔德也没有信心。6 月初,王尔德和母亲邀请了劳埃德一家,康斯坦斯只跟奥索提到,她跟王尔德谈了很久,两人在任何事情上都达不成共识。6 月 3 日,在王尔德夫人家里,奥斯卡邀请他们两人一起去参观次日的渔业展览。康斯坦斯拖到 7 日。当他们参观展览时,他们几乎没看到鱼类,因为王尔德不停地说话,分手时,他总结说,"我希望你跟我一样喜欢这次出行。"返回家中,她看到家里只有一位姑姑,于是松了一口气,说,"哦,卡莉姑姑,跟一位才子相处了三个半小时之后,看到你是多么令人高兴。"

到了此时,奥索已经认定,王尔德根本就没爱上康斯坦斯。6 月 30 日,他和康斯坦斯出席了一位倡导女权的社交圈人士的招待会,王尔德也出席了这次活动。康斯坦斯本人对王尔德的心思并不确定,她鼓足勇气说,"王尔德先生,要知道,每个人都说,你说的话连一半都做不了数。"王尔德仰头大笑。几天后的 7

月6日,在王尔德夫人家中,跟往常一样,王尔德的全部心思都放在了康斯坦斯身上,他母亲指责他冷落了其他客人。他从康斯坦斯身边走开,可是奥索注意到,他的眼睛仍然盯着康斯坦斯。到了这一步,康斯坦斯的母亲觉得这段关系该有点结果了。一周后,王尔德专门邀请康斯坦斯在当天来王尔德夫人家中,因为在去美国之前,那是王尔德最后一次见她的机会了。这一次,他算是以最开诚布公的方式表达了约会的愿望,她当然去了。只不过,他的脑中还在想着一件比婚姻更紧迫的事情。

口头艺术

> 虚无主义者,那位奇怪的殉道者,他没有信仰,毫无热情地走向火刑柱,为自己不相信的事物而死,他纯粹是文学作品中的虚构人物。屠格涅夫创造了他,陀思妥耶夫斯基使之丰满。[①]

237　　如果说康斯坦斯·劳埃德在他的心中小心翼翼地留下了痕迹,那么,虚无主义女主角薇拉·萨博洛夫则在那里稳稳地占据了一席之地。王尔德就指望玛丽·普雷斯科特能够成功上演他的剧本了。王尔德并不认为她是一个杰出的女演员,不过她也有优点,她非常喜欢这个剧本,《薇拉》的读者中很少有这样的人。1883年最初的几个月里,他们为此进行了很多通信。还有一些财政问题有待商定,但是玛丽·普雷斯科特已经在继续做安排了。让他颇为惊愕的是,从8月20日起,她预订了联合广场剧院的四周时间,到了那个时候,纽约肯定热得让人受不了。王尔德表示抗议;她振振有词地解释说,别的剧院都没有空档,她也

---

① 引自《谎言的衰落》。

没钱在旺季上演这出戏,还有,它必须在纽约上演开幕式,这样一来,其他地区的剧院经理就会把它作为轮演剧目来预订,到了圣诞节,她还会再回到纽约上演这出戏。既然她要承担所有的经济风险,她就要以自己的方式处理问题。

他也确实想要让她理解自己对这出戏的构想。当她建议删掉一些幽默台词时,他在回复中提到了自己的基本宗旨之一,后来,在《面具的真理》中,他又重新阐释了这一点:"于是,生理机能的事实之一就在于,任何极其强烈的情绪,人们都希望有一种与之相反的情绪能够缓和它。在自然中,戏剧性效果的例子就是歇斯底里的笑声或喜悦的泪花。所以我不能删掉那些幽默的台词。此外,出色对话的实质就在于不连贯。"[10] * 普雷斯科特小姐的回信啰里啰唆,但并不愚蠢,她指出薇拉想要杀掉她的爱人。这个主题出现在王尔德的很多作品中,从《人类赞歌》《帕多瓦公爵夫人》到《雷丁监狱之歌》。所谓的自恋者实际上受制于有损自身的欲望。

王尔德有很多实用的建议。有来自萨拉·伯恩哈特的俄式茶炊。还有他为普雷斯科特小姐设计的最后一幕中的朱红色服装,她觉得很满意:"没有什么服饰比这一身更适合我的了。"(在《帕多瓦公爵夫人》中,甚至连一个包裹也要用朱红色的丝绸包扎好。)她不应该穿衬裙,他指点说,她解释说她从未穿过衬裙。他认为薇拉在第一幕中要穿上厚重的毛皮外套,对此,他不愿重新考虑一下吗?考虑到开幕式在 8 月举行,王尔德大概是同意了普雷斯科特的意见。他给她写的信件是精心构思的,其中包括了他的一些最好的警句,譬如:"成功是一门科学;如果你具备条件,你就获得结果。艺术是对美进行感性追求的精确结果。"着眼于宣传,他解释说,《薇拉》既是"群众追求自由的巨人呼声",但也是一部关于激情而不是政治的戏剧。他后来告诉康斯坦斯·劳埃德说,这部戏剧是关于政治而不是激情的。既然可以对它作两种解释,那么就可以用其中的恋情来讨

238

---

　*　在《闲谈》(*Table Talk*)中,柯尔律治说,"柏拉图……带你认识到……包含了矛盾构想的命题仍然是真的;因此,它肯定属于一种更高层次的逻辑——即观念的逻辑。它们只是在亚里士多德的逻辑体系里才显得相互矛盾,这种体系是理解的本能。"

好轻佻的纽约人,用其中的政治热情来迎合严肃的康斯坦斯。作为这场戏的部分宣传策略,玛丽·普雷斯科特在《纽约先驱报》上发表了他的一封信件。[11]

8月20日可望而不可即,在当上成功的戏剧家之前,王尔德不得不寻求其他的挣钱之路。他不得不暂时推迟结婚的计划。幸运的是,在春天,多伊利·卡特的前演讲经理莫尔斯上校出现在伦敦,作为《美国百科全书》等书籍的代理人,他代表费城出版商 J. M. 斯托达特来到这里。王尔德在6月中旬拜访了他,问他是否能为一位老顾客安排一次英伦诸岛的巡回演讲。莫尔斯答应在工作之余可以顺便安排一下这个活动。演讲收费是微不足道的,每次演讲的收入是10到25个几尼,最多也只能拿到所获款项的一半;但是王尔德需要有进款来支付他的开销。他提供了两场演讲,一场是轻松逗乐的,题目是《对美国的个人印象》,另一场是以救世主自居的,即《漂亮房子》。

第一场演讲将在伦敦皮卡迪利区的王子大厅举行,藉此来刺激外省对这个话题的兴趣。就在演讲计划进行之际,埃里克·福布斯-罗伯逊邀请王尔德对皇家艺术院的学生作演讲,他接受了这个邀请。惠斯勒对此心怀嫉妒,他希望自己也有机会收到这种邀请,然后再拒绝它,他敏捷地提出了一系列建议,希望王尔德能够作为他的代言人去表达这些观点。王尔德阐述了其中的一些建议,不过他知道,惠斯勒的很多看法来自戈蒂耶的《德莫潘小姐》的序言,其他观点则借鉴了波德莱尔和马拉美的作品,虽然惠斯勒也许把这种事给忘了。惠斯勒的原创性主要在于他的表达方式是辛辣的,而不在于其内容。王尔德去世后,他的这次演讲被人发表了,但略微有点断章取义,它表明,即便已经宣布惠斯勒在实践中的地位是至高无上的,王尔德还是从罗斯金那里汲取了一些理论。因此,先是跟惠斯勒一样,王尔德强调艺术跟历史是两回事——他后来又会推翻这个说法——之后,他又敦促学生们去掌控自己的时代,从而更好地去忽视它。他还采用了罗斯金的术语,强调了人类环境的腐败跟艺术衰落之间的关系。王尔德提到的惠斯勒和戈蒂耶的信条基本上都是否定性的:艺术并不具有民族性,没有任何时代具有艺术性,也没有任何民族具有艺术性(他后来修订了这个观点);

艺术史毫无用处;艺术不承载任何启示。任何事物都有可能是美丽的,他告诉他们,"即便是高尔街……在破晓之际……一位警察……在通常情形下,并不总是一种美好的或令人喜悦的事物,但是他看到一位站在泰晤士堤岸的薄雾中的警察,被朦胧的光线照亮……有着米开朗琪罗式的外表。"有人提出反对,说惠斯勒的绘画"倒过来跟正过来看都一样,为什么不可以干脆倒过来摆放呢?"他问。"不管倒着摆放还是正着摆放,它们都同样讨人喜欢。"[12]这位学生对王尔德的回答表示满意,媒体也表示赞同,惠斯勒对此产生了嫉妒。如果说心怀敌意的赫伯特·维维安的话也可以相信的话,那么,惠斯勒是破坏了王尔德的欢喜心情,他问王尔德他说过些什么,王尔德脱口而出重复了自己的观点,惠斯勒起身对他的每一观点予以一鞠躬,仿佛自己是所有这一切的原创者。后来,两人断交之后,他会说,王尔德"不但拿起我的鞋子来耍弄,还为它系上了鞋带"。然而,演讲有一半源于罗斯金,维维安对鞠躬事件的描述不可能是完全准确的。

或许,惠斯勒对所谓的借鉴并没有大发雷霆,因为1883年7月11日,他出席了王尔德在王子大厅举办的第二场演讲。7月18日,《世界》杂志提到,有人看到惠斯勒出现在那里,"像一只蟋蟀那样跳来跳去"。这场演讲的主题是"对美国的个人印象",它是一盘大杂烩,混合了王尔德对风景、人物、艺术和剧院的见解,以出色的才智烹饪而成。王尔德迟到了二十分钟,他毫无悔意,身穿晚礼服,纽扣孔中插着一支白花,衬衫袖口卷了起来,表链上挂着一个沉重的图章,衬衫前襟上镶了一颗大钻石。他转变了在格里格斯维尔进行演讲时的沉闷情形:"有人邀请我在格里格斯维尔进行演讲,这个城镇的名字源自它的奠基人格里格斯——我打电报给他们说,'首先请改变你们的市镇的名字。'他们拒绝这么做。如果我在那里创办一所艺术学校的话,那会是多么可怕——设想一下'格里格斯维尔初级学校'这个名字。想象一所传授'格里格斯维尔文艺复兴'的学校。"他描述了自己前往尼亚加拉大瀑布的旅行——"一个令人沮丧的地方,充满了令人沮丧的人,他们到处闲逛,试图激发起那种崇高的情感,导游书籍向他们保证过,无需额外的花费,他们就可以获得这种情感"——还有荒无人烟的大草原,"那片碱性的平原给人留下印象,仿佛大自然已经放弃了装饰这片原野的任务,它的范围是如此辽阔,绝望到了极点"。在盐湖城,他称赞了摩门教孩子的漂亮容颜,还提到,他问别人那个剧院是否足够大,容得下他的听众,得到的回答是,"哦,够的,它容得下九个家庭。"

240 　　他对普尔曼卧车的奢华表示满意,但对它没有提供隐私环境感到遗憾。在车上,"男孩子们跑来跑去推销印刷品,不论好歹,还有一切可吃或不可吃的东西,然而,对我的感情伤害最大的是看到有人在推销我的盗版诗集,售价十美分。我把这些男孩叫到一边,告诉他们,虽然诗人很愿意广受欢迎,但他们希望得到报酬,销售我的诗集却不让我分一勺羹,这简直就是对文学的迎头一击,它将会对那些有志写诗的人产生灾难性的影响。所有的人都回答说,他们自己从中分得了一勺羹,那是他们唯一关心的事情"。他随意聊起了在美国的各种事情,从美国的新闻业聊到政治,从机器聊到艺术。他从未被人称作"陌生人",而人们原以为美国人会这样称呼外国人。"我去拜访得克萨斯的时候,被人称作'上尉',到了美国中部,就成了'上校',抵达墨西哥边境时,又变成了'将军'。"他对此并不介意,可是有人把他叫作"教授",这让他很沮丧。他抱怨了那种噪音和仓促:"我只看到过一位泰然自若的美国人——那是摆在一家烟草店外的一个木头人。"

　　听众们似乎心满意足,大多数报道都是善意的。令人惊讶的是,7月18日,拉布谢尔在《真相》上流露了不满的情绪,他抱怨说王尔德四十三次使用了"可爱的",二十六次使用了"漂亮的",十七次使用了"迷人的"。如果这个统计数据是正确的,那么,他肯定没根据手稿作演讲,只顾宠爱自己最喜欢的这些形容词了。次日,《真相》刊登了一篇占据了三栏的社论,题目是《奥斯卡的退场》(Exit Oscar)。它不怀好意地审视了王尔德的职业生涯:在牛津,他是一个"兼有两性特征的青年","他嘲笑自己更甚于别人嘲笑他"。在美国的巡回演讲中,他是一位"女里女气的大言不惭者","向空荡荡的长椅作演讲"。他说,伦敦的大厅里只坐了一半的人。王尔德对此评论说,"如果拉布谢尔需要用三栏文字来证明我已经被人遗忘,那么,成名和无名之间也就没什么区别了。"[13] 他对惠斯勒和拉布谢尔的话无动于衷,7 月 26 日,他继续在马盖特和拉姆斯盖特进行演讲,27 日是南安普敦,28 日是布莱顿,31 日是绍斯波特。8 月 1 日,从当地出发,他前往利物浦迎接莉莉·兰特里从美国归来。她的天赋是有限的,但在台下的活动却越发无节制,可以说,她也获得了某种程度的成功,很快,她就会启程去展开自己的第二次巡回演出了。

薇拉的悲剧

"我知道我会引起巨大的轰动。"火箭气喘吁吁地说,然后,它熄灭了。①

1883 年 8 月 2 日,为了第一出戏剧的上演,王尔德乘坐蒸汽船"大不列颠号"前往纽约。他心中充满希望,穿越大洋之旅是令人愉快的。作为船上的娱乐之一,王尔德在众人的赞许中朗诵了他的《欢迎女皇》,这首诗颂扬了皇家的强大,为英国阵亡者表示遗憾,并预言未来会出现一个共和国,有几个英国乘客,包括乔治·柯曾的一位朋友,名叫布罗德里克,试图跟王尔德套近乎。"王尔德是这趟旅行的活力和灵魂,"他写信给柯曾说,"一路上,他对我讲的故事十分有趣,妙语连珠,悖论和警句迭出,同时,毫无疑问,他始终态度敦厚,因此对自己的荒谬理论和古怪想法也会大笑不已……在整个旅行中,跟他在一起时,我笑个不停,包括对他的嘲笑,我想我从未笑得这么厉害。"[14] 8 月 11 日,船只靠岸了,王尔德并不缺少采访。在不伦瑞克旅馆,《纽约时报》的记者发现他的穿着较符合传统,裤子是常见的类型,然而他那下摆被裁成圆角的天鹅绒外套、漆皮靴子、拜

241

---

① 引自《神奇的火箭》。

伦风格的领口、别着钻石饰针的围巾依然给人留下了时髦的印象。他的头发已经重新修剪过了，有所不同，但依然是尼禄式的。他跟记者谈到自己在船上的英国朋友，"他们一路向西，去射击野牛，"他想了想，又有点忧郁地补充说，"如果那里还有野牛的话——如果他们可以射击它们的话。"他提到在自己离开美国期间撰写了《帕多瓦公爵夫人》："我当然要把它好好布置一番。最好的画面需要与之相配的框架。"他会去纽波特拜访豪太太，还要去皮克斯基尔拜访亨利·沃德·比彻。据传，王尔德随身带来了《薇拉》的舞台布景，这是真的吗？"甚至连玉米地也没带上。"他回答。他带上的是一些送给玛丽·普雷斯科特的朱红色布料。[15]

8月13日，《薇拉》开始预演，在8月20日的那个酷热的晚上，这个剧本上演了，剧院里挤满了人。在第二幕的结尾处，有人大喊"作者！"在第三幕的结尾处，王尔德出现在帷幕前，说了几句话，说的也许是这出戏剧讲述的是激情而不是政治，或相反。幸好他没讲很久，因为每个人都觉得第四幕太冗长了，在这幕戏中，玛丽·普雷斯科特的朱红色长袍让人在惊骇之余汗如雨下。观众中有很多王尔德或玛丽·普雷斯科特的朋友，其中包括男演员威尔逊·巴雷特，他们称赞了这部戏。而戏评总的来说就没那么友好了。《纽约太阳报》宣称它是一部杰作，《纽约镜报》认为它"真的是不可思议"，除了这两份报纸之外，其他报纸表达了相反的意见。在8月21日的贬评中，跟往日相比，《纽约论坛报》的态度还算温和，8月26日，该报纸的社论承认，王尔德变了样，或可能变了样。弗兰克·莱斯利太太谴责说，就因为那件朱红色的长袍才招致了这些反对意见。在讨论这部戏剧之前，《纽约时报》的评论家洋洋洒洒写了一栏文字来分析和排斥虚无主义，其文风表明，王尔德的警句对他是有影响力的："我们并不怀疑奥斯卡·王尔德先生的诚意，然而，他却给了我们强有力的理由让我们怀疑他的诚意。""他尽可能地无所作为，可我们一直愿意相信，他能够更有所作为。"这位评论家还记得一周前该报对王尔德的采访，文中提到了《欢迎女皇》，承认这是一首好诗，而且王尔德的美学理论也不是一无是处。然而，虚无主义者的演讲令人厌倦,其中还有别的缺陷。它并没有全盘否定这部戏剧:"不过,《薇拉》中有很多妙笔,在像保罗亲王这样的角色中,王尔德先生展现了他的机灵和才智。"总的来说,"对于一个具有独创性的、有才干的作家来说,他最差的表现也不过如此了"。王尔德自己虽然没有发表任何意见,但他并不喜欢这场表演。

观众们看起来似乎喜欢这出戏剧,可戏评圈的反应却并非如此,玛丽·普雷斯科特感到难过。她大胆地给《纽约时报》的编辑写了一封信,列举了十几个有名望的戏剧界人士,他们都称赞了这部"高贵的"戏剧。这封信只起到了刺激的作用,《纽约时报》对她和王尔德进行了更尖刻的批评。她被描述成"只具有宣讲布道词的口才"。(《波士顿舵手报》一向是同情王尔德的,它还指责说这部戏剧之所以失败,就在于"一位二流的女演员,无论是在台上还是台下,她都只会谩骂"。)最后,《纽约时报》发表了一篇甚至更严厉的社论。王尔德"在很大程度上是个骗子,根本是个外行",而且这部戏剧是毫无价值的。[16]

不管发生在 1883 年的这种抨击是多么不公平,票房收入开始急剧下滑,维持戏剧上演的费用太昂贵了。玛丽·普雷斯科特和她的丈夫想出了最后一招,他们在报纸上的一个故事中宣称,只要王尔德从科尼岛回来——他满不在乎地去了那里——他们就会邀请他在戏中扮演一个角色,大概就是保罗亲王的角色,如果这一招行不通的话,就请他在每次表演后发表一篇演讲。他拒绝了这些要求。8 月 28 日,《薇拉》撤演了。一个记者前去拜访王尔德,他在抽雪茄。这是他唯一一次回避媒体:"啊哈,可我正在吃早餐呢,你没瞅见吗?"[17]玛丽·普雷斯科特说她将在巡回演出(从 10 月 15 日开始)中上演该戏,此外还有另一部名叫《等待》(*Czeka*)的戏剧。12 月,她在底特律上演了这出戏。王尔德去了趟纽波特和萨拉托加,在美国待了一个月。他回到伦敦,发现自己成了《潘趣》和《幕间》杂志的讽刺画靶子。后者描绘了威利在安慰气馁的弟弟。王尔德依然相信《薇拉》的价值。就算他对普雷斯科特小姐的表演有保留意见,他也无法把它们说出来。在一个上演二流戏的娱乐季节,《薇拉》不可能比平均水平差那么多。报纸是下定了决心要讽刺和贬低他;《薇拉》的失败让王尔德感到沮丧,可是他

243

保持了沉默。

除了继续演讲之外,他别无选择。莫尔斯上校已经设法签订了很多场的演讲预约,主要是在成人教育机械学院(Mechanics Institutions);到了 8 月 18 日,他已经演讲了十六到十七场,在 1883 年到 1884 年的演讲季节,根据莫尔斯自己的计算,他为王尔德安排了超过一百五十次演讲预约。[18]第一场安排在旺兹沃思,时间是 9 月 24 日,十二年后,王尔德将会在当地的监狱里斯人独憔悴。他在这些演讲中并没有穿上天鹅绒短裤或丝绸长袜。不过他的晚礼服在夸示一条式样古怪的黑领带,他的马甲和衬衫前襟之间隐约可见一方橙红色的丝帕。他如今说起话来不再抑扬顿挫,而是按照自己惯常的悠闲方式来叙述。10 月 11 日,他暂停了演讲,跟莉莉·兰特里一起去利物浦为亨利·欧文和爱伦·特里送别,他们两人将前往美国进行巡回演出,跟王尔德的演出相比,这两人的演出会显得风平浪静。10 月 25 日,他在德比进行了演讲。不过,还有一件更重要的事情,涉及一位唯一的观众。

婚前策略

每周求婚一次就足够了,求婚总该采取某种方式,让它
能够吸引到一些注意力。①

10 月中旬,王尔德趁演讲间隙来到伦敦,王尔德夫人邀请康斯坦斯参加她的招待会,这样两人就可以见面了。次日,王尔德前往劳埃德家中拜访,他描述了自己的旅行。"他还在演讲,"奥索说,"走了一地又一地,不过是以最有趣的方式,今天他在布莱顿,明天他出现在爱丁堡,后天出现在康沃尔的彭赞斯,然后

① 引自《理想丈夫》。

是都柏林;他对此大笑不已,他说他把这一切都交给经理去打点。"他们提到了
《薇拉》的话题,这场失败似乎给王尔德带来了很大的烦恼。他带来了一本私印
的《薇拉》剧本,送给康斯坦斯,请她对此发表意见。她答应会从都柏林写来信
件,她正打算去那里做客。她待在都柏林的时候,恰逢王尔德在当地进行了两场
演讲,这真算是一种令人愉快的巧合。

11月11日,康斯坦斯从位于伊利广场的外祖母家中写信给王尔德:

> 你请我告诉你对剧本的看法,虽然我并不自诩评论家,甚至不知道
好的戏剧是由什么构成的,我想,我还是得给你一个回答。我对《薇
拉》很感兴趣,在我看来,它是一部很适合上演的剧本,具有很好的戏
剧性情境。我也喜欢关于自由的段落,以及那些热情洋溢的部分,可是
我认为,次要对话中的某些部分让我觉得略有缺陷,或不够自然。不
过,我是从唯美感想的角度来谈,不是从知识的角度,所以请别把我的
任何话看得太认真。我无法理解为什么你是这么不幸,没能够让这部
戏获得好评,除非是表演太拙劣了,要么就是观众不认同戏中表达的政
治观点。无疑,对于我们中的大多数人来说,这个世界是不公平的,是
令人痛苦的;我觉得我们必须要么放弃自己的观点,随波逐流,要么对
世人不加理睬,不顾一切自行其是,跟现存的偏见**作战**是一点用处都没
有的,因为我们只会在这场斗争中被击败——恐怕我们在艺术方面持
有不同的观点,因为我觉得,没有完美的道德,就不会有完美的艺术,而
你说它们是截然不同的事情,是可分离的,当然,你会用你的知识来跟
我的无知交战。我真的不认为你该迎合我的观点,即便我确实有这种
想法,我也知道,我应该根据你的目的而不是你的作品来评价你,你会
说我错了。我告诉阿特金森一家,你很快就要来本地,他们将很高兴能
见到你:我也会在这里[信件中断][19]

244

　　她的美学观点也许前后并不完全一致，不过，她对他的称赞却是始终如一的；这封信件展现了她的活力和谦逊。王尔德丢给她一个烫山芋，她却巧妙地完成了任务。它也表明，当两人意见不一致的时候，她容忍了他的异议。她是一个有才智的人，她很能干，而且具有独立性。

　　11 月 21 日，王尔德住进了都柏林的谢尔本旅馆，他发现有人给他留了个纸条，请他过访伊利广场。到了这时，他已经明白，人们把他当成了康斯坦斯·劳埃德的求婚者，这种不熟悉的情境让他感到不安。康斯坦斯告诉哥哥奥索，王尔德"虽然看起来明显是很做作，我猜想部分原因是出于紧张……他表现出一副心情愉快的样子"。他主要关注的是她。11 月 22 日，他第一次演讲《漂亮房子》，康斯坦斯·劳埃德理所当然地出席了活动，对他表示赞赏。（W. B. 叶芝也是如此，他当时只有十八岁。）演讲结束之后，王尔德来到位于伊利广场的阿特金森家喝茶，他再次把主要注意力投注在她身上。次日晚上，欢庆剧院在上演一出毫无特色的戏剧，他为阿特金森一家订了个包厢，而他自己去赶赴另一场约会了。也许这是他婚后常不在家的预兆，不过康斯坦斯并没有抱怨。她也出席了 24 日举办的演讲——《对美国的个人印象》，然而，她更喜欢他的高尚情操，而不是那种嘲讽语气。她从未真正理解他那种近乎胡扯的腔调。他们再次谈到《薇拉》，她又读了一遍这个剧本，这一次，她向奥索宣布说，她觉得这个剧本"非常棒"，她可能也对王尔德这么说了。[20]王尔德曾告诉她，"他写这个剧本是为了展示，一个诸如自由这样的抽象概念也完全可以像爱情那样充满力量，而且完全可以显得同样美好"。不过，《薇拉》并不具有这样的共和精神。至少，以爱的名义，它削弱了他的自由，那种爱试图想要控制他。

　　11 月 25 日，周日，这是王尔德在都柏林的第五天，也是高潮迭起的一天。王尔德跟康斯坦斯单独待在客厅里，她很清楚，三十年前，就是在这里，她父亲向她母亲求了婚。她的亲戚们离开了这两个人，还用揶揄的话暗示说，他们猜想有人会宣布什么事情。王尔德确实这么做了，康斯坦斯大喜过望。她写信给哥哥说，"准备好倾听一个令人震惊的消息吧！我跟奥斯卡·王尔德订婚了，我高兴极了，简直失去了理智。"她只对部分家庭成员的反应有点担心。她祖父劳埃德是不会持反对意见的；很久以来，他一直很愿意有王尔德陪伴左右。她的外祖母阿特金森也是王尔德的党羽，她觉得康斯坦斯简直太幸运了。她一点都不操心母亲的意见，她母亲非常喜欢王尔德。唯一的反对也许会来自姑姑艾米莉·劳埃德，这位姑姑的婚姻观就跟布拉克内尔夫人的婚姻观一样严格，康斯坦斯在兰开斯特街寄宿了好几年，她姑姑一直让她有寄人篱下的感觉。[21]

与此同时，这位求婚者也在给她的外祖母和母亲写信，还有她哥哥奥索，奥索在 11 月 27 日回信说，"我确实很高兴；就我个人而言，我确信我是欢迎你成为我的新兄弟的……如果康斯坦斯做妻子就像她做妹妹一样好，你肯定会感到幸福；她为人坚定、忠诚。"[22]她也确实表现出了这些品质。

王尔德只可能是怀着热情对康斯坦斯·劳埃德说了那番话。他做起事来并不打算三心二意。他的生活方式发生了重大改变，它还给他带来了一种次要的喜悦，但它毕竟也是真实的，即这样一来，他又有了新的表达机会。由于后来发生的灾难，他的情书没有被保留下来。但那魔咒般的韵律和理想主义的措辞简直是信手拈来。他的思想还有其他隐晦之处，《斯芬克斯》和后来的《道林·格雷的肖像》就源自这种隐晦；当他向人们展现一个较为单纯的自我时，那些隐晦的东西被留在了黑暗之中。

康斯坦斯写给求婚成功者的几封信被保留了下来。其中之一表明，他向她坦白了自己过去的一些性史。她回复说，"我觉得我永远不会心怀嫉妒。当然，目前我不嫉妒任何人；我现在是相信你的；我愿意让过去的过去，它并不属于我；我们的未来是充满信任和信念的，当你成了我的丈夫，我会用爱的锁链把你牢牢系住。"[23]根据她的赦免来判断，王尔德的坦白是不全面的——没提到那些嫖妓的事，也没提到那些不体面的恋爱。王尔德没说起梅毒，因为他以为自己已经病愈了。他有可能是提到了弗洛伦丝·巴尔贡博和兰特里太太（因为他立刻就写信给兰特里太太，通报了自己订婚的消息）。康斯坦斯认为这两个人现在都不是她的对手了。

在写给兰特里太太的信中,王尔德先是巧妙地恭喜她在《危险》(*Peril*)一戏中获得成功。"你已经做到了任何当代艺术家都不曾做过的事情,"他说,"再次入侵美国,斩获新的胜利。不过,你肯定会成功的。你的眼中和嗓音中始终闪现着成功。"接着,他继续告诉她:

> 我即将跟一个名叫康斯坦斯·劳埃德的漂亮女孩结婚了,一位庄重、瘦削的小阿耳特弥斯(Artemis),她的眼睛是紫罗兰色的,厚厚的棕色头发呈现出许多小卷,使得她那鲜花一样的头颅像花朵一样低垂下来,她长着优美的象牙色双手,弹起钢琴来是如此美妙,就连小鸟也停止歌唱,停下来倾听她的演奏。我们将在 4 月份结婚。我非常希望你届时能参加婚礼。我很希望你认识并喜欢她。
>
> 我努力演讲和挣钱,虽然不能总在她身边是件令人讨厌的事情,可我们每天互发两个电报,我从天涯海角突然冲回来,只是为了跟她相处一小时,聪明的爱人会做的一切傻事,我都做了。[24]

她哥哥以较平淡的措辞描述了康斯坦斯的紫罗兰色眼睛,他说它们是蓝绿色的。把她形容成阿耳特弥斯根本就不成立,康斯坦斯·劳埃德试图跟他解释说:"从表面看,我是冷淡、不善言表的;如果你想知道我是多么崇拜你,多么爱你,你必须了解我的内心,而不是我的外表。"[25]崇拜也许超过了王尔德的需求,然而,她写给他的信件是坦率的:他是"我的英雄和我的上帝"。就像道林·格雷的西比尔·文恩,她重复地说,"我配不上他。"康斯坦斯向来是受制于人的,先是她那位冷酷的母亲,然后是那位总爱责备人的姑姑,因此王尔德成了珀尔修斯,出于感激和爱,她对他俯首称臣。

247 王尔德暂时为两人的婚约感到心满意足,他们是两情相悦的。贝洛克-朗兹太和其他旁观者都认为他是全心全意地爱上了她。在给雕塑家沃尔多·斯托里的信中,他换了一种逗乐的口气,他在信中承认,她"颇为完美,除了她不认为吉米［·惠斯勒］是古往今来唯一真正的画家；她想从后门把提香或某个人领进来；不过，她知道我是最伟大的诗人，因此，在文学领域，她是没问题的；我已经向她解释过，你是最伟大的雕塑家；艺术方面的教导只能到此为止了"。[26]

两个情人在圣诞节期间一起度过了若干日子，此时，王尔德暂停了他所谓的用演讲来"教化外省"的活动。这些时光是令人心醉的。一周的假期结束后，康斯坦斯眼泪汪汪地目送他离去，随后又为自己的犯傻道了歉。1月份，事情不再是那么完美无缺。王尔德送给康斯坦斯一只叫"吉米"的绒猴，名字源自它的声音。吉米死了。康斯坦斯心有戚戚，她想起另外某件礼物："你给我的一切东西都过早夭折了，这是我的错吗？"让她更加难过的是，王尔德把一份应该发给别人的电报错发给了她："你对我到底有多挂念？乃至你甚至记不得我并不在家中。今天早上，你的电报被转发给了我……我的心情真是太沮丧了，连写信都写不成。"[27]王尔德敷衍了过去，可是康斯坦斯猜想，他在自己心中的位置超过了自己在他心中的位置。事情还会这样继续下去。

婚姻除了感情要素之外，还有经济要素。跟康斯坦斯想的一样，确实有人表示反对，然而不是来自艾米莉·劳埃德，而是来自她的祖父，他声称自己支持两人的婚姻，但问了王尔德两个问题，即他有多少财富和多少债务。（"现在我有几个问题要问你，沃辛先生。"布拉克内尔夫人说。）跟阿尔杰农一样，王尔德"除了债务之外一无所有"。他承认自己欠了利维一千二百英镑，可是他说，自己已经用演讲收入偿还了其中的三百英镑。他们在一家律师事务所举行了一次会议。王尔德提出为这位律师撰写一首十四行，藉此来证明他有能力成为一个作家，不过他担心这也无济于事。[28]他和康斯坦斯至少要到3月份才能结婚，因为王尔德已经安排了演讲预约，然后还要等四旬斋过去。约翰·霍雷肖·劳埃德建议把结婚再往后推迟一点，直到王尔德偿付了另外三百英镑的债务。于是，最初计划在4月举行的婚礼仪式要延迟到5月29日才能举行。康斯坦斯每年有两百五十英镑的收入，她的祖父去世之后，她每年会有九百英镑的收入。这对年轻人表示，他们需要钱去租房子和布置房子，康斯坦斯提前从祖父的遗产中获得了五千英镑,这笔钱将在她最终所获份额中扣除。

对于两人订婚的消息,王尔德和未婚妻的朋友、亲戚们纷纷表示吃惊和欢喜。惠斯勒在 12 月中旬为他们举办了一次午餐招待会;艾米莉·劳埃德是支持两人结婚的,但她起初不允许康斯坦斯去参加招待会,理由是,如果没有女伴的陪护,一个未婚女性就不应该出现在社交圈里。最后,她被说服了。王尔德夫人和威利十分兴奋。11 月 27 日,威利写信说,“亲爱的老小孩,这真是好消息,出色的消息,明智的消息,总之,从最高、最富有艺术感的层面上来说,这真是令人陶醉,棒极了。”他向“亚西比德和康斯坦斯夫人”献上了自己的爱。他跟奥斯卡是感情深厚的,就像两个相伴的男孩。王尔德夫人也在同一天立刻就回了信,她的信件表明,几个月以来,这对恋人一直在增进了解:

> 我亲爱的奥斯卡,你今天早上的短笺可把我高兴坏了。你们两人都是可靠又忠贞的,所有真挚的感情都会获得祝福。
>
> 但是我觉得很担心;还有那么多事情要做——所有的仪式和[字体无法辨认]。两个恋人想要结婚似乎总显得那么困难。不过,我相信,一切最后都会变好……想象一下,你们的未来会是多么愉快! 你这一生要做些什么? 会生活在什么地方? 与此同时,你必须继续从事你的工作。我希望你在伦敦有一幢小房子,过着文人的生活,教康斯坦斯修订校样,最终入选国会。
>
> 愿统治世界的神性智慧让你从婚姻中获得幸福、平静和喜悦。
>
> 母亲[29]

王尔德也想过进国会的事情,2 月 28 日,他还在惦记这个事,因为在这一天,王尔德夫人给某人写了封信,信中提到了这件事,说是她儿子的主意。随着事情的进展,他开始磋商在泰特街 16 号租房子的事务,这个地点距数年前他跟迈尔斯合住的地方不远。租约将从 6 月 24 日起开始生效。王尔德请惠斯勒负责监管房子的改造。"不成,奥斯卡,"他的答复是,"你对我们演讲过漂亮房子的话题;现在是你向我们展示这样一幢房子的机会了。"[30]于是,王尔德转向戈德温,比尔博姆说戈德温是"他们所有人中最伟大的唯美主义者",戈德温答应为他们重装房子。结果是,康斯坦斯的收入和五千英镑还不足以支付那笔相当可观的开销。1884 年 5 月 15 日,王尔德的律师和朋友乔治·刘易斯的信件表明,王尔德打算从他父亲的剩余遗产中借款一千英镑。尽管约翰·霍雷肖·劳埃德担心他们不能勤俭持家,可这场婚姻仍然从一开始就笼罩着债务的阴影,而且始终无法摆脱它。随着婚礼的临近,劳埃德本人的态度已有所改善,不过,他还是拯救了这对陷入贫困的恋人,他在 7 月 18 日去世,于是他们就可以瓜分遗产了。

结　婚

伊林沃思勋爵:生命之书起始于花园中的一男一女。

阿伦比太太:它在启示录中结束。①

1884 年 5 月 29 日,在圣詹姆斯教堂,新娘看起来很可爱,据说新郎比任何时候都更像乔治四世。他们收到一封电报,"切尔西的惠斯勒寄给苏塞克斯公园圣詹姆斯教堂的王尔德:恐怕我不能及时赶到参加婚礼。别等我。"由于康斯坦斯祖父的病情,他们的婚礼规模有限,简直有点像是秘密婚礼了。直到一周前,女傧相们——她们是康斯坦斯的堂表姐妹——还没有得知举行婚礼的地点和时间。他们的计划是只允许受到邀请的客人参加婚礼,这些人会手持请柬,可是教区长敞开了教堂的大门。婚礼后,只有近亲才被邀请到了兰开斯特街。王尔德

249

①　引自《无足轻重的女人》。

夫人热情洋溢地拥抱了康斯坦斯,根据《坎特伯雷时报》的说法,王尔德"冷静、沉着地"亲吻了新娘。6月4日的《世界》杂志报道说,"一小群至交在查令十字路目睹他们远去。"也许又是依靠博德利传递了伦敦的信息,6月22日,向来粗鲁的《纽约时报》突然慷慨大方地补充说,"已婚夫妇中很少有人像他们这样广受大家的祝福。"这些文章描述了由王尔德设计的新娘服饰:它由"华美的奶油色绸缎"制成,带有"一抹微妙的樱草色彩;紧身胸衣的前襟被裁成了方形,胸口略低,最后收于美第奇式的高领;宽敞的袖子是蓬松的;朴素的衬衫被一根手工精湛的银腰带收拢起来,那是奥斯卡·王尔德先生的礼物;橘黄色的印度面纱上镶绣着珍珠,呈现出玛丽·斯图亚特式的风格;她那金色的卷发上戴着一顶繁茂的桃金娘叶冠,其中隐现着几朵白花;衣服上也装饰着一簇簇桃金娘叶子;硕大花束中的白花和绿叶各占一半,相互掩映"。女傧相们打扮得同样考究,其设计师也是王尔德。这是一场充分体现了唯美主义特色的婚礼。

王尔德夫妇穿越了英法海峡,抵达了巴黎;在瓦格拉姆旅馆,他们订下了四楼的三个房间,正好可以俯瞰杜伊勒里公园。次日,王尔德拜访了罗伯特·谢拉德,他对新婚夫妇的那种洋洋喜气有点怀恨在心。王尔德单独叫谢拉德出去散步,结果把事情搞得更糟。他对自己的新娘赞不绝口,乃至说起"这简直是太棒了,当一个年轻的处女……"而谢拉德试图回避亲昵的话题。为了一逞口舌之快,王尔德愿意牺牲部分夫妻隐私。他竟会这么欣然地把私下行为公布于众,这不免让谢拉德产生性欲方面的嫉妒,而且也是一种可疑的征兆。[31] 王尔德正在阅读司汤达的《红与黑》,又是一部这样的书籍,其中的男主角总想要有预谋地行事,永远不会弄不清楚自己在干什么。

1884年6月9日,一位《晨间新闻报》的记者敲响了旅馆房间的门,王尔德正舒展四肢,躺在一张书籍环绕的沙发中。他抗议说,自己"太幸福了,不想接受采访",可还是让记者进来了。"你在读书?"记者问。"是的,随便翻翻,"王尔德回答,"我从不按顺序读书,尤其是小说。这是唯一刺激好奇心的办法,但书籍的开头是那么千篇一律,总激不起人们的好奇心。你曾在路上偷听过别人的对话吗？只听到了一个尾巴，希望能了解更多？如果你以这种方式偷听书籍，一旦那些角色激起了你的兴趣，你就会翻回到第一章，很自然地逐章阅读到结尾。"

记者看到书堆中有一本《红与黑》，于是问道，"你反复阅读过司汤达？""是的，他是少数会让我重复阅读的作者之一。就我而言，我觉得在阅读中，最高雅的事情就是健忘带来的愉悦。想到在你人生的某一时期，你曾经是那么在乎一些书籍，如今却已经毫不在乎了，这真是一件妙事。对我来说，抛弃一位作者，并觉得自己已经超越了他，这是一种积极的愉悦。""你这话也可以延伸到人吗？""毫无疑问，"王尔德回答，"我们都是这样做的，但只有我会让它成为一种积极的乐事，而不是一种遗憾。我们不想再次见到某些人，我们怎么会不愿意愉快地承认这一点呢？这并不是忘恩负义，不是无情。他们只不过是已经倾尽了他们的所有。"

这位记者记得去年王尔德曾在巴黎度过几个月，于是问道，"你对巴黎也是这么想的？""不对，"王尔德说，"要想对巴黎一览无余，这并不是件易事，尤其是当萨拉·伯恩哈特还在演戏的时候。我一次又一次地欣赏了《麦克白》。我们的舞台上没有这种表演，这是她最出色的创作。我是故意把它说成是她的创作的，因为在我看来，谈论莎士比亚的《麦克白》或莎士比亚的《奥赛罗》，这是十分无礼的。莎士比亚只是剧本的参与者之一。另一个参与者是揣摩这出戏的艺人。两个人联手，向我展现一个令人满意的英雄，我所要求的不过如此。莎士比亚的意图是他自己的秘密；我们只能从看到的东西里得出自己的意见。"

他在称赞这位女演员方面真是不吝美言："绝对再也找不到像萨拉·伯恩哈特这样的演员了。她在自己的角色中表现出了全部的才智，所有对舞台的先天和后天知识。她对麦克白的思想造成了影响，那既是女性魅力的影响，也是意志的影响——在我们面前只强调了后者。她将他置身于咒语的控制范围；他犯罪是因为爱她；他的野心根本是其次的目的。他怎么能够不爱她？她用各种手段拴住了他，甚至包括卖弄风情。看看她的服饰——紧身的束腰上衣，下面罩袍

251

的褶皱清晰如石雕。全身的装束打扮简直让人赞不绝口。"王尔德称赞了黎施潘的散文体翻译，然后继续说，"而那鬼魂正是伊丽莎白风格的。请记住，在莎士比亚的时代，鬼魂并不是虚幻的、主观的想象，而是有血有肉的，只不过身处生命的彼岸，时不时地被允许越界一次。圣马丁门剧院的鬼魂是人；你可掐他们，彻底戳穿他们的身体。他们不仅是一阵轻烟，而我们英国舞台上的鬼魂却是那样的，看起来仿佛是根据通灵协会的说明书精心制作的。"

记者把话题转向《锻铁厂厂长》(*Le Maître de forges*)，这是乔治·奥内的一部小说，眼下被改编成了剧本，故事描述了一个贵族女人嫁给了一位富有但出身微贱的锻铁厂厂长，她对待丈夫傲慢无礼，而丈夫却以那种冷静的文雅态度征服了她，让她俯首称臣。王尔德没有在巴黎看过这出戏，但是他在伦敦看过。"伦敦不感到震惊吗？"记者问。"哦，伦敦人已经长进了，"王尔德说，"此外，这出戏中的一切都取材于法国。当然，如果一个英国作家写出这种作品，肯定会引起人们的惊呼。""这么说，你或许会希望自己是个法国人——如果你打算继续写剧本的话？""从某个方面来说，的确如此，"王尔德说，"我指的是从翻译的角度。你构思的角色和舞台最终上演的角色之间的隔阂是如此之悬殊。我承认，在我刚说完以上的话之后，作者没有权利去抱怨艺术性的结果，可是在我们当中，事情往往并非如此。我是根据自身经验来说话的。我永远不会忘记自己在纽约某剧院里经历的两个半小时，那是我的作品的首演之夜。"[32]

数日后，王尔德从巴黎写了一封给朋友的信件，6月8日，《纽约时报》(恐怕又是通过博德利的关系)把这封信称作是"一封充分反映了王尔德特征的愚蠢信件"。在信中，王尔德宣称，"他还没觉得婚姻生活是令人失望的。"这种否定性的措辞或许表明，他正在琢磨那些不该琢磨的念头。《纽约时报》继续解释说，"他自信能够承受婚姻生活的操劳和焦虑，认为自己的新关系也是一次机遇，可以实现自己长久以来一直怀有的诗意化构想。他说，比肯斯菲尔德勋爵把一种新的演讲术传授给了英格兰的同辈，他打算树立一个实例，让人们看看普遍存在的艺术影响力是怎样影响婚姻生活的。"对于康斯坦斯·王尔德来说，这是一种沉重的理论负担。到目前为止，婚姻的唯美化只不过意味着她顺从丈夫的意思穿着打扮，把泰特街的房子委托给戈德温，让他以不同寻常的方式对其进行改造。（王尔德所做的唯一自我改变是剪短了头发，让它呈波浪状而不是卷曲状。）然而也存在着一种较为阴暗的可能性，在这场婚姻中，除了高尚的唯美倾向之外，还需要有地方能接纳卑下的唯美倾向，既要容得下堂皇的交谈和令人沉醉的传统性交，也要容得下斯芬克斯和重口味。

　　从表面上看，新婚旅行中的活动是非常令人愉快的。这对年轻夫妇前往巴黎美术展览会参观了惠斯勒的画作；他们还参观了梅索尼埃（Meissonnier）的一个展览；观看了一出叫《莉莉》（Lili）的轻歌剧；最重要的是，他们观看了萨拉·伯恩哈特表演（照康斯坦斯·王尔德的说法，以激烈狂暴的手法展现了）麦克白夫人的角色。除了伯恩哈特女士之外，他们只提到了另外两个法国朋友。跟卡蒂勒·孟戴斯共进早餐时，王尔德说，"法国之外就不存在现代文学。"[33]保罗·布尔热前来拜访康斯坦斯，弗农·李（维奥莱特·佩吉特的笔名）记得他说过，"我爱这个女人——我徒劳地、温柔地爱着这个女人。"[34]在场的还有另一个朋友，约翰·多诺霍，即王尔德帮助过的那位芝加哥雕塑家。约翰·辛格·萨金特邀请这对夫妻前来共餐，亨丽埃特·勒贝尔款待了他们，她是一位富裕的美国人，主持着一个沙龙，还是亨利·詹姆斯的朋友。她犯下了野蛮的过错，询问康斯坦斯·王尔德的裁缝叫什么名字，她好去订制一套相同的服装——这真让康斯坦斯的那位设计师丈夫感到恐怖。在拜访了巴黎之后，这对年轻夫妇又去迪耶普待了一周。

　　蜜月里的一个重要元素被《晨间新闻报》的采访记录了下来。那不是一个事件，而是一本书，对于王尔德而言，这本书在八十年代的意义就像佩特的《文艺复兴史研究》在七十年代的意义。乔里-卡尔·于斯曼的《反常》在两周前的5月中旬出版，令文学圈为之动摇。次日，为了这部"不可思议的书籍"，惠斯勒向于斯曼匆忙表示了祝贺。布尔热当时跟于斯曼和王尔德都是密友，他对它赞不绝口；保罗·瓦雷里把它称作"圣经和床头书籍"，对于王尔德来说，它的确起到了这种作用。他对《晨间新闻报》的记者说,"于斯曼的新书是我读过的最好书籍之一。"[35]各种报刊杂志都把这部书籍当作颓废时代的指导手册来进行评论。就在王尔德开始遵从社会规范的时候,他遇见了这样一部书籍,就连其书名都在对社会规范提出公然的挑衅。书中的男主角名叫德埃森特(Des Esseintes),是一位花花公子、学者和**纵欲者**(débauchée),他的嗜好和乐趣精致到了前所未有的地步。道林·格雷也曾读到一部跟于斯曼小说类似的书籍,"那位男主角,那位了不起的巴黎青年……对他来说,成了一个预示他本人的人物。事实上,在他看来,整部书籍讲述的就是他自己的人生故事,在他尚未经历那一切之前,它们就已经被撰写了出来"。王尔德可以把它视为佩特的自我发展论的一部分,因为"终其一生,德埃森特试图在十九世纪实现除了本世纪之外的一切世纪中的所有激情和思想模式,可以说他想在自身中概括世界精神(world-spirit)经历过的各种模式,去爱那些人们轻率地称之为美德的克制行为(仅仅由于它们是人造物),正如去爱那些人们依然称之为罪的源自本性的反抗行为"。简而言之,"这是一部有毒的书籍。"在服食了婚姻的春药之后,王尔德把它当作烈酒后的淡酒来啜饮。①

　　这部书籍的部分吸引力就在于作者的有所保留的态度。你不能说于斯曼支持他的男主人公,因为每一章都有一小段寓言,描述了对书籍、香水、珠宝或性趣的业已耗尽的热情。每一阵能量的爆发都遭受了挫败,而且于斯曼没有表示同情,男主人公是孤注一掷的,这种行为可以说是中和了那种荒谬,也避免他彻底名誉扫地。某些部分对王尔德有着巨大的影响。其中之一是于斯曼对居斯塔夫·莫罗的画作《莎乐美》的描述,另一段提及英国拉斐尔前派的绘画,认为它们让人联想到的不是四月(根据王尔德在美国的说法),而是十月。王尔德认为这种艺术属于文艺复兴的一部分,在于斯曼这里,它却成了颓废精神的一部分。王尔德想必再次考虑到是否能把这两种运动结合起来。他一向是既遵从习俗又

---

　　① 在西方,喝了烈酒之后,人们往往喝一杯温和的饮料来调剂一下,这种饮料被称作"淡酒"(chaser)。

行为反常的,既是具有阿波罗精神的绅士,又是酒神一样的颠覆者。在于斯曼的书中,有一段奇特的文字:德埃森特回忆起自己的一段光辉性史,它发生在同性恋人之间,跟他体验过的其他所有性生活都不一样,在记忆中,它凌驾于所有的性生活之上。有几个月,德埃森特跟一位年轻人保持着亲密的关系。根据安德烈·拉夫洛维奇的怀有敌意的说法,王尔德对《反常》中的这部分文字尤其着迷。[36]从整体上看,这部书籍唤醒了王尔德的记忆,他想起自己去年在颓废者之间度过的那几个月,也就是他撰写《妓院》和《斯芬克斯》的主干部分的那几个月。它召唤他走向一种地下的生活,这跟他作为康斯坦斯丈夫的堂皇角色是完全不相符的。

王尔德的新婚之旅如同一叶醉舟,而巴黎则是它的舵手,他在这个城市中匆促记录下的诗歌笔记略微反映了它的暧昧特性。其中有一首诗歌叫《巴黎印象:杜伊勒里公园》,它的文笔是有益身心的,描述了自己坐在花园里,孩子们围绕着他的椅子奔跑时的情景:

> 有时,在尖声的追逐中,他们跑开,
> 　　有时,这一伙吵闹的人,冲过来,
> 小手牵着小手,
> 　　爬上一棵没有树叶的黑树。
> 啊,冷酷的树! 如果我是你
> 　　孩子们在攀爬我,为了他们
> 　　哪怕是在冬天,我也会
> 盛开出白色和蓝色的春花。

在归途中,他对这些诗行进行了润色,投稿给一部为医院筹款的义卖书籍,书名叫《为了行善》。他的朋友劳拉·特鲁布里奇为这首诗绘制了插图,她一度抱怨说这首诗不合她的胃口。不过,它还是表现了一些转形的比喻,王尔德很快会在自己的童话故事中运用这种比喻。

在记录下这些笔记的同一页纸上,还有一些跟另一种情绪相符的文字:

> 月亮就像一枚黄色的印章
>
> 盖在一个深蓝色的信封上,
>
> 下方,那昏暗的斜面
>
> 就像一把黑剑,用磨光的钢铁铸成

> 黝黑的塞纳河流淌着
>
> 水面闪烁着金色的波形花纹……

他的蜜月就像一枚盖在深蓝色信封上的印章,据推测,这个比喻是想要模仿现代诗歌风格,王尔德偶尔会试图这么做。从另一方面来说,剑和金色的波形花纹又让我们回到了熟悉的史诗措辞。然而,把塞纳河比作一把黑剑的意象让人想起了波德莱尔的巴黎,在那种氛围中,王尔德一度把自己视为风流老手,而不是孩童中的天真无邪者。他内心充满了两种推动力,一种是与人为善的,另一种是离经叛道的。

他天生就没办法长期保持一心一意的状态。当他爱上了康斯坦斯时,他禁不住对爱上她的自己敬重不已。他会说出卢梭的《那喀索斯》中的话,"我爱那个我"。要么就像他在《W. H. 先生的肖像》中推测的那样,"也许,为了寻找对激情的完美表达,我已经耗尽了激情本身。情绪的能量就跟寿命能量一样,也有着它们的实际局限"。他将会逐渐体验到这些局限。

1884 年 6 月 24 日,双重性格的王尔德和康斯坦斯从同样具有双重特性的巴黎回来了。泰晤士河跟塞纳河不一样,没有那么阴气森森,王尔德一度喜欢上了在泰晤士河堤边等待他的家庭生活。不过,他有时也心存怀疑。回来后不久,一个朋友走过来跟他说,"嘿,王尔德。听说你结婚了。""是的,"他沮丧地回答,

"也算是廉价甩卖！"[37]而康斯坦斯呢，她试图跟上丈夫那令人眩晕的步速，可以说，她婚后的初期生活是艰难的。

注释

［1］Mackaye, *Epoch*, 452; original letter is at Dartmouth.

［2］*Letters*, 147-8; *The World*, 23 May 1883.

［3］Violet Hunt, draft of her autobiography (Hart-Davis); letter to Wilde, July 1881 (Hyde Collection); Douglas Goldring, *South Lodge* (1943), 187.

［4］Harry Phillips, son-in-law of Charlotte Montefiore, letter to Sir Rupert Hart-Davis, 14 Sept 1960.

［5］*T. P.'s Weekly*, 30 May 1913.

［6］Unidentified clipping.

［7］Otho Holland (Lloyd), letter to A. J. A. Symons, 27 May 1937 (Clark).

［8］Constance Lloyd, letter to Otho Lloyd, 7 June 1881, in *Letters*, 152n.

［9］Lady W, letter to Wilde [Dec 1882] (Clark).

［10］*Letters*, 143.

［11］New York *Herald*, 21–26 Aug 1883.

［12］*The Globe* (London), 2 July 1882; *Lady's Pictorial*, 7 July 1883.

［13］New York *Herald*, 12 Aug 1883.

［14］Kenneth Rose, *Superior Person* (1969), 72.

［15］*New York Times*, 12 Aug 1883.

［16］Ibid., 28 Aug 1883.

［17］Ibid., 29 Aug 1883.

［18］Morse in *Works*, 165.

［19］Constance Lloyd, letter to Wilde, 11 Nov 1883 (Hyde).

［20］Constance Lloyd, letters to Otho Lloyd, 23 and 24 Nov 1883, in *Letters*, 152-3.

［21］Constance Lloyd, letter to Otho Lloyd, 26 Nov 1883, in *Letters*, 153.

［22］Otho Lloyd, letter to Wilde, 27 Nov 1883, in *Letters*, 153n.

［23］Constance Lloyd, letter to Wilde, n. d. [1883] (Hyde).

［24］*Letters*, 154.

［25］Otho Lloyd, Holland family papers; Constance Lloyd, letter to Wilde, n.d. [early Dec 1883] (Hyde).

［26］*Letters*, 155.

［27］Constance Lloyd, letter to Wilde, 4 Jan 1884 (Hyde).

［28］Otho Holland (Lloyd) to A. J. A. Symons, 27 Nov 1937 (Clark).

［29］Willie Wilde, letter to Constance Lloyd; Lady W, letter to Wilde, both 27 Nov

1883（Clark）.

[30] Sir Johnston Forbes-Robertson, *A Player Under Three Reigns*（1925）, 110.

[31] Sherard, letter to A. J. A. Symons, 3 June [1937]（Clark）.

[32] *Morning News*, article headed 'Paris, Tuesday June 10, 1884'（Clark）.

[33] *Life*（London）, 19 June 1884.

[34] Vernon Lee（pseud. of Violet Paget）, *Letters*, ed. I. C. Willis（1937）, letter of 8 June 1884 to her mother, p. 143.

[35] Robert Baldick, *The Life of J. -K. Huysmans*（Oxford, 1955）, 88; *Morning News*, 20 June 1884（Clark）.

[36] Raffalovich, 246.

[37] E. A. Brayley Hodgett, *Moss from a Rolling Stone*（1924）, 130.

第十章　王尔德先生暨太太

莱恩：*我经常留意到，在已婚家庭中，很少能看到一流的香槟酒。*①

婚姻的磨损

要不了多久，康斯坦斯·王尔德就发现，她的进项有限，永远应付不了奥斯卡·王尔德这艘商船发起的宏伟冒险。"足够就像是一餐饭，太多则像是一顿盛宴。"她丈夫说。"那些支付账单的人很快就会被人遗忘，"他补充说，或以更正式的措辞表示，"只有不支付账单，一个人才有希望被商人阶级牢记在心。"[1]从蜜月旅行中归来之后，康斯坦斯就对哥哥宣布，她想要找一份工作。可是在9月份，她怀孕了，于是找工作的事情没戏了。她的大部分时间都用来满足丈夫的愿望，他想要挥霍几尼金币，而不是节省几个便士。他的一个阿姨送给他们五十英镑，让他们用这笔钱开始经营婚后生活，结果让阿姨深为反感的是，他们用这五十英镑购买了两把使徒调羹。②[2]决定他们该怎样生活的人是王尔德，是他决定要住在惠斯勒风格的街上，过着戈德温风格的日子。康斯坦斯从不是一个言

255

---

① 引自《不可儿戏》。
② 勺柄上雕有基督使徒形象的调羹，在英格兰尤其流行。

语流畅的健谈者,在丈夫的身边,她似乎像个哑巴。有人问他怎么会恰巧爱上她,王尔德说,"她沉默寡言。我总纳闷她会有什么样的想法。"在他的童话故事《快乐王子》中,燕子放弃了跟芦苇的恋爱,理由有好几条,其中之一就是"她从不交谈"。在一次招待会上,康斯坦斯碰巧走过,看上去很漂亮;他钦慕地瞅着她,然后喃喃低语,一半是对自己说,一半是说给路易丝·乔普林,"要是我能珍惜她就好了!"[3]兰特里太太和弗洛伦丝·巴尔贡博很容易激起他的爱慕,然而,她们两人都没有崇拜他的意思。

不过,私下里,康斯坦斯也会显得生气勃勃,她富有才智,知识渊博。她能够说流利的法语和意大利语,这两种语言的文学作品她读过很多。在王尔德的敦促之下,康斯坦斯学会了德语,于是两人就可以一起享受阅读德语新书的乐趣了。她跟丈夫也能够共患难。旅行刚回来之际,这对年轻夫妇在杰明街的不伦瑞克旅馆住了两晚。他们的钱包已经越发干瘪,每晚两几尼的开销似乎太贵了。于是,他们去兰开斯特街100号拜访了艾米莉·劳埃德和病危的祖父,希望艾米莉会邀请他们住下来。可是艾米莉并不具有乐于助人的天性,最后,康斯坦斯不得不直接开口求助。艾米莉允许他们在找到另一住所之前在这里待几天。他们很快从兰开斯特街搬到了威斯敏斯特的大学院路7号,数日之后,又搬回了王尔德熟悉的寄宿房,即靠近格罗夫纳广场的查尔斯街9号。他们或许指望回来不久后就可以住进泰特街的房子,但事实并非如此。

泰特街16号的重修工程又拖延了七个多月,直到1885年1月,他们才能搬进去。戈德温有着雄心勃勃的计划,施工人员却进速缓慢,在实施计划方面能力不足。王尔德放弃了第一家公司(老板是个名叫格林的人),没有支付账单,在戈德温的帮助下,他找到了另一位施工者,名叫夏普。夏普的开价甚至比格林还要更昂贵。与此同时,由于王尔德拒绝支付账单,格林提起了诉讼,王尔德对他置之不理,于是格林扣下家具。王尔德提出反诉,案件即将进入审理的程序,直到出庭前一天,双方律师才达成了和解。王尔德对自身的好运信心十足,在支付了格林、夏普、戈德温和律师的费用之后,他依然一副兴高采烈的样子。

抛开施工者不谈,他跟戈德温关系极好。戈德温已经成功地推销了自己的理论,不仅是关于房屋装饰的,还包括舞台布景和服饰的,在刚开始撰写的几篇评论中,王尔德找到了夸赞他的机会。两个人都试图让泰特街的房子成为室内设计的新标准。莫里斯壁纸和拉斐尔前派装饰风格的其他遗迹已一去不复返。如今是光泽照人的白瓷釉的新时代了,其中还搭配了金色、蓝色和绿色的变化。戈德温的计划书[4]让人们对这幢房子的风格有所了解,不过,根据王尔德的书信和访客的说法,在王尔德居住此地的十年里,房子显然还经受了相当多的改造。

这幢房子有四层楼,附带地下室,也可以说是较低的一楼,那是厨房的所在地。通往房子的门是白色的,上面镶着黄铜门环和邮箱盖口,还有一扇镶有磨砂玻璃的窗户。戈德温在计划书中拟定了一道门廊,下半部分涂成灰色,直到护墙板的高度(护墙板的高度是五英尺六英寸),上半部分是白色的,外加黄色的天花板。一盏用铁箔制成的小灯从天花板垂下来,墙上挂着两幅镶嵌在白色框架中的大型雕版画,一幅是《阿波罗和缪斯》,另一幅是《黛安娜和她的仙女之浴》,仿佛是在向丈夫和妻子致敬。门廊的颜色明显被更改过:亚历山大·特谢拉·德马托斯(威利·王尔德第二任妻子的第二任丈夫)记得,门廊下半部分的颜色是橘黄色,壁缘饰带以上的颜色是蓝色的。不过,早些时候,灰色被改成了白色,劳拉·特鲁布里奇的未婚夫艾德里安·霍普是康斯坦斯的亲戚,他还记得那种颜色。霍普也许是对的,因为饭厅最初也打算涂成灰色,但实际上被涂成了色调不一的白色和米色,还挂着镶有黄绸饰边的白色帷帘。

饭厅里有个不同寻常的特色,那是一件大约九英寸宽的餐具柜,它是环绕着大半个房间构筑的,被用来向人们提供服务。霍普心怀不敬地把饭厅的餐桌描述成昏暗的褐色,他还记着缀有深色饰穗的栗色餐巾和精致的瓷器,尤其是黄色的杯子。地板上铺着蓝绿色的莫里斯地毯,上面装饰着白色图案。底层的另一间房子是藏书室,其装饰风格众说纷纭,有人说是土耳其式的,有人说是摩尔式的,有人说是北美式的。在门口上方和房间的侧边有一条粗重的桁条和一根楣梁支架,上面用镀金色、红色和蓝色题写着雪莱的诗句:

257

美的精神！再等待片刻，

　　他们并没有死去，你那些远古的信徒，

　有几个人，在他们看来，你那灿烂的微笑

　比一千次的胜利还要更辉煌。

藏书室的护墙板很高，涂成了暗蓝色，护墙板以上的墙体和天花板涂着淡金色。沿着房间两侧是低矮的无靠背沙发，沙发前是长软椅、灯笼和幔帐，还有一张嵌入式的东方桌子——但没有椅子。窗户看起来当初是安装了木栅，最后换成了玻璃珠帘，用来挡住光线，还有屋后的那种令人不快的景象。王尔德就在这个房间里抽烟，进行两人之间的对话，还撰写了他的大多数作品。

　　白色的楼梯前有一道帷帘；楼梯上覆盖着金黄色的垫子，引向二楼的客厅。折叠门把这些客厅相互隔开。较宽敞的一间客厅在后面，有着暗绿色的墙壁和淡绿色的天花板，还有壁炉和涂成褐粉色的木构件。在壁炉的两侧，有两个无靠背的三角沙发，用来填充房间的角落，这些沙发很矮，上面搁着软垫。壁炉架上搁着一尊那喀索斯的绿色青铜小雕像。还有齐本德尔式的桌子、贵人扶手椅和三个直背椅。哈珀·彭宁顿绘制的一幅王尔德肖像就挂在一面墙上，一个角落还摆放着王尔德在获得纽迪吉特奖后收到的那座奥古斯都·恺撒胸像。天花板258上起初在两个对角方向绘制了两条金龙，那是惠斯勒的手笔；从某一时刻起，它们被插在膏泥中的日本大羽毛取而代之了，这也是出于惠斯勒的建议。绿色的墙上挂着小幅的白框版画，作者是惠斯勒和莫蒂默·门皮斯，还有一幅比亚兹莱的素描（后来添上的），以及王尔德在美国获得的济慈十四行手稿（也镶嵌在边框里）。王尔德太太的朋友们赠送了一些红色的炭笔素描，它们同样被摆放在那里。客厅前边的墙壁是肉粉色的，但上楣是镀了金的暗柠檬金色，天花板上覆盖着日本皮革，王尔德不知从哪儿搞到了这些东西。壁炉架上陈列着约翰·多诺霍制作的青铜铭牌，铭牌上有一个年轻女孩，表现了王尔德的《安魂祈祷诗》中的内容。

楼上是两间卧室,王尔德太太的卧室在前面,有着粉色的墙壁和苹果绿的天花板。房间里有一个形态优美的浴缸。王尔德确立了一条原则:不经允许,他绝不会进入她的房间。正如他在一篇书评中写道,"男人必须放弃他们在婚后生活中的专政,这种专政对他们来说曾经是那么珍贵,而且恐怕如今仍在各地延续着。"[5]后面的卧室起初由王尔德占用,它有暗蓝色的墙壁和淡蓝色的天花板。其中摆放着一尊大型石膏雕塑,即《奥林匹亚的赫耳墨斯》。这个房间最后成了孩子们的卧室。三楼起初是王尔德的书房,涂成了深浅不一的红色,木构件的颜色是他最喜欢的朱红色。三楼的前室一片白色,只有天花板是黄色的。这些房间最后成了夜间和白天的保育室。顶层是仆人的住所。

"漂亮房子"正在建造之中,王尔德和康斯坦斯经常收到邀请,往往是那些过去对他不以为然的人。一夜之间,正如他预料的那样,他成了受人尊敬的人物,虽然这从不是他的目标,也不是他母亲的目标。在跟奥利芙·施赖纳相见时,他问她为什么住在东区。"因为那里的人不戴面具。""我生活在西区,因为那里的人戴面具。"他还声称说,"一位绅士从不会向西超过坦普尔巴(Temple Bar)的地界。"[6]一份叫《蝙蝠》的周刊哀悼了这位唯美主义者的衰落:

> 最后他去剪了头发——
>> 原来,这片土壤是贫瘠、干旱的
> 很大程度上,又是老一套——
>> 他安顿了下来,还结了婚!

(1886 年 2 月 9 日)

正是这同一份杂志,注意到他在 1886 年 3 月 23 日出席了《里昂女士》(The Lady of Lyons)的日间演出,兰特里太太当时在戏中扮演波林,杂志报道说,"在场的还有奥斯卡·王尔德,这个被驯化了的,耽于冥想的,结了婚的人。"可是王尔德既没有安顿下来,也没有被驯化。他仍然用自己的语言激怒世人,即便同时也给他们带来了乐趣。他扮演已婚男人的方式让人们觉得，对他来说，这不是一种静态生活，而是一种冒险生涯。

对于他自己在继续实践的那种花哨风格，他有办法迫使康斯坦斯接受它，虽然这让她感到不适。她又怎么能拒绝这位莉莉·兰特里的顾问呢？她天性害羞，要求她表现大胆，这是很不协调的。她不得不根据他的要求来打扮自己，对于他的服饰改革之福音来说，她是一位半信半疑的殉道者。她有时打扮得很妥当。安娜·德布雷蒙是个美国女人，她嫁给了一位据说拥有伯爵头衔的人。当她第一次遇见康斯坦斯的时候，康斯坦斯穿着一件希腊服饰，布料是樱草黄和苹果叶的绿色。她的头发"厚实，呈红棕色，黄色的缎带美妙地衬托起它们，这缎带被用来支撑颈背处的发髻，还穿过了她额头上的波浪形发辫"。她那男孩子气的脸庞和黑色的大眼睛也给人留下了印象。不过，1884 年 7 月，当这对年轻夫妻前往劳拉·特鲁布里奇家喝茶后，特鲁布里奇小姐在日记中写道，"她为此身穿柔软的白棉布，没有裙撑，橘黄色的绸巾搭在肩膀上，头戴一顶巨大的盖恩斯伯勒车轮帽，脚上穿着白色和明黄色的长袜和鞋子——她看起来简直不可救药，我们觉得她既害羞又无趣——他当然是妙趣横生的。"[7] 然而，康斯坦斯坚持了下去，表现出相当多的变化。1886 年 3 月，她出席了在威斯敏斯特市政大厅举办的一场关于合理服饰的会议，她起身提出动议时，人们看到她穿着肉桂色的羊绒裤，身披一件披肩，披肩的两端从下面折过去，构成两个袖子。《蝙蝠》的态度是世俗化的，它觉得这件服饰根本不合理，而且在 1886 年 3 月 30 日的杂志上，它也是这么说的。1888 年 11 月 6 日，在萨默维尔俱乐部，她以"着衣和保持健全心智"为题向女性听众发了言。她的演讲被刊登在 1889 年 1 月的《合理服饰协会公报》上。

另一位观察者是路易丝·乔普林，一位艺术家，她远比劳拉·特鲁布里奇更乐于看到这种对法国风尚的背离。一个周日上午，乔普林太太邀请王尔德夫妇来拜访她，两人花枝招展地来了。王尔德身穿褐色套装，那上面钉着无数的小纽扣，看上去就像一件被美化了的男侍制服。康斯坦斯头戴插着白羽的阔边女帽，她的服饰也同样花哨。"当我们走在国王路上时,"王尔德告诉她,"几个粗野的小男孩围绕着我们,跟我们一起走。其中一个男孩盯着我们看,然后说,'我猜,是哈姆雷特和奥菲莉亚出来散步了!'我回答道,'小家伙,你说得很对。我们就是!'"[8]跟往常一样,他觉得自己的华丽服饰很有趣,人们对它的反应也很有趣。

王尔德夫妇跟王尔德夫人和威利的关系很好。威利成了《名利场》杂志的戏剧评论家,1884年8月,他提出请假,奥斯卡替补了他的职位。王尔德夫人继续主持自己的沙龙,还坚持着她自己的服饰标准。一位年轻的德国艺术家不幸名叫赫伯特·施迈茨①(后来改成了卡迈克尔),1886年5月,他拜访了王尔德夫人,还记录下了自己的印象。施迈茨和妻子被引进了两开间的客厅,他们不得不摸索着找路,虽然当时刚刚进入下午,但窗户上蒙着厚厚的窗帘,唯一的光来自蜡烛。壁炉架上燃烧着芳香剂,让室内的氛围更加神秘,地板和天花板之间摆放着大型镜子,边缘上蒙着幕布,因此,当房间里挤满了人的时候,你没法判断这房间到底有多大。

王尔德夫人出来迎接客人,她在裙撑外面穿上了淡紫色的丝绸衣服,围绕裙子的是一片宽幅一英尺的深红色天鹅绒。环绕她的腰部松垂着一条罗马式的围巾,呈明亮的绿色,上面有猩红色、蓝色和黄色的条纹。这件衣服的领口开得很低,夫人的胸口挂着一幅很大的袖珍画像,尺寸约为六英寸乘四英寸。她的头发梳成了小卷,顶部是一个高高的蕾丝发饰。虽然这套服饰不伦不类,施迈茨说,"她设法让自己看起来与其说是荒谬的,还不如说是怪诞的和威风凛凛的。"

他们抵达时,一个长着天使般脸蛋的美国小女孩正在朗诵一首模仿小鸟的诗歌,她还朗诵了另一首诗歌,模仿了一个烧炭人的回音正在逐渐消逝。她结束朗诵之后,奥斯卡·王尔德来到施迈茨和他妻子的身边,说,"她不是很有趣吗?真像是一朵可爱的小玫瑰花蕾,沾染着露水。"过了一会儿,访客们决定离去。"当我对王尔德夫人说再见的时候,"施迈茨回忆说,"她就像斯芬克斯那样盯了我一会儿,然后问,'我听说皇家艺术院收藏了你的一幅巨型画作。对于那个可

①　Schmalz 源于德语,有"动物油脂"的含义。

怕的委员会来说,你不显得太年轻了吗?'

　　"'我希望你喜欢那幅画,王尔德夫人。'我回答。

　　"'我还没有看过,'她回答,'但是奥斯卡会带我去看的。奥斯卡会带我去看的。'"

　　在门口,王尔德止住了他们。"'啊,施迈茨! 这么快就离开妈妈了!'"

　　"'是的,还有一幅画等着我去继续呢。'"

　　"'我能问问是关于什么题材的吗?'"

　　"'一幅关于维京人的图画。'"

　　"'可是,亲爱的施迈茨,'"王尔德说(他正在构思一句俏皮话),"'为什么要追溯那么远? 要知道,考古学出现之际,艺术就停止了发展。'"*

261　　　这对年轻夫妇走出来,走进了布朗普顿路的明朗阳光之中,他们觉得自己仿佛"刚从某个超自然的梦中醒来"。[10]

从演讲到书面

> 只有浅薄的人,才不根据外表来作判断。①

　　秋天来了,王尔德又开始作演讲。这一次他提出的主题是"艺术在现代生活中的价值",其内容还是不离他在美国及其之后所作的演讲,他还准备了一个关于"服饰"的新演讲。在这个演讲中,他称赞说,近来,英格兰出现了美感的复兴,只可惜它还没有延伸到人们的服饰领域。为了推动根本性的变革,他敦促

――――――――――

　　* 在对艺术学生的演讲中,王尔德曾阐述过自己的态度:"所有的考古学绘画都会让你说,'真稀奇';所有的情感绘画都会让你说,'真伤心';所有的历史绘画都会让你说,'真有趣';所有没有立即激发起你的艺术喜悦,让你说'真美'这句话的绘画,都是糟糕的绘画。"[9]

　　① 引自《道林·格雷的画像》。

说,孩子们应该在学习字母之前先学习绘画,这是为了让他们对人的身体轮廓有所了解。孩子们将了解到,人的腰身是一条美丽、微妙的曲线,而不像女帽商说的那样,是一个突然出现在身体中间部位的生硬直角。适宜的服饰也有敌人,它就是时尚。"时尚只不过是丑陋的一种形式,它让人无法忍受,迫使我们不得不每隔六个月就作一次改变。"法国的影响是有害的,自从征服者威廉登陆英国之后,事情就一直如此,当时,他发现英国人身穿的服饰既漂亮又简单,于是立刻对它们进行了变更。在十七世纪过了四分之一后,英国人的服饰再次变得讨人喜欢,理查二世就是在那个时候决定再次引进法国时尚。

王尔德建议衣服应该从肩部而不是腰部垂下。这样会较有益于健康,而且更妙的是,它是希腊式的。"在雅典,既没有女帽商,也没有女帽商的账单。这些事情是闻所未闻的,这种文明简直太了不起了。"[11]裙撑、撑条、紧身褡一定要去掉,还有高跟鞋,它使得身体向前倾斜。他认为我们不但能从希腊人那里,还能从亚述人和埃及人那里学到更好的着装方式。土耳其女性的裤子获得了他的赞许。男人也要改变他们的服装。王尔德用实例来阐述了自己的理论。他宣称自己现在已经不认同过去的齐膝短裤了,因为跟腰垫一样,它们太紧了,让人觉得不舒适。他已经换上了紧身薄裤,上身是宽边波浪衣领、新款的深色马甲和黑色围巾,以及一串印章挂坠。他反对高礼帽,赞成用宽边帽(也许是受了莱德维尔矿工帽的影响)来挡雨。他赞成紧身上衣和披风。他虽然优雅地描述了这些主张,并以实例展示了它们,但它们还是没有即时获得人们的支持。而且,人们简单化地处理了他所说的话,乃至让它们听起来很荒谬。

关于"艺术在现代生活中的价值"的新演讲建立在三个主要原则的基础上。第一点指出,装饰品并不是多余物品,而是人们涤罪的机会。"我已经发现,一切丑陋的东西都是那些努力想要创造美丽事物的人制造的,所有美丽的事物都是那些努力想要创造有用物品的人创造的。"从戈蒂耶的格言"所有的艺术都是无用的"推衍到这一点,他已经取得了很大的进展。第二点讲的是,以自然为理想是恶劣艺术的源头。真正的画家并不是绘制英格兰薄雾中的苏格兰牛的专家,或绘制苏格兰薄雾中的英格兰牛的专家。他列举的真正画家是柯罗和印象派画家,他所谓的印象派指的是莫奈和卡米耶·毕沙罗,3 月和 5 月,毕沙罗在迪朗·吕埃尔画廊举办的展览最终征服了他。[12]值得注意的是,他没有称赞拉斐尔前派艺术家,而在美国,拉斐尔前派在他的演讲中居于核心位置。第三点讨论了艺术的价值,不能根据艺术起了多少训诲作用来衡量其价值。他赞成这样的说法,即罗斯金是英国有史以来的最伟大人物之一,然后他开始反驳昔日导师的见解,即要“根据其内容中蕴含了多少高尚的、符合道德的观念”来评估一幅画的价值。他把自己的赞词献给了惠斯勒,认为他可能不但是英国,还是整个欧洲的第一个艺术家。惠斯勒“拒绝用任何文学题目来命名自己的绘画,他的作品都没有名字,除了那些用来表现其风格、色彩和处理方式的叫法。当然,绘画就应该是这个样子;人们不应该把自己当成历史插图制作者”。[13]这些观点虽然格调很高,不过,王尔德已经开始思考颓废精神对艺术复兴的渗透方式,而它们却与此无关。它们还是显得有点太灿烂了。要想让自己全心投入,王尔德觉得他需要的是阴影。

从 1884 年 10 月 1 日到 1885 年 3 月底,王尔德的行程表让他逛遍了英格兰、爱尔兰和苏格兰的很多地区。*在爱丁堡,他最后一次拜访了老友亨特·布莱

---

* 这一时期,王尔德在不列颠群岛的巡回演讲包括: 1884 年 10 月 1 日,“服饰”,伊灵;6 日,利物浦;8 日,曼彻斯特;9 日,“艺术在现代生活中的价值”和“服饰”,展览厅,约克;14 日,“服饰”,莱塞维多利亚厅,克利夫顿(靠近布里斯托尔)。11 月 5 日,“艺术在现代生活中的价值”,市政厅,特伦特河畔斯托克。12 月 4 日,“服饰之美、品味和丑”,艾伯特厅,利兹;7 日,格拉斯哥;11 日,绍斯波特;13 日,“服饰”,卡莱尔;19 日? 格拉斯哥;20 日,“服饰”和“艺术在现代生活中的价值”,皇后街大厅,爱丁堡;21 日? 水晶宫。

接下来是二十一场爱尔兰演讲预约,从 1884 年 12 月到 1885 年 1 月,包括: 1885 年 1 月 5 日,“服饰”和“艺术在现代生活中的价值”,欢庆剧院,都柏林;14 日,克朗梅尔;17 日,邓多克。

然后是,1885 年 1 月 21 日至 22 日,学院厅,谢菲尔德;23 日,哈德斯菲尔德;24 日,金斯林,25 日,林肯;26 日,哈利法克斯;28 日,盖恩斯伯勒;29 日,哈罗盖特;30 日,切斯特菲尔德;31 日,约克。2 月 1 日,斯卡伯勒;达灵顿和福尔柯克;27 日,切斯特菲尔德;斯托克顿、纽卡斯尔、玛丽波特、科克茅斯、阿尔弗斯顿、森德兰、莱斯特。3 月 7 日,利明顿;切尔滕纳姆;10 日,伍尔弗汉普顿;11 日,沃尔索尔;12 日,莱斯特;14 日,北安普顿;科尔切斯特、伊普斯威奇、雅茅斯、诺威奇、贝里圣埃德蒙兹;加地夫;斯旺西;31 日,纽波特;阿普尔顿、伯明翰、彼得伯勒、爱丁堡。

尔,后者如今已经成了一位修道士,王尔德突然跪下,说,"为我祈祷,邓斯奇,为我祈祷。"[14]

王尔德的关于服饰的最初演讲被发表在报刊上,《帕尔摩报》展开了针对这个问题的辩论。1884年10月到11月,他在这份杂志上发表了相关信件,为自己起初的立场作了辩护,还进一步补充阐述了它。不幸的是,对服饰和室内装饰感兴趣的听众数目有限,面对听众人数的减少,他别无选择,只能写点不体面的报刊文章,来增加自己的演讲收入。最后,演讲彻底停歇了。也许是因为他对服饰的这一番高论,1885年初,他成了《帕尔摩报》的撰稿人,而这份报纸在1882年曾对他抱有敌意。他的文章没有署名,这是当时的惯例,虽然惯例是他憎恶的东西。他还为《戏剧评论》撰写署名文章,后来也为其他期刊撰写这一类的文字。

评论是王尔德喜欢的文字形式。他以闲聊的方式撰写评论。他评论的大多数作品只引起了昙花一现的影响;他并没有因此而抨击它们,反而以愉快的文笔描述了这些作品,通常让它们显得比实际上还要更有趣些。他信口开河的评论写得最好。一本名叫《正餐和盘菜》(*Dinners and Dishes*)的书让他说出了这样的话,"在美国,最不同凡响的两处风景毫无疑问就是德莫里克餐厅和约塞米蒂谷。"①《丹尼尔·德荣达》(*Daniel Deronda*)是"最乏味的杰作"。他言过其实地称赞了年轻的马克-安德烈·拉夫洛维奇的诗作,但他也指出,它们是"不利健康的,散发着温室的强烈气味"。然而,他继续说,"这并不是在指出它们的缺点或优点,而只是指出它们的特质而已。"可是对于拉夫洛维奇的书名《晚香玉和绣线菊》(*Tuberose and Meadowsweet*)的第一个词,他确实提出了反对意见;这个词让人觉得它是个三音节词,而实际上它应该是个双音节词。拉夫洛维奇是外国人,他不愿意接受这种发音错误的指摘,于是写信给编辑说,雪莱也犯过同样的错误,王尔德愉快地列举了一个反例,同样来自雪莱。拉夫洛维奇是个心底阴暗的人,他感到很不高兴。

王尔德对几位作家已经失去了兴趣,其中包括勃朗宁夫人和西蒙兹。他在

---

①　德莫里克餐厅(Delmonico's),纽约的豪华餐厅;约塞米蒂谷(Yosemite Valley),加利福尼亚的著名风景地。

评论中只批评了三个人。罗达·布劳顿是其中之一。她是拉·芬努（Le Fanus）的亲戚，王尔德在梅里恩广场的家里认识了后者，不过，如果说她的爱尔兰血统起到了任何作用的话，那也只是让她对王尔德的唯美主义感到不耐烦。在评论她的小说《贝蒂的幻象》（Betty's Visions）时，王尔德说，"不管我们要对她的句子构造进行怎样严厉的批评，她至少拥有那种让所有世人亲如一家的粗俗风格。"作为个人，乔治·塞因茨伯里或许并不像布劳顿小姐那样让王尔德心烦，但令王尔德恼火的是，他自诩撰写了一部关于散文风格的书籍，而他自己的文章却充斥着文法错误。塞因茨伯里会若无其事地说，"就一般而言，总是对的"，或"他见证了丁尼生、萨克雷、麦考利、卡莱尔和狄更斯的崛起，有时还见证了他们的死亡"。第三个靶子是哈里·奎尔特，奎尔特以撰写艺术批评著称，他曾在报纸社论中猛烈抨击过唯美主义运动，他反对惠斯勒的观点，为罗斯金的观点作过辩护。他敢于购买惠斯勒在泰特街的白房子，甚至还敢对它进行重新装修，而原来的白房子是由戈德温设计，由惠斯勒装饰的。王尔德心情愉快地把奎尔特描述成一个"快活的"艺术批评家："对英国当下的装饰艺术趋势，奎尔特先生……几乎全无好感，他勇敢地向英国户主提出呼吁，叫他们别再忍受那些胡说八道了。他说，让诚实的人从会计公司回家后，就把那些波斯帷帘扯下来吧。"（王尔德忙着在自己的泰特街房子里挂上这些帷帘。）"奎尔特先生很认真地致力于提高艺术的地位，争取让它能够像体力劳动那样受人尊重。"

对于那些更重要的问题，王尔德逐渐形成了更复杂的答案。令人吃惊的是，他愿意重新思考那些唯美主义似乎已解决的问题。或许是因为他跟母亲一样十分钦佩乔治·桑，所以在提到乔治·桑跟福楼拜就形式和内容展开的著名论战时，王尔德对她的辩论表现出了例外的赞成。他同意她的意见，即形式并不是目的，只有效果才是目的。他认为她说的是对的，真理和美德（他的评论中也不常提到这些）必须与美同在，他唯一的保留意见是，她对善良的意图赋予了过高的价值。人们通常认为王尔德是"为艺术而艺术"的倡导者，所以他在这里拒绝这一主张就值得人们重视；王尔德说，它"不是要表达艺术的最终目的，它只是一种创造的准则"。正在创作的艺术家只能考虑艺术标准,但是他的写作动机和艺术作品的目的总的来说是不受限制的。王尔德远比惠斯勒和戈蒂耶更愿意承认他们所宣扬的传统唯美主义的局限性。

在《莎士比亚戏剧的舞台布景》和其他几篇评论中,王尔德处理了一个让他为难的主题。最近,戈德温等人试图根据考古学的精确细节来排演莎士比亚戏剧和新希腊戏剧(如托德亨特的《海伦娜在特洛阿斯》),王尔德努力为他们的所作所为进行辩护。他论证说,莎士比亚本人就具有一种敏锐的历史感,当布景和服饰无法表现自己戏剧中的某些东西时,他总是通过口头描述来加以补充。然而,现实主义这个主题是王尔德自波托拉时期以来一直思考的问题,当他还在那个学校上学时,他曾经问一个老师,现实主义是什么,而且,他了解现实主义的陷阱。所以,他感到 265 不安,他既支持细节的精确,也承认真正的追求是综合艺术效果。他指出,精确的细节将会以最出色的方式来实现这种综合,因此,准确无误会促成完美的幻象,只要它臣服于戏剧的整体动机。他区分了过于挑剔的考古学和会带来艺术效果的考古学,然而,他还是总惦记着一个与之相反的主张,即"最真的诗歌也就是最假的诗歌"。在重写和重新命名后来被收进《意图集》的文章时,他把它叫作"面具的真理:有关幻象的笔记",而其主题实际上是"复制品的真理:有关现实主义的笔记"。在把这篇文章收进《意图集》时,他突然停了下来,意识到这篇文章跟书中的其他文章有矛盾之处,于是,他添加了一段重要的翻案文字:

> 并不是说我赞成自己在这篇文章中所说的一切。有许多东西我是完全反对的。这篇文章只不过代表了一种唯美的立场,而在美学批评中,姿态意味着一切。因为艺术中不存在所谓的普遍真理。艺术的真理就在于它的对立面也是真实的。而且,正如只有在艺术批评中,只有通过它,我们才能够理解柏拉图的理念,因此只有在艺术批评中,只有通过它,我们才能够领悟黑格尔的对立统一体系。形而上学的真理也就是面具的真理。

即便作了这样的具体说明，或相反的陈述，他还是不喜欢这篇文章，他承认，有一天他肯定会把这篇文章从《意图集》中彻底删掉。[15]

在伦内尔·罗德背弃自己的时候，王尔德曾经向谢拉德吹嘘过他的雄心壮志，但撰写关于他人之书籍、戏剧和演讲的文章，谈论艺术，这并不能长久满足那种志向。在这一时期，他无事可做，他和康斯坦斯得吃饭，还要尽可能吃得好。他充满了活力和期待。他又开始试图谋求一份学校监督员的职位，并请柯曾、马哈菲和塞斯作为自己的推荐人；但毫无结果。目前，在纽约的惨败之后，他无法指望还能说服任何女演员上演他的两部戏剧之一。不过，他依然跟剧院保持着密切的联系，还说服康斯坦斯参加了《海伦娜在特洛阿斯》的表演，在其中扮演了一个配角。

与此同时，他的家庭生活模式已经显得更为明确。他经常离开泰特街去作演讲，于是通过信件来安慰康斯坦斯，这些信件是以他最感人的风格撰写的：

亲爱的，我爱的人，我在这儿，而你却在地球的另一端（Antipodes）。嗨，可恨的现实，让我们的双唇无法接吻，不过，我们的灵魂是一体的。

我能通过信件告诉你什么？唉！我什么都不会告诉你。神祇之间的信息不是通过笔墨传递的，事实上，即便你身处此地，也不会使你变得更真实：因为我觉得你的手指正在抚摸我的头发，你的脸颊蹭着我的脸颊。空气中充满了你的嗓音，我的灵魂和肉体似乎不再是我的，而是跟你的灵魂和肉体在某种剧烈的销魂中融为一体。没有你，我觉得自己是不完整的。

永远永远属于你的

奥斯卡

我将在这里待到周日。[16]

销魂（ecstasy）和剧烈（exquisite）这两个词轻而易举地构成了半谐音（assonance），它也许会让某些妻子感到不安，但是康斯坦斯毫无抱怨。怀孕占据了她的时间,丈夫又是她的开心果。她似乎并不觉得王尔德越来越不喜欢她那隆起的身形。弗兰克·哈里斯在自己不甚可靠的叙述中曾提到这一点,哈里斯虚拟了王尔德的话,听起来很少像是真的。然而,根据后来发生的事情,也许王尔德的确说过哈里斯描述的大致内容:

> 当我结婚的时候,我妻子是个美女,皮肤白皙,身材瘦削,如同一朵百合,她的眼神荡漾,流水般的欢快笑声如同音乐。在大约一年的时间里,这种花朵一样的优雅姿态完全消失了;她变得笨重,体型难看,走了样。她流露出笨拙的痛苦,在屋子里费力地走来走去,长着斑点的脸憔悴不堪,她的身体显得丑陋,内心为我们的爱感到不安。真糟糕。我试图和善地对待她;强迫自己接触她,跟她亲吻;可她总是不舒服,而且——哦! 我没法回忆这些,这简直太恶心了⋯⋯我过去常常冲洗自己的嘴,还打开窗户在纯净的空气中净化自己的嘴唇。[17]

有着这样一位容易生厌的丈夫,康斯坦斯却很快接连生了两个儿子,这真是不幸。西里尔出生于 1885 年 6 月 5 日,他的教父是一位探险家,名叫沃尔特·哈里斯。不到八个月的时间,康斯坦斯就再次怀孕,第二个孩子出生于 1886 年的 11 月 5 日,正好是盖伊·福克斯节。这对父母把出生日期改成了 11 月 3 日。王尔德一直想要个女孩,正如他母亲在生他时也想要个女孩——也许会是另一个伊索尔拉。可生下来的是个儿子,在受洗礼时被命名为维维安,这是个男女孩通用的名字。他们请罗斯金担任孩子的教父,罗斯金曾经为伯恩-琼斯的一个儿子和艾尔弗雷德·亨特的一个女儿做过教父,但他以年事过高为由拒绝了,于是他们问莫蒂默·门皮斯是否愿意做教父,门皮斯答应了,他是惠斯勒的学生,当时跟这位艺术家保持着良好的关系。

生育孩子的两年时间让这对父母逐渐生疏。王尔德急于推广自己的服饰改革,在妻子怀孕期间,他没了模特,不得不凑合行事。他喜欢参加宴会,正如有的人喜欢打猎,而且在宴会上表现惊人,此时,他不得不单独接受那些原本是发给他俩的邀请。在他们自己的宴会上,康斯坦斯简直做不了任何实事,这一点变得显而易见,她经常在丈夫讲得眉飞色舞时表达出这一点,他的那些话她已经听了很多遍。让-约瑟夫·雷诺是个法国作家,他翻译过王尔德的一些作品。雷诺偶尔出席他们的宴会,他记得,康斯坦斯有时会抱怨说,"但是,奥斯卡,昨天你说的故事可不是这样的",要么就是对他的那种夸大其词感到不耐,唐突地插话,帮他讲完故事。克劳德·贝丁顿太太描述过一次宴会,当某个人问王尔德,"你最近这周是在哪儿度过的?"他回答说,他待在"一幢优雅的伊丽莎白时期的别墅里,那里有翡翠色的草坪,肃穆的紫杉树篱,香气四溢的玫瑰花园,漂浮着睡莲的凉爽池塘,生机勃勃的边缘草场,祖传的橡树和昂首阔步的孔雀"。"她表演得好吗,奥斯卡?"康斯坦斯低声问。[18] 他其实去了剧院。

虽然王尔德还是喜欢康斯坦斯,可他逐渐失去了扮演丈夫的热情。扮演父亲就不一样了,因为他的孩子们让他感到心情愉快。他已经明显表现出了对西里尔的偏爱,不过,两个孩子他都爱,而且都照顾到了。他对妻子的疏远似乎是以含蓄的方式表现出来的,他渴望回到年轻男孩的社交圈,尤其是牛津和剑桥的那种社交圈。

危险的关系

*婚姻的适宜基础是相互间的误解。*①

马里利尔是这些人中的一个,当王尔德住在索尔兹伯里街时,这个男孩曾经帮王尔德端过咖啡,从而换取了王尔德教授他希腊文的机会。马里利尔如今在

---

① 引自《阿瑟·萨维尔勋爵的罪行》。

剑桥大学的彼得学院就学,1885 年 11 月初,他给王尔德写信,敦促他在 12 月初来这里观看戏剧《欧墨尼得斯》。这个邀请让王尔德很高兴,在接受邀请的同时,他还提前了两人相见的日期。他请马里利尔到伦敦来拜访他,那之后,又为自己不得不离开这位朋友而哀叹,也许是为了预定的演讲,他不得不离去:

> 哈里,为什么你让我去赶火车?我本想跟你一起去国家美术馆,观看委拉斯凯兹那位苍白的邪恶之王,提香的酒神和他毛皮光滑的狮子,还有安吉利科画中的奇异天堂,那个天堂中的每个人似乎都是由金子、紫色和火焰制成的,尽管如此,它在我看来仍然是禁欲主义的——每个人都是面无表情的、装饰性的!我想知道天堂是否真是那样,可我心里对此并不关心。我觉得世间就跟天堂一样美好——肉体也跟灵魂一样美好。① 如果我真的能重生,我愿意自己的生命就像一朵花——没有灵魂,但美到极致。也许由于我犯下的罪,我会被变成一株红色的天竺葵!!
>
> 你关于勃朗宁的论文怎样了?你得给我讲讲。在这次重逢时,交谈中有一种勃朗宁的风格——敏锐的好奇心、惊异和喜悦。
>
> 这一个小时是极其激动人心,极其精神化的,在艺术中,只有勃朗宁能够把行动和思想结合起来。我什么时候还能再见到你?给我写封长信,寄到泰特街,当我回来时,我会收到的。我真希望你待在这里,哈里。不过,到了假日,你得经常来看我,我们将一起谈论诗人,把皮卡迪利大街抛诸脑后!!我一向是只有从更年轻的人那里才能学到东西,而你简直年轻到了极点。
>
> 　　　　　　　　　　　　　　　　　　　　奥斯卡·王尔德

268

---

① 这句话原文为法文,出自戈蒂耶的《德莫潘小姐》。

其中的法国引言来自戈蒂耶的《德莫潘小姐》，在这一时期的一篇评论中，王尔德把该书描述成了"精神和感官的金鉴，美的圣经"。[19] 当佩特开始跟王尔德确立亲密交往之际，他曾把这本书借给王尔德，所以，这或许表明，王尔德也会在一个类似的时刻，一个对马里利尔开始感兴趣的时刻提到这本书。

1885 年 11 月 27 日，他们在剑桥再次碰面。马里利尔属于一个把自己称作"蝉"（cicadas）的社团，他已经为王尔德争取到了观看《欧墨尼得斯》的请柬，王尔德是作为大家共同的客人出席的。另一只"蝉"是巴德利，即后来的比德尔斯学校的创始人；巴德利负责在自己宿舍里款待王尔德的早餐。一碟填鸡蛋摆在王尔德的眼前，让他忍不住高兴地说，这简直就像是"日本天皇的标准"，不提这份热情，至少这种暗示对巴德利没起作用。他们谈论了诗歌；巴德利最喜欢的诗人是雪莱，王尔德不赞成这个选择，因为雪莱"仅仅是男孩子的诗人"。"济慈是他们中间最了不起的。"他向这位年轻人保证。王尔德发现巴德利不抽烟，问他为什么。"遗传性的厌恶，"巴德利说，"不过，毫无疑问，我也因此体验不到适量抽烟的好处。""哦，巴德利，"王尔德回答，"适度的东西都不会是好的。只有用过分的方式蹂躏它，你才能了解到它的好处。"后来，他会向安德烈·纪德提出同样的建议。

就是在这次前往剑桥观看《欧墨尼得斯》的过程中，有人鼓励王尔德给年轻朋友们讲个故事听听。因为他有一个孩子，所以可能就以童话的形式讲述了这个故事，不过，西里尔当时还太小，听不了故事。后来，他会把这个故事叫作《快乐王子》，剑桥学生们非常喜欢这个故事，于是他回屋后就把故事写了下来。《快乐王子》围绕着一种在他后期写作中还会用到的对比展开，即身材较高的年长求爱者跟身材较矮的年轻被爱者。在这个故事中，扮演这两个角色的是不同物种的成员，甚至是不同的实体，因为王子是一尊雕像，而他爱的人是一只燕子。

故事中的燕子先是爱上了一根芦苇，这根芦苇是雌性的，不过，为了王子，他放弃了芦苇。王子在无忧宫里度过了自己的一生，然而，他对受压迫者和穷人深感同情。位于高耸城市之巅的基座上,他目睹并哀悼着这个城市的不幸和痛苦,眼泪从他的蓝宝石眼睛中流下来。他请求燕子把他剑柄上的红宝石、他眼睛中的蓝宝石逐一取下来,去安抚其中最悲惨的三个人,一个是生病的男孩,一个是努力奋斗的剧作家,另一个是卖火柴的小女孩。燕子虽然急着想要赶时间(别的燕子在埃及等他呢),但还是遵照他的吩咐去做了,然后,他回来向快乐王子道别,还请求亲吻一下王子的手。"不,不,"王子说,"你得亲吻我的嘴唇,因为我爱你。"他这么做了,王子的心就碎了,燕子的心也碎了——他们的爱情在死亡中获得完满和净化。他们的形体改变了,来到了上帝的手中。他们的爱情具有自相抵消的特性,只要表达出来,就消亡了,这跟王尔德和佩特的一种观点是相符的,即每一种能量都有其限度。在《来自深渊》中,王尔德解释说,他一向知道,花园除了美好的一半之外,还有另外一半,在《快乐王子》中,他表达了这一点。

王尔德讲完了这个故事,第二天,好几只"蝉"都到车站来为他送别。他们围绕着王尔德车厢的窗户,而王尔德还在滔滔不绝地抛出一串串警句,火车离站的时候也就是高潮之际。但不知出了什么问题,已经启动的火车又倒回了车站。学生们还在月台上,而王尔德不想遭遇反高潮的危险,他关上了窗户,埋头继续读报纸,直到火车再次出发。他从伦敦写信给马里利尔说:

> 哈里,这不像是一场梦吗?啊!又有什么不是梦呢?对于我来说,它多少可以算是一种音乐的记忆。我记得那些生气盎然的年轻脸庞,雾蒙蒙的灰色方院,希腊人在哥特式回廊中穿越,在废墟中戏耍的人生,还有,我在这个世界上的最爱——诗歌和悖论共舞!

1886年初,王尔德向马里利尔发出了最强烈、最具有挑逗性的信件。到了这时,他是在传授一种教义,而不是回忆一种情绪了,这种教义很可能会激发起罪恶的思想,但它并没有作出许诺,仿佛是要在这些思想发展到应受谴责的地步之前为它们开脱。

270

  你也热爱着不可能的事物——对不可能事物之爱。(人们把它叫作什么?)有时你会发现,正如我的发现,不存在浪漫体验这种事情;有浪漫的记忆,有对浪漫的渴望——只有这些。我们最炽烈的销魂时刻只不过是我们在别的某处曾感受到的,或我们在某一天渴望感受到的东西的影子。至少对我来说是这样的。还有,说也奇怪,所有这一切带来的是一种热情和冷漠的古怪混合物。我自己愿意为一种新体验牺牲一切,我知道其实根本不存在新体验这种东西。我觉得我更愿意为自己不相信的事物欣然死去,而不是为自己信以为真的事物。我愿意为了一种感官体验走上火刑架,直到最后一刻也继续做我的怀疑论者!只有一件事对我始终有无穷的魅力,即情绪之谜。成为这些情绪的主宰是美妙的,被这些情绪主宰还要更美妙。有时我觉得,艺术生涯就是一种漫长、愉快的自杀,我并不觉得这种事是令人遗憾的。

  我想象你自己已经在很大程度上感受到了这些;还有很多有待你的开发。这是一片开满了奇特花朵,飘浮着微妙香气的未知土地,想象这样一片土地是喜悦中的喜悦,这片土地上的所有事物都是完美的、有毒的。

有了这样的认识,谁还在乎美德? 王尔德最终把毒药和完美结合在了一起,他在波德莱尔[20]、颓废精神和复兴思想中也发现了这些特质。他还想到了霍桑的《拉伯西尼医生的女儿》和于斯曼的《反常》。他想要向马里利呈现令人愉快的堕落景象,而不是有益健康的发展景象。作为当今的浮士德,他预先就知道,任何愉悦最终都不能满足他,他认为自己正是那些他渴望去体验的情绪的猎物。成为自己的牺牲品也就是去追求体验,直到极致;不幸的是,这就像是自杀,道林·格雷会发现这一点。

诗人和画家

你不能用刀子逼迫别人喜欢你。要想让忘恩负义的人
良心发现,就跟想叫醒死人一样徒劳无益。①

　　王尔德急于想要为自己寻找一种新生活,从他跟马里利尔的信件中可以看出这一点,而他跟惠斯勒的紧张关系也强化了这一点。这个问题在 1886 年变得更加严重。他们的关系一直是紧张的。惠斯勒比王尔德年长二十岁,他一直都不觉得王尔德也是个有天赋的人,因为王尔德的早期作品是有缺陷的;但是他容忍了王尔德,心满意足地听他对自己恭维了近十年之久。王尔德喜欢拿自己开心,惠斯勒也一样喜欢拿王尔德开心。他是有优势的,因为他说话是为了胜人一筹,而王尔德说话只是为了取悦他人。跟惠斯勒共进早餐,除了咖啡之外,还会享受到很多味道苦涩的食品。多年以来,王尔德饱受羞辱。有一天,在兰姆俱乐部,王尔德把自己的一首诗拿给惠斯勒看,可能是一首印象派的诗歌,譬如《镶板画》(Le Panneau)或《气球》(Les Ballons)。惠斯勒把诗稿还给他,一言不发。王尔德不得不问,"哦,你觉得这首诗有任何价值吗?""它的价值等同于跟它一样重的金子。"这位艺术家说。而这首诗歌是写在最薄的薄棉纸上的。接下来,1883 年 11 月,他们都去霍格思俱乐部出席一场聚会;根据《潘趣》的说法,王尔德拿玛丽·安德森跟萨拉·伯恩哈特作了比较(他在《罗密欧和朱丽叶》中又看见了玛丽·安德森)。《潘趣》提到,他说"萨拉·伯恩哈特纯粹是月光和阳光的结合,可怕到了极点,辉煌得让人叹为观止。安德森小姐就像一朵山间的雏菊那样纯洁和无畏。像河流那样充满变化。既温柔,又清新、耀眼、灿烂、华美、平

271

_____

① 引自王尔德写给罗伯特·罗斯的信件。

和"。读到这段，王尔德发电报给惠斯勒说，"《潘趣》太荒谬了。我俩在一起时，我们除了自己之外什么也没谈。"回信也是一封电报，"不，不对，奥斯卡，你忘了，当我们在一起的时候，我们除了我之外什么都没谈。"11 月 14 日，经过双方的同意，这些电报在《世界》杂志上发表了。据说王尔德在第三封电报里的回答是："的确如此，吉米，我们谈的是你，但我想的是自己。"[21] 这对自恋狂真是道高一尺，魔高一丈。

在这些争辩中，惠斯勒往往是那个最后的获胜者，但那是因为他不在乎他给别人造成的折磨和伤害。自从王尔德对皇家艺术院的学生作了演讲之后，他就开始怨恨王尔德。虽然当时他也很慷慨地向王尔德提供了建议，可他不喜欢听人们说王尔德是某些主张的原创者，他认为是自己想到了那些主张。更糟糕的是，王尔德习惯于不照搬惠斯勒的脚本。他既喜欢复述这位大师的话，也喜欢更正他的话。于是，惠斯勒决定做一件对他来说前所未有的事情，就是自己去作演讲。阿奇博尔德·福布斯是王尔德的宿敌，惠斯勒向他咨询意见，于是他把惠斯勒介绍给了多伊利·卡特太太。她为他安排了在王子大厅的演讲，王尔德曾经在那里向包括惠斯勒在内的听众演讲过《美国印象》。惠斯勒还打算随后去牛津、剑桥以及伦敦的几个社团进行相同的演讲，包括王尔德的昔日听众——皇家艺术院的学生。因为想要展示这种活动的独一无二，惠斯勒安排了前所未闻的晚上十点的演讲时间，日期是 1885 年 2 月 20 日。为了做到万无一失，他草拟了一份煞费苦心的座位分布图，他还在前一天进行了彩排。

人们开始把这个演讲称作"惠斯勒先生的十点钟"，其中的很多内容都致力于嘲笑王尔德。演讲的措辞充满了圣经式的口吻："并未哀悼"，"未能引诱他"，"勿加质疑"。惠斯勒一开始就略略地笑起来——"艺术降临伦敦了！"——接着，他继续说，以厌恶的口气宣布，"唯美主义者的声音降临到了世间。"他跟唯美主义者不是一回事。在没有点名的情形下，惠斯特抨击王尔德犯下了一系列的过错，从对服饰改革的一知半解开始。他说，唯美主义者需要的是演出的服装，但"演出服装并不属于日常服饰"。至于希腊服饰，惠斯勒对之大加嘲笑：

"从肩膀上随随便便披挂着小贩的衣物——以各种杂乱的风格,把化妆伶人衣柜中那些五花八门的东西套在一个人身上。"王尔德认为一旦社会衰落了,艺术也必然衰落,罗斯金也是这样认为的,惠斯勒不同意这个看法。"这种关于衰落的学说是错误的。大师跟他所处的时代毫无关系。"艺术的发展根本不关心社会的变化。艺术之外的世界愿意忧郁就忧郁吧,但艺术继续在自身的创作中欣喜不已。它对社会的改良毫不关心;事实上,它是那么任性,乃至它更偏爱南京那些富有艺术美感的鸦片吸食者,而不是瑞士那些缺乏艺术修养的空想派社会改良家。然后,他抨击了两件事。一是针对人类:"从不曾有过艺术性的时代,从不曾有过艺术性的国度。"另一点指向自然:"对一个画家说,他应该照着自然的本来面目作画,这就等于对一个演奏家说,他可以坐在钢琴上。"自然之所以还可以忍受,就因为它还会接受艺术发展的影响。

王尔德用两篇文章作了反驳,1885 年 2 月 21 日和 28 日,它们分别被发表在《帕尔摩报》上。他的口吻不像惠斯勒期许的那么恼怒,其中混杂了戏谑和对这位"杰出的弗吉尼亚绅士"的赞许,他仍然把惠斯勒当成自己的朋友。他宣称,这个演讲是极为出色的。说了这句话之后,他觉得自己就可以说点别的了。惠斯勒说王尔德具有"各种杂乱的风格"(motley of many manners),王尔德效仿了这种"m"的头韵表达,他以崇高的措辞把五英尺四英寸的惠斯勒形容成"一个对大多数人加以嘲笑的迷你版梅菲斯特"(a miniature Mephistopheles mocking the majority)。他不赞成惠斯勒对人类的抨击:"艺术为了生命而创造,不是生命为了艺术而创造。"鼓励人们对环境置之不理——他们房间里的粗俗物品,或他们被迫穿上的毫无吸引力的衣服——也就是鼓励丑陋。王尔德承认,"所有的演出服装都显得夸大其词。艺术的基础不是化装舞会。美好服饰呈现的地方,我们是看不到假扮的服饰的。"他的革新不应被人们当作装腔作势的打扮而予以摒弃。他本可以用查尔斯·里基茨的话来回答,惠斯勒"扎着黄领带,腰身裁得很细,身穿米黄色大衣,拿着魔杖一样的手杖,头戴平舌帽",给人留下的印象就像是一位匈牙利管乐团的指挥。[22]

王尔德继续澄清他跟惠斯勒之间的根本分歧。他强调说,艺术确实跟社会有关,而且是某种背景的产物。它随着社会的进步和衰退而潮涨潮落,只有当社会更新的时候,它才可能更新。惠斯勒断言说,只有画家才能够评价绘画。王尔德坚称,只有艺术家能够评价艺术,不过,最高的艺术家并不是画家(惠斯勒曾在画家的作品中发现过"诗歌"),而是诗人,画家的图像或音乐家的声音或观念都包含在诗人的作品中。"因此,只有诗人才知道其他人都不知道的那些秘密;只有埃德加·爱伦·坡和波德莱尔才知道,而不是本杰明·韦斯特(Benjamin West)和保罗·迪罗谢(Paul Delaroche)。"他在文章结尾处写道,"我的观点就是,他实际上是最伟大的顶级画家之一。我或许可以说,惠斯勒先生他自己是完全赞同这个观点的。"

惠斯勒对他的称赞和讽刺都不能欣然接受。"我已经读了你发表在《帕尔摩报》上的敏锐文章,"他写信给王尔德,让"敏锐"这个词听起来可以作褒贬两种理解,虽然他自己是一向是拿它当褒义词用的。王尔德竟然以为诗人王尔德能够跟画家惠斯勒相提并论,这只不过是激怒他的理由之一:"在'诗人'对'画家'的恭维中,最妙的莫过于'诗人'在选择他所谓的画家时表现出来的**天真**,居然是本杰明·韦斯特和保罗·迪罗谢!"王尔德没吃他这一套:

> 亲爱的蝴蝶,依靠传记辞典的帮助,我发现曾经有这么两个画家,名叫本杰明·韦斯特和保罗·迪罗谢,他们曾经鲁莽地开始从事艺术演讲。
>
> 至于他们的作品,那是一幅都没有保留下来,我得出结论,他们是在为自己作辩解。及时接受警告吧,詹姆斯;还是保持高深莫测比较好,就像我这样;伟人意味着被误解。
>
> 奥斯卡谨启
>
> 私话:
>
> 吉米!你得自己预付邮资——它们很贵,要两便士——还有,请选

273

择适宜的送信时间。周一凌晨两点半。我的天![23]

这两个对手正在磨刀霍霍,准备一场大战,而那场战斗要到一年后才会爆发。事情的导火索是,惠斯勒发现,一个致力于艺术改革并反对皇家艺术院的委员会打算把哈里·奎尔特和奥斯卡·王尔德也归为他们的成员。他立刻写信说:

> 绅士们,理所当然地,我对画家证明自己存在的一切努力都感兴趣,但是,我发现,在你们这群领袖人物乘坐的大篷车中,还塞进了僵死的哈里的尸体,我心知肚明,单单这一具尸体腐烂起来会带来怎样的后果。接着,又丢上来一具奥斯卡,你们这下子要在闹剧中收场了,把自己变成了欧洲**同行**蔑视和嘲笑的话柄。

> 奥斯卡跟艺术有什么共同点?除了他跟我们共餐,拿走我们碟中的李子,做成了布丁,然后又到外省去四处兜售。奥斯卡——这位和蔼可亲的、不靠谱的、贪嘴的奥斯卡——对绘画的了解不超过对衣服是否合身的了解,居然有胆量发表意见——而且还是别人的!

> 有了哈里和奥斯卡,你们就已经替艺术院报了仇。

> 绅士们,你们最忠实的

> [蝴蝶式签名]

274

惠斯勒再次把信件寄给了《世界》杂志,埃德蒙·叶慈一字不改地把它发表在1886年11月17日的刊物上。简直不可能还有什么比这些话更凶狠了。抨击一位时髦男子的服饰已经很伤人;把他跟奎尔特联系起来就更加伤人了,王尔德最近在《帕尔摩报》上刚刚轻蔑地评论了后者的作品。惠斯勒知道这种后果。他似乎还为自己过去请王尔德享用的那些周日早餐耿耿于怀;换句话说,如果就像王尔德说的那样,惠斯勒是个矮子,那么王尔德就是个胖子。不过,没有人比王尔德更殷勤了,惠斯勒很清楚这一点。

惠斯勒把这封信的抄件寄给了王尔德，添了一句，"奥斯卡，你真的应该远离'半径'！"这个短笺表明，他认为王尔德能忍受他的侮辱。他是对的。王尔德只是在 11 月 24 日的《世界》上略微挽回了一下局面，"阿特拉斯，真悲哀！在我们的詹姆斯那儿，'粗俗从自家开始'，它应该被允许待在那里。奥斯卡·王尔德谨启"惠斯勒私下回复，或自称他是私下回复："'可怜的家伙，'奥斯卡——但是这一次，我觉得，'是你自己'！"王尔德再次咽下了这口气。可以肯定他是这么做的，因为次年即 1887 年的 11 月 29 日，他协助惠斯勒接待了萨福克画廊的参观者，惠斯勒在那里展出了自己的一些画作；他们又恢复了友好的关系，除了王尔德正在吸引走惠斯勒的一些崇拜者，这种情形是惠斯勒无法忍受的。[24] 王尔德是一位好伙伴，惠斯勒等待了很久才断交，这算是对王尔德之友谊的恭维吧。

惠斯勒谋杀案

人不应该在丑闻中初次亮相。应该把这种事留待老年去体会其中的趣味。①

面对这种敌意时，王尔德很可能依然享受着那些年轻崇拜者的陪伴。他没有机会表达对马里利尔的喜爱，这刺激了他追求一种更完美之爱的胃口，至少是更有毒的。在他去世前不久，王尔德告诉雷吉·特纳，他跟妻子一起去位于皮卡迪利广场的斯万暨埃德加百货商店购物，看到路面上画着男孩像。"有某种东西，像冰一样，攫住了我的心。"他说。[25] 古怪的是，他的"理想丈夫"在戏中运用了同样的比喻："我过去从不知道什么是恐怖。这就仿佛是一捧冰被搁在了某个人的心上。"这冰将转变成火。

———————————

① 引自《道林·格雷的画像》。

王尔德已经不耐烦地扮演了两年多的丈夫和父亲角色了。惠斯勒称他是"不由自主的布尔乔亚",王尔德决心不接受这个标签。他需要的重口味不是一位心怀崇拜的妻子和可爱的儿子能够提供的。他知道自己的个性中还有未开拓的领域,根据亚里士多德的原理,每一种生物体都寻求充分的自我实现。王尔德不愿意停滞在自己过去的状态中。他喜欢引用佩特的箴言"形成习惯就意味着失败",以及爱默生的话"我一向是虚伪的,因为我知道还存在着其他的心境"。他在写给马里利尔的信中说过,"成为这些情绪的主宰是美妙的,被这些情绪主宰还要更美妙。"自我剥离也许要经历自弃的过程。他在不同的立场之间跳跃,就像穿上新衣服那样换上新的自我。

虽然从不是一个能保守秘密的人,但他总是被隐秘生活所吸引。《薇拉》和《帕多瓦公爵夫人》都描述了被隐瞒的身份和不为人知的癖好。这种隐秘生活跟他在自身中觉察到的逆反冲动有关,一种"贪得无厌的反讽"(根据波德莱尔的说法)让他在《人类赞歌》中说,我们都是"正在出卖的嘴唇和被出卖的生命",每个人都是自己的犹大。他想要同时献出自己和收回自己,正如他在给马里利尔的信中所言,"我愿意为了一种感官体验走上火刑架,直到最后一刻也继续做我的怀疑论者!"这种方针可能会把他引向火刑架,或至少引向灾难,他一直都清楚这一点,当他还在波托拉上学的时候,他就对同学们说过,他渴望成为"女王诉王尔德"案件中的被告。

他很清楚成为同性恋是一件危险的事,不过,他无所顾忌地跟那些同性恋者混在一起。他显然喜欢年轻男性的身体,喜欢跟男人保持热烈的友谊。不过,迄今为止,他并不打算把精神恋爱转变成肉体恋爱。1886年,当他在牛津遇见罗伯特·罗斯的时候,他就是这样想的。罗斯长着"小精灵的脸庞"(根据王尔德的说法),身材矮小,看起来就像一个男孩。他曾经因为阅读王尔德的诗歌而挨打。让王尔德感到惊讶的想必是,如此年轻和精明的罗斯已经下定决心要引诱他。作为一个自诩的"反道德者",王尔德不可能基于道德理由拒绝他。于是,他同意了,也许是出于好奇或心血来潮。他对肛交不感兴趣,所以罗斯应该是教

276　他进行了口交和股交,他后来就是这么做的。起初是恋人,后来成了朋友,罗斯将永远在王尔德的生活中占据一席之地。

这个年轻人是加拿大总督的孙子,加拿大司法部长的儿子。他父亲早逝之后,全家人搬到了伦敦,他哥哥亚历山大成了他的监护人。当罗斯和王尔德相遇的时候,伦敦的著名应试教育者 W. B. 斯库恩斯正在帮他复习功课,他准备去剑桥的国王学院求学。罗斯在 1888 年秋天进入国王学院,那之后,他和王尔德还时不时地重续一下旧情。

他满怀热情地投入了大学生活;虽然个头矮小,却在学院船队里担任了领桨手,在第一个学期里,罗斯协助别人创办了一份叫《牛虻》的离经叛道的出版物。他的导师跟他很相配,这位导师就是王尔德的老友奥斯卡·勃朗宁。罗斯深受王尔德的影响,让国王学院的那些同学感到恼火的是,他根据自己的理解模仿了王尔德的唯美风格,包括那一头长发。他还写了一篇抨击新学监 E. H. 道蒂的文章,发表在 1889 年 3 月 1 日的《格兰塔》上。接下来发生了一件令人不快的事情:一个名叫 A. A. 蒂利的初级导师是学监的支持者之一,他怂恿一群本科生在罗斯走出大厅时抓住他,把他丢进了学院的喷泉。(这事发生在 1889 年 3 月 8日。)这个恶作剧变了味,罗斯患上了肺炎,还引发了一种被诊断为脑膜炎的精神障碍。3 月 15 日的《格兰塔》上刊登了一首关于此事的韵诗:

怀着愉悦和狂喜

还是得讲讲这故事

六个人对一个人光荣地下了手

在那古老的豪侠时代。

勃朗宁试图要求校方开除蒂利,但没有获得成功,罗斯和他哥哥打算提起法律诉讼。可其他学生拒绝做出不利于蒂利的证词,罗斯唯一的满足是,蒂利被迫在大厅里向他公开道了歉。[26]

在冬季学期,罗斯离开了剑桥。由于泄露了自己的同性恋身份,他跟母亲和姐妹闹翻了,成了家里不受欢迎的人。根据哥哥的建议,1889 年秋天,他去了爱丁堡,在亨利的《苏格兰观察家》(Scots Observer)谋了份职位。后来,他经营过一家画廊,还写过艺术批评。他自己撰写的墓志铭是:"这儿躺着的人,他的名字被写在滚烫的水上。"①王尔德的看法是,罗斯正在"挥霍一份前途无量的青春,过去如此,将来也如此"。[27]

王尔德喜欢的是他的才智、他的悠闲、他的忠诚和他的开朗。他们喜欢彼此,有一度他们的友谊是热烈的。它标志着王尔德生活中的一种转变。我们可以比较《道林·格雷的画像》中一段文字的两个版本,据此可以衡量这种影响力。道林为一些没有具体言明的行为惹来了恶名,然后,他又捅死了绘制自己肖像的画家,不可救药地选择了邪恶的生活。第一个版本发表在《利平科特月刊》上,王尔德写道,"那是在 10 月 7 日,他自己三十二岁生日的前夕,他后来总是这么回忆。"当这个小说以书籍的形式出版时,他改变了日期和道林的年龄:"那是在 11 月 9 日,他自己三十八岁生日的前夕,他后来总是这么回忆。"如果不是因为王尔德开始觉得,第一个版本跟真实情形太接近了,他就没有理由改变道林的年龄,因为 1886 年 10 月正逢他自己的三十二岁生日,而随着他跟罗斯的恋爱,他的三十三岁就陷入了混乱。

罗斯和王尔德都告诉过朋友,他们的同性恋是王尔德的同性初恋。罗斯跟自己的密友克里斯托弗·米勒德(王尔德的书目编撰者)说,他觉得他对王尔德的两个儿子负有责任,因为他带领他们的父亲进入了同性恋交往。阿瑟·兰塞姆在研究王尔德时指出,根据罗斯的信息,这件事情发生在 1886 年。"你觉得是谁引诱了我?"王尔德问雷吉,他猜不到。"小罗比。"王尔德向他透露。[28]1886 年 5 月 25 日,罗斯年满十七岁,王尔德在自己的写作中常提到这个年龄。那是道林初恋情人西比尔·文恩的年龄,也是莎士比亚的少年情人威利·休斯的年

277

---

① 济慈的墓志铭是:"这儿躺着的人,他的名字被写在水上。"

龄,王尔德在《W. H. 先生的肖像》中重构了后两者之间的关系。王尔德似乎记着罗斯对他的启蒙,所以在一封信中把他封为"菲利莫尔的圣罗伯特"(菲利莫尔花园是罗斯一家所在地),"爱人和殉道者——这位圣徒在《圣录》(Hagiographia)中以异乎寻常的力量著称,其力量不在于抵抗,而在于诱惑他人。他大隐隐于市,在隐居中干着这种事,他归隐都市时未免有些年轻,只不过八岁而已。"[29]

罗斯之所以得到这样的封号,部分原因在于他对天主教的虔诚,他们拿这事当成了玩笑。根据艾达·莱弗森的回忆,王尔德在一个冒牌的宗教故事中嘲笑了罗斯。"从前有个圣徒,他被称作'菲利莫尔的圣罗伯特',每天夜里,天尚未亮,他就会从床上爬起,双膝跪下,向上帝祈祷,请他慷慨大度地让太阳升起,让地球重现光明。一如既往,当太阳升起之后,圣罗伯特再次跪下,感谢上帝赐予了这样的奇迹。接着,有一天夜里,由于当天做了太多的不同寻常的好事,他睡得那么香,以至当他醒来时,太阳已经升起来了,地球已经重现了光明。有那么一小会儿,圣罗伯特看起来显得严肃和不安,可是不久他就跪下来,感谢上帝,虽然他的仆人这么不小心,但他还是让太阳升起,让地球重现光明。"[30]

278 道林·格雷竟然会杀害一位画家,在初稿中,很明显并具有诋毁意味的是,这个画家就是惠斯勒(王尔德是这么告诉译者让-约瑟夫·雷诺的[31]),因此,这本书比它表面上看起来还要更反映了他本人的情感。他想要谋杀惠斯勒的冲动跟他对罗斯的同性恋冲动并驾齐驱,小说也暗示了这一点。幻想毕竟是幻想,为了避免引起诽谤诉讼,他删去了文中的惠斯勒形象。另一种冲动则获得了实现。对于王尔德而言,同性恋的意象把他从那种虚假的循规蹈矩中唤醒,转向内心潜伏愿望的表达。1886 年之后,他就可以把自己想象成一个罪犯了,背负着罪恶在无辜者之间周旋。他的妻子是所有人中最无辜的一位。("对于性倒错者,"普鲁斯特在《索多姆和戈摩尔》(Sodome et Gomorrhe)中说,"当他跟女人一起取乐时,罪恶就出现了……")截止到那个时候,王尔德还能自诩是遭人误解的;如今,他不得不推动人们对他的误解。他不再仅仅用词语挑战维多利亚社会,还开始用行动袭击它。

　　康斯坦斯是孩子们的母亲，他不打算放弃他们。她一如既往地充满爱意，但他没法再享受那种方式。他不得不寻找一个托词来避免两人的性接触。她哥哥奥索说，他们实际上等于离婚了，意思是两人不再上床。[32]康斯坦斯对丈夫的性取向之改变只产生过一次怀疑，那是直到1895年的时候，当时，她出人意料地回到了家中。既然她还是跟王尔德一起生活，她想必是被王尔德的什么话彻底说服了。据推测，有可能是他向她坦白，说自己在牛津感染了梅毒，或许是告诉她，虽然梅毒的症状一直得到抑制，但现在又复发了。禁欲是唯一的办法。

　　有一天，路易丝·乔普林向康斯坦斯出示了一张在宴会上拍的照片，康斯坦斯没有出席那次宴会。照片中的乔普林太太用两只胳膊搂着奥斯卡·王尔德的脖子。康斯坦斯的反应很奇怪。她没有表现出任何嫉妒的迹象，只是凝视了一小会儿，用意想不到的忧伤口气说，"可怜的奥斯卡！"[33]真的要跟女人卿卿我我，他是没份了。

注释

　　[1] W. Rothenstein, 358; 'Phrases and Philosophies for the Use of the Young,' *Chameleon*, Dec 1894.

　　[2] L. B. Walford, *Memories of Victorian London* (1912), 147-53, 230-3.

　　[3] Jopling, 79, 82.

　　[4] Hyde, *O. W.*, 121-3; a fuller account by him is in the Hyde Collection.

　　[5] 'A Handbook to Marriage,' *Pall Mall Gazette*, 18 Nov 1885.

　　[6] Kernahan, 217.

　　[7] A. de Brémont, *O. W. and His Mother*, 89; *Life Among the Troubridges*, 169.

　　[8] Jopling, 80.

　　[9] Hyde Collection.

　　[10] Trevor Blackmore, *The Art of Herbert Schmalz* (1911), 43-4.

　　[11] Staffordshire *Sentinel*, 6 Nov 1884.

　　[12] Edinburgh *Courant*, 22 Dec 1884.

　　[13] York *Herald*, 10 Oct 1884.

　　[14] Hunter Blair, 138.

　　[15] *Letters*, 295.

［16］Ibid. , 165.

［17］Harris, 337-8.

［18］Beddington, 41.

［19］ *Letters*, 180-1; ' *As You Like It* at Coombe House,' *Dramatic Review*, 6 June 1885.

［20］J. H. Badley, *Memories and Reflections* (1955), 78-9; *Letters*, 181, 184-5; 'Literary and Other Notes,' *Woman's World*, Jan 1888.

［21］Don C. Seitz, *Whistler Stories* (N. Y. , 1913), 66-7; Pearson, *Life of O. W.* , 96.

［22］［Raymond and］Ricketts, 29.

［23］ *Letters*, 170-1 and n.

［24］Ibid., 191 and n; 'Mr. Oscar Wilde at Mr Whistler's,' *The Bat*, 29 Nov 1887.

［25］Reginald Turner, letter to A. J. A. Symons, 26 Aug 1935 (Clark).

［26］Letter in Manuscript Room, NYPL.

［27］Osbert Sitwell, *Nobel Essences* (1950), 100.

［28］A. J. A. Symons, letter to Reginald Turner, 28 Aug 1935; Turner to Symons, 26 Aug 1935 (both at Clark); Arthur Ransome, *Oscar Wilde: A Critical Study* (1912), 32.

［29］ *Letters*, 720.

［30］Ada Leverson, *Letters to the Sphinx from Oscar Wilde and Reminiscences of the Author* (1930), 48-9.

［31］J. J. Renaud, 'Oscar Wilde tel que je l'ai "entendu,"' *Carrefour*, 8 Oct 1904.

［32］Otho Holland (Lloyd), letter to Arthur Ransome, 28 Feb 1912 (Hart-Davis).

［33］Jopling, 82.

·昂 扬·

第十一章　从弟子到大师

> 个性是一种非常神秘的东西。不能总是根据一个人的所作所为来评估一个人。他也许遵守法律但不值一提。他也许违反法律但却很优秀。他也许是坏人，却没有做过任何坏事。他也许犯下了反社会的罪行，却通过这种罪行实现了自身的完满。[1]

新剖析

　　在牛津，要不要皈依天主教曾经是王尔德众多诗歌的核心。如今，他又可以在诗歌中以婚姻和反婚姻的经历为主题了。同性恋让他精神亢奋。它是他发现自我的一个重要阶段。他迄今为止一直倡导的东西，拉斐尔前派理解的或莉莉·兰特里体现的美，在很大程度上已不再能够吸引他。随着观点的变化，他在美国和英格兰演讲时怀有的那份热忱已不复存在。虽然他对旧日的偶像依然多有褒扬，譬如罗斯金和佩特，可他现在觉得罗斯金太天真，佩特太犹豫，不适合成

281

----

① 引自《社会主义制度下人的灵魂》。

为他的典范。他们也太认真了。如今,他试图表达自我的途径是一种混合体,即带有邪恶暗示的嘲讽式轻浮。

对于此外的世界,他看起来似乎不那么活跃了,或者,拿1887年9月16日《帕尔摩报》的比喻来说,"自从奥斯卡剪短头发,变成'已婚男士班尼迪克'之后,他的星象就沉入了地平线之下。"不过,在这些年里,他开始思考和谈论叙述性语言和对话,在接下来的十年里,他会以几乎是不经意的方式把它们记录下来。"交谈本身就是一种精神化的行动。"他在1887年5月4日说。[1]他创作了更多的童话,然后是短篇小说,然后是对话录,都跟他的经历紧密相关,只不过以小说虚构或戏剧的形式拉开了一定的距离。

他的听众是自己的孩子,尤其是西里尔;女人总是很愿意听他说话;他还对一群新人加以挑逗,让他们着了迷。罗斯在其中占有一个永久性的地位,但这个地位并不是独占性的。哈里·马里利尔和剑桥学生们逐渐淡出,可其他对艺术感兴趣,而且彼此感兴趣的年轻人并不难找到。王尔德有一度跟安德烈·拉夫洛维奇关系不错,拉夫洛维奇是来自巴黎的年轻诗人和小说家,1882年,他曾在美国听过王尔德的演讲,那之后又过了两年,他本人也移居到了伦敦。拉夫洛维奇很有钱,待客慷慨。王尔德跟佩特和马克斯韦尔一起到他家赴宴,还出席了有乔普林太太、科明斯·卡尔、亨利·詹姆斯、乔治·摩尔和其他很多人在场的晚间宴会。据说,拉夫洛维奇长得很丑,他母亲受不了他的长相,于是把他送到了伦敦。不过,王尔德暂时并没有抱怨他的长相。根据拉夫洛维奇的回忆,王尔德起初跟他说,"你会带给我新的震颤。你能很好地把握浪漫和玩世不恭。"他们经常会面,乃至王尔德向这位年轻人提出警告,"要知道,你和我,桑迪,我们必须非常留意别人看到我们在跟什么人交往。我是那么引人瞩目,你也不是个新人了。"在1889年9月之后,举止慎重的特别理由就是克利夫兰街丑闻,在这个丑闻中,由于跟电报投递员在同性恋妓院犯下的所谓罪行,阿瑟·萨默塞特勋爵被赶出了英格兰。王尔德和拉夫洛维奇公开谈论跟性有关的话题,给拉夫洛维奇留下深刻印象的是,拉希尔德的《维纳斯先生》(*Monsieur Vénus*)显然让王尔德感到很兴奋,在这部小说中,一位女同性恋把自己的爱人打扮成了男性——这身服装最后导致她的爱人死于一场决斗。王尔德很喜欢跟朋友讲述这个故事。这样的谈话最后让他跟拉夫洛维奇发生了决裂;是康斯坦斯不经意的一番话导致了两人的决裂,她说:"奥斯卡说他很喜欢你——你们在一起进行了那些令人愉快的不得体的交谈。"拉夫洛维奇觉得自己受了侮辱,或者他是这么说的。[2]

他撰写了一部小说《自愿流放》(出版于 1890 年),从此开始成为王尔德生活中的梦魇。他让王尔德的圈子听起来是那么可憎,正如道林·格雷让这个圈子听起来是那么迷人。拉夫洛维奇以西普里安(Cyprian)和戴西·布罗姆(Daisy Brome)的角色影射了王尔德夫妇:

布罗姆太太当然是认识很多男人。西普里安跟无数的年轻或较为年轻的男性保持着亲密关系,至少看起来是这样;奇怪的是,他们都很相像。他们的嗓音,他们的服装式样,他们的卷发,帽檐,他们参加的宴会;戴西看不出他们之间有多大区别……所有这些男人都显得很做作,而且是同一种做作。他们都是些喋喋不休的人,职业性的话痨……无论结婚与否(其中有些人是已婚男士),他们都说个没完,只不过其中有些人更粗鲁,另一些人更乏味……

西普里安对自己的长相十分关注……这种关注与日俱增,而不是日渐消减。他跟那些经常谈论美的人生活在一起……他已经养成了习惯,拿自己跟遇到的每个人作比较,讨论谁更美,是他还是别人……他每天让人送两朵花(更确切地说,两束花)给他,一朵在午餐前,另一朵在晚餐前。他对自己的服饰极为关心;他毫不厌倦地谈论着男性服装,有时,离开一个小时之后再回来,戴西会发现他跟一位密友还在继续分析另一个人的衣物。[3]

283

王尔德已经习惯了带有敌意的喇叭声,对拉夫洛维奇的这点口哨根本没放在心上。

跟理查德·勒加利纳的交往要容易些,1883 年,十七岁的勒加利纳曾经在伯肯黑德(Birkenhead)听过王尔德的演讲,并立刻就受到了王尔德之事例的感召,对文学产生了兴趣。到了八十年代末,这位英俊的诗人已经成了王尔德的朋友和常客,王尔德说他是罗塞蒂的《天使报喜》中的天使加百列,斯温伯恩说他是"长了下巴的雪莱"。他跟王尔德夫妇一起住过三天,王尔德送给他一册《诗集》,上面的题词是:"给诗人和爱人,理查德·勒加利纳,奥斯卡·王尔德题。88 年 6 月的一个夏日"。他的答复是一首题为《八八年六月的一个夏日,跟奥斯卡·王尔德共度》的诗歌,这首诗歌被打印在漂亮的纸张上,还覆盖了丝绸缝制的纸版封面,他的题词是"我为朋友奥斯卡·王尔德制作的一首诗歌,作为一件爱情纪念品,以隐秘的形式纪念 88 年 6 月的一个夏日。R. Le G."。勒加利纳愉快地接受了王尔德的称赞,可是在 1888 年,他态度审慎地对一个朋友说,来自这位师长的两封信显得"意味深长"。在一份日期稍后的信件(1890 年 12 月 1 日)中,王尔德对勒加利纳的新书说了很多溢美之词,接着说,"我非常想见你;那会是什么时候呢？像我们这样的友谊和爱,不必见面也够了,但见面是令人愉快的。我希望你头戴的桂冠不要太茂密,免得它低过了眉毛,让我没法亲吻你的眼睑。"[4]

另一个堪称绝色的年轻人是伯纳德·贝伦森,他带着一封引荐信来拜访王尔德,立刻就被邀请在泰特街住下。他发现王尔德为了社交活动疲于奔命,直到傍晚,他才会从那些午宴上归来。"那种宴会是什么样子？"贝伦森问道。"哦,简直太糟糕了。""那么,为什么你还要待这么久?"那些人迷住了他,王尔德说。"他们那里有种东西具有难以抗拒的吸引力。他们活得更有滋有味。他们呼吸着更纯净的空气。他们比我们更自由。"王尔德发现贝伦森同样是令人难以抗拒的,他试图挑逗他,但受到了抵制。"你完全没有感情,你是石头做的。"他告诉贝伦森。[5]

王尔德没有满足于这些可能到手或已经到手的爱人，他过着一种不仅是双重而是多重的生活，并为此感到自豪。他可以今天晚上跟帕内尔和格拉德斯通在一起，明天晚上跟威尔逊·巴雷特和爱伦·特里在一起，后天晚上跟年轻男人在一起。还有康斯坦斯和孩子们，他们总在那儿，不管你有没有把他们放在心上。她有她自己的兴趣，他态度亲切地持旁观态度。这些兴趣将她引向政治集会。罗斯觉得康斯坦斯并不喜欢自己，他倾向于贬低她的精神和个性。而当时的报纸给出的证据正好相反。她有话要说，即便不是令人愉快的，但也是值得一说的，她克服了自己的羞涩，说出了这些话。1888 年 4 月 16 日，她在国际仲裁和平协会女性委员会发起的一次会议上作了演讲。"孩子们在保育室里就该受到反战教育，"她声称，"有人建议，不要让孩子们接触玩具士兵和玩具枪。我觉得这种方式效果不会很大。在伦敦，不让孩子们看到士兵是不可能的，看到士兵之后，不让他们喜欢那些士兵的鲜艳制服和笔直姿态也是不可能的。然而，一位明智的母亲可以把对战争的厌恶逐渐灌输给孩子。"[6] 1889 年和 1892 年，她分别出版了两部儿童故事书。1888 年和 1889 年，她担任了《合理服饰协会公报》的编辑。1888 年 11 月 6 日，她在演讲中倡导人们穿较轻盈的服饰和裙裤，而不是衬裙。（不过，1887 年，当她被引介给女王的时候，她身穿的服饰正是维多利亚登基时的式样。）*1889 年 9 月 1 日，她带着自己的丈夫去海德公园参加了一次支持码头工人罢工的示威。当桑赫斯特夫人根据女性主义纲领竞选伦敦郡议会的议席时，康斯坦斯扮演了一个活跃的角色。她的候选人赢得了多数选票，但由于身为女人，她被取消了资格。[7]

1889 年 5 月 24 日，W. T. 斯特德在《帕尔摩报》上报道说，"我惊讶并愉快地注意到，昨天，在女性自由主义基金会的会议上，奥斯卡·王尔德太太的公开演讲水平大有进展，数年之后，如果王尔德太太变成了最受欢迎的'演讲女性'之一，我也不会感到惊奇。"他还提到了她那"用金棕色材料制成的有品位的优雅

---

* 1887 年 1 月 8 日的《女士画刊》提到在另一个场合，王尔德夫妇身穿情侣装，衣服颜色是深浅一致的林肯绿。

服饰"。

1885 年以及其后的日子里,康斯坦斯和奥斯卡·王尔德开始进入更广泛的社交圈,有时是两人一起出面,也有时是各自行动。王尔德已经放弃了演讲;英国人的美学理解力最多也就能发展到这个程度,他已经完成了任务。就美国人能承受的讽刺而言,他也完成了任务。他要传达的信息在不断的重复之后已经失去了吸引力。他的最后一场有记载的演讲发生在 1888 年 3 月,该演讲的题材是新颖的,它讲述的是诗人查特顿。王尔德曾经仔细阅读过查特顿,在某些方面,查特顿比济慈更适合做王尔德的典范,因为他具有跟犯罪相关的癖好,而且由于他的艺术才华,他也是一个比伪造犯温赖特更好的典范。王尔德渴望能找到跟自己的新生活有类似之处的生活方式,他发现有一个年轻人就过着这种生活,这个年轻人把自己的天赋用来伪造詹姆士一世时代的剧本。演讲记录表明王尔德是怎样复述了查特顿短短一生中发生的事件,他认为这些事件的发生是有正当理由的:

> 他仅仅是一个具有文学才华的伪造犯呢,还是一位伟大的艺术家?正确的看法应该是后者。查特顿也许不具有道德良心,从事实来看确实如此——但是他具有艺术良心,从美的角度来看这也是真的。他具有艺术家的表现愿望,如果在他看来,完美的表现需要伪造,他就必须伪造。不过,这种伪造来自艺术性的自谦。

> 他是一位纯粹的艺术家——也就是说,他的内心拥有"伟大的毗湿奴想要创造一个世界的渴望"——

他在演讲结束之际朗诵了一首未发表的诗歌,这首诗歌表明他在这位新英雄身上体味到的复杂性:

> 一个男孩的狂野内心有着莎士比亚的男人气

> 通过哈姆雷特的疑问,他跟莎士比亚成为同类
>
> 而那撒旦式的骄傲,又让他成为弥尔顿的亲属
>
> 他只屈服在死神的门前,恳求让他提前进入
>
> 朝向那美好的英国艺术新村舍
>
> 甚至朝向他人尊崇的时间圣殿,
>
> 一语不发的心灵从他身边高高飞起,
>
> 驰过致命的时刻,把生命的封印撞开。
>
> 你把对家的留恋隐藏在心中,高贵的查特顿,
>
> 你的灵魂,却沿着天使踏过的楼梯
>
> 走上雷德克利夫的尖塔,在俗世那全副武装的领域
>
> 你那英勇的剑术:对于很多人来说
>
> 这些是永远珍贵的——正如你那不为人知的坟墓
>
> 还有在爱梦中出现的,你那没有被描述过的脸庞。[8]

("对家的留恋"指的是查特顿的母亲和姐姐;"剑术"意指这位诗人撰写的政治讽刺作品。他的脸庞是"没有被描述过的",因为他没有留下任何为人所知的肖像。)王尔德正在构思《人类赞歌》的新变体;为了那永恒的诗歌,这位年轻人毁掉了自身,正如他的新童话《夜莺和玫瑰》中的夜莺,这只夜莺把自己的胸脯抵在刺上,直到一朵玫瑰在她的垂死挣扎中诞生。马拉美在《秋天的哀怨》(Plainte d'automne)中曾写道,"我的灵魂从中获得快慰的文学作品,会是罗马末日的没落诗篇。"在对这位"不可思议的男孩"进行挽歌式的冥思时,可能多少也会获得一些此类的快慰。跟查特顿一样,王尔德也具有哈姆雷特的疑问和撒旦式的骄傲,一种想要像查特顿那样伪造生活的感觉,以及他会在某一天成为自己的牺牲品,成为自己的祭品的感觉。

磨坊主的拇指①

劣等的评论家似乎沦落成为文学之治安法庭的记者，
成为艺术惯犯之行径的编年史记录者。②

286　　　演讲已经让位给了报刊写作，这是王尔德唯一不费心思就能找到的挣钱途径，他靠这些钱来补充康斯坦斯的收入。王尔德开始思考，他到底离法网有多远，警察还没有找上门来，找上门来的只不过是警察的兄弟——收账人而已。在为 W. T. 斯特德的《帕尔摩报》（这是他的主要发表渠道）撰稿时，王尔德尽量以良好的心态面对这份糊口的工作，其撰稿的水平远远超过了人们对他的要求。这些文章是他整理自己对文学、艺术、自然和人生之态度的一种方式；它们展现了一种在他早期作品中不常见的清新，仿佛他在性生活方面的不断犯法对他的各种思想都是一种刺激。他终于知道了自己的处境。新的性取向解放了他的艺术。它也释放了他的批评才能。从 1886 年起，尤其是在 1887 年和 1888 年，王尔德撰写了一系列的大约有上百篇的书评，很多书评同时评论了不止一部书籍。过了那一阵子高产期之后，他就几乎不再撰写书评了，简直就跟演讲一样戛然而止。报刊写作是威利的事业。对于奥斯卡来说，它已经完成了它的使命。

　　很多书评针对的都是些无关紧要的作品，其实不必对其作严谨的评论，王尔德在这些评论中表现出了他的耐心和恣意。他可以尽情地逗趣，比如他提到詹姆斯·艾奇逊（James Aitchison）③的《虫子编年史》（*The Chronicle of Mites*）时：

---

①　miller's thumb，原意为"磨坊主的手指"，又指鱼类中的杜父鱼（sculpin）。作为"磨坊主的拇指"时，意思是磨坊主为了增加重量，偷偷用拇指压在秤上；也有人认为磨坊主依靠手指来鉴别粮食的品质，因此他的拇指具有不同寻常的价值。

②　引自《作为艺术家的评论家》。

③　索引中相应处为道格拉斯·安斯利（Douglas Ainslie）。

　　《虫子编年史》是一首仿英雄体的诗歌,描述的是一块变质奶酪中的居民,它们对自身这个物种的起源加以推测,根据达尔文的理论就进化论和福音论的意义展开了知识渊博的讨论。这首奶酪史诗是一首气味相当大的作品,其风格时而显得怪异,时而具有现实主义特色,这位作者堪称是文学界的戈尔贡-左拉(Gorgon-Zola)。①

有的时候,他掌握了立法权,虽然只不过是暂时的:"其实,确切地说,不存在风格这种东西;风格总是复杂的,仅此而已。"他的口头禅"仅此而已"(That is all)出现的几率更多了,用来强调那些看似随意的东西。他还没有总结出任何重要的学说宣言,不过,零星的句子已经显示了他的方向:"迄今为止,每一个产生诗歌的世纪都是一个人为的(artificial)世纪,在我们看来最自然、最简朴的作品,其实可能是最深思熟虑、最自觉的努力成果。因为自然总是落在时代的后面。所以,一位伟大的艺术家就是个彻底的摩登人物。"[9]

　　他觉得自己是英语文学的仲裁者,因此他反思了那些他过去崇敬的人物。当他再次面对惠斯勒的时候,他的口气完全不同于自己身为弟子时期的口气。所以,在1885年2月28日,他称赞过这位艺术家,说他是一位把"小精灵的欢嚣、邪恶跟小先知的风格融为一体的"雄辩家。到了1889年1月29日,他发现这种结合是不妥的:

　　　　出于某种理由,惠斯勒先生总是采用小先知的措辞……起初,这个主意是很聪明的,可是其风格最终会变得单调乏味。希伯来人的精神很出色,然而,他们的写作手法是不可模仿的,美国笑话讲得再多,也不能让它获得优秀文本风格所需的那种现代性。虽然惠斯勒先生在画

---

① Gorgonzola是一种意大利奶酪,而左拉(Zola)正好又是法国现实主义小说家。这是王尔德的文字游戏。

布上的烟花令人称羡,他的散文中的烟花却显得唐突、狂暴,而且也是言过其实的。

王尔德过去曾经像圣徒那样温文尔雅地忍受惠斯勒的讥讽;如今,轮到惠斯勒体会被鞭笞的感受了。这位画家在等待出击的时机。

王尔德以同样的独立姿态评论了另一部书籍,其作者过去不但是惠斯勒的信徒,也是他的信徒,而且他依然保留了对惠斯勒的忠诚,这人就是伦内尔·罗德。1883 年,在《玫瑰叶和苹果叶》的书跋中,王尔德对他的作品赞不绝口;如今,他以更严厉的眼光浏览了罗德的新书:

> 罗德先生怀着年轻人的那种魅力四溢的乐观态度看待生活,不过,他是很有现实感的,文中零星地流露了一些忧郁的调子,不但有其艺术价值,也有其讨人欢心的价值;他敏锐地感受到了颜色给人带来的愉悦,他的诗歌的特点在于一种轮廓的精致和纯净;虽然他并不是个热情澎湃的人,但他却会很妥帖地摆弄那些表达热情的词语,他的情感是十分健康、完全无害的。[10]

这篇书评是公正的,然而,王尔德曾经对罗德有过更好的判断。玫瑰叶和苹果叶已经凋谢了。

还有另一个作家,他也没放过,即他旧日的老师 J. P. 马哈菲,1887 年 11 月 9 日和 12 月 16 日,王尔德评论了马哈菲的两部书籍。王尔德可能对马哈菲怀有旧情,然而他那只竖起的钢笔可不讲什么良心。从马哈菲的角度来说,在两人大张旗鼓同游了希腊和意大利之后,他对王尔德大张旗鼓前往美国的旅行是不予支持的;更糟糕的是,马哈菲已经变得荒唐可笑,他开始支持托利党人,还对爱尔兰的地方自治嗤之以鼻,而就在那个时候,通过帕内尔的倡导和格拉德斯通的支持,地方自治正在成为一件极有可能实现的事情。因此,对于他那本荒谬的手册

288

《交谈艺术原理》，他过去的学生几乎已做好了容忍的准备，王尔德只不过对"其无趣、枯燥的风格"表示了遗憾，他对另一部书的态度要严厉得多，即《希腊生活和思想：从亚历山大时代到罗马入侵》。它是王尔德曾协助完成的《希腊社会生活和思想》的续编。出版商是麦克米兰，这意味着它是通过乔治·麦克米兰之手出版的，麦克米兰跟他们一起去过希腊。不过，这种含蓄的重聚并不是令人愉快的。王尔德抗议了马哈菲那种乖僻的地域局限性和极端的统一主义。"一位文人的激烈态度总显得特别无力，"他说。他越写越激动，并以马修·阿诺德的风格作了总结："事实上，马哈菲先生不仅没领悟到真正史学家的精神，而且他经常让人觉得他缺乏真正文人的性情。他是机智的，有时甚至是出色的，可是他不明事理，缺乏节制、文体和魅力。"这位学生非但没有周到地协助导师润色手稿，还对他大加训诫。

至于斯温伯恩，在青年时代，王尔德曾陶醉于他的诗歌，如今的王尔德却变得远比过去更喜欢挖苦人。他最后也是最好的书评之一发表在 1889 年 6 月 27 日的《帕尔摩报》上，是关于《诗歌和歌谣》的。他概括了这位诗人的生涯，流露出对自身之个性越发肯定的态度，表达了一种越发不满的情绪。

　　斯温伯恩先生曾经以一册极完美也极不道德的诗歌在他的时代激起了轩然大波。接着，他吸收了革命思想和泛神论思想，对那些天堂和地面上身居要职的角色进行大力抨击。再接下来，他回到了保育室，在诗歌中描述了那些性格有点高深莫测的孩子。如今，他变得极端爱国，并设法把他对托利党的激情跟这种爱国精神结合起来。他向来是个了不起的诗人。然而，他有他的局限性，奇怪的是，其主要局限性就在于，他对限度没什么概念。就其题材而言，他的诗歌几乎总显得太嘹亮。他那堂皇的修辞，在我们眼前这本书中表现得淋漓尽致。但这种修辞与其说是在揭示什么，不如说是在隐藏什么。据称他是一位语言大师，的确如此，不过，更确切的说法也许是，语言是他的老师……

当然，我们不该指望从这些诗歌中寻找到人生的启示。跟大自然保持和谐似乎是斯温伯恩先生的目标。他试图跟风、浪说话……他是第一个试图彻底放弃自己个性的抒情诗人，他获得了成功。我们听到了歌曲，但从不了解那位歌手……他那些霹雳般的、璀璨的词语似乎没有讲述任何事情。我们经常听到人们诠释自然；如今我们听到了自然对人的诠释，奇怪的是，她几乎没什么想说的。她那晦涩的信息中提到了力量和自由。她以自己的铿锵震聋了我们的耳朵。

甚至佩特也不能幸免于难。王尔德称赞了他的《虚构肖像》（*Imaginary Portraits*），可是仅限于佩特的那种有名的文体。他现在似乎已明显感觉到，出于谨慎和胆怯，佩特并不愿意把话都说出来，因此他的那些自发的思想就丧失了活力：

> 禁欲主义是佩特先生的散文的基调；有时，它在自制方面简直太严苛了，让我们不禁渴望获得更多一点的自由。因为，事实上，像他这种散文的危险性就在于，它可能会变得有点佶屈聱牙……始终把首要关注力放在习语和描述语上，这既有优点，也有缺陷。然而，不管怎么说，这些散文写得真好。[11]

惠特曼和朗费罗被认为是不够格的，如果说巴尔扎克和福楼拜被他尊为偶像，那么，英国的作家，哪怕是那些最有名望的，也没有获得应有的敬意："乔治·艾略特的风格简直太累赘了，夏洛蒂·勃朗特的风格太夸张了。"（1889 年 1 月）"狄更斯只对新闻业有影响力；萨克雷……是无人效仿的；特罗洛普也一样……至于乔治·梅雷迪斯，谁会想要复制他？他的风格是被道道闪电耀亮的一片混沌。作为写作者，除了对语言之外，他对什么都精通；作为小说家，除了讲故事他什么都会。"（1888 年 1 月）（这最后几句话后来被他收进了《谎言的衰落》。)他对新朋友威廉·欧内斯特·亨利的诗歌要体谅一些，不过，他强烈反对没有用正规格律撰写的诗歌。他以较为赞赏的语气提到一些作家，其中包括W. S. 布伦特和迈克尔·菲尔德，他还敏锐地提到了 W. B. 叶芝。王尔德就这样在当时的文学作品中到处游窜，这边倾听一会儿，那边出击一拳。

还有另外两件事让王尔德感到情绪激动。一件是关于查尔斯·斯图尔特·帕内尔的，《泰晤士报》上刊登了一系列针对"帕内尔主义和罪行"的文章，对帕内尔进行了猛烈的抨击。他遭到煽动和纵容政治谋杀的指控，还有信件被用来证明这一观点。王尔德和他哥哥站在自己同胞的这一边，人们组织了负责审理这些指控的帕内尔委员会，他们出席了该委员会的集会。威利在很受关注的《每日纪事报》上撰写了文章。1889 年 2 月，事情被曝光了，是理查德·皮戈特伪造了那些据称是帕内尔撰写的信件。皮戈特的所作所为跟查特顿一样，不过却没有查特顿的天赋，他很快就自杀了。帕内尔被证明是无辜的，他的支持者沉浸在狂欢之中。接着，12 月底，奥谢上尉提出了离婚起诉，并声称帕内尔是通奸者。没有人为这个案子辩护。帕内尔崩溃了，并于 1891 年去世。即便是异性恋人也逃不过公众的漫骂。王尔德会珍视这种世俗英雄主义和殉道行为的典范。

他很关注的另一个问题是社会主义。1888 年，王尔德出席了费边社的集会，数年前，他就已经认识了萧伯纳。1875 年，在王尔德迁居英格兰的次年，萧伯纳也从爱尔兰来到英格兰，他过去经常参加王尔德夫人的下午招待会。1886年 5 月 4 日，芝加哥发生了干草市场暴乱，为了支持卷入暴乱的无政府主义者，萧伯纳找人签署一份请愿书，在伦敦的文人中，只有王尔德立刻就签了名。*"这是件值得一做的漂亮事，"萧伯纳（在信中）说，"王尔德本质上是个势利之徒，可他是在都柏林的梅里恩广场被抚养大的。"1886 年 9 月 14 日，在菲茨杰拉德·莫洛伊的家中，萧伯纳谈起一份能把社会主义观念引进这个国家的新杂志，

290

---

* 1894 年，王尔德告诉一位采访者，"如今，我们所有的人或多或少都是社会主义者……我觉得我比社会主义者还要更过分。我可以说算得上是一个无政府主义者，不过，当然了，我相信，那种轰动一时的策略其实是非常荒谬的。"[12]

王尔德怀着认同的态度倾听了他的谈话。最后,王尔德说,"这简直太妙了,萧先生,可是有一点你没有提到,非常重要的一点——你还没有告诉我们这份杂志的名称。""哦,至于这个问题嘛,"萧说,"我想要做的就是让公众对我这个人留下深刻印象——我会叫它《萧杂志》:萧——萧——萧!"他用自己的拳头重击着桌子。"好吧,"王尔德说,"你会怎么拼写这个名称?"[13]虽然他对萧伯纳的评价是,"他没有敌人,他的朋友都不喜欢他",然而,他对萧伯纳的作品抱有好感。

早在 1889 年 2 月 15 日,在评论一本由爱德华·卡彭特编辑的书籍时,王尔德就流露了他对社会主义的同情,那本书的名字叫《劳动之歌:人民歌曲集》(*Chants of Labour: A Song-Book of the People*)。他在文章开篇处提到,社会主义其实可以成为艺术的新主题:

> 不久前,斯托普福德·布鲁克先生说过,社会主义和社会主义精神将会给我们的诗人带来更高贵也更宏伟的诗歌主题,将会丰富他们的同情心,扩大他们的视野范畴,它们将会怀着新信仰的炽热和激情亲吻那些原本缄默的嘴唇,那些倘若听不到新福音就会变得冷酷的心灵。当前的事件会产生怎样的艺术,这始终是一个迷人的问题,一个不易解答的问题。不过,可以肯定的是,社会主义是有备而来的……[她]不打算让自己受制于任何不可违逆的信条……这些都很好。因为让人们皈依社会主义算不上什么,把社会主义转变成人却是一件了不起的事情。

291　社会主义者相信艺术能够有助于建设"一个不朽的城市",他对这种信仰予以称赞。接下来,他满足于以一种较轻松的语气作总结:"不过,底比斯的城墙是在歌声中崛起的①,而底比斯其实是一个非常乏味的城市。"这篇文章表明,他被社

---

①　典出希腊神话。安菲翁(Amphion)依靠自己的音乐魔力,让石头自动工作,修建起了底比斯城墙。

会主义所吸引——他会在两年后全力支持它——还表明,他希望它采取的做法
是民主的和人道的,而不是独裁的。

让女士成为女人

> **普丽丝姆小姐:** 我可以理解讨厌人类的人——至于讨
>
> 厌女人的人,那是永远不可能的![1]

　　王尔德在书评中表现出的技艺和轻松态度受到了人们的关注。萧伯纳对王
尔德报刊文章的高超水平发表了意见。更重要的是,曾经担任《利兹水星报》编
辑的托马斯·威姆斯·里德在 1887 年 2 月来到了伦敦,他是来担任卡塞尔出版
公司的总经理的,里德认为王尔德的才赋可以派上用场。这家公司在去年 10 月
创办了一份杂志,名叫《女士世界:关于风尚和社交圈的杂志》。里德请王尔德
看看他们的过往刊物,问他是否能想点办法改进一下,因为随着女性主义的日渐
壮大,人们对这种出版物的兴趣也与日俱增。

　　王尔德觉得自己终于等到了机会,他有可能就此谋得一份体面的生计,4 月
份,他给里德回复了一封足以打动任何出版商的煞费苦心的长信。信件这样开头:

　　亲爱的威姆斯·里德先生:

　　　　对于你好意寄给我的那些《女士世界》,我已经非常仔细地阅读了
　　它们,我很愿意跟你一起从事编辑工作,并在一定程度上重组这份杂
　　志。在我看来,它目前的内容过于娇柔,却没有完全体现女人的气质。
　　就服饰与良好品位、身心健康之间的关系而言,没有人比我更充分地理

---

① 引自《不可儿戏》。

解其价值和意义了。事实上,我一直在各种学会和社团面前就这个主题进行演讲,不过,照我看来,女人世界的领域,如果仅仅就女帽和装饰品而言,在某种程度上已经被诸如《女王》和《女士画刊》这样的刊物占据了,我们应该站得更高,看得更远,不仅仅讨论女性的服饰,还要讨论她们的思想,她们的感受。

292　王尔德建议减少讨论服饰的内容,把它们搁在每期杂志的末尾处。他认为应该刊登讨论女性教育的文章,以及关于女性花时间去做的一切事情的文章。还应该刊登一个连载故事。他交友广泛,列出了若干女性,包括奥利芙·施赖纳、维奥莱特·费恩、罗马尼亚皇后(即卡门·席尔瓦),以及在头衔或个性方面独树一帜的其他人,譬如克里斯蒂安王妃。①

　　威姆斯·里德喜欢这些计划,它们唯一的缺陷就是提得太早了。他建议王尔德从1887年6月1日起领工资,可是王尔德要求从5月1日起领工资,因为他已经开始向别人约稿了。5月18日,双方签订了合同。根据罗斯的说法,每周的工资定为六英镑。[14]王尔德开始为了约稿到处写信。他请维多利亚女王拿出一首诗歌来,王室愤怒地回答:女王从不写诗。他的品位是折中的,他尝试跟各种兴趣不同的女性打交道;这份杂志呈现出了多姿多彩的面貌,而且一直延续了下去。他很快就发现,许多女人讨厌《女士世界》这个杂志名,认为它自命不凡、令人压抑。尤其是克雷克太太,这位太太是《绅士约翰·哈利法克斯》(*John Halifax, Gentleman*)等小说的作者,她敦促王尔德把杂志名改成《女人世界》。公司主管起初拒绝了这个主意;9月份,王尔德更强烈地敦促他们说:

　　　　这份杂志当前的名字显得有点俗气,它对新期刊想要获得的成功

---

　　①　卡门·席尔瓦即罗马尼亚王后的笔名,这位皇后是一个多产的作家。克里斯蒂安王妃出嫁前是英国维多利亚女王的第三个女儿,也是一位作家,她嫁给了石勒苏益格-荷尔斯泰因亲王,但这对夫妻生活在英国。

始终都是一个障碍,而且非常容易让人误解。对于目前的杂志来说,它
是颇为合适的,但对于一份旨在成为知识女性、文化女性和有地位女性
之喉舌的杂志来说,它就不够格了。

1887 年 11 月那期杂志——王尔德编辑的第一期杂志——面世时,它成功
地被命名为《女人世界》,其粉红色的封面上醒目地展示着"由奥斯卡·王尔德
编辑"的字样。这份杂志的新态度获得了人们的认可,第二期上刊登了一页众
多报纸的赞辞。人们称赞王尔德的做法,这种状态可不是他愿意长期维持的,于
是,他的编辑生涯走向虎头蛇尾。他的助手记录下了这位编辑的行径。起初,王
尔德对待这份工作很认真,他在规定的日子里每天上午十一点抵达办公室;但是
渐渐地,他来得越来越晚,走得越来越早,于是他的上班"简直就跟串门差不多
了"。W. E. 亨利也在为卡塞尔公司编辑一份杂志,他问王尔德,"你经常去办公
室吗?""我以前每周去三次,每次一小时,"王尔德回答,"但是后来我又减掉了
一天。""天啊!"亨利说。"我每周去五次,每天五小时,当我想要减掉一天,他们
为此开了一次委员会特别会议。""还有,"王尔德继续说,"我从不回复他们的信
件。我认识一些人,他们来到伦敦时前途一片光明,由于养成了回信的习惯,我
看他们没过几个月就彻底完蛋了。"[15] 王尔德自己在《女人世界》上发表的稿件
以《文学暨随笔》(Literary Notes)为题,内容很高雅,信息广博,妙趣横生;他在文
章上的署名就是一个卖点;不幸的是,他很快就觉得写这些东西很烦人,于是建
议他的助手说:"亲爱的菲什,我觉得很不舒服,没法完成随笔了。你能设法找
点别的稿子吗? 我明天回来。O. W. 谨启"威姆斯·里德提醒王尔德要继续写
随笔,可是,在王尔德编辑的二十多期杂志(截至 1889 年 10 月)中,只有十二期
杂志刊登了他的随笔。

在这个时候,王尔德还没有开始乘坐出租马车到处走动。他从斯隆广场坐
地铁到查令十字路,然后沿着斯特兰德街和舰队街走到办公室,这个办公室位于
贝尔索维奇亚德(Belle Saubage Yard)的鲁德门山(Ludgate Hill)。他是卡塞尔出

293

版公司里衣着最光鲜的人。阿瑟·菲什说,天气不好的时候,王尔德往往会心情沮丧,从他走近的脚步声就可以听出来。不过,当他心情愉快时,尤其是在春天,他会积极地回信,考虑杂志的版面,坐在一把扶手椅中闲聊很长时间。他不喜欢卡塞尔公司禁止吸烟的规章,他能待多久取决于他能够在多久的时间里克制住抽烟的欲望。总的来说,他是个好打交道的上司,菲什只记得他发过一次火,当时,卡塞尔公司的主编约翰·威廉斯带来了一部书稿,作者是一位演喜剧的侏儒,即马歇尔·P.怀尔德,书名是《跟我一起笑的人》(*People I have Smiled With*)。怀尔德居然这么写道:"我第一次看到王尔德的时候,他留着长发,穿着齐膝短裤;如今,我想,他留着短发,而裤子却变长了。"王尔德不能忍受自己成为笑柄,尤其是这个人有着跟自己相似的名字,他和他母亲还曾经款待过他。"荒唐!荒唐透顶!"他嚷嚷着,这段冒犯人的话被删掉了。[16]

《女人世界》的确具有《女士世界》所缺乏的智性品质。王尔德在第一期杂志上刊登了阿奇博尔德·坎贝尔夫人的一篇文章,谈论了过去几年她在戈德温的协助下展开的戏剧演出。还有关于女性主义和女性选举权的文章,不同论点的女性他都邀请了。撰稿人名单看起来有点出人意料。第三期(1888年1月)的开篇是他母亲创作的一首长诗《历史女性》(*Historic Women*);这首诗包括了一段对女王的颂歌,它随即被送给了维多利亚女王,根据女王侍女丘吉尔夫人的说法,女王陛下非常喜欢它。1888年11月,王尔德夫人还寄来了《爱尔兰农民故事》(*Irish Peasant Tales*),这是她根据王尔德爵士的鞋盒笔记整理出的书籍的一部分。(1888年5月1日和21日,她还整理了另外两篇发表在《帕尔摩报》上。)事实上,要想制约她都显得有点困难,1887年11月,王尔德撰写了一篇关于某诗选的书评,题目是《女性声音》(*Women's Voices*),却没有提到他母亲的声音,她立刻就让他感受到了她的舌头的分量。

294

亲爱的编辑先生:

伦纳德小姐写信给我,说如果你愿意的话,她可以提供一篇关于法国事态的文章,因为她父亲把最新的新闻都寄给她了——

为什么你在对夏普太太书籍的评论中没有提到我?我这样一位在爱尔兰文学中具有历史地位的人?而且你提到了泰南小姐和马尔霍兰小姐!

《汉普郡评论》对我大为推崇——而你——哦,真奇怪——我已经把奥斯卡·王尔德撰写的《女性声音》借给了菲什太太。阿奇夫人是女性散文家中最出色的一个。乔治·弗莱明起初很有趣——也很好——但总的来说,女人是一群不足道的人。

你读了威利写的关于苏打水的文章吗——简直太棒了——阿诺德很高兴。

周日晚上来谈谈。我现在几乎没有空暇——我肯定会在一两周内彻底完蛋的——生活中的麻烦实在太多了——

你的

伤心的妈妈[17]

即便是个孝顺孩子,王尔德也有点后悔不该太张扬地称赞他母亲,然而,叶芝编辑的童话故事书中有一长段奉承话,是他针对王尔德母亲收集的故事而写的,在评论这本童话故事书时,王尔德引用了叶芝的奉承话,就此平息了母亲的不满。他似乎曾鼓励妻子给《女人世界》投稿,康斯坦斯撰写了两篇直白的文章,一篇关于“本世纪的童装”,另一篇关于“暖手筒”(发表于1889年2月)。他曾经把自己获得纽迪吉特奖的诗歌献给康斯坦斯·弗莱彻,这位老友也应邀为他撰写了连载文章,这个连载是用苏格兰方言撰写的,它一期接一期地发表了下去。* 男人也可以投稿,可实际上只有少数男性写过稿子,其中包括奥斯卡·勃

---

* 王尔德在别的地方表达了他对方言的态度:“一个人能从方言中获得多少乐趣,这完全取决于他的性情。对于很多人来说,用‘mither’取代‘mother’是最浪漫的事情。而有些人还根本没有准备去相信土语的伤感范儿。”[18]

朗宁,他写了一首关于伯恩茅斯的诗歌,还有阿瑟·西蒙斯,他写了一首多愁善感的诗歌,然后又写了一篇更有趣些的文章,是关于维利耶·德利尔-亚当的。由于编辑对杂志丧失了兴趣,《女人世界》也遭了灾。投稿少了,发行量也降低了。1889 年,王尔德放弃了这份杂志,把它让给卡塞尔的主管威廉斯,威廉斯将把它办成了一份更"切合实际"的杂志。

独创的小说

> 艺术把生活视为它的部分原材料,它重新创造生活,让它以新形式展现,艺术对事实毫无兴趣,它发明、想象、梦想,在自己跟现实之间设置了不可逾越的屏障,这种屏障就是美的风格,装饰性的或理想的处理手法。①

295　　　他的人生体验中还有另一方面,如今它已成熟,只待开发了。从《薇拉》到《雷丁监狱之歌》、《来自深渊》,都贯穿了背叛的主题,无论那个叛徒是朋友还是爱人。到目前为止,他已经通过迈尔斯、罗德、博德利和惠斯勒之手体验了背叛,他在讽刺故事《忠诚的朋友》中拐弯抹角地描述了自己遭到错误对待的感受。那位奸诈的磨坊主虽然对友谊的本质和神圣不可侵犯有一番最高尚的评论,却以恶劣的态度对待他的朋友小汉斯:"真正的朋友应该分享一切,"他说,"目前你只是在实践友谊。有一天你还会拥有一套理论。"小汉斯不得不承受这种虚假友谊的冲击——他是创作该故事的那位巨人的缩小版。它显然跟《夜莺和玫瑰》有关,后者大约完成于同一时期,讲述的是一个得不到回报的自我牺牲的故事;在一首散文诗《大师》(The Master)中,这个主题正好被

————————————————

① 引自《谎言的衰落》。

反转了过来,其中的年轻人抱怨说,虽然他也创造了奇迹,却没有像耶稣那样被钉在十字架上。王尔德作品的一个特征就在于主动寻求迫害,而不是承受迫害。[19]

《神奇的火箭》也创作于同一时期,这是一篇探究虚荣心的故事。虽然人们往往指责王尔德是一个虚荣的人,但他并不认同虚荣心。他认识的最虚荣的人就是惠斯勒,惠斯勒故作幽默地自诩是"神奇人物"。在两人关系较好的时期,王尔德忽视了惠斯勒的虚荣心。他在后期撰写的一篇评论中流露了异议:"惠斯勒先生在拼写艺术这个词时,一直是以大写的'I'开头的,我相信他现在仍然这样拼写。"王尔德故事中的火箭坚持认为,"你应该考虑我。我总是想自己,我希望其他每个人都这么做。那就是所谓的共鸣。"还有,"你忘了,我是非常独特,非常神奇的……能够让我活下来的唯一事情,就是想到别人要比我自己低劣得多,这也是我一贯培养的感觉。"从惠斯勒到火箭的联想可以追溯到1877年格罗夫纳画廊的开幕预展,当时,王尔德(他在评论中说)看到"一个金边火箭,在空茫一片的天际绽放出绿色和红色",另一个火箭"在淡蓝色的天空中绽放"。八年后,他以类似的手法写到了惠斯勒散文和绘画中的"烟火"。[20]如今又是"神奇的"火箭,它虽然嚷嚷了半天,其实却是个哑炮。*

通过这些故事,王尔德确立了自己作为短篇小说家的地位。如果说它们缺乏特征,但至少它们不缺乏趣味。他脑子里蹦出各种各样的情节,不过它们维系

296

---

* 王尔德告诉E. F.本森,他正在忙着撰写一本薄书,收集的是关于伦理的文章——也许可以被叫作道德小册子——计划是在圣诞节当作礼物赠送。伦敦主教亲切地答应为它撰写一篇前言。这些文章中的第一篇是《理智存在的价值》,采取的是寓言的形式。一出戏剧正在上演,十分叫座。一天夜里,戏剧正演到激动人心的地方,那个皮卡迪利广场的卖花女郎轻蔑地拒绝了一个浪荡侯爵的可恶建议,此时,大量的火焰和烟雾从舞台两侧冒出来。观众们恐慌地站起来,拥向出口。接着,台上出现一个年轻人的高贵身形,他是卖花女郎的真正爱人。他的声音响起——火灾已经在控制之下;主要的危险来自恐慌。他让人们都回到自己的座位,恢复平静。他的仪态是那么威严,人们都回到了自己的位置。然后,那位年轻的演员轻盈地跳过脚灯,跑出了剧院。剩下的人都被烧成了焦炭。[21]

的主题绝不是即兴而发的。就在他赞美个性的同时,王尔德也为自我中心哀叹不已。他那种大方的性格让他对伪善持嘲笑的态度,而其他崇尚个性的人往往免不了伪善。以缺乏友谊和爱的方式来展示友谊和爱,通过无信来展示信仰,在死亡的无意义中呈现生命。他的小说中往往会突然出现化"有"为"无"的事情,或从"无"中生出不可估价的"有"来。

在他这一时期撰写的所有故事中,最好且他最珍视的一篇是《W. H. 先生的肖像》。它也踩着"存在"和"不存在"的高空钢丝。故事发表于 1889 年 7 月,根据他写给威姆斯·里德的一封信来判断,在 1887 年 10 月之前,他就已经完成了这篇小说。其主题是莎士比亚,它把莎士比亚喜欢男孩子看成是理所应当的事情。弗兰克·哈里斯是一个绝对的异性恋者,他试图劝阻王尔德,叫他别把这件事写出来,他本人认为莎士比亚是沉溺于女色的,所以他只能根据这种形象来看待莎翁。如果说王尔德把这番话听了进去,那就是他写了一个故事而不是一篇文章。

在《W. H. 先生的肖像》中,他令人炫目地提出了一个理论,然后又收回了它,接着又有所更改地提出了它,故事套着故事,成了博尔赫斯的先例。一位匿名的叙述者听朋友厄斯金提到了西里尔·格雷厄姆(Cyril Graham)关于莎士比亚十四行的理论。格雷厄姆是一个柔弱的年轻男性,他在学校经常出演莎士比亚戏剧中的女主角,他相信 W. H. 先生是一个男孩演员。他的名字"威尔"隐藏在用双关语撰写的十四行第 135 首和第 143 首里,他的姓"休斯"在第 20 首中:

297　　　　　　　　一个绝色的(hew)男人,驾御着一切**美色**(*Hews*)。

持怀疑论的厄斯金指出,没有任何证据表明曾经有威尔·休斯这个人存在。格雷厄姆失望地走了,但后来又带着所需证据回来了。那是一个伊丽莎白时代的箱子,他发现其中一侧夹着一张年轻男人的肖像,悲喜剧的面具就在眼前,肖像上写着标题"威尔·休斯少爷"。厄斯金的猜疑消失了,直到他发现这幅肖像是伪造的,他谴责了格雷厄姆。格雷厄姆朝自己开了枪。他留给厄斯金一封信,坚持认为这个理论是对的,厄斯金应该把它公布于众。故事的叙述者被感动了,他得出结论,格雷厄姆是对的,这位十四行作者之所以写下这些十四行诗,是为了说服休斯出演自己的剧本——一个出人意料的合乎身心健康的结论。叙述者写信给厄斯金,出示了新的证据,可是他突然感受到一阵王尔德式的冷漠。"情绪的能量就跟寿命能量一样,也有着它们的实际局限。"如果说他强行说服了自己,那么他也说服了厄斯金。两年后,一封信告诉叙述者,当他收到这封信时,厄斯金已经为了证明格雷厄姆理论的真实性而自杀了。叙述者已经来不及阻止他。但结果是,厄斯金其实死于肺痨。他把威利·休斯的肖像遗赠给了叙述者。最后,叙述者说,他瞅着这幅肖像想,"关于莎士比亚十四行的威利·休斯理论,真的有很多可说的。"在赝品和真货、虚构和事实之间只有一线之差。

王尔德采用的是旧理论,但这个故事是他自己的。它源自对一种隐秘生活的感受,这种隐秘生活把他引向查特顿,故事中提到了查特顿和另一个伪造者麦克弗森。妙的是把伪造自杀和伪造画作相提并论,其优雅的变体手法跟他在写给马里利尔的信中表现出的手法不相上下,在那封信里,他曾经说要为不相信的事情而死。王尔德并没有看出,他自己也是一个伪造者,他伪造的是个性,从共济会成员、拉斐尔前派、罗马天主教、浪荡子到好打扮的花花公子。跟威利·休斯一样,他扮演过很多角色;跟叙述者、厄斯金和格雷厄姆一样,他扮演这些角色时的信与不信是在变化之中的。

除了在《不可儿戏》中,王尔德从未在任何作品中实现过这样一种真实和虚假的混合体,这是建立在一个词的基础上的世界。"你必须相信威利·休斯,"他对海伦娜·西克特说,"我自己几乎都信了。"[22]他也曾几乎相信天主教,因为它同样是一种富有魅力的虚构。

这个故事跟他的关系还要更紧密。他想象莎士比亚这个跟他一样的已婚男

298　人,有两个孩子,被一个男孩迷住了,正如他曾经被罗斯迷住。* 王尔德写信给罗斯说,"其实,这个故事有一半是你的,但是为了你,我原本是不会写这个故事的。"这个主意让他感到很兴奋,为此,1889 年 5 月,他前去拜访艺术家查尔斯·里基茨和查尔斯·香农,他以前从未见过香农。他对他们读了这个故事,请里基茨根据克卢埃的风格绘制一幅威利·休斯的画像。他希望相框上写着箴言:"爱的艺术,对艺术的爱",他说这句话中隐藏着一整套的哲学。他确信这两位同性恋主人是理解他的,于是详细描述了莎士比亚对男孩演员的爱:"文艺复兴带来了柏拉图精神的伟大复苏。跟所有的希腊人一样,柏拉图承认有两种爱情,一种是肉欲之爱,在女人中获得满足——这种爱情在智性上是贫瘠的,因为女人只有接受能力,她们什么都收下,但除了跟自然有关的东西,她们什么都不给予。希腊人的智性之爱或浪漫友谊让我们今天的人感到震撼,而他们却认为从精神来说这些是有益的,是一种对思想和美德的刺激——我指的美德是古人和文艺复兴时代人们理解的美德,不是英国意义上的美德,英国意义上的美德只不过是谨慎和伪善罢了。"他认为,莎士比亚把这些十四行献给"唯一的促成者"是纯粹的柏拉图主义。然而,这些十四行是不快乐的:"莎士比亚觉得,正是依靠了那位不忠朋友的美貌,他才有了创作艺术的灵感。"因此会有这句拉丁语箴言。他拿希腊艺术和现代艺术作比较,前者是"喜悦的表达",后者是"痛苦的花朵"。即便济慈,虽然他几乎是个希腊人,但还是"死于悲哀"。

里基茨遵嘱绘制了一幅威利·休斯的画像。一收到作品,王尔德就写信给他,"这根本不是赝品——它是一件具有最高价值的克卢埃真迹。你和香农试图欺骗我,这真是荒谬——好像我不了解这位大师的风格,要么就是以为我不懂绘画!"他喜欢进一步混淆生活和艺术的边界。不幸的是,当王尔德受审的时

---

* 在阿奇博尔德·坎贝尔夫人的家中,王尔德曾解释过为什么他觉得自己看起来像莎士比亚。他发表了一篇精彩的独白,最后说,他想要获得一个青铜大奖章,上面印着他自己和莎士比亚的侧面像。"我猜,王尔德先生,"阿奇博尔德夫人说,"你的侧像会比莎士比亚的侧像更突出。"[23] 而科林·坎贝尔夫人则把王尔德形容成"一条巨大的白色毛毛虫"。

候,他的财产被拍卖掉了,这幅"克卢埃真迹"就此消失。

王尔德对巴尔弗和阿斯奎斯讲述了这个关于威利·休斯的故事,他们建议他不要发表,免得它腐化了英国的家庭。然而,他把它寄给了《双周评论》,以为弗兰克·哈里斯会觉得这个以虚构形式出现的故事很有趣。可是哈里不在国内,他的助手粗鲁地拒绝了这份稿件,于是王尔德把它寄给了《布莱克伍德杂志》,该杂志发表了它。其影响力是巨大的,罗斯证实,哈里斯曾说过:"它让每个人都议论纷纷,争执不休……他的敌人第一次获得了他们真正需要的武器。"这个故事是审慎的——比他后来撰写的一个更长的版本要审慎些——虽然它就莎士比亚对男演员的激情提出了问题,但是它话锋一转,转向了一种职业性的友谊。王尔德只不过是在玩火罢了;他并不是普罗米修斯。他跟罗斯说,"我的下一部莎士比亚书籍将会讨论哈姆雷特的注释者究竟是疯了,抑或只是装疯?"[24]

1888年5月,自从《快乐王子及其他》在伦敦出版之后,王尔德就获得了作家的名声。《雅典娜神殿》把他跟安徒生相提并论,佩特写信说,《自私的巨人》是"这一类故事中的至臻之作",整本书是以"纯粹的英文"写成的——这是一种了不起的恭维。华丽的修辞格("黎明那修长的灰色手指攫住了逐渐黯淡的星子")和圣经代词削弱了这些故事的力量。其中的事件总是从毁形起,然后结束于变形,就像《快乐王子》那样。王尔德呈现这些故事,让它们看起来像是一种已经不复存在的宗教圣礼。大多数的角色最后认可了自我,认可了丑陋和痛苦。王尔德歌颂了爱的力量,认为它比邪恶或善良的力量更强大。从城堡走向茅舍带来了苦难和爱。在大多数情形下,王尔德抑制了自己想要用陌生感觉去袭击读者的愿望,虽然在他的笔下,年轻的国王亲吻了一尊安提诺乌斯雕像,而且他还提到了男孩子的美貌。它们偶尔的社会讽刺职能从属于一种在童话中不常见的忧伤——王尔德在《阿瑟·萨维尔勋爵的罪行》和其他短篇小说中同时表现出了一种喧闹,而这就是那种喧闹的另一面。

童话故事进展缓慢。王尔德内心还有更多急于表达的东西,于是,他通过两

299

篇散漫的文章来体现这种天生的能动力,它们似乎是他那种天赋的更自然的表达方式。一篇是《笔杆子、画笔和毒药》,1889 年 1 月,弗兰克·哈里斯在《双周评论》上发表了这篇文章,另一篇是《谎言的衰落》,于同一个月发表在《十九世纪》上,他后来对《谎言的衰落》进行了大幅的修订。通过这两篇文章,尤其是第二篇,王尔德发现了自己的才华。他关于查特顿、西里尔·格雷厄姆和厄斯金的所思所写在很大程度上汇入了第一篇文章,这篇文章谈论的是伪造犯托马斯·温赖特。虽然他对所有的违法行为都感兴趣,但伪造或许是一种跟他自身的社会表现最接近的罪行。罗伯特·罗斯提到了他那种积习已深的刻意人为倾向。如今,他跟黑社会中那些谎称自己是另一种人的人结成了同盟,譬如一些非法的共济会组织。他对温赖特的描述是,"他的罪行似乎对他的艺术有一种重要的影响。它们为他的风格带来了强悍的个性,一种他早期作品显然缺乏的品质。"

300　　他冷静地讨论了温赖特的艺术生涯和他的犯罪行为,这比为查特顿进行情绪化的辩护要更妥当一些。温赖特不具有令人期待的美好灵魂,他也绝不是个可怜人。不妨说,他"是一个伪造犯,水平并不低劣或平庸,而且还是……一个狡猾的、隐秘的投毒者,在这个时代或任何时代中都无人能够匹敌。"就像罗利纳的《乔普曼的独白》中的角色,作家跟谋杀犯一样毫无道德内疚感。王尔德把温赖特跟波德莱尔联系起来,他总是说波德莱尔既有毒又完美。在那些不同寻常的品位中,温赖特"对绿色有古怪的嗜好,就个人而言,这种嗜好总被认为是微妙的艺术气质的征兆,据称,对国家来说,它如果不意味着道德的颓废,就意味着道德的松懈"(这段话预示着绿色康乃馨的出现)。当一个朋友指责温赖特犯下了谋杀罪行,他耸耸肩膀,给出了一个王尔德会喜欢的答复:"是的;干这事是令人不快的,可她的脚踝长得太胖了。"王尔德得出结论,"一个人是投毒者的事实并不意味着他的散文有什么不对头的地方","在罪行和文化之间并不存在本质上的不协调"。王尔德说,评判温赖特的作家价值还为时过早,不过,他倾向于认为,通过温赖特的犯罪技艺,我们可以看出他是一个真正的艺术家。

遭到嘲讽的颓废主义

> 人过去本不该是那个样子。
>
> 人现在也不该是这个样子。
>
> 而未来就是艺术家的样子。①

在撰写了《笔杆子、画笔和毒药》之后，王尔德开始撰写他的第一篇也是最成功的一篇对话录，即《谎言的衰落》，到了 1888 年 12 月，他已经完成了这篇文章。跟《W. H. 先生的肖像》一样，撰写这篇文章的动力来自他跟他宠爱的那位信徒罗伯特·罗斯的交谈。这篇文章的最大影响力之一就是让王尔德跟叶芝建立了联系，叶芝是最初听到这篇文章的人之一，正是叶芝用纯粹的二十世纪措辞重新展现了王尔德。

他们可能是在王尔德夫人家碰面的，不过，在《自传》中，叶芝认定他们是在威廉·欧内斯特·亨利家相遇的，时间大约是 1888 年 9 月，当时亨利和王尔德刚成为朋友。（亨利后来攻击过王尔德，验证了王尔德在这次聚会中说过的话："文人友谊的基础就在于搅拌那个掺毒的碗。"）叶芝那一年是二十三岁，亨利和王尔德两人的对照让他感到很有趣，亨利是一个勤勉、威严的人，而王尔德则是一个懒散、颠覆性的人。王尔德的"完美句子"也让他感到震惊，这些句子以寓言的形式表现了想象力对一切障碍性环境的征服。王尔德的那种"严厉的才情，专横的泰然自若"更胜于亨利的活泼的智慧。"我嫉妒那些生前就带有神话色彩的人。"叶芝半带恭维地对王尔德说，得到的回答是，"我认为一个人应该创造自己的神话。"叶芝将终身牢记这个劝告。在那些跟佩特风格不符的人群中，

301

---

① 引自《社会主义制度下人的灵魂》。

王尔德对《文艺复兴史研究》的称赞也让叶芝感到高兴:"无论旅行到哪儿,我都要带上它;但它是颓废精神的真正花朵;它写完的那一刻,最后的号角就该响起。""不过,"一个乏味的人说,"你不愿留给我们阅读它的时间吗?""哦,不,"王尔德回答,"那之后会有很多时间——在另一个世界里。"王尔德既颂扬了佩特,又把他描述得有点荒唐,佩特自称受制于某种奇特的束缚,因此也就可以自由行事。在他离去之后,亨利评论道,"不,他不是一个唯美主义者。你很快会发现,他是一个学者和一位绅士。"[25]

如果说叶芝注意到了王尔德,那么,王尔德也注意到了叶芝。1888 年,他邀请叶芝来参加圣诞晚宴,假装以为他在伦敦没有家人,面对这个借口,叶芝也乐于不告诉他实情,免得让他为难。叶芝曾听说过王尔德父母在都柏林的凌乱房子,以及威廉·王尔德的肮脏指甲,他对泰特街房子里的景物毫无准备。客厅和餐厅的装饰色是白色,墙壁、家具和地毯也一样。例外的是从天花板垂下来的红色灯罩,它笼罩在白色桌子中央的一尊赤陶雕像上,这尊雕像下面是一片钻石形的红布。这种优雅让叶芝感到窘迫,尤其是当王尔德看到叶芝的那双黄色鞋子时,他显然吃了一惊——不染色的皮料是当时的风尚,可是叶芝没有处理好。叶芝试图给西里尔·王尔德讲一个关于巨人的故事,结果却把孩子吓哭了,父亲责备地看了叶芝一眼,他自己的巨人故事强调的是和蔼可亲而不是可怕形象。叶芝被自己的笨拙行为搞得狼狈不堪,不过,他并不是毫无优势的。他知道自己是一个比王尔德更棒的诗人。圣诞节宴席上的王尔德想必在某种程度上明白叶芝的感受,因为他把那种无言的轻蔑转变成了语言清晰的胜利,"我们爱尔兰人太富有诗意了,所以成不了诗人;我们是一个具有辉煌的失败传统的民族,但我们是自希腊人以来最出色的健谈者。"*

饭后,王尔德拿出了《谎言的衰落》的校样,詹姆斯·诺尔斯将在下个月的《十九世纪》上发表这篇文章。他几乎再也找不到比叶芝更愿意倾听这篇文章

---

* 他曾经在一篇评论中说,女人太富有诗意了,所以成不了诗人,乔治·艾略特笔下的威尔·拉迪斯洛(Will Ladislaw)在《米德尔马契》中也这样认为。

的人了。叶芝并没有追随当时的流行风尚,对批评理论不屑一顾,不过到目前为
止,他的文学观念是滋生于神秘主义和民族主义的。他需要一种美学观点,这种
观点将会囊括对艺术之本性和职能的执著思考,自从早期浪漫派诗人发表了他
们的声明之后,欧洲就一直在思考这些问题。在对话中,王尔德概括了从戈蒂耶
到马拉美这些作家对生命和自然的轻蔑,爱伦·坡和波德莱尔对公共道德的轻
蔑,以及魏尔伦和惠斯勒对内容的轻蔑。王尔德把这一类的观点跟关于诚挚和
逼真的传统理论对立起来。通过对话的形式(叶芝后来也学他的样采用了对
话),他竭尽一切辩证的可能性,锐化了处于核心位置的悖论——是艺术创造了
生活。

　　《谎言的衰落》的开篇是一段正在进行中的对话,不过,它以嘲讽的形式效
仿了尼禄时代的颓废风格。王尔德提到一个叫"厌倦的享乐者"(The Tired
Hedonists)的俱乐部,解释说,"聚会时我们应该在纽扣孔里插上凋谢的玫瑰,还
应该对图密善①有所膜拜。"交谈者想象这些成员肯定是相互厌倦的,他表示赞
同:"是啊。这是俱乐部的宗旨之一。"就这样,王尔德一笑带过了关于颓废精神
的问题。另一个靶子是左拉的某篇文章,九年前,它被收在《实验小说论》(Le
Roman expérimental,出版于 1880 年)中,这篇文章对想象力不屑一顾,它把艺术
迷宫改建成了实验室。真正的颓废,王尔德说,就是这种生活对艺术的入侵。

　　跟马修·阿诺德的态度不一样,他打算采取的态度不具有那么强烈的救世
精神,阿诺德最近的过世似乎为一种新的美学标准让出了空间。艺术摒弃了诚
挚和精确,它支持的是谎言和面具,王尔德对此表示赞赏。他在很大程度上避免
了"想象力"这个词汇,因为它已经变得陈腐和无伤大雅,不过,他当然认为想象
力要比理性和观察更胜一筹。对王尔德来说,"想象力"也是一个听起来过于自
然、过于本能的词。"撒谎"是一个更好的词,因为它没有溢露自我,而是故意想
要把人引向歧途。还有,它听上去是有罪的,而且是有意为之的。"所有的虚构

---

　　① 图密善(Domitian),古罗马暴君,喜好孤独,性情敏感。

作品,"他声称,"都是自觉的、深思熟虑的。一位伟大的歌手唱歌是因为他选择了唱歌,"但是,"如果你说了实话,毫无疑问,你迟早会被人发现!"王尔德以亚拿尼亚①而不是艾利尔②的名义不动声色地赞美了艺术。

他确定了艺术的两种基本能量,都是颠覆性的。一种能量坚持认为艺术跟经验是相分离的,它是一种非现实,一种无用之物。艺术是跟自然和上帝开玩笑的一种把戏,是人类制造的一种违法创造物。"所有的艺术都是完全无用的,"跟戈蒂耶和惠斯勒一样,王尔德也这么说。"艺术除了自己之外从未表达过任何事物。""任何东西,只要确实存在过,就不会是毫无意义的。"形式决定了内容,而不是内容决定了形式。王尔德彻底颠覆了丹纳:时代并没有塑造艺术,而艺术却让时代获得了其自身的特征。非但不是去回答新时代提出的问题,艺术在问题被提出之前就提供了答案。"时代才是它的符号。"*叶芝把这番话听进去了,因为他在《幻象》(A Vision)中的历史章节就例证了这种观点。

艺术的第二种能量是意象的灌输。生活努力跟随艺术,它利用艺术中的形式来表达自己。生活模仿艺术。跟丹纳一样,亚里士多德也被颠覆了。"想想吧,我们从模仿基督中得到了什么,又从模仿恺撒中得到了什么。"没有人像王尔德那样让叶芝处于自相矛盾之中。他将以王尔德为榜样,不过,他会采用圣方济各和恺撒·博尔吉亚的例子。[27]在他笔下的一个最精彩的段落中,王尔德说,"这个关于艺术模仿自然的令人遗憾的警句,是哈姆雷特故意说的,为了让旁人

---

① 亚拿尼亚(Ananias),圣经《使徒行传》中的人物,他把应该献给使徒的钱私藏起来一部分,结果因撒谎而暴死。

② 艾利尔(Ariel),莎士比亚戏剧《暴风雨》中的精灵,普遍认为这个精灵是男性,虽然历史上一度是由女性来扮演这个角色。艾利尔在戏中受制于魔法师,为后者效劳。

* 一个笔记本上记录了其他相关的王尔德警句:

> 生活是唯一从不真实的事物。
> 生活是一个阻止人入睡的梦。
> 不可能发生在艺术中的事情就是那些在现实中发生的事情。
> 不可能发生在艺术中的事情就是那些在现实中频繁发生的事情。
> 人为地把灵魂和肉体分开,人们通过这种办法创造了一种粗俗的现实主义,一种无益的理想主义。[26]

相信，他对于一切艺术问题都彻底丧失了理智。"如果艺术是一面镜子，我们瞅着它的时候，就会看到一个面具。（希律王会赞成这个说法。）实际上，"生活是镜子，艺术是现实"。柯罗的绘画创造了雾气，而人们本以为它们是在照样描绘雾气，当普鲁斯特说女人开始效仿雷诺阿画中的女性形象时，他也是这个意思。王尔德说，"整个日本纯粹是"日本艺术家的"虚构"。"根本不存在这样的国家，不存在这样的人民。""我们所了解的十九世纪在很大程度上是巴尔扎克的虚构……我生命中遭遇的最大悲剧之一就是吕西安·德·吕邦泼雷的死亡。"《哈姆雷特》在两个世纪里发挥着影响力。"世界变得哀伤(sad)，因为一个木偶曾感到忧郁(melancholy)。"（叶芝对王尔德用"忧郁"来取代"哀伤"感到不满，王尔德解释说这个句子在结束时需要饱满的音，然而叶芝不接受这番解释；不过，"忧郁"在伊丽莎白时代是一个临床医学上的术语，因此，王尔德选择它是有道理的。）至于雕塑，"希腊人……在新娘的寝室里摆放了赫耳墨斯或阿波罗的塑像，在销魂或阵痛之际，她注视着那些艺术形象，这样她就可以产下与那些艺术作品同样可爱的孩子。* 他们知道，生活从艺术那里获得的不仅仅是灵性……她还可以就根据艺术的线条和色彩来构塑自己，呈现菲狄亚斯的尊贵和波拉西特列斯的优雅。"

　　本来是艺术以中性的姿态让生活获得形式，渐渐转变成了另一种观念，即艺术可以影响生活，而不是孤立它。王尔德会说，这两种情况都有可能发生。在《谎言的衰落》中，他提到"那些无聊的小伙们，在阅读了杰克·谢泼德(Jack Sheppard)或迪克·特平(Dick Turpin)的历险记之后，就开始打劫不幸的卖苹果妇女的小摊，在夜里砸开糖果店，在偏远的小径上恐吓那些从城市里归来的老绅士们，面戴黑面具、手持没有子弹的左轮连发手枪跳出来扑向他们"。艺术或许

304

---

* 所以，叶芝的《国王的门槛》(*The King's Theshold*)是这么说的：

　　　　　但为什么你天生畸形？
　　　　你母亲倾听了怎样一位拙劣的诗人
　　　　以致你天生如此畸形？

会让它的观众产生犯罪的冲动。跟惠特曼一样,王尔德可能会说,"我的诗歌不仅会行善,它们还会做同样多的歹事,也许还要更多一些。"惠特曼、王尔德和叶芝都认为不该考虑善恶问题,至少不该考虑传统形式的善恶。王尔德曾认为艺术家是**与世隔绝者**,如今倒过来,他又认为艺术家是神圣的罪犯,根据这个观念,他的理论又回到了原点。艺术的职能就是对可预见性的突袭。

王尔德观点的颠覆性可以跟其措辞的优雅相媲美。在对话中,两个交谈者互相逗趣并试图说服对方,作者对双方都保持着一种略带疏离的态度,即便是他明显赞同的一方。辩论的喜悦比说服的喜悦还要更大。王尔德比佩特更进了一步,佩特只敢暗示说新的艺术将会颠覆旧世界,因为对他来说,生活是由情感构成的,而艺术提供了最强烈的情感。王尔德以灵巧的方式把反讽注入美学;他找到了一种方式,认为艺术应该讨人喜欢,对人有教育意义,但又不显得谄媚或喜好说教。叶芝谈到"我们那种更为深远的拉斐尔前派精神",不过,是王尔德的更为深远的后唯美主义奠定了他的方向。尽管如此,他并没有眼花缭乱。他认为王尔德天生是个"实干家"(a man of action),他得知王尔德放弃了国会里的一个可靠席位,感到很吃惊。作为一个作家,在叶芝看来,王尔德是"有待完善的",他是这样一个人,"由于天性十分热烈,差一点就看到了圣杯"。[28]

王尔德的伟大跟叶芝的伟大具有不一样的形式。他的悖论翩翩起舞,他的才智闪烁发光。他的语言中充满了自嘲、趣味和放纵。各地作家的唯美主义观点都汇聚在这里,当他们寻求表达的时候,他们都将引用《谎言的衰落》。艺术不会受政治、经济或宗教的抑制。人们再也无法质疑它的自豪和力量,说它是琐碎的或无益的。衰退也就是重生。通过自己的狡黠和雄辩,王尔德让艺术又一次获得了浪漫派诗人曾宣示过的力量,它再次获得了为世界确立法规的能力。

注释

[1] 'Should Geniuses Meet?,' *Court and Society Review* IV, no. 148(4 May 1887): 413-4, in Mason, 38.

[2] Raffalovich in *Blackfriars* (1927).

［3］Marc-André Raffalovich, *A Willing Exile*, 2 vols（1890）, I: 88-9.

［4］Jopling, 79, 82; *Letters*, 277.

［5］Isaiah Berlin 爵士告诉我,他听伯纳德·贝伦森说过王尔德的这番话, Ernest Samuels 教授也进一步证实,贝伦森把它记录了下来。

［6］*Pall Mall Gazette*, 17 Apr 1888.

［7］Anne Clark Amor, *Mrs Oscar Wilde*（1983）, 72, 76-9; Jopling, 305.

［8］Chatterton lecture, poem on Chatterton（MS. Clark; additional punctuation for the sake of clarity）.

［9］'A Note on Some Modern Poets,' *Woman's World*, Dec 1888.

［10］'The Poet's Corner,' *Pall Mall Gazette*, 6 Apr 1888.

［11］'Mr Pater's Imaginary Portraits,' *Pall Mall Gazette*, 11 June 1887.

［12］Almy, 'New Views of Mr O. W.,' in *Theatre*（1894）, 124.

［13］G. B. Shaw, letter to Frank Harris, 7 Oct 1908（Texas）. 萧伯纳的日记表明跟王尔德之间关于社会主义的讨论发生在菲茨杰拉德·莫洛伊的家中, Belloc Lowndes 太太记下了日期。Bernard Partridge 爵士在 1943 年 9 月 30 日写给 Hesketh Pearson 的信件（Holroyd）中描述了这个场景。

［14］R. Ross, letter to Frank Harris, 2 May 1914（Texas）.

［15］N. F., 'Oscar Wilde as Editor,' *Cassell's Weekly*, n. d.（Clark）; Yeats, *Autobiography*, 87-8.

［16］Harris, 337-8.

［17］Quoted in Beddington, 41.

［18］'*As You like It* at Coombe House,' *Dramatic Review*, 6 June 1885.

［19］Cf. *Letters*, 185.

［20］'Mr Whistler's Ten O'Clock,' *Pall Mall Gazette*, 21 Feb 1885.

［21］E. F. Benson, *As We Were*, 244-5.

［22］Swanwick, 66.

［23］M. Asquith, *More Memories*, 116.

［24］Ross, correction to Harris（Hyde）.

［25］Yeats, *Autobiography*, 87-8; MS. draft of *Four Years*（family papers）.

［26］Epigrams in Hyde Collection.

［27］Yeats, *Autobiography*, 181.

［28］See Yeats's inscription in John Quinn's copy of *The Land of Heart's Desire*（NYPL: Berg）. That Wilde 'all but saw the Grail' is from an interview by Sybil Bristowe, 'Mr W. B. Yeats, Poet and Mystic,' *Daily Mail and Record*, 4 Apr 1913.

第十二章　道林的时代

美学比道德要更高一级。它们属于一个更精神化的领域。领悟事物之美是我们能够抵达的最高境界。在个人的发展过程中，即便是颜色感也比是非感更重要。①

新美学

305　　九十年代起始于 1889 年,结束于 1895 年。至少,王尔德的九十年代是这样的,没有了王尔德,这十年也就不可能获得自身的特征。在这些年里,唯美主义得到了校正和完善。八十年代,王尔德采取了一种极端的倡导态度,这只会让唯美主义名声扫地,惹起人们的大肆嘲讽。如今,他赋予这场运动一种新的复杂性。王尔德并没有放弃对道德或自然的蔑视,虽然这种蔑视让他的评论者惊恐不安,感到恼火,但是现在,他考虑到了"一种更高层次的伦理",它容得下艺术自由和个性的充分表达,也容得下个人主义认同感或自恋派社会主义的古怪烙印。他还表明,通过艺术,自然也许会反映出雪莱所谓的"未来投射在当下的巨

---

① 引自《作为艺术家的评论家》。

大阴影"。除了这些之外,他还补充了唯美主义的另一特色,即对思想和行为之禁区的入侵。正派得体如今只是艺术作品的一种形式属性,不是一个道德问题。

具有了这种新的外观之后,唯美主义也修改了读者和作者之间的关系。一旦人们开始讨论色情文学的禁区,读者的冷静和不受侵犯的距离感就会遭受威胁。很多年轻男女就是从《道林·格雷的画像》的暗示中了解了那种无名之爱的存在。(在非正式的场合,王尔德留意了他正式否认的东西,他告诉年轻的艺术家格雷厄姆·罗伯逊,"格雷厄姆,这本书不是为你写的,我希望你不要去读它。")人们还从王尔德那里学到该怎样遣词造句和过上流生活。在八十年代,唯美主义缺少范例:《道林·格雷》满足了这种要求。它以那些无礼的格言,那些迷人的习语,交谈式话题,还有它的满不在乎和乖张癖性,宣布了道林时代的到来。

在八十年代,与其说唯美主义是一场运动,不如说它是在缺乏一场运动的情形下的一种劝诫。然而,它的影响力,它所属运动的影响力——那种为艺术以及艺术家抵制"虚实(factification)"和"日常琐碎(getting-on)"所作的宣传——变得越来越强大。认为行动比艺术要更高一筹的主张受到了挑战,因为艺术创造跟柏拉图赞赏的冥思生活相关联,它才是最高形式的行动。王尔德概括了那些在英格兰没有被挑明的观念,不过,马拉美和魏尔伦的诗歌,福楼拜和邓南遮的小说已经表达了它们。这些作家比王尔德更精确地提出了自己的见解,但是王尔德在某个方面可以跟他们媲美,即他总显得引人瞩目。

他是那个更引人瞩目的人,因为他会若无其事地提出自己的观点,而这些观点扰乱了文学和生活的根基。采用对话的形式让他的表达具有一种不教条的轻松随意。他说,"我可以创造一个假想敌,然后再通过某种荒谬的诡辩让他改变信仰。"[1]即便放弃了那种形式,譬如在《社会主义制度下人的灵魂》中,他似乎还是打算根据自己的立场进行辩论。在打破别人的自鸣得意和说服别人方面,这都是同样重要的,甚至更重要。在1890年7月21日的日记中,凯瑟琳·布拉德利("迈克尔·菲尔德"二人组合之一)写道,王尔德承认自己是个懒人:

306

　　我们都一致同意——人生的整个问题都取决于乐趣——佩特表
示,享乐主义者——完美的享乐主义者——就是圣徒。"善良的人不
一定都快乐;但是快乐的人总是善良的。"他目前在为《十九世纪》撰写
两篇关于"无所事事的艺术"的文章。当他躺在沙发上思考的时候,他
的状态最好。他什么都不想做;他被"风格病"击败了——即努力想要
找到雅致的韵律,来准确表达他想要表达的东西——他显得筋疲力尽。
除了思考,冥思⋯⋯[2]

　　王尔德提到的是 1890 年 7 月和 9 月他在《十九世纪》上发表的《评论的真正职能
和价值之对话录:附若干关于无所事事之重要性的议论》(The True Function and
Value of Criticism: With Some Remarks on the Importance of Doing Nothing: A
Dialogue)。1890 年 6 月 20 日,《道林·格雷》的初版发表在《利平科特月刊》上,
亨利·沃顿勋爵在小说中三次提到"懒洋洋地",一次提到"倦怠地"。他以新的
姿态对这些词语表示赞许,就像魏尔伦在前几年曾对法文中的"倦怠"表示赞
许。王尔德并不懒惰。他读起书来狼吞虎咽,他设计和尝试了那些交谈话题,根
据它们引发的震惊、趣味、默许或喜悦来对它们进行润色。他认为希腊人对讲话
也同样感兴趣:"他们总是根据口语词汇的音乐和韵律关联来作判断。声音是
媒介,耳朵是评论家。"照凯瑟琳·布拉德利的说法,他以那种"绵软的嗓音"流
露着"幸福"。佩特半带贬损地指出,他的大多数文章都带有一种"出色健谈者"
的腔调[3]。然而,在 1891 年,他的**奇迹之年**,他出版了四部书籍(两部故事书,一
部评论集,还有一部小说),发表了一篇政治长文(《社会主义制度下人的灵
魂》),还撰写了他的第一部获得成功的剧本,即《温德米尔夫人的扇子》,以及
《莎乐美》的大部分内容。"倦怠"是勤勉的面具。

　　随着王尔德所获的成就,追随他的年轻人也越来越多。只要王尔德听说过
一个年轻诗人,他就会向这个诗人致意,热情款待他;跟马拉美一样,他友善地对
待这些文学界的野心家——他是一个类似的小圈子的领袖。不断有新人加入。

1891 年 7 月 12 日,十八岁的奥布里·比亚兹莱没打招呼就突然出现在爱德华·伯恩-琼斯的家中,他的脸庞在栗色头发的映衬下就像是"一柄银色的小斧"[4],王尔德和康斯坦斯恰巧也在那里。面对年轻艺术家向他出示的作品,伯恩-琼斯通常是不置可否的,这一次他却对比亚兹莱大加鼓励。王尔德夫妇邀请比亚兹莱和他的姐姐梅布尔坐进马车,把他们一起带回了家,从此成了朋友。或许就是在王尔德的影响下,比亚兹莱的风格越来越具有讽刺性,也越来越邪恶。王尔德后来会说,是他创造了比亚兹莱,这也许是真的。

截至 1892 年年中,他身边最主要的年轻人是一个像新星那样莅临他们圈子的人——即约翰·格雷。格雷生于 1866 年 3 月 2 日,他是木匠的儿子,渴望加入有教养者的圈子。十三岁那一年,他被迫离开学校,成为一个金属车工,他暗地里学习语言、音乐和绘画。十六岁那年,他通过了文职公务员考试,获得了一个办事员的职位,先是在邮政局,六年后,他去了外交部图书馆。只是没人能确认他跟王尔德的相遇时间,因为双方都说他们是在一个比实际日期更迟的日子里相识的。不过,到了 1889 年,他们的关系已经开始了。

格雷跟里基茨、香农关系密切,那一年的 8 月份,里基茨和香农在杂志《日暮》第一期上刊登了格雷的两篇文章。一篇是关于龚古尔兄弟的文章,另一篇是具有王尔德风格的童话,题目是《了不起的蠕虫》(The Great Worm)。收到这份杂志后,王尔德立刻前往河谷街 1 号为此表示感谢。"这真是太令人愉快了,"他告诉他们,"但是别出版第二期,一切完美的事物都应该是独一无二的。"那位年轻的模仿者热爱法国文学,他们肯定提到了这个话题,里基茨和香农一定没忘记描述这位年轻、白皙、漂亮的投稿人。1889 年,作家弗兰克·里比彻也出席过一场包括王尔德和格雷在内的晚宴。[5]

为自己小说中的男主人公起名叫"格雷"是一种求爱的形式。王尔德给男主人公起这个名字不一定是为了表明他有一个原型,而是为了奉承格雷,把他和道林联系起来。格雷知道他的意思,在写给王尔德的信中,他的签名是"道林"。他们的亲密关系成了众人的共同话题,因为大约在 1891 年 2 月 1 日,格雷在诗人俱乐部的集会上朗诵了作品,王尔德到场倾听,莱昂内尔·约翰逊和欧内斯特·道森都提到了这件事。1891 年 2 月 5 日,约翰逊在一封信中说,"我跟道林的原型成了好朋友;一位约翰·格雷,圣殿里的年轻人,有三十岁[实际上是二十五岁],但长着一副十五岁的脸庞。"道森在 2 月 2 日写道,"'道林'·格雷[朗诵]了一些优美且晦涩的小诗,属于法国象征主义的最新风格。"[6]次月,王尔德宣布,他打算为《双周评论》撰写一篇题目为《新诗人》(A New Poet)的文章,只须等待格雷创作出足够多的诗歌,他就可以作这样的宣传了。

人们认为王尔德和格雷是情侣,似乎没有理由怀疑这一点。道林回忆说他从某人那儿听到的两句话,可能就是王尔德写给格雷的,"由于你是象牙和金子制作的,世界就此改变了。你那双唇的曲线改写了历史。"格雷一度感到不知所措——萧伯纳说他是"王尔德信徒中较可鄙的一个"。[7]但王尔德并不是一个专注的人。

他特别喜欢自己母校的学生。1890 年 2 月中旬,他走访了一趟牛津,主要是因为牛津大学戏剧社答应根据他的建议上演勃朗宁的《斯特拉福德》(Strafford)。到了那里,他拜访了佩特,他听说新学院出了一个名叫莱昂内尔·约翰逊的新诗人,也许就是从佩特那儿听说的。王尔德在中午去新学院拜访约翰逊,结果却得知他还在床上。约翰逊当时正在阅读 T. H. 格林,那一天的剩余时间里,他没有继续读书。他写信给一位朋友,"我发现他讨人喜欢的程度跟格林不讨人喜欢的程度不相上下。他提到每个人,言语尖刻到极点:他称赞了[里基茨和香农的]《日暮》;嘲笑了佩特;抽光了我的烟。我爱上了他。"[8]王尔德许诺说他一定会回来,可是戏剧方面的事情拖了他的后腿;他从伦敦寄来了一封写给"亲爱的约翰逊先生"的信件,赞美了他的诗歌,请求进一步了解它们的作者。

还有一个新学院的朋友,即半疯狂的诗人约翰·巴拉斯,巴拉斯威胁说要把国会大厦炸掉。1891 年,他被逮捕了,王尔德跟巴拉斯的另一个朋友一起前往威斯敏斯特治安法庭,他愿意担保巴拉斯是一个品行良好的人。在路上,这位同伴告诉他,巴拉斯认为自己是一个转世的圣经人物,他还以为,人们从他身边路过时,以双手交叉的方式表示了对他的尊敬。王尔德非常认真地说,"亲爱的朋友,一想到圣经带来的损害,我就为它感到羞愧。"[9]他们说服了法官,为巴拉斯作了担保。

309

比约翰逊或巴拉斯更彻底的皈依者是马克斯·比尔博姆,比尔博姆在1888年第一次遇见王尔德,他当时还在查特豪斯公学读书,九十年代初,他哥哥赫伯特·比尔博姆·切尔上演了王尔德的一出戏剧,他就此跟王尔德成了朋友。比尔博姆是个敏捷、机智的人;王尔德教他该怎样变成一个慵懒、乖戾的人。比尔博姆把王尔德称作"神";王尔德说,比尔博姆具有"不朽之古代的才智"。如果说王尔德赞美面具,比尔博姆在早期的文章中就会赞美化妆品;如果说王尔德在《道林·格雷》中描写了一个人和他的肖像,比尔博姆就会撰写《快乐的伪君子》(*The Happy Hypocrite*),描述一个人和他的面具。在某种程度上,这个信徒比他的老师走得更远;王尔德对艾达·莱弗森抱怨说,"他玩弄词语就像一个人玩弄自己喜爱的玩意。当你单独跟他在一起的时候,斯芬克斯,他会摘下真容,露出面具吗?"[10]《朱莱卡·多布森》展现了一种精致的琐碎,试图跟《不可儿戏》一较高低。它对孔雀和礼物的讨论直接借鉴了《莎乐美》。比尔博姆赞美过王尔德,学习过王尔德,也抵制过王尔德;他意识到王尔德是一个同性恋,生怕自己会走上他的老路,于是跟他疏远了关系。他将会用漫画对王尔德进行疯狂的讽刺;这是忘恩负义的,可是王尔德的其他追随者也会陷入这种忘本的形式,以及这种亲昵的形式。

他到处散播自己的观念和主题,有时,他的年轻崇拜者确实有所收获。小说家马克斯韦尔当时还是个男孩,他听王尔德讲了很多故事,把其中一个写了下来,还发表了它。他向王尔德坦白了这件事,王尔德的面孔阴沉了下来,然后又云开雾散,他带着责备的口气给予了许可,"盗窃我的故事也算是绅士所为,但是不告诉我你的盗窃行为,这就是对友谊的无视。"接着,他突然变得严肃起来:"你不可以写我告诉你的那个故事,关于一个人和一幅画的。绝对不可以,我要为自己留着这个故事。我真心要写这个故事,如果有人抢先写了这个故事,我会非常不安的。"[11]这是他首次提到《道林·格雷的画像》,马克斯韦尔说,过了好几年,王尔德才真的把它写了出来。

绘制道林的肖像

> "哈里,"巴兹尔·霍尔沃德直直地盯着他的脸说,"任
> 何怀着感情绘制的肖像都是艺术家的肖像,不是模特
> 的肖像。"①

310　　对于王尔德来说,唯美主义不是一种信条,而是一个问题。他从探究这个问题的各种分支中获得了题材,他对待这种题材的态度既包括认真的信奉,也包括嘲讽——比尔博姆发现这种态度是有益的,值得效仿的。戈蒂耶曾鼓吹过一种冰冷的唯美主义——王尔德并不赞成,但有时他喜欢装出赞成的样子。他早就否认了"为艺术而艺术"的口号。可是他觉得,这个关于一个人及其肖像的故事中包含了他想要开采的大多数要素。"成为一件艺术品是人生的目标,"他写道。[12]他会为一个腐朽的人描绘两幅肖像,道林是其中之一,另一幅是《来自深渊》中的他所谓的自画像。王尔德小说跟其他故事多少也有点联系。在出版于1890年的亨利·詹姆斯的《悲剧缪斯》中,唯美主义者盖布里埃尔·纳什就带有王尔德的痕迹,其中包括詹姆斯在1882年觉得很讨厌的那种美学世界主义。当尼克·多默(Nick Dormer)问纳什,"归根结底,我们不是都住在伦敦吗? 都身处十九世纪吗?"纳什回答说,"哦,亲爱的多默,请原谅。我不是生活在十九世纪。根本不是!""也不在伦敦?""的确如此——即便不在撒马尔罕②,也不在伦敦。"纳什坐在那里当画像的模特,但是却失踪了;没有人知道他去了何处,难以理解

---

① 引自《道林·格雷的画像》。
② 撒马尔罕(Samarcand),中亚古城,十四世纪时,成吉思汗的后代帖木儿曾建都于此。

的是,就跟他本人一样,他那幅绘制在画布上的未完成肖像也逐渐消失了。詹姆斯的主题思想是,唯美主义对具体细节不感兴趣,它给予信徒的只是一种虚幻的存在。然而,如果说詹姆斯对唯美主义态度严厉,那么王尔德对它的态度也是严厉的,至少在小说中是这样。

王尔德喜欢讲述关于肖像的故事。查尔斯·里基茨记得,某人向王尔德谈起霍尔拜因笔下一幅肖像画的优点,那是克里维斯的安妮(Anne of Cleves)的肖像。亨利八世曾受不了她的丑陋。"你以为她真的很丑?"王尔德说。"不,亲爱的孩子,她就跟我们在卢浮宫中看到的肖像一样优美。可是,被派去迎接她来英国的护卫队中还有一个英俊的年轻贵族,她疯狂地迷上了他,他们在船上成了情人。他们能做些什么呢? 被人发现就意味着死亡。于是,她弄脏了自己的脸,穿上粗俗的衣服,直到亨利把她当成了怪物。接着,你知道发生了什么? 若干年过去了,有一天,国王带着鹰只出去狩猎,他听到有一个女人在附近的果园里唱歌,他从马镫上站起,想要看看是谁用这样可爱的声音迷住了他,他看到了克里维斯的安妮,既年轻又漂亮,在爱人的臂弯中唱歌。"[13]

《道林·格雷的画像》有诸多出处,其中包括巴尔扎克的《驴皮记》、史蒂文森的《化身博士》、歌德的《浮士德》和迈因霍德的《西多妮亚》。这个名单可以无限地增加下去。就像叶芝说的那样,"艺术作品促生了艺术作品"。没有什么具体作品跟这个作品正好相似。王尔德偶然想到了一个唯美主义的神话,即关于怀恨在心的图像的神话,一件艺术品就像儿子反抗父亲,人反抗上帝那样对待它的原型。他起初想到的是一个熟悉的主题:"我起初的想法是,一个年轻人为了永恒的青春出卖了灵魂——这个想法在文学史上是古老的,不过我会赋予它新的形式,"他在一封给编辑的信中谈到这本书。他把这个主题置于拿艺术跟生活作对比的当下辩论中,其新形式即来源于此。这个故事跟莎乐美的故事一样古老,但他并不因此感到烦恼。他想要把道林描述成一个可以跟马吕斯①和

311

---

①　疑指雨果《悲惨世界》中的马吕斯·彭眉胥(Marius Pontmercy)。

德埃森特竞争的人物(更别提巴尔扎克的吕西安·德·吕邦泼雷了)——而且会在竞争中获胜。

在创作《道林·格雷》之前,他酝酿了很久。王尔德对图像很关心。他绘制过一幅又一幅的自画像:在圣三一学院的时候,他尝试着蓄胡子,然后又把它剃掉了;在牛津,他留了波浪形的长发,然后,到了巴黎,他又剪短了头发,把它烫成了罗马式,接着又留成长发。他的服饰也不断变化:在伦敦的时候穿得像个花花公子,到了美国就变得很夸张,那之后又精心打扮成高雅的样子。难怪他经常谈到姿态和面具。"人生的第一职责是采取一种姿态,"他说,"至于第二职责,还没有人发现它是什么。"在他之后,叶芝也坚持认为虚构的自身几乎从一开始就会继续发展下去。《反常》中的德埃森特试图建造一个可以过上艺术生活的艺术世界,他被这种努力打动了。在《笔杆子、画笔和毒药》中,他赞许地提到艺术一样的生活。他不赞成那些认为他虚伪做作的人。他认为自我具有多种可能性,他的一生就是要轮流呈现这些可能性中的每一种。

于是,肖像和镜子成了他的论证中的话题。镜子也许是带有自然主义特色的,就像在《小公主的生日》中,那个侏儒一看到自己的形象就死掉了,要么,就是在道林最喜欢的书籍中,其中的男主人公对"镜子、抛光的钢铁和止水充满了荒谬的恐惧",因为它们将揭示他那日渐凋谢的美貌。在王尔德的寓言中,那喀索斯看到了水中自己的影像,但他并不知道水在他眼中只能看到水自身的影像。在《谎言的衰落》中,不是艺术反映了自然,而是自然反映了艺术。《道林·格雷》的序言宣布,"艺术真正反映的不是生活,而是观众",然而,在小说中,肖像不再能够反映道林的外在美貌,却只能反映他内心的丑陋。

他还想到了他跟惠斯勒的争论,1885 年,在评论文章《惠斯勒先生的十点钟》里,他曾经指出,至高的艺术家是诗人(而不像惠斯勒主张的那样是画家),因为诗人可以利用一切而不是部分经验。他了解莱辛的理论,莱辛认为绘画是空间性的,文学是时间性的,《作为艺术家的评论家》跟《道林·格雷》完成于同一时期,它强调说,时间领域才是更胜一筹的,因为它包含了对自身历史的心理回应：

> 雕像着眼于那完美的一瞬。涂抹在画布上的图像不具有成长或改
> 变的精神要素。如果说它们对死亡一无所知，那是因为它们对生命所
> 知甚少，因为生命的秘密属于那些受时间之次序影响的人，那些不仅拥
> 有现在，还拥有将来的人，他们能够在过去的荣耀或羞耻中崛起或陨
> 落，而且，这种秘密也仅属于他们。运动是视觉艺术中的难题，然而单
> 独依靠文学，它就能够真正获得实现。

他相信自己的小说可以超越这些一般性的局限。它只能以文字的形式出现，但
是依靠这些文字，他可以描述出一幅绘画中的那些莱辛认为影像艺术不具备的
属性：通过着眼于一个完美时刻的办法，肖像美化了它的对象——即画中的人，
一旦它这么做了，它就会贬损自身的成就，仿佛它主张的是时间而不是空间。人
们本以为文学和绘画不可能互换角色，可是《道林·格雷》改变了这个观念；最
后，每一种艺术都会回归到常规的状态，但是文学将显示，它能做到绘画无法做
到的事情，它的存在是暂时而不是永恒的，却能铭刻一幅肖像，它属于它那位漂
亮、怪诞的男主角。尽管他去掉了书中的一切惠斯勒的痕迹，这个小说还是延续
了他们过去的那场争论，即他们那两种艺术的各自的优点。王尔德获得了胜利，
他不但能表现高尚的时刻，也能表现这种高尚的分崩离析，而惠斯勒却做不到这
一点。

这种对时间的担忧反映了王尔德对自身变化的感受。既然他已经确定了自
己的同性恋倾向，他想知道自己会不会永远保持下去。道林从天真烂漫转向罪
恶。王尔德并没有特别的罪恶感，但他可能会怀疑自己是否永远天真。他朝气
蓬勃的爱情生活只是一种假象吗？这样的问题把他引向两个道林。

很多人问起这些角色的原型，王尔德给出了相互矛盾的答案，以此为乐。赫
斯基思·皮尔森记录了其中之一，之所以会有巴兹尔·霍尔沃德这个名字，是因

为在 1884 年曾经有一个名叫巴兹尔·沃德的画家为王尔德绘制过肖像；完成了画作之后，沃德说，"如果你能够保持不变，而肖像却代替你衰老和枯槁，这该有多好啊。"[14] 如果有证据表明确实有一个巴兹尔·沃德为王尔德绘制过肖像，如果王尔德没有传播过第二种解释，这个故事会显得更有说服力。1891 年 9 月 24 日的《圣詹姆斯报》发表了一个故事，显然源自王尔德：1882 年，王尔德在加拿大认识了加拿大艺术家弗朗西斯·理查兹，1887 年，他为王尔德绘制了肖像，王尔德为此说了以下的话，"这是多么不幸的事情。这幅肖像永远不会衰老，而我却会。要是能倒过来就好了。"欧内斯特·道森还记录下了又一种说法，1890 年 10 月 9 日，他听到王尔德在赫伯特·霍恩家中说，巴兹尔·霍尔沃德的原型是查尔斯·里基茨。这似乎是可能的，至少就巴兹尔·霍尔沃德的同性恋品位来说是这样，拿杂志版的《道林·格雷》跟书籍版的《道林·格雷》相比，他的这些品位在杂志版的故事中显得更加独树一帜。不过，这个小说的主题，激情和艺术的关系，就要追溯到王尔德诗中的那个激昂的夜晚了，也就是查密迪斯跟雅典娜的青铜裸体共度时光的那一夜。查密迪斯用生活冒犯了艺术，这种亵渎类似于道林想要做的事情，即用其中之一取代另一种。

王尔德把这个故事写了下来，而不是继续跟年轻人（譬如马克斯韦尔）谈论它，这在一定程度上要归功于 J. M. 斯托达特，即那个费城的出版商，七年前，王尔德曾经跟他一起拜访过沃尔特·惠特曼，还曾说服他出版伦内尔·罗德的《玫瑰叶和苹果叶》。《利平科特月刊》是他旗下的杂志，大约在 1889 年 9 月，为了推广这份杂志，斯托达特来到了伦敦。他想要征集几个短篇小说，于是邀请了两个最好的人选（即阿瑟·科南·道尔和奥斯卡·王尔德）跟一位爱尔兰国会议员 T. P. 吉尔共餐。道尔记录下了这次会谈。他们提到了罗德或别的某个人的背叛，就像在《社会主义制度下人的灵魂》中那样，为此，王尔德说，"每个人都会对朋友的痛苦产生共鸣，但除非是具有非常优秀的天性——事实上，除非具有真正个人主义者的天性，才会对朋友的成功产生共鸣。"为了说明这句箴言，他列举了一件轶事：

313

有一次,魔王在穿越利比亚沙漠,他恰好路过一个地点,看到几个小魔鬼正在折磨一个圣洁的隐士。那个圣人轻而易举就摆脱了他们那些邪恶的建议。魔王目睹了众魔的失败,然后,他走过来教他们。"你们所做的事情简直太原始了……让我试试吧。"他说完之后,就在圣徒的耳边低声说,"你的兄弟刚刚被任命为亚历山大里亚的主教。"这位隐士的安详面孔上顿时浮现出满怀嫉妒的不悦之色。"这才是,"魔王对他的小家伙们说,"我会推荐你们去做的事情。"

接着,他们谈到了未来的战争,道尔记得王尔德说话时"抬起一只手,脸上一本正经的样子",他的表情让人联想到一种奇异的情景,"双方都会派出一个化学家,拿着个瓶子走近前线"。斯托达特把话题引回到文学上。王尔德读过道尔的《迈卡·克拉克》(*Micah Clarke*),让这位作者感到高兴的是,他称赞了这部作品。道尔向斯托达特提供了自己的福尔摩斯故事二,即《四签名》(*The Sign of Four*),故事一拥有一个唯美主义的题目——《血字的研究》(*A Study in Scarlet*)。也许是为了回应道尔提到的一系列的可怕谋杀案,王尔德也讲述了自己的故事,道林谋杀了霍尔沃德和他自己,同样是普通人难以察觉的。斯托达特立刻跟两位作家达成了协议,他请王尔德在10月之前把故事寄给他。[15]到了11月,王尔德还是没有寄出这个故事,他似乎直到次年春天才把它寄过去。与此同时,斯托达特要求的字数是十万,可是王尔德回电说,"英语中没有十万个优美的词汇。"

《道林·格雷的画像》是他撰写过的最长的叙事文,它给他带来了很多麻烦。"恐怕它跟我自己的生活很相似——说了又说,却不采取行动,"1890年初,他在写给一位作家朋友比阿特丽斯·阿尔休森的信中说。"我没法描述行动;我的朋友都坐在椅子上,聊个没完。"他尽可能周全地对待他描述的事件,譬如对霍尔沃德的尸体的处置。(一位亲切的外科医生告诉他该怎样通过化学手段干这事。[16])其他的困难也被排除了,1890年6月20日,这篇小说被发表在《利平科特月刊》的七月刊上，所占篇幅是第 3 页到第 100 页。在此之后，维多利亚时代的文学拥有了一种不同的面貌。

遭受批判的道林

> 灵魂和肉体，肉体和灵魂——它们是多么神秘！灵魂
> 中有兽性，而肉体中也有灵性闪现的时刻。感官功能
> 可以变得文雅，理智也可能退化。

无论是作为杂志版还是书籍版的形式，《道林·格雷》都是有缺陷的。其中的部分内容写得很呆板、冗长、任性而为。没有人会误认为它是一部精工细作的作品；我们的那些雇佣文人也可以为我们写这样的小说。但是它那种持续的魅力教会我们用新的标准来评价它。王尔德把它写得优雅、随意，仿佛写小说是一种消遣，而不是"一种痛苦的责任"（他曾经这么描述过亨利·詹姆斯的风格）。小说中的潜在传奇试图从生活中获得更多的东西，超出了它能够给予的，这种传奇激发起内心深处的、犯罪的渴望。英国文明是优雅的，它的语言已经发展到了巅峰，上述的东西跟这种优雅形成了对比，产生了一种张力，虽然从表面上看，其情节似乎并没有维系这样的张力。在这本书中，王尔德从负面角度叙述了他已酝酿了十四年的思想，以及在一种遮蔽的面纱之下，他已体验了四年的同性恋生活。他本可以对自己重新思考过的唯美主义进行一番正面的描述，他在《作为艺术家的评论家》和《社会主义制度下人的灵魂》中会这么做，而且他在《谎言的衰落》中已经这么做了。与之相反，《道林·格雷》成了出类拔萃的唯美主义小说，不在于它对教义的倡导，而在于它展示了这种唯美主义的危险性。六十年代末期和七十年代早期，佩特对唯美主义进行了翻新，结果引来了一系列的抨击。包括詹姆斯在 1876 年发表的《罗德里克·哈德逊》（*Roderick Hudson*）、马洛克在

1877 年出版的《新理想国》、吉尔伯特和沙利文在 1881 年上演的《佩辛丝》，还有《潘趣》杂志和其他很多文章。到了 1890 年，王尔德再要为它作公然的辩护，这也不会是什么新事了。而他打算做的却是描述唯美主义的悲剧。它也预示了他本人的悲剧，因为道林跟王尔德一样，尝试了两种性生活，既有对女人的爱，也有对男人的爱。通过他的男主人公，王尔德让人们了解了自己新近的生活体验。纯粹的感官生活最终只会让人走上无政府和自毁的道路。道林·格雷就是一个实验案例。他失败了。人没法过这样的生活。自我放纵导致他肆意摧毁自己的肖像，但这个行为正好逆转了他想做的事情，他揭示了那个更好的自我，虽然只不过是在死亡中。王尔德的男主角设法走到了事物的两个极端。通过无预谋的自杀，道林成了唯美主义的第一位殉道者。小说的文字表明，如果你美丽地漂浮在表面上，你就会难看地丧命在深渊里。为了回应评论界的辱骂，王尔德还撰写了一篇序言，序言夸赞了书中会控诉的唯美主义。《道林·格雷》以最狡黠的方式折回反射，正如书中的那个核心图像。

　　道林走向艺术，又回到生活，或者说，他退回艺术，又重返生活。书中的一切都带有一种唯美和鬼祟的成分，最终可以根据这些成分来衡量这部小说。巴兹尔·霍尔沃德绘制道林肖像的同时，亨利勋爵正在勾引道林的灵魂。虽然王尔德在书籍序言中说，"揭示艺术和隐瞒艺术家是艺术的目标"，霍尔沃德却担心这幅画太明显地揭示了他对道林的爱，正如道林后来担心它太明显地揭示了自身。撰写序言的王尔德和小说家王尔德互相解构对方。道林提出了一份浮士德式的合约（虽然合约对方的魔鬼是不显形的），他愿意跟他的肖像交换位置，以保持自己作为艺术品的身份。

　　但是他不会这么容易就获得不朽。他那无懈可击的、超然的放荡者身份遭到了来自爱情的挑战。他对西比尔·文恩的迷恋是唯美实验室中的一场实验。跟浮士德和格雷琴的爱情一样，这场爱情的结局是不妙的，不过，西比尔·文恩跟格雷琴不一样，她是一个演员。她出演了莎士比亚剧中的女主角，所以道林能够在想象中把她唯美化。"我这样做没错，"他感到庆幸，"放弃了对诗歌的爱，

316 在莎士比亚的戏剧中找到了自己的妻子。"然而,经受考验的西比尔不仅仅是演员;在他眼中,她致命的弱点是她认为生活比艺术更重要。她失去了表演的天赋,因为她不再像过去那样认为幻影比现实更重要,受爱情的影响,她更倾向于现实。她说出了离经叛道的话:"所有的艺术都只不过是"现实的"映像",道林剥夺了她的教籍,他冷酷地说,"没有你的艺术,你什么都不是。"跟浮士德的格雷琴一样,西比尔在绝望中服毒自杀。即便是她的死亡也被赋予了唯美主义含义,首先是亨利勋爵,其次是道林,他们都这样认为。亨利勋爵觉得,她把自己的角色表演到了极致,"那是某部詹姆士一世悲剧中的一个古怪、可怕的片段","这个女孩从未活过,所以她也从未真正地死去"。道林表示赞成,他花言巧语地说,"她再次进入了艺术的领域。"只留下她的兄弟和读者表示了他们的哀悼,说出了他们的评价。西比尔是道林的反面。为了能够彻底过上不加虚饰的生活,她放弃了艺术的借口,却以自杀告终。道林试图摈弃生活的因果律,生活在没有死亡的(亦没有活力的)艺术世界里,结果也走上了自杀的道路。

道林犯下了反对爱的原罪,这又引向了他的第二种罪。巴兹尔·霍尔沃德发现了肖像的秘密,敦促他接受其后果。由于坚持人生的道德因果律,巴兹尔也不得不去死。道林设法谋杀了他,处置了尸体,仿佛德昆西的说法是对的,谋杀是最出色的艺术之一。杀了人之后,他无忧无虑地睡着了;第二天早上,他特别仔细地挑选了自己的领带和戒指,还阅读了戈蒂耶的《珐琅与雕玉》(*Émaux et camées*),发现在书中那些精雕细琢的四行诗里有一种令人安慰的非人格性,在一战期间,庞德和艾略特也会从同一本书中推究出这种非人格性。跟西比尔一样,协助他处理尸体的朋友自杀了。道林在一间鸦片烟馆里消解了那不多的一点内疚。

前几章描述的是亨利勋爵对道林的影响,后几章描述了一本书对他的毒害。王尔德没有写出书的名字,但是在受审的过程中,他承认那本书是于斯曼的《反常》(或大概是这本书)。当然,他还想到了一本比于斯曼小说更早的书籍,即佩特的《文艺复兴史研究》。在初稿中,他为这本神秘的书籍起名叫《拉乌尔的秘密》(*Le Secret de Raoul*),作者是卡蒂勒·萨拉津。这个作者是两个人名的混合体,一个是王尔德已经认识了几年的卡蒂勒·孟戴斯,另一个是他在1888年9月认识的盖布里埃尔·萨拉津(Gabriel Sarrazin),"拉乌尔"这个名字来自拉希尔德的《维纳斯先生》。他在某人的信中写道,他根据《反常》构思了"一部奇妙的类似作品",有一天得把它写下来。他在《道林·格雷》中提到了一本无名书籍的具体篇章,故意没把它们写得很准确。据说,道林特别喜欢第七章,在这一章中,男主角把自己想象成了提比略、卡利古拉、多米提安和埃拉伽巴路斯,还有第八章和第九章,其中描述了文艺复兴时期的犯罪。于斯曼的书籍没有提到这些:德埃森特对皇权没有表现出任何兴趣,王尔德不是从于斯曼而是从他的朋友约翰·阿丁顿·西蒙兹的《意大利文艺复兴》那里借鉴了这些文艺复兴时期的场景。[17]事实上,这部对道林有着巨大影响力的神秘书籍,这部冒牌的《反常》读起来仿佛是从王尔德那里剽窃来的。其男主人公据说因为"一种美貌的突然憔悴"而感到惊恐,"这种美貌一度似乎是那么出众"。于斯曼从未描述过德埃森特的美貌,也没有描述过他对美貌之凋谢的担忧。道林说,这位男主人公对镜子有一种恐惧。德埃森特没有这个毛病,虽然他读过马拉美的《埃罗提亚德》,其中的埃罗提亚德表达了这种恐惧。真正的可比较之处在于对非自然乐趣的培养,以及趾高气扬和妄自菲薄的轮番上阵。虽然王尔德是从于斯曼那里借鉴了对非自然感受的追求,但他让道林拥有了一种更专门的兴趣,就是对珠宝的热爱,这种爱好似乎不需要借助任何法国的资源。他从南肯辛顿博物馆的手册上了解到了关于乐器、宝石、刺绣品、蕾丝以及织物的一切细节。[18]

　　当道林告诉亨利勋爵,这部冒牌《反常》已经把他引向堕落,他朋友认为这是不可能的。"至于被一本书籍毒害,根本不存在这样的事情。艺术对行动没有影响力。它消灭了行动的欲望。这是一种超凡的无所事事。世人所谓的不道德书籍是那些向世人展示其自身之羞耻的书籍。就是这么回事。"但是对道林而言,由亨利勋爵挑头做的事情,正是靠一本书籍来完成的。我们没法接受沃顿的说法，因为他自己就明确说过，当他十六岁的时候，有一本书曾让他感到震撼。王尔德也没有提到这部书的书名，不过从他的话中，我们可以确定这是什么书。亨利勋爵一直在引用（或错误地引用）佩特的《文艺复兴史研究》。剽窃是他最恶劣的罪行。他厚颜无耻地占用了那些著名的段落。佩特曾敦促说，我们"这些今天的人总是处于一种核心，在这里，极其纷纭的生命力以最纯粹的能量形式汇聚了起来"，亨利勋爵模仿了他的话（虽然删掉了"最纯粹"的属性），说，"去完美地实现自己的本性——我们每个人之所以活在当下就是为了这个目的。"佩特说，我们不应该允许"理论、观念或体系"强迫我们"牺牲这种体验中的任何一部分"。亨利勋爵更进了一步："我们为自己的拒绝受到了惩罚。我们努力想要窒息的任何一种冲动都在头脑中酝酿，并毒害我们。肉体只犯一次罪，然后就跟它的罪分道扬镳了，因为行动是一种净化的方式……唯一免受诱惑的方法就是屈服于诱惑。越是抵御诱惑，你的灵魂就越发渴望。"王尔德自己也很愿意这么认为，事实上，他对安德烈·纪德就是这么做的；不过，从亨利勋爵口中说出的这番话，只不过是一个诱惑者在提醒别人自我抑制的危险性。以同样的方式，佩特许诺说，通过艺术我们也能获得一种新的享乐主义，艺术"不加掩饰地让你有希望在瞬息流逝中体验到这些瞬息的最高境界，仅仅就是为了瞬息本身"，这就像是道林的那种超越禁欲和放荡的新行动，它将"教导人全神贯注于生活中的瞬息，这种瞬息也仅仅就是瞬息而已"。依照王尔德的要求，佩特为这本书写了书评，他表示了异议，道林和亨利勋爵的享乐主义没有为慷慨和克己带来的更高层次的乐趣留有余地。

道林话锋一转，反而用佩特的这番话为自己作辩护：

　　　过去曾经有过那种疯狂的故意拒绝，自我折磨和自我否定的怪异形式，其根源在于恐惧，其结果是一种堕落，出于无知，他们试图逃避想象中的堕落，而这种堕落却比想象中的堕落还要可怕上无数倍。自然有自己的精彩的嘲讽手法，它逼迫遁世者拿沙漠上的野生动物为食，让隐士跟田野中的野兽为伴。

在《作为艺术家的评论家》中，王尔德再次以赞成的态度提到这种看法：

> 自我否定只不过是人限制自身发展的手段，自我牺牲只不过是野
> 蛮人自残行为的遗留，是那种膜拜痛苦的古老仪式的一部分，那种膜拜
> 在世界史上是一种如此可怕的因素，甚至到了如今还在天天制造牺牲
> 品，而且在陆地上还照样有它的祭坛。

由于疏忽、不耐或心血来潮，王尔德有时忘了自己的角色应该始终以过分的方式展现唯美主义，他让他们明确地阐述了他自己的情绪。不过，除了这些之外，他还是遵守了原计划的安排，亨利勋爵把自己跟生活分开了，因为他不愿意承认生活的责任。沃顿否认了灵魂，否认了痛苦，认为艺术是一种弊端，爱情是一种幻觉。虽然书籍已经影响了他自己的行动，他还是以为书籍不会影响行动，这是错误的；道林的人生已经一败涂地，而他还称赞道林的人生是一种艺术品，这也是错误的。道林以赞许的态度提到了沃顿的一段受误导的话，"成为自己生活的观众，就像哈里说的那样，也就是'回避生活中的痛苦'。"在为这本书作辩护时，王尔德解释说，"亨利·沃顿勋爵试图只做生活的观众，他发现那些拒绝战争的人比参战的伤得更重。"培养一种跟生活分离的艺术如同堆积一个无法燃烧的火堆。艺术家不可能是冷若冰霜的，就像戈蒂耶规定的那样，用大理石雕刻物品。德埃森特在一个经常被忽略的段落中说，唯美主义从根本上来说是对一个理想，一片未知宇宙，一种极乐的渴望，它们就像圣经中的许诺那样令人向往。[19]

除了跟唯美主义相关之外，《道林·格雷》也是最早试图在英国小说中提到同性恋的书籍之一。他采取了适当的隐蔽办法表现了这个受审查的题材，这本书因此声名狼藉，但也因此显得新颖别致。王尔德在《社会主义制度下人的灵

魂》中写道，"任何试图拓展艺术素材的努力都让公众感到极为可恶；然而，艺术的生命力和进步在很大程度上仰赖的就是素材的不断扩充。"并不是说王尔德的所有主角都是同性恋者，但是他们很少不属于同性恋的圈子。亨利勋爵算是结了婚，让他颇觉满意的是，他妻子离开了他。在阿尔及尔（那是英国同性恋者常去度假的地点），他拥有一幢为自己和道林准备的度假屋，他试图把自己的思想灌输给这位朋友，至少这也让人觉得暧昧。道林以同样的方式毁掉了男人和女人，仿佛他的这两种爱情如果不受污染的话就不够真实。就像在《反常》中那样，两种形式的爱都显得堕落。霍尔沃德被自己疯狂热爱的男人谋杀了。在霍尔沃德的笔下，道林的脸庞其实跟希腊雕塑中的"安提诺乌斯极为相似"。霍尔沃德把道林描绘成"头戴繁茂的莲花冠……在艾德里安的游艇的船头"，这是不足为奇的。道林非常清楚他在巴兹尔内心激起了怎样的爱情："是那种米开朗琪罗了解的爱情，还有蒙田、温克尔曼和莎士比亚自己。"跟普鲁斯特一样，王尔德利用了同性恋的主题，只不过是从不幸的角度。王尔德明确表达了道林的癖好；他跟王尔德一样喜欢打扮，经常打扮成国王的宠儿，譬如法国的海军上将阿内·德茹瓦约斯（Anne de Joyeuse）——他是亨利三世心爱的人，就像加韦斯顿（Gaveston）是爱德华二世的红人那样；他喜欢凝视祖先菲利普·赫伯特的肖像，赫伯特曾经"因为自己那张英俊的脸蛋受到朝廷的宠爱（或者像《利平科特月刊》上说的那样，受到詹姆士一世的宠爱）"。他拿自己跟埃拉伽巴路斯①相提并论，这其中也有暧昧之处，埃拉伽巴路斯曾经"在自己的脸蛋上涂脂抹粉，跟女人一起忙着做女红，还从迦太基引进了月神，通过一场神秘的婚姻把她嫁给了日神"。这些从精神上影响了道林的先辈人物对他有着强大的控制力。难怪小说家奥维达会说她**确实**理解这个故事，她是王尔德的朋友，王尔德送给她一本《道林·格雷》。

王尔德认为这三个角色折射了他自己的形象。他向一个记者解释说，"我

---

① 埃拉伽巴路斯（Elagabalas，约203-222），罗马帝国中第一位来自东方的皇帝，崇拜日神。

自己认为我是巴兹尔·霍尔沃德;世人以为我是亨利勋爵;道林是我想要成为的人——也许是在其他的时代。"道林的人生发展史经常跟王尔德的历史有非常接近之处:谣传说他"打算加入天主教派",他曾尝试过神秘主义,正如王尔德尝试过共济会制度。道林差点就被一家伦敦西区的俱乐部排斥在外;王尔德曾经被取消了加入萨维尔俱乐部的机会。王尔德说道林"经常接受某些他知道跟自己的天性根本不符的思想,他任凭自己沉浸在它们那种微妙的影响力中,然后,可以说是在了解了它们的立场和满足了自己的智性好奇心之后,他就会带着一种古怪的冷漠离开它们,这种冷漠跟那种真正的热忱气质并不是不能共存的,其实,根据一些现代心理学家的说法,它往往正是后者的先决条件之一"。四年前,他曾经写信给哈里·马里利尔,谈到他自己的那种"热情和冷漠的古怪混合"。佩特早期对王尔德具有一种支配力,亨利勋爵也一样,不过,他针对艺术、女人和美国的一些声明是王尔德本人的看法。但他是一种走向极端和麻木的唯美主义的代言人。霍尔沃德的好心肠和他对年轻男性的喜爱,他塑造形象的能力,也都跟王尔德有近似之处。可王尔德比他的三个角色合起来还要更丰富:他们代表了他的人格的变形或窄化,这三个人物都没能再现他的慷慨大度,他的风趣或他的完满的创造力。

哪怕仅仅是发表在一份杂志上,《道林·格雷》的发表也让王尔德获得了他想要获得的一切关注。它给他妻子带来的东西超过了她的愿望,她说,"自从奥斯卡创作了《道林·格雷》之后,没有人跟我们说话了。"他母亲显得兴高采烈:"在当今所有的小说中,这是最出色的一篇……当我读到最后一幕时,我差点没昏过去。"[20]从以下的事件可以估量出这个小说带来的影响,1891年7月4日,王尔德获得了来自克莱伯特俱乐部的邀请。乔治·柯曾已经答应要扮演反方角色,质疑王尔德的会员资格。威尔弗里德·斯科恩·布伦特写道:

他曾经跟王尔德同处牛津大学,对他的所有小毛病都了如指掌,他可没放过王尔德,在扮演这个角色时,针对王尔德是鸡奸者的名声,以及他在《道林·格雷》中对这个题材的处理,柯曾表现出了令人惊讶的大胆和技巧。可怜的奥斯卡坐在那里无助地微笑着,那么肥硕的块头,坐在椅子里……(他就坐在我的左手边,当他站起来回答问题时,我为他感到难过——这似乎一点都不公平。)可是他边说边振作了起来,逐渐展开了一场风趣且出色的演讲——关于这一切,真正最难忘的莫过于在两年后,当他在一个真正的法庭上被控告时,奥斯卡的辩护词简直就跟那晚他在克莱伯特发表的即兴演讲一模一样。

王尔德并不满足于为自己作辩护。他告诉弗兰克·哈里斯,他谈到了柯曾的平庸,他极力地追求二等的学位,然后是一份二等的职业。[21] 然而,他再也没有回到克莱伯特俱乐部。

　　这本书让几个评论家感到不快,王尔德勇敢地撰写了富有说服力的长篇回信。他写给编辑的信件堪与任何这一类的作品相媲美。针对他的主要抨击是这部小说既沉闷又乏味,其中的人物都是些"狗崽(自负的年轻傻瓜)",它仅仅是一种自我宣传,它还是不道德的。就沉闷而言,王尔德争辩说,相反,"耸人听闻的事件简直充斥了这本书,其风格过于诡辩……我觉得从艺术的立场来看,这就是这本书的两个缺点。但是沉闷和乏味谈不上是这本书的缺点。"至于狗崽,他回答说,"他们的确是狗崽。当萨克雷写到年轻人经历过的自大时期(puppydom),他[评论家]以为萨克雷是在写狗吗?"至于自我宣传,王尔德写道:

　　　　我想我可以毫不虚夸地说——虽然我并不打算表现出一副要贬低虚荣心的样子——在英格兰的所有人当中,我是那个最不需要宣传的人。我对受到宣传已经厌倦得要死。当我看到自己的名字出现在报纸上时,我一点都不觉得激动……我写这本书只是为了自娱自乐……我根本一点都不关心它是否会畅销。

就不道德的指责而言,跟柯勒律治为《古舟子咏》所作的辩护一样,他反驳说《道林·格雷》简直太道德了。根据他的总结:"一切无节制,以及一切克己,都会有自己的报应。"问题就在于书中并没有写到任何弃绝社会者,虽然道林·格雷确实说过,遁世者和隐士就跟骄奢者一样粗野,但这算不上是虚构化的描写。王尔德还说了一番较为安全的话,"在他试图扼杀良心的同时,道林·格雷杀死了自己",他认为这种道德具有一种"伦理之美"。唯美主义的道德就是,那些想要成为观众的人发现他们与其说在暗中观察别人,不如说是在被别人观察,试图成为时间之外的唯美物体也就意味着死亡。他给他所谓的"一份叫《每日纪事报》的报纸"的编辑写了一封信,说,"我的故事是一篇关于装饰性艺术的文章。它反抗的是平庸的现实主义干下的粗鲁暴行。如果你喜欢这么说的话,你可以说它是有毒的,但你没法否认,它也是完美的,我们艺术家追求的就是完美。"在写给《圣詹姆斯报》的信中,他在结尾处说,"由于是你们先攻击了我,我有权作最后的发言,让这封信就作为我的结论,请求你们别来打扰我的书籍了,让它获得它应得的不朽名声吧。"[22]

进行了这番尖刻的交谈之后,他前去拜访了《圣詹姆斯报》的编辑西德尼·劳尔,他在牛津就认识这位编辑了。劳尔叫来了自己的助手,一个名叫塞缪尔·亨利·杰伊斯的人,是他撰写了那篇题为《狗的幼年生活研究》(*A Study in Puppydom*)的书评。王尔德认为,我们不应该根据任何艺术理论来判断个人的本性。杰伊斯的回答是挑战性的,"如果你撰写并暗示的并不是你实际上想的东西,这又有什么用处?"王尔德回答,"我说的每一个词都是我想的,我在《道林·格雷》中暗示的所有东西也都是我想的。""如果是那样的话,"杰伊斯说,"我只能说,如果你确实是那个意思,很可能,总有一天,你会发现自己已经身处弓街警察局了。"*三天后,王尔德去白衣修士俱乐部(Whitefriars)拜访了劳尔,他跟劳尔就《道林·格雷》进行了一番长谈,那之后,《圣詹姆斯报》的语气变得

---

* 1895 年,当王尔德被宣判有罪之后,杰伊斯在 5 月 27 日发表社论指出,《圣詹姆斯报》说得并没有错,《道林·格雷》是一桩应该由警察而不是评论家负责的事情。

较为温和。[23]

面对这些初步的反馈,王尔德创作了一系列的警句,最初的题目是《写给年长者的教义》。[24]其中有两条引起了詹姆斯·乔伊斯的注意,被他修改之后写进了《尤利西斯》:"十九世纪对现实主义的憎恶,犹如从镜子里照见自己面孔的凯列班①的狂怒。十九世纪对浪漫主义的憎恶,犹如从镜子里照不见自己面孔的凯列班的狂怒。"其中一些是对评论家的回复:"在美的作品中发现丑恶含义的人是堕落的,而且堕落得一无可爱之处。这是一种罪过。""书无所谓道德的或不道德的。书只有写得好的或写得糟的。仅此而已。"(但道林就是受到一本书的影响而败坏的。)"邪恶与美德是艺术家在艺术创作时的素材。""对一件艺术品的看法不一,说明这作品新颖、复杂、重要。"为了避免这本书被人们当成不道德的作品,王尔德把道德排除在它的领域之外,虽然它揭露了一种虚假、过分的唯美主义干下的蠢行。

王尔德把这篇文章叫作《序言》,他带着这篇序言前去拜访《双周评论》的弗兰克·哈里斯。哈里斯试图劝告他说,其中一些警句写得太弱了,应该删掉。王尔德认真听了他的话,但是第二天他说,哈里斯挑选出来的那些最弱的警句才是最有力的,他希望发表所有的警句。哈里斯同意了,1891 年 3 月,这篇序言被发表了。如今,这本书在一个月后以书籍形式出版的准备工作已经就绪。王尔德写信给艾达·莱弗森说,"《道林·格雷》这本书的方方面面都已经被人了解透彻了,我想起来真觉得不幸!"他补充了几章,删掉了——在佩特的敦促下——一句明显带有同性恋色彩的话,这句话描述了霍尔沃德对道林的感情。他的朋友科尔森·克纳汉力劝他删掉"唯一抵制诱惑的方法就是屈服于诱惑"这句话。王尔德拒绝了,他说,"这只不过是通过一个角色之口戏剧性地说出路德的那句话——'大胆地犯罪(Pecca Fortiter)'罢了。"[25]经过一番润色之后,他请麦克米兰公司出版这部书。他们拒绝了,理由是这个小说中包含了令人不快的成分。

---

　　① 凯列班(Caliban),莎士比亚《暴风雨》中的人形怪物。

一家名叫沃德暨洛克有限公司的小公司同意出版它。王尔德正急着要去巴黎，不过在临出发之前，他请克纳汉仔细阅读一遍校样，检查一下"shall"和"will"的用法，"作为一个爱尔兰人"，他总是搞不清这两者之间的区别。接着，克纳汉收到了一封来自巴黎的电报："停止所有的校对。王尔德。"他乘坐出租马车赶回来，进行最后的修改。在书中有一个画框制作者，他给他取名叫阿什顿。这是不成的。"阿什顿是绅士的名字。我却给一个手艺人起了这样的名字。必须把它改成哈伯德。哈伯德尤其具有手艺人的气息。"[26]* 于是这人就变成了哈伯德。

1891 年 4 月，书籍形式的《道林·格雷》出版了。W. H. 史密斯（W. H. Smith）几乎立刻就决定不出售这本书籍，理由是它是"猥琐的"。但是《雅典娜神殿》和《戏剧》（*Theatre*）都表达了对这本书的敬意。佩特曾经——根据弗兰克·哈里斯的说法——拒绝为《双周评论》撰写一篇褒扬杂志版小说的评论文章，理由是"太危险了"，他现在为《书商》撰写了一篇短评。佩特如今成了 D. S. 麦克尔所谓的"感官意识的圣徒"，他强调说，亨利·沃顿勋爵虽然引用了那么多佩特的话，但他并不是一个真正的昔勒尼派或伊壁鸠鲁派的信徒。不过，在其他方面，他还是很喜欢这本书籍的。[28]

《道林·格雷》的影响力是惊人的。从未有哪一部小说像这样连续多年

---

* 1891 年 3 月 11 日，王尔德和谢拉德、卡洛斯·布莱克一起去拜访了左拉。"我把接受你的拜访当成巨大的荣耀，"左拉说。他讨论了自己的小说《战争》（*La Guerre*），说他必须去色当看看战场。不过，在那之前，他必须先读完关于这场战役的成堆文献。"这么说，你是绝对相信文献对小说写作的价值了？"王尔德问。"哦，当然是绝对相信。没有哪一部好的小说不是基于文献撰写的。""这就是我昨晚在都德家里讲的，"王尔德说。"在撰写《道林·格雷》的时候，我研究了长篇的珠宝清单。不久前的一天，我花了好几个小时阅读一份由一家园艺公司出版的小册子，就是为了学习各种花朵的名字和它们的技术性描述。你没法像蜘蛛从肚子里吐丝织网那样，凭空靠自己的脑子撰写一部小说。"

然而，跟马克斯·比尔博姆在一起时，他说得更坦率："你知道吗，无论何时，只要那个人想要写书，他就会直接从生活中汲取题材。如果他打算描写那些居住在陋舍里的可怕人们，为了确保能够准确地表述，他会亲自去陋舍里住上好几个月。这真奇怪。以我为色当吧。我曾经构思过有史以来最优美的故事。时间被设定在十八世纪。这需要在大英博物馆阅读一个上午的资料才行。因此，"他叹息道，"我也就永远不会把它写出来了。"[27]

受到众多的关注，或在读者内心唤起如此矛盾的情绪。王尔德的年轻人圈子感到兴高采烈。马克斯·比尔博姆为此写了《快乐人生之歌》(Ballade de la Vie Joyeuse)，莱昂内尔·约翰逊也收到了作者的一本赠书，他创作了一首热情洋溢、诙谐机智的拉丁文诗歌：

向道林和他的创造者致敬

祝福你，奥斯卡！

出于友谊，

让我有幸获得此书。

我要用罗马的语言，

说出那些配得上道林的赞美，

谢谢你。

这青春的可爱玫瑰

在玫瑰丛中盛开，

直到死亡突然降临。

324

看看那个人！看看上帝！

要是我的灵魂

能为他作辩护就好了！

他热衷于奇怪的爱，

姿色倾城，他摘下奇怪的花朵。

他的心灵越是阴险，

他的脸庞越是容光焕发，

撒谎——但多么精彩！

这些是索多玛的苹果；

这些是恶习，

和温柔之罪的核心。

在天堂和地狱,荣耀的

荣耀都归你,

你这个懂那么多的人。

诗人莱昂内尔

所有这些拉丁文都是向你致以一千次的致谢[29]

　　在约翰逊的朋友中,有一个来自温彻斯特公学的年轻亲戚,约翰逊借给他一册《道林·格雷的画像》,他很快就"满怀热情地沉浸"其中。他读了九遍,或者根据他对 A. J. A. 西蒙斯的说法,"连续读了十四遍。"他一有机会就跟约翰逊前往泰特街去拜访王尔德了,那应该是在 6 月底。[30]这是奥斯卡·王尔德和艾尔弗雷德·道格拉斯勋爵的初次见面。这位昆斯伯里侯爵的小儿子长着一张苍白如雪花石一样的脸庞,头发是金黄的——他甚至比约翰·格雷还要更漂亮,而且甚至比他更缺乏才华。他的体型瘦小,根据他自己的测算,他有五英尺九英寸高,不过王尔德认为他是小个子。他的朋友——他从不缺少朋友——认为他是富有魅力的。就性格而言,他完全被宠坏了,做事不顾后果,为人粗鲁,遭到挫败之后,会激发起强烈的报复心。王尔德看到的只是他的美貌,他对《道林·格雷》的赞美让王尔德心花怒放,为此,他送给他一部豪华版的《道林·格雷》。王尔德听说道格拉斯在读古典文学,于是建议为他提供辅导。[31]

　　六年后,亨利·达夫雷(王尔德的译者之一)帮忙把酩酊大醉的莱昂内尔·约翰逊送回家。他们都想起了王尔德和道格拉斯。约翰逊带着醉意看着墙上镶嵌在画框中的两人肖像,悲叹道,"天啊! 天啊!"[32]

325

作为犯罪学者的王尔德

> 如果我们活得足够长，能看到我们那些行为的后果，自
> 诩仁善的人也许会心情沮丧，懊恼不已，而世人所谓的
> 恶人却内心充满了高尚的喜悦。①

　　不过，就眼下而言，王尔德还有其他要操心的事。如果说《道林·格雷》以一种近乎否定的方式呈现了唯美主义，那么，他的文章《作为艺术家的评论家》和《社会主义制度下人的灵魂》就是对它的肯定。1890 年 7 月到 9 月，前一篇文章被发表在《十九世纪》上，1891 年收入《意图集》时又重新作了润色；1891 年 2 月，第二篇文章被发表在《双周评论》上。第一篇文章在相当大的程度上解决了他跟惠斯勒的争执。1890 年初，那个执拗的人曾经大惊小怪了一番，他认为王尔德从他那里剽窃了那些如今已经成了老生常谈的主题。直接的起因是一个两人都熟悉的年轻人，名叫赫伯特·维维安，维维安开始在《太阳报》上发表一系列的《回忆录》(*Reminiscences*)。在 1889 年 11 月 17 日发表的第一篇文章中，他提到，1883 年，当王尔德对艺术学生作了演讲之后，惠斯勒问王尔德他说了些什么，他每列举一个主张，就不得不接受惠斯勒的一鞠躬，以表明他才是它们公认的主人。维维安还留意到，在《谎言的衰落》中，王尔德轻率地采用了惠斯勒的笑话，这可以追溯到 1888 年 11 月 17 日惠斯勒写给《世界》的信件，他说，"奥斯卡有发表观点的勇气……不同的观点。"他剽窃的是他自己的头皮战利品，惠斯勒咯咯地笑道。王尔德非常讨厌维维安和惠斯勒。他曾答应在一本书中引介《回忆录》，但是当维维安提出这个请求时，他草率地拒绝了他。他还禁止他引

---

① 引自《作为艺术家的评论家》。

用任何私人信件或交谈。他对惠斯勒的指控予以了尖刻的反驳，不过这事直到 1890 年 1 月 9 日才发生，在这一天，他写给《真理》的信件是这样开头的："要让一位绅士去理会像惠斯勒先生这种粗野和无知者的苦心之作，这简直太麻烦了，可你们发表了他那封傲慢的信件，于是在这件事上我也就没了选择。"惠斯勒说王尔德剽窃了他的一个笑话，但是这个笑话简直太陈旧了，甚至惠斯勒也没有权利说自己是它的主人。这种辩护是缺乏力量的。王尔德声称惠斯勒对评论史一无所知，这还更站得住脚一些。一周后的 1 月 16 日，惠斯勒回复说，王尔德如今成了"他自己的'绅士'"。"因此，我满怀谦卑地承认，我本人的'愚蠢虚荣心和缺乏才能的平庸'之结果必定会道成肉身——即奥斯卡·王尔德。"王尔德的更机敏的回答被保留给了《作为艺术家的评论家》，他在文中写道：

326

> 这种谴责要么来自孱弱者无色的薄嘴唇，要么来自某种人奇形怪状的嘴巴，那种人自己什么都没有，却幻想着如果他们叫嚷说自己遭到了打劫的话，就能够博取富有的名声。

整篇文章就是王尔德脱离惠斯勒理论的自由宣言。戈蒂耶在《德莫潘小姐》的序言中说，"在尤利乌斯二世的统治之下，是不存在艺术评论的。"惠斯勒采纳了这个观点，也没有对原创者表示致谢。王尔德让自己对话录中的那个名叫欧内斯特的坦率的人说，"在艺术的黄金时代里，不存在艺术评论家，"结果吉尔伯特回答说，"我以前似乎听到过这种说法，欧内斯特。它充满错误，像一个老朋友的论调那样沉闷不堪。相反，"他赞成西蒙兹和佩特的说法，继续说，"希腊就是一个艺术评论家的民族。"他否定了那种认为艺术是强有力情感的自发溢淌的浪漫观点，强调说，它是一种高度自觉的过程。"所有的劣诗也都源自真挚的感情，"他说，后来，奥登同样是这么说的。"一位伟大的诗人因为选择了歌唱而歌唱，"他不是以个人的身份歌唱，而是以他佯装的那个人的身份歌唱："人在坦诚相见时最习惯伪装自己。给他一个面具，他就会对你说真话。"叶芝对面具的大多数思考都是因为受到了这篇文章的鼓舞。王尔德发现，评论技能让创作免于重复，它促生了新的形式。

在解释艺术评论究竟是怎么一回事时，王尔德直接或间接地提到了他的牛津前辈。作为牛津的诗歌教授，马修·阿诺德曾经在1864年作过题为《当前艺术评论的功能》(The Function of Criticism at the Present Time) 的演讲，在撰写《作为艺术家的评论家》时，王尔德起初就效仿这个题目，把自己的文章取名叫《评论的真正职能和价值》。阿诺德令人难忘地宣布，"评论的目的就是了解事物本身的真实面目。"伴随这个定义的是他对评论家的要求，即"无私的好奇心"。结果是评论家必须跪在他讨论的作品的面前。并不是每个人都喜欢这种姿势。九年后，佩特撰写了《文艺复兴》的序言。对于阿诺德提到的评论之目的，他装出赞成的样子，他引用了这句话，补充说，"要想了解一个人的作品的真实面目，首先要了解这个人对它的真实面目的印象，去辨别它，认识到它的独特之处。"佩特的推论微妙地改变了最初的主张，把注意力的中心从作品这块石头转向感知这条溪流。它让评论家本身的工作显得更重要也更主观。如果说我们还能用"观察"这个词来形容的话，那么，评论家就会像观察作品一样频繁地反观自己。

王尔德比佩特更进了一步。他在《作为艺术家的评论家》中说，评论的目的是看待对象时要能把它从自身中剥离出来看待。这个目的似乎为阿诺德和佩特撰写的高度个人化的特定作品作了辩护，王尔德还曾经以它们为例。不过，他的争论超过了他们的实践范围。他想要把评论家从附属位置中解放出来，让他们在文学创作中获得更大的份额。虽然他并没有禁止他们去解释一本书籍，不过他说，他们也许更愿意去加深它的神秘色彩。（这个建议是有趣的，但已经过时了：谁能够再去加深《芬尼根守灵夜》的神秘色彩呢？）不管怎样，评论家的语境跟他所评价的艺术家的语境是不一样的。就像艺术家自称他们独立于经验（毕加索告诉我们，艺术是"跟自然相反的东西"），评论家也自称他们独立于自己评论的书籍。"最高的评论，"根据王尔德的说法，"是对自己灵魂的记录。"评论家必须了解一切文学，而不是孤立地看待特定的作品。所以，他，还有我们，"我们不仅应该能够认识自己的生活,也应该能够认识种族的集体精神,从而使我们彻底现代化,我是指从现代性这个词的真正意义上来说。要想认识十九世纪,就必须认识在它之前的对它的发展有贡献的每一个世纪。"

王尔德的文章流畅地引用了各种范例,从古典范例——荷马、柏拉图和亚里士多德——到但丁。他展示了现代评论家同时引用希腊和中世纪各种事例的能力。他还拓展了评论家的创新技能,拿它跟罪犯的创新技能相提并论。王尔德以尼采和热内的方式重估了语言,他发现评论家"对真实的生活越来越不感兴趣,他们试图获得的印象几乎完全来自受艺术影响的事物"。生活是一场失败,它不能重复相同的情绪,它把我们引向行动,而美却在于沉思。在他之后,乔伊斯也说过,感官艺术和教诲艺术敦促我们采取行动——色情文学和清教主义干扰了唯美的反应。"美学比道德要更高一级。它们属于一个更精神化的领域。"艺术和评论是危险的,因为它们让思想获得了新的可能性。

有一个读者对这些感想留下了特别深刻的印象,他就是《双周评论》的那位有影响力的编辑弗兰克·哈里斯。他写信给王尔德说,"如果柏拉图能在第 128 页和 129 页签署下自己的名字,他也会感到自豪的,"这两页讨论的是罪行与美德。"很多年以来,我心里都对你有错误的理解,当然,这是无知的,但是现在,最终,我将试图做出弥补。你肯定会成为正在步入成年的这一代英国人的**领袖**(chef-de-file,如果我可以借用巴尔扎克创造的这个词,不带冒犯的意思)。"[33] 从此之后,哈里斯成了王尔德的一位重要朋友和拥护者。有一天,他会为王尔德撰写传记,他不是一个好的聆听者,这有损于他的传记的价值,这部传记是基于即兴想象而不是回忆撰写的。不过,他在自己的评论杂志上发表了《笔杆子、画笔和毒药》,还有那篇更具有颠覆性的文章,即《社会主义制度下人的灵魂》。

这两篇文章中的第二篇进一步拓展和锐化了《作为艺术家的评论家》中的论证,《作为艺术家的评论家》强调的是过去和现在,《社会主义制度下人的灵魂》强调的是未来。王尔德意识到,跟早先他讨论对生活之美化时不一样,当他对唯美主义进行重新审视时,他必须以一种更协调的方式来对待社会和政治观

328

念。萧伯纳的一次演讲也许激励了他，虽然王尔德眼中的社会主义是全然不同的。让他的朋友沃尔特·西奇尔感到恼火的是，他为社会主义辩护的理由是——随心所欲地做事是多么"美好"。（卢卡奇指出，令人吃惊的是，恩格斯赞成施蒂纳对利己主义之重要性的看法。[34]）王尔德的文章被翻译成了很多语言。它基于一个悖论，就是我们不应该浪费精力去同情那些自找苦吃的人，只有社会主义才能够解放我们，让我们有机会培养自己的个性。慈善是没有用的——穷人们对它嗤之以鼻是对的，他们宁愿偷窃也不接受救济也是对的。要求穷人勤俭节约是对他们的侮辱，就像要求一个饥肠辘辘的人去节食。当每个人都知道体力劳动是低三下四的，那么，谈论体力劳动的高贵就是错误的。

至于社会主义的类型，王尔德反对独裁主义，因为那意味着用奴役全社会来取代奴役当下的部分人。根据他的预见，私有制、家庭生活、婚姻和嫉妒终有一天会消亡，他对此表示赞成。他心目中的艺术家典范是具有布莱克和 D. H. 劳伦斯风格的基督，一位向人们传授成为自己之重要性的基督。艺术是一种令人不安的力量。跟评论一样，它避免了单纯的重复；人不应该一而再，再而三地重复生命。对于艺术家来说，最好的政府就是没有政府，在这一点上，王尔德似乎是在宣传无政府主义而不是社会主义。"我可以说是一个无政府主义者，"1894年，他对一位采访者说。

"世界上有三种专制君主，"詹姆斯·乔伊斯对他的这个段落留下了深刻印象。"一种对身体施行暴政。另一种对灵魂施行暴政。还有一种对灵魂和身体都施行暴政。第一种是所谓的国君。第二种是所谓的教皇。第三种是所谓的民众。"在《尤利西斯》中，斯蒂芬·迪达勒斯说，"我是两个主人的奴仆，一个是英国主人，一个是意大利主人……还有第三个……是那个要求我干零活的人。"他解释说，他们是"大英帝国……以及神圣罗马使徒公教会"，还有他的同胞——爱尔兰人。他也愿意摆脱这三种专制。王尔德之所以选择基督为典范，就因为他对它们提出了抗议。不过，基督有其自身的局限性：他沉溺于痛苦。生活和艺术分享的终极目标是愉悦。在新的希腊精神中可以找到这样的愉悦，在这种精神中,希腊文化和基督教文化的精髓可以被综合起来。

王尔德决心为罪作辩护。跟评论一样,也跟艺术一样,"所谓的罪实际上是进步的一种本质要素"。没有它的存在,世界将会变得苍老和暗淡无色。"依靠它的好奇心[词汇是阿诺德的,但意思是王尔德的],罪增加了种族的经验。通过它那种被强化的个人主义,它把我们从千篇一律的类型中拯救出来。在摒弃人们当前的道德观的过程中,它拥有了最高层次的道德规范。"对于社会来说,罪比殉道更有用,因为它是自我表达而不是自我抑制的。其目标是解放个性。当真正的文明到来之际,罪就不可能存在了,因为灵魂将会转变"成为较丰富的经验的一部分,或在更微妙的敏感性中充当角色,要么就成为思维、举止或激情的较新模式,这些东西和庸人在一起就平庸,和没有文化的人在一起就微贱,和无耻的人在一起就卑鄙。这很危险吗? 是的,它是危险的——就像我告诉你的一样,所有的思想都是危险的"。

通过这些文章,王尔德澄清了《道林·格雷》的意义。道林试图逃避重复的日常事务,这是对的,他错就错在只表达了他本性中的一部分,而且是那些狭隘的部分。在这里,王尔德权衡了对话中两种看起来相互矛盾的观念:一种认为,艺术跟生活已经脱离了关系,另一种认为它跟生活有着深切的牵连。说艺术无效也好,说艺术富有感染力也好,这些看法都不是不可调和的。王尔德从未明确表达过二者的结合,但是他暗示过这样的事情:通过创造美,艺术谴责了公众,它无视公众的过错,以这种方式来唤起人们对这些过错的注意,所以,艺术的无效是一种故意冒犯或一个寓言。艺术也许还因为自己的某些行径激怒了公众,比如,嘲笑世俗法律,或放纵地想象违法乱纪的行为。或者,艺术会引诱公众,让人们去追随一个看似错误但其实却有益健康的范例。以这些方式,艺术家推动公众走向自我认知,这个过程至少有一点自我救赎的意味,正如他迫使自己走向同样的终点。

在《道林·格雷》中,他揭露了正统唯美主义的缺陷,在《作为艺术家的评论家》和《社会主义制度下人的灵魂》中,他展示了经过重新审视后的唯美主义的德行,通过这些方式,王尔德尽可能充分地呈现了这个问题。不管他的表述是多么优雅,无疑,他抨击了维多利亚时代的社会观。这个社会正在瓦解,但它并不会因此就更愿意接受王尔德的建议;如果说有什么区别的话,就是它反而更不愿意听从王尔德的建议。他请它容忍脱离常规的做法,譬如同性恋,请它放弃自己的伪善,其办法就是面对社会事实,承认自己的准则是建立在仇恨而不是爱的基础上,这些准则不但导致了艺术的贫瘠,也导致了个性的匮缺。艺术是世人所了解的最真实的

330 个人主义。杰伊斯在《圣詹姆斯报》办公室威胁说王尔德会出现在弓街,这并不是虚话,但是王尔德表达的就是他想要表达的意思,他认为不冒险就等于没活过。跟后来的让·热内一样,他拿罪犯和艺术家进行了类比,虽然在他看来,无须行动,艺术家就占据了一个更高的位置。* 要想打破社会的模具,就需要反叛和放肆,而它们是一定会被打破的。艺术从本性上来说就是要表达异议的。

湖上夫人①

> 这些戏剧中的角色在台上的谈话简直跟生活中的谈话
> 一模一样。他们既没有抱负,也不发送气音。② 他们直
> 接从生活中来,再现它的粗俗直至最细小的细节;他们
> 上演真人的步态,举止,装束和口音;哪怕从三等车厢
> 里走过,他们也不会引人注目。可是,这些戏剧是多么
> 乏味啊!③

自从 1883 年《薇拉》上演失败之后,王尔德的身份已经从剧作家降格到了

---

* 这一年,王尔德家的银器被人偷走了,他对此的反应没有被记录下来。[35]

① 湖上夫人(Lady of the Lake),亚瑟王传奇中的人物,瓦尔特·司各特曾撰写同名长诗。

② 在英语里抱负(aspirations)和送气音(aspirates)很相近,这里是利用谐音所做的语言游戏。

③ 引自《谎言的衰落》。

戏迷。他总是出席首演和戏剧界的宴会,轻而易举地变成了权威人物,对戏剧制作提提意见,或对演出发表一下感想。从一个事例中可以看出他对戏剧的兴趣和他本人的影响力,那就是1888年他对伊丽莎白·罗宾斯的出手相助。伊丽莎白·罗宾斯是一个年轻的美国演员,立志要在伦敦戏台上赢取胜利。王尔德在西顿夫人家的一次招待会上遇见了她,因为她是美国人,所以他对她产生了兴趣。她提醒王尔德说,在他的美国之行中,他曾遇见过她的亲戚,一位圣路易斯的慈善家。王尔德遇见过的人实在太多了,他的回答是对美国“那些绵延不断的荒野”发表了一番评论,他拿这些荒野跟美国的城市作对比,譬如波士顿,他把波士顿称作“一件发明物(invention)”,与之对立的是伦敦,后者是“一种产物(growth)”。“在城市里长大的人是文明的人,”他向她保证说。他的切合实际的建议是,她应该举行一次日场演出,他答应跟比尔博姆·切尔提到她。他还把她引介给了自己的母亲,他母亲说,“你长着一张戏剧性的脸”,这也是令人鼓舞的。

由于王尔德的介入,切尔请她在一出名叫《艾德丽安》(*Adrienne*)的戏中扮演一个角色。她建议说不妨用《男人和妻子》(*Man and Wife*)来代替,这出戏是柯林斯的《白衣女人》(*The Woman in White*)的改编版。切尔没有回复她的提议。王尔德写信给她,“你应该和切尔一起出演《艾德丽安》。《男人和妻子》是没指望的,英国公众觉得它很乏味。我会去看望切尔,跟他谈谈《艾德丽安》。”[36]切尔的态度是不合作的,另一位名叫马文·欧文爵士的导演来接洽她,想让她代替一位美国女演员埃莉诺·卡尔霍恩出演U.伯福德的《漂亮的重婚者》(*A Fair Bigamist*)。她很高兴,在路上遇见王尔德的时候,她把这个好消息告诉了他。王尔德根本就不觉得有什么可以高兴的。他把欧文描述成“一个身无分文的冒险家”,他认为她在首次登场时扮演这个角色是既粗俗又无益的。她什么都不该签署,在达成任何协议之前,要先去咨询乔治·刘易斯律师。“哦,他对我们十分了解——对我们一点都不介意。”他在《斯威夫特上尉》(*Captain Swift*)的幕间休息时安排她跟切尔碰面,切尔当时正在担任这出戏的主角,罗宾斯小姐对切尔

331

"着了迷",她本来要在次日乘船返回美国,结果她推迟了回国的日期。王尔德对她大加鼓吹,切尔最后让了步,于是她获得了一个小角色,虽然王尔德警告她说,"你竟然被选来扮演一个跟你根本不合适的角色,这真荒谬。神奇的是,你演得那么好,这奇迹也是一种危险。"很幸运,她去了一趟挪威,她被易卜生的魅力俘获了,协助他安排了一系列的易卜生戏剧在英国上演,在这些戏剧中,她扮演了女主角。她始终认为,当她穿越布满暗礁的戏剧界浅滩时,王尔德是她的仁慈向导。

1889 年和 1891 年,在撰写对话的同时,王尔德逐渐回到了剧本创作的老路上。1889 年,一件意外的而且不是他主动寻求的幸运事降临了。劳伦斯·巴雷特是一位著名的美国演员,他写信给王尔德,谈到了《帕多瓦公爵夫人》。数年之前,巴雷特在纽约读到这个剧本,他喜欢它;他觉得自己也许可以让它成功上演,他请王尔德在 7 月到莱茵河上一个名叫克鲁茨纳奇的地方跟他相会。王尔德立刻就回了信:

1889 年 7 月

亲爱的巴雷特先生:

知道你还没有忘记《帕多瓦公爵夫人》,我感到非常自豪和愉快。我很愿意根据你的建议修改这个剧本,事实上,毫无疑问,我相信这个剧本能够大为改观。

本月末,我可以到克鲁茨纳奇来待五六天,可是难道不能通过信件来作修改吗?我不知道这趟旅行要花费多少钱,我手头没几个钱了。你邀请我做你的客人,这种好意我非常高兴地领受了。

我应该告诉你,在我收到你的信件之前,卡尔霍恩小姐曾经就这个剧本跟我联系过。但是我们没有商定任何事情,因为她迄今还没有提出签合同。从个人的角度,我更愿意自己的剧本被一个像你这样有经验和知识的艺术家呈现给公众。我知道你的戏剧制作是多么十全十

美,通过适当的协调和艺术鉴别力,你能够呈现怎样的整体效果。我在
纽约曾观看过《里米尼的弗兰切斯卡》①,我始终记得,它是我们戏台上
最出色的现代剧之一。

奥斯卡·王尔德[37]

巴雷特显然是支付了王尔德的费用;王尔德写信给罗伯特·罗斯说,"我觉得这
是一个忘掉语言的极好机会。"他们同意作一些修改,就是在这个时候,抑或是
后来的某个时候,巴雷特告诉王尔德,如果为这出戏起一个新名字——《吉多·
费兰蒂》,而且以不公布作者名字的方式上演,它会获得更大的成功。否则的
话,《薇拉》的阴影也许会笼罩它。王尔德同意了。在他的一生中,有那么两次,
他的名字从广告牌上被人删掉了,这是第一次。

直到 1891 年 1 月,巴雷特才抽出时间来上演《吉多·费兰蒂》,这一年是王
尔德大获全胜的一年。随着时间的流逝,外加巴雷特的声名,新闻报纸的毒液似
乎已经耗尽了,这一次,他们轻易地放过了王尔德。《纽约先驱报》和《纽约时
报》的评论家对这部戏剧的态度是尊敬的。《纽约先驱报》的评论家威廉·温特
在 1891 年 1 月 27 日说:

　　劳伦斯·巴雷特的事业永不停息,他的高贵雄心从不感到疲惫。
昨天晚上,在百老汇剧院,面对众多全神贯注,而且往往是反应友好的
观众,巴雷特上演了另一部新剧,剧名叫《吉多·费兰蒂》……这部新
剧由简短的五幕戏巧妙地构成,以无韵诗体撰写,这种无韵诗体不但始
终旋律优美,而且往往雄辩过人,有时还充满了具有罕见之美的花哨人
物。不过,与其说它是一部悲剧,不如说它是一部情节剧……这部作品
的根本缺陷就是不够真诚。剧中的每个人都显得不自然。主角是那个

_____

　　① 《里米尼的弗兰切斯卡》(*Francesca da Rimini*),俄罗斯作曲家取材于但丁《神曲》创作的一
首交响幻想曲作品。

女人——帕多瓦公爵夫人比阿特丽斯;比阿特丽斯简直是疯了……

她……刺戳并谋杀了她那位讨厌的丈夫,为的就是能够消除一切满足

她的激情的障碍……

　　《吉多·费兰蒂》没有透露它的作者。其实根本没必要对此感到

犹豫不决——因为他是一位务实的作家,也是个好作家。从这部作品

中,我们认出了数年前我们有幸读过的一部剧本手稿。它当时叫《帕

多瓦公爵夫人》。它的作者是奥斯卡·王尔德。

在首演之夜结束之后,广告就改成了——"奥斯卡·王尔德的爱情悲剧"。数周

后,巴雷特停止了演出,也许是由于健康原因(他死于3月),可是这出戏的连续

上演让王尔德感到很高兴,他希望这部戏能够在伦敦上演。他提醒亨利·欧文

说,他已经拿到了一个副本,敦促他上演这部戏。欧文拒绝了。接下来是乔治·

333　亚历山大,在1890年末,他接手了圣詹姆斯剧院,打算上演英国作家而不是欧洲

大陆或斯堪的纳维亚作家的剧本。他接洽了王尔德,向他索要一个剧本,王尔德

提供了《帕多瓦公爵夫人》。虽然他喜欢这部剧本,可他觉得其中的舞台布景开

销太大了,他请王尔德写一部现代题材的剧本。2月份,为一部本该在1891年1

月1日之前交给他的剧本,他向王尔德预付了五十英镑(而不是像他后来说的那

样,预付了一百英镑),王尔德接受了。但是好几个月过去了,亚历山大却怎么

催讨也拿不到稿子,王尔德提出返还预付款。亚历山大精明地拒绝了。

　　1891年夏天,王尔德突然找到了撰写这个剧本的灵感。他对弗兰克·哈里

斯说,"我不知道是否能在一个星期内写出来,或者得写上三个星期? 不会写得

比那些皮尼罗们和琼斯们还慢吧。"[38](众所周知,跟易卜生一样,皮尼罗写每个

剧本要花一年时间,于是导演们就获得了他们非常渴望的缓冲期。)王尔德去湖

区跟一位朋友相聚,回来的时候,他在一家旅馆停下来,罗斯在那里跟他会合。

他回来说他根据一个形状最长的湖为剧本的主角起好了名字。(事实上,数年

之前,在《阿瑟·萨维尔勋爵的罪行》中,他已经用过"温德米尔"这个名字了。)

旅行中,他路过了塞尔比(Selby),在剧本的结尾处,温德米尔一家就去了这个地方。[39]10月份,他完成了剧本,他问亚历山大何时可以读给他听。两人约好了时间,可是王尔德迟到了,因为就在最后一刻,有人请他去帮助被捕的约翰·巴拉斯。匆忙离开之际,这份手稿掉在地上,卷成了一束,他很高兴地看到它并没有平整地落下(fallen flat)①,后来,他总记得这件事,认为它是一个好兆头。[40]

接着,为了跟易卜生的手法有所不同,他大声地朗读了这个剧本,就在这一年,萧伯纳会在《易卜生主义的精髓》(The Quintessence of Ibsenism)中阐述这种手法。王尔德并没有低估他的挪威对手;他承认,就引发怜悯和恐惧的力量而言,《海达·高布乐》(Hedda Gabler)是具有希腊风格的。不过他认为,他自己的目的在于创造尽可能精彩的对话,而易卜生却让他的人物局限于平凡生活的平凡语言。王尔德说,易卜生擅长分析;他认为自己的手法是"戏剧性的"。一个人通过探究某个情境来揭示一种腐蚀;另一个人依靠跳跃的语言来表达"我们艺术共鸣和道德评价之间的冲突"。[41]跟易卜生不一样的是,对王尔德来说,他的戏剧背景必须设置在有闲阶级之中,即那些有时间,有钱,受过教育,而且擅长交谈的人。《温德米尔夫人的扇子》的开场一幕是紧凑的,它预示了后来的事件,但是它更新颖的贡献是对比了两种语言体系,一种是老生常谈,另一种是警句式的表达。"请相信,"温德米尔夫人说,"你比大多数人要更好,我有时觉得你是故意装成更坏的样子。"达林顿勋爵并没有否认这种意图,他回答说,"我们都有自己的小小虚荣心。"他的话隐含了一种邪恶的魅力,在另一番话中,他对邪恶作了反转的表达:"作为一个邪恶的人,我彻底失败了。为什么呢？有很多人说,在我的一生之中,我从未真的做过任何错事。当然,他们只是在我背后才这么说。"在这里,他把不邪恶——或善良——转变成一种过失。这番话体现了传统道德的荒谬,让它感到不安,从更大的范围来说,这部戏剧也是这样做的。

当他向亚历山大读完了剧本之后,王尔德问,"你喜欢它吗？""'喜欢'不是

334

---

① "fall flat"是英文中的一种习惯表达,意指失败,因此手稿没有平整地落下被视为一种吉兆。

我想说的词,它简直太棒了。""你为此要支付我多少钱?""一千英镑,"亚历山大
说。"一千英镑! 我对你的出色判断极有信心,亲爱的亚力克,所以我不得不拒
绝你这个慷慨的提议——我要抽版税。"[42]结果,他第一年就赚了七千英镑。

　　两人签署了一份合约,这个剧本将在 1892 年初上演,不久之后,威廉·海涅
曼请王尔德为梅特林克的两出英译剧本撰写引言。1891 年 10 月 16 日,王尔德
来跟他共进午餐,讨论这件事。海涅曼吃惊地发现这位客人表情十分哀痛和忧
郁。他急着想知道是谁去世了,王尔德回答说,"今天正好是我的生日,我在哀
悼(以后每一年的生日我都应该这样哀悼)又一年的青春被荒废了,我的夏天越
来越枯竭了。"[43](他当时是三十七岁。)在《不可儿戏》中,他会让约翰·沃辛也
披上这样的戏装,装出同样严肃的样子。至于引介梅特林克这件事嘛,他得等待
灵感降临才行。这种灵感从未降临。作为一个成功的戏剧作家,王尔德不再需
要这一类的工作了。

注释

[1] Richard Le Gallienne, quoting Wilde, in a review of *Intentions*, *Academy*, 4 July 1891.

[2] Michael Field, 136-7.

[3] *The Artist as Critic*, 351; Michael Field, 139; Walter Pater, 'A Novel by Mr Oscar Wilde,' *Bookman*, Nov 1891.

[4] W. Rothenstein, 187.

[5] [Raymond and] Ricketts, 28; Frank Liebich, 'Oscar Wilde,' TS. at Clark.

[6] Lionel Johnson, letter of 5 Feb 1891 (Hart-Davis); Ernest Dowson, *Letters*, ed. Desmond Flower and Henry Maas (1947), 182.

[7] *Shaw: An Autobiography*, selected from his writings by Stanley Weintraub (1970), 50.

[8] Lionel Johnson, letter to Arthur Galton, 18 Feb 1890 (Hart-Davis).

[9] Anon., 'Wilde As I Saw Him,' *Book Lover*, 1 Dec 1914.

[10] Leverson, 42.

[11] Maxwell, *Time Gathered*, 97.

[12] Notes (NYPL: Berg).

[13] [Raymond and] Ricketts, 17.

［14］Pearson, *Life of O. W.* , 145.

［15］A. Conan Doyle, *Memories and Adventures* (1924), 78-80.

［16］Sir Peter Chalmers Mitchell, *My Fill of Days* (1937), 183-4.

［17］*The Picture of Dorian Gray*, ed. Murray, 246-7.

［18］See the valuable introduction and notes to Isobel Murray's edition of *The Picture of Dorian Gray*.

［19］'*Ainisi ses tendances vers l'artifice, ses besoins d'excentricité, n'étaient-ils pas, en somme, des résultants d'études spécieuses, de raffinements extra-terrestres, des spéculations quasi théologiques; c'étaient, au fond, des transports, des élans vers un idéal, vers un univers inconnu, vers un béatitude lointaine, désirable comme celle que nous promettant des Écritures.* ' J. -K. Huysmans, *A Rebours* (Paris, 1965), 114.

［20］David Bispham, *A Quaker Singer's Recollections* (N. Y. , 1920), 150; Lady W, letter to Wilde, ［June 1890］(Clark).

［21］Elizabeth Longford, *A Pilgrimage of Passion: The Life of Wilfrid Scawen Blunt* (1979), 290-1; Harris, 306-7.

［22］*Letters*, 257-70 passim.

［23］Desmond Chapman-Huston, *The Lost Historian: A Memoir of Sir Sidney Low* (1936), 68-73.

［24］Original title from a note in Hyde Collection.

［25］*Letters*, 343, 288.

［26］Kernahan, 213.

［27］Robert Sherard, 'Aesthete and Realist,' *Morning Journal*, 22 Mar 1891; Max Beerbohm, 'Oscar Wilde,' *Anglo-American Times*, 25 Mar 1893.

［28］D. S. MacColl, 'A Batch of Memories – Walter Pater,' *Week-end Review*, 12 Dec 1931; Walter Pater, 'A Novel by Mr Oscar Wilde,' *Bookman*, Nov 1891, 59-61.

［29］Lionel Johnson, 'In Honorem Doriani Creatorisque Eius,' *Complete Poems*, ed. Iain Fletcher (1953), 246.

［30］Lord Alfred Douglas, letter to A. J. A. Symons, 8 July 1930 (Clark); *Letters*, 281.

［31］*Daily Telegraph*, 18 Apr 1913.

［32］Henry D. Davray, *Oscar Wilde: la tragédie finale* (Paris, 1928), 19.

［33］Frank Harris, letter to Wilde, offered as item no. 1139 in Maggs Catalogue (1951).

［34］Sichel, *Sands of Time*, 125; George Lukács, *The Meaning of Contemporary Realism* (1963), 132.

［35］1891 年 11 月 21 日,康斯坦斯·王尔德给《帕尔摩报》写信说,"有人说在国王十字警察局展示的盗窃赃物中看到了我们的银器,如果您能在报纸上刊登一段

文字,对此加以否认,我将十分感激。我收到了很多关于此事的信件,但不幸的是,除此之外,我却一无所获。"

［36］E. Robins, *Both Sides of the Curtain*, 12-22.

［37］*More Letters*, 85-6.

［38］Harris, 97.

［39］Hesketh Pearson, letter to Rupert Croft-Cooke, 18 June 1962, says Ross told him about the stopover at Selby on the way back from Windermere (Texas).

［40］'Wilde As I Saw Him,' *Book Lover*, 1 Dec 1914.

［41］'*The Cenci*,' *Dramatic Review*, 15 May 1886.

［42］George Alexander, quoted in *Evening Standard*, 29 Nov 1913, and Liverpool *Echo*, 8 Dec 1913.

［43］Frederic Whyte, *William Heinemann* (1928), 83-5.

第十三章　对巴黎的希腊化

只有杰出的风格大师才能够成功地
隐姓埋名。[1]

马拉美

虽然不情愿,伦敦还是拜倒在了王尔德脚下,他开始把注意力转向法国。
据安德烈·纪德说,他的心情是欢欣鼓舞的,成功似乎就在前方,他只需要去
收获就行了。[1]王尔德在巴黎逐渐建立了更为广泛的熟人圈子,不过,如今他
可以宣布自己已经从健谈者变成了作家。他在八十年代认识的大多数作家都
是颓废主义者,但是他在《谎言的衰落》中发出了信号,认为这场运动已成为
过去,我们不但能从文章的题目,还能从"对图密善的一种祭仪"中看出这一
点。在英格兰,颓废主义总是带有一种自嘲的味道。到了 1890 年,象征主义
而不是颓废主义成了一种时尚,就像王尔德在《道林·格雷》的序言中承认的
那样:"一切艺术同时既有外观,又有象征。有人要钻到外观底下去,那得由
他们自己负责。有人要解释象征的意义,那也由他们自己负责。"这些警句是

---

① 引自《给年轻人的至理名言》。

对斯特芳·马拉美的致敬,1891年2月,当王尔德在撰写这篇序言时,他拜访过马拉美。

对于王尔德来说,马拉美是一个新的天才。他的雄辩仰赖的是不同寻常的词汇和语法,以及拒绝向观众作哗众取宠的表演,这跟伟大健谈者们的风格完全不一样。他的周二聚会是很有名的,他的信徒们来倾听他说话,而不是谈论自己。王尔德准备好了要作出同样的牺牲,不过,虽然他对"大师"十分体贴,他还是显得鹤立鸡群。1891年2月24日,他参加了第一次周二聚会,大家想必是谈到了爱伦·坡,他和马拉美都对爱伦·坡怀有崇拜之心。马拉美送给王尔德一部出版于一年前的《乌鸦》,这是他翻译的爱伦·坡的长诗。次日,王尔德向他表示了感谢:

周三   雅典娜旅馆

336   亲爱的大师,你态度亲切地送给我一部恢宏的散文交响乐,这是伟大的凯尔特诗人埃德加·爱伦·坡的旋律为你带来的启示。在英格兰,我们既拥有散文也拥有诗歌,但是,法国的散文和诗歌却在一位像你这样的大师手中合二为一,融为一体。

能够跟《牧神的午后》的作者相识,这种殊荣是如此令人欣喜,我简直无法言表,不过,从他那里获得你对我表现出这种欢迎,这真是令人难忘。

奥斯卡·王尔德谨启[2]

第二周,他又出席了周二聚会,信徒们留意到了马拉美的那种缄默的赞许。

这种情形是有点敏感的,因为马拉美跟惠斯勒关系很亲密,数年之前,他在马奈的画室里遇见了惠斯勒。他对惠斯勒极为尊敬,把自己的一首散文诗献给了他,认为他是艺术家的典范。王尔德相信马拉美和他自己的才智能够解决这种难题,结果,他确实没有失望。马拉美让他觉得,他每次拜访巴黎时都会在马拉美家里受到欢迎,于是,10月底,当他返回巴黎时,他宣布他将在11月3日拜访马拉美,他随信附上了一部《道林·格雷的画像》,向马拉美的"高贵和简洁的艺术"致以敬意。正好这时候惠斯勒也在巴黎,他是来监督一些彩色石版画的制作的,同时还试图尽快把自己绘制的母亲肖像卖给法国政府。他决定不跟王尔德相见。他们已经有好几年没说话了。不过,即便他放弃跟对手的交战,他也会尽可能地表现出他的恶劣态度。11月2日,星期一,惠斯勒写信给马拉美,其信件对拼写和重音一如既往地不加理会:

> 亲爱的朋友——我的任务完成了——所以我要走了——你让我觉得这次拜访是令人愉快的——你总是这样——因此,我不能留下来,在明天晚上当着你那些信徒的面谴责奥斯卡,这未免显得有点忘恩负义。

> 这是我应该为你做的,但我有欠于你——我对此很清楚——它甚至会为你的夜晚增添一份欢乐的气氛!

> 马拉美的周二聚会如今已具有历史性——它是排他的——专门用来款待那些诚实的艺术家——参加这些聚会是一种特权——证明了一个人的价值——这种殊荣让我们感到骄傲——大师的房门不应该让随便什么说笑话的人闯进来,他穿越海峡而来,就是为了日后廉价兜售我们诗人在心情愉快时讲述的有趣话题和有分量的真理,从而赢取别人的尊重!——别了……

这还不够。次日晚上,离王尔德到访就差几分钟的时候,惠斯勒发来了一份电报。它说——指的是王尔德的《道林·格雷》序言及其主张,惠斯勒认为那些主张本来都是他的东西:

> 序言　主张　预先警告信徒们
> 提防亲密　致命的　藏好

337

> 珍珠　祝晚上愉快
>
> 惠斯勒[3]

马拉美知道惠斯勒对于这次拜访紧张过头了,他很认真地设法让他平静下来,向他保证,没有他的晚会是平淡无奇的——"艺术家的特性"——虽然这份电报让大家觉得很好玩。这些信徒们曾经在一家巴黎画廊里观赏过惠斯勒的肖像,一旦马拉美"提及惠斯勒的名字,他们就发出一片赞美之声,王尔德也随声附和;这场周二聚会的高潮就在于此。那份电报被搁在一边的桌子上,任其自得其乐"。

惠斯勒又发起了攻势。他警告马拉美,王尔德对报纸记者说,他沐浴在这位大师的赞美之中,他经常跟他的学生一起去咖啡馆。马拉美回复说,这里发生了关于王尔德的吵闹,不过他已经没有再见过他了,他被迫拒绝了两次学生的晚餐邀请,因为王尔德也是桌上客。惠斯勒对这封信的理解是,马拉美遭到了怠慢:

> 别跟奥斯卡混在一起——! 这就是他! 他做起事来忘恩负义到了无礼的地步,然后呢? ——就会说些老生常谈——他竟敢在巴黎又说起这些,好像它们是些新话题——关于向日葵的故事——他拿着百合走在路上——他的齐膝短裤——他的玫瑰色紧身衬衫——就会扯些这种事——然后是艺术东——艺术西——简直太猥琐了——最后总是不欢而散——我们会看到的——你会告诉我事情的经过——

惠斯勒对关于王尔德的话题已经变得躁狂不安。在卢浮宫,他遇见了于斯曼和朱尔·布瓦(Jules Bois),为了证明王尔德是多么嫉妒他,他说,"由于卢森堡博物馆收藏了一幅我的画,王尔德就把他的一本书也搁在了那里。"布瓦和于斯曼认为心怀嫉妒的那个人是惠斯勒。[4]

马拉美没有听进惠斯勒的一番谗言。当王尔德把《道林·格雷的画像》送

338

给他的时候，他对这本书留下了深刻的印象。生活和艺术、真实和虚构的边界在想象力的推动下会发生改变，马拉美的诗歌对此十分关注，王尔德的这本书也一样。从一朵花转变成为"所有花束中都找不到的花"，从一个人转变成一个幻象，这都符合这位大师的主张。马拉美以隐晦但赞赏的措辞表达了同样的思想：

> 我读完了这本书，很少有什么书能够这样吸引我，因为它在内心幻想和灵魂的最奇特芬芳中激起了一阵风暴。说得准确些吧，你对智性和人类进行了难以置信的提炼，在如此乖僻的一种美的氛围中，你创造了一个奇迹，它必然是汲取了一切作家的艺术！
>
> "这是一幅曾经无所不为的肖像。"这幅令人不安的道林·格雷的全身肖像将会继续作祟，但是由于你的写作，它已经变成了一部书籍。
>
> 　　　　　　　　　　　　　　　　斯特芳·马拉美[5]

马拉美和王尔德都认为文学是一种至高的艺术，它能够把一幅画转变成词语，把生活转变成诡计。

　　王尔德还打算对这位大师发起一次比《道林·格雷》更深远的挑战。马拉美的主要作品之一《埃罗提亚德》（Hérodiade）虽然已经写作了很多年，但仍未完成，它是自《忽必烈汗》（Kubla Khan）以来最著名的未完成诗歌。王尔德决定也利用一下这个题材，即在希罗底的煽动下，施洗者约翰被砍头。不管他想没有想过要直接引发竞争，他确实是这样做了，马拉美想要完成《埃罗提亚德》，却做不到，他不得不面对王尔德的工作；他说，他会保留"埃罗提亚德"这个名词，从而跟《莎乐美》区分开来，"应该说，后者是一部现代作品。"过了几年（当他从监狱中被释放出来后），在迪耶普，一位记者问王尔德对马拉美的看法。他回答说，"马拉美是一位诗人，一位真正的诗人。但是我更喜欢那位用法文写作的他，因为那种语言中的他是令人费解的，而在英文中，不幸的是，他就并非如此了。令人费解是一种天赋，不是每个人都拥有这种天赋。"[6]显然，他觉得自己跟这位大师是可以平起平坐的。

据人们所知，王尔德没有再参加周二聚会，也许有人让他受窘了，仿佛他对莎乐美题材的处理在某种程度上是一种冒犯。没有人记录下惠斯勒的反应，但他的反应是可想而知的。罗伯特·罗斯提到，有一次，王尔德抱怨说一部著名的小说剽窃了他的某个想法，罗斯回答，王尔德他自己就是"一位大胆的文学窃贼"。"亲爱的罗比，"王尔德拖长了调子回答，"当我看到别人的花园中长着一株硕大的四瓣郁金香，我就忍不住想种出一株长有五片奇妙花瓣的巨型郁金香，但那并不是别人培育一株只有三片花瓣的郁金香的理由。"[7]

他对莎乐美传奇的兴趣早先于他跟马拉美的相识，虽然马拉美的出现鼓舞了这种兴趣。莎乐美已经在欧洲画家和雕塑家的想象中舞蹈了上千年，到了十九世纪，她开始向文学界施展她的魅力。向她表示过艺术兴趣的文人包括海涅、福楼拜、于斯曼和拉弗格。自然和人性不再能够刺激他们，作为调剂，他们审视起圣经中的那些非自然形象。这些人大胆地重塑了圣经中的莎乐美。有众多的伊索尔德，众多的玛利亚，因此也有众多的莎乐美，绝不缺乏变化。

W.S.布伦特的日记证明，王尔德在前往法国之前就有了撰写《莎乐美》的想法。当他抵达巴黎之后，有一次，他跟柯曾和布伦特一起吃早餐，他告诉他们，他在撰写一个法文剧本，为此他会当选法国艺术院院士。他们答应会出席首演，柯曾到那时恐怕就已经是英国首相了。[8]毫无疑问，《莎乐美》符合王尔德的悲剧理论，1894 年，他在一封信中表达了自己的这种观点：

340　　　亲爱的先生：

　　　　一部喜剧是否应该处理现代生活的题材，它的主题是否应该表现社交圈或中产阶级的生活，这些纯粹属于艺术家的个人选择。就我个人而言，我喜欢非常现代的戏剧，喜欢我的悲剧辞藻华丽，距离遥远；但这些都只是一时兴起罢了。

　　　　至于舞台上的"成功"，公众是一种有着奇特食欲的怪物；在我看

来,他们贪婪地吞咽下蜜糕和藜芦;不过,观众有很多种——艺术家不

属于其中任何一种;如果说他受到了称赞,这只不过有点出于巧合

罢了。

奥斯卡·王尔德谨启

在于斯曼的《反常》第五章中,有一段话描述了古斯塔夫·莫罗绘制的两

幅莎乐美画作,在这本书的第十四章中,还引用了一段马拉美的《埃罗提亚

德》,王尔德的故事主要就源自这两个段落。在第一幅画中,年老的希律王被

莎乐美那充满淫欲但冷漠无情的舞蹈挑逗了起来;在另一幅画中,有人给莎乐

美送来了搁在浅碟上的闪闪发光的施洗者人头。佩特曾经赋予蒙娜丽莎一种

创造神话的力量,于斯曼把这种力量赋予了莎乐美,他指出,作家们从未成功

地充分表述她。只有莫罗表达过,她不仅仅是一个舞女,而是“永恒欲望的象

征性化身,不朽的癔症女神,是那种受诅咒的美人(僵直症使她的身体变硬,

肌肉钢化,把她提升到了所有美人之上),她也是怪诞的野兽,冷漠、不负责

任、无动于衷,就像古老神话中的海伦,她所接触的一切都会受到毒害”。然

而,这并不是故事的全部,因为在第二幅画,一幅水彩画中,莫罗表现出她看到

没有身体的头颅时的恐怖。

王尔德也许不再需要更多的推动力了,不过,他还受到了一位名叫 J. C. 海

伍德的美国人的影响,1888 年 2 月 15 日,他在《帕尔摩报》上评论了海伍德的

《莎乐美》。海伍德在六十年代就创作了这首戏剧诗,1888 年,伦敦出版商基

根·保罗(Kegan Paul)重印了这首诗。海伍德借鉴了海涅在《阿塔·特罗尔》

(Atta Troll)中对这个故事的重述,海涅描述了身处一支队列中的幽灵希罗底骑

在马上,亲吻了这位先知的头颅。海伍德的贡献是让她在活着的时候,在成为鬼

魂之前就亲吻了头颅。其他的资料中都没有提到过这样的细节。王尔德意识到

了海伍德没有意识到的东西,即亲吻头颅会构成这个故事的高潮。他曾在一家

皮卡迪利的餐厅里跟埃德加·索尔特斯共餐,那之后,他们拜访了住在街对面的

弗朗西斯·霍普勋爵。房间的装饰总的来说是朴素的,例外的是一幅版画,上面

341 的希罗底正在倒立跳舞,就像福楼拜的《希罗底亚》中描述的那样。王尔德走到这幅画跟前,说,"我记忆中的可爱女士。"根据索尔特斯夫人的说法,王尔德说他将会创作一个关于她的作品,索尔特斯正计划要撰写抹大拉的玛利亚,他回答说,"写吧。我们将一起追逐荡妇。"索尔特斯的书籍先出版,王尔德对这本书赞不绝口,说它是"如此悲观,如此恶毒,如此完美"。(不过,他对索尔特斯的另一部关于特里斯特拉姆〔Tristram〕的作品的评价是,"这本书完全就是《发生在新泽西的可悲事故》〔A Painful Accident in New Jersey〕的翻版。")索尔特斯在读了《莎乐美》之后,也反过来恭维了王尔德,他说,最后一行让他战栗不已。"只有这种战栗,我心领了,"王尔德回答说。[9]他开始构思这个剧本,根据他的构思,这个故事激起了一种乖僻的激情,即邪恶对美德,异教徒对基督教徒,活人对死人的激情(就像在《坎特维尔幽灵》中那样),还有美德对邪恶的憎恶,自我克制的极致。

处女的残酷

乔卡南:回去!巴比伦的女儿!别靠近主的选民。①

过多的启发鼓励了王尔德,他开始寻找自己的莎乐美,然而,迄今为止,他还不知道该怎样创作这个关于她的故事。在巴黎,他开始构思一个作品,他跟每个人都谈到了这件事,不过恐怕不包括马拉美在内。马拉美身边的人被拉入了这个题材的创作过程;王尔德请马塞尔·施沃布、阿道夫·雷泰和比埃尔·路易斯帮他修改各种草稿。王尔德就是想找这样一个大家都感兴趣的题材。

---

① 引自《莎乐美》。

一位名叫艾文霍·朗博松的作家描述了王尔德在 1891 年 11 月时的精神状态。朗博松和王尔德在翻译家亨利·达夫雷的公寓共进了午餐。那之后,他们一起去了阿尔古咖啡屋,在咖啡屋里,昂里克·戈梅·卡里永加入了他们的队伍,卡里永是一个年轻的危地马拉外交官和作家,他当时跟保罗·魏尔伦在一起。王尔德在高谈阔论,而魏尔伦喝着自己的潘诺酒,似乎喝得很起劲。不过,他偶尔会像街头流浪汉那样嘟哝两句,以回应王尔德的某一句精心的措辞。就像在 1883 年时那样,王尔德不喜欢魏尔伦的长相,因此,他埋头跟戈梅·卡里永交谈,卡里永是个兴致勃勃的年轻人,他拥有活泼的才智,语言还很别致。王尔德谈论了自己的人生,自己的旅行,自己对生活和感官意识的热爱,他说(就像他后来对纪德说的那样),"我只把才华用在写作上,而把所有的天赋都挥霍在生活中了。"听到这句话,魏尔伦突然变得认真起来,他俯身跟朗博松在一边说,"这个人是个真正的异教徒。他过得无忧无虑,有了这种无忧无虑,幸福就有一半到手了,因为他不懂得忏悔。"[10]

这也许是王尔德第一次遇见戈梅·卡里永,卡里永后来成了他的密友。当他们单独相处时,王尔德表达了对魏尔伦的那种邋遢外表的反感。"男人的第一义务是打扮漂亮,你不这样认为吗?"他问。戈梅回答说,"我知道的仅有的美人都是女人。"王尔德不同意:"你怎么能这么说?女人根本不漂亮。她们是另外一回事儿,我承认,比方说,她们是华丽的,如果会打扮,佩戴上珠宝的话,但是漂亮,那就根本谈不上了。美反映了灵魂。"他反对戈梅经常跟一个女人相处,当戈梅解释说他爱那个女人时,王尔德也不肯收回自己的反对。从那女人的角度来看,她说王尔德是一个鸡奸者,但是戈梅喜欢他,乐于跟他一起共度时光。

王尔德对莎乐美肖像的知识是丰富无比的。他抱怨说,鲁本斯的莎乐美像在他看来就像是"一个怒不可遏的丑妇"。而从另一方面来说,列奥纳多的莎乐美则显得过于虚幻了。其他肖像(由丢勒、基兰达约〔Ghirlandaio〕和凡·图尔登〔van Thulden〕绘制)因为未完工,也让人无法满意。勒尼奥的著名莎乐美像在他看来只不过是一个"吉普赛人"。只有莫罗让他感到满意,他喜欢引用于斯曼对莫罗画作的描述。他渴望去参观普拉多艺术博物馆,看看斯坦齐奥内(Stanzioni)是怎样描绘莎乐美的,还有提香,他引用了丁托列托(Tintoretto)对提香的评价:"这个人用战栗的肉体绘画[carne molida]。"

王尔德似乎想要沉浸在这个想法中,他每天都在谈论莎乐美。在他看来,街头的女人似乎都可能是以色列的公主。如果他穿过和平路,他就会顺便拜访一下那些珠宝店,为她寻找适宜的饰品。有一天下午,他问,"你不觉得她最好别穿衣服吗?是的,全身裸露,但披挂着由各色珠宝制成的悦耳的沉重项链,还被她那琥珀色肉体散发的热情温暖着。我不认为她是无意识的,扮演着缄默的工具。不,在列奥纳多的绘画中,她的嘴唇揭示了她灵魂的冷酷。她的欲求必须是无限的,她的邪恶是没有边界的。她的珍珠必定会在肉体上熠熠生辉。"他开始幻想萨拉·伯恩哈特在希律王面前跳舞,根据他的想法,这个希律王是三位希律王的混合体——即希律·安提帕斯(《马太福音》第四章第十四节)、大希律王(《马太福音》第二章第一节)和希律亚基帕一世(《使徒行传》第十二章第十九节)。[11]

然而,有时他又改变了想法,认为莎乐美是个纯洁的人。她在希律王面前跳舞是出于神启,从而把耶和华的敌人,冒牌者约翰送上死路。"她的身体高挑、苍白,就像一朵百合那样呈波浪形,"他是这样描述她的。"在她的美丽之中不存在肉欲。许多缎带覆盖着她苗条的肉体……她的瞳孔中闪现着信仰的热忱。"一幅伯纳迪诺·卢伊尼(Bernardo Luini)的绘画让他联想到了这样的画面。

343 一天晚上,当他在斯图尔特·梅里尔(用法文写作的美国诗人)家吃晚餐的时候,他不得不忍受雷米·德古尔蒙的另一种解释,其貌不扬但自信十足的雷米·德古尔蒙打断了王尔德对莎乐美的幻想,告诉他,"你混淆了两个莎乐美。第一个是希律王的女儿,不过,根据约瑟夫斯(Josephus)的论证,她跟圣经中的舞女毫无关系。"王尔德倾听了古尔蒙的指责,但后来他对当时也在场的戈梅说,"那位可怜的古尔蒙以为他比别人知道的更多。他告诉我们的是一位学院教授讲述的真相。我倾向于另一种我自己的真相,那就是梦的真相。在两种真相中,假的那种比真的还要更真。"[12]

　　有一天晚上,王尔德去了让·洛兰家,同被邀请的客人还包括马塞尔·施沃布、阿纳托尔·法朗士、亨利·博埃和戈梅·卡里永。他听说主人有一尊被斩首的女人的半身像,于是请主人拿出来让他看看。当他察看脖子上被剑砍的地方涂抹的血迹时,他嚷嚷着,"这是莎乐美的头,出于绝望,莎乐美让人砍了自己的头。这是施洗者的复仇。"这个形象让王尔德忍不住补充说:"布瓦西埃(Boissière)发现了一篇努比亚福音书(Nubian gospel),其中讲述了一个故事,为了表示敬意,一位闪族舞者把某个使徒的脑袋送给了一个年轻的哲学家。这个年轻人鞠躬并微笑着说,'亲爱的,我真正想要的,是你的头。'她感到胆怯,于是离开了。同一天下午,一位奴隶用金盘子给哲学家送来了他那位心上人的脑袋。哲学家问,'他们为什么把这个血淋淋的东西送给我?'然后继续去阅读柏拉图的书籍了。你不觉得这位公主就是莎乐美吗? 是的,(他指着胸像)——'这个大理石像就是她的头。施洗者约翰通过这次死刑复了仇。'"洛兰感到半信半疑,"你在写一首奇特的诗歌,"他说。洛兰自己的写作也是奇特的,所以他的这句话表示的是敬意。[13]

　　还有一幕对王尔德也有启发意义,那天,他和斯图尔特·梅里尔一起去了红磨坊,他们看到一位罗马尼亚的杂技演员双手倒立着在跳舞。王尔德匆忙在自己的名片上写了点东西,把名片给了她,然而,让他失望的是,她没有做出回应。他说,他本打算邀请她扮演自己正在撰写的一出戏剧中的莎乐美。"我想让她倒立着跳舞,就像在福楼拜的故事中那样。"[14]

　　不过,根据戈梅·卡里永的说法,王尔德起初并没有想过要写一出戏剧。他最初写了几页散文,然后中断了下来,决定写一首诗。他只是逐渐意识到,这个题材适合于戏剧。一天夜里,他对一群年轻的法国作家讲述了莎乐美的故事,然后,他回到自己在卡布辛大道的寄宿房。桌上摆着一本空白的笔记本,他想,他不妨把刚才告诉别人的故事写下来。"如果桌上没有本子的话,我永远也不会

想要把它写下来，"他告诉欧沙利文。挥笔写了很久之后，他看了看手表，想，
344 "我不能够这样继续写下去，"他出门去了格兰德咖啡屋，当时这家咖啡屋位于
卡布辛大道和斯科尔布街的交汇处。"那个里戈，跟希迈王妃克拉拉·沃德私
奔的家伙，当时是茨冈管弦乐队的首领。我把他喊到我的桌边，说，'我正在写
一部戏剧，其中有一个女人，她赤着脚在自己渴望拥有并杀害的男人的血泊中跳
舞。我希望你能演奏一些与我的思路相符的东西。'于是里戈演奏起如此狂野
和可怕的音乐，以至在座的人都停下了交谈，面面相觑。于是，我回到剧本之中，
写完了《莎乐美》。"[15]

　　根据罗伯特·罗斯的说法，王尔德起初并没有打算上演这个剧本。不过，他
渐渐开始在脑海中为这出戏剧选派角色。他想让伯恩哈特参加演出，或许正是
出于这种想法，他才在创作时使用了法语，不过，他一定也梦想过在一出"谜"一
样的戏剧中击败马拉美，它揭示了一种"人的激情"。他抱怨说圣经中的莎乐美
太驯良了，她只不过遵从了希罗底的命令，当她得到那个人头的时候，她就把它
交给了自己的母亲。这是一段内容不够充分的描述，王尔德说，"于是有了几个
世纪的梦幻和想象，它们被堆积在她的脚下，把她转化成了悖常花园中的深红色
花朵。"在关于这个剧本的所有谈话中，他始终忠于一个事件，从未有过动摇，即
在跳舞之后，莎乐美要求获得约翰的头颅不是出于对母亲的遵从，而是出于那份
得不到回报的爱。希律王跟自己的良心进行了一番交战，他答应了她，有着黑眼
睛和红唇的头颅被搁在一个银盘子里递给她。她接过银盘子，用双手抓住头颅，
尖叫着，"啊，你不想让我亲吻你的嘴唇？你现在难以阻止我了吧。"于是，她就
像啃食一个美味的水果那样亲吻它。戈梅·卡里永说过，王尔德的女主人公是
一个敢爱，敢承受痛苦，也敢恨的女人。她不关心信仰。约翰卷入了一种被禁止
的宗教，他忠于正规仪式，这些对她都没有影响。打扰她，折磨她，让她激动的是
那个男人的黑眼睛和红嘴唇。"你的肉体，"当她去监狱中看望他的时候，"你的
肉体跟山间的白雪一样洁白。"她说的这句话，以及她怀着狂热说出的其他话，
都充满了雅歌中的不道德气息。（不过，雅歌描述的是一个女人的美貌，而不是

男人的。）"我逃离那些符合道德的事物，就像逃离枯竭的东西，"王尔德对戈梅说，"我跟德埃森特患有同样的疾病。"[16]

刚开始写这个剧本时，王尔德认为他会把剧本叫作《被斩首的莎乐美》。这个题目似乎跟他告诉梅特林克和若尔热特·勒布朗的故事是相符的。它讲的是莎乐美最后变成了圣徒。希律王看到她亲吻那个被砍下的头颅，勃然大怒，想要把她杀掉，但是在希罗底的哀求之下，他觉得放逐她也就够了。她去了沙漠，在那里生活了几年，遭受着恶意诽谤，忍受着孤独，穿着动物毛皮制成的衣服，依靠蝗虫和野蜂蜜为生，就像先知本人那样。当耶稣经过那里时，她认出了死者曾经预先通报过的这个人，她信从了他。可是，她觉得自己生活在他的影子中是没有价值的，于是再次离开，打算去传播福音。她穿越了河流和海洋，在走过炙热的沙漠之后，她又遇上了雪原。有一天，她正在穿越罗纳河附近的一个结冰湖泊，冰层在她脚下裂开了。她掉进了水中，锯齿状的冰块戳进她的肉体，割下了她的头颅，虽然她还来得及喊出耶稣和约翰的名字。那些后来经过的人看到，在重新凝结起来的银色冰盘上，展现着一颗被割下的头颅，就像一朵红宝石之花的雄蕊，上面闪耀着金色的光轮。[17]王尔德的头脑中充满了这样的图像。

两个人都被斩首，这符合王尔德关于《道林·格雷》的警句，"一切无节制，以及一切克己，都会有自己的报应。"基督徒乔卡南和异教徒莎乐美，一个人被虔诚所激励，另一个人被感官肉欲所鼓舞，他们都会遭到降贬。关于放纵和恐惧的道林·格雷困境又出现在这里，这一次，不存在超自然力量的协助了。不过，王尔德最终放弃对莎乐美的斩首，因为这样一来，这个故事就显得太牵强也太啰唆了。

莎乐美的性格特征随着希律王的性格特征的发展而发展。莎乐美对乔卡南的没有身体的头颅充满欲望，与之相比，希律王对莎乐美身体的欲望就变得黯然失色。她的欲望是一种淹没在自身之无节制中的激情。发展到这种终极边界的感官意识几乎是神秘的。虽然行为野蛮，但莎乐美具有那种处女的无邪。跟于斯曼笔下的德埃森特一样,她是一个强硬派,推动自己的激情,使之超越了人的极限,乃至超越了坟墓。做出这种选择的人成了典范;他们作为例证的价值缓和了自身的那种怪诞。当死亡莅临莎乐美时,它估量出了她那种无边际的渴欲。她最终变成了自我消耗之激情的寓言。

王尔德创造的中心角色既不是莎乐美,也不是乔卡南,而是希律王。他在两种天命之间摇摆,最后跟两者都保持了距离。一种天命抵消了另一种天命。希律王战栗不已,却依然是坚强的,他是一片树叶,但却是一片波浪形的树叶,被肉体吸引力和精神反感的相继波浪所席卷,然而却没有被它们摧毁。他依次屈从于它们,可希律王依然是希律王,他超越于两者之上。

在《莎乐美》的晦暗事件中,也有阿特柔斯王室①的遗迹。一种厄运感弥漫着整个剧本。乔卡南就像是卡珊德拉,而莎乐美具有克吕泰涅斯特拉的某些特征。王尔德心中常想起的不但有圣经,还有埃斯库罗斯。

巴黎的诱惑

> "我喜欢听自己说话。这是我最大的乐趣之一。我经
> 常一个人展开长篇大论,我是那么聪明,有时我一点都
> 不明白自己在说些什么。"②

346　　　1891 年 12 月 19 日,《巴黎回音》说王尔德是本季节"巴黎文学沙龙中的'大事件'"。他在那里度过的两个月是一场持续不休的盛宴。马塞尔·施沃布在当时是一个年轻的名流,身为作家和记者,他是王尔德的主要向导,虽然另一个年轻名流比埃尔·路易斯也很惹眼。12 月,施沃布请王尔德准许他把

---

① 这一段讲述的是埃斯库罗斯笔下的剧本《阿伽门农》中的情节。
② 引自《神奇的火箭》。

《自私的巨人》翻译成法文,当月的 27 日,这个故事被发表在《巴黎回音》上。1892 年,他把自己的故事《蓝色乡村》(*Le Pays bleu*)题献给王尔德,王尔德在同一年把《斯芬克斯》献给了他。施沃布当时是卡蒂勒·孟戴斯的秘书,负责《巴黎回音》方面的事情,他还负责抚慰孟戴斯的妻子玛格丽特·莫雷诺,莫雷诺当时正在为萨拉·伯恩哈特工作。施沃布的母亲曾经是李普曼小姐的老师,李普曼小姐后来变成了阿尔曼·德卡亚韦太太,是阿纳托尔·法朗士的女伴。通过这些关系,施沃布可能会带来极大的帮助,而且事实也确实如此。施沃布曾把王尔德引介给让·洛兰,洛兰说,施沃布是王尔德的引路人和驯象者。朱尔·勒纳尔说,在莱昂·都德的家里,施沃布似乎把王尔德和莎士比亚混为一人了。[18]

　　王尔德来访之后,施沃布在日记中毫无欣喜之色地提到他。他把王尔德描述成"一个大块头,长着一张苍白的大脸盘,红脸颊,嘲讽的眼睛,一嘴糟糕的龅牙,一张孩子似的邪恶的嘴,嘴唇好像准备再吮吸些牛奶。他进餐的时候——他吃得很少——不停地吸鸦片味很重的埃及纸烟。一个苦艾酒鬼,他通过苦艾酒来获取想象和欲望"。王尔德身穿棕色的双排扣长礼服,里面是一件独特的马甲,他带着一根饰有金杖头的手杖。有一天,施沃布来接他,王尔德找不到自己的手杖了,他说,"我的金头手杖失踪了。昨夜我跟一些最可怕的人在一起,强盗、谋杀犯、窃贼——就跟维庸的伙伴一样。[他知道施沃布刚写过关于维庸的东西。]他们偷走了我的金头手杖。那里有一个年轻人,长着漂亮、忧伤的眼睛,就在那天上午,他宰掉了自己的情妇,因为她对他不忠。我可以肯定,就是他偷走了我的金头手杖。"他饶有趣味地总结说,"我的金头手杖如今落在那双手中,它们曾残杀过一个脆弱的女孩,她拥有衰败的玫瑰树丛在雨中的优雅。""可是,王尔德先生,"施沃布说,"你的金头手杖不就搁在角落里吗?""啊,对啊,"王尔德说,很困惑的样子,"的确如此。我的金头手杖就在这儿。你真聪明,居然能找到它。"[19]

　　施沃布在自己位于大学路 2 号的公寓里款待了王尔德。莱昂·都德有时也

347

会在那里遇见他,他既被王尔德吸引,又反感他。他觉得王尔德的故事非常有趣,他的交谈却让人疲惫。词语从他那张松弛的嘴巴里跌跌爬爬地滚出来,他会像一个肥胖、饶舌的女人那样大笑。他们第三次见面的时候,王尔德意识到他的态度是有所保留的,于是问他,"你对我有什么看法,莱昂·都德先生?"都德认为他很复杂,而且还有可能是个狡猾的人。次日,他收到了一封来自王尔德的信件,在信中,王尔德宣称说,他是所有人类中"最简单、最率真的人","就像一个极幼小、极幼小的孩子"。[20]

艺术家雅克-埃米尔·布拉什一向崇拜王尔德,在阿蒂尔·贝涅尔太太的家中,他把王尔德介绍给了普鲁斯特。普鲁斯特对英国文学的热情给王尔德留下了深刻印象,尤其是罗斯金(他曾经翻译过罗斯金的东西)和乔治·艾略特,王尔德接受了普鲁斯特的邀请,答应去奥斯曼大街跟他共餐。根据勒迈尔太太的两个孙子的说法,事情的结果是这样的,"宴请王尔德的那天晚上,普鲁斯特在贝涅尔太太家里耽误了一会儿,他上气不接下气地赶到家,为此迟到了两分钟。他问家里的仆人,'那位英国绅士来了吗?''来了,先生,他在五分钟前到了;他一进客厅就问洗手间在哪儿,到现在还没有出来。'普鲁斯特赶到走廊的末端。'王尔德先生,你生病了吗?''啊,普鲁斯特先生,你来了。'王尔德气象雄伟地出现在他面前。'不,我一点病都没有。我以为我会很荣幸地跟你单独共餐。我看了看客厅,客厅的一端坐着你的父母,于是我丧失了勇气。拜拜,亲爱的普鲁斯特先生,拜拜……'"事后,他的父母告诉普鲁斯特,王尔德四下打量了一遍客厅,评价道,"你们的房子简直太丑陋了。"[21]

斯图尔特·梅里尔对王尔德帮助不小。他满足了王尔德跟让·莫雷亚斯(本名是约奥尼斯·帕帕蒂阿姆安托鲍勒斯)见面的愿望。莫雷亚斯生于雅典,1870年以来一直住在巴黎,他安排王尔德在黄金海岸餐厅跟他和他的追随者共餐。只有这一次,王尔德不得不洗耳恭听别人的高论,莫雷亚斯阐述了"罗马派"的理论,他本人、夏尔·莫拉斯、埃内斯特·雷诺、莫里斯·迪普莱西、雷蒙·德·拉塔亚德和其他人都支持这些理论。为了反对**象征派人士**,他们提出要重拾早期法国诗歌的古典传统。莫雷亚斯谴责了十九世纪的诗人：雨果太粗俗，波德莱尔似是而非，等等。根据梅里尔的说法，在吃餐后甜点的时候，王尔德请莫雷亚斯朗诵一些诗歌。"我从不朗诵，"莫雷亚斯说，"不过，如果你愿意的话，我们的朋友雷诺将会为我们朗诵。"雷诺应声而起，用那双可畏的拳头抵着桌子，宣布："献给让·莫雷亚斯的十四行。"他的朗诵获得一片喝彩，王尔德再次敦促莫雷亚斯，请他朗诵诗歌。"不成。不过，我们的朋友拉塔亚德——"轮到拉塔亚德站了起来，他固定了一下自己的眼镜片，用清晰的声音开始朗读："献给让·莫雷亚斯的颂歌。"眼瞅着人们对莫雷亚斯的崇拜，王尔德渐渐变得明显不安起来，不过，出于礼貌，他又尝试了一次。"迪普莱西，让我们听听你最新的诗歌，"这位大师发出了命令。迪普莱西猛然站起来，发出喇叭一样响亮的声音："让·莫雷亚斯之墓。"面对这种情形，梅里尔说，"奥斯卡·王尔德噎住了，他被征服了，被击溃了，过去在伦敦的沙龙上，他从未把这个人放在心上，他请人拿来自己的帽子和外套，逃进了黑夜之中。"后来，他恢复了精神，邀请莫雷亚斯、梅里尔、拉塔亚德、戈梅·卡里永，以及其他人一起共餐。这一次，他讲起自己的故事，成了餐桌的主宰。莫雷亚斯在离开后评论说，"这个英国人是狗屎。"后来，当别人提起莫雷亚斯的时候，王尔德会说，"莫雷亚斯，真的有这个人吗？"别人给予肯定回答之后，他会继续说，"真奇怪！我一直以为莫雷亚斯是个虚构的人。"[22]

　　埃内斯特·雷诺认为，梅里尔夸大了第一天晚上发生的事情，这一点是肯定无疑的，但是他承认，王尔德突然说他另有约会，然后就走人了。过了一段时间，王尔德走出旅馆时，在卡布辛大道上遇见了雷诺，他对他严肃地说："我赞成莫雷亚斯及其学派的做法，他们想要重建希腊的和谐，让我们重返狄俄尼索斯的精神状态。世人都如此渴望享乐。我们还没有摆脱叙利亚的包围和它那惨白的神祇。我们都被投入了阴影的王国。当我们在等待新的信仰之光时，让奥林匹斯山成为我们庇护所和避难地吧。我们必须让自己的天性在阳光下欢笑嬉戏，就像一群发笑的孩子。我热爱生活。它是那么美丽——"说到这里，王尔德指着周围的景色,它们在阳光下熠熠生辉。"哦,"他继续说,"这一切胜过了乡村那含情脉脉的美景。乡村的孤独让我窒息,把我碾碎……除非在文雅的人群中,在首都的辉煌业绩之间,在富人区的中心地带,或在皇宫酒店的华丽装饰旁,座位边摆满自己喜欢的物品,还有一队仆人,脚下是豪华地毯的温暖爱抚,否则的话,我就简直不是自己了……我讨厌人类尚未用他们的技艺加以改造的自然。"他以尼采的风格继续讲下去,拿钻石和木炭来比较诗人和普通人。一种结晶的奇迹创造了钻石;钻石在不同温度下都能保持它的属性,诗人面对普通法规和公共需求也可以保留他的权利。"为了研究人在临死痛苦中的肌肉动作,本韦努托·切利尼把一个活人钉死在十字架上,教皇赦免了他的罪过,这是对的。如果能让一个不朽的词汇大放光彩,或照济慈的说法,成为永恒之狂喜的源泉,那么一个无名之辈的死亡又算什么?"[23]

面对这奔流不息的话语,雷诺斗胆提及了王尔德的写作,却被他用手势阻止:"哦,让我们别提那些!我觉得那些事情简直太不重要了。我写那些东西是为了消遣,也为了证明我并不比那些我看不上眼的同代人更逊色,你们的波德莱尔过去也曾这么做过,只不过他比我更有天赋罢了。我的抱负何止是写诗呢。我想要让我的生活本身也成为一件艺术品。我知道一首好诗的价值,但我也知道一朵玫瑰、一瓶上等葡萄酒、一条彩色领带和一碟可口菜肴的价值。"

他们继续前进,路过了那不勒斯餐厅,埃内斯特·拉热内斯从餐厅里向他们打招呼。卡蒂勒·孟戴斯也在那里,他邀请他们跟他一起坐坐。于是大家谈起了王尔德的悖论,王尔德对孟戴斯说,悖论虽然是半真半假的,但它们仍是我们所能得到的最好的东西,并不存在绝对真实的东西。他指出,新约中就充满了悖论,虽然人们对它们太熟悉了,一点也不觉得吃惊。"还有什么比'那些穷人有福了'更具有悖论色彩呢?"[24]当王尔德向孟戴斯请教他对法国近期诗歌的看法时,孟戴斯长篇大论了起来。他称赞了帕尔纳斯诗派(Parnassiens),认为阿尔芒·西尔韦斯特是最好的诗人。西尔韦斯特创作的六万首诗歌是朝向最纯粹理想的漫长努力;他的散文也很好,既不粗俗也不琐细。王尔德一语不发地倾听着,露出了难以察觉的微笑,当孟戴斯就像发表神谕一样态度肯定地说话时,他向后仰头,抖动自己的头发,或整理自己的领带。孟戴斯对象征派诗人大肆攻击,拉热内斯的辩护只让他的炮火变得更为猛烈:"象征派让我们觉得可笑。他们什么都没有发明。那种象征就跟世界一样古老……马拉美是……一个破碎的波德莱尔,他的碎片从未被汇聚起来。"他接着又讲起了王尔德认识的年轻一代诗人:亨利·德雷尼耶不过是在重复邦维尔和雨果。保罗·福尔具有一种虚假的简单,他的"比利时审美观"让他受害不浅。至于维耶勒-格里芬,孟戴斯希望自己漏掉了什么东西,因为如果他没漏掉的话,那么这个诗人也就没多少货色了。在出门的时候,雷诺提醒王尔德说,孟戴斯可能是在回应维耶勒-格里芬对他的作品的批评。王尔德只说了一句,"不过,这个恶魔一样的人真是太有趣了。"[25]

　　大多数时间里,王尔德不必扮演倾听的角色。1891 年 12 月 8 日,阿里斯蒂德·布兰特送给他一本书,上面题写着:"给奥斯卡·王尔德,一个快活、异想天开的英国人。"[26]朋友们从伦敦来到这里,譬如 J. E. C. 博德利,他为王尔德和一些法国作家举办了一次宴会,然后驱车带他去了布洛涅公园(Bois de Boulogne),打算警告他不要重复《道林·格雷》的丑闻。王尔德坚持认为,这本书是符合道德的,但遭到了误读;他说他收到了来自伦敦主教和坎特伯雷大主教的赞誉信。博德利心存怀疑,然而他住了口。还有一次远足是去红城堡,它算得上是一家客栈,王尔德跟威尔·罗森斯坦、谢拉德和斯图尔特·梅里尔一起去了那里。他们本来已觉得不安,让他们更加受不了的是,谢拉德大声威胁说,任何干涉他朋友奥斯卡·王尔德的人很快就会后悔。"罗伯特,"王尔德说,"你这样保卫我们,可能会让我们送命的。"[27]

　　王尔德的妻兄奥索·劳埃德和他的妻子在维维恩路有一幢房子。王尔德是其中一次午餐会上的贵宾,他却迟到了一个小时。他要求人们拉上百叶窗,点起蜡烛,就跟他母亲一样,他不喜欢在社交场合出现阳光。桌布也被换掉了,因为

350

上面摆放的花束(在他把它们也撤掉之前)是紫红色的,他怀着迷信的心理畏惧这种颜色。他不理睬那些引介给他的人的名字,态度唐突。从餐前点心开始,他就控制了讲话权。他的听众感到失望。他一副装腔作势的样子;他向众人提问,却不倾听他们的回答,要么就是粗鲁地强迫他们说话:"你从未见过幻影?别这样说,喔,这真不可思议,你,夫人,是的,就是你,夫人。你的眼睛似乎正在凝视着幻影。"他发誓说,有一天晚上,在一个酒吧,桌子被摆放整齐了,地面也被扫干净了,不过干这事的不是晚班侍者,而是晚班天使。他用低低的嗓音讲述充满悖论的故事,就像是提到什么秘密,然后,他又对各国首都的停尸房高谈阔论了一番。法国人听说过,维利耶和波德莱尔曾试图用这办法来震撼人心,不过,风尚已发生了变化。王尔德意识到他对场合的判断有误,于是,在进餐的后半段时间里,他保持了沉默。

喝咖啡的时候,人们开始谈论一个在德国和英格兰进行巡回演出的法国杂耍歌舞剧团,他几乎有点羞怯地发言说,法国人具有那种非凡的戏剧感,这解释了它们的大部分历史。法国的外交政策,他说,具有舞台布景的特色;它寻求良好的态度,装饰性的词语,引人瞩目的姿态,而不是注重实效。他从悖论的角度轻松地诠释了从查理十世到今天的法国史。让雷诺感到惊讶的是王尔德部署人物、事迹、条约和战争的方式。凭借自己的词汇之光,他让它们像珠宝那样闪耀生辉。有人提出一个问题,把他引向迪斯雷利和布莱辛顿夫人的沙龙,虽然迪斯雷利是个犹太人,又是个无名之辈,但他却在这位夫人的沙龙上跟德奥尔赛伯爵直面对抗。王尔德边说边开玩笑,既具有伟大历史学家的那种概括能力,又具有伟大剧作家和诗人对情绪的控制力。在描述布莱辛顿夫人的风流韵事时,他变得感情奔放,他的嗓音就像一把六弦提琴那样产生了共鸣。如果说起初他看上去是做作的,到了此时,他已经用自己的淳朴赢得了人心。有几个客人落泪了,雷诺说,他们发现词语竟能够散发出这样的光辉。然而,这一切又显得如此自然,就像是寻常的交谈。[28]

于是,身处巴黎的王尔德成了无处不在的时髦人物。斯图尔特·梅里尔说他"有着巨人般的身材,下巴刮得很干净,面色红润,就像赫利奥加巴卢斯时期的一位月神祭司。在红磨坊,那些常客以为他是传说中某个北方王国的国君"。一个邋遢的女人在第一次遇见他的时候说,"我难道不是巴黎最丑陋的女人吗?王尔德先生。""不,您是全世界最丑陋的女人,夫人,"他回答。* 根据梅里尔的说法,"一方面,他能激起亨利·德雷尼耶的狂热,另一方面,他又能激起比比·拉皮雷的狂热。"①并不是每个人都这样认为,不过,王尔德对那些贬损者视若无睹。他唯一放在心上的是埃德蒙·德·龚古尔,1891 年 12 月 17 日,龚古尔正好在《巴黎回音》上发表了自己的日记,其中包括他在 1883 年 4 月 21 日和 5 月 5 日跟王尔德的相遇。在后一则日记中,他把王尔德说成是"此人是个双性人,使用的是二流演员的语言,说了些难以置信的故事"。在前一则日记中,他说王尔德提到了斯温伯恩,把斯温伯恩说成是一个夸耀自己恶行的人。王尔德忽略了龚古尔对自己的抨击,写信去澄清他对斯温伯恩的说法。这是他写过的最机敏的信件之一:

[1891 年 12 月 17 日]　　　　　　　　　　　　卡布辛大道 9 号

亲爱的德·龚古尔先生:

　　虽然我的美学观的智性基础是非现实性的哲学,或许正因为如此,我请您允许我对您的记录作一点小小的更正,您提到,我曾跟您谈起我们那位受人热爱的、高尚的英国诗人阿尔杰农·斯温伯恩……毫无疑问,这是我的错。一个人也许敬爱着一种语言,却说不好它,就像一个人可能爱慕着一个女人,但并不了解她。虽然我对法语充满个人喜好,

---

　　* 这就像是他对 T. P. 奥康纳太太的评价。王尔德曾经问她,当她丈夫跟一位年轻的金发女人调情时,她是否会感到嫉妒?"不,"她说,"T. P. 就算见到了漂亮女人,他也看不出她的漂亮。"哈罗德·弗雷德里克当时也在场,他说,"请允许我插一句——那是怎么一回事?""哦,我是个意外。""更确切地说,"王尔德补充道,"是一场重灾。"[29]

　　① 亨利·德雷尼耶是法国象征派诗人;比比·拉皮雷(Bibi la Purée)打扮得像个流浪汉,他是魏尔伦的朋友,曾出现在毕加索的绘画中以及乔伊斯的作品中。

但我生来就是个爱尔兰人,英国人已经在谴责我使用莎士比亚的语言了。

你说我把斯温伯恩先生描述成了一个炫耀自己恶行的人。那会让这位诗人大吃一惊,因为他在一所乡下居所里过着简朴的生活,把自己完全奉献给了艺术和文学。

我的意思是……在莎士比亚的作品中,在他同时代人韦伯斯特(Webster)和福特(Ford)的作品中,我们可以听到自然的呼唤。在斯温伯恩的作品中,我们第一次遇见了肉体的呼唤,它饱受欲望和记忆、喜悦和懊悔、肥沃和贫瘠的折磨。跟往常一样,英国公众是伪善的、假装正经,气质庸俗,他们不知道该怎样在艺术作品中寻找艺术;他们在其中寻找的是作者本人。他们总是把人跟他的创作混为一谈,所以他们认为如果你创作了哈姆雷特,你的脾气肯定是有点忧郁的,能想象出李尔王这样的人肯定是完全疯了。于是,围绕着斯温伯恩先生就出现了一种传说,把他描述成了怪物和吃小孩的人。斯温伯恩生来是个贵族,气质上是个艺术家,他对这些谬论只不过是一笑置之……

我希望,如果能有幸再次跟您见面,您会发现,我用法语表达想法时已经不再像1883年4月21日那么含混了。

卡蒂勒·孟戴斯向龚古尔出示了这封信,然后,它被付印了。后来,当龚古尔以书籍的形式出版自己的日记时,他把这段文字中关于斯温伯恩是"一个夸耀自己恶行的人"和王尔德是"一个双性人"的句子都删掉了。这是他对王尔德的致意,不管其他方面怎样,王尔德的信件证明他是一个天才作家,有权受到一位艺术同行的优待。1896年,龚古尔去世之际,人们成立了龚古尔学院,一个法兰西学院院士受到类似情感的激励,提名王尔德跟托尔斯泰一起入选该学院的成员。[30]

新门徒

> 我选择朋友的标准是美貌，选择熟人的标准是好性格，
>
> 选择敌人的标准是出色的才智。①

　　王尔德在巴黎认识的主要朋友是施沃布、比埃尔·路易斯和安德烈·纪德。纪德和路易斯两人都刚满二十一岁，其性情几乎正好相反，纪德做事诡秘，有自知之明，路易斯直言不讳，为人蛮横，他喜欢干一些残酷的恶作剧，纪德一度是他的靶子——直到他跟路易斯断交为止。一个人喜欢男人，另一个人喜欢女人，但纪德和路易斯都欣赏王尔德，他也欣赏他们俩。他在《石榴房》上题写了献给路易斯的花哨词藻：

353

> 给那个爱慕美的年轻人
>
> 给那个被美爱慕的年轻人
>
> 给那个被我爱慕的年轻人

他们合写了一份手稿，王尔德的那部分摘自《莎乐美》：

> 你不应该盯着事物或人。你应该仅盯着镜子。因为镜子只会展现我们的面具。

路易斯热忱地写道，"我们必须去展现男人之美。"[31] 截至 1892 年 1 月，路易斯

---

　　①　引自《道林·格雷的画像》。

正在准备出版自己的诗集《阿施塔特》(*Astarté*)，他模仿了王尔德在《石榴房》中的做法，把每一首诗歌献给一个朋友，其中之一就是王尔德本人；他在一段题词中引用了王尔德的《少年国王》。他写给王尔德的信件的开头是："亲爱的大师"。他被王尔德征服了。

1891 年 11 月 26 日，纪德和王尔德初次见面，当时王尔德是三十七岁，纪德刚刚二十二岁。我们对他们的碰面安排几乎了如指掌，在三周的时间里，他们差不多每天都见面，这种见面经常要持续上好几个小时。大约一两天后，他们在诗人埃雷迪亚家里再次会面。（路易斯计划跟埃雷迪亚的小女儿结婚。）然后，28日，在纪德的要求下，路易斯在索邦广场的阿尔古咖啡屋为王尔德安排了一次共餐的机会，斯图尔特·梅里尔也许是参加这次共餐的第四个人。或许是王尔德提出了回请的建议，次日下午五点，纪德跟他再次见面；12 月 2 日，这两个人和斯图尔特·梅里尔一起共餐，3 日，他们跟马塞尔·施沃布在阿里斯蒂德·布兰特家又碰面了。那些所谓的长达三小时的共餐可能就包括了以上的聚会，1891年 12 月，在一封写给保罗·瓦雷里的信中，纪德提到，那种场合下的王尔德谈起话来是那么精彩，他似乎就是波德莱尔或维利耶本人（纪德比雷诺更愿意作这样的比喻）。6 日，他们在欧罗索夫公主家中度过，正当王尔德讲得逸兴遄飞之际，这位公主声称看到他头上有一轮光环。纪德也说，"他散发着光芒。"让我们继续翻阅这份社交日历，7 日，纪德和王尔德在施沃布家吃饭，8 日，他们再次去布兰特家吃饭。根据让·德莱的说法，纪德的日记本中，在 11 日和 12 日，只有王尔德这个名字是用大写字母拼写的；13 日，欧罗索夫公主又一次邀请他俩来吃晚餐，一起吃晚餐的人还有亨利·德雷尼耶；15 日，纪德和施沃布再次跟王尔德相见，那之后，纪德就去乡下拜访亲戚了，王尔德在数日之后返回伦敦。对王尔德来说，这种一连串的社交活动简直是家常便饭，而对纪德来说，这就是天翻地覆的变化了；通常情况下，他并不常去阿尔古咖啡屋或阿里斯蒂德·布兰特家，他一年也见不了这么多人。

在他们最初相交的这段时间里，纪德被王尔德彻底征服了。斯图尔特·

梅里尔记得,当王尔德在讲述他的故事时,纪德心不在焉地盯着自己的碟子。纪德和王尔德的脸颊都刮得干干净净,蓄着胡子的朱尔·勒纳尔觉得这种情形很无礼(他分别在不同的叙述中强调,这两人中的任何一个都**没有蓄胡子**),12月23日,王尔德刚离开巴黎,勒纳尔就在施沃布家遇见了纪德。他也认为年轻的纪德爱上了王尔德。[32] 至于王尔德,他喜欢纪德,但显然他更愿意跟路易斯、施沃布为伍,在关于《莎乐美》的事情上,他需要他们的帮助,还有雷泰的帮助。(他把这个剧本献给了路易斯。)纪德的感情也许是得不到回报的,然而,出现了某种对他来说至关重要的变化,虽然他从未具体表明到底发生了什么。他倒确实说过足够多的细节,从中我们可以了解这段典型的王尔德式友谊的特性。

他们之间的关系可能很像是道林和亨利·沃顿勋爵之间的关系。"以某种雅致的形式表现自己的灵魂,让它在那里逗留片刻;倾听自己的智性观点得到附和,平添了一种激情和青春的旋律;把自己的气质传输给另一个人,仿佛它是一股清淡的液体或一种奇怪的香气;其中有某种真正的愉悦。"纪德选择了让王尔德从精神上引诱自己。到当时为止,他一直生活在梦中,就像一个梦游者。如今,他突然醒来,发现自己站在倾斜的屋顶。幸好还有一个同伴可以去责怪或感谢。哪怕没有研究过歌德(虽然他是研究过的),他也会感到喜悦,因为他找到了那个扮演梅菲斯特来诱惑他内心的浮士德的人,或那个扮演浮士德来诱惑他内心的格雷琴的人。

纪德的通信和日记中记录了这种诱惑的不同阶段。起初,他感到眼花缭乱;1891年11月28日,在一封写给保罗·瓦雷里的信中,他描述了自己跟"唯美主义者奥斯卡·王尔德"诸人一起见面的事情,然后评论道,"哦,令人钦佩啊,令人钦佩啊,这个人。"不过,当他发现自己身处危险之后,这种口气很快就发生了变化。一周后,他表示说,王尔德让他感到困扰,他告诉瓦雷里(在12月4日),"王尔德以伪善的方式设法剿灭我仅剩的灵魂,因为他说,要想了解精髓,就必须抑制它;他想要我为丧失灵魂而懊恼。试图摧毁事物的努力是衡量一切的标准。一切事物，只有通过被宣布无效，才足以构成它自身……"*

这个想法很不错，五年后，纪德在《人间食粮》中重述了它，他声称，"在某些夜晚，我是如此疯狂，几乎相信了自己的灵魂，我觉得它简直就要从我的肉体中逃走了。"他谨慎地补充了一句，"梅纳尔克[王尔德]也这么说。"1924 年（8 月24 日），在关于《伪币制造者》的日记中，他写道，"只有在与之决裂的时候，我们才会提到那些事物的名字，"然后补充说，这"公式……很可能预示着一次新的背离"。[33] 魔鬼会在书籍中隐姓埋名地游来荡去，其他的角色越是不相信他，他就越发真实，这是根据王尔德法则作出的推理。纪德考虑的不是一位装腔作势的魔鬼的莅临，他的话反映了他渴望抛弃那种既有序又可预见的自我概念，渴望把断断续续当成自己天生的手法。

王尔德在 1891 年离开巴黎之后，纪德几乎停止了写信——对于这位坚持写信的人来说，这显然意味着他内心的混乱。间隔了一段时间之后，他联系了瓦雷里："请原谅我保持了沉默；自从认识王尔德之后，我变得失魂落魄。"他意识到自己已经丧失了部分的存在，丧失了部分的无邪。他觉得自己"失贞"了，而且事情发生得如此轻易，这种感觉在他心中萦绕不去，激起了某种怨恨。（纪德那么快就从精神上归顺了王尔德，王尔德也为此感到疲乏。）在跟王尔德最后见面之后又过了两周，1892 年 1 月 1 日，纪德在日记中一开始就郑重地认定："王尔德，我认为，只给我带来了伤害。在他的陪伴下，我丧失了思考的习惯。我的情绪变得更加多变，但已经忘了该怎样梳理它们。"他松了一口气，埋头开始阅读哲学。这种损害不是永久性的。保罗·瓦雷里已经料想到了这一切，即便当纪德还沉浸在陶醉之中时，瓦雷里就拿王尔德开过玩笑，说他是一张"雷东绘画中的象征性嘴巴，这张嘴巴大口地吞噬东西，随即机械地把它转变成邪恶的警言"。

纪德从未坦白说过王尔德传授给了他何种福音，不过，他在《人间食粮》和

---

　　* 就像伊林沃思勋爵（Lord Illingworth）的说法，"思想从本性上来说是具有摧毁性的。任何事物都经不起思考。"

《背德者》中塑造了梅纳尔克这个人物,藉此表示了对王尔德的致敬,虽然是一种讽刺的致敬,尤其是在后一本书中。书中的叙述者对梅纳尔克的感情超过了友谊,不过还没达到爱的地步。梅纳尔克是一个不再生活在往昔天命之中的人。他并不是个放荡的人,但不受拘束。纪德把他表现成一个年长得多的人——每一次纪德遇见王尔德后,他都会提到,自从上次他们见面之后,他简直衰老了太多。在《人间食粮》的剩余部分被发表之前,评论刊物《隐居生活》发表了关于梅纳尔克的章节,这时的梅纳尔克大约是王尔德的年龄;可能是为了缓和这种影射,在后来的版本中,梅纳尔克又年长了十岁。于是,梅纳尔克成了一个祖父,不过是一个新生的祖父,一个充满年轻感受的上了年纪的使徒。即便王尔德认出了自己这幅不苟言笑的肖像,他也没有流露出任何表示。王尔德对这本书的主要影响来自他的信仰,他认为自己是一种新福音的携带者,他要传播这种福音,尤其是在年轻人中。纪德自己接手了这个任务;是他辅导了纳塔内尔,而梅纳尔克被贬为一个较次要的角色,他只是一个先行者而已。

　　除了对王尔德进行虚构描述之外,纪德还以非虚构的形式多次写到他。不过,他最好的称颂也许并不是他出版的东西(虽然它们很出色),而是他删去了涉及他们最初三周交谊的那几页纸。关于纪德从精神上被王尔德控驭的主要文件已不复存在——这是一种真正的象征性证据,就像马拉美的"不存在于任何花束中的花朵"。我们是通过它的被删除来了解它,正如王尔德说过,我们也许是通过消解灵魂来了解灵魂。

　　我们可以推测王尔德向纪德传授的信息,以及其扰乱人心的影响力。在很大程度上,这两人的共同点起源于他们同样沉浸于一场试图抵达"心灵故土"(根据马拉美的说法)的文学运动,其方式是把象征置于象征之中,把观点置于观点之中。不过,推测那些被删掉的内容也是有可能的,而且不必冒很大的风险,因为我们手上有纪德关于王尔德的文章,虽然写得躲躲闪闪,但还是传递了很多信息。王尔德记录了他们交谈中的一段评论。当然,还有他们的作品。毫无疑问,他们之间有很多东西是没有说出口的,是些假设、微笑、故意的蔑视或冷漠,以及排斥。譬如,根据纪德的说法,他们从未谈起同性恋,虽然它肯定至少是隐身于幕后的,就像《伪币制造者》中的魔鬼。

王尔德也有自己的寓言要说。是一个跟那喀索斯有关的寓言,纪德刚出版了一部关于那喀索斯的书籍。根据王尔德的说法:

> 那喀索斯去世之际,田野里的花朵变得孤孤单单,它们请求河流给它们几滴水,让它们可以为他哭泣。"哦!"河流回答,"即便我所有的水滴都是眼泪,我自己也没有足够的泪水为那喀索斯哭泣。我爱他。""唉!"田野里的花朵回答,"你怎么可能不爱那喀索斯? 他那么漂亮。""他漂亮吗?"河流说。"谁还会比你更清楚这一点? 每一天,他都从你的河堤边俯身,在你的水中观看自己的美貌。""如果说我爱他,"河流回答,"那是因为,当他俯身时,我从他眼中看到了水的映影。"[34]

357

王尔德说,这个故事的题目是《门徒》。关键在于,这里并没有门徒——这是一位跟马拉美展开竞争的大师给马拉美的一个门徒上的课。人都是太阳,不是月亮。

王尔德在一定程度上是通过寓言征服了纪德。不过,他也有一番训诫。他很快意识到纪德是胡格诺教徒的后人,他后来向艾尔弗雷德·道格拉斯抱怨说,纪德是一个法国清教徒,"最糟糕的那种,当然,除了爱尔兰清教徒之外"。不过,爱尔兰的清教徒精神,至少在都柏林范围内,已经耗尽了元气。王尔德觉得纪德做什么都习惯于自我抑制,这源自他的宗教训练。他抱怨说,纪德嘴唇的线条过于笔直,"是某个从未撒过谎的人的嘴唇。我得教你撒谎,然后你的嘴唇就会变得美丽,呈现出曲线,就像一个古代面具上的嘴唇那样"。王尔德可能是在1891 年期间开始跟纪德探讨关于宗教的话题,一年前,他也是这样跟伯纳德·贝伦森探讨了同样的话题,他说,"请立刻告诉我。你尊奉的是十诫还是二十诫?"在《人间食粮》的一个章节中,纪德一开始就问道,"上帝的诫律,你一共有十条呢，还是二十条？"在牛津，王尔德曾经对"四十九条信纲"开过同样的玩笑。他可能跟纪德说过，就像他跟另外一个年轻人也这样说过，"你出生的时候，创世记就开始了。它结束于你死亡的那一天。"[35]王尔德向纪德揭示了一点，他和他的祖辈曾充满自信地踩踏过的那片圣经领土，其实是布满地雷的，对于纪德的意识，没有什么比这种思想更具有全面的影响力了。

如果王尔德知道纪德受制于他那位虔诚的母亲（他恐怕是知道的，路易斯不太可能在这种事情上保守秘密），他也许会像在《社会主义制度下人的灵魂》中那样，引用基督的那个问题："谁是我的母亲？"纪德内心也开始越来越想要反抗母亲，他提过一个类似的问题，"女人，我得怎样对待你？"更为一针见血的是，在埃雷迪亚家的一次宴会上，王尔德问，"想听我说一个秘密吗？……但你要发誓不告诉任何人……你知道基督为什么不爱自己的母亲吗？"他停顿了一下，"那是因为她是个处女！"[36]* 纪德本人就是个处男，而且还要被迫再过上一年的处男生活，贞洁可能是荒诞的，这个想法一定会让他感到不安。迄今为止，他一直臣服于自己的母亲，如今他开始故意粗暴地对待她，越来越不加掩饰地暗示自己是个同性恋，他知道她对同性恋痛恨不已。

在王尔德去世之后他撰写的第一篇文章中，纪德宣称，王尔德用自然主义异教跟基督教奇迹相对立，让基督教处于尴尬的境地。他偶尔确实会这么做，就像他对叶芝说过，"我曾经创造了一种新的基督教异端。被钉死在十字架上之后，基督似乎是复活了，他从坟墓中逃出来，又生活了很多年，在活着的人里，他是那个了解基督教谎言的人。圣保罗一度拜访过他的市镇，当地的木匠中只有他没有去倾听圣保罗的布道。那之后，其他木匠注意到，出于某种未知的原因，他总

---

* 王尔德有一个关于安德鲁克里斯（Androcles）的道德故事，他说安德鲁克里斯是他那个时代最好的牙医之一。在沙漠中，他发现一头在猎食中折断了自己牙齿的狮子。安德鲁克里斯被感动了，为这头狮子设计了一副十分合适的金牙。若干年后，作为基督徒，安德鲁克里斯被人展示在罗马竞技场上，然后就被投去喂野兽。一头狮子走出镀金的笼子，走向他，它张着血盆大口。但是安德鲁克里斯认出了自己制作的假牙，而狮子也认出了这位牙医，它开始舔他的脚。然后，它想，"我该怎样报答这位拯救了我的性命的人呢？我必须让他一举成名。"于是它一边念叨一边振作起来，为了展示这副假牙的精湛，它几口就把他吃掉了。[37]

是用东西覆盖着自己的双手。"[38]

纪德提到的别的事例与其说是反基督教,不如说是体现了基督教的无趣,同时还为原始故事增添了一层新的含义。王尔德说,这是一种第五福音,是圣多马传下来的福音①,王尔德对勒南的《耶稣传》(*Life of Jesus*)也是如此理解的。王尔德描述了拉撒路的复活,基督偶然遇见一个哭泣的年轻人,他问他为什么哭泣。这个年轻人回答,"主啊,我死了,你让我重返人间。除了哭泣我还能做什么呢?"他还对让·洛兰讲过另一个版本的拉撒路复活记,复活的拉撒路痛斥基督,说他是个撒谎者:"死了之后什么都没有,死了的人其实就是死了而已。"耶稣把手指搁在他的嘴唇上,"我知道,但是别告诉他们。"[39]这不是自然主义异教,而是小说家进行的修订,照叶芝的说法就是,"某位乡下传道者/讲歪了的东西。"纪德在自传中提到"当拉撒路逃离坟墓后,一定会感受到的那种可厌的痛苦",他忘了这是借鉴了王尔德的说法。* 他在自己关于扫罗王的剧本中对圣经故事进行了类似的延伸,这是他撰写的第一个让王尔德感兴趣的作品,剧本讲述了扫罗对大卫的爱。可以理解,纪德不希望自己的手法跟王尔德的手法如此相似。一旦他获得了动力,他就不再需要别人的指导,就改写新旧约而言,他可以跟王尔德一较高低了。

359　　不过,王尔德还有别的东西可以谆谆教诲,这种东西对纪德来说甚至更有用处,即弥合艺术和生活之间的分歧的办法——纪德的《那喀索斯解说》中就有这个问题。根据这种理论,艺术家就是那些人们渴望效仿的经验典范。王尔德独树一帜地列举了基督的名字,认为基督是他所谓的至高的艺术家。因为基督敦促别人过艺术的生活,他自己也过着艺术的生活。"他的整个生活是一首最出

---

　　① 圣多马是基督的十二门徒之一,他曾怀疑基督的复活,因此是怀疑主义者的象征。

　　* 纪德还讲述过王尔德的另一则寓言,他不是很喜欢这个故事,所以只回忆了它的结尾部分。两位圣徒的鬼魂,一女一男,隔着尼罗河的两岸进行交谈,那个男人描述了自己苦修和奉献的一生,在他们即将结束对话之际,男人总结说,"而就是这个我拒绝让它享受一切自然乐趣的身体,我抑制过的这个身体,曾经被鞭笞过的,拷问者曾经焚烧和折断的身体,我一向视为仇敌的这个可鄙的身体——在我死后,你知道他们做了些什么? 他们为它涂抹了香油,进行了防腐处理!"[40]

色的诗歌，"王尔德说，"他本人就像是一件艺术品。"在认识王尔德一个月后，纪德的日记中记录了一句话："一个人的生活就是他的形象。"[41]在王尔德的作品中，这是一个旧主题，而在纪德的作品中，这就是一个新主题了。

王尔德确实以这种风格跟纪德交谈过，《来自深渊》也证实了这一点，王尔德在《来自深渊》中说，"我记得自己一度跟安德烈·纪德说过，当时我们一起坐在某个巴黎咖啡馆里，我说我对形而上学几乎没什么真正的兴趣，而对道德就是完全不感兴趣了，柏拉图或基督说过的任何话都可以立即被转换进入艺术的领域，并在那里获得充分的实现。这是一种既深刻又新奇的一般规律。"而纪德是个一心想要为自己的本能开脱，但又沉溺于圣经引文的年轻人，对他而言，这个主张简直就像是一种爆炸性装置。1893年，他在日记中写道，"基督说过的话在艺术中也一样正确；那些想要获得生命（个性）的人将会失去它。"[42]他把这种对基督教的诠释推进到了一个更高的层次，甚至打算写一本书，题为《反对基督的基督教》(*Christianisme contre le Christ*)。王尔德如果还活着的话，很可能也会像借用社会主义那样借用基督教；他对一位朋友说，他计划写一部书，它将把他的宗教从其信徒的手中拯救出来，照他的说法，它会是"十字架的史诗，基督教的伊里亚特"。[43]

他在一定程度上实现了这个计划，先是在《社会主义制度下人的灵魂》中，其后又在《来自深渊》的书信中。首先，王尔德强调说，基督教导人们，个人是极其重要的，作为一个被人广泛接受的佩特，他敦促人们去追求充分的自我实现。"'认识汝自己（Know thyself)'这句话被写在古代世界的入口处……基督传达给人类的预言仅仅是'做汝自己（Be thyself)'而已。"在《人间食粮》中，纪德同样强调说，"认识汝自己"是"一条既有害又可恶的箴言"，这个习语本身就体现了王尔德的美学和道德混合体。"任何观察自身的人都会减缓发展的速度。"家庭和个人财产都是妨碍自我表现的东西，都必须放弃。（两人都这么说过。）纪德意欲摆脱自己的母亲（王尔德倒没有这个想法），并花掉自己那份丰厚的遗产，王尔德如果有这样一份丰厚的遗产的话，他也会这么做的。王尔德认为，艺术是

"世人所知的最强烈的个人主义模式",所以,艺术家越是出色,他对基督的模仿也越完美。[44]艺术生活就是一种行为指南。纪德将会在《人间食粮》中抱怨说,象征主义提供了一种审美观,却没有提供道德观。王尔德在纪德面前把这两者融为一体了。

360   艺术和生活的关系是王尔德念念不忘的题材。他曾在《意图集》中说,如果艺术不迫使生活接受超凡的变化,那么生活就会乏味地重复自身。如果批评动力不激励艺术家去接受新的、颠覆性的思想和感受模式,那么艺术也会重炒旧饭,翻来覆去。王尔德意欲把这个主张推演到极致;他发现,在艺术中,毁坏的冲动和创作的冲动是共存的。叶芝认为艺术作品促生了艺术作品,王尔德却认为艺术作品扼杀了艺术作品。他通过自己的一则寓言把这一点告诉了纪德,那是他最好的寓言之一,里基茨说这个故事是他在 1889 年创作的:

> 有一个人只能通过青铜来思考。某一天,这个人想到了一个主意,一个关于愉悦的主意,那是一种瞬息即逝的愉悦。他觉得他必须把它表达出来。但是在整个世界上,连一块青铜都没有剩下来;因为人们已经用光了青铜。这个人觉得,如果他不表达出自己的想法,他就要疯掉了。他想起自己妻子的坟墓上有一块青铜,他用这块青铜做了一尊雕像来装饰他妻子的坟墓,她是他唯一爱过的人;那是忧伤的雕像,绵延一生的忧伤。这个人觉得,如果他不表达自己的想法,他就要疯掉了。于是他取走了忧伤的雕像,绵延一生的忧伤;他打碎了它,熔化了它,用它制作了一尊愉悦的雕像,那是一种只停留瞬息的愉悦。[45]

每一件新作品都否定了它之前的作品,正如它之后的作品也将否定它。纪德接受了这个概念,1902 年 8 月 6 日,他在一封写给弗朗西斯·雅姆的信中说:"我的每一本书都直接推翻了前一本书中的想法。没有一本书让我完全满意,我跳舞时从未双足同时落地;重要的是始终跳得好;不过每写一本书,我就换一只脚,因为前一只脚已经跳累了,另一只脚也因为一直休息而感到疲惫。"他喜欢看到自己的一本书谋杀了另一本书,他认为王尔德的《来自深渊》跟《意图集》是相互对立的作品,仿佛他知道王尔德遵从的是同样的法则。他想必也发觉,《社会主义制度下人的灵魂》被《莎乐美》谋杀了,这是确切无疑的,正如《背德者》——空洞的肉体之胜利——被《窄门》——空洞的精神之胜利——谋杀了。

对于王尔德来说,这种摇摆是一个基本原则;我们可以看到,不但在书和书之间,而且在每一本书中,都存在着这种摇摆。在《道林·格雷》中,王尔德写道,"除了感官意识之外,没有任何事物可以治愈灵魂,正如除了灵魂之外,没有任何事物可以治愈感官意识。"(在《人间食粮》中,纪德也写过类似的话,"我之所以身体健康,完全该归功于我的灵魂所遭受的不可治愈的毒害。")在《莎乐美》中,王尔德重新阐释了圣经传奇,他把莎乐美和乔卡南都送上了死路,从而使美德变成了一种罪,一种并不高于其他堕落形式的精神上的堕落。

当时,纪德处于青春期的一个关键时刻,王尔德向他提供了一种办法,藉此可以摆脱一种尚没有能力对付爱、宗教或生活的唯美主义,也可以摆脱一种提供了安全感却永远如履薄冰的宗教。他并非是通过摒弃唯美主义或道德来实现这一目的,而是把神圣的事物彻底颠倒过来,让它们成为世俗的事物,而把世俗的事物彻底颠倒过去,让它们成为神圣的事物。他让灵魂流露出色情,让渴欲显现出精神性。他表明,唯美的领土并不跟经验相隔绝,而是融汇在其中。这是他乐于宣扬的新希腊主义。纪德对它进行了弘扬发展。

王尔德知道,他对法国人的影响是不同寻常、前所未有的。惠斯勒试图贬低这种影响力。他从巴黎写信说,王尔德"突然离开了巴黎——彻底崩溃了——心情黯淡,士气低落——他知道自己的把戏已经被揭穿,再也没指望用它来骗人了。此外,我那句'奥斯卡,不管怎样都是个布尔乔亚'几乎摧毁了他"。[46]事实上,王尔德在12月底回家时心情很好,还带着一部差不多已经收尾的《莎乐美》。有人谈到要在巴黎上演它,虽然还没什么结果。不过,《温德米尔夫人的扇子》很快就要上演了，这出戏的成功将会确立他在未来的辉煌四年里的文学发展方向。

注释

［1］André Gide, *Oscar Wilde* (Paris, 1938), 14.

［2］*Letters*, 287-8.

［3］Whistler's letter to Mallarmé of 2 Nov 1891, and telegram of 3 Nov, from *Mallarmé-Whistler: Correspondance*, ed. C. P. Barbier (Paris, 1962), 98-9, 102-3.

［4］Eileen Souffrin, 'La Rencontre de Wilde et de Mallarmé,' *Revue de littérature comparée* XXIII, no. 4 (Oct-Dec 1959)：533; Guy Chastel, *J. -K. Huysmans et ses amis* (Paris, 1957), 263.

［5］*Letters*, 298n.

［6］Gédéon Spilett, in *Gil Blas*, 22 Nov 1897.

［7］Ross, in *Salome* (1912), xxiii.

［8］Rose, *Superior Person*, 151.

［9］Mrs Edgar Saltus, notes at Clark; O'Sullivan, 146; Saltus, 20.

［10］Yvanhoe Rambosson, 'Oscar Wilde et Verlaine,' in *Comédia*, n. d. (Bibl. de l'Arsenal).

［11］Ross, in *Salome* (1912), xii.

［12］Enrique Gomez Carrillo, *En Plena Bohemia*, in his *Obras Completas* (Madrid, n. d.［? 1919–1922］), XVI：190ff.

［13］Jean Lorrain, 'Salomé et les poètes,' *Le Journal* (Paris), 11 Feb 1896; Pierre Léon-Gauthier, *Jean Lorrain* (Paris, 1962), 370-1.

［14］André Salmon in Louise Thomas, *L'Esprit d'Oscar Wilde* (Paris, 1920).

［15］O'Sullivan, 33.

［16］Gomez Carrillo, XVI：214.

［17］Guillot de Saix, 'Oscar Wilde chez Maeterlinck,' *Les Nouvelles littéraires*, 25 Oct 1945.

［18］Jules Renard, *Journal* (Paris, 1925), Dec 1891, p. 131; Jean Lorrain, *Sensations et souvenirs* (Paris, 1895).

［19］Pierre Champion, *Marcel Schwob et son temps* (Paris, 1927), 99; O'Sullivan, 75-6.

［20］Léon Daudet, *Memoirs*, ed. And trans. A. K. Griggs (N. Y., 1925), 200.

［21］Philippe Jullian, *Oscar Wilde* (Paris, 1967), 246.

［22］Stuart Merrill, *Prose et vers: Oeuvres posthumes* (Paris, 1925), 142-5; Spilett.

［23］Ernest Raynaud, *Souvenirs sur le symbolisme* (Paris, 1895) 393-7.

［24］Ainslie, 178; Jean Lorrain, *Sensations et souvenirs*.

［25］E. Raynaud, *Souvenirs sur le symbolism*, 398-9.

［26］Bungalow Catalogue no. 4, item 387, n. d. (Ross Collection, Bodleian).

［27］Shane Leslie, *J. E. C. Bodley*, 18; W. Rothenstein, 93.

［28］J. -J. Renaud, preface to his translation of *Intentions* (Paris, 1905), viii-xii.

［29］Mrs T. P. O'Connor, *I Myself* (1910), 238; Coulson Kernahan, 'Oscar Wilde As I Knew Him,' TS. at Clark.

［30］Jean Lorrain, *Sensations et souvenirs*.

［31］Inscribed copy of *The House of Pomegranates* (Hart-Davis).

［32］Renard, 107.

［33］André Gide, *Oeuvres complètes* (Paris, 1932–1939), XIII: 57. See also Richard Ellmann, *Golden Codgers* (1973), 81-100.

［34］Gide, *Oeuvres complètes*, III: 476-7.

［35］Wilde's remark to Berenson is in the Berenson papers (courtesy of Professor Ernest Samuels); that about creation was made to George Ives, who recorded it in his journal (Texas).

［36］Gide, *Oeuvres complète*, III: 482.

［37］Guillot de Saix, 'Souvenirs inédits,' in *L'Européen*, n. d. , 141.

［38］Yeats, *Autobiography*, 91.

［39］Jean Lorrain, *Heures de casse* (Paris, 1905), 31.

［40］Edmond Jaloux, *Les Saisons littéraires* (Paris, 1950), 170-1.

［41］André Gide, *Journal 1889–1939* (Paris: Pléiade edn. , 1939), 28.

［42］*Letters*, 476; Gide, *Journal*, 49.

［43］Kernahan, 222-3.

［44］*The Artist as Critic*, 270; and see *Letters*, 476-80.

［45］Gide, *Oeuvres complète*, II: 84.

［46］Quoted in the *Times*, 19 Jan 1922.

第十四章　一个好女人,及其他

"这些道貌岸然的人,他们过着怎样
的生活?亲爱的朋友,你忘了我们生
活在伪君子的家乡里。"①

皮卡迪利的胜利

　　大约在 1891 年 12 月 22 日,王尔德回到伦敦,正好赶上跟妻子和儿子们一起共度圣诞节。他拜访了母亲,由于王尔德为她在 1890 年争取到了一份王室专款,她的经济情况如今也好转了一点。还有关于威利的新闻,他最后一桩令人难忘的行为发生在 1888 年 8 月 31 日,这一天,他落入了被宣告破产的境地。这一次,他的前景听起来要更鼓舞人心些。1891 年的夏天,他遇见了弗兰克·莱斯利太太,一位富裕的美国寡妇和出版商。她当时五十五岁,他三十九岁。数日之内,威利就向她求婚了,但是她在 8 月初离开了伦敦,没有作出承诺。奥斯卡敦促威利签订一份婚前协议。威利没有这样做。不过,1891 年 9 月,他跑到纽约去追求她,10 月 4 日,两人在当地默瑟街 229 号的陌生人教堂结婚了。

---

　　①　引自《道林·格雷的画像》。

这位新婚燕尔的王尔德太太对丈夫的懒惰和酗酒并不了解。事情很快就变得显而易见，甚至连在伦敦的那点工作，威利都不打算再做了。"纽约需要的，"他说，"是有闲阶级，我决定为它引进一个。"他在时髦的忘忧果俱乐部耗费时光，花着妻子的钱。他们的性生活也令人不满。"他对我一点用处都没有，无论是在白天或晚上，"这是他妻子的结论。1892 年初，两人一起来到伦敦，她对一位朋友说，"我把威利送过来了，但我不会再把他带回去。"她告诉王尔德夫人，她不会继续支持他过懒散的生活。"我听说你的婚姻完蛋了（broken up），"当奥斯卡遇见威利的时候，他问道。"不，"威利说，"是垮了（broken down）。""那有什么区别？""她往上，我往下。"[1] 威利回到《每日电讯报》，继续为它效劳，不过只能以兼职的身份。

人们很难帮上威利，训诫也无济于事。1891 年 12 月的最后几天里，他那位勤奋的弟弟去了托基（Torquay），在当地一直待到 1 月，完成了《莎乐美》。2 月份，乔治·亚历山大就要上演《温德米尔夫人的扇子》了，在此之前，还需要对它进行一些最后的修改。王尔德暂时把这个剧本叫作《一个好女人》，这让他母亲感到很愤懑，她向他保证说，这个题目不会吸引到任何人。王尔德可能心里已经想到了最后的标题，但是他记得自己在美国经历过的事情，《薇拉》和《帕多瓦公爵夫人》这两个剧本还没有上演就已经被人议论纷纷，从头评论到脚。他也喜欢好女人中的这个"好"字的含混不清，当他以书籍的形式出版这个剧本时，他给它起了一个集大成于一体的名字：《温德米尔夫人的扇子：关于一个好女人的剧本》。

同时描写一个好女人和一个坏女人表明了他的信念：在艺术中，相互对立的双方都是真实的。不过，温德米尔夫人和莎乐美都跟她们的预期宣传不相符合。莎乐美不但给年轻的叙利亚队长和乔卡南，也给自己带来了灾难。温德米尔夫人对美德的追求是拐弯抹角的；她做好准备宁愿跟一个情人私奔，也不允许一个女投机客出席自己的舞会。王尔德不厌其烦地向人们展示，清教精神造成的邪恶不亚于它造成的放荡。轻率的善良就跟邪恶一样具有自毁倾向，而且变成了自己所鄙夷的东西。在这个剧本中,王尔德延续了《道林·格雷》的辩证,在《道林·格雷》中,隐士的克己概念一旦走向堕落,"比他们出于无知想要逃避的那种堕落不知道要可怕多少倍"。它还再现了《社会主义制度下人的灵魂》中的辩证,在那篇文章中,他警告说,世人不得不忍受更多来自殉道者而不是罪人的痛苦。对于这两个女主人公,莎乐美还值得为之辩护,因为她臣服于爱,表达了爱,哪怕是以乖僻的方式,而温德米尔夫人却抑制了爱。

《温德米尔夫人的扇子》比表面看起来还要更激进。一个堕落的母亲拯救了自己的清教徒女儿,而这位清教徒女儿最后也变得不那么自命清高了,如果认为这个故事讲述的不过是这点东西,那么,你就忽略了王尔德对流行口号和传统道德谴责的批判。温德米尔夫人受到自身道德观的诱惑,她的行为不但跟那种道德观而且跟自己的性格都不相符合;不得不由一位投机客母亲来拯救她。她更懂得什么叫善良,那是她女儿永远望尘莫及的。从另一方面来讲,达林顿勋爵被人们认为是一个花花公子,他说起话来就像是亨利·沃顿勋爵,只不过比沃顿具有更深刻的感情。他似乎喜欢炫耀佩特式的话语,"充分、全面且完整地过自己的生活",而不是"勉强遵从世人的伪善要求过一种虚假、肤浅、可耻的生活"。但他的确是这样认为的。人们认为温德米尔夫人已经不忠,而这种对她的不忠行为的暗示也并没有真的有违绅士风度。当这出戏在纽约上演时,扮演达林顿勋爵的人是莫里斯·巴里摩尔(约翰、埃塞尔和莱昂内尔的父亲),王尔德抱怨说,巴里摩尔没看出来,"达林顿**并不是**一个恶棍,而是一个真心认为温德米尔对妻子不好的人,他想要拯救她。他迎合的不是她的弱点,而是她性格中的长处(见第二幕);在第三幕中,他说的话表明他是真心爱她的"。正是为了她,他才要离开英格兰很多年;他是一个比温德米尔更好的人。

王尔德在结尾处有一番创新。他决定不像普通喜剧那样来个真相大白。最后还留下了三个没有被揭穿的秘密:温德米尔永远不知道自己的妻子曾待在达林顿的房间里,差一点就跟他私奔了;温德米尔夫人永远不知道艾林太太就是她的母亲;奥古斯都勋爵永远没察觉艾林太太是怎样蒙蔽了他。《温德米尔夫人的扇子》拒绝接受喜剧的惯常结尾,它结束于共同的隐瞒而不是集体的坦白。
欺骗有益于社会。王尔德也撇开了堕落女性的模式化形象:艾林太太显得尤其
顽冥不化。她对母爱作了让步,这是一种她从未体验过的感情,突然间就流露了
出来。根据王尔德的解释,到了第二天,她觉得"'这种激情太可怕了。它破坏
了我的生活。我再也不想了解它了。它让我受了那么多罪。让我走吧。我再也
不想当妈妈了。'所以,第四幕对我来说是心理的一幕,它是最新颖、最真实的一
幕"。[2]就是这一幕促使他替艾林太太宣称说,她的性格"是文学作品中闻所未
闻的"。她遵循的是王尔德在自身中发现的模式,即把激情发泄出来,从而耗尽
它。被清教精神蒙蔽的温德米尔夫人被迫目睹一个不同的世界。它们都支持王
尔德的见解,即情感是有限的,当你超越界限时,你就确定了它的界限。在这种
意义上,我们扼杀了我们内心所爱的事物。善良变成了一种日用品,比它表面上
看起来还要更微妙。

1892 年 2 月,《温德米尔夫人的扇子》开始预演。王尔德每一天都来观看,
当他看到自己的台词产生的效果时,他提出了很多意见,进行了很多修订。他毫
不犹豫地对亚历山大讲出自己的看法,他们经常意见不一致。从他在预演时期
写给亚历山大的两封现存信件来看,他的语言是粗鲁的,两人存在着摩擦。王尔
德对姿势和音调变化的最微小细节也有指示。他不希望漏掉任何对话。亚历山
大建议让观众在第二幕的结尾处就知道艾林太太和温德米尔夫人是母女,起初,
他拒绝了这个建议。(在首演之后,他对此作了让步,重写了这段台词。)预演的
压力,外加跟亚历山大发生争执带来的压力,都让王尔德感到如此不适,他说他
将在首演之后离开这里,去休养一阵子。事实上,他后来变得喜气洋洋,那种不
适也就烟消云散了。

1892 年 2 月 20 日,首演的所有戏票都被预订光了。王尔德的昔日恋人弗洛
伦丝·巴尔贡博和莉莉·兰特里都在场,他的妻子也在场。他为朋友们争取了
一些戏票,虽然跟他想要获得的戏票相比,这个数目还远远不够。有一张给了从
法国过来的比埃尔·路易斯,还有一张给了爱德华·雪莱,雪莱是博德利·黑德

365

出版公司(the Bodley Head)的职员,王尔德当时正在向他求爱,当天晚上,他就带着他去阿尔比马尔旅馆上了床。他送给年轻的艺术家格雷厄姆·罗伯逊一张票,请他来参与一个次要的情节。王尔德要他去皇家拱廊的古德伊尔花店购买一支绿色康乃馨——"他们就在店里种植这种花,"王尔德说——然后在演出时戴上它。其他的朋友,譬如罗伯特·罗斯,也进行了类似的打扮,包括本·韦伯斯特,他扮演了塞西尔·格雷厄姆的角色(格雷厄姆这个姓还是从《W. H. 先生的肖像》中借用的)。"它是什么意思?"罗伯逊问。王尔德回答,"什么意思都没有,但那正是没有人能猜到的。"[3]他想暗示在演员和一些观众之间令人费解地存在着一种神秘的兄弟会关系,这给他带来了他从共济会符号中获得的乐趣。绿色康乃馨略微具有百合和向日葵的那种暗示性。这种绚丽的花朵带有一抹颓废的色彩,把艺术和自然混合在了一起。

　　不过,观众可并不都是他的共谋。《纽约时报》承认,这是"近年来汇聚一堂的最出色的一群观众"。弗兰克·哈里斯也来了,还带来了一位《泰晤士报》的撰稿人阿瑟·沃尔特,他希望这家报纸会称赞这个剧本。不幸的是,沃尔特并不喜欢这出戏。亨利·詹姆斯也不喜欢,在他看来,它是"幼稚的……无论从主题还是形式上看"。[4]幕间休息时,哈里斯来到休息厅,发现大多数评论家都持反对意见。* 一个名叫约瑟夫·奈特的名流正在报仇雪恨,王尔德曾在《帕尔摩报》上贬损过他撰写的罗塞蒂传记。"戏中的幽默既呆板又不真实,"他对哈里斯说,哈里斯一语不发。"你对这出戏有什么看法?""应该由你们评论家来回答这个问题,"哈里斯说。"我也许会以奥斯卡的方式说,'这出戏前景渺茫,表演就更不值一提了,'"奈特一边大笑一边说,"那恰好跟奥斯卡的方式相反,"哈里斯说;"听众在为他的幽默发笑。""得了吧,真的吗?"奈特说,"你不可能觉得它是一出好戏吧?"哈里斯最后忍不住说:"我还没看完整部戏。我没有出席过任何预演。但是到目前为止,它肯定是最好的英语喜剧,最出色的一部,难道不是

---

　　* 王尔德评价道,评论"以它最粗鲁的方式"展示了"这个国家的愚钝,虽然它出产了一些雅典人,也有其他雅典人搬过来居住"。[5]

吗?"他对一片嘲讽声置之不理，补充说，"我只能拿它跟康格里夫①的最好剧本相提并论，我觉得它还要更好一些。"萧伯纳也称赞了它，他把自己的第一个剧本《鳏夫的房产》寄给了王尔德(该剧上演于同一年的迟些时候)，希望他会觉得这部戏"还算有趣，作为一部滑稽喜剧来说。不幸的是，"他怀着一种敬意说，"我没有创造美的能力；我的天赋是才智。"[6]

大多数观众赞成哈里斯和萧伯纳的看法。到了第二次幕间休息的时候，王尔德已经变得兴高采烈。他在酒吧间请朋友们喝酒，正好看见了勒加林和他的"诗歌"(跟勒加林在其他方面有交情的女性朋友)，他送了他们戏票，说，"来吧，带上你的诗歌，让她坐在你身边。""亲爱的理查德，你一向在哪儿?"他问。"好像我们已经好几年没见面了。那么，告诉我你一直在做什么? 啊，我想起来了……对了……你深深地伤害了我，理查德。""我伤害了你! 怎么伤害的?""自从我们上次见面之后，你出版了一本新书。""哦，那又怎么呢?""你在书中对我态度恶劣，理查德。""我对你态度恶劣? 你肯定是把我的书跟别人的书搞混了。我最近出的书是《一个文人的宗教信仰》。你肯定是在做梦吧，伙计。嘿，我根本就没有提到你。""哦，理查德! 我说的就是这个!"他以更清醒的态度继续问勒加林最近在写什么。"论爱自己的敌人，"勒加林说。"这真是个好主题，"王尔德说。"我也愿意写这个题目。因为，你知道吗，我花了一生的时间寻找十二个不信任我的人……迄今为止，我只找到了十一个。"[7]

在最后一句台词结束之后，响起了长时间的热烈掌声，人们高呼："作者!"王尔德从舞台侧边走上台。他知道自己想要呈现的形象，以及自己想要说什么。他那只戴着淡紫色手套的手上夹着一根香烟("出于紧张"，这是乔普林太太的说法)，纽扣孔里插着一支绿色康乃馨。[8]他发表了一篇"令人愉快的不朽演讲"(他自己在一封写给《圣詹姆斯报》的信中是这么形容的)，根据亚历山大的说法，是以一种重读的方式："女士们和先生们：我度过了一个**十分**愉快的晚上。

---

①　康格里夫(Congreve)是十七世纪到十八世纪的英国喜剧作家。

演员们用**迷人**手法表演了一出**令人愉快的**戏剧,你们对这部戏的理解是才智**过人的**。为你们的表演所获得的**巨大**成功,我向你们表示祝贺,我由此相信,你们对这出戏的评价跟我自己的评价**几乎**一样高。"*

367　　守旧的评论家(他的老朋友克莱门特·斯科特就是其中之一)认为那根香烟比那种自我中心还要更可恨。亨利·詹姆斯写信给他和王尔德共同的朋友亨丽埃塔·勒贝尔说,"那个恶劣透顶的人在谢幕时应声走上台,纽扣孔中插着朵金属蓝的康乃馨,手指间夹着一根香烟。"(那颜色其实是蓝绿色或铜绿色。)他认为王尔德的演讲是不适当的。"这位绅士最后的话让人很心烦,"詹姆斯倾诉说。1895年1月18日的《圣詹姆斯报》刊登了罗伯特·罗斯对王尔德的采访,他问王尔德是否意识到人们觉得他的谢幕演说有毛病。王尔德回答,"是的,过去人们认为戏剧家上台应该只感谢那些心怀善意的朋友们,为他们的支持和到场。我很高兴地说,我已经改变了这一切。艺术家不该沦为公众的仆人。虽然我一向明白,演员和观众对我的作品表现出了文化上的理解,我同样明白,只有伪君子才会谦卑有礼,只有无能者才会虚心节制。自我肯定不但是艺术家的责

---

* 让-约瑟夫·雷诺说,王尔德的开场白是,先猛吸了一口烟,然后说,"女士们和先生们,在你们面前吸烟也许不太合适,可是……当我吸烟时打断你也是不太合适的。"[9]
　　1892年3月10日的《波士顿晚间抄报》上发表了一篇玛丽·德门索克斯的文章,她在文中描述了王尔德的演讲,与亚历山大的版本相比,它显得更确切,但没有那么引人入胜。根据她的描述,王尔德说:

　　　　我相信,作者有这样的特权,让别人重现他的作品,而他自己却保持沉默。不过,你们似乎希望听到我的话,所以,我接受了你们满怀好意授予我的这种荣耀。我尤其愿意这么做,因为你们好心给我机会感谢所有那些出过力的人,正是因为他们,今晚的娱乐节目才获得了成功。我还要表达我的感激,因为你们能够如此欣赏这出戏的价值。首先要感谢亚历山大先生,他把我的剧本完完整整地搬上了戏台,在他经营圣詹姆斯剧院的期间,这里上演的所有戏剧都具有这种令人钦佩的完整性。如果我要赞扬在解读这个剧本中所有我想要赞扬的人,那么,我就不得不把节目单上的整个演员名单都读给你们听了。不过,我必须感谢剧团,他们不仅复述了我写下的台词,还融入了那个生活圈子的氛围,可以说,这正是我努力想要在你们面前重现的。我得感谢他们每一个人,他们小心之至地填充了每一个细节,直到我的草稿变成一幅完善的画面。我觉得你们就像我一样喜欢这场演出,我很高兴地相信,你们几乎跟我一样喜欢这出戏。

任,也是他的特权。"

众人蜂拥而至。威尔士亲王也表示赞许。亚历山大注意到,正厅后排、楼座跟前排、包厢一样坐满了人。"亲爱的亚历山大,"王尔德说,"答案很简单。仆人们听到了客厅和餐厅里的交谈。他们听到人们在讨论我的戏剧,他们产生了好奇,于是挤满了你的剧院。从他们那完美的举止,我就可以看出他们是仆人。"2 月 24 日,王尔德夫人写信给她儿子说,"你获得了如此辉煌的胜利!我简直太开心了。"这出戏从 2 月一直上演到 7 月 29 日,在外省进行了巡回演出,10 月 31 日又回到了剧院。从那之后,它一直在持续上演之中(正如《道林·格雷》始终受人关注),因为它比它看上去还要更出色。萧伯纳留意到,这出戏剧中渗透了一种诗意魅力。观众们没法不全心投入。其角色和情节也许是难以置信的,可是它巧妙地维系了那些相互冲突的推动力造成的张力,其中的打趣是辛辣的,处于核心的价值重估是狡黠的,通过这种重估,我们从好的角度看到了坏女人,从坏的角度看到了好女人,从最恶劣的角度看到了这个社会。

演出之后,王尔德有时会去拜访一家王冠酒馆,它位于查令十字街旁,西蒙斯、道森、比亚兹莱、比尔博姆、约翰逊和他们的朋友过去经常在这里聚会,他们在吧台边的小屋子里碰头,一起喝波尔图葡萄烈酒,一直喝到十二点半,那之后,他们就从屋子里出来继续喝。他们谈论了很多跟他的剧本有关的东西。5 月 26 日,王尔德在皇家戏剧基金总会的一次会议上发了言,他的朋友乔治·亚历山大是这个会议的主持人。一个名叫劳特利奇的市政官称赞了王尔德,说他在《温德米尔夫人的扇子》中实话实说,猛烈地抨击了恶行。王尔德否认了这两种意图。"我想要对此发表我的异议,我从不实话实说。实话实说的人应受到谴责。我也因为抨击恶行而受到了谴责,但是我可以向你保证,我根本没有什么进一步的意图。那些观看《温德米尔夫人的扇子》的人将会了解,如果其中有一个独特的信条,那就是绝对的个人主义。没有人有权责备别人所做的事,每个人都应该走自己的路,去自己选择的地方,完全遵照自己选择的方式。据说,文学作品应该是戏剧的附属品,但是无论我跟哪个聪明人谈起这个话题,他们都毫不赞成。任何形式的文学作品一旦被创作出来,戏剧就会准备好呈现它,赋予它一种了不起的视觉颜色和对生活的表现。不过,如果我们英国想要拥有真正的戏剧,我非常肯定地说,我们只有摒弃那些抑制性的习俗,它们一向对戏剧有危害。如果一位演员具有天赋和才能,我觉得无论他演什么都会很出色。我也不认为英国公众是无关紧要的。"[10]

目光敏锐的评论者辨认出了王尔德从别人那里借鉴来的东西。一个人认为它源自《造谣学校》(*The School for Scandal*)——最多也就是个远亲。A. B. 沃克利撰写的评论水平最高,他在《演讲者》(这是一份卡塞尔公司的出版物,倾向于友好地对待一位前卡塞尔编辑)上把《温德米尔夫人的扇子》追溯到了大仲马的《弗朗西永》(*Francillon*),在那部戏剧中,女主人公也相信夫妻相互忠诚的独一法则;艾林太太曾勇敢地直面客厅里的敌对气氛,这个场景效仿了大仲马的《外国人》(*L' Etrangère*)中的第一幕;艾林太太担心女儿重复自己犯过的错误,这让人想起了朱尔·勒迈特(Jules Lemaître)的《叛乱》(*Révoltée*);那把扇子就像是斯科尔布(Scribe)的《阿德里安娜·勒库夫勒》(*Adrienne Lecouvreur*)中的手镯。还有人说它源自萨杜。1895 年 1 月 9 日,《素描》(*Sketch*)上刊登了吉利特·伯吉斯(Gelett Burgess)对王尔德的采访,王尔德在其中回答了以上的问题。"它没有出现在萨杜的任何戏剧中,直到上演前十天,它才出现在我的剧本中。我也没有从别人的作品中借鉴任何东西。"沃克利承认,王尔德在借鉴别人的同时进行了改进。1892 年 2 月 22 日,《每日电讯报》上发表了一篇文章,吹毛求疵到了出人意料的地步,人们认为其作者就是威利·王尔德。它在某种程度上是这么写的,"奥斯卡·王尔德先生已经说过了。他公开宣称自己对这部新颖、原创的剧本十分满意……这位作者的剧本充斥着了男女版的他自己……这出戏是一出糟糕的戏,不过,它会获得成功。"威利·王尔德如果真是这篇文章的作者的话,那他就是在嫉妒自己弟弟的成功了。写完这篇评论后不久,他依靠甜言蜜语的哄骗让妻子把他带回了纽约。

木偶的反叛

> 木偶有很多优点。它们从不争论。它们不会对艺术发
> 表肤浅的评论。它们没有私生活。[①]

在谢幕演讲中，王尔德对观众流露了轻视之心，这冒犯了很多人，《每日电讯报》在十天前刊登的一篇文章显示他对演员也不满意。文章引用了他的话，"人们长久以来一直坚信，检验一部戏剧的标准在于这部戏是否适合上演，这是一种可笑的谬论。戏台只是配备了一套木偶的一个框架。它对剧本的作用等同于画框对绘画的作用，画框跟其中艺术品的内在价值毫无关系。"王尔德撰写了一篇答复，指出这种引用是错误的，这份报纸给他的答复添加了一个标题——《诗人和木偶》：虽然他喜欢木偶剧院（即便女主角无法回应他的恭维），但它们并不能满足现代剧对现实情境的要求。的确，木偶不会硬添上自己的个性，而演员有时候会这样。"每个人都能表演。英格兰的大多数人除了表演之外别无职业。遵从传统就意味着扮演喜剧演员。不过，扮演具体的角色是一件非常不同的事情，也是一件非常困难的事情。"在度蜜月的时候，他曾说过，演员就跟剧作家一样重要。既然他成了剧作家，他也就不再这么想了。

编辑们添加的标题吸引了查尔斯·布鲁克菲尔德的眼球，他是个演员，也是个滑稽戏作家，他将会在王尔德的生活中扮演小魔鬼的角色。（布鲁克菲尔德有可能是萨克雷的私生子，因此他对伤风败俗的事情尤其敏感。）他向查尔斯·霍特里建议说不妨模仿王尔德的剧本写一出滑稽戏，霍特里协助他创作了这个滑稽戏，王尔德的同胞都柏林人吉米·格洛弗还为它谱了曲。他们从一部传记

[①]　引自王尔德的文章《木偶和演员》。

辞典上发现王尔德的中间名字是奥弗莱厄蒂,于是,剧本一开始就出现了一首根据《圣帕特里克节》(St Patrick's Day)的调子谱写的歌曲,其中有一段是这样的:

370

他们或许对我穿衣的方式哄堂大笑,

他们或许对我头发的长度嘲讽不已。

他们或许会说,我是虚荣的、傲慢的、疯狂的,

还会反对我戴的花朵。

他们可以笑到想吐为止,但事实依然不变,

这是我在童年时就曾公布的事实,

亲爱的,需要近两千年悠久的岁月

才会诞生奥斯卡·奥弗莱厄蒂——王尔德这等人物。

有人向王尔德透露了这首歌曲。他过去就不得不忍受吉尔伯特和其他人的滑稽模仿,一想到又要遭受新一轮庸俗化模仿,他不禁勃然大怒。他向负责发放戏剧许可证的皮戈特提出申诉,其条件是作者必须把草稿读给王尔德听。他拒绝让他们使用"奥斯卡"或"王尔德",但没有拒绝"奥弗莱厄蒂",于是最后一行变成了:

才会出现邻居奥弗莱厄蒂的孩子。

争取到这个胜利之后,他和善地倾听了剩下的草稿,对每一页都赞不绝口:"有魅力,老朋友们!""真有趣!""太敏锐了!"直到他们走近门口的时候,他才在称赞之余又添了一句尖刻的话:"不过,我觉得,我已经被——哦——布鲁克菲尔德,该怎么形容?——你用那种愉快的警句体戏剧语言是怎么说的?嗯?噢,对了!我已经被愉快地耍弄了。"[11]

在这出戏的开头,人们看到"百合诗人"正在策划一场新的胜利,他召唤来

了一个小精灵。他已经创造了花朵、音乐和精灵，现在计划构思一个剧本和相关演员。小精灵帮助他喊来了莎士比亚、易卜生、谢里丹等人为他提供舞台装置。他们创作了剧本，诗人训练好了他的木偶，让他学会模仿各位演员：霍特里打扮成了王尔德的样子，他还扮演了演员拉特兰·巴林顿；布鲁克菲尔德装出比尔博姆·切尔在《哈姆雷特》中的样子；洛蒂·维恩模仿了切尔太太扮演奥菲莉亚时的样子。王尔德的警句被乔·米勒（Joe Miller）的笑话取而代之。在真相暴露的一幕，被暴露的不是一个而是半打的提兹夫人（Lady Teazles）。这出滑稽剧依靠打趣《温德米尔夫人的扇子》和他的作者混饭吃，它从 5 月 19 日一直上演到 7 月底。霍特里为这次演出损失了一点钱，但因为布鲁克菲尔德的"出色表演"，霍特里对这点损失也并不感到遗憾。

《莎乐美》的序曲

> 最适合艺术家的政府形式是无政府。凌驾于他和他的
> 艺术之上的权威是荒唐可笑的。

《温德米尔夫人的扇子》大获全胜，王尔德成了伦敦最受欢迎的人物。他身 ·371· 边围绕着一群随从，包括罗斯、罗伯逊、格雷、小说家雷吉·特纳等人（譬如爱德华·雪莱）。他们是他所谓的"精致的伊奥利亚竖琴，在我那无与伦比的交谈微风中演奏"。[12]对他另眼相看的人还包括萨拉·伯恩哈特，"那条古老尼罗河畔的毒蛇"（王尔德对她的称呼），1892 年，她在伦敦订了一家剧院，演了一季的戏，但失败而归。在亨利·欧文家的一次宴会上，她对王尔德说，他将来应该为她写一个剧本。"我已经为你写了一个。"她刚读完《莎乐美》，就决定扮演这个角色，不过，根据她对一位采访者的说法，王尔德说过，主角是月亮的角色。他的第五版诗集在 5 月份出版，上面相应地题写着：

给萨拉·伯恩哈特,"今晚,作为莎乐美公主,你是美丽的。"

伦敦,1892[13]

就像他期望的那样,他的评价是讨人喜欢的。根据查尔斯·里基茨的说法,她说,"但是它具有纹章的特点;你会以为它是一幅壁画……那个词语应该像珍珠一样落在水晶盘上,运动速度不要快,要具有风格化的姿态。"这个剧本似乎是以艺术手法呈现了这部诗集(1881 年版)中的诗句:

激情的喜悦,那种可怕的秘密

不了解它,也就等于根本没活过,

然而,了解它就意味着被死神以最致命的方式攫住

对于萨拉来说,它有一个不足之处,就是其中心人物是希律王而不是莎乐美。[14]

372　　　　王尔德说服里基茨为他设计舞台场景。里基茨建议他们采用"黑色的地板——莎乐美的白足将踩在上面"。他是有意要用这个主意迷住王尔德。"天空将会是浓艳的碧绿色,跟悬垂的日本帘子相切,在楼厅上构成了一个天蓬。"[15]王尔德提议让犹太人穿黄色衣服,罗马人穿紫色衣服,约翰穿白色衣服。他们对莎乐美的戏装讨论个没完没了。"她应该穿成黑色吗,就像夜晚? 抑或银色,就像月亮?"王尔德的建议是,让她穿成"绿色,就像一条好窥探的有毒蜥蜴"。里基茨希望让月光打在地面上,而光源却不要露出来;王尔德坚持"要在天空打出一种古怪的暗淡图案"。格雷厄姆·罗伯逊也被他们喊来了,他建议说天空应该是紫罗兰色的。"紫罗兰色的天空,"王尔德说,"的确,我从未想到这一点。当然是紫罗兰色的天空,然后,在管弦乐队的所在地燃起散发香气的火盆。一片片香云升起,让戏台不时处于若隐若现之中,情绪发生变化的时候,香味也要有所改变。"罗伯逊指出,剧院没法在变换情绪时通风散味。萨拉·伯恩哈特是负责买单的人,她决定从欧文那里借一套布景。

她也借来了一些埃及艳后克利奥帕特拉的戏装。罗伯逊设计了"一件金色长袍，上面挂着金色长穗，被镀金的饰带和染色的皮革系在肩膀上，它们还负责固定一套点缀着珠宝的金色胸甲。她的头上戴着金子和珠宝制成的三重冠，冠下飘垂的厚发上涂了蓝色的粉末"。王尔德反对说，头发上涂了蓝粉的人是希罗底，但这位女演员坚持说，"我要蓝色的头发。"罗伯逊问她是否需要一个替身代替她跳舞。"我打算自己跳，"她回答。"你怎么跳七层纱的那段舞蹈？""别担心，"萨拉说，她神秘莫测地笑了。[16]

6月的第二个星期，他们开始进行彩排，持续两周之后，事情变得清楚起来，发放戏剧许可证的皮戈特正在考虑是否要取缔这部戏。英国有一项古老的法律，禁止人们在戏台上表演圣经人物，因为皮戈特是一个刻板的人，他们的前景变得黯淡。王尔德指出，圣桑（Saëns）的《参孙和大利拉》（*Samson and Delilah*）和马斯奈（Massenet）的《希罗底》（*Hérodias*）也被禁演了。"拉辛那出恢宏的悲剧《阿达莉》（*Athalie*）没法在英国剧院上演。"当罗伯特·罗斯为《帕尔摩文摘》采访王尔德的时候，王尔德威胁说，"如果审查官查禁《莎乐美》，我就要离开英国，到法国去定居，我要在那里办理入籍申请。这个国家在艺术批评方面如此狭隘，我不能接受自己是它的国民。我不是英国人。我是爱尔兰人，这完全是另一回事。"让他愤慨的是，张伯伦勋爵"允许人们用滑稽戏来讽刺艺术家的个性，却不允许那个艺术家的作品在极其罕见和美妙的情形中上演"。

也是在这次采访中，他解释了为什么自己用法语创作这个剧本。"我有一种工具，我知道我能够运用自如，"他在采访中对罗斯说，"那就是英语。还有一种工具，我一辈子都在倾听，我一度想要接触这种新工具，看看是否能通过它撰写出美好的作品……当然，有些表达方式是法国文人不会采用的，但是它们为这个剧本添加了一种调剂或色彩。梅特林克创造了稀奇古怪的效果，很大程度来自一个事实，即他是一个佛兰芒人，他在用外国语言写作。罗塞蒂也是如此，虽然他的写作语言是英语，但根据他的气质判断，他本质上是一个拉丁语系的人。"面对一位《高卢人》的记者，王尔德声称，"对我来说，世界上只有两种语言：

373

法语和希腊语。这里的人本质上是反艺术的,狭隘的。虽然我有英国朋友,总的来说,我不喜欢英国人。英国充斥着伪善的行为,你们法国人对此不以为然,这是非常正确的。典型的英国人就是答尔丢夫,坐在自己店里的柜台后面。也有很多例外,不过它们反而证明了这个规则的存在。"[17]

让王尔德深感失望的是,皮戈特查禁了这出戏剧。朋友和敌人都没有表示同情。马克斯·比尔博姆还没读过这个剧本,他写信给雷吉·特纳说:

> 王尔德的《莎乐美》被张伯伦勋爵查禁了,这不也是件要命的事吗?我已经设计了一个了不起的画面,画中的牛魔王在举行一场盛大的宴会,当他们大吃大喝之后,格伦迪太太的女儿在他们面前跳了支舞,让牛魔王很开心——乃至于他许诺说,不管她想要什么东西,他都会给她。跟母亲商量之后,她要求"他们立刻把蹩脚诗人奥斯卡的头用碟子端给她"。在这个画面中——将被称作《现代莎乐美》——那个托碟子的人会是莱索姆勋爵[张伯伦勋爵]。

如果王尔德变成法国公民的话,他就必须服兵役,大家对这个事实都感到十分好笑,《潘趣》的帕特里奇越画越厉害,这一次他绘制了一幅王尔德穿着法国兵(*poilu*)制服的讽刺画。《纽约时报》对王尔德一向是不友好的,7月3日,它总结说,"整个伦敦都在嘲笑奥斯卡·王尔德威胁说要当法国人的事情。"惠斯勒是个喜欢痛打落水狗的人,他不客气地说,"奥斯卡又一次遭受了辉煌的——曝光。"[18]

不过,王尔德真的感到委屈,他的辩论是很有道理的。画家和雕塑家可以表达他们想要表达的东西,只有诗人要受到审查,这很荒谬。并不是说音乐家能够逃避这种审查:"禁止了马斯奈的《希罗底亚德》、古诺(Gounod)的《示巴女王》(*La Reine de Saba*)、鲁宾斯坦的《犹大·马加比》(*Judas Maccabaeus*),却允许[萨杜]的《离婚》(*Divorçons*)上演,对于这样一个审批机构,你还能说什么?"[19]在当时那些知名的评论家中，只有威廉·阿彻和萧伯纳站在王尔德这一边，剩下的人，还有诸如亨利·欧文这样的演员，都在调查委员会面前作证说支持这种审查。

王尔德继续推行自己的计划，不管这个剧本能否上演，他都打算出版它。书名扉页上将会列出合伙出版商的名字，包括巴黎的独立艺术书店，以及伦敦的埃尔金·马修斯和约翰·莱恩，虽然这本书是在巴黎印刷的，马修斯和莱恩只不过是从王尔德那里购买书籍罢了。跟出版商的通信表明，王尔德对最初的稿件作了很多修改，主要是删除了一些内容。斯图尔特·梅里尔说，王尔德希望能够确保自己的法文没有错误，然而，他对自己咨询的各种年轻人却并不是十分信任。梅里尔劝告他，那些角色的长篇抨击不应该像初稿中那样都以"终于(*Enfin*)"开头，于是，所有的"终于"都被删掉了。但王尔德不愿接受其他建议，因此梅里尔向他提到了阿道夫·雷泰。雷泰修改了一些英国式表达，希律王曾经没完没了地列举了一长串的宝石，雷泰说服王尔德删掉了其中的几个句子。王尔德渐渐地对雷泰也失去了信心，他去询问曾看过初稿的比埃尔·路易斯。路易斯扮演着跟出版商接洽的中间人，他提出了进一步的修订意见，王尔德对其中的大多数意见都置之不理，只作了一些语法方面的修改。马塞尔·施沃布又作了最后的两处修饰，都是小问题。王尔德在《斯芬克斯》的题词中答谢了施沃布的协助和友谊，1894 年，这首诗以书籍的形式出版，插图是里基茨的手笔。不过，什么也弥补不了王尔德的失望，因为他不能把自己的名字跟伯恩哈特的名字联系在一起。

虽说《莎乐美》没能在剧院上演，然而，在1893 年 2 月，它以挑衅的姿态被印成了书籍。王尔德说，他用"提尔紫(Tryian purple)"的封皮装订了这本书，正好跟艾尔弗雷德·道格拉斯的金发相配。他喜欢把书中印刷字体的颜色说成是"衰败的"或"陈旧的"银色。"那位激情的可悲女儿，"王尔德写信给一位朋友说，"在上周四问世了，如今正在为获得英国公众的头颅而跳舞。"[20]他慷慨大方地向人赠送自己的书籍。他送给查尔斯·里基茨一本，说，"你不知道吧，自从我们上次见面后,我已经变成了一个著名的法国作家。"萧伯纳也收到一本,王尔德开玩笑地称他是凯尔特流派中的一员,他在《意图集》中曾做出预告,说这个流派是前途远大的。弗洛伦丝·斯托克是获赠人之一,在文人中,勒加林、斯温伯恩、佩特和两个撰文赞同王尔德的评论家(埃德蒙·戈斯和威廉·阿彻)也收到了赠书。(不赞同的亨利·詹姆斯自己掏钱买了一本。)王尔德尤其看重法国同行们的反馈,正如他的期望,他们对他的书籍持严肃的态度,也许,就像罗伯特·罗斯表示的那样,有点严肃过头,超出了他的预期。马拉美在1893年3月写来的信件是反馈最佳的一封:

375　　亲爱的诗人:

　　我感到惊讶,虽然在你的《莎乐美》中,一切都通过恒定、耀眼的笔触来表达,但每一页上却又有着难以形容的事物和梦幻。

　　所以,无数的清晰珠宝只是长袍上的附属品,用来衬托你最终创造的那位年轻公主的神奇姿态。

致以友好的祝贺

来自斯特芳·马拉美[21]

另一封赞誉之信来自皮耶·罗迪:

　　谢谢你,先生,把我引介给了你的莎乐美——它就像是《启示录》中的一章,那么优雅和严峻——我对它极为钦佩。

还有一封来自莫里斯·梅特林克:

　　亲爱的先生,感谢您送给我这部神秘、奇特、可佩的《莎乐美》作为礼物,请原谅,因为我的情形阻碍了我,没能更早地向您表示感谢。我要在今天表达我的感谢，这是我第三次从这个梦中醒来，我还没法向自己解释它的力量。但我可以向您保证，我对它是十分钦佩的。

M.梅特林克

夏尔·莫里斯和亨利·巴比斯也称赞了它。威尔·罗森斯坦忍不住说这部戏让他想起了福楼拜的《希罗底亚》。王尔德愉快地接受了这个意见："请记住，在文学作品中你必须一再地弑父。"女演员班克罗夫特太太有一次说，他戏剧中的一幕让她想起了斯科尔布戏中的重要一幕，王尔德毫不脸红地说，"完全是照搬的，亲爱的女士。为什么不呢？如今已经没有人读书了。"他对马克斯·比尔博姆也是这态度："我当然是剽窃了。这是有欣赏力的人的特权。在阅读福楼拜的《圣安东尼的诱惑》的时候，我总是在最后签署上自己的名字。还有什么可说的？通过这种方式，最佳百书中的最好书籍上都签署了我的名字。"[22]

王尔德接下来决定让约翰·莱恩用英语出版《莎乐美》，《温德米尔夫人的扇子》就是由莱恩出版的。请谁来绘制插图是一件重要的事情。里基茨是个人选，除了为豪华版的《斯芬克斯》设计版面之外，他还曾委托他为约翰·格雷的《银尖笔》设计版面。不过，他在1893年4月的《画室》杂志上注意到一幅素描，画中的莎乐美手持施洗者约翰的头颅，也许这正是艺术家比亚兹莱打算让他注意的。王尔德聘用比亚兹莱为这本书绘制插图。这个年轻人很古怪，他既冷酷又不听话。他正在从一种日本风格转向十八世纪的英国风格。王尔德本希望获得一种古斯塔夫·莫罗那样的拜占庭风格。但是比亚兹莱把王尔德脸部的滑稽印象（就像在月亮或希律王的脸上）跟险恶的、肉欲的弦外之音结合了起来。他认为这部戏剧表现的是僧侣的荒谬。有一幅希罗底的素描因为有伤风化不得不被删掉。这位艺术家的反应被表达在一首四行诗中：

由于一个人物没穿衣裳
这幅小小的素描就被查禁了。

376

> 这不够友善。但没关系，
>
> 也许它最终不是件坏事。

值得赞扬的是，王尔德看出了这些素描是"很棒的"，他意识到比亚兹莱的作品中具有一种嗜杀的干劲。不过，他对里基茨悲叹说，"我的希律王就像古斯塔夫·莫罗笔下的希律王，包裹在自己的珠宝中，心情懊恼。我的莎乐美是一个神秘主义者，是萨朗波（Salammbô）的妹妹，一位膜拜月亮的圣女德兰（Sainte Thérèse）。"她的舞蹈与其说是有形的，不如说是形而上的。他谴责了比亚兹莱的顽皮，当里基茨试图为这些素描作辩护时，王尔德用一番话堵住了他的嘴："不，不，亲爱的里基茨，你不可能喜欢它们。你这么说是为了显得不偏不倚。真正的艺术家是不可能做到不偏不倚的；文艺复兴时期的人摧毁了哥特式建筑，正如哥特匠人曾摧毁诺曼人的砖石建筑。"不过，对于比亚兹莱的世故，王尔德并没有轻易放过。"的确，亲爱的奥布里简直太像巴黎人了，"他说，"他忘不了他曾去过迪耶普——虽然只有一次。"[23]

阿巴斯诺特太太的重要性

*爱足以使人成为圣徒。圣徒就是那些被爱得最深的人。*①

377　　《温德米尔夫人的扇子》上演之后，王尔德的病就好了，但是《莎乐美》的全军覆没又让他旧病复发。他一直喜欢听到萨拉·伯恩哈特朗诵他的台词，一直期待他们结成公开的联盟，禁演让他如此沮丧，他觉得自己必须休养一阵子。1892 年 7 月 3 日，他和艾尔弗雷德·道格拉斯一起去了巴特洪堡。那里的医生

---

① 引自王尔德写给罗伯特·罗斯的信件。

让他遵守规定的饮食,禁止他吸烟,总的来说,他们让他过着悲惨的日子。他拜访了道格拉斯的外祖父母蒙哥马利夫妇,可是艾尔弗雷德·蒙哥马利一点都不喜欢他。[24]不过,回来之后,他还是恢复了精神,开始撰写一部新剧本。他答应为干草市场剧院的经营者和男主角赫伯特·比尔博姆·切尔写一部剧本。为了隐瞒真正的题目《无足轻重的女人》,王尔德暂时把它叫作《阿巴斯诺特太太》。8月和9月间,他在诺福克的克罗默(Cromer)附近一个叫菲尔布里格的村落租了个农舍(亚历山大8月初也在这里待过),埋头撰写这个剧本,而康斯坦斯和孩子们则待在德文郡靠近托基的巴巴科姆悬崖(Babbacombe Cliff),她的女性亲戚芒特-坦普尔夫人在那里有一幢房子。王尔德邀请爱德华·雪莱到菲尔布里格来,但是他拒绝了。[25]王尔德又邀请了艾尔弗雷德·道格拉斯,他来了,然而接着就生了病,王尔德也许以此为借口没有去巴巴科姆跟妻子会合。她写了一封信,落款是9月18日,开头是:

> 亲爱的奥斯卡,艾尔弗雷德·道格拉斯勋爵的事情真让人遗憾,我真希望自己在克罗默,这样就可以照顾他了。如果你觉得我有用的话,就给我发电报,因为我过来也很方便。

他们没喊她过来。

道格拉斯的来访并没有妨碍王尔德完成剧本,1892年10月14日,切尔接受了这个剧本。王尔德在[沃尔特·]帕默夫人家里朗诵了其中的一幕。他的听众感动得落下了眼泪。为了避免别人又说他剽窃,这一次王尔德先发制人地告诉他们,"以他那种最令人难忘的风格,'我这部戏中的情境是从《家庭来使》(*The Family Herald*)中借鉴来的'"。[26]这部戏还重新组合了《温德米尔夫人的扇子》中的一些要素。还是老样子,戏中有一个可怕的秘密,不过,王尔德写信给亚历山大说,在《温德米尔夫人的扇子》的初稿中,人们很晚才发现这个秘密,而在这部戏中,发现秘密的时机要早得多。杰拉尔德·阿巴斯诺特是伊林沃思

378

勋爵的私生子,早在第二幕中,人们就得知了这个秘密。艾林太太去拜访她久已不知下落的女儿,与之相似的是,在这部戏中,一位父亲发现了自己久已不知下落的儿子。在王尔德的戏剧中,对弃儿主题的最佳理解是,它是一个代表了所有秘密的秘密。王尔德是个不忠的丈夫,他还拥有三个母亲不明的私生兄弟姊妹,对他来说,这个主题具有一种潜意识的含义。我们并不是我们自以为的那个人,或别人以为我们是的人,我们跟别人之间的联系,或许比我们以为的要更紧密,或许更疏远。

伊林沃思勋爵是王尔德笔下口才过人的花花公子之一,但并不是那个最有吸引力的。跟《温德米尔夫人的扇子》中的达林顿勋爵不一样,伊林沃思勋爵对任何人都没有深情。*

在王尔德写于九十年代的剧本中,《无足轻重的女人》是质量最差的一部,不过,它的内容也不仅限于重弹那种老调,即维多利亚时代的堕落女性和她们对诱惑者的蔑视。伊林沃思勋爵是个色鬼,一个花花公子和唯美主义者,他的怀疑论也并不完全是受了错误的指导。他说出了王尔德的一些最具有批判性的警句,譬如:"英国绅士追狐狸——恶劣透顶的人在全力追逐难以下口的食物。"这

---

* 1907 年,切尔重新上演了这部戏剧,利顿·斯特雷奇去了剧院,在一封写给邓肯·格兰特的信中,他以自己的风格诠释了这个剧本:

"这部戏相当有趣,因为里面全都是警句,偶尔还有一点稀奇古怪的戏剧性事件和傻乎乎的情感。一种最奇特的混合体!切尔先生是个邪恶的勋爵,住在一幢乡村别墅里,他下定决心要跟一个客人搞鸡奸——一位二十岁的漂亮青年。这个漂亮的青年感到很高兴;他母亲走进来的时候,看到了这位爵爷,她认出他就是在二十年前跟自己操过的那个人,而那次性交的结果就是——这个漂亮的青年。她请求切尔勋爵不要跟自己的儿子操。他回答说,有了这个理由,他就更想跟他操了。(哦!他是一个非常邪恶的勋爵!)于是,她去请求那位漂亮的青年,他说,'天啊!这是一件多么讨厌的事情——操了却不结婚!哦,不,我肯定不会跟这种人交往的,'然后,突然(从花园里)走进来一位美国的年轻百万富女,这位漂亮的青年(非常恰当地)爱上了她。爵爷走了进来,漂亮的青年说:'你这个魔鬼!你曾经侮辱过这个世界上最单纯的人!我要杀了你!'不过,他当然没有这么做,他满足于跟那位百万富女的联姻,而他的母亲拿起了一双手套,抽打了那位爵爷的脸颊。这个情节似乎很古怪,不是吗?不过,你可想而知,我是费尽心思才看明白这种情节的。警句就像大海一样淹没了这出戏。大多数警句都十分糟糕,为了哗众取宠,几乎所有的警句都说得颇为愤世嫉俗。可怜的老切尔坐在那里,背对着观众,跟一位出色的女士交谈,每说出一个警句,他就坐着转动一下身体。观众们当然是为之倾倒了。"[27]

部戏剧本质上是一部女性戏剧(利顿·斯特雷奇忽略了这一点,这是可以理解的),女性的声音尖锐地批判了男性的自以为是。其中的女性类别广泛,既有清教徒,又有荡妇。有些人无意中成了有趣的人,譬如亨斯坦顿夫人,她没法在两个选择之间作出取舍:"贝尔顿夫人跟菲瑟索尔勋爵私奔了……可怜的贝尔顿勋爵在三天后死于欢喜,或痛风。我忘了是哪一个原因。"阿伦比太太知道自己是个有才智的人,她跟伊林沃思勋爵堪称绝配;当他说,"生命之书起始于花园中的一男一女",她反驳说,"它在启示录中结束"。她巧妙地解释了为什么女人比男人过得更好:"我们的禁忌要比男人的禁忌多得多。"通过这些女人,还有像美国人赫丝特·沃斯利这样的人,王尔德以尖刻的手法呈现了这个社会,它既促成了无辜,也制造了罪行,既具有传统性,也具有反传统性,有人会稳当处事,也有人充满奇思异想。虽然阿巴斯诺特太太(跟西比尔·文恩一样)性格太单纯,缺乏智慧,她却是一种媒介,通过她,道德被"更高的伦理"取而代之,在王尔德的作品中,事情必然如此。

王尔德认为,世人戴着一副面具,不过偶尔也会摘下它,有很多实例都可以证明这一点。譬如他那位满怀深情的哥哥威利,他设法在遥远的纽约出卖王尔德。威利跟妻子在一定程度上和解了,然后,他就跟着她回纽约去了,他很快就回到了忘忧果俱乐部。他妻子拒绝向他提供经济资助,于是他开始跟在别人后面讨酒喝。他最喜欢做的事情就是对奥斯卡的诗歌进行滑稽模仿,毫无疑问,作为哥哥,他很了解王尔德,因此这种模仿是卓有成效的。为了让好友们开心,他会摆出一副唯美的姿态,以那种跟王尔德嗓音很接近的"被马铃薯噎住的"声音说话。他不时会说,"我打算买一本二手的拉罗什富科的《箴言集》,然后我就可以开办一家跟我弟弟奥斯卡对抗的剧本工厂了。"1893 年 6 月 10 日,妻子跟他离婚了,他就赖在忘忧果俱乐部,越来越让人讨厌。1893 年 9 月 17 日,他被其他成员开除了,名义上是因为他没有偿还十四美元的债务。他们对《纽约时报》的一个记者描述了威利的丑行,他被开除的次日,这家报纸上刊登了一篇文章,详细描述了他对奥斯卡的嘲讽。10 月份,这份报纸传到了伦敦。威利已经回到母亲家里,他坚持说那全是谎言,但是奥斯卡不相信他。[28] 如今,他回想起了《每日电讯报》上刊登的贬损《温德米尔夫人的扇子》的评论,威利或许就是它的作者。他的朋友和信徒背叛了他,威利又是一例。他们断交了。

成功的混合体

> 我们要求艺术家必须具有原创性,而我所谓的原创性,
> 是处理手法而不是题材的原创。只有那些没有想象力
> 的人才会创作。众所周知,真正的艺术家会利用他从
> 别人那里拿来的东西,而他是什么都拿的。①

380　　　1893 年 3 月末,切尔开始排演《无足轻重的女人》。《温德米尔夫人的扇子》的品质和大获全胜给他留下了深刻印象,他立刻请王尔德为干草市场剧院写一个剧本。王尔德起初拒绝了。赫斯基思·皮尔森和切尔很熟悉,根据他的表述,王尔德说,“作为我的《莎乐美》中的希律王,你会是令人钦佩的。但是要想扮演我新近构思的剧本中的世袭贵族,请原谅,我并不看好你。”切尔指出,他在亨利·阿瑟·琼斯的《舞女》(The Dancing Girl)中扮演过一个公爵,受到了广泛的赞扬。“啊! 就是因为如此,”王尔德说,“如果你想要成功地扮演我正在构思的人,你就必须忘掉你曾扮演过哈姆雷特;你必须忘掉你曾扮演过福斯塔夫;尤其是,你必须忘掉你曾在亨利·阿瑟·琼斯的一出情节剧中扮演过公爵。”“我会尽力而为。”“我觉得你最好是忘了你曾演过戏。”“为什么呢?”“因为你想要在我的戏中扮演的这个诙谐的贵族,他跟过去舞台上出现过的任何人都完全不一样。他不像世上曾经有过的任何人。”困惑的切尔惊呼,“天啊! 他肯定是超自

---

① 引自王尔德的评论文章《学园剧院的奥莉维亚》。

然的了。"王尔德回答道,"他肯定是非自然的。他是一个艺术中的人物。其实,如果你愿意听真话,他就是我自己。"[29]

不过,他渐渐地回心转意了,接受了切尔的提议。当他向切尔朗读这个剧本时,切尔恭维说,他在情节发展方面有一手。王尔德没有接受这种恭维:"情节是令人乏味的。任何人都可以创作情节。生活中到处都是情节。事实上,路上到处拥挤着情节,必须用手肘推开它们才能够走自己的路。"他又说,"我是从《家庭来使》中借鉴了这个情节,而《家庭来使》——很明智地,我觉得——从我的小说《道林·格雷》中借鉴了情节。人们喜欢听这样的故事,一个邪恶的贵族勾引了有操守的少女,他们喜欢听到一个有操守的少女被邪恶的贵族勾引。我已经把他们喜欢的东西给了他们,所以他们也许能学会欣赏我想要给他们的东西。"

在排演时,王尔德总是提醒切尔,让他不要显得那么戏剧化,也许因为伊林沃思勋爵已经很戏剧化了。切尔是那么喜欢这个角色,他开始在剧院之外扮演他。"哦,"王尔德说,"赫伯特一天比一天更像奥斯卡了。这是自然模仿艺术的出色事例。"[30]另一个难题是弗雷德·特里,他将要扮演天真的杰拉尔德·阿巴斯诺特,他决心把杰拉尔德演成一个深谙世故的人。王尔德表示反对,特里回答说,"哦,要知道,王尔德先生,牛不饮水,就不能强按头。""不对,特里。假设你有一个马戏团。马戏团里有一个圆圈。一匹马踏进圆圈,接近水槽。驯兽师甩响鞭子,说,'喝水!'于是马就会喝水。而那匹马,特里,就是演员。""那么,王尔德先生,你是把舞台比作马戏团了。""哦,"王尔德说,"你说的是比喻。"特里依然桀骜不驯,王尔德去他的公寓跟他共餐。特里偶尔提起自己热爱狄更斯,王尔德充满热情地谈论了狄更斯书中的人物。(他并没有说出自己的想法,即狄更斯笔下的所有人物都是失败的,除了那些讽刺角色。)特里的敌意消失了,他说,"喔,王尔德先生,我真高兴,居然发现另一个喜爱狄更斯的人。""哦,亲爱的孩子,我这辈子从未读过狄更斯作品中的一个词,"王尔德说,他对他们新结成的联盟关系是不屑一顾的。[31]

　　赫斯基思·皮尔森后来问切尔,他是不是在王尔德的协助下排演了这出戏,切尔不怀好意地回答,"是在王尔德的干扰下。"1886 年,王尔德曾在文中提到切尔是"演员中毋庸置疑的普洛透斯①",但如今他悲叹道,切尔永远是一成不变的切尔。在彩排中,他意识到某些场景是有缺陷的。他勉强删去了伊林沃思在第二幕中的一段不合时宜的长篇大论,在那段演讲中,他向儿子谴责了清教精神。

　　这出戏剧从 1893 年 4 月 19 日开始上演。巴尔弗、张伯伦和其他显要人物出席了首演。人们对演员喝彩不已,可是在邀请作者上台的时候,有人发出了嘘声,也许是因为剧本中有这样一句,"英格兰就像一个身穿紫色衣服的麻风病人"。(这句话后来被删掉了。)在落幕前,王尔德只说了一句,"女士们和先生们,我遗憾地告诉大家,奥斯卡·王尔德不在现场。"对于这种全新的少言寡语,有人感到失望。于是,为了缓和一下气氛,比尔博姆·切尔说,"我为自己跟这部艺术作品结盟而感到自豪。"(王尔德后来恭维过他:"我一直认为,对于我的戏剧,你是最好的评论家。""可是我从未评论过你的戏剧,"切尔说。"这就是理由,"王尔德说。)[32] 马克斯·比尔博姆对一个记者描述了当时的场景:"当那个可鄙的奥斯卡上台来致敬的时候,交织响起了一片轻微的呸声和嘘声,虽然他看起来很可爱,穿着白色的新马甲,外套上插着很大一簇小百合。戏评比我预料的要好:这出戏肯定能上演很久,非常久,不管评论家"——比尔博姆在这里又运用了王尔德的风格——"会替它说多少好话。"[33] 威尔士亲王观看了第二次演出,陪伴他的是泰克公爵夫人,后者以她那豪放的笑声著称。两人都喜欢这部戏,亲王嘱咐王尔德说,"一行也不要修改。"据说,王尔德是这样回答的:"陛下,谨遵您的命令。"这番交谈让他喜不自禁,他后来的一句评论证实了这一点,"这是一个多么了不起的国家,连亲王都理解诗人。"[34]

　　那天晚上,王尔德在布兰奇·罗斯福家中进餐。餐前,客人们把手伸进一道帘子,让看相人切洛在不了解其人的情形下看手相。当王尔德伸出自己的双手

382

---

　　①　普洛透斯(Proteus),希腊神话中的海神,善变。

时,切洛发现两只手上的掌纹差异甚大,他解释说,根据手相术,左手展现的是遗传的趋势,右手展现的是个人的发展。他面前的左手,他说,意味着辉煌的成功;而右手预示了迫近的毁灭。"左手是国王的手,但右手表明,那个国王会让自己沦落到流放的地步。"王尔德是一个迷信的人(他曾拒绝加入十三号俱乐部,拒绝跟那些怀疑论者为伍),他问,"具体是什么时候?""数年之后,大约在四十岁的时候。"(他当时是三十八岁。)王尔德一语不发地离开了宴会。[35]

引起这种反应的词语可能是"国王"。从波托拉求学的时代起,这个词语在他的脑海中就跟埃斯库罗斯的《阿伽门农》联系了起来。王尔德虽然感觉自己是幸运的,但这并不妨碍他觉得自己同时也是不幸的。在《来自深渊》中,他没有仅仅使用"命运",而是重复地使用了"厄运"这个词,他指出,"'厄运'感就像是一根紫色的线,穿越了《道林·格雷》的金色布料。"王尔德是一个出色的古典学者,从埃斯库罗斯和欧里庇得斯的戏剧中,还有《伊利亚特》中,他不可能拼凑不出阿伽门农的厄运之路。在他欣欣向荣之际,他体会到了厌倦,一个拥有一切的人,后来,王尔德会援引另一条规则,提到"我那尼禄的时光,富裕、恣意、愤世嫉俗、崇尚物质"。[36]随着成功的降临,"我变得不在乎别人的生活。"对审慎的忠告充耳不闻,他成了惩罚女神涅墨西斯眼中的适宜人选。"通过受苦,他们将会赢得理解,"《阿伽门农》中的合唱队引用宙斯的话说。

不过,切洛或许搞错了。《无足轻重的女人》获得的成功也许缓和了这些阴郁的念头。这部戏让它的作者每周进项一百英镑。王尔德变得趾高气扬。他偶然遇见了柯南·道尔,问他是否看过这部戏。道尔没看过。王尔德沉着脸跟他说,"啊,你必须去看。这是一出了不起的戏。一出天才之作。"道尔不习惯同行作家表现出如此得意的样子,认为他是疯了。虽然戏评有好有坏,而且亨利·詹姆斯憎恶这部戏,但人们普遍认为,王尔德已经证明了自己的实力。《泰晤士报》曾经对《温德米尔夫人的扇子》态度严厉,这一次,它接受了弗兰克·哈里斯的立场:"这出戏在想法和表演上都很新颖,而且文笔优雅,这在英国舞台上是很罕见的。"[37]威廉·阿彻依然忠实于他:这出戏的成功之处不在于机智或悖

383 论,而在于作者的敏锐理解力,他观点中的个性化特征,他出色的口语风格,他所
获灵感的真正戏剧特质。他尤其称赞了第二幕结尾处伊林沃思勋爵和阿巴斯诺
特太太之间的场景,认为它是"当代英国剧本创作中最具有男性气概和最富有
才智的一段"。以男性气概为标准,这是出人意料的,它表明,人们对这部戏的
更常见的指责是,它流露了唯美主义的那种女人味。

注释

［1］ Sherard, *The Real O. W.*, 321; Hesketh Pearson, *The Pilgrim Daughters* (1961), 185, on the basis of information from Sherard.

［2］ *Letters*, 331-2.

［3］ Graham Robertson, 135.

［4］ *New York Times*, 28 Feb 1892; Leon Edel, *Henry James: The Treacherous Years* (1969), 39-40.

［5］ *Letters*, 313.

［6］ Harris, 98-9; Shaw, letter to Wilde, quoted in Sotheby Catalogue, 27 July 1911, item 220.

［7］ Richard Whittington-Egan and Geoffrey Smerdon, *The Quest of the Golden Boy: The Life and Letters of Richard Le Gallienne* (1960), 181.

［8］ Jopling, 81.

［9］ J. -J. Renaud, preface to *Intentions*, xv.

［10］ Royal General Theatrical Fund, report of speech, 26 May 1892, George Alexander in the chair (NYPL: Berg).

［11］ Charles Hawtrey, *The Truth at Last*, ed. W. Somerset Maugham (1924), 221-7.

［12］ Beerbohm quotes this in *Letters to Turner*, 287.

［13］ *Letters*, 834; unidentified interview with Bernhardt, 8 July 1892 (Hyde). The copy of Wilde's *Poems* inscribed to her is in the Taylor Collection, Princeton.

［14］ Ross, letter to *Saturday Review*, 27 May 1895.

［15］ ［Raymond and ］ Ricketts, 53.

［16］ Graham Robertson, 125-7.

［17］ *Pall Mall Budget*, XL(30 June 1892); *New York Times*, 18 July 1892; Maurice Sisley, 'La Salomé de M. Oscar Wilde,' *Le Gaulois*, 29 June 1892.

［18］ Beerbohm, *Letters to Turner*, 22-3, 38.

［19］ *Pall Mall Budget*, 30 June 1892.

［20］ *Letters*, 333.

[21] From 'Copies of 100 Letters to O. W. ,' in my possession.

[22] W. Rothenstein, 184; Squire Bancroft, *Empty Chairs* (1925), 112-3; Beerbohm, *Letters to Turner*, 36.

[23] Robert Ross, *Aubrey Beardsley* (1909), 88; [Raymond and] Ricketts, 51-2.

[24] Douglas, *O. W. and Myself*, 73.

[25] H. Montgomery Hyde, ed., *The Trials of Oscar Wilde* (1948), 213.

[26] Jopling, 81.

[27] Michael Holroyd, *Lytton Strachey: The Unknown Years* (1967), 319.

[28] Lady W, letter to Wilde, n. d. [1893] (Clark 2381).

[29] Hesketh Pearson, *Beerbohm Tree: His Life and Laughter* (1956), 65.

[30] [Raymond and] Ricketts, 54.

[31] O'Sullivan, 20-1; Julia Neilson, *This for Remembrance* (1941), 131.

[32] Pearson, *Life of O. W.* , 237.

[33] Beerbohm, *Letters to Turner*, 37.

[34] Boston *Evening Transcript*, 11 Jan 1922; Guillot de Saix, 'Souvenirs inédits. '

[35] Cheiro [Count Louis Hamon], *Cheiro's Memoirs: The Reminiscences of a Society Palmist* (Phila., 1913), 152-3.

[36] *Letters*, 475, 577.

[37] Guillot de Saix, 'Souvenirs inédits. '

第十五章　维多利亚末期的风流韵事

爱是一种多傻的事儿！跟逻辑相比，它连一半的用处都没有，因为它不证明任何事，它总是告诉你那些不会发生的事，让你相信那些不真实的事。①

极致浪漫

384　　王尔德渴望一种强烈的激情；他得到了这种激情，也被它吞噬了。对于他们早期交往的那几个月，艾尔弗雷德·道格拉斯勋爵的说法跟王尔德的叙述有所不同。道格拉斯说，是王尔德极力追求他，大约六个月后，他把他追到了手。不过，王尔德天性就喜欢向任何人献殷勤，所以，他可能仅仅是表达了善意的恭维，道格拉斯却错当成了求爱。王尔德不承认是自己采取了主动。他说，在1892年春天之前，他们根本不算太熟，那年春天，道格拉斯突然来找他或写信向他求救。有人因为一封不检点的信敲诈他。王尔德来到牛津，在道格拉斯位于高街的宿舍里度过了那个周末。他轻而易举地解决了危机，办法就是请他的朋友和律师

---

①　引自《夜莺和玫瑰》。

乔治·刘易斯来帮忙。刘易斯已经习惯了帮自己的顾客解决这种尴尬难题,为那份证据,他向敲诈者支付了一百英镑。

这段感情在敲诈勒索的威胁下开始发展,也是在这种威胁下,它变得越来越热烈。迄今为止,王尔德最迷恋的人是约翰·格雷,不过,王尔德逐渐开始对那个年轻人失去热情。根据他送出的作为礼物的两部书籍,我们可以估量出他跟道格拉斯之间的亲密关系的发展速度。第一部是《道林·格雷的画像》,他们刚认识不久,王尔德就把它送给了道格拉斯,上面的题词很谨慎:

> 本书的作者送给艾尔弗雷德·道格拉斯
>
> 91 年 7 月,奥斯卡

第二部是他的《诗集》,上面的题词就不一样了:

> 来自奥斯卡
>
> 给那位披挂着金甲的
>
> 牛津男孩
>
> 在六月的中旬
>
> 奥斯卡·王尔德[1]

385

当时是 1892 年 6 月,到了那时,王尔德已经堕入了情网。他们在对方的陪伴下度过了夏天的大部分时间。罗伯特·罗斯并不认为自己对王尔德拥有独占权,所以他是可信赖的。王尔德写给罗斯一封信,从中可以看出,他认为罗斯会理解他的,这封信还证实了王尔德的激情:

> 亲爱的博比,波西坚持要在这里停下来吃三明治。他很像是一位那喀索斯——那么洁白,金光闪闪。我会在周三或周四晚上到你的住

处来。给我回信。波西是那么疲惫：他躺在沙发上就像一朵风信子，我崇拜他。

你这个亲爱的孩子。永远属于你的　奥斯卡

　　道格拉斯跟母亲谈到了自己的新朋友。昆斯伯里夫人对波西在牛津的学业已经束手无策，她决定邀请王尔德夫妇到她位于布拉克内尔的家中，征询一下他们对她儿子的建议。这次拜访发生在 1892 年 10 月，跟自己爱人的母亲见面，总免不了尴尬。根据德斯蒙德·麦卡锡（Desmond MacCarthy）的说法，昆斯伯里夫人看上去总像是"受过什么打击，仍然在为那一击簌簌发抖"，现在更是如此。她请王尔德出主意帮帮她，她坦率并带有警告性地提到了波西的虚荣心和挥霍的习惯。王尔德本人也是既虚荣又奢侈的，他深陷情网，对于这些所谓的缺陷只是一笑置之。虽然她是迂回曲折的，但她的话里还是有一种劝诫的意思，足以让王尔德为《不可儿戏》中的那位自以为拥有儿子的正派母亲取名叫"布拉克内尔太太"。她对王尔德所作的努力以失败告终，不过，不到一个月，王尔德就会发现什么叫挥金如土的人。他写给道格拉斯的信件不断地提到恶化的经济窘境和加深的爱情。这两者的结合也有其自身的魅力，它们双双属于脱离控制之举。

　　即便是后来王尔德开始跟波西互相指责时，他也还是承认，道格拉斯毕竟是真的爱他，这也算是可取之处。在这一时期，"年轻的图密善"（这是他对道格拉斯的称呼）开始写诗。波西把自己的诗歌寄给他，第一首落款 1892 年 11 月，就是在这个月，王尔德开始体验到波西的奢侈浪费的后果。很可能也是在这个月，他们稳固地建立起了爱人的关系。道格拉斯寄来的第一首诗歌的题目是"来自深渊"，这真是一种具有预示性的反讽；其大意是，他恋爱了，但因为那种爱的性质，他不能说出自己的爱人。《道林·格雷》曾经以一种藏头露脚的方式推广过同性恋，这首诗具有同样的特点。它为道格拉斯的诗歌《两种爱》（The Two Loves）奠定了基础，《两种爱》写于稍后一点的时间，其中有一句很出名——"我是那种不敢自我表白的爱。"事实上，道格拉斯经常表白这种爱。如果说王尔德胆

子很大,那么,道格拉斯的胆子就更大了。他向人吹嘘王尔德对他的爱,这是可以
理解的,他还渴望在其他曾经拥有这份爱的青年面前逞威风,譬如约翰·格雷。

从 1892 年 11 月到 1893 年 12 月,王尔德开始了三个月的休假,他的生活跟
道格拉斯的生活再也分不开了。1893 年 6 月之前,道格拉斯一直待在莫德林学
院,这是他在古典专业的第四年,也是最后一年。他开始接手一份名叫《酒精
灯》的牛津文学杂志,担任了它的编辑,对它进行了改造工作,其隐秘目的是劝
说人们接受同性恋。为此,他刊登了来自罗斯、西蒙兹和王尔德的投稿,还包括
关于许拉斯和科里登①的诗歌。在写给朋友凯恩斯·杰克逊的信中,他透露说,
王尔德为"新文化"和这项"事业"相当尽力。"如果波西真的已经让牛津接受了
同性恋,"乔治·艾维斯是这项运动的年轻支持者,1894 年 11 月 15 日,他在自
己的日记中写道,"他就做了一件好事,一件光荣的事。"[2]*

除了这种隐秘的宣传,道格拉斯开始对自己的诗歌才华充满信心。王尔德
对他和他那些"可爱的"十四行慷慨地大加赞赏。沐浴在王尔德的阳光中当然
很好,不过,他希望自己不仅仅是马克斯·比尔博姆所谓的"一个非常漂亮的翻
版奥斯卡"。当他觉得自己越来越有权利以诗人自居,他也就开始长大成人,丢
掉了学生的身份。

在这个时期,王尔德开始意识到,道格拉斯不仅长得美,他还是鲁莽和难以
控制的。他的脾气很凶残。比尔博姆是喜欢他的,但他说过,道格拉斯"显然是
疯了(就跟他全家人一样,我相信)"。当道格拉斯不处于暴怒状态时,他会是
"非常迷人的","几乎是卓越的"。[3]他渴望被爱,渴望被人们认为他跟王尔德具
有同等的才智。在经济上依赖王尔德,这是巩固自己对这位朋友的控制权的一

---

① 科里登(Corydon)是维吉尔《牧歌》中的同性恋者。

* 1892 年 6 月 30 日,在作家俱乐部,王尔德遇见了艾维斯,人们认为艾维斯的喀罗尼亚社团为
同性恋者提供了秘密的后盾。王尔德对艾维斯的第一句话是,"为什么你到这里来,跟这些秃顶和长
胡子的人混在一起?"他对艾维斯的社团表示支持,但是没有证据表明他曾加入这个团体。他对艾维
斯提议说,应该在地中海的某个小岛上创建一座异教修道院,在那里,就像艾维斯期待的那样,所有
的爱情都可以无拘无束。王尔德联想起了拜伦和雪莱的友谊,照他的说法,当拜伦试图跟雪莱做爱
时,雪莱就跟他断交了,于是这段友谊也就完结了。

种方式。他并不需要追着王尔德要钱,王尔德是过于慷慨的,正如他在其他各方面也一样走过了头,一个人需要很有克制力,才会不把王尔德的钱当自己的钱那么任意挥霍。1896 年 7 月 15 日,王尔德在监狱中,道格拉斯写信给罗斯说,"我记得非常清楚,向奥斯卡要钱是一件甜蜜的事情。对于我们两人来说,那都是一种甜蜜的羞辱和巨大的愉悦。"[4] 被供养也是被爱的乐趣之一。王尔德在此事中所获的乐趣恐怕就没那么巨大了。就算他喜欢被人占点小便宜,他本可以拒绝被别人这样大占便宜。可是道格拉斯喜欢要求他给予更多的恩爱。1894 年,当他父亲威胁说要中断对他的津贴时,道格拉斯却怂恿父亲这么做,从此他就完全依靠王尔德的慷慨为生了。由于王尔德和道格拉斯都不推崇性生活上的忠贞,金钱就成了他们爱情的印记和封章。

昆斯伯里夫妇

*……你来自那个疯狂的、邪恶的家族。*①

要想了解艾尔弗雷德·道格拉斯,最好先了解他跟他父亲约翰·肖尔托·道格拉斯的关系,约翰·肖尔托·道格拉斯是第九世昆斯伯里侯爵,人们对昆斯伯里的印象是,他是一头性格简单的野兽。而事实上,他是一头复杂的野兽。就野蛮而言,他接受的是符合规范的野蛮。那就是为什么在二十四岁的时候,他说服英格兰和美国接受了昆斯伯里规则,还争取到了根据体重划分拳击组别的条件,这样一来,拳击手之间的地位就平等了,拳击的性质从此发生了改变。他把自己的好斗和好诉讼结合了起来。众所皆知,他对基督教大加斥责;他还总是公开发火,无礼地反对他人的信条。他认为自己是贵族中的叛逆,因为打破偶像而被社

---

① 引自《来自深渊》。

交圈排斥在外。

昆斯伯里不但是个出色的拳击手,优秀的猎手,他还勉强算得上是个诗人。在《酒精灯》上,道格拉斯发表了父亲的一首诗:《1893 年 2 月 3 日,为弗雷德·莱斯利之死而作》(Lines Suggested by Fred Leslie's Death 3 Feb. 1893),这些诗句可能也受到了格里斯蒂娜·罗塞蒂的一首诗歌的影响。"当我死了,火葬我。"这就是第一行嘹亮的诗句。1880 年,昆斯伯里以小册子的形式发表了自己最具雄心的诗歌:《马特洪峰之魂》(The Spirit of the Matterhorn,他的弟弟弗朗西斯·道格拉斯勋爵就死于攀登那座山峰)。在这首诗歌中,他表达了某些自认为可以抚慰苏格兰贵族的观点。苏格兰贵族刚投票决定不再选举他担任他们在英国上议院的代表(他和他的祖先都认为他们有权获得这种资格,因为他们拥有古老的头衔),理由是他公开否认了上帝的存在。这个挫败深深伤害了昆斯伯里。 388
他在自己的诗歌的序言中解释说,他并没有否认上帝的存在,只不过更愿意把他称作"不可思议的人"。他的诗歌在很大程度上是以韵律的形式阐述了一个理论,即灵魂跟肉体并不是截然不同的,而是肉体本身的一个结果。因此,我们必须小心地挑选自己的配偶,这样一来,我们的血统才会尽可能地优化,因为我们繁衍的不仅是孩子的身体,还有他们的灵魂。"去吧,告诉人类,务必保持你的纯粹血统。"虔信上帝的苏格兰贵族们并没有就此息怒。

1885 年 12 月,他曾经试图打断丁尼生的《五月皇后》的上演,理由是一个无神论者在戏中遭受了虐待,从这一事件中我们可以看出他的性格。《蝙蝠》周刊发表社论说,"昆斯伯里侯爵越是对自己的阶级夸夸其谈,似乎就越没有效果。他针对自己贵族兄弟的剧本发表了一篇著名的演讲,赢得的唯一结果就是被剧院驱逐出场。"下一期杂志上刊登了昆斯伯里的答复:

先生,——感谢你在这份下流期刊上所做的广告——据我推测,这是一份保守杂志。你说我被某个剧院赶了出来。的确如此。这又是一则广告。我相信,这出戏剧将在三周后被中止演出……为进一步的广告向你致谢。

昆斯伯里谨启[5]

显然,这个人会是一个可畏的敌手,他渴望在公众场合亮相,跟王尔德一样态度傲慢,对世人的看法不屑一顾,但却远不像王尔德那样容易受伤害。1887年1月22日,他妻子终于跟他离了婚,理由是他跟梅布尔·吉尔罗伊通奸(家住坎登镇汉普斯特德路217号)。虽然对第一任妻子来说,他是个差劲的丈夫,他俩根本不合适,但他毕竟支付了孩子们的生活所需和娱乐费用,他对他们的福利是很关心的,只不过方式笨拙罢了。当他的三儿子艾尔弗雷德考进了牛津,他感到很高兴;当儿子学业不佳,显露出一事无成的迹象时,他的心情变得苦恼起来。不过,他的怒火还没到爆发的时候呢。

底层的男同性恋者

我从不遗憾为享乐而活。我过着极致的享乐生活,就像一个人应该尽情做事那样……我生活在蜂巢中。①

389　　王尔德和道格拉斯的关系是热烈且浪漫的,但是他们也追求更短暂的感情。道格拉斯迷恋那些为几英镑和一顿丰盛晚餐而出卖肉体的青年。他把王尔德也带进了这个世界,他们之间存在着一种竞争关系。在道格拉斯的鼓励下,1892年秋天,王尔德越来越多地参与了这种临时的韵事。道格拉斯把副检察长的侄子莫里斯·施瓦贝带进了王尔德的圈子,施瓦贝把艾尔弗雷德·泰勒介绍给了王尔德,泰勒是一个可可粉制造商的走上了歪路的儿子,他曾在马尔堡读过公

①　引自《来自深渊》。

学。然后泰勒又把王尔德引介给了一系列的男孩,第一个重要角色是西德尼·马弗,马弗后来成了英国国教的牧师。1892 年 10 月,王尔德邀请泰勒、马弗、道格拉斯和施瓦贝在基特纳餐厅共餐。在接下来的一年半里,他继续跟马弗会面。1892 年 10 月,施瓦贝还把王尔德介绍给了弗雷迪·阿特金斯;阿特金斯尚未年满十八,但已经是一个熟练的勒索者了。王尔德为这些男孩挥霍金钱,随手赠送成盒的香烟和其他礼物,从而获得了慷慨和仁善的名声,他们无耻地利用了王尔德的这些优点。他后来说,这是"与狼共舞"。

　　1893 年期间,他开始养成住旅馆的习惯,表面上是为了工作,实际上也是为了玩乐。从 1 月 1 日到 17 日,他住在阿尔伯马尔旅馆,但是他的行为很可疑,所以旅馆主人对他的离去表示欢送。有几个年轻人拜访过他。他正在追求爱德华·雪莱。这段韵事起始于 1892 年初,王尔德在出版商约翰·莱恩的办公室遇见了雪莱,于是邀请他去共餐。雪莱对两人的关系感到十分紧张,1893 年 3 月,他写信给王尔德,提出分手。王尔德没有表示反对,还提出,如果他要重返校园的话,他可以给他一百英镑。雪莱拒绝了,不过,在接下来的两年里,当他有紧急需求时,他还是会请王尔德出手相助。[6]与此同时,1893 年 2 月,道格拉斯把自己认识的一个男孩转介绍给了王尔德,那是一个名叫艾尔弗雷德·伍德的十七岁男孩。根据事先的安排,王尔德在皇家咖啡屋跟他见了面,给他买了杯饮料, 390 在鲁珀特街的佛罗伦萨餐馆的一个包间里跟他一起吃了饭,然后把他带到泰特街去做爱。(那房子当时正好空着。)他们继续见面。道格拉斯继续去拜访伍德,还给了他一些自己不要的衣服,他粗心大意地忘了衣服口袋里有王尔德写给他的信件。伍德决定利用这个发现,赚一笔去美国的路费,4 月份,他把一封信的抄件寄给了当时正在排演《无足轻重的女人》的比尔博姆·切尔*,然后在舞台的门外等待王尔德。王尔德受到了切尔的警告,什么也不肯给伍德,他说,如

---

　　* 估计这封信就是王尔德在 1893 年 1 月从巴巴科姆悬崖发出的信件:

　　　　我的男孩,你的十四行写得很可爱,你的那对玫瑰叶一样的红唇既会唱歌,还(转下页)

果伍德能够——像他佯称的那样——把其中的一封信卖到六十英镑,那就别放过这样的机会,同样长度的散文通常可卖不到这个价格。伍德和两个共犯最后决定把信件还给王尔德(除了那封关于海辛瑟斯的信件),王尔德当时态度亲切地给了他二十五英镑,一天后,又给了他五英镑。进行了这笔交易之后,伍德去美国待了一年。

在这个时期,王尔德和道格拉斯还通过泰勒认识了一个叫查尔斯·帕克的男孩,外加其他各种各样的食客。虽然这些聚会并不算次数众多,但后来公布的关于这些聚会的详细描述却往往忽视了一点,即它们是发生在数年之间的。1893 年 2 月,王尔德跟西德尼·马弗一起去了巴黎,希望《莎乐美》问世时能在场,他把马弗安排在一家最好的旅馆里。王尔德的所有风流韵事似乎都有这种特点,即他认识他们时是把他们当作个体对待的,他对他们很慷慨,当他们拒绝接受他献殷勤时,他也不会心怀恨意,而且他也没有腐蚀他们。他们本来就是男妓。干坏事带来的刺激,这些要挟他人、敲诈勒索、毫无信义的男孩子身上体现出的职业性贪婪,对于王尔德来说,它们可能跟他在性事上获得的满足一样重要。

从 1892 年末开始,王尔德意识到自己的生活出现了明显的分裂,一边是隐秘的、非法的生活,另一边是公开的、可申报的生活。怀着一种故意的自暴自弃的心态,他越是跟那些粗野但甘愿奉献肉体的男孩交往,他在公开场合就越发显得无私和沉着。(道格拉斯在他的这两重生活中都有一席之地。)如果说王尔德在想方设法给自己找麻烦,那他简直找不到比这更好的方式了。英国社会对同性恋的容忍是有限度的,其限度就是你不要被人抓住。当他把自己的那些临时交往和那些更理想化的交往(跟罗斯、格雷,还有后来的道格拉斯)搅和在一起

391

(接上页)会狂吻,这真是一个奇迹。你那苗条的金色灵魂在激情和诗歌之间行走。我知道,希腊时代的海辛瑟斯就是你,阿波罗如此疯狂地爱着他。

　　为什么一个人待在伦敦,你什么时候去索尔兹伯里? 一定要去那里,在哥特式建筑的灰色黄昏中沁凉自己的双手,想来的时候就过来吧。这是一个美妙的地方——只是缺少你;但先去索尔兹伯里吧。永远属于你,怀着不灭的爱

　　　　　　　　　　　　　　　　　　　　　　　　　　　　奥斯卡

之后,他被抓住的可能性就大大增加了。王尔德相信自己是幸运的;他甚至让人在自己泰特街卧室的天花板上绘制了一颗星星。然而,他总是做一些岌岌可危的事情。

约翰·格雷和拉夫洛维奇

昨晚,小安德烈是多么狂躁不安!

道格拉斯不断出现在王尔德身边,这让他的其他朋友感到恼火。罗比·罗斯显得宽宏大度,他对自己在这伙人中的地位是确信的。约翰·格雷的情形就有些困难了。王尔德喜欢格雷的诗歌,认为他已经"掌握了娴熟表达的方式"。因此,在1892年6月17日,他跟约翰·莱恩达成协议,他会支付格雷的第一部作品《银尖笔》的所有出版费用。[7]1892年初的那几个月里,格雷一直陪伴在王尔德的身边。艾尔弗雷德·道格拉斯的机会还没有到来。王尔德帮助格雷加入了戏迷俱乐部,提议让他发表演讲。1892年2月8日,当王尔德主持会议时,格雷主张说,艺术是喜欢摆布人的,追求时髦的,而艺术家则是被社会遗弃的人。那之后,王尔德为他"受到误解"而夸赞了他,"这种殊荣我自己也有份",他否认格雷这个姓跟道林的姓有关联。大约在6月13日,比埃尔·路易斯跟一位女性朋友一起抵达伦敦;王尔德立刻就邀请他俩一起共餐,还让约翰·格雷也去餐馆见他们,路易斯已经知道他这个人了。这三个男人经常见面,直到1892年7月3日为止,那一天,王尔德和道格拉斯一起去巴特洪堡疗养身体了,路易斯后来会去当地跟王尔德碰面。王尔德从巴特洪堡把《银尖笔》的合同寄给了莱恩。

虽然路易斯是个异性恋者,他也怀着赤子之心高兴地加入了这个同性恋小圈子。他会跟安德烈·纪德谈起他们那些精致的举止:王尔德和他的朋友们不是直接把纸烟递给别人,而是先点上一根,吸一口,再递给别人。他带着赞许的态度倾听了其中两个人（艾尔弗雷德·泰勒和查尔斯·梅森）的故事，这两人为了庆祝他们的"真正结婚"，交换了戒指，举行了仪式。"他们知道该怎样用诗歌遮盖一切。"他赞许地告诉纪德。[8]诗歌肯定是起到了协助作用，不过，格雷的事很快就让他对那些不美好的方面产生警觉。1892 年末，格雷告诉路易斯，他在考虑自杀：道格拉斯控制了王尔德，他获得了优先权，格雷觉得自己被抛弃了。

392　　　就在此时，安德烈·拉夫洛维奇插了一脚，他在不认识格雷的时候就称赞过他。出于嫉妒，他曾发表过一篇文章，抨击了格雷和王尔德两人的文风。不过，1892 年 11 月，当阿瑟·西蒙斯把他介绍给格雷的时候，他感到懊悔，还爱上了格雷。急于求爱的他谴责了王尔德和道格拉斯的亲密关系，认为那是空虚和堕落的。他那些奢华的晚宴在伦敦很有名，如今格雷成了那里的常客。王尔德感到有趣，同时也心怀轻蔑：拉夫洛维奇是一个"会请新海伦［莉莉·兰特里］跟红衣主教沃恩（Cardinal Vaughan）共餐的人"，他说。"安德烈到伦敦来开办沙龙，结果却成功地开办了一家酒吧。"当他最后一次出现在拉夫洛维奇家里时，他还记着自己的这个笑话，一到场就跟男管家说，"要一张坐六个人的桌子。"王尔德因为心怀恼怒而嘲笑起那位对手的容貌，"跟拉夫洛维奇一样丑陋。"他说。他俩都在弓街的一家理发店理发，但是王尔德不愿意坐在拉夫洛维奇的身边。[9]

　　　格雷渐渐被拉夫洛维奇争取了过去。1892 年 10 月，他在自己的译作《一位圣徒及其他》（A Saint and Others，保罗·布尔热所著）上题写道："向我敬爱的大师，我亲爱的朋友，致敬"，这是他献给王尔德的最后颂词。那之后不久，拉夫洛维奇就把他从位于坦普尔的简朴寄宿处接出来，安置在公园路 43 号，距他自己位于南奥德利街的住宅只有几分钟的路程。1893 年 1 月 4 日，无疑是在这位朋友的敦促下，格雷请约翰·莱恩起草了一份关于《银尖笔》的新合同，王尔德所起的作用被删掉了，不过他还可以收到免费的样书。表面上莱恩同意支付出版的一切费用——一个非常不利的让步——所以拉夫洛维奇可能是躲在幕后，保证弥补一切损失。1893 年 3 月 4 日的那一周，《银尖笔》面世了。反响总的来说是令人失望的。勒加林指责他犯了流行的颓废病；西奥多·弗罗茨瓦夫在 11 月份发表的评论还要更苛刻,他为《艺术家暨家庭文化期刊》(一份同性恋期刊)撰文说,格雷"这位艺术家的过去是有潜力的"。

最逗趣的反应来自王尔德新近认识的朋友艾达·莱弗森,她被王尔德称作"斯芬克斯"。莱弗森太太是一个风趣的女性,后来还成了一位成功的小说家,她"漫步在大片的页缘草场上,勘探了文字的最细小溪流",然后对王尔德建议说,他下一步应该是出版一部只有页缘的书籍,充满了没有写出来的美妙思想。这卷书应该用浅绿色的兽皮装订,点缀着金色的睡莲,用坚硬的象牙捋平,请里基茨(如果没有请香农的话)用金子来装饰它,还要印刷在日本纸张上。王尔德表示赞同。"这本书应该献给你,那些没写出来的文字应该由奥布里·比亚兹莱负责绘制插图。应该为特定的朋友印刷五百部签名本,为公众印刷六本,为美国印刷一本。"[10]

到了 1893 年 3 月,格雷已经跟王尔德分手了,他把这事告诉了路易斯。路易斯知道自己从王尔德那里得到过很多帮助和殷勤款待,所以他考虑这件事的速度较为缓慢。通过王尔德,他不但认识了在《温德米尔夫人的扇子》中扮演艾林太太的玛丽安·特里(Marion Terry),还认识了伯恩哈特本人——这次见面启发他写下了《阿佛洛狄特》的草稿。接着,1893 年 2 月 22 日,他得到一本《莎乐美》,发现它是正式献给"我的朋友比埃尔·路易斯"的。他给王尔德发了一份开玩笑的电报,王尔德把这份电报还给了他:"随信附上的那东西真的表达了你想对我说的一切话吗?我从所有的朋友中选择了你,把《莎乐美》献给你,所得的回报就是这个吗?我简直对你表达不出我所受的伤害……我新近才意识到,友谊比爱情还要更脆弱。"路易斯寄给他一首题为《莎乐美》的十四行,跟他言归于好,这首诗的第一段是这样写的:

> 透过那耀亮的七层纱
>
> 她的肉体曲线弯向月亮,
>
> 她用黑色的头发轻拂过自己

393

还有她那爱抚的、被星光照耀的手指。

4月19日,王尔德邀请他出席《无足轻重的女人》的首演。在这趟旅行中,路易斯逐渐意识到格雷觉得难以忍受的事情。他写信给自己的兄弟乔治斯说,他身处的那群人开始让他感到窘迫,4月22日,他补充说,"奥斯卡·王尔德一直以迷人的态度对待我,我几乎每一天都跟他共进午餐。但是我希望他带来的伙伴会有所不同。"[11]道格拉斯的无所不在是令人不快的。

王尔德和道格拉斯告诉路易斯,他们担心有人会拿着王尔德写给道格拉斯的那封关于海辛瑟斯的信件敲诈他们,这封信仍然在艾尔弗雷德·伍德的手中。路易斯好意把这封信翻译成了法文,这样一来,就可以说它只是一件艺术作品了,1893年5月4日,译文被发表在道格拉斯的牛津杂志《酒精灯》上,它还影射提到了王尔德的剧本,题目是《十四行:奥斯卡·王尔德写给一位朋友的散文诗信件,由一位无足轻重的诗人翻译成押韵诗》(Sonnet. A Letter written in prose poetry by M. Oscar Wilde to a friend, and translated into rhymed poetry by a poet of no importance)。*

---

*　　　海辛瑟斯!喔,我的心肝!年轻、甜美、金发的神!
　　　你的眼睛是海上的光芒!你的嘴,
　　　夜晚的鲜血,我的日落……
　　　我爱你,深情的孩子,你是阿波罗臂弯中的珍宝。

　　　你唱歌,我的里拉琴也为之逊色,
　　　沿着微风震动的树枝,
　　　在战栗,你的嗓音在歌唱,当我触碰到
　　　你那戴着莨苕叶和薄草花冠的头发时。

　　　但是你走了!你逃离了我,去了赫拉克勒斯的门前;
　　　走吧!在古老灵魂留下的事物的
　　　清晰暮光中沁凉你的手。再回来,

　　　被人爱慕的海辛瑟斯!海辛瑟斯!海辛瑟斯!
　　　因为我依然想要,在叙利亚的树林中,
　　　看到你美好的身体,伸展在玫瑰和苦艾草上。

　　路易斯显然是自学着创作了他自己的《比利提斯之歌》(*Chasons de Bilitis*)。

如今,路易斯近距离地观察了王尔德和他的小圈子。一天早上,他拜访了王 394
尔德和道格拉斯分享的萨沃伊旅馆的房间,那里有一张双人床和两个枕头。*
他们正在谈话时,康斯坦斯·王尔德来了,因为她很少见到自己的丈夫,她带来
了他的邮件。她恳请他回家,他谎称自己离家已久,已经忘了门牌号码,康斯坦
斯一边落泪一边笑了。[13] 就是在这个场合,王尔德悄悄跟路易斯解释说,"我这
辈子结了三次婚,一次跟女人,两次跟男人!"[14] 估计这两个男人一个肯定是道
格拉斯,另一个要么是罗斯,要么是格雷。路易斯感到不安:王尔德没有替妻子
着想过。就王尔德而言,他对此是坦率的。他曾经跟梅尔巴太太提到,头一天晚
上,他给两个儿子讲故事,故事中的小男孩很调皮,把妈妈惹哭了,除非他们表现
乖一些,否则就会有可怕的事情降临到他们身上。"你知道其中一个怎么回答
吗? 他问我,那些顽皮的爸爸会得到什么惩罚呢? 他们直到天亮还不回家,妈妈
为此哭得伤心多了。"那种行为其实会受到严厉的惩罚。

路易斯回到了巴黎,他讨厌自己看到的事情。他告诉亨利·德雷尼耶,王尔
德如今成了一个自认不讳的鸡奸者,为了道格拉斯抛弃了自己的妻儿。雷尼耶
转而把这些细节告诉了埃德蒙·德·龚古尔,后者幸灾乐祸地把它们写进了 4
月 30 日的日记。不过,路易斯说这些并不是为了传播丑闻,而是出于一种真正
的不安。他决定敦促王尔德改变方式。1893 年 5 月底,这样的机会来了,当时,
王尔德在歌剧院大道的双世界旅馆住了几天。大约是在 23 日,路易斯拜访了
他,他规劝王尔德考虑一下跟道格拉斯的关系,还有他对妻儿的苛待。王尔德没
有申辩,但他也拒绝改变自己的行为。他说,路易斯没有权利评判他。既然如此,
路易斯回答,他除了断交就别无选择了。于是王尔德忧伤地看着他说,"再见,比埃 395
尔·路易斯。我曾经希望自己能拥有朋友;但从现在起我就只剩下爱人了。"

然而,他愤愤不平地把事情的经过告诉了莱昂·都德,并不支持他的都德及时

---

　　* 马克斯·比尔博姆在 1893 年写信给罗斯说,"可怜的奥斯卡! 几天前,我从马车上看到他和
波西走在一起,外加几个极左派人士。他看上去就像是这样一个人,他灵魂晕倒在罪恶中,然后在粗
俗中醒来。一个诗人上床睡觉,醒来时发现自己已经声名狼藉,这是多么可怕。"[12]

把这事转告了路易斯,1893 年 5 月 25 日,路易斯给王尔德写了一封言辞激烈的信件:"至于你,我前几天已经对你把话说完了,别无补充,可让我感到吃惊的是,你如此坚持己见,而且这种方式把事情公布于众,我没料想到你会滥用这件事。"[15]在王尔德的要求下,马塞尔·施沃布试图息事宁人,他说都德误传了王尔德的话。结果毫无用处。数日后,路易斯通知约翰·格雷:"告诉你,我已经跟王尔德断交,我不会在任何地方跟他见面。"格雷和路易斯这两个人一个是爱人,一个是朋友,一个是英国人,一个是法国人,王尔德跟他们的不和只是一种预先的体验,更糟糕的事情还在后面。在人生的最后几年里,他会怀着遗憾的心情回想起他为了道格拉斯失去朋友的事。不过,就眼下而言,他欣然面对危险,仿佛它是一位伽尼墨得①。

就像希腊悲剧中的人物,王尔德由于成功而变得过于自信。他的那些同伴们举止招摇,进一步增强了他沉溺其中的那种幼稚的自我炫耀。1893 年 8 月 16日,《无足轻重的女人》最后一次上演,三天后,比尔博姆给特纳写了一封信,记录了一个截然不同的舞台。王尔德跟道格拉斯、罗斯和比亚兹莱一起来到剧院。"这群人中的最后一个忘了把葡萄叶戴在头上,但其他三个都头戴茂密的叶冠——尤其是那个可怜的罗比[他的头发越来越稀疏]。我从未见过奥斯卡这副愚笨的样子:他说比尔太太'就像是朱诺',[亨利·]肯布尔颇具有奥林匹亚山神的气势,还在头顶上一圈圈挥舞着他的纸烟。当然,我宁愿看到一个放肆而不是冷静的奥斯卡,但是突然遇见他……我还是觉得很反感。"王尔德并不像自己佯装的那样狂妄无知,但这没有缓和他给人们带来的不快。

与此同时,道格拉斯最后一次试图赶上自己的学业。1893 年 3 月,他在牛津接受了一位年轻学者坎贝尔·道奇森的辅导。也许是意识到这场游戏已经到头了,他给王尔德发了一份长篇电报,然后就动身和辅导老师一起去了巴巴科姆悬崖。道奇森尽力继续辅导道格拉斯,还尽量隐瞒他的逃学,不过,他明白王尔德的意思,即巴巴科姆悬崖"把公立学校和疯人院的优点结合在了一起"。王尔

---

① 伽尼墨得(Ganymede),希腊神话中的美男子,被宙斯掠走,成为他的侍酒男童。

德制定了这所学校的规章：

巴巴科姆学校

正校长：奥斯卡·王尔德先生

副校长：坎贝尔·道奇森先生

男学生：艾尔弗雷德·道格拉斯勋爵

规章：　　　　　　　　　　　　　　　　　　　　　　396

上午九点半：校长们和男学生一起喝茶。

十点半：早餐。

十一点半到十二点半：工作。

十二点半：正校长和男学生一起喝雪利酒，吃饼干（副校长表示反对）。

十二点四十到一点半：工作。

一点半：午餐。

二点半到四点半：跟校长进行捉迷藏的必修课。

五点：正副校长的喝茶时间，男学生喝白兰地酒和苏打水（不超过七杯）。

六点到七点：工作。

七点半：晚餐，必须喝香槟酒。

八点半到十二点：埃卡泰牌戏，限于五几尼的得分。

十二点到一点半：床上读书的必修课。任何违反这一规定的男学生都将被立刻叫醒。

　　学期结束之际，为了表示尊敬，男学生将会给正校长一个银墨水台，副校长一个铅笔盒。

道格拉斯天性就没法长时间保持平静,数日之后,他突然发了脾气。王尔德无法忍受他发脾气时的辱骂,当道格拉斯次日早上在暴怒中离家前往布里斯托时,王尔德欣然接受了这段友谊或许就此告终的主张。道奇森也同样感到激动不安,他说,在莫德林学院,众所周知,道格拉斯有时对自己的言行负不了责任。不过,当道格拉斯抵达布里斯托的时候,他已经为自己的爆发感到懊恼了,他请求王尔德原谅他。王尔德让步了,道格拉斯又回来了,然后跟他一起回到伦敦。在路上,他要求王尔德在萨沃伊旅馆为他们两人订下房间,王尔德这么做了。(路易斯就是在这里看到了落泪的康斯坦斯。)道格拉斯从来不肯从侧门进入旅馆,而是坚持要从正门进来,于是每个人都会看到奥斯卡·王尔德和他的男孩走在一起。[16]"对我而言,那其实是一次致命的拜访。"王尔德最终会意识到。

重访牛津

"亨利勋爵,世人都说你是个极端邪恶的人,我一点都不感到奇怪。""不过,是哪个世界的人这么说的?"亨利挑起眉毛,问。"只可能是另一个世界。这个世界跟我的关系简直棒极了。"①

397　　1893 年 5 月,王尔德衣锦还乡,回到了牛津,他在那里跟道格拉斯相聚了很久。在划船周里,一份名叫《朝生暮死》的短期杂志突然发起了攻击,其编辑包括一个年轻的牛津橄榄球员,名叫艾尔弗雷德·汉密尔顿·格兰特(后来在印度成为一个重要的政府官员),还有一个同样擅长体育的朋友,即阿瑟·坎利

---

① 引自《道林·格雷的画像》。

夫。虽然跟道格拉斯(他展示了赛跑方面的某种出色技能)关系不错,他们还是在5月18日的第一期杂志中发表社论,抨击了他的《酒精灯》,他们还在一篇讽刺文章中以暗示的方式提到了王尔德,说"他的脸庞就是他的不幸"。还有一篇长文,谈论的是一部名叫《奥西恩野人》(*Ossian Savage*)的剧本。这篇文章以一种小报式的哗众取宠姿态开了头:"奥西恩野人,一个有着粗劣体格和更粗劣的思维习惯的人,正在皮卡迪利大街上以自己的方式享受着清凉的夏日清晨。"道格拉斯上钩了,他对关于王尔德的头脑和身体的措辞表示谴责;他们避开了他的抨击,又跟他恢复了朋友关系,并继续玩这个游戏,时间长到足以卖掉很多本杂志为止。划船周之后,道格拉斯建议说,格兰特应该见见他们攻击的对象,格兰特同意了。

　　道格拉斯的宿舍里举办了一次宴会。大多数客人都不是格兰特那种体育型的人,他们衣着讲究,带有女人气。王尔德显得亲切和蔼,没有提到《朝生暮死》:"我听说别人叫你格拉格(Gragger),"他说,"但这真糟糕。不应该继续这样叫。我们必须给你取一个新名字,一个漂亮的、配得上你的苏格兰名字。"格兰特不喜欢那些年轻人和王尔德在上菜间隙时传递金头纸烟的方式,进餐即将结束之际,他引人瞩目地掏出一根雪茄。道格拉斯倾过身子来提醒他,说这也许会冒犯王尔德,然而,王尔德只说了一句,"你简直太可怕了! 不过,我们应该把它叫作栗色的纸烟——你抽吧。"格兰特觉得这一切都太喧闹了,他开始懊恼自己参加这样的聚会,正在这时,有人说,"奥斯卡,一定要给我们讲个故事。""亲爱的孩子,我该给你讲个什么故事呢?"大家齐声高呼:"早期教会。"王尔德猛击数掌,开始讲述这个关于基督教之忠贞的故事,格兰特尽可能地记住了它:

398

　　当基督教还在罗马都市里努力开拓早期的道路时,一些无所事事的富人开始对这种奇怪的新教义产生了兴趣,包括那些古怪的自我抑制,还有,它颠倒了一切正常的人性冲动。有些人懂得这种教义的真正美妙之处,在这些人当中,有一个出身名门望族的年轻女孩,名字叫利季娅。

她每天都去贫民区,那个热忱的小群体就居住在那里,也在那里聚会,她日益感受到这种信仰的吸引力,最后,她接受了基督的洗礼,加入了他们的行列。不过,一直以来,她身边都有一个崇拜者,他当然也是个贵族,名叫梅特卢斯,他深爱着她。她一天天地把自己的精神倾向和跟基督徒的交往告诉他,梅特卢斯每一天都试图劝止她,在他看来,那简直是社会和宗教的灾难。他请求她不要再疯狂地追求那些东西,还是嫁给他吧——可是她拒绝了,说除非他皈依基督教,否则她永远不会嫁给他。

在强烈爱情的激励下,梅特卢斯答应跟他一起去参加基督教的聚会,倾听他们的交流。说实话,他们的话简直一点都没有感动他,在他看来,整件事是非常愚蠢和没必要的。不过,爱情的火焰在熊熊燃烧,他知道自己别无办法赢得利季娅,于是就佯装全心全意改变了信仰,他也成了一个基督徒。有那么一小会儿,他们过上了幸福的生活,非常幸福;但是不久之后,那位无情的皇帝注意到了这些基督徒的活动。他们遭到了虚假和残酷的指控,迫害开始了。很多人被抓住,丢进了监狱,其中就包括利季娅和梅特卢斯,由于他们属于贵族阶级,他们的罪行甚至更严重。于是,在单身牢房里过着孤独生活的利季娅开始后悔她做过的事情。

"也许,归根结底,"她自言自语道,"关于基督的整个故事都是虚假的,他的教义是错误的。古老的神祇让人觉得轻松和舒心。为什么?哦,为什么?我会那么愚蠢?"

梅特卢斯在**自己的**狱室里想:"哦,恐怕这件事不会有什么好结果。我从一开始就知道这全是胡说八道,毫无实际用途,只会带来麻烦。"

那一天到了,他们各自接到通知,除非他们公开以轻侮的态度宣布放弃基督教信仰,否则的话,当着罗马人民的面,他们就会被投入圆形大竞技场去喂野兽。他们的心中充满了恐惧和痛苦——但是利季娅自言自语道:"我干了些什么?我把自己和我最亲爱的梅特卢斯带进了这样的困境。如果我现在放弃基督的话,他却如此热忱地信仰他,他将会满怀对我的鄙夷死去。那是我无法承受的。"

梅特卢斯自言自语道:"这是一件多么惨痛的事情!我一点都不在乎基督或他的那种教义,也从来没有在乎过。然而如果我现在放弃他的话,利季娅,她的信仰却坚如磐石,她以为我也跟她一样信仰坚定,她将认为我是一个普通的懦夫,满怀对我的鄙夷死去。那是我无法承受的。"

于是,指定的日子到了,利季娅和梅特卢斯就被依次丢给了竞技场中的野兽——就这样,他们都为自己并不相信的信仰死掉了。

为了向王尔德致敬,他那个小圈子里的人举行了一些几乎延续到夜间的晚宴。跟他当初在牛津时一样,只不过更盛大。某个周日晚上,他们在圣伊莱斯街的一幢房子里举行了一次晚宴,那幢房子的二楼有一个阳台。天气闷热,晚餐后,包括王尔德在内的几个客人在阳台上坐下。一些路过的镇民发现了王尔德,其中一个叫嚷着,"哎呀,那是霍斯卡——给我们发表演讲吧,豪斯卡、豪斯卡、霍斯卡、霍斯卡。"王尔德惊慌失措地退回室内。可是再次参加宴会的格兰特却觉得不能就这样了结,他喊来另一个体育型客人:"我们必须对他们发出警告,然后组成军队,进攻并驱散这个非法的集会。"人们不敢跟他们对抗,纷纷散去。王尔德伸开双臂欢迎这些保卫了他的人:"好啊!你们简直太棒了。你们是巨人,有思想的巨人!"格兰特提议说,作为奖励,王尔德应该再讲一个关于早期教会的故事。扭怩了一会儿,他开始讲故事了:

不久前,我在一幢乡村别墅的藏书室中浏览书籍。我恰好挑选了一本用牛皮装订的发霉的欧洲古代史,随手打开它,我的目光落在一个句子上:"在那一年,教皇约翰二十二世丢脸地死了。"这句话激起了我的兴趣。这种丢脸的死法是怎么一回事?我试图在藏书室中找到照明的灯,但徒劳而返。于是我决定以唯一肯定能发现真相的方式去发现真相——就是根据自己的内在意识去推断。在宁静的夜晚,我突然领悟到了赤裸裸的真相。事情是这样的。

年老的教皇长期以来一直近乎行尸走肉,他现在终于死了。在漫长的生病期间,人们忙着施展阴谋诡计,枢机主教团因严重的内讧而四分五裂。在数日的激烈争执之后,主教团最后决定作出妥协,他们将任命一个完全无足轻重的人担任教皇,而这个人将保持中立的态度。他们想到了一个年轻的牧师,他住在数英里之外位于坎帕尼亚的一个小教堂里……这个年轻人被召唤到了梵蒂冈,随之而来的是一系列奇怪的仪式,那之后,他正式当选教皇,头衔是约翰二十二世。

当时,教皇并不生活在梵蒂冈的高墙之后,过着与世隔绝的生活,他自由自在地生活在罗马社会中,跟其他人混合在一起……教皇约翰每天都见到首都里最漂亮的女性,难怪不久之后,他就陷入了情网。他爱上的女士是一个年轻的妻子,她属于出身望族的一位上了年纪的贵族。起初,他们的爱情是那种会湮灭的爱——即灵魂对灵魂之爱;接着,他们的爱就变成了不朽的爱——即肉体对肉体之爱。不过,在罗马这座城市里,他们的机会是极为有限的。

于是,他们决定在远离城市的某个隐蔽地点会面。这位女士的丈夫拥有一个长着美丽果园的小别墅,它就坐落在数英里之外的坎帕尼亚……他们约定好了日子和时间。到了约定的日子,一大早,教皇约翰就穿上了罗马贵族的节日艳服——跨上马匹,怀着一颗兴高采烈的心驰向坎帕尼亚。他骑行了数英里之后,突然从远处看到了那座小教堂,就在不久前,他还是那里的一个卑下的、不为人知的牧师。

被一种难以抗拒的感觉牵引……他靠近了小教堂,拴好自己的马匹;然后,他想到了一个怪念头,他想穿上牧师的法衣,跟过去经常做的事情一样,在告解室里坐下。教堂的大门敞开着,空无一人,于是他穿上了法衣,在**格子窗**边坐下。突然,门开了,一个人匆忙走进来,脸庞半遮半掩,显然心情很慌乱。

"神父，"他断断续续地说，"我想问你一个问题。有没有什么大罪，乃至连基督自己都不能赦免我？"

"没有，孩子，不存在这样的罪。但是你犯下了怎样的重罪，乃至会问我这样的问题？"

"我还没有犯罪，"这个人说，"不过我即将犯下如此极端的罪行，我觉得甚至连基督本人都不能赦免我。我即将谋杀天主教的教宗，教皇约翰二十二世。"

"即便是这样的罪行，基督也会赦免你。"教皇约翰说。

这个人站起来，匆忙离开了教堂，教皇约翰脱下牧师的法衣，骑上马，继续前往爱人在等待他的那个果园。树林之间有一片空地，在阳光照耀的绿色草坪上，他的女士正站在那儿。她轻叫了一声，向他跑来，扑进他的怀里。当他们站在那里，进行第一次长时间的拥抱时，突然有一个人从树林的微光中跳出，高举一把匕首，戳进教皇约翰的后背。他呻吟着倒在地上——即将咽气。接着，竭尽最后的力量，他举起手，看着那位袭击者，说出了告解时的最后一句话：

"我给予你所求的赦免。"于是，教皇约翰二十二世就这样丢脸地死了。[17]

运气不济的抱负和运气不济的爱情，这表明王尔德对自己已实现的抱负和已满足的爱情是心存不安的。一个怀疑论者的教皇和圣徒史就这样逐渐成形了。

1893 年 6 月是古典文学大考的时间；道格拉斯没有出现在考场。莫德林学院对此表示不满。道格拉斯急匆匆地把自己的名字从学院手册上删掉，还义愤填膺地写信给校长说，有一天，这会是莫德林学院的最大耻辱。王尔德向他表示祝贺，说他追随了斯温伯恩的先例，决心当一个永不毕业的本科生。

1893 年的春天和夏天，他们尽情享乐。道格拉斯喜欢上了戈林-泰晤士河边的一幢房子，王尔德把它称作"最不益健康的可爱地方"。他劝王尔德租下它，再雇佣一个他在大学时请过的校工,让他在那里工作,这个校工名叫格兰杰。王尔德的家人也来拜访过,尤其是西里尔。其他的客人还会顺便来访,其中之一是年轻诗人西奥多·弗罗茨瓦夫,他曾经对格雷的《银尖笔》给予很劣等的评价;虽然他跟王尔德几乎素不相识,在王尔德的邀请下,8月底,他来拜访王尔德了。他已经把自己的夏季服装都收拾了起来,所以当时身穿一件燕尾服,头戴一顶新草帽,王尔德显然对此很恼火,他自己穿着一身白色的服饰。喝了茶之后,他们去林中一起散步。在某个地点,小径前方出现一小片空地,然后它转过一个死角,朝右边继续延伸下去。王尔德突然停下了脚步。"在那儿!"他大声说,"我希望在生命中就看到那么远。让我满足于我能看到的东西。我不想知道过了几步远的那个拐角之后,还会有什么。"显然,他心里感到不安,而不是感到一种唯美的满足。

他们单独进餐。弗罗茨瓦夫颇有勇气,他向王尔德指出,他的对话太精致了,皮尼罗和琼斯的对话更适合舞台。作为回答,王尔德把这两位对手的几个剧本放在弗罗茨瓦夫的手中,说,"读读它们。"弗罗茨瓦夫吃惊地发现,他们的对话非常平庸,第二天早上,他把这事告诉了王尔德。王尔德没有多说什么,只说他知道他会这么回答。吃早餐的时候,西里尔·王尔德来了,他是一个漂亮的孩子,长着金色的卷发。那之后,王尔德带他们去河上划船。他穿着淡蓝色的衬衫,系着淡粉色的丝绸领带,次日,他会把这些颜色颠倒过来。他使用的是一种散发着白丁香气息的香水。在船上,弗罗茨瓦夫轻率地以蔑视口吻谈到了爱尔兰的自治问题,小西里尔愤怒地问,"你不是一个支持地方自治的人?"王尔德转移了争论的话题,他说,"我自己的意见是爱尔兰应该统治英格兰。"另一个话题是最新出版的理查德·勒加林的诗集,尤其是一首题为《颓废诗人对他的灵魂说》(The Decadent Poet to his Soul)的诗。王尔德纳闷勒加林到底脑子里想到的是谁,弗罗茨瓦夫说这个人肯定是王尔德自己,他吃了一惊,然后恢复了常态,说,"哦,在我看来,事情似乎总是这样,美好天性的最美好特征就是背叛。"对于一种敏感的天性来说,他解释道,感恩的负担一定是令人无法承受的,所以,他会觉得有必要背叛自己的恩人,这体现了债务人性格中的美好一面。[18]

弗罗茨瓦夫离去之后,另一位客人来了,王尔德称他为哈里(可能就是哈里·马里利尔)。在这些好客的表示之间,6月初,王尔德在戈林的住宅里撰写了新剧本《理想丈夫》的第一幕。《无足轻重的女人》的第一幕中只有交谈,没有动作,但是《理想丈夫》推进情节的速度要快得多。接着,道格拉斯跟几个牛津朋友一起来了。朋友们刚离去,道格拉斯就大发脾气,指责王尔德。那是一个晴朗的早晨,王尔德将会记住,两个人站在平坦的槌球场上,周围都是草坪。道格拉斯停止指责之后,王尔德尽可能平静地对他说,他们必须分开。"我们在毁掉彼此的生活,你绝对是在摧毁我的生活,显然我也没有真的给你带来快乐。一种不可挽回的分手,一种彻底的分离才是明智的理性选择。"道格拉斯留下来吃了午餐,然后走了,在男管家那里丢下一封挖苦的信件,他们相处的过程中,这种信件已一再出现。事情又一次发生了彻底的反转;三天后,道格拉斯从伦敦发电报来,哀求王尔德让他回来。王尔德永远不能抵御别人的忏悔。[19]

危机和逃离

> 永远!那是一个可怕的词语。听到它就会让我发抖。女人这么喜欢使用它。她们试图让每一段情事都永远延续下去,结果反而毁掉了它。它也是一个毫无意义的词。心血来潮和毕生的激情之间只有一个区别,就是心血来潮要持续得更久一点。①

在这个争执不休的年份里,最糟糕的争执尚未到来。王尔德的夏天在很大程度上已经被浪费了,虽然他至少还有计划。而道格拉斯似乎是什么都没有。

---

① 引自《道林·格雷的画像》。

402

牛津已对他关闭了大门。也许是为了让他有点事做，又或许是因为他喜欢1893年5月道格拉斯发表在《酒精灯》上的关于《莎乐美》的评论，王尔德提议让道格拉斯把这部戏从法文翻译成英文。因为道格拉斯没有出版过自己的任何书籍，他很愿意有机会跟王尔德一起出现在书名扉页上。

这次委任是一个错误。王尔德没有考虑到自己这位爱人的拙劣法文水平。8月底，道格拉斯自豪地把译作拿给他看，王尔德发现这个译作根本没法接受。譬如，"On ne doit regarder que dans les miroirs"被翻译成了"不能朝镜子里看"，而不是"应该只从镜子里看"。由于自己的无知被人揭破，道格拉斯变得暴跳如雷，他立刻反驳说，如果有错的话，那也是原作而不是译作的错。接着他又跟往常一样，给王尔德写了言辞激烈的信件。他开始摆出一副作者的派头，王尔德起初还夸过他，现在却在指责他，这是不能容忍的。道格拉斯在一封信中说，王尔德对他"没有任何智性上的恩惠"；王尔德并没有自诩对他有这一类的恩惠，可这些恩惠一直是明摆着的，对于道格拉斯来说，虽然他理解不了王尔德的戏剧，他还是以王尔德为范例规划了自己的文学生涯，他摆出王尔德的姿态，接受了他的观点，学会了他的饶舌。王尔德觉得这封信是一个机会，可以藉此结束"我们之间萌发的灾难性友谊"，可以就此"不太痛苦地"结束这种关系。他似乎打算把道格拉斯的手稿还给他，向他保证他并不欠王尔德的情。

可是，一旦真有可能失去王尔德，道格拉斯就畏缩了。他请人居中调停，那个人几乎可以肯定就是罗比·罗斯，罗斯向王尔德指出，把手稿还给道格拉斯，就像交还学童的练习作业，这将会给道格拉斯的人生留下伤害。道格拉斯不太懂法文，王尔德本来就不该对他有过高期望。他还向王尔德担保，不管道格拉斯说了什么或做了什么，他对自己的爱人是忠心耿耿的。道格拉斯的文学事业才刚刚起步，王尔德不想成为阻止或打击这种事业的人，很久以后，他是这么说的，他觉得由于自己曾鼓励道格拉斯从事写作，他就更没有权利这么做了。"于是，我又接受了那本译作，还有你。"[20]

他显然是在迪纳尔（Dinard）作出这个决定的，8月底，在跟道格拉斯相处了十二个星期之后，为了恢复精神，他去了那里。"跟你相处的压力实在太大了，我需要休息和自由。"他在《来自深渊》中写道。9 月 9 日，他给道格拉斯寄了一封安抚的信件，他在信里故作潇洒地提到，道格拉斯很快就会收到校样。不过，他并没有放弃自己的批评，坚持要作很多修订。道格拉斯重申了自己的主张，拒绝做出修改。9 月 30 日，他写信给出版商约翰·莱恩说：

亲爱的莱恩：

奥斯卡和我觉得，我们没法就《莎乐美》中的某几个段落、措辞和词语的翻译达成共识，因此，由于我不能允许自己的作品被篡改和编辑，从而变成一台只会做翻译粗活的机器，我决定彻底放弃整件事。

所以，你和奥斯卡两人可以决定谁来做这个翻译。我个人的意见是，除非让奥斯卡本人来翻译，否则他是不会满意的。

艾尔弗雷德·道格拉斯谨启

事情并没有就此结束。在 10 月份或 11 月份，比亚兹莱阅读了这个译本，觉得它不成；他提出自己来翻译一部。王尔德也不喜欢这个译本，这对道格拉斯倒是件幸运事。接下来在莱恩、王尔德、道格拉斯和比亚兹莱之间发生了尖酸刻薄的四人混战。莱恩说道格拉斯表现出了对王尔德的不敬，但是当道格拉斯指责他挑起了两人之间的麻烦时，莱恩就让步了。比亚兹莱宣布，把道格拉斯的名字加在扉页上是不诚实的，因为王尔德对这个译本作了那么多修改。于是，王尔德提出以所罗门的智慧解决这个问题：他向道格拉斯提议说，扉页上应该只印王尔德自己的名字，不过，他会为道格拉斯写一个献词，在献词里会提到他是译者。比亚兹莱退出了这场争论，11 月，他写信给罗斯说：

想必你已经听说了关于《莎乐美》之争的一切事情。我可以告诉你，我也卷入了这场激烈的争执，跟莱恩、王尔德和朋友们吵了起来。

404

在一周内,我收到的电报和信使敲门的次数简直让人觉得丢脸。我确实不知道事情现在发展到了什么情形。不管怎样,波西的名字不会出现在扉页上。这本书很快就要在圣诞节后出版了。我撤回了三幅插图,又画了三幅去填补空缺(纯粹就是美妙的图片,跟故事几乎没什么关联)。[21]

道格拉斯给莱恩写了一封信,解释说新的安排比旧方案更体面些:

> 与此同时,我想向你保证,即便没有人劝告我说,与其把自己的名字印在扉页上,还不如收到一则献词,其艺术和文学价值比署名要高无数倍,我也不会因为任何事就阻止你们出版没有我署名的《莎乐美》(王尔德先生已经让我全权决定这件事了)。直到几天前,我才充分意识到作者把《莎乐美》献给我和在扉页署名之间的区别,前者是来自一位艺术家的赞誉之词,后者是来自一位商人的收据。[22]

他吵起架来很起劲,但在别的方面就不一样了。他有用不完的斗争精力,不过,当这种精力发泄了之后,他就跟在乱译《莎乐美》之前一样无所事事了。他的父亲为他没有拿到学位而愤怒不已,由于没有别人去怪罪,他就怪罪到王尔德身上。昆斯伯里还遇上了其他麻烦。他的长子德拉姆兰里格是罗斯伯里勋爵的私人秘书,罗斯伯里当时是格拉德斯通手下的外交大臣,次年就担任了首相(1894 年)。昆斯伯里开始意识到同性恋是一种普遍现象,他怀疑罗斯伯里对德拉姆兰里格也有这种影响。他很容易就变得暴跳如雷,听说罗斯伯里在巴特洪堡,1893 年 8 月,昆斯伯里就提着条狗鞭尾随他去了那里。威尔士亲王进行了干涉,警察请侯爵离开。次月,9 月 11 日,昆斯伯里的二儿子珀西跟一个康沃尔郡牧师的女儿结婚了,无神论者昆斯伯里对这个联姻表示反对,他觉得这家人太卑下,又太虔诚。对于《马特洪峰之魂》的作者来说,他的后代竟然是这种结合的产物,几乎不可能还有比这更前途黯淡的了。他个人的生活也是令人烦心的。1893 年 11 月 1 日,昆斯伯里再婚了。他的妻子是个名叫埃塞尔·威登的年轻女性,来自一个可敬的伊斯特本家族(Eastbourne family),这一家没有派人来参加婚礼。她随即离开了他,开始提出婚姻无效的起诉,理由除了"性冷淡和性无能"之外,还有"生殖器官的畸形"。七年前,昆斯伯里曾经被依法判决通奸,他还生过四个孩子,如今却被人称作阳痿,对这个五十岁的精力旺盛的人来说,这真是沉重的一击。他对诉讼提出了质疑,宣称他们已经圆房了,他还聘请乔治·刘易斯担任他的辩护律师。

昆斯伯里不断要求道格拉斯跟王尔德断绝来往。1893 年 11 月 8 日,王尔德给昆斯伯里夫人写了一封长信,谈论了道格拉斯的精神困扰,它表明写信人自己也有些惊恐不安。

泰特街 16 号

亲爱的昆斯伯里夫人,你不止一次向我咨询过波西的事情。现在让我写一封信来谈谈他的事。

在我看来,波西的健康情形似乎很不好。他失眠、焦虑,相当歇斯底里。我觉得,他似乎变了很多。

他在伦敦什么都不做。去年 8 月,他翻译了我的法文剧本。那之后,他简直就没有做过任何脑力劳动。我觉得他甚至对文学也不感兴趣了,当然我相信这只是暂时的,他根本什么都不干,似乎他的人生已彻底迷失了方向,除非你或德拉姆兰里格做点什么,否则的话,他很可能面临某种悲剧。我觉得他的人生既没有目标的也不快乐,而且很荒谬。

对我来说,所发生的这一切真是令人十分痛苦和失望,不过,他非常年轻,性格简直太不成熟了。为什么不想办法安排他出国四五个月?如果可能的话,就去开罗的克罗默家吧,他在那里会有新的环境,适宜的朋友,还有一种不同的氛围。我觉得如果他待在伦敦的话,他不会有什么好结果,也许会不可挽回地毁掉自己的年轻生命,相当不可挽回。当然,这肯定要花钱,但这是你的一个儿子的人生——这人生应该是灿烂的、杰出的、迷人的——它正在步入歧途,被摧毁。

我愿意把自己当成他最好的朋友——至少,他是这么让我觉得的——所以,我颇为直率地写信给你,请你送他出国去,让他待在更好的环境里。我肯定这种举措会挽救他。目前,由于这种愚蠢的漫无目标,他的生活似乎是不幸且可悲的。

406　　　　我知道,您不会向他透露**关于这封信的任何事情**。我肯定,您是可靠的。

奥斯卡·王尔德谨启

虽然他要求昆斯伯里夫人代他保密,但王尔德的《来自深渊》表明,道格拉斯去开罗拜访克罗默勋爵的主意是他们一起想到的。道格拉斯为出国的事已经考虑了很久。他卷进了一件丑闻。比尔博姆写给特纳的一封信对此进行了令人迷惑的描述:

罗比·罗斯已经回到本国有几天了,发生了关于他的非常重大而且也是隐秘的丑闻,即便没有被逮捕,也好不到哪儿去。他正在逐渐恢复,但是为了避免重犯这种社会性过错,在这个恢复期内,他不得不待在达沃斯。我不该透露任何信息(你也不该),不过,我可以告诉你,事情涉及一个长着漂亮眼睛的学童、波西、博比、一位愤怒的父亲、乔治·刘易斯、一位校长(他正在敲诈博比)、圣约翰·旺特纳[一位警方律师]、加来、多佛、奥斯卡·勃朗宁、奥斯卡、多佛、加来,还回来的烟盒,所有这些是一团糟的事情的一部分……男宠,学童海伦,"那些角状的船只为了他而启航,那些身披漂亮盔甲的人为了他被击倒",就是我告诉过你的那个男孩,他曾经被波西从博比那里偷来,藏在阿尔伯马尔旅馆里;我记得很清楚,一天晚上,我跟博比路过该地,他忧伤地抬头看着那些亮灯的窗户,对我感慨说,他不知道哪一片红色窗帘后躺着他灵魂渴望的人。[23]

我们只能借助奥斯卡·勃朗宁写给弗兰克·哈里斯的一封信,才能搞明白这一堆兴冲冲的胡言乱语说的是什么。勃朗宁的连襟是比斯克尔·黑尔·沃瑟姆牧师,他在布鲁日经营着一所名叫圣劳伦斯的男校。罗伯特·罗斯在假日拜访过沃瑟姆一家。一个名叫菲利普·丹尼的男孩也在那里,他是一位陆军上校的儿子。罗斯从这个男孩十四岁时就认识他了,他邀请男孩到伦敦来拜访自己。

丹尼跟罗斯在一起的时候,罗斯在一封写给道格拉斯的信里漫不经心地提到了这件事,道格拉斯当时跟王尔德住在戈林。道格拉斯的反应是匆忙赶到伦敦,把男孩带回了戈林。"周六,"勃朗宁说,"这个男孩跟道格拉斯睡了觉,周日,他跟王尔德睡了觉。周一,他回到伦敦,拿道格拉斯的钱跟一个女人睡了觉。周二,他回到布鲁日,迟到了三天。他的老师追问出了这些事情,把它们就照我说的这样告诉了我。"丹尼上校是皇家近卫队中的一个军官,他听到了风声,咨询了警方律师。罗斯和道格拉斯不得不在 1893 年 10 月 15 日赶到布鲁日,跟沃瑟姆见面。罗斯返还了丹尼的信件。大家没有提到王尔德的名字。"这简直是纯属虚构。"罗斯说。根据勃朗宁的说法,丹尼上校"想要起诉这些罪犯,可律师说,'他们肯定会坐两年牢,但你的儿子也要判上六个月。'"于是,跟后来的昆斯伯里不一样,这位父亲决定息事宁人。罗斯的亲戚听到了这件事,称他是——就像他后来在公开法庭上承认的那样——"家族的耻辱,一个被社会放逐的人,一个不适合任何社会的儿子和兄弟。"大家决定,他应该离开这个国家,他去达沃斯的部分原因是健康,但主要是"为了避免重犯这种社会性过错"。[24]* 次年年

---

* 在达沃斯,他在英国文学社(English Literary Society)就"艺术和文学中的说教"(The Didactic in Art and Literature)发表了一篇演讲,他在演讲中说,"我觉得,无论是柏拉图的道德观,还是其他任何希腊作家的道德观,都经受不起英国式的严峻考验。"[25]

初的那几天,他冒险回到了伦敦,可生活再也不会像过去那样自由和轻松了;王尔德不会接受这种警告的。

昆斯伯里夫人对此一无所知。她决定听从王尔德的建议,把儿子送到开罗去,她跟克罗默一家商量好了这件事。道格拉斯为启程做好了准备。他自己也感到不安,虽然受到主要冲击的是罗斯。王尔德开始期待他的离去,道格拉斯也许察觉到了这一点,因为他又开始大发雷霆,王尔德逃到巴黎去了,留下一个假地址。电报和信件尾随而来,但是这一次王尔德对它们置之不理。道格拉斯还有一张王牌可耍:他威胁说,除非王尔德同意重修旧好,否则他就绝对不去埃及。王尔德知道昆斯伯里夫人非常寄希望于环境的变化,他觉得,既然是他提出了这个建议,他就不能允许道格拉斯放弃它。他妥协了。道格拉斯去了开罗,再次对王尔德的爱情充满信心,虽然这种爱的新生绝不是毫无保留的。[26]

王尔德的时间并没有都花在这些令人焦虑的事情上。1893 年末,歌剧演唱家埃玛·卡尔韦提到,王尔德在一次大型宴会上走近女主人,说他带来了一位曾经坐过牢的法国诗人,请她允许他把这个人带进来。她同意了。结果这个人就是保罗·魏尔伦,他跟往常一样不修边幅,但这一次却没有惹起王尔德的反感。在王尔德的敦促下,魏尔伦朗诵了一首描述自己的因牢体验的诗歌;他的词语穿透了伪善和遁词,触动了那些可敬客人的心灵。王尔德,这个即将成为另一个社会牺牲品的人,引以为荣地跟其他人一起鼓起了掌。[27]

注释

[1] *Letters*, 281; the second inscribed copy of *Dorian Gray* is in the Taylor Collection, Princeton.

[2] Ives journal (Texas).

[3] Beerbohm, *Letters to Turner*, 38-9, 90-1.

[4] *Daily Telegraph*, 18 Apr 1913.

[5] *The Bat*, 15 and 22 Dec 1885.

[6] Hyde, ed., *Trials of O. W.*, 298.

[7] *Letters*, 311-2.

[8] André Gide, *Si le grain ne meurt* in *Journal 1939–1949: Souvenirs* (Paris:

Pléiade edn., 1966), 583.

[9] Raffalovich in *Blackfriars* (1927).

[10] Leverson, 19-20.

[11] *Letters*, 334-5; H. P. Clive, *Pierre Louÿs, 1870–1925* (Oxford, 1978), 91.

[12] Beerbohm, letter to R. Ross, n. d. (Hyde).

[13] G. P. Jacomb-Hood, *With Brush and Pencil* (1924), 116.

[14] Edmond and Jules de Goncourt, *Journal*, 4 vols. (Paris, 1956), IV: 395.

[15] P. Louÿs, letter to Wilde, 25 May 1893 (Bibl. Doucet, courtesy of H. P. Clive).

[16] Gide, *O. W.*, 30-3.

[17] A. Hamilton Grant, '"The Ephemeral": Some Memories of Oxford in the Nineties,' *Cornhill Magazine* LXXI (Dec 1931): 641-53. 我稍微缩短了格兰特对王尔德故事的描述。

[18] Theodore Wratislaw, memoir of Wilde (Clark).

[19] See *Letters*, 431.

[20] Ibid., 432-3.

[21] Aubrey Beardsley, *Letters*, ed. Henry Maas, J. L. Duncan and W. G. Good (1970), 58.

[22] Douglas, letter to John Lane [Nov 1884] (Rosenbach).

[23] Beerbohm, *Letters to Turner*, 84.

[24] Oscar Browning, letter to Frank Harris, 3 Nov 1919 (Texas); Ross testimony during Crosland trial, *Daily News and Leader* (London), 2 July 1914; Beerbohm, *Letters to Turner*, 84.

[25] Davos *Courier*, 13 Jan 1894.

[26] *Letters*, 434-5.

[27] Emma Calvé, *My Life* (1922), 97-8.

第十六章　逆风航行

希律王：我听到空中有一种类似翅膀的拍打声，像是巨大的翅膀在拍打。你没有听到吗？①

"坍塌的塔……"

408　　1894 年夏天，王尔德在写给道格拉斯的一封信中描述了他跟垂老的王尔德夫人坐在一起的情形。"当我经历人生时，死亡和爱似乎总伴随我的两旁；我只想着它们，它们的翅膀遮蔽着我。"王尔德夫人如今已经七十四岁了，两个儿子的关系决裂让她感到很痛苦。这一年的 1 月份，威利再次结婚，新娘是一个名叫莉莉·利斯的讨人喜欢的女性。奥斯卡没有到场，这是件引人瞩目的事情。3 月 29 日，王尔德夫人写信给他："你和威利成了敌人，我真心感到遗憾。这一直要延续到我的死亡吗？对我来说，这种前景可不美妙，我的两个儿子互相敌视，到了我临终的时候都不能相见。为了让我开心，我觉得你也许会为我写一句话——'我忘了仇恨。让我们做朋友吧。署名王尔德。'一句话！你愿意为了我

---

①　引自《莎乐美》。

这么做吗？你们不必显得多么亲密，但至少要符合**社交礼节**。"[1]她的恳求是徒劳的，唯一结果就是王尔德对自己进行了反思，他不止一次地意识到，虽然他佯装出一副无忧无虑的样子，但其实在这种假象之下，还有一幅严肃的景象。

这些沉重的想法或许促使他在 4 月份出版了自己的旧剧本《阿维尼翁的红衣主教》，他指望美国悲剧演员理查德·曼斯菲尔德也许会出演这部戏剧。其草稿撰写于 1882 年，那属于他在美国一举成名的兴奋期，王尔德曾计划写进一个"死神的化装舞会"。这情节读起来似乎具有詹姆士一世的风格。红衣主教即将当选教皇，他对自己的被保护人怀有一种激情，只有他知道，她是他女儿。但是她跟一个年轻人相亲相爱，也只有红衣主教明白，他是她哥哥。出于嫉妒而不是道德感，红衣主教向哥哥透露了他跟那个女孩的真正关系（虽然他没提到自己跟他的关系），他让年轻人告诉那个女孩，他不再爱她了。红衣主教当选教皇之后，他改变了想法，告诉年轻人他将批准这个婚姻。然而，人们用棺架把女孩抬了进来，她已经自杀了。年轻人想要犯下谋杀教皇的罪行，即便教皇告诉他"我是你父亲"，他也无动于衷。但是当教皇说，"我也爱她"时，他儿子冲开宫殿的大门，对士兵说，"教皇陛下今晚去罗马。"他自己扑在棺架上，跟妹妹一样自杀了。王尔德的这个情节模仿了另一部新式詹姆士一世剧本，即雪莱的《钦契一家》(The Cenci) *，但不同之处就在于后者对乱伦的题材没有兴趣。这部悲剧讲述的是受挫的爱，爱人和敌对者的家庭关系似乎并不要紧。曼斯菲尔德是有兴趣的，但后来事情并没有什么结果。

在这几个月里，王尔德的生活中交织着死神的假面舞会。他的公开生活是顺利且自信的。他会跟阿斯奎斯一家共餐，W. S. 布伦特描述了 1894 年 7 月 17 日的一幕场景，当时，王尔德让所有的人都相形见绌，他执拗地依次跟每一个人展开辩论，尤其取笑了阿斯奎斯，作为内政大臣，阿斯奎斯很快就会对他提起诉讼。也许就是在这个场合，阿斯奎斯批评了一种王尔德风格，"采用斜体字的人

409

---

　　* 1893 年，当他在牛津向格兰特和其他人讲述关于教皇约翰二十二世的"早期教会"故事时，他心里也许就想到了这个情节。

就像一个在谈话中提高音阶,为了让人听见而大声说话的人"。王尔德的反驳是:"阿斯奎斯先生,你注意到了这一点,真是令人愉快!出色的措辞,就像好酒,并不需要宣传。不过,演讲家在讲到精彩处的时候,会突然停顿下来,要么就是降低或提高声音,或通过姿势来强调这一点,所以作家也会用斜体字来强调他的警句,可以说,就像宝石匠点缀上小宝石——这是一种可以原谅的对自己的艺术的热爱,并不仅仅是出于虚荣,我是这样想的——"[2] 从另一方面来说,王尔德和道格拉斯参与的这种丑闻在伦敦(一个具有小镇气质的大都会)是如此常见,昆斯伯里侯爵不需要私人侦探也会了解到这些事情。

众所周知,1885 年的刑法修正案*第一次禁止了合意男性之间的不正当关系,从而迎来了敲诈者盛行的时代,王尔德的麻烦也变得更多了。道格拉斯是个对收到的信件不放在心上的人,他自己在写信时也不顾后果,王尔德不可能不为此烦心。不过,他遭受的最严重烦扰不是来自贪婪的男孩或一位义愤填膺的父亲,而是艾尔弗雷德·道格拉斯。道格拉斯喜欢冒险,还喜欢他的朋友也陪他过这种生活。他刺激王尔德大笔花钱,其开销简直让王尔德迄今为止都料想不到,在某种程度上,他是想让朋友身陷债务交织的情绪,或情绪交织的债务。如果说,他想要证明自己拥有王尔德,而且没有什么证明足以满足他,他就靠丰盛的饮食和礼物来证明这一点。

在这样的压力下,王尔德还是以最好的状态努力工作,这足以证明他是一个严肃的艺术家。他的艺术成了他的镇痛剂,他藉此来抵御敌人的恶意和道格拉斯要他承担的肆意开销。王尔德在写给昔日朋友亨利的一封吊唁信中解释过这一点,在信中,他强调说,对于生活所给予的爱和死亡的集合,工作是唯一的慰藉。"那是为我们这种性情的人保留的,"他宣称,"工作对我而言从不是一种现

---

　　* 该修正案的内容如下:"任何男性在公开或私下场合跟另一个男性发生,或参与发生有伤风化的行为,通过任何男性唆使或试图唆使发生有伤风化的行为,都属于轻罪范畴,由此被定罪的人应根据法庭的裁定被判不超过两年的监禁,附带或不附带苦役。"有人向维多利亚女王指出,这条法规没提到女性,据说她回答,"没有女人会干这种事。"

实,而是一种摆脱现实的办法。"[3] 从 1893 年 12 月到他向昆斯伯里提起诉讼之间还有十五个月的时间,虽然他身边有很多预兆都显示灾难即将来临,可这仍然是多产的十五个月,就跟九十年代初他的才华刚找到表达形式时一样。

道格拉斯不在身边的日子

> 人马怪躲在河中,塞壬已离开了河流,躺在森林的树叶
> 下面。①

王尔德写完了四出戏剧的大部分内容,还计划写第五个剧本。道格拉斯去了埃及,要在那里待三个月,这样一来,他就能够完成《理想丈夫》的最后三幕了。他对里基茨说,"这个剧本写出来,是为了让可笑的木偶表演的,批评家们会说,'哦,奥斯卡在这个剧本中变得不像他自己了!——'虽然事实上我撰写这个剧本时是专心致志的,它包含了很多真正属于奥斯卡的要素。"[4] 他是对的。跟前两部喜剧一样,这出戏也表明,人们一般是无法达到理想高度的。在这三出戏剧中,罗伯特·奇尔特恩爵士犯有最严重的罪行,因为在十八年前,当他二十二岁的时候,他出卖了一个国家机密,靠那笔钱,他发了财,还确立了自己的政治地位。跟他相比,艾林夫人和阿巴斯诺特在早年犯下的过错只不过是言行不谨罢了。更确切地说,这事比得上道林·格雷谋杀霍尔沃德和阿瑟·萨维尔谋杀手相人(这两个案子一个是认真的,另一个是轻浮的)。王尔德想必回忆起,大约就跟奇尔特恩一样的年龄——也是十八年前——他在牛津感染上了梅毒。就像谋杀那样,疾病也有暴露的一天。

年轻时代犯下的过错是不可磨灭的,根据自己作品中的这个主题,王尔德通

---

① 引自《莎乐美》。

过设计角色逐渐构思了一个剧本,虽然这些角色跟他的其他剧本中的角色有相似之处,但他们的举止是大不相同的。切弗利太太是一个女投机者,就像《温德米尔夫人的扇子》中的艾林太太,不过她非但没有为自己的女儿做出牺牲,还想要让奇尔特恩为自己的目的做出牺牲。在《无足轻重的女人》中最机智的角色是伊林沃思勋爵,一个花花公子;在《理想丈夫》中,戈林勋爵具有同样的机智,也是个花花公子,但是他举止正派,而伊林沃思却行为邪恶。才智并不是正派的标准。跟温德米尔夫人一样,奇尔特恩夫人也是个清教徒,在面对充满谅解和爱意的一幕时,必须强迫她放弃自己的清教主义。即便理想的丈夫也跟其他人一样,有可能干点犯罪的事情。王尔德告诉阿瑟·罗伯茨,喜剧精神是生活的必需品,它可以净化人类的一切虚荣心。[5]

这个剧本的魅力并非来自对伪善的揭露,而是来自那种逐渐蔓延的亲切感。戈林和奇尔特恩的女儿梅布尔是机智且忠诚的,戈林和他父亲之间的关系充满深情,足以成为昆斯伯里一家的榜样。奇尔特恩一家也再次发现了他们之间的纽带。相比于其他剧本,剧作家的善意在这个剧本中显得更为突出。

在这几个月里,王尔德还撰写了《佛罗伦萨悲剧》和《圣妓》的大部分内容。跟往常一样,他把两种形式的爱对立了起来,一种趋向和解,另一种趋向抵触。《圣妓》试图戏剧化阿纳托尔·法朗士的《泰绮思》(Thaïs),而且可能还试图改进它:一位隐士说服一个高级妓女皈依了基督教,在这个过程中他自己却放弃了基督教,结果他遭到了那位皈依者的排斥。(这也像是王尔德的一个"早期教会"的故事。)在《佛罗伦萨悲剧》中,他想到了一个更新颖的情节,他使用无韵体撰写了这个剧本,这种无韵体比他在《帕多瓦公爵夫人》中使用的无韵体要更成熟、更精湛。这个剧本似乎已经可以说是完工了。一位犹太布商发现某个贵族去店里拜访他的妻子,他假装以为这是一种生意拜访。他跟这位贵族发生了很多口头争执,最后迫使贵族跟他进行决斗,然后杀掉了他。结局是令人吃惊的:他的妻子对爱人之死毫无悲痛之心,对她丈夫也没有表现出憎恶。她问,"为什么你不告诉我你是这么强壮?"他回答说,"为什么你不告诉我你是个美人?"王尔德似乎打算写一个短剧三部曲,其变化就在于爱的矛盾目的,可是他没能够完成它们。他认为是道格拉斯的归来导致了这个结果。

他的多产时期受到了耽搁,但并没有中止。8月1日的上午,他构思了一个情节,并立刻把它寄给了乔治·亚历山大。这个情节也是对《温德米尔夫人的扇子》的反转。似乎王尔德试图用这个例子来阐述他的那句格言"艺术的真理就在于它的对立面也是真实的"。这个剧本跟较早的剧本不一样,妻子没有留在丈夫身边,而是跟情人私奔了。分歧更大的是,丈夫去恳求自己妻子的情人,请情人恳求她回来。这位情人怀着自我牺牲的情感答应了,可是妻子拒绝了。"所有这些自我牺牲都是错误的,"她坚持认为,"我们应该过自己的生活。那就是生活的意义。"她和情人走了,但那位丈夫最后向情人提出了决斗的要求。在最终的会面中,丈夫狼狈地得知,他的妻子希望他死掉,她还怀上了情人的孩子。他走了出去,枪声传来,而情人却抱怨说丈夫没有在决斗场所露面,然后得知,他已经自杀了。王尔德对亚历山大解释说,这部戏想要呈现"纯粹的爱之激情","不存在那种病态的自我牺牲。也不存在自我克制"。他越来越觉得这是他自己的主题。不过,那位丈夫倒真的实践了自我牺牲和自我克制,王尔德也会这么做,其方式是他自己始料未及的。《阿维尼翁的红衣主教》的情节不曾谴责乱伦,这部戏没有谴责通奸。[6]我们不知道亚历山大对新情节有什么样的回应,不过,在1894年8月和9月间,王尔德开始撰写他的最后一部而且也是最出色的一部喜剧,即《不可儿戏》。

虽然他首先关注的是自己的文学事业和恋爱韵事,但他依然是那个慷慨大方的王尔德。内莉·西克特讲述过一个故事,她父亲奥斯瓦德·西克特去世后,王尔德去拜访她的母亲。西克特太太把自己禁闭在无言的绝望当中。内莉告诉王尔德,不会有人接待他的,但他坚持要去。寡妇就那样固执地拒绝见他。内莉告诉王尔德,母亲不肯见客,王尔德说,"但是她必须见我。必须见面。告诉她,我就待在这里,直到她出来见我为止。"她回去告诉母亲,又碰了一个钉子,她母亲紧握她的双手,说,"我不能见人。让他走开。"不过,她还是起了身,哭着走进王尔德等待她的房间。内莉看见王尔德抓住她的双手,把她拉进一张椅子,于是她就离开了。"他待了很久,在他离去之前,我听到了母亲的笑声……她被改变了。他引诱她开口说话,他向她问询我父亲的最后病情,让她有机会倾诉心声……那些折磨人的记忆。他渐渐谈起我的父亲,谈起他的音乐,谈起可以组织一次纪念画展,展出他的作品。然后,她也不知道是怎么一回事,他开始跟她讲述各种事情,他想办法把它们讲得既有趣又逗乐。'于是我笑了,'她说,'我以为我再也不会发笑了呢。'"[7]

1891 年 4 月 28 日,某个不知名的人写信感谢王尔德一家保全了他们的房子。埃德加·索尔特斯提到,某个寒冷的夜晚,他和王尔德走在切尔西的街头,一个男人过来跟他们搭讪,他敞开自己的短上衣,让他们看他里面什么都没穿。埃德加给了他一个金币,但是王尔德脱下了自己的大衣,把它披在他身上。还有一个证人是格特鲁德·皮尔斯,她曾在王尔德家担任过大约一年半的家庭教师,负责辅导维维安·王尔德。1893 年夏天,她陪伴这家人前往戈林,然后又跟随他们回到了伦敦,继续受雇于他们,直到次年年中。王尔德曾尽力友善地帮助她。1906 年,她记录下了自己对那些日子的回忆。

> 我们都在戈林-泰晤士河畔的"别墅"里度过了一段非常愉快的时光,他在那里撰写了自己的剧本《理想丈夫》,我相信他在剧中也提到了我这个女性,即格特鲁德[·奇泽姆]。那是一个理想的乡村住所,有着秀丽的花园,还有草坪,一直延伸到拉纤的河道旁,当然,还有各种供我们使用的船只,平底船、小艇、独木舟,有一件事可以表现出奥斯卡·王尔德的慷慨,他告诉我,如果我去船坞,发现自己想要的船已经被别人占用了,请务必去桑德斯船坞寻找自己想要的船,把所需开销记在他的账上。
>
> 我们绝对是过着最奢侈的生活,那里有八个佣人,在任何方面都显得挥霍浪费。我相信,仆人们常在厨房里喝香槟酒,他告诉我,他雇佣

413

所有这些仆人时，都向他们支付了极高的工资，这在他看来是多么有趣。我跟他们共度了一个圣诞节，王尔德先生快活得就像个孩子，他分发圣诞布丁，拉响爆竹，我甚至到现在还保留了他放在布丁中送给我的一个瓷娃娃。我非常遗憾自己毁掉了他所有的照片，我本可以拥有提到我的那个剧本的手稿，或者我想要的任何剧本的手稿。

我也记得那些手头较紧的日子（当我们从戈林回来之后）[即1893年10月]，肉贩甚至拒绝卖肉给我们，除非我们付清款项，奥斯卡亲自驾驶二轮马车到处去结账，然后，我们当然就有晚饭可以享用了。有件事情听上去或许挺奇怪，让我告诉你，我曾经去一家有名的商店租用几把刀，但因为没有带钱付账，他们也拒绝了我的要求，我不得不非常丢脸地回家取钱……

我跟你说过吗？当他们决定把我照管的人[维维安]送去上学时，王尔德夫妇请我跟他们住在一起……知道我父母去世之后，他们甚至提议送我去学校学习我喜欢的任何科目，我非常愚蠢地拒绝了这极为友善的提议，于是他们说，他们知道我是一个追求独立的人，问我是否愿意住下来，白天受雇于他们，这样的话，他们就可以不让我离开了。很遗憾，我连这个要求也拒绝了。[8]

1893年的圣诞期间，王尔德兴致高昂，这反映了他跟道格拉斯临时分开后的状态。他暂时愉快地获得了解脱。他可以写作，可以跟朋友交谈，可以快快活活地生活，道格拉斯让追求年轻男性成为一个充满竞争压力的过程，现在他已经摆脱了这种压力。随着这几周时间的流逝，王尔德越来越巩固了自己的决心，他不想再跟自己的这位爱人打交道了。这种决心好倒是好，可道格拉斯也是个敏感的人，他知道，他在出发前迫使王尔德接受的复合——威胁说不复合的话，他就不出发——只不过一种敷衍。王尔德仍然在他的生活中占据着主要位置。在出发的前夜，他跟母亲进行了长时间的交谈，他母亲明确地坚持认为，他应该跟王尔德断交。她告诉他,由于王尔德对他所做的事情,她几乎想要谋杀王尔德。她说,即便是波西,也从未伪称王尔德是个好人。

作为一个唯美主义者,道格拉斯对"好"这个词的反应是颇为烦琐的。1893年12月10日,在他从开罗发来的一封信中,他说,他从不把任何人称作好人,也不认为这个词适用于个人。他轻率地引用了王尔德在《道林·格雷》序言中说过的话,"不存在道德或不道德的书籍,只有写得好和写得不好的书籍,就这些。"他认为王尔德拥有的不是"好"而是性格和特点。接着,仿佛意识到这种论据目前并不是很有说服力,他又补充说,王尔德让他明白,一个人可以既是好人同时也是个妙人,甚至灌输给了他一种宗教。道格拉斯一度跟他父亲一样是个亵渎神灵者,如今他意识到宗教也有其价值,圣经故事也是有意义的。至于王尔德对他的影响力,"哎,告诉你,在我认识他之前,我不相信自己拥有灵魂"。王尔德劝服他放弃了赌博、押注和赛马大会,因为那些都配不上他。(这种自我克制其实只是暂时的。)他们的关系就像是哲学家和弟子的关系,就像莎士比亚和 W. H. 先生的关系,或苏格拉底和柏拉图的关系,比苏格拉底和亚西比德的关系要高尚多了。

昆斯伯里夫人没有被他感动。她回答说,"如果王尔德先生的行为如我确信的那样,在你生活中扮演着亨利·沃顿勋爵的角色,我永远不会改变对他的看法,是他谋杀了你的灵魂。"她也被迫阅读了《道林·格雷》,想必还读过波西那位亲戚莱昂内尔·约翰逊的一首题为《给灵魂的摧毁者》(To the Destroyer of a Soul)的诗歌,这首诗歌是私下里写给王尔德的。* 她说,正是从王尔德那里,她的儿子学到了那些"怪癖和对道德的特殊看法"。不对,道格拉斯说,早在他遇见王尔德的两年前,他就想到了那些观点。他利用这机会跟她讲述了《道林·格雷》书中的道理:王尔德根本就不喜欢亨利·沃顿勋爵,这位勋爵丝毫不具有奥斯卡的"开朗天性,以及他那种活泼的'好兴致',他的急智和出色的幽默感,他忠实的好意和宽厚本性,这让他根本就更像个大孩子,而不是那种你想要认定

---

　　* 根据乔治·桑塔亚纳的说法,王尔德对这位身材矮小的约翰逊的唯一评论是,"每天上午十一点,你可以看到他从皇家咖啡屋里醉醺醺地走出来,把路过的第一辆童车当成出租马车拦了下来。"[9]

的既愤世嫉俗又狡猾的病态者"。母亲和儿子都没有任何让步的迹象。昆斯伯里夫人继续努力想要让儿子待在国外。

道格拉斯在开罗还收到了父亲的一系列来信，跟他母亲的信件意思大致相同。昆斯伯里一边抱怨波西的生活，一边悲叹自己人生的苦恼和孤独。道格拉斯在读信时对两者都毫无同情，他的回信也越发显得鲁莽。他想要的是一封来自王尔德的信件，可王尔德却没有寄来信件。他写给王尔德的那些信件读过之后就被撕毁了。但是道格拉斯了解王尔德，也了解自己的能力，他在埃及也有令人愉快的消遣。[10] 即便克罗默没有向他提供职位，他和克罗默夫人至少是热情友好的。他的运气不错，或许并不完全是出于偶然，道格拉斯的几个朋友也在这个时候来到埃及，他们打算沿着尼罗河逆流而上。他加入了他们的队伍。除了在伦敦，他简直遇不上更好的同伴了，他们包括：两位自然学家罗伯特·希钦斯和E. F. 本森，还有雷吉·特纳，以及跟他有一半血缘关系的兄弟弗兰克·劳森。劳森对家族财富享有更高的权力，因为特纳是个私生子，但是劳森对待自己的兄弟很慷慨。他租下了停泊在尼罗河上的一艘金色驳船，道格拉斯经常去那里拜访他们。

特纳在牛津曾拜访过马克斯·比尔博姆，他们建立起了一种紧密的持久友谊。他父亲是个犹太人，是拥有《每日纪事报》的劳森家族成员之一，似乎人们一直认为特纳也是个犹太人，虽然他母亲可能并没有犹太血统。他很适合做马克斯漫画的题材，所以经常出现在马克斯的漫画中，因为他鼻子很大，头很小，还喜欢眨巴两下眼皮，有时是偶然的，有时也是故意的。他还是个出色的伴侣，善于模仿他人的布道，具有王尔德欣赏的出众辩才。* 比尔博姆认为自己看出了特纳有可能变成异性恋者，他很热衷于鼓励他走这条道路，还警告罗斯，不许他

---

　　* 在世纪之末，特纳开始撰写一些拙劣的小说，讲述的是那些父母不明的孩子结婚却结得非常好。虽然比尔博姆每次收到他的书籍都会忠实地予以赞扬，但其实它们只具有空洞无物的业余水平，特纳分明拥有尖锐的才智，小说中却只表达了其中最乏味的一面。就像王尔德预言的那样，他继续生活了下去，成为侨居佛罗伦萨的英国人圈子中最有趣的一个，比尔博姆将在一篇文章中赞扬他是"科摩斯"①，虽然丑陋，但天赋过人。

　　① 科摩斯（Comus），希腊神话中的司宴饮之神。

劝诱特纳皈依同性恋。不过,这种努力终归是徒劳无益的。王尔德将会把特纳命名为"克莱门特旅馆的男孩绑架者"。

希钦斯、本森、劳森和特纳都对《道林·格雷》读得滚瓜烂熟,如今他们争先恐后地引用其中的句子,此时,他们正乘船沿着尼罗河向上,前往卢克索。不管他们是否收到了王尔德的来信,他都不免跻身这趟旅行,成为一个隐身的同伴,别人不断地援引他说过的话,提起跟他相关的轶事。希钦斯聚精会神地倾听了他们的交谈,为《绿色康乃馨》收集资料,在这趟航行中,王尔德只是他们交谈中的角色,而在书中,王尔德却真的成了众人中的一员,只不过他的名字变成了阿马兰斯先生(Mr Amarinth)。

王尔德继续对道格拉斯的信件置之不理,这个年轻人采取了不顾一切的手段。他运用诡计劝诱自己的母亲敦促王尔德给他写信,虽然她对此很不情愿。王尔德吃惊地收到一封来自她的信件,里面载有波西在雅典的地址,本森在雅典从事一些考古工作,所以他邀请了波西。王尔德还是没有写信给波西,不过,他力劝昆斯伯里夫人不管怎样都要让儿子远离英格兰。事实上,克罗默一家已经安排道格拉斯去君士坦丁堡了,他会在当地担任英国大使柯里勋爵的无薪随员。他母亲的计划出了岔子,道格拉斯似乎对这个职位满不在乎,他不但去拜访了雅典,还决定先在巴黎跟王尔德见一面,然后再去跟那些土耳其人打交道。由于他耽搁了时间,也可能是因为他跟王尔德的交往(助手伦内尔·罗德恐怕向柯里透露了这一点),柯里拒绝让他担任这个职位。道格拉斯前往巴黎,想要跟王尔德见一面,我们不清楚在此之前,他是否知道自己已经失去了这个职位。(他的《自传》从来是靠不住的。)

不管怎样,道格拉斯打出了最后一张王牌,这是一个出人意料的法宝,他写信请求康斯坦斯·王尔德为他居间调停。(在翻译《莎乐美》的时候,他也是这样恳求罗伯特·罗斯为他和王尔德调解的。)虽然王尔德夫人跟罗斯一样,都是道格拉斯的情敌,但她也无法抗拒波西的恳求。她不希望自己的丈夫待人无礼。妻子请求他跟情人复合,这种事情很不合理,虽然受到这样的压力,王尔德还是毫不屈服。1894年3月,他发电报给道格拉斯:"时间治愈了一切伤口,但是在接下来的很多个月里,我既不会见你,也不会给你写信。"这种挑战让道格拉斯激动起来。他立刻就出发去了巴黎,旅行了六天六夜,途中只有给王尔德发电报时才会停下来。当他抵达巴黎旅馆的时候,他看到一封信,说王尔德不会过来。道格拉斯发了一封十到十一页长的电报(他后来否认了这一点),说他千辛万苦穿越欧洲就是为了跟王尔德见面,如果王尔德继续拒绝他,他就不对自己的行动负责了。王尔德很清楚,在昆斯伯里的家族史中,道格拉斯的一位叔叔自杀于1894年,还有一位祖父,几年前可能也走了这条路。面对这种胁迫,他无法再坚持下去。他去了巴黎,他们在瓦赞餐馆共进午餐,在帕亚尔餐馆共进晚餐,王尔德听任自己被美貌、眼泪、悔悟和爱抚所征服。[11]虽然他并不知道,这是他最后一次摆脱道格拉斯的机会。失去了这次机会之后,他目睹自己的人生——几乎不受他的控制——朝着高潮的方向行进。

道格拉斯归来

孩子们起初是爱他们的父母。过了一段时间之后,他
们开始评判他们。至于原谅他们,即便有,这种几率也
是很罕见的。

1894年4月1日,返回伦敦的第二天,王尔德和道格拉斯在皇家咖啡屋共进午餐,昆斯伯里侯爵看到了他们。他认为这两人一起吃午餐是对他的公然蔑视,这标志着他儿子又陷入了旧日的恶习。不过,他们邀请他跟他们坐在一起,他暂时被王尔德的魅力征服了。"我不奇怪你为什么那么喜欢他,"他对道格拉斯说;"他是一个了不起的人。"然后,回到家中,他又改变了主意。他把父亲的责任看得很重,于是在当天下午给儿子写了一封长信:

1894 年 4 月 1 日

艾尔弗雷德，——我不得不以这种口气给你写信，这简直让人痛苦极了，但是请理解，我不会接受你的书面答复。你最近写了那些歇斯底里的无礼信件，我不想再为此烦扰，我拒绝阅读更多的信件。如果你有话想说，就过来当面说吧。首先，照我的理解，你这么丢脸地离开了牛津（你的导师已经详细向我解释了相关原因），你现在就打算这样游手好闲，无所事事？当你在牛津浪费时间时，我却满以为你会进入行政部门或外交部，接着，我又满以为你会当上律师。在我看来，你似乎是什么都不想做。不过，我决不会提供给你充分的资金，让你就这样游手好闲。你正在自毁前途，如果我鼓励你这么做的话，我就是残忍的，而且也是大错特错的。其次，接下来要谈到更令人痛苦的事情了——你跟这个名叫奥斯卡的男人的亲密关系。你们要么停止交往，要么我就跟你断绝关系，什么钱都不给你。我不打算花心思去分析这种亲密关系，我也不想做出指控；但在我看来，装出这副样子，其恶劣程度不亚于就是这么回事。通过你的态度和表情，我亲眼看到你们保持着最可憎和恶心的关系。以前我从未见过你脸上流露的那种可恶表情。难怪人们议论纷纷。根据可靠消息（不过这也可能有假），我现在还听说，他的妻子正基于鸡奸和其他罪行申请离婚。这是真的吗？还是你不知道这事？如果我觉得真有这么回事，而且已经为公众所知，我就算见面时一枪把他打死，也完全是正当的。这些信奉基督教的英国懦夫和男人（他们自称如此），该醒醒了。

你的心怀厌恶的所谓父亲

昆斯伯里

哪怕对温和的批评，道格拉斯也会反应强烈。在一封写给母亲的信中，他曾经提到，为了回复她的某些揭丑指责，他撰写过一封粗鲁的信件，然后拿给王尔德看，王尔德撕掉了这封信,说,"归根结底,人们无权粗鲁地对待自己的母亲。"不过,他没有给王尔德机会,让他看到4月2日他发给父亲的电报:"你是一个多么可笑的矮子。"[12]确切地说,昆斯伯里比道格拉斯矮了一英寸,他的身高是五英尺八英寸。他的自负和残忍跟儿子不相上下。当王尔德听说了这份电报之后,他感到惊惶。可能当时他忍住没说,但后来他说,"这样一份电报,就连最粗野的街头混子也会觉得丢脸的。"[13]波西总要做这些让王尔德觉得跟他不般配的事情。昆斯伯里在4月3日回复的信件是情绪激动的,不过,即便在怒火中烧的时候,他还是多少忍了口气,没有威胁说要跟波西彻底断绝关系。尽管如此,这封信也几乎谈不上会改善他们的关系:

> 你这个无礼的顽童。我要求你不得通过电报对我说这种话。如果你再发来这种电报,或还是无礼待我,我就要揍你一顿,你应该受到这样的惩罚。你唯一的借口就是你肯定是疯了。一个牛津人告诉我,那里的人认为你疯了,这在很大程度上解释了发生的事情。如果我再发现你跟那个男人在一起,我就要制造一起公开丑闻,你简直想象不出我会怎么做;这已经是一桩私下的丑闻了,我宁愿要一桩公开的丑闻,无论如何,允许这种事态发展下去,其责任不在于我。除非你们断绝往来,否则的话,我就会说到做到,停止供养你,如果你不努力做点事情,我肯定会只给你基本的津贴,所以你知道事情会变成什么样子。[14]

也许就是在这个时候,王尔德抗议说他不想成为父子对抗的工具。[15]道格拉斯坚持说他跟这场争执毫无关系,不过,尽管如此,他似乎也觉得,去佛罗伦萨度假一个月会是件明智的事,他安排王尔德随后过来,只不过是以隐秘的方式。4月27日,王尔德前往巴黎,他在那里待到5月6日,然后去了佛罗伦萨。他试图在佛罗伦萨隐姓埋名,但这事也许是注定了要暴露的,因为他的身高、服饰和

419　夸张的天性与众不同,无论走到哪儿,都会显得引人注目。* 据人们所知,安德烈·纪德就认出了他们,他跟他们在一家咖啡馆相遇,起初,他觉得自己是不受欢迎的。他不愿意被人看见自己跟他们在一起。王尔德和道格拉斯的关系是声名狼藉的;在写给保罗·瓦雷里的信中,纪德开始根本没提到这次相遇,过了几周之后,他才承认自己撞见了王尔德,身边是"另一位新时期的诗人",仿佛提到道格拉斯的名字会泄露太多的东西。即便王尔德感到受窘,他也很快恢复了过来;他请纪德喝了两杯饮料,讲了四个故事,还把自己的公寓留给了他,他们租用了一个月的公寓,但只待了两周。纪德同意了,然后决定把它转让给一家**膳宿旅馆**。[17]

　　王尔德可能是用光了钱,他不得不在 6 月提前回到伦敦,或许是来借钱的。他还决定要咨询一下律师,5 月底,他确实这么做了。不幸的是,就像他可能已经听说的那样,昆斯伯里已先行聘用了乔治·刘易斯爵士,于是,他接受了来自罗伯特·罗斯的建议,去拜访了另一位名叫 C.O.汉弗莱斯的律师,这个选择是糟糕的,因为汉弗莱斯根本不了解同性恋的业务。我们不知道这一次王尔德从汉弗莱特那里获得了什么建议,不过,王尔德暂时并不打算责令这位侯爵具结保证不扰乱治安。至于侯爵本人,他看到和听到的已经够多了,于是在 6 月 30 日突然去泰特街拜访了王尔德。王尔德两度描述过这次对峙,昆斯伯里也描述过一次,在一封信中,他说王尔德在他面前露了怯。王尔德的说法大不相同。他说,他否认了所有的指控,让昆斯伯里离开了他的家。这并不是故事的全部。在《来自深渊》中,王尔德更为苦恼地描述了当时的场景:"在泰特街我的藏书室中,你父亲在癫痫般的狂怒中悬空挥舞着自己的小手,而他带来的那位打手,或朋友,则横在我们之间,你父亲站在那里,说着他那污秽的脑袋所能想出来一切污秽词语,叫嚣着那些可憎的威胁,后来,他以如此狡猾的手段实现了它们。"

---

　　* 5 月 19 日,在玛丽·史密斯·科斯特洛的邀请下,王尔德似乎独自拜访了小说家弗农·李的兄弟:"这次会见非常成功。奥斯卡说起话来就像一个天使,大家都爱上了他,甚至包括弗农·李,李过去跟他是彼此反感的。就王尔德而言,他也被李迷住了。"[16]

显然,王尔德在这个场合或多或少对侯爵是无所畏惧的,不过,似乎他也不可能像后来说的那样,"把他赶了出去";一想到这种情形将会出现在公众面前,他就感到心惊胆寒。似乎他运气不错,因为,就像他在《来自深渊》中说的那样,"他[前往]一家家餐馆,到处寻找我,想要在整个世界面前侮辱我,其方式让人觉得,如果我回敬他的话,我就会被毁掉,如果我不回敬他,我也会被毁掉。"道格拉斯继续奚落他的父亲,宣称他根本就不在乎那些让王尔德感到心烦意乱的威胁。1894 年 6 月初,他写道:

因为你原封未动地退回了我的信件,我被迫把内容写在明信片上。我写信是为了通知你,我对你那些荒谬的威胁根本毫不在乎。自从你去过 O. W. 家之后,我就总是不断地跟他出现在很多公共餐馆,譬如伯克利餐厅、威尔斯屋、皇家咖啡屋,等等,我会继续去这些地方,想什么时候去就什么时候去,想跟谁去就跟谁去。我已经成年了,是我自己的主人。你已经至少跟我脱离关系十几次了,还吝啬地剥夺了我的金钱。因此,你无权干涉我,无论是从法律上还是从道德上。如果 O. W. 去中央刑事法院起诉你犯有诽谤罪,你就要为你这些可恶的诽谤被判七年苦役了。虽然我讨厌你,但为了家族的利益,我还是急切想要避免这种事情;可是如果你试图袭击我,我将会用一把荷弹的手枪来保护自己,我总是带着这把手枪的;如果我打死了你,或他打死了你,我们也完全可以证明自己是正当的,因为我们这么做是针对一个凶暴的危险莽汉的自卫行动,我想,如果你死了的话,不会有很多人怀念你的。A. D. [18]

420

根据王尔德的说法,后来,道格拉斯携带的那把"可笑的手枪"在伯克利餐厅走了火,制造了进一步的丑闻。弗兰克·哈里斯大约在这个时候警告王尔德说,他在管别人的闲事,这无疑是对的。在道格拉斯对抗他父亲的古老战争中,他已经成了道格拉斯的工具。这种危险的争执不知怎么让道格拉斯变得心情振奋。王尔德后来对此作过严厉的总结，"一想到可能会爆发不伤害到你的战争，你就感到开心。在我的记忆中，那个季节的剩余时间里，你的精神如此饱满，简直前所未有。你唯一失望的似乎是，我们之间并没有真的发生什么。"[19]虽然人们经常说，王尔德渴望灾祸，但他并不故意追求这个目标。至于道格拉斯，他要求王尔德奉献给他最后的爱情证明，即灾祸。

王尔德显然越来越焦虑。7月初，他联系了乔治·刘易斯（如今成了乔治爵士），或许就是在昆斯伯里拜访泰特街之后的那几天里。考虑到王尔德跟他和他家人认识的时间和熟悉程度，刘易斯的回答是礼貌但疏远的。

1894年7月7日

亲爱的王尔德先生：

我收到了你的短笺。你获得的消息完全正确，我的确是昆斯伯里勋爵的代理人，在这种情形下，你即刻可以看出，关于你打算采取的任何针对他的诉讼，我是不可能向你提供意见的。

虽然我不可能做不利于他的事情，我也不会做不利于你的事情。

请相信我

乔治·M.刘易斯谨启

421　于是，王尔德又去拜访了汉弗莱斯，汉弗莱斯写信给昆斯伯里，要求他收回自己的诽谤，否则就要面临被起诉的危险。侯爵回复说，他没有什么可收回的，他并没有直接指控过王尔德，不过，他希望王尔德跟他儿子断绝关系。这件事就此暂时平息。

幸运的是，这时差不多已经到了仲夏时节，所有相关的人都离开了伦敦。王尔德并没有完全放弃著述。在这个夏天，他通过莱恩和马修斯出版了《斯芬克斯》，里基茨为此设计了精致的封面。这一版限量印刷了二百五十部。"我起初的念头，"王尔德说，"是只印刷三本：一本给我自己，一本给大英博物馆,另一本给上帝。不过,我拿不准要不要给大英博物馆。"他确保新闻界能拿到一些书籍,大多数评论都是有利于他的。从8月到10月,王尔德跟家人一起待在沃辛,他决心撰写《不可儿戏》,他已经收到了这个剧本的预付款。有很多干扰他的事情。沃辛的房子很小;王尔德的孩子跟随康斯坦斯待在那里,外加一个瑞士女家庭教师。道格拉斯的哥哥珀西一度前来拜访,道格拉斯自己也来过。事后,他写信给罗伯特·罗斯,"我玩得很开心,虽然在最后几天里,我开始感觉到那种压力,我成了奥斯卡和奥斯卡太太之间的争吵焦点。"[20]王尔德后来在《来自深渊》中对道格拉斯说,"我们的友谊一直让她感到痛苦,不仅是因为她从不喜欢你这个人,还因为她看到你这种持续的友谊对我的改变,但不是朝好的方向。"

令人痛苦的嬉戏

> 人不应该偏袒任何事情。偏袒就是严肃的开始,诚挚
> 紧随其后,于是,这个人就成了个令人讨厌的家伙。①

在王尔德的戏剧中,没有哪一部比最出色的这一部写得更不费力了。他挥笔自如地写下了《不可儿戏》。根据里基茨的说法,最初的情节还要更复杂些,包括双重身份,时代是谢里丹的时代。他改变了主意,后来说,"在戏剧情节中添加'地点'和'时间'并没有什么用处,因为大纲中没有三一律。在艺术中,我是个柏拉图派,不是亚里士多德派,虽然我呈现了一个不同的柏拉图。"[21]它囊括了王尔德自从1889年以来逐渐获得的各种主题。其题目可以追溯到他的对话录《作为艺术家的评论家》的副标题,即"兼论无所事事的重要性"。自从施莱

422

---

①　引自《无足轻重的女人》。

格尔出版了《卢琴德》之后，阿尔杰农和杰克佯装的那种倦怠就成了唯美主义的公认姿态，在《卢琴德》中有一句带有王尔德式自嘲风格的话，"懒惰是从伊甸园传给人类的那种神祇生活的一个神圣碎片"。

在《社会主义制度下人的灵魂》中，王尔德曾经批判过婚姻、家庭和私人财产；在他的戏剧中，他的批判方式是，伪称它们是根深蒂固的，以一种不智的态度坚持要强化它们，从而展示它们的荒谬。在某些文章中，王尔德把艺术变成了一种新道德，用新的宽宏、自由和个性取代了陈腐的习俗。这种把艺术当成社会工具的观点同时也可以自我取消。《莎乐美》着眼于乱伦和恋尸癖的问题，它以自我挫败的手法展示它们，同时通过死刑和懊恼来惩罚它们。不过，批评的才智可以让他消解罪和内疚的概念。在《不可儿戏》中，他就是这么做的，它以无忧无虑来传达《莎乐美》用控诉传达的东西。这最后一部戏剧的哲理，他告诉罗伯特·罗斯，是"我们应该以非常严肃的态度对待一切琐事，以真诚和故意的轻薄态度对待生活中一切严肃的事情"。[22]《莎乐美》中的受诅咒的罪和《道林·格雷》中的难以言明的罪，到了《不可儿戏》中就转换了调子，成了阿尔杰农对黄瓜三明治的无节制和自私渴求。用性质不甚严重的暴食取代了可怖的荒淫，让一切罪恶都显得无伤大雅。戏里确实有一个邪恶的兄弟，但他只不过是我们的老朋友阿尔杰农。在《道林·格雷》或《理想丈夫》中，双重生活是一个如此严重的问题，而在这部戏中它却成了一个两面人的把戏——在乡下扮演杰克，在城里扮演欧内斯特，只是为了避免那些乏味的社交约会。在以四幕剧出现的早期稿件中，王尔德甚至戏仿了相关的惩罚，一个律师来了，要把阿尔杰农送进了霍洛韦监狱（王尔德自己很快就被送进了这个监狱），罪名不是同性恋，而是在萨沃伊餐馆欠下了食品账单。"我不会因为伦敦西区的餐饮费就被关进乡下的监狱。这是荒唐的。"阿尔杰农回答。在其他部分的内容中，赎罪的概念遭到了嘲讽，就像塞西莉说的那样，"他们一直在吃松饼，那仿佛是一种忏悔。"重生的主题（更别提宗教热情了）在欧内斯特和杰克努力想要重新受洗的情节中也遭到了戏仿。（在较早的版本中，普丽丝姆也有意受洗，有人评价说，"获得新生对她是大有利益的。")在戏剧的结尾,事情的过程被正式揭露,每个人都不加掩饰地面对一场新的木偶戏,即婚姻生活。不过,虽然表面看起来很有趣,其喜剧活力其实源自它嘲讽的现实。*

《不可儿戏》构成了一道出色的护墙,其下就是作者不安和忧惧的深渊。王尔德用一种绝望的策略把俗世的忧思阻挡在外。到处都是欺骗,自发的冲动和幽默又抵消了它们。性爱的激情和家族野心相互竞争;单纯渴望经验,而经验又渴望单纯。眼泪是禁忌。通过奇迹般的自我控制,王尔德用剧本中的无忧无虑掩盖了自己的忧虑。一个朋友说,它应该像是一件马赛克作品。"不对,"王尔德说,"它必须像一颗手枪子弹那样被射出。"[24]

423

好朋友

> 任何人都会同情朋友的苦难,但只有天性非常美好的
> 人才会认同朋友的成功。

在这段时间里,比尔博姆的生活跟王尔德的生活经常出现交汇点。《道林·格雷》是一部戏仿圣书的书籍,他为此感到高兴,这样一来,他就可以找茬了;在"1894年的享乐时期[源自享乐主义者]",他为此草拟了一个调查问卷,包括诸如此类的问题:"是否有任何内在证据表明,该故事所处时代的人有抽纸

---

* 这出戏的很多细节都有其真实的源头。在最初的版本中,那个想要把阿尔杰农送进霍洛韦监狱的律师来自帕克暨格里格斯比律师事务所(Parker and Grigsby)。帕克这个名字源自帕克兄弟,是跟王尔德有关系的两个年轻人,而格里格斯比可以回溯到杜莫里哀在《潘趣》上发表的唯美讽刺画中的一个角色。另一个这类的例子是两个男管家的命名,一个是莱恩,另一个是马修斯,王尔德对这两位出版商的不满从此永垂不朽。(当有人问起比亚兹莱,他为《黄书》(Yellow Book)封面绘制的素描是什么样的,他也作过类似的表达:"哦,你可以想象那种事。一个可怕的裸体妓女,透过面具微笑着——一边乳房上写着埃尔金·马修斯,另一边乳房上写着约翰·莱恩。"[23])不过,他颇有雅量地把"马修斯"改成了"梅里曼"。

烟的习惯?"他的另一种做法就没那么无辜了。他已经跟罗伯特·希钦斯成了朋友,1894 年初夏,希钦斯让他看了《绿色康乃馨》的草稿。他和希钦斯都不清楚这部书籍对王尔德来说会是多么危险,不过,比尔博姆不可能完全没察觉这种危险性,因为,在 1894 年 8 月 12 日他写给特纳的一封信中,他虚构了触犯法律的情形:"奥斯卡最后因某些罪行被逮捕了。他在皇家咖啡屋(底层)被捉。波西是个出色的赛跑手,他溜了,可是王尔德就没那么敏捷了。"这些想象跟现实很接近,让人感到不适;也许,怀着潜意识的兴奋,比尔博姆一直在等待着这位大师被驱逐出伦敦的圈子,这样一来,他就有地盘培养自己的信徒了。至少,在1895 年 4 月和 5 月间,他甚至更残酷地写信给莱弗森太太,"我热切期待着奥斯卡新悲剧的第一幕。不过,《道格拉斯》这个题目肯定已经被用过了。"

1894 年 9 月,《绿色康乃馨》问世。它伴称是一部戏拟体作品,但却更像是一份纪实文献。它的虚构成分很少,人们一眼就能认出雷吉勋爵和阿马兰斯先生的身份。这本书籍的寓意——就像《道林·格雷》,它具有太多的寓意——就是雷吉勋爵依葫芦画瓢地模仿了阿马兰斯的话题思路。在这个过程中,他完全不再是自己或任何人了。这部书籍支持了昆斯伯里对这段关系的看法。(道格拉斯一辈子的工作将会是讲述和重述他跟王尔德的生活。)希钦斯见到的跟昆斯伯里见到的并无不同,他们认为王尔德控制了波西,还把他吞噬了,就像在比尔博姆的某些讽刺画中那样。

这部书籍的模仿之主旨就在于它对经验所持的态度。严肃是为他人准备的,琐碎是它的解毒剂。王尔德后来说,他根据辉煌的琐事创作出文学作品,不过,这是一种特别的琐碎,颠覆了那些公认的模式。圣奥古斯丁曾回忆起年轻时代的祈祷:"让我做个好人吧,但目前先不要。"诸如"除了诱惑之外我什么都能抵抗"的话就跟圣奥古斯丁的祈祷一样对伪善具有摧毁性。不过,在缺乏感知力的文字游戏中,这种话语或许很快就会丧失其尖锐性。譬如,希钦斯似乎再现了道格拉斯的真实语言——或类似语言——关于在一个亲戚的葬礼上发笑的事情,当时雷吉勋爵说,"我压抑着自己超越眼泪的悲痛,结果我的亲戚说我冷酷无情!"他还说过,"我们总是回到自己最初的仇恨。"这是一种倦怠的外表,掩盖着精力充沛的嗜好,通过描述雷吉勋爵对一个男孩的追逐,希钦斯展示了这一点。

起初,王尔德和道格拉斯觉得这本书很有趣。(昆斯伯里读了之后,可不这样认为。)"我不相信希钦斯能写出这么机智的作品。"王尔德写信跟艾达·莱弗森说,他也许是怀疑比尔博姆帮了希钦斯的忙。"心存怀疑的信徒[希钦斯]写出了虚假的福音,他只具有一种才赋,任何肉体之美的灵动都无法改善它。"[25]他给希钦斯发了电报,说秘密已经被公开了,道格拉斯发了另一份电报,诙谐地警告希钦斯要避开未来的复仇。王尔德开始意识到这本书带来的烦扰,火上添油的是,有人谣传是王尔德自己撰写了这本书。他觉得有必要在 10 月 1 日写信给《帕尔摩报》的编辑:

> 先生,请允许我以最着重的口气反驳你们上周四杂志上的那种暗示,即我就是《绿色康乃馨》的作者,自从你们刊登了这篇文章之后,很多报纸都转载了这条消息。
>
> 我创造了那种美妙的花朵。但是,对于这本篡夺了它那异常美丽的名字的中产阶级平庸书籍,简直毋庸置疑,我是没有任何关系的。那种花朵是一件艺术品。那部书却不是。

王尔德正在遭受越来越多的冷遇,这本书对此的贡献虽然不算大,但却是引人瞩目的。它的作者是一个同性恋者,这让它显得更有风味,而且也暗示了它的真实性。在这一点上,希钦斯就跟拉夫洛维奇一样,对王尔德几乎毫不体谅,虽然他们跟他具有同样的癖好。希钦斯对绿色康乃馨进行了嘲仿,拉夫洛维奇撰写了一首抨击它的十四行。

1894 年的夏天,还出现了另一个主要变化。和丈夫一样,康斯坦斯·王尔德早就跟哈查德书店(Hatchard's)的经理阿瑟·L.汉弗莱斯结成了朋友。他们

425

谈到出版一册王尔德的警句集,由康斯坦斯负责挑选(不过王尔德会对它进行全面修订)。* (他们还计划单独出版一册《社会主义制度下人的灵魂》。)然而,在 1894 年,康斯坦斯·王尔德曾经给汉弗莱斯写过两封信,表明她扮演的角色已经超出了编辑一职。第一封信的落款是 6 月 1 日,它证明她对汉弗莱斯充满了热情的崇拜,就像她曾经对自己的丈夫那样。"为了成为你的朋友,也让你成为我的朋友,我或许已超越了得体的界限。"她坦白地讲述了自己不幸的童年,还对自己这样追溯往事心怀歉意。汉弗莱斯则反过来谈到自己的婚姻。她把他称作是"一个理想丈夫",这个措辞在她丈夫的剧本中具有特别的含义。第二封信的落款是在两个多月后的 1894 年 8 月 11 日,其语气就不一样了。第一封信的开头是"亲爱的汉弗莱斯先生",第二封信的开头是"我亲爱的阿瑟"。那一天,他让她如此快乐,他把自己的爱给予了她,她对这些表示感谢。她很高兴地看到,他对她的两个孩子和奥斯卡都是那么友好。[26]康斯坦斯显然是在谈恋爱。她也许跟汉弗莱斯有一段短暂的韵事,不过,夏末和秋天的很多时间,她都不在城里,次年初,她提到自己动了腰部手术,因为她跌倒在泰特街的楼梯上,不得不做这个手术。她在这段感情中获得的喜悦只可能是短暂的。

昆斯伯里大力神

*熄灭火把。把月亮挡住! 把星星挡住!*①

426　　　在这个夏天,昆斯伯里退出了舞台,不过,他做好了准备,要以更堂皇的父爱姿态来争夺王尔德的风头。9 月份,《绿色康乃馨》已经让他感到不安,然后,10

---

　　* 8 月 14 日,汉弗莱斯和王尔德签署了一份合同,道格拉斯是见证人。1895 年 1 月,这本名叫《奥斯卡文献集》的书籍被自费印刷了出来,但是直到 1910 年,人们才出版了它。

　　① 引自《莎乐美》。

月份又发生了两件让他发狂的事。一件至少还在预料之中，1894 年 10 月 20 日，他的第二次婚姻被终审判决无效。第二件事就出人意料了：距终审判决只有两天时，他的长子德拉姆兰里格去世了，他是封号的继承人，虽然也免不了争吵，但在四个儿子中，他是昆斯伯里唯一多少有点尊敬的人。报纸报道说这是一起枪击事故，可人们普遍怀疑是自杀事件。德拉姆兰里格也许是害怕别人对他跟罗斯伯里的关系进行勒索，他父亲早就对这种关系感到怀疑了，跟弟弟不一样，德拉姆兰里格担心由于自己，外交大臣和他本人都会落得身败名裂的下场。昆斯伯里给第一任妻子的父亲艾尔弗雷德·蒙哥马利写了封信，他内心充满了新的怀疑：

1894 年 11 月 1 日

昆斯伯里庄园办事处 克姆劳肯城堡

拉斯韦尔，N. B.

先生

　　既然这场大灾难和不幸的最初激动已经过去，我就写信告诉你，我对**你们所有这伙人**的**评价**。蒙哥马利一家，自以为了不起的同性恋者罗斯伯里，当然还有那个基督教伪君子格拉德斯通，**你们所有这伙人**，其实是你们让我的儿子反对我，导致我们两人的不和，他已经长眠于地下，而他和我自己之间还没有言归于好，愿这一切都归罪于你们吧。这是一种可怕的信息：如果你和他母亲不跟那个坏蛋和犹太朋友［？］安排这件事的话，他就是撒谎者罗斯伯里（我一向这么认为）——

　　无论如何，她［昆斯伯里夫人］默许了这件事，它是同样糟糕的。你们看上去都是一群傻瓜，试图把我撇开，见风使舵，可怜的孩子最终过早地去世了。我在所有这一切的后面嗅出了悲剧的气息，而且已经听到风声，说还会有一个更惊人的悲剧。根据某些事情，我作出了自己的判断，如果事情确实如此，我是所有人中能够帮助他的那个人，而且

也会帮助他——倘若他怀着信任来找我，但那一切都被你们这些人阻

止了——我们已经有一年半多没有碰面或坦率地交谈了。我正在采取

427　正确的方式调查所发生的一切。寻找那个目击事情发生的女人。我已

经耳闻了某件事，它完全可以解释整个事情。

昆斯伯里[27]

他确信自己的一个儿子死于同性恋丑闻，于是下定决心要确保第二个儿子不死于同样的原因。他还不确定对付王尔德的最好办法，但是他决定在《不可儿戏》的首演上进行一次公开示威，首演的时间被安排在 1895 年 2 月 14 日，这个日期是很刺激人的。

王尔德再次感受到跟波西谈恋爱的不适之处。讽刺作品纷纷以他为靶子，而且，他还忍受着波西的反复无常。道格拉斯不喜欢沃辛的房子，他要王尔德在 1894 年 10 月带他去位于布莱顿的格兰德酒店。在布莱顿，他染上了流感，不得不卧床休息，这激发起了王尔德对他的殷切关心，他极有耐心地扮演着朋友、朗读者和看护的职责。四五天后，道格拉斯恢复了健康，他们搬进了寄宿处，这样王尔德就可以继续撰写自己的剧本了。接下来，王尔德又病倒了。波西并不打算扮演看护的角色。于是，王尔德变得无人照料，甚至不能起身喝水，还在半夜承受了道格拉斯一次更加恶劣的大发雷霆。早上，道格拉斯故态重萌，情形如此险恶，以至王尔德觉得自己的人身受到了威胁，他勉强起身下楼，这样一来，要是有必要的话，他就可以呼救了。道格拉斯打包好行李，搬去了格兰德酒店。10 月 16 日，王尔德在四十岁生日时收到了来自道格拉斯的信件，他为自己让王尔德支付了所有旅馆费用而沾沾自喜，并恭喜他还算审慎，知道该下楼："这是你的一个丑陋的时刻，比你想象的还要丑陋。"这封信总结说，"当你走下神坛的时候，你就变得毫无趣味。下一次你病了的话，我立刻就会走人。"王尔德永远忘不掉这些句子。[28]

10 月 19 日，周五，他身体恢复到可以回伦敦了，他打算请乔治·刘易斯写

信给昆斯伯里说，无论何时，他再也不会跟道格拉斯见面了。但是当他在布莱顿乘坐火车前，他读了早报，看到德拉姆兰里格的讣告。他纠结的性格在作品中显得如此有价值，而在生活中却如此具有摧毁性，再一次怀着这样的纠结心情，他突然对道格拉斯只剩下"无限的怜悯"，他通过电报把这话告诉了道格拉斯。于是两人又言归于好。

1894 年末，还发生了另一桩鲁莽的事件。道格拉斯的《酒精灯》曾发起运动，试图让牛津人默许同性恋行为，一个名叫杰克·布洛克萨姆的本科生创办了一份新杂志，继续了这项运动。（《不可儿戏》中借用了他的姓氏。）他跟乔治·艾维斯是朋友，于是到伦敦来跟他讨论这个主意。艾维斯提议把它称作《变色龙》，指的是那种保护色。在艾维斯位于奥尔巴尼 E4 号的房间里，布洛克萨姆被介绍给了王尔德。（奥尔巴尼也曾出现在《不可儿戏》中。）王尔德发现他是一个"美貌异常的本科生"，他答应会把《给年轻人的至理名言》投稿给这份杂志，这是一组警句，第一句是："生命的第一要务就是尽可能地矫揉造作。还没有人发现第二要务是什么。"布洛克萨姆向王尔德和艾维斯出示了他的小说《牧师和牧师助手》，故事中的牧师被人发现跟一个男孩有关系，他在圣餐杯里下了毒，然后对这位年轻的领受圣餐者和自己主持了圣餐礼。王尔德对此只评价说，"在我听来，这个故事太直接了；其中没有微妙差异；它的启示让它略带亵渎的色彩：上帝和其他艺术家多少总是有点晦涩的。不过，它也包含了一些有趣的特质，有时甚至是道德败坏的；这还算像样。"[29]

从另一方面来说，艾维斯却感到惊恐。他做了一件人生中的胆大妄为之举，迄今还没有恢复过来——1894 年 10 月，他在《人道主义者》上发表了一篇文章，反驳了格兰特·艾伦（Grant Allen）在 3 月份《双周刊》上对同性恋的谴责。当时，王尔德曾极力反对他"在自己的事业之始"发表这篇文章。然而，现在王尔德却鼓励布洛克萨姆出版《牧师和牧师助手》，艾维斯认为它本该抬高同性恋，结果却贬低了它。针对这种抗议，王尔德回答说，"你投了颗炸弹，却反对一个爆竹。"[30] 不过，艾维斯是对的。《变色龙》只出版了 1894 年 12 月期，招来了杰

428

罗姆·K.杰罗姆的不利评论,王尔德曾认为杰罗姆的小说《船上三男》(*Three Men in a Boat*)"有趣但不粗俗"。杰罗姆的不利评论发表在12月14日的《今天》上。《今天》建议请警察来管管这事。更重要的是,昆斯伯里拿到了《变色龙》,他以为那篇未署名的小说是王尔德撰写的,因此变得更加激动。

12月底,《理想丈夫》开始进入预演,王尔德坚持全体演员甚至在圣诞节那天也要碰面。对于查尔斯·布鲁克菲尔德来说,这简直太过分了,他不愿记住王尔德的很多台词,所以只答应扮演戏中最微不足道的角色,即戈林勋爵的仆人,就为这角色,他不得不放弃假日,他觉得这对自己特别苛刻。"你不过圣诞节吗,奥斯卡先生?"他问。"不过,布鲁克菲尔德,"王尔德回答,"我遵守的唯一宗教节日是七旬斋。你过七旬斋吗,布鲁克菲尔德?""长大之后就再也没过了。""啊,再当一次孩子吧。"王尔德说。[31]

1895年1月3日,这出戏上演了,观众中包括威尔士亲王、巴尔弗、张伯伦和很多政府大臣。他们发出欢呼,要求作者露面,但切尔说,王尔德已经离开了剧院。那之后,王尔德、比尔博姆、切尔和道格拉斯一起去阿尔伯马尔俱乐部吃了饭。

在所有的戏评中,萧伯纳发表在《周六评论》上的文章是最有眼光的。他说,"在伦敦,我是唯一没法坐下来,随意写一部奥斯卡·王尔德戏剧的人。"他尤其欣赏其中的"现代感",指的是"罗伯特·奇尔特恩那段个性宣言和他干坏事的勇气,他藉此来跟他那位愚蠢的好妻子的机械理想主义对抗,还指的是他尖刻地批评了那种认为爱情只是对他人优点之奖励的观点"。他自己会在《芭芭拉少校》中也写到这个主题。

大获全胜之后,王尔德想要帮助乔治·亚历山大排演《无足轻重》*,他请求

---

* 1895年1月,亚历山大在上演詹姆斯的《盖伊·达姆维尔》(*Guy Domville*)时遇到了困难,王尔德曾经跟查尔斯·温德姆签约,让他上演《不可儿戏》,此时,他请温德姆把这部戏卖给亚历山大,这样他立刻就可以赚一笔钱。温德姆当时生意兴隆,于是就同意了,可是他刚卖了剧本,自己的戏就失败了。[32]

道格拉斯允许他待在伦敦，"可是，"王尔德在给艾达·莱弗森的信中干巴巴地说，"他的天性如此美好，所以他立刻就拒绝了。"王尔德没能够留下来，而是展开了一场自己计划已久的旅行，这是伦敦的一位女预言家向他预示的。根据《戏剧》(3 月 1 日)的报道，1895 年 1 月 17 日，他和道格拉斯出发去了阿尔及利亚；王尔德在阿尔及尔和卜利达(Blida)一直待到 2 月 3 日。一封写给罗斯的信中提到，"这里的乞丐轮廓优美，因此贫困的问题很容易就解决了。"[33] 他们也体验了印度大麻带来的乐趣。

关于这次旅行的部分记录可以参见安德烈·纪德的自传《如果种子不死……》。纪德来到卜利达，一个距离阿尔及尔三十英里的城镇，英国人经常为了寻找男孩而光顾这里。他正打算在登记簿上签名，突然惊惶地看到王尔德和道格拉斯的名字已经登记在上面。他还记得，仅仅就在七个月前，他们曾在佛罗伦萨令人不安地相遇，跟他们住在同一个旅馆，这对他来说似乎太丢脸了。他自己的同性恋生活已经开始，但只不过是偷偷摸摸的。他拿起行李，回头向车站走去，却又觉得自己的行为太过荒谬。他返回原地，在旅馆登记了姓名，那之后，他很快就遇见了王尔德和道格拉斯。

当纪德流露出他在当地见到王尔德的惊诧，王尔德说，"我在逃离艺术。我只想膜拜太阳。你注意到了吗？太阳鄙视一切思想，它逼迫思想退后，躲进阴影。一旦思想迁居埃及，太阳就征服了埃及。它长期生活在希腊，太阳就征服了希腊。然后是意大利，接着是法国。今天，所有的思想都被赶回了挪威和俄国，太阳从未抵达那里。太阳嫉妒艺术。"他们共度夜晚，那之后，王尔德和纪德一起回到阿尔及尔，而道格拉斯又一次跟王尔德发生了激烈争吵，他带着一个男孩去了比斯克拉(Biskra)，在那里待了几周。在阿尔及尔，王尔德说，"我对自己有一种责任，就是要以极端的方式娱乐自己。"接着，他补充说，"不是快乐。最重要的是，不是快乐。是愉悦！你必须总是以最具有悲剧性的事物为目标。"他带着纪德去了一家咖啡店，在那里，这位年轻人被一个吹笛子的男孩迷住了。出了咖啡店之后，王尔德问他，"亲爱的，你想得到

430

那个小音乐家吗?"纪德"用最恼火的声音"说是的。王尔德发出纪德所谓的"邪恶的笑声",他为他们做了约会安排。纪德觉得,如今他了解王尔德的常态了。

他们在阿尔及尔一起相处了几天。当他在街道上穿行时,一群小毛贼跟上了他,他跟其中的每一个人都进行了交谈,愉快地观察他们,向他们撒钱。"我希望我已经让这个城市彻底堕落了。"他说。他承认自己不断受到昆斯伯里的折磨。纪德提醒他,"可是如果你回去,会发生什么? 你意识到那种危险了吗?""谁也不知道会发生什么。我的朋友建议我谨慎些。谨慎! 我怎么可能谨慎? 那将意味着后退。我必须尽可能地前进。我没法更进一步了。肯定会有事情发生……别的什么事……"他具有亨利·詹姆斯所谓的"对灾祸的想象"。只有彻底的毁灭才能解决问题。次日,他离开了当地,途中在巴黎停下。他在这里拜访了德加,心情愉快地说,"你知道你在英国有多出名吗?"对此,德加回答,"幸好没有你那么出名。"他向王尔德转述了他在巴黎一家利伯蒂商场(Liberty's shop)开幕式上说过的话,"太多的格调将会把我们引向监狱。"[34] 这两句话都是不吉利的。

《不可儿戏:写给严肃人士的无关紧要的喜剧》还需要再排演几次。此时,亚历山大已经说服王尔德删掉了四幕中的一幕,其中的阿尔杰农差点因欠债而被捕。王尔德出席了一次预演,说,"的确,这是很棒的一出戏。我记得,我自己写过一部很类似的剧本,不过它甚至比这出戏还要出色。"[35] 随着首演的临近,王尔德偶然听说,昆斯伯里正计划在首演之夜进行示威,是一个跟王尔德和昆斯伯里都认识的人把这事告诉了王尔德,于是,王尔德警告了亚历山大,亚历山大取消了昆斯伯里的戏票,还安排了警察到场。那个情人节之夜恰巧天寒地冻。王尔德到场了,照艾达·莱弗森的说法,他打扮得"既华丽又有所节制",绿色康乃馨等等一应俱全。每个人都来了,除了昆斯伯里侯爵和道格拉斯,后者还在阿尔及尔。每个人都喜欢这场戏,除了萧伯纳,他认为戏里都是废话,没有精髓。

感谢上帝,幸亏有那些废话。*《纽约时报》并没有表扬王尔德的习惯,却在次日　431
宣称,"可以说,奥斯卡·王尔德终于把自己的敌人踩在了脚下,而且只用了
一招。"

　　所有的敌人,除了一个之外。怀着深藏的绝望和恐慌,王尔德为下一幕做好
了准备,在这一幕中,邪恶将会伪装出父爱和社会秩序的样子,善良勉强去应对
作为罪犯的羞辱形象。王尔德一向认为,真正的"禽兽"不是那些表达自己欲望
的人,而是那些试图压制他人欲望的人。他曾经剖析过这个社会的伪善,如今,
伪善开始转而反对他。维多利亚精神已经做好了扑袭的准备。

注释

　　[1] *Letters*, 358; Lady W, letter to Wilde, 29 Mar 1894（Clark）.

　　[2] Wilfrid Scawen Blunt, *My Diaries*, pt. 1（N. Y., 1921）, 145-6.

　　[3] *Letters*, 352.

　　[4] Ricketts, *Self-Portrait*, 124.

　　[5] Arthur Roberts, *Fifty Years of Spoof*（1927）, 64.

　　[6] The scenario of *The Cardinal of Avignon* is given in Mason, 583-5. An earlier version, written in 1882, is at Dartmouth.

　　[7] Swanwick, 68.

　　[8] C. Dyett, 10 Glycena Road, Lavender Hill, [London] S. W., letter to Wilde, 28 Apr 1891（Clark）; Saltus, 18; Gertrude Pearce, letter in a Wilde notebook owned by Malcolm Pinhorn.

　　[9] George Santayana, *The Middle Span*（N. Y., 1945）, 60.

----

* 在剧本结束处的军事名单中,有一个名叫马克斯博姆的人,是跟比尔博姆开的私人玩笑。马
克斯称赞这出戏是一部杰作。在他收藏的这个剧本上(上面有王尔德的题词),第一幕第一段的边上
写着:"多么绝妙的开头! 你立刻就被吸引了——而且心理上做好了准备。参见《哈姆雷特》! ——
戏剧天才撰写的剧本。"他认为,在最后一幕中,普丽丝姆露面的场景是"有史以来最有趣的场景之
一"。他根据自己对首演的记忆,在剧本上记录了两段王尔德已经忘掉的话:在第一幕的结尾处,杰
克说,"哦,那是胡扯。阿尔吉,你除了胡扯什么都不会说。"对此,阿尔杰农回答说,"人人皆在胡
扯。"比尔博姆说,这番话应该继续下去,"何况,我喜欢胡扯。"他还更正了第二幕中普丽丝姆对塞西
莉说的话:"你可以省略关于卢比贬值的一章。它有点哗众取宠了。甚至这些金属问题也有它们戏
剧性的一面。"比尔博姆更喜欢他记忆中原稿上的这最后一句话,"对于一个年轻女孩来说,这有点太
不合常规了。"[36]

［10］See Ross, letter to Frank Harris, 17 May 1914 (Texas).

［11］*Letters*, 435.

［12］Rupert Croft-Cooke, *Bosie*(Indianapolis and N. Y., 1963), 97.

［13］*Letters*, 446.

［14］Croft-Cooke, 98.

［15］*Letters*, 445.

［16］Berenson papers (courtesy of Professor Ernest Samuels).

［17］Gide, *O. W.*, 29.

［18］*Letters*, 446; unidentified newspaper clipping (Ross Collection, Bodleian).

［19］*Letters*, 438, 446; Harris, 132.

［20］Douglas, letter to Ross quoted in *Daily Telegraph*, 19 Apr 1913.

［21］［Raymond and］Ricketts, 15; P. P. Howe, *Dramatic Portraits* (1913).

［22］Ross, interview with Wilde, *More Letters*, 196.

［23］Cecil, *Max*, 321.

［24］Leverson, 31.

［25］*Letters*, 373.

［26］Constance Wilde, letters to Arthur Humphreys (Hyde Collection).

［27］Queensberry letter in my possession.

［28］*Letters*, 438-9.

［29］Ibid., 379.

［30］Ives journal (Texas).

［31］O'Sullivan, 106.

［32］Charles Wyndham, letter to ［H. A.］Jones, 18 Feb 1895 (Hart-Davis); *Letters*, 418-9n.

［33］*Letters*, 381; *More Letters*, 129.

［34］Gide, 'Si le grain ne neurt,' 581-96; Daniel Halévy, *My Friend Degas* (1966), 84-5.

［35］Pearson, *Life of O. W.*, 257.

［36］Beerbohm's copy of *The Importance of Being Earnest*, with his MS. notes, is in the collection of Sir Rupert Hart-Davis.

奥斯卡·王尔德传

逆流，1895—1900

〔美〕理查德·艾尔曼 著　萧易 译

广西师范大学出版社
·桂林·

年轻时代的王尔德夫人
（Courtesy of the William
Andrews Clark Library）

年轻时代的威廉·王尔德爵士，
出自 1847 年 J.H. 马奎尔绘制的
肖像画（Courtesy of the William
Andrews Clark Library）

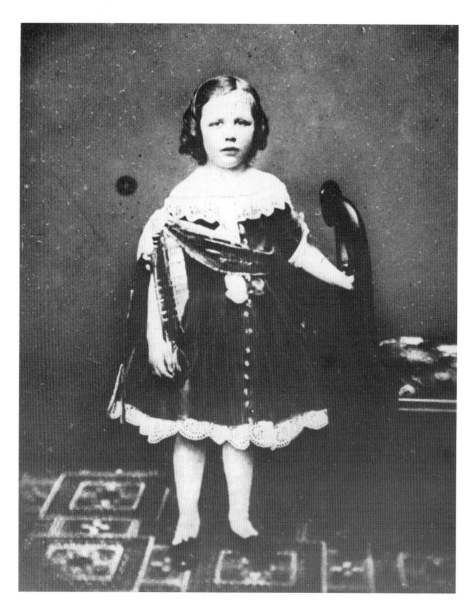

儿童时期的王尔德（Courtesy of the William Andrews Clark Library）

J. 莫罗西尼绘制的王尔德夫人肖像
（"斯波兰萨"）

王尔德的同父异母哥哥亨利·威尔逊
（Courtesy of the William Andrews Clark
Library）

左：牛津第一年的王尔德（站立者），摄于 1875 年。他的哥哥威利正好走访牛津，位于最右边，他的朋友 J.E.C. 博德利在左边。

下：牛津第二年的王尔德（Courtesy of the William Andrews Clark Library）

弗洛伦丝·巴尔贡博，王尔德的初恋

牛津莫德林学院的聚会，王尔德站在右边
（Library of Congress，Kaufmann Collection）

罗斯金的筑路者在牛津大学旁边的费里欣克西工作（Oxford City Library）

王尔德（左边）身穿鲁珀特王子的服饰；1878 年 5 月 1 日，他身穿这套衣服参加了一场化装舞会（Courtesy of The Hyde Collection）

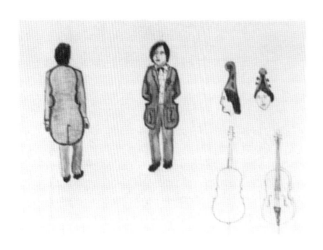

王尔德的大提琴外套；1877年5月1日，他身穿这套服饰参加了新格罗夫纳画廊的开幕式；根据露西·艾尔曼的想象绘制

1877年4月，在希腊旅行中身穿希腊服饰（Courtesy of The Hyde Collection）

王尔德最喜欢的两幅绘画：圭多·雷尼绘制的《圣塞巴斯蒂安》（上，Palazzo Rosso，Genoa）和乔治·F.沃茨绘制的《爱神与死神》（右，City of Bristol Museum and Art Gallery）

詹姆斯·迈克内尔·惠斯勒
（Library of Congress）

惠斯勒绘制的漫画，讽刺
王尔德是头猪（University
of Glasgow，Birnie Philip
Bequest）

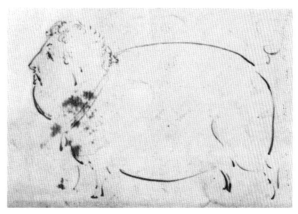

拿破仑·萨朗尼为王尔德拍的照片，1882 年 1 月摄于纽约（Library of Congress）

王尔德肖像，绘制于 1883 年，当时他戏剪了尼禄式的卷发

年轻的索福克勒斯在萨拉米斯战役后指挥合唱队，由约翰·多诺霍制作 (Art Institute of Chicago)

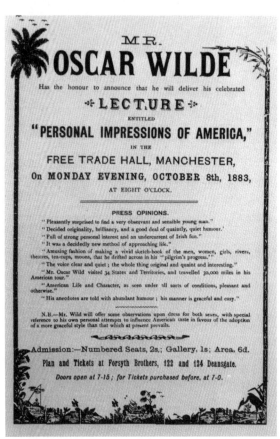

王尔德 1883 年在美国演讲的广告传单

康斯坦斯和西里尔 · 王尔德，摄于 1889 年 11 月

（Courtesy of the William Andrews Clark Library）

约翰 · 格雷（Courtesy of the Reverend Brocard Sewell, O.P., and of the Reverend Bede Bailey, St Dominic's Priory）

雷金纳德 · 特纳（Courtesy of The Hyde Collection）

罗伯特 · 罗斯（Courtesy of The Hyde Collection）

莉莉 · 兰特里和萨拉 · 伯恩哈特，摄于 1887 年（Library of Congress）

王尔德和孩子的蚀刻画，孩子可能
是画家的儿子，由詹姆斯·爱德
华·凯利绘制于 1882 年（Author's
collection）

1885 年夏天在怀特岛

艾尔弗雷德·道格拉斯勋爵（后排中间）跟同学在温彻斯特公学，大约摄于1890年

王尔德和道格拉斯在菲尔布里格，靠近诺福克的克罗默，大约摄于1892年9月

王尔德，约摄于 1891 年（Courtesy of the William Andrews Clark Library）

艾尔弗雷德·道格拉斯勋爵

王尔德，约摄于 1894 年（Courtesy of the William Andrews Clark Library）

"彻韦尔河上的颓废之梦"：1893 年 5 月，牛津的《新摇鼓》上刊登的关于王尔德和道格拉斯的讽刺画

王尔德和道格拉斯在牛津，约摄于 1893 年（Library of Congress，Kaufmann Collection）

弗兰克·哈里斯，由A.L.科伯恩拍摄（Courtesy of the International Museum of Photography at George Eastman House）

罗伯特 · H. 谢拉德

奥布里 · 比亚兹莱，由威廉 · 罗森斯坦绘制（Courtesy of Sotheby's，London）

安德烈 · 纪德，摄于 1891 年

昆斯伯里侯爵，刊登于 1896 年的《脚踏车群体画报》

头戴大礼帽的王尔德讽刺画，由惠斯勒绘制（Courtesy of the Hunterian Art Gallery；Uiversity of Glasgow，Birnie Philip Bequest；and Weidenfeld Archves）

打扮成女性的王尔德讽刺画，由艾尔弗雷德·布莱恩绘制（The Raymond Mander and Joe Mitchenson Theatre Collection）

王尔德诸态，马克斯 · 比尔博姆绘制

王尔德讽刺画像，比尔
博姆绘制

被告席上的王尔德素描，由拉尔
夫·霍奇森绘制（"尤里克"）

上：《不可儿戏》的戏单

下：乔治·亚历山大扮演约翰·沃辛，萝丝·勒克莱尔扮演布拉克内尔夫人，场景源自 1895 年的初演（Courtesy of The Hyde Collection）

亨利·德·图卢兹-罗特列克笔下的王尔德（Collection Guillot de Saix，H. Roger Viollet，Paris）

迪耶普附近的小村落贝尔纳瓦勒，1897 年离开监狱后，王尔德在此地居住数月

上：1897 年，王尔德和艾尔弗雷德 · 道格拉斯勋爵在罗马
　　（Courtesy of the William Andrews Clark Library）
下：1897 年，王尔德拜访罗马的圣彼得大教堂
　　（Courtesy of the William Andrews Clark Library）

1900 年 4 月，罗马，在卡比托利欧广场的马可 · 奥勒留的骑马雕像前

1897 年，在海德堡的康斯坦斯 · 霍兰德，已改名

1900 年 11 月 30 日，去世的王尔德躺在临终之榻上，由莫里斯 · 吉尔伯特摄影

王尔德的纪念碑，由雅各布·爱泼斯坦制作，在巴黎拉雪兹墓地
（photograph by Jack Oppenheim）

羞辱

第十七章　"我是这个案件的起诉人"

人生的真正悲剧经常以一种难以言喻的方式出现,它们对人有所损害,因为它们付诸粗糙的暴力,前后根本不连贯,无意义到了荒谬的地步,而且根本没有风格可言。①

压力渐增

"所有的审判都是对人生的审判。"在审判结束,他已经被这些人彻底摧毁 之后,王尔德会说出这样的话来。[1]不过,这是一个具有他本人风格的悖论,即第一场审讯并不是审讯他自己,而是他起诉了昆斯伯里,但昆斯伯里的生活并没有这么危险。昆斯伯里九世约翰·肖尔托·道格拉斯是一个非常富裕的人。他即便输上十几场诽谤官司也不会畏缩,毫无疑问,无论法庭怎么判决,他都还会继续烦扰王尔德。王尔德之所以热衷于诉讼,体现的是他焦虑而不是愤慨的心情。这场官司结束了两年的挑衅。当然,从昆斯伯里的角度看来,他是受害者,而不是挑衅者。虽然他一再威胁说要去伦敦警察厅举报他们,王尔德和道格拉斯却

---

　①　引自《道林·格雷的画像》。

还是继续双双露面,对他报以奚落态度。从王尔德的角度看来,一个粗人和恶棍想要支配他的行动,这是无法忍受的。此外,他跟道格拉斯的生活,包括公开他们的浪漫热情,反映了他试图迫使一个虚伪的时代接受他的本来面目。

言语辱骂是王尔德习以为常的事情,在他四十年人生忍受的那些攻击中,很少有造成真正损失的。他经受住了美国和英国媒体对他的唯美主义文艺复兴的嘲讽。惠斯勒一度指控他犯下了纯粹的文学罪行,即剽窃,不过他熬过了这种指控,证明自己是一个具有原创精神的天才。随着他的结婚,关于他的同性恋倾向的很多谣言都消失了,不过,他容易做那些招人厌恶的事情,他撰写的《道林·格雷的画像》和《W. H. 先生的肖像》引发了更多的谣言。甚至连莉莉·兰特里这一次也发表了反对他的言论。人们通过文学作品对他进行抨击,包括 1881 年的《上校》和《佩辛丝》,1892 年的《诗人和木偶》,1894 年的《绿色康乃馨》。如果说有人谴责他矫揉造作,喜欢自夸和过于阴柔,他会依靠自己的才智和文雅挫败他们。毕竟,有那么一两个小时,甚至连昆斯伯里也被他迷倒了。

王尔德似乎忽视了自身的脆弱。他相信自己在政界和文学界的很多朋友会对他保持忠诚。对于其中的一些朋友,他连谨慎都懒得做到。所以他曾对女演员艾梅·劳瑟说,"艾梅,你要是个男孩就好了,我就可以爱你了。"爱伦·特里天真地说,"奥斯卡,你不会是说真的吧?"出现了一种令人尴尬的沉默,亨利·欧文不得不在事后跟她作一番解释。[2] 他对性交易的看法在他那个阶级中是很常见的。他不觉得他跟男孩之间的行为有什么大不了。除了雪莱之外,其他的都是男妓,可以购买或出售。男孩子们知道王尔德对他们很好,但试图让他对他们更好一些。至于道格拉斯,王尔德有权觉得自己是道德高尚的,而不是相反。王尔德早就不跟道格拉斯做爱了,他或许觉得他们之间的感情类似于希腊理想中的感情。王尔德采取努力,试图阻止道格拉斯的过分行为,还数次把他从困境中解救出来。在王尔德看来,如果说有人毁了波西,那就是他的父母。甚至还处于婴儿期,昆斯伯里就因为波西体质虚弱而对他不屑一顾,为了应对父亲对孩子的欺辱,昆斯伯里夫人宠坏了他。昆斯伯里是不守规矩的,虽然他喜欢规矩。

王尔德不太可能预料到自己行为的结果,虽然自从童年期,他就有种厄运感。他既觉得自己会走运,又觉得自己会遭遇不幸。他的天性逐渐舒展,让他变得鲁莽轻率,不祥的预感也越发浓重。他获得的第一次成功是《拉文纳》,这首诗描述了一个从辉煌中陨落的城市。他的序诗《唉!》预示着他可能会失去"一份灵魂的遗产"。他首先创作的是悲剧主题,然后才是喜剧主题。作为一个谴责牺牲的人,他撰写的戏剧中充满了牺牲。薇拉为了拯救沙皇而死,吉多试图靠一死来挽救公爵夫人,不料她也为此死了。艾林太太为女儿牺牲了自己,正如阿巴斯诺特为儿子牺牲了自己。快乐王子牺牲自己是为了帮助穷人;牺牲跟自杀相去不远。在《道林·格雷》中,男主角和西比尔·文恩都自戕了,尽管道林的做法更晦涩。即便王尔德没有那么希腊化,他也知道做事过火会引来涅墨西斯①。

他起诉昆斯伯里犯有刑事诽谤罪,这是一系列法律谋略的结果,而不是开端。1894 年 5 月,他曾就起诉的事情咨询过汉弗莱斯,7 月份又咨询了一次。昆斯伯里也请教了别人。1894 年夏天,王尔德写给他儿子的一些充满热情的信件落到了他手中,尤其是那封海辛瑟斯的信件(要么是原件,要么是抄件),还有一封 1893 年 3 月的信件,说,"你就是我想要的神呢,优雅和魅力的人儿。"王尔德买回了其他的信件,但不是这几封。昆斯伯里的律师劝告他说,仅仅这些信件不足以证实王尔德犯有鸡奸罪,于是他辩解说,王尔德装出一副鸡奸者的样子,这并不一定意味对方犯有这种罪行。他还可以提出自己作为父亲拥有这种特权。即便昆斯伯里从感情上算不得一个父亲,从事实上他也还是一个父亲,而且,他充分地利用了这个角色。他的热血沸腾,决定要让王尔德为他看上去做过的事情付出代价。他要通过自己跟当权者的关系保护儿子免受类似的指控。他的儿子和头衔继承人去世了,他的婚姻被宣告无效,他对这些事情记忆犹新。如果能够摧毁王尔德这种人的公认名声,他就可以重塑自己的名声,就像哈尔亲王说过的那样,如果能够征服霍茨波,他就会威名重振。②

437

---

① 涅墨西斯(Nemesis),希腊神话中的复仇女神。

② 哈尔亲王是莎士比亚戏剧中的人物,后来成为亨利五世,霍茨波是他的敌手。

从阿尔及尔分别返回之后,在接下来的数周中,王尔德和道格拉斯讨论了这种情形。迄今为止,他们告诉家庭的其他成员说,昆斯伯里只不过是受了幻想的摆布,这些家庭成员包括波西的哥哥珀西(霍伊克的道格拉斯勋爵),他如今成了家中最年长的儿子。王尔德敦促道格拉斯把实情告诉他哥哥,但是道格拉斯虽然鲁莽,却并不勇敢,他拒绝这么做。他建议还是跟过去一样维持现状。到了这时,王尔德已经彻底离开了家庭。1 月 28 日,康斯坦斯不得不跟罗斯联系,请王尔德从阿尔及尔回来后给她点钱,因为她打算去托基住一个月。3 月 12 日,她还是不知道丈夫的地址。三天后,她为罗斯给了她地址向他致谢。她之所以不清楚王尔德的下落,是因为他在回避她。

这段时间里,他在皮卡迪利的埃文代尔旅馆租了房间。道格拉斯过来跟他同居,立刻就积欠下大笔的账单。王尔德显然感到心神不宁。昆斯伯里被《不可儿戏》的首演拒之门外,他被迫满足于把一束蔬菜搁在后台门口,而不是按照原计划发表公开谴责。他再次咨询了汉弗莱斯,2 月 28 日,汉弗莱斯写信说,他无法做任何事,因为亚历山大和他的工作人员都没有给出证据。道格拉斯打算让一个年轻人也住在旅馆里,由王尔德买单,王尔德拒绝了。道格拉斯生气地带着那个朋友离开了埃文代尔旅馆。接下来是一系列谴责王尔德为人怯懦的信件。

陷　阱

> 在你跟父亲的仇恨之战中,我既是你的盾牌,
> 又是你的武器。

438　　王尔德收到第一封信的时间是 1895 年 2 月 28 日,周四上午,当时他正准备出发去离旅馆不远的阿尔伯马尔俱乐部。俱乐部不再能够让他免受父亲的骚

扰,正如旅馆不能够让他免受儿子的骚扰。昆斯伯里侯爵在十天前留下了卡片,俱乐部大厅里的行李搬运工西德尼·赖特立刻就把它交给了王尔德。赖特辨认不出卡片上的词语——没人能够准确地辨认出来——但是他知道那是一种侮辱,他在卡片后面记下收到卡片的细节,即 2 月 18 日的四点半。王尔德或许认为这些词的意思是"给男妓和鸡奸者奥斯卡·王尔德"。他并没有对昆斯伯里的贵族式拼写错误一笑置之,而是认为昆斯伯里又一次重演了他在泰特街的指控,只不过这一次不但是书面的,还是公开的。昆斯伯里实际上写的是"给看似鸡奸者的奥斯卡·王尔德",不过,在法庭上,他说那些词语是"摆出鸡奸者的样子",这是一个比较容易辩护的指控。[3]他留下卡片是为了跟王尔德见面。王尔德却受到了超乎这个问题的刺激。

对于王尔德来说,这张卡片的重要性在于,昆斯伯里没能够侵扰他的剧院,却开始侵扰他的俱乐部。他没有指望把这件事情限制在私人通信的范围内,或仅限于小圈子的人知道。王尔德为自己感到难过,这是可以理解的,一小时前,他收到了一封来自儿子的信件,接着又收到了来自父亲的留言,两者都一样刻薄。"我觉得自己身处凯列班和斯波鲁斯①之间。"他后来写信给艾尔弗雷德·道格拉斯说。[4]他回到旅馆,想要逃到巴黎去,他以前就这样做过。可是旅馆经理得知他的意图后,说他必须先支付账单,否则的话,他的行李就会被扣下。王尔德手上没有钱,他觉得自己被困住了。

他内心更多的是恼怒,而不是绝望。必须阻止昆斯伯里进行这些荒唐的攻击。他写信给道格拉斯,请他在周五早上来拜访自己,不过,在给罗伯特·罗斯的信件中,他更详实地写出了自己的想法:

> 最亲爱的博比,自从我上次见过你之后,又发生了事情。波西的父亲在我的俱乐部留下一张卡片,上面写着可骇的词语。除了刑事起诉

---

① 斯波鲁斯,罗马皇帝尼禄的男宠。

之外,我觉得别无选择了。我的整个人生似乎都被这个人摧毁了。这

个邪恶的家伙在冲击象牙塔。我的人生被倾泻在沙子上。我不知道该
做什么。如果可能的话,请在今晚十一点半来这里。我总是利用你的
爱和友善,给你的生活添乱。我已经请波西明天来拜访我。永远属于
你的

奥斯卡[5]

他写信给乔治·刘易斯,想咨询他的意见,但是刘易斯提醒王尔德,他已经受雇
于昆斯伯里。后来,刘易斯说,如果他能够不受限制地给王尔德出主意的话,他
会让他把昆斯伯里的卡片撕掉,忘了这件事。

罗斯在当天夜里来访,他力劝王尔德不要采取行动,可是王尔德坚持要干这
件事,他就建议他再去咨询汉弗莱斯。王尔德同意了,上午,他带着道格拉斯去
了律师接待室。道格拉斯一副喜气洋洋的样子;他父亲用书面形式表达了自己
的指控,如今就可以起诉他了。面对这位朋友的热情,王尔德开始心存怀疑,不
过,他无法抗拒道格拉斯的狂热。"我们遇到的正是我们害怕的事情。"他说。
汉弗莱斯既表现出了他的机会主义,也表现出了他的天真。他意识到这是一个
引人瞩目的案件,他看出一个名人渴望在法庭上跟另一个名人较量,于是敦促王
尔德起诉。我们不能轻易放过他的责任,因为他一定知道罗斯是同性恋,而王尔
德是罗斯引介来的,他还目睹了眼前的道格拉斯和王尔德之间的极为亲密的关
系。他选择对此不抱怀疑态度,虽然他问了些例行的问题,获得了得体的回答。
后来,王尔德说,"让我感到憎恶的,是那种回忆,是对律师汉弗莱斯的没完没了
的拜访,由我出钱,你也在场,在一间映照着惨白强光的黯淡房间里,你和我表情
严肃地坐在那里,对一个秃顶的人说着严肃的谎话,直到我真的开始抱怨,因**倦
怠**而打起了哈欠。"后来,他对汉弗莱斯不屑一顾,认为他是一个"会夸口、威胁
和撒谎"的人,不过,汉弗莱斯并不是唯一的撒谎者。罗斯提出可以把真相告诉
汉弗莱斯和霍伊克的道格拉斯勋爵,后者是富有同情心的;可是王尔德和道格拉

斯绝对不接受这种提议。[6]汉弗莱斯假定自己的顾客是无辜的,他宣称对昆斯伯里的起诉一定会获胜。他是一个满怀希望的人。到了这时候,王尔德已经丧失了最初的动力,他打出了一张最后的王牌,指望这张王牌能起到决定性的作用,即他没有钱。波西决定要让他把事情继续下去,他宣布说,他哥哥道格拉斯勋爵和昆斯伯里夫人将会很愿意为此付钱。在整个昆斯伯里家族的驱使下,王尔德失去了撤退的机会。3月1日,汉弗莱斯和道格拉斯护送他乘上了一辆四轮马车,他的纽扣孔上还插着一支白色的花朵,马车把他们带到了马尔伯勒街警察局。他宣誓说自己的指控属实,从而获得了逮捕昆斯伯里的证件,那之后不久,警察就前去逮捕昆斯伯里了。侯爵被带到了马尔伯勒治安法庭,被控散布了针对王尔德的诽谤。

在某种程度上,王尔德之所以沦为牺牲品,不但是出于昆斯伯里父子的故意,也出于他自己的故意。他倾向于自我背叛(在《人类赞歌》中,他认为人类普遍具有这种特性),但这种自我背叛并不彻底。他把它看成是潮涨,然后会有潮落。牺牲品的角色——塞巴斯蒂安或玛尔叙阿斯①——只不过是若干角色之一,别的角色还包括花花公子和享乐使徒,他目睹自己经历这一切。在他轻浮地对待天主教时,他提出要去拜访纽曼主教,"略微再灼伤一下我的手指"。他一方面招来了毁谤,另一方面又在这个过程中丧失了勇气,于是想要或几乎想要在最后关头当逃兵。然而,他身处的时代热心到了出人意料的地步(像大多数时代一样),他还没来得及做出选择,就已经失去了选择权。于是,他跟他父亲一样,落了个丢脸的下场——同样被卷入了诽谤诉讼——甚至比他父亲更丢脸,他实现了那种三心二意的愿望,毁掉了自己热爱的成功。这种冲动想要摧毁自己所爱的事物,这个事物或许就是他自己,或许是别的什么。如果人们以为它出现在王尔德名誉扫地之后,那就错了。在《雷丁监狱之歌》中,杀害爱人的行为在很大程度上是故意所为,在《莎乐美》中也是如此,不过,在其他作品中,就像阿

① 塞巴斯蒂安是罗马皇帝的近卫队长,因为皈依基督教而殉教,据说他也是皇帝喜欢的男性;玛尔叙阿斯是希腊神话中的森林之神,跟阿波罗挑战笛艺,被阿波罗剥皮处死。

瑟·萨维尔勋爵一样,王尔德怪罪的是命运,不是自己的意志。我们天生就是自己的敌人。"在出卖的嘴唇和被出卖的嘴唇。"我们追求那些下意识想做的事情,而在意识清醒的情形下,我们会害怕它们。一方面是炫耀,另一方面是逃离,王尔德无法做到行动一致。

诽谤诉讼

我盲目地蹒跚着,就像一头牛走进了屠宰场。①

于是,事情开始进入法律程序。汉弗莱斯代表王尔德出庭,乔治·刘易斯爵士代表昆斯伯里初次出庭,这也是他唯一的一次出庭,他说侯爵认为自己行为正当。法庭问王尔德,"你是剧作家和作家吗?"他轻快地回答,"我相信我在这方面的能力是众所皆知的。""请只针对问题作出回答。"治安法官告诫他。这是一个不祥的开端。法官问昆斯伯里有什么话要说,他回答,"阁下,我只想说。我写下那张卡片,只是为了让事情有个了结,否则的话,我就见不到王尔德先生,没法拯救我的儿子,对于我写的东西,我愿意承担后果。"为此,法官认为他应该接受刑事法庭的审讯。

441　　这个案件延期了八天。3月7日,王尔德在妻子和道格拉斯的陪伴下观看了《不可儿戏》。王尔德太太的眼中含着热泪。[7]* 到了3月9日的庭审时,刘易斯已经信守了诺言,出于跟王尔德的友谊,他退出了官司,一位高级律师代替了刘易斯。他就是爱德华·卡森,即王尔德在都柏林圣三一学院的同学,他是一个

---

① 引自《来自深渊》。
* 康斯坦斯·王尔德在此期间写了一封给玛丽·贝洛克·朗兹的信件:"我们都很想来拜访你的朋友——奥斯卡送上他的爱意——但是你也许在报纸上看到了,我们眼下都非常担心,我觉得我们现在没法出门。"[8]

非常擅长法庭辩论的人。* 卡森一年前才获得英国的律师资格,不过他已经开始为人所知。根据卡森的传记作者的说法,当王尔德得知对方的律师是卡森时,他起初的话是,"反诘我的人会是老内德·卡森",仿佛现在他就什么都不怕了。不过,C. O. 汉弗莱斯的儿子特拉弗斯·汉弗莱斯记得,王尔德跟他说过,"毫无疑问,他在执行任务时还会添上一份老友的敌意。"[10] 多年前,在玛丽·特拉弗斯的案件中,艾萨克·巴特跟简·王尔德的关系也是如此。没有什么比法庭更容易泯灭人与人之间的惺惺相惜了。

说句公道话,卡森起初并没有立刻就接下这个案子。昆斯伯里的新律师查尔斯·罗素想要聘用他担任出庭律师,可是卡森一度反对说,王尔德是他的爱尔兰同胞,而且跟他是大学校友。不过,他还画蛇添足地提出了另一个理由,说这个对抗王尔德的案子证据实在不足。罗素心领神会,于是努力去为该案寻找证据了,与此同时,他并没有跟其他出庭律师联系。他们从出人意料的地方获得了帮助。查尔斯·布鲁克菲尔德和查尔斯·霍特里两人都曾经从王尔德的职业中获益,他们出演过他的戏剧,还创作过戏仿体作品《诗人和木偶》,这两人提供了关于他那些年轻朋友的信息。与此同时,私人侦探们正在伦敦四处寻觅,其中一个名叫利特尔约翰的人恰巧拜访了伦敦西区一家受警察监视的商店。一个妓女被问及生意如何,她说生意非常糟糕,因为在奥斯卡·王尔德的影响下,那些男孩都来竞争男性顾客了。这个侦探急切地追问进一步的信息,回答是,"你所要做的就是,闯进小学院路 13 号的顶楼公寓,你就能找到你所需要的一切证据了。"他去了那里,一位老妇人试图阻止他入内,他硬是从她身边挤了进去。他来到艾尔弗雷德·泰勒的寄宿处。在这个公寓里有一个类似文件匣的盒子,里面盛有王尔德交往过的男孩的名字和地址。据此,他找到了威廉·艾伦和罗伯特·克利伯恩,他俩藏在布罗德斯泰斯

442

---

* 雷吉·特纳自己就是一个年轻的出庭律师,他建议王尔德聘请克拉克和卡森代表他担任主要辩护人,再聘请吉尔和马修斯担任次要辩护人。卡森和吉尔已经被昆斯伯里雇用了,王尔德聘请了马修斯、克拉克和特拉弗斯·汉弗莱斯。[9]

（Broadstairs），很快又找到了伍德、沃尔特·格兰杰、阿方索·哈罗德·康韦和其他人。根据乔治·艾维斯的说法，这些年轻人被隔离在一幢房子里，遭到恐吓，要他们提供不利于王尔德的证据。[11]

带着这些新信息，还有一些别的头绪，罗素又来请卡森担任出庭律师。卡森仔细思量了一番。那些细节很是令人作呕，但又足够丰富，他知道自己会大获全胜。校友的感情在清教徒的道德观面前黯然褪色。他最后又咨询了前任大法官索尔兹伯里勋爵，索尔兹伯里勋爵力劝他接受这个案件。于是，他最终接下了案子。王尔德和道格拉斯颇为自信，他们一点也不知道对方已经找到了新证据。道格拉斯甚至想办法劝服王尔德带他去了蒙特卡罗，虽然他说王尔德已经让他戒除了赌瘾，但他还是在赌台面前缴了械，王尔德独自坐在那里，心神不宁的样子。他们在 3 月 13 日出发，离开了一周或一周多的时间。《观察家》上的一篇文章说，根据其他客人的要求，他们在蒙特卡罗被赶出了旅馆。[12] 一回到伦敦，他们就跟汉弗莱斯讨论了案件，汉弗莱斯建议他们找一个有名望的证人，让他证明《道林·格雷》不是一部道德败坏的书籍。于是，王尔德去拜访了弗兰克·哈里斯，时间大概是在 3 月 23 日，那是一个周六。哈里斯证明自己是个真正的朋友；他将会根据王尔德的要求作证。但是他向王尔德询问了关于这个案子的情况，王尔德解释说，昆斯伯里不但会提供他的正式文学作品作为证据，还拿到了王尔德写给道格拉斯的一些信件，虽然王尔德曾试图花钱买回它们。哈里斯不需要再继续听下去了。他劝告王尔德说，这个案子肯定会不利于他，即便他是有理的。没有哪个陪审团会宣告一个保护儿子的父亲有罪，那些信件将证明道格拉斯是需要受保护的。"你肯定会输掉官司，"他警告说，"你一点机会都没有，而且英国人喜欢痛打落水狗——**这就是败者为寇！别干自杀的事情。**"他的话把王尔德吓得够呛，他同意在周日晚上再跟哈里斯好好谈一下。周日白天，哈里斯粗略考察了一下各种人对此事的看法，包括检察官办公室的某个人。人们对王尔德的敌意是压倒性的；大家普遍认为昆斯伯里的指控属实。写给道格拉斯的信件，外加王尔德支付了别人勒索的款项，这两件事被认为是重要的证据。哈里斯力劝王尔德说,作为著名文人,他无权刺激执法机关对他进行严厉的惩罚,从而让时代倒退五十年。

两人同意第二天在皇家咖啡屋再次碰面,哈里斯已经在那里安排了跟《周六评论》撰稿人的共餐活动,其中包括萧伯纳。王尔德问是否可以把道格拉斯带来,哈里斯没有表示反对,不过,他一个人来了。萧伯纳和哈里斯还没有吃完午餐。萧伯纳提出先走一步,但王尔德让他留下。王尔德请哈里斯为《道林·格雷》的杰出艺术特性作证。哈里斯认为这个要求是不相干的,所以没有理睬。他不回答王尔德的问题,而是精确地预言了接下来要发生的事情。如果王尔德不撤诉的话,他肯定会输掉官司。如果他撤诉的话,他可以立即去巴黎,必须带上妻子。他不可能再在伦敦待下去了,因为昆斯伯里不会放过他的。他可以在巴黎写一篇最出色的稿件,投稿给《泰晤士报》,说昆斯伯里佯装出一副好父亲的形象,他觉得没指望获得公正的对待了。哈里斯说完之后,萧伯纳表示赞成,王尔德开始考虑他们的看法。就在那个时候,道格拉斯来到餐桌前。当哈里斯重申他的论点时,道格拉斯越听越不耐烦,于是,照哈里斯的说法,"他那张苍白、恶毒的小脸都变了形,嚷嚷着,'提出这种建议,说明你不是奥斯卡的朋友。'""你是什么意思?"哈里斯问,可是道格拉斯已经转身离开了餐馆。让哈里斯吃惊的是,王尔德被道格拉斯的离去征服了。他也站起身来,"弗兰克,你这么做不够友好,真的不够友好。"他说。"别犯傻,"哈里斯大叫,然而,王尔德带着勉强的愤怒说,"不,这不够友好。"于是,狮子般的王尔德像头绵羊似的跟着道格拉斯走了。[13]

王尔德准备好要为自己的作品进行辩护,包括他写给道格拉斯的信件。不过,还有一道法律程序。根据英国法律的规定,诽谤诉讼的被告人在开庭前就必须列出具体答辩理由。3月30日,昆斯伯里提交了他的答辩理由。4月1日或2日,汉弗莱斯让王尔德和道格拉斯阅读了这份答辩理由,他们肯定觉得它是骇人听闻的。十五条单独的罪状控告王尔德引诱了超过十二个男孩,跟他们发生了鸡奸行为,其中有十个被列出了名字:

1. 爱德华·雪莱,1892 年 2 月到 5 月之间。

2. 西德尼·马弗,1892 年 10 月。(马弗作证说,王尔德没有做任何错事。)

3. 弗雷迪·阿特金斯,1892 年 11 月 20 日,在巴黎。(他的证据被否决了。)

4. 莫里斯·施瓦贝,1892 年 11 月 22 日。(没有作证。)

5. 某些(未列名的)年轻人,1892 年 1 月 25 日到 2 月 5 日之间,在巴黎。

6. 艾尔弗雷德·伍德,1893 年 1 月。

7. 某个年轻人,约在 1893 年 3 月 7 日,在萨沃伊旅馆。

8. 另一个年轻人,在 1893 年 20 日左右,在萨沃伊旅馆。

9. 查尔斯·帕克,1893 年 3 月和 4 月。

10. 欧内斯特·斯卡夫,1893 年 10 月到 1894 年 4 月之间。(没有作证。)

11. 赫伯特·坦克德,1893 年 3 月,在萨沃伊旅馆。(没有作证。)

444

12. 沃尔特·格兰杰,1893 年 6 月在牛津,6 月、7 月、8 月,在戈林。

13. 阿方索·哈罗德·康韦,1894 年 8 月到 9 月,在沃辛;9 月 27 日左右,在布莱顿。

最后两条罪状指出,《道林·格雷》和王尔德发表在《变色龙》(1894 年 12 月)上的格言是伤风败俗的。卡森选择从这两条罪状着手进行辩论。

虽然弗兰克·哈里斯和其他朋友力劝王尔德撤诉,道格拉斯却不断敦促王尔德不要当懦夫。"我做不到,我做不到,"他告诉哈里斯,"你只会用预言灾难的方式来折磨我。"图卢兹-罗特列克当时也在伦敦,他发现,从表面上看,王尔德依然是自信的,对英国公众不屑一顾。然而,他的长篇大论和诉苦泄露了他内心的张力。[14]（他拒绝坐下来当素描模特。）他也许确实接受殉道的理念，但他显然还是宁愿不成为殉道者，这两者之间必须协调一致。他被事务律师、爱人、出庭律师裹挟着仓促前进，乃至到了这样的地步，除了自愿流亡之外，他别无退路，而他憎恶自愿流亡。面对这种选择，他宁愿在雅典受苦，也不愿在底比斯自鸣得意。至少，他会上演一出好戏。

1895 年 4 月 3 日，审判在老贝利刑事法庭开庭，法官是 R. 亨·柯林斯。人们觉得一场法律大战即将开幕，很多人在等待双方当事人的到场。王尔德乘坐着一辆由两匹马牵引的有篷马车，随车的是身穿制服的仆人。他面无笑容地走进法庭。昆斯伯里侯爵惹眼地扎着一条浅蓝色的硬领巾，而不是衣领配领带，他已经到场了。柯林斯迟到了十分钟，审判开始。爱德华·克拉克爵士陈述了起诉要旨。哈里斯留意到，他表情阴郁，留着严肃的连鬓胡子，早些时候的非国教牧师就是这副样子，可是他的风格是"和缓、健谈的"。他的表现并不好。演讲的大部分内容是他在看到对方的答辩理由之前撰写的，他只是在演讲开头处添加了一段提到那份答辩理由的话。这已经不仅仅是有损名誉的事情了。

被告提交法庭的答辩理由引起了一个严重得多的问题。被告已经说过，这份声明属实，他作出这份声明是为了公众的利益，他还在答辩中对他宣称的事情进行了详细的说明，从而表明这份关于奥斯卡·王尔德先生的声明是真实的。先生们，你们还没有听到这篇答辩的内容。答辩并没有指控王尔德犯下了我刚才提到的罪行，但其中有一系列的罪状，提到了一些人的名字，据说王尔德先生就是引诱了这些人，让他们跟他犯下了严重的罪行，他跟其中的每个人都犯下了猥亵罪行。在答辩中提到这些严重指控的人为此承担了责任，就由他们来说服你们相信这些指控吧，先生们，如果他们能够通过可靠的证人，或他们认为值得考虑的、可信的证据说服你们。我可以推断

445

出这些声明是怎样形成今天的这种样子,因为这些可能被召唤来证实这些指控的人,他们在反诘中必然会承认,他们自己也犯有最严重的罪行。

　　剩余部分是对王尔德信件的辩护,克拉克决定在卡森有机会引用这些信件之前就读出其中的内容,然后就是对他在《变色龙》上发表的格言和《道林·格雷》的辩护。(克拉克显然有些天真,他没有意识到,他处理的是比墨迹更肮脏的污点。)他试图表明王尔德是浮夸的,但并不是邪恶的,他的词语之花并不是杂草。可人们主要感兴趣的是王尔德的证词。

　　当他出庭作证的时候,他说,"我是这个案件的起诉人",虽然到了这时,事情已经明显发生了转向。"我的年龄是三十九岁。"他说。卡森这位四十一岁的圣三一学院同学留神倾听了他对自己年龄的答复。接下来,王尔德开始讲述自己被伍德、艾伦和克利伯恩勒索的过程,这种叙述已经做到了尽可能机敏:

　　王尔德:……从1892年11月3日到1894年3月,我没有见到被告人,但是在1893年,我听说我写给艾尔弗雷德·道格拉斯勋爵的一些信件落入了某些人的手中。

　　克拉克:有人说他发现了你的信件吗?

　　王尔德:是的。一个名叫伍德的人在艾尔弗雷德·泰勒先生的房间里跟我见了面,他告诉我,艾尔弗雷德·道格拉斯勋爵很好心地给了他一套衣服,他在衣服中找到一些信件……

　　克拉克:发生了什么?

　　王尔德:他进屋的时候说,"我想你会对我有很坏的想法。"我回答,"我听说你手上有我写给艾尔弗雷德·道格拉斯勋爵的信件,显然,你本该把它们还给我。"他递给我三四封信件,说它们在"前天"被一个名叫艾伦的人偷走了,他(伍德)不得不雇了一个侦探把信拿回来。我读了那些信件,说我不觉得这些信有什么重要性。他说,"我非常害怕待在伦敦,因为这个人和其他人正在威胁我。我想要拿到钱去美国。"我问他,作为一个职员,他在美国比在英国会有什么样的更好机遇,他回答说他急着离开伦敦,这样才能够躲开那个偷了他信件的人。他百般恳求我。他说他在伦敦无事可做。我给了他十五英镑。那些信件一直在我的手中。

克拉克:有人在不久后又拿着另一封信件来找你了吗?

王尔德:有个人来找我,告诉我那封信不在他手中,信的抄件已经寄给了比尔博姆·切尔先生。他的名字是艾伦。

克拉克:这次见面的情形是怎样的?

王尔德:我觉得这就是那个想从我手中搞到钱的人。我说,"我猜你是为了我写给艾尔弗雷德·道格拉斯勋爵的那封漂亮信件而来。如果你没有愚蠢地把一份抄件寄给比尔博姆·切尔先生,我很愿意为这封信付给你一大笔钱,因为我把它看成是一件艺术品。"他说,"人们对那封信可以作出一种非常稀奇的解释。"我回答,"罪犯阶层是难以理解艺术的。"他说,"有人为这封信向我开价六十英镑。"我对他说,"听我的话,你去找那个人,把我的信以六十英镑的价格卖给他吧。对于这种长度的散文,我自己从未拿到过这么高的稿酬;但我很高兴在英国有人认为我的一封信值六十英镑。"也许是我的态度让他稍微有点吃惊,他说,"那个人不在伦敦。"我回答,"他肯定会回来的,"我建议他去争取那个六十英镑。于是,他的态度略有改变,说他身无分文,他多次寻找我。我说我并不保证会支付他的车马费,不过我愿意给他半个英镑。他拿了钱走了。

克拉克:你们提到了一首十四行吗?

王尔德:的确,我说,"那封信是一首散文诗,很快就会以十四行的形式发表在一份令人愉快的杂志上,我会给你寄一份的。"

克拉克:事实上,有一首法国诗就是根据那封信撰写的,它被发表在了《酒精灯》上?

王尔德:是的。

克拉克:署名是"比埃尔·路易斯",那是你的一个朋友的笔名?

王尔德:是的,他是一位著名的年轻诗人,我的一个朋友,曾经居住在英国。

克拉克:艾伦就那么走了?

王尔德:是的,大约五分钟后,克利伯恩到那幢房子来找我。我出来跟他说,"我不想再为这件事操心了。"他从口袋里掏出一封信,说,"艾伦让我把它还给你。"我没有立刻接下信件,而是问:"为什么艾伦把这封信还给了我?"他回答,"哦,他说你待他很好,再这样试图'烦扰'你也没什么用,因为你只会嘲笑我们。"我收下了信件,说,"我愿意收回它,他为这封信显得很忧虑,你可以为此代我向艾伦致谢。"我看了看信件,发现它脏得一塌糊涂。我对他说,"我觉得你们没有更好地保存我的这份手稿,这实在是不可原谅的。"(笑声)他说他非常抱歉,可是这封信在很多人手上传递过。我给了他半英镑的辛苦费,然后说,"恐怕你过的是一种不可思议的邪恶生活吧。"他说,"我们每个人都有好的一面和坏的一面。"我告诉他,他是一个天生的哲学家,然后他就离开了。

虽然王尔德显然是支付了至少十五英镑的勒索,但这个情节太有趣了,让人无法当真。他以更豪迈的风格描述了他跟昆斯伯里勋爵的相遇:

王尔德:……1894 年 6 月末,我跟昆斯伯里勋爵在我的家中见过一面。他没有预约就登门拜访我,时间大约在下午四点,陪伴他的是一位我不认识的先生。这次会面发生在我的藏书室。昆斯伯里勋爵站在窗边。我走到壁炉边,他对我说,"坐下。"我对他说,"我不允许任何人在我家里或任何地方这样对我说话。在你给儿子的信件中,你对我妻子和我评头论足,我猜想,你来这里是为此道歉的。我有权在任何时候起诉你写了这样一封信件。"他说,"那封信件不构成诽谤罪,因为那是写给我儿子的。"我说,"你怎么敢对我说这种你儿子和我的事情?"他说,"由于你那令人作呕的行为,你们即时就被双双赶出了萨沃伊旅馆。"我说,"那是谎话。"他说,"你在皮卡迪利为他租下了带家具的房间。"我说,"有人一直在对你讲述关于你儿子和我的一系列荒谬谎言。我从未做过那种事。"他说,"我听说,为了一封给我儿子的令人作呕的信件,你被狠狠敲诈了一笔。"我说,"那是一封美丽的信件,我只会为发表而写作。"接着,我问,"昆斯伯里勋爵,你真的指控你儿子和我犯有不良行为?"他说,"我没有说你犯了,但是你看起来是那样。"(笑声)

柯林斯法官先生:如果我再听到哪怕是最轻微的干扰,我就要清场了。

王尔德:(继续重复昆斯伯里勋爵的话)"但是你看起来是那样,你佯装它,这也一样糟糕。如果我再看到你跟我儿子一起出现在任何公共餐厅,我就要揍你一顿。"我说,"我不知道昆斯伯里规则是什么,不过,王尔德的规则是见面即格杀勿论。"接着,我叫昆斯伯里勋爵离开我家。他说他不会离开。我告诉他,我要让警察把他赶走。他说,"那是一件令人作呕的丑闻。"我说,"如果是这样的话,你就是那个丑闻的制造者,别无他人。"然后,我走进客厅,向仆人指着他。我说,"这是昆斯伯里侯爵,伦敦最臭名昭著的莽汉。你再也不能让他进入我的房子。"

交互盘问

另一人的罪行被算在了我身上。①

448　　卡森起身开始进行交互盘问。他的表现广受称赞。他的熟练技巧，面对背信弃义时的镇定态度给专业人士留下了深刻印象。卡森拥有那么多证据，这种证据让他只须坚持不懈，连机灵都不需要。即便他没有在文学环节上击败王尔德，他也会驳斥证人的可靠性，为非文学性控诉做好准备。他的开头很好，迫使王尔德承认他既不像爱德华·克拉克爵士说的那样是三十八岁，也不像他自己说的那样是三十九岁，而是四十岁。这么做不仅仅是为了找出王尔德的错误，也是为了强调他和二十四岁的艾尔弗雷德·道格拉斯之间的差距。卡森开始讨论《变色龙》的问题，他通过自己的问题想表明这份杂志是一份同性恋杂志。其中刊登了道格拉斯的诗歌《两种爱》，一种是异性之爱，另一种是同性之爱。"你认为它有任何不当的暗示吗？""一点都没有。"王尔德回答，并说它是一首美丽的诗歌。卡森继续提问，提到了《牧师和牧师助手》，他推测王尔德是赞成这个故事的，对其内容也是认可的。王尔德否认了这两种主张。

　　随着交互盘问的深入，王尔德在反驳卡森的问题时流露出了傲慢的态度，这一点是显而易见的。他没有解释说自己的艺术理论是对生活的强化和发展，而是把自己表现成了一个超道德的艺术家，对那些遵守道德的群氓嗤之以鼻。拉尔夫·霍奇森记得，在诉讼的早期阶段，卡森朗读了一段选自《道林·格雷》的文字，询问，"这是你写的吗？"王尔德说他很荣幸是这段话的作者。卡森冷笑一

————————

① 引自《来自深渊》。

声,放下书籍,开始翻阅一些纸张。王尔德陷入思考。不久,卡森大声朗读了王尔德的一篇文章中的一段诗歌。"我猜这也是你写的,王尔德先生?"王尔德等待着,直到法庭里静得可以听见针落地的声音,然后非常平和地回答,"哦,不对,卡森先生,那是莎士比亚写的。"卡森的脸红了。他又继续翻下去,朗读了另一段诗歌,然后说,"我猜这也是莎士比亚写的,王尔德先生?""你读得不对,卡森先生。"奥斯卡说。法官说如果他再听到喧哗,就要清场了。王尔德故意转过身去,合拢胳膊,心驰神移,目光穿越了天花板,落在远方。这个做法达到了效果。卡森大声要求他端正姿势,并向法官提出请求:"法官大人,法官大人。"王尔德更专注地凝视着空茫,足有一分钟之久,突然,他转过身来,仿佛第一次听到卡森的声音,以一种十分抱歉的语气说,"请原谅,卡森先生;请原谅。"[15] 卡森指出,《道林·格雷》是变态的,王尔德回答说,"那只可能是莽汉和文盲的看法。俗人对艺术的见解简直愚蠢到了难以预料的地步。"这种精英思想几乎不可能有利于他的讼事,卡森充分阐明了这一点:

> **卡森**:一个普通人也许会觉得,道林·格雷的艺术家之恋和之爱可能具有某种倾向?
>
> **王尔德**:我对普通人的想法一无所知。
>
> **卡森**:你曾经疯狂地喜欢上一个年轻人吗?
>
> **王尔德**:没有,没有疯狂过。我更愿意用"爱"这个词——那是一种更高的形式。
>
> **卡森**:先别去管那个。让我们就甘居自己目前所处的层次。
>
> **王尔德**:除了自己之外,我从没有喜欢过任何人。(大笑)
>
> **卡森**:我猜你觉得自己的回答很俏皮吧?
>
> **王尔德**:一点也不。
>
> **卡森**:那么,你从未有过那种感情?
>
> **王尔德**:从未有过。整个想法都得自于莎士比亚,遗憾地说——

449

的确,源自莎士比亚的十四行。

　　卡森：我认为,你写过一篇文章,表示莎士比亚的十四行会让人联想到违反常情的恶习。

　　王尔德：恰恰相反,我写过一篇文章,表示它们不会给人以这样的联想。我反对这样歪曲莎士比亚。

卡森没办法在文学批评上难倒王尔德。

　　最后,他开始提到关于年轻人的问题。王尔德在直接询问中已经否认了答辩理由中跟鸡奸有关的一切指控。可是卡森列出了相当长的名单,各种各样的细节,跟那些无家可归的懒惰男孩(卡森坚持这样称呼他们)的不断联系(看起来是这样,但其实并非如此),这一切都起到了效果。卡森的辩护很成功,他有很多事例可举。一开始是伍德、艾伦和克利伯恩,他们跟王尔德的关系不仅限于勒索。王尔德喜欢谈论与狼共舞的乐趣,然而,这些狼已经被昆斯伯里的人拔去了利齿,他们为了获得自由什么都愿意说。如果他们经常混淆了自己跟王尔德和跟道格拉斯的交往,那就更好了。

450　　　卡森开始咬住王尔德,克拉克意识到自己得做点什么。迄今为止,他一直没有拿出昆斯伯里写给儿子和前妻的信件,但现在他开始把它们作为证据朗读了出来。它们证明昆斯伯里处于发狂的状态,不过,它们也重申了他的动机是源于合乎健康的父爱。1894 年 4 月 1 日,昆斯伯里因为儿子的无所事事和他跟王尔德的亲密关系批评了他。第二封信回复了道格拉斯的电报“你是一个多么可笑的矮子”,昆斯伯里在这封信中威胁说要责打道格拉斯,如果他再发现道格拉斯跟王尔德在一起,他就要制造一起公开丑闻。7 月 6 日,他写信给岳父艾尔弗雷德·蒙哥马利,指责前妻对艾尔弗雷德·道格拉斯的支持。“从你女儿的行为来看,她肯定是疯了……我现在充分地相信,罗斯伯里—格拉德斯通—皇室的侮辱通过我的另一个儿子又发生在了我身上,她造成了这种事……”1894 年 8 月21 日,在回复他儿子写来的一张恶毒的明信片时,他的部分回信内容是:“你这个卑鄙的家伙。你不是我的儿子，我从不认为你是我儿子。"8月28日，他写信给"你这个可悲的人……如果你是我儿子，这只是向我确证了（如果我需要这种证据的话）我是对的，我宁愿面对我干下的一切恐怖和悲惨的事情，也不愿冒险把更多像你这样的人带到这个世界，那是我跟你母亲离异的全部和唯一理由，我对她作为你们这些孩子的母亲的角色深感不满，尤其是你自己，当你还是个很小的婴儿时，我就对着你号啕大哭，没有哪个男人会哭成我那样，因为我把这样一个人带到了世间，无意间犯下了这样的罪行。如果你不是我的儿子，如果你不是生活在这个充斥着伪君子的基督教国家里，了解自己孩子的父亲是明智的，难怪根据他们的通婚原则……你肯定是精神错乱了；你的母系家族有疯病。"

这些信件的效果跟克拉克设想的并不一样。罗斯伯里和格拉德斯通的名字立刻出现在欧洲报纸上，根据马奇班克斯的说法（他想必是从卡森那里了解到的），提到这两人的名字导致王尔德在昆斯伯里案件结束后必然会受到审判，免得让人觉得这两人为了保护自己就袒护了王尔德。[16]

不管怎样，这些信件并没有阻止卡森对王尔德的联系人进行无情的列举。其中包括查理·帕克和他的兄弟，一个是侍者，另一个是马夫，王尔德通过泰勒认识了他们。卡森问王尔德是否了解他们的职业，王尔德回答，"我不了解，但即便我了解，我也不在乎。我觉得他们是什么人并不重要。我喜欢他们。我有对社会群体进行教化的热情。"这正好有悖于他对普通读者大众的责难，卡森敏捷地揪住这个问题，即对于一位艺术家来说，选择"侍者和马夫"作为同伴难免显得奇怪。接下来是弗雷德·阿特金斯，王尔德带他去了巴黎。还有他通过泰勒认识的欧内斯特·斯卡夫。以及跟王尔德在阿尔伯马尔旅馆度过一夜的西德尼·马弗。卡森最后提到了沃尔特·格兰杰，牛津高街一幢房子里的仆人，道格拉斯在那里租有公寓。"你亲吻过他吗？""噢，没有。他是一个长相很一般的男孩。不幸的是，他长得特别丑。我为此觉得他很可怜。"

卡森：那就是你没有亲吻他的原因吗？

王尔德：哦，卡森先生，说你无耻真是贴切（you are pertinently insolent）。*

卡森：为什么呢？先生，你提到这个男孩长得特别丑了吗？

王尔德：基于此种理由。如果有人问我为什么不亲吻一张门垫，我应该说，因为我不喜欢亲吻门垫。我不知道为什么我提到他长得丑，除非是我受到了刺激，因为你对我提出了无耻的问题，以及你在审讯中侮辱我的方式。我是因为不喜欢它才遭受交互盘问的吗？

卡森继续追问，最后，王尔德说，"你刺激我，侮辱我，试图让我变得慌乱；有的时候，我本该严肃地说话，结果却表现得很轻率，我承认。"卡森继续讲下去，提到了萨沃伊旅馆，问是否在那里发生了鸡奸。王尔德彻底否定了这一点。卡森又提起了阿特金斯和查理·帕克，拿起他给他们和其他男孩的各种礼物。接着，他提到了爱德华·雪莱。王尔德否认他做了任何不道德的事情，克拉克在反驳时朗读了雪莱的信件，雪莱请王尔德帮他的忙，还表达了对他的作品的赞美。卡森又提到了一些关于康韦和伍德的问题，然后结束了他的询问。汉弗莱斯和昆斯伯里在1894年的通信被朗读了出来，卡森还澄清了一点，就是在关于王尔德的鸡奸问题中，他并没有提及那些"尊贵的要人"——即罗斯伯里、格拉德斯通和女王。然后就是卡森发表辩方演讲的时间了。他说，昆斯伯里自始至终"只受到了一种期望"的推动，"那就是拯救他的儿子"。从另一方面来说，王尔德却跟"伦敦最不道德的一些人"混在一起，譬如泰勒，"最声名狼藉的人——警察将会告诉法庭"。他生动地对比了王尔德在艺术上的精英态度和他对底层男孩的大众化品位。仅仅根据王尔德的文学作品，昆斯伯里的指控也会被认为是正当的。但是这里还有王尔德向伍德支付的勒索费用，伍德已经不再是身处国外了，他就在这里，将会为此作证。卡森并没

---

　　* 也许是一位法庭书记官把"你真是既无礼又无耻（You are impertinent and insolent）"错记成了这句。

有指控王尔德和道格拉斯之间有任何不端行为。"天理难容！然而一切事情都表明，那个年轻人身处危险之中，因为他默默地受控于王尔德先生，一个能力和学识都超群的人。"（昆斯伯里成功地保护了自己的儿子。）他接着开始请那些年轻男孩出庭作证，他们将会证明他们跟王尔德之间有着"骇人听闻的行为"。譬如，康韦会作证说，王尔德曾让他穿上体面的衣服，这样他看起来就配得上王尔德了。[17]

452

在这个时候，爱德华·克拉克扯了扯卡森的律师袍，经过法官的允许，他走到一边去跟他进行协商。那天早上，他们跟王尔德进行了讨论，他今天没有出庭。他的事务律师马修斯说，如果王尔德愿意的话，自己和克拉克可以继续出庭，这样他就有时间去法国了。作为一种拖延战术，他们将允许辩护方传唤证人。否则的话，克拉克将不得不立即放弃起诉。"我要留下来。"王尔德说。克拉克希望卡森会接受无罪的裁决——"无罪"指的是"看似鸡奸者"这个词，也指的是《道林·格雷》和《变色龙》中的格言。那么，就不必承认答辩理由中逐条列举的鸡奸行为了。王尔德同意了，可最终卡森坚持要对整篇答辩理由进行裁决，克拉克不得不表示同意；也就是说，昆斯伯里出于公众利益把王尔德叫作鸡奸者是正当的。法官命令陪审团对此作出裁定。昆斯伯里拍手喝彩，弗兰克·哈里斯注意到，柯林斯法官先生没有想要阻止这种喝彩，他只是合拢文件，离开了。他给卡森送来一张纸条：

亲爱的卡森

　　我从未听到过更有力的演讲，也没有听到过更透彻的交互盘问。
　　我祝贺你避开了剩余的污秽。

R. 亨·柯林斯谨启

成就卡森的一切，正好摧毁了王尔德。

注释

[1] *Letters*, 509.

[2] Marguerite Steen, *A Pride of Terrys: Family Saga* (1962), 206.

[3] 感谢 R. E. Alton 对昆斯伯里笔迹的研究,他得以第一次正确地阅读昆斯伯里卡片上的信息。

[4] *Letters*, 526.

[5] Ibid., 384.

[6] Ibid., 493, 524; Ross, statement of evidence in his libel suit against Douglas, 1914.

[7] Lord Alfred Douglas, *Autobiography* (1929), 59.

[8] Marie Belloc Lowndes, *Diaries and Letters 1911–1947*, ed. Susan Lowndes (1971), 14.

[9] Reginald Turner, letter to G. J. Renier, 22 Mar 1933 (Clark).

[10] Marjoribanks, *Lord Carson*, 202; Sir Travers Humphreys, foreword to Hyde, ed., *Trials of O. W.*, 8.

[11] Ives journal (Texas).

[12] F. A. K. Douglas, *The Sporting Queensberrys* (1942), 156.

[13] Harris, 132-40.

[14] Henri Perruchot, *Toulouse-Lautrec*, trans. Humphrey Ware (N. Y., 1966), 227.

[15] Ralph Hodgson, *Poets Remembered* (Cleveland, O., 1967), 11.

[16] Marjoribanks, *Lord Carson*, 230.

[17] This account is based upon Hyde, ed., *Trials of O. W.*

第十八章　延期的厄运

吉多：有罪？——让那些不知道诱惑是什么的人，让那些从不曾像我们这样，曾经在激情之火上行走的人，那些一生乏味、苍白的人，简而言之，让那些不曾爱过的人，如果有这样的人的话，向你投出石头吧。①

命运之轮

遭受追捕的人即将被屠戮。即便昆斯伯里没有摧毁王尔德，别人也会下手。艾尔弗雷德·道格拉斯充满热情地跟他串通享受着这种惬意的、半公开的嗜好，而这种嗜好涉及了一系列的年轻人，其中很多人是道格拉斯的弃物，他们中的任何一个都可能颠覆王尔德。照亨利·德雷尼耶的说法，这是"一个年代学上的错误"。如果他生活在希腊时代，没有人会介意他的这种事。1893 年的那个夏天，道格拉斯没有拿到学位就离开了牛津，他到戈林来跟王尔德会合，这段时间或许意味着他们一起做下了很多不谨慎的事例。

① 引自《帕多瓦公爵夫人》。

在《来自深渊》中，王尔德提到了戈林，这是为了斥责道格拉斯让他在不到一个夏天的时间里就花费了令人吃惊的一千三百四十英镑。可是他没有提到那桩更危险的共谋，即菲利普·丹尼案件。奥斯卡·勃朗宁对此作出了不诚实的评价，"这是我第一次听说王尔德沉湎于这种行动。"[1]

王尔德不得不在勒索他的男孩和愤怒的父亲之间战战兢兢地行事。他冒险跟约翰·莱恩的办公室职员爱德华·雪莱的父亲打过交道，这位父亲跟昆斯伯里一样义愤填膺，他还冒险跟一个公校学生西德尼·马弗的父亲发生过摩擦，就像他过去曾激起过弗兰克·迈尔斯的父亲的愤慨。他围绕着某种法律对抗在兜圈子，越兜越近。只是出于自信，还有他那些活动的欠考虑的慌乱，他才会以为自己总能走运。

454　　不过，愤怒的父亲在大多数情形下都处于幕后，而敲诈勒索的男孩却几乎总是做好了出卖自己或王尔德的准备。1893年，他给了伍德三十五英镑（可能并不是十五英镑），希望这个年轻人会去美国生活，这点钱不太可能打发掉他。伍德从美国写来一封不吉利的信件，"告诉奥斯卡，让他给我寄一张汇票来购买复活节彩蛋。"这个团伙——因为伍德、艾伦、克利伯恩和其他人组成了一个团伙——显然决定对王尔德进行长期的勒索。这对他们双方来说都是一桩棘手的游戏，因为敲诈比猥亵所受的刑罚更重。他们的这种冒险迷住了王尔德。尤其是克利伯恩和艾伦，他称赞他们发动了"一场反抗生活的不名誉之战"。克利伯恩乐于把自己的冒险事迹告诉王尔德，其中一桩跟尤斯顿勋爵有关——克利夫兰街丑闻中的著名人物——它需要克利伯恩具有如此贪婪的韧性，乃至王尔德说他有资格获得维多利亚十字勋章。

在审讯临近的日子里，克利伯恩继续向王尔德吐露秘密。根据乔治·艾维斯的回忆，有一天，他告诉王尔德，"有人依靠威胁和金钱以及一切手段设计了阴谋，企图摧毁他［王尔德］"。王尔德几乎一点也没有放在心上，但是他突然抬起头来问了一个显然思考已久的问题："鲍勃，我想知道的是，你真心**爱上**过任何男孩吗？"克利伯恩回答，"没有，奥斯卡，可以说是没有的！"[2]在艾维斯看来，这个例子表明,即便王尔德自己已经濒临毁灭,他还是怀着玄妙的心思想要了解事情的真相。他还建议让"黑豹"(他经常这样称呼克利伯恩)和艾维斯(他以自己是一个"冷静有序的希腊化人物"而自豪)见见面,看看会发生什么,这种好奇心就没那么玄妙了。但这种会面从未发生。

必须说明的是,王尔德无法估计他面临的危险有多大。社会容忍了大量的非法行为,有时是故意为之。然而,允许非法行为并不等于支持它,而且这种氛围随时都会发生改变。王尔德从一开始就隐约意识到,他的天才为他赢得的豁免权是有限的。可是艾尔弗雷德·道格拉斯敞开的道路必然是不计后果的。成为竞争对手、共谋者,以及彼此爱情的对象,这些事情具有某种魅力。他们一起干下的轻率言行把他们浪漫地结合在了一起。谨慎会成为一种背叛。

随着事情的发展,他所面对的已经不再是色情幻想和放纵了。在昆斯伯里被宣判无罪之后,王尔德依然处于优柔寡断之中,而别人已经做出了决定。克拉克承认,出于公众的利益可以把王尔德称作鸡奸者,这样一来,对他进行起诉就几乎是肯定无疑的了。的确,昆斯伯里被无罪开释后才几分钟,查尔斯·罗素就给检察官汉密尔顿·卡夫写了一封信:

> 亲爱的先生: 455
>
> 　　为了避免正义得不到伸张,我觉得我有责任立刻把我们所有证人的证词抄件寄给你,外加一份速记形式的审讯记录。

而昆斯伯里本人则通知王尔德说,"我不会阻止你的逃跑,但是如果你带上了我的儿子,我就会用枪打死你,就像打死一条狗。"他向法国媒体补充说,"不过,我觉得他不会获许离境。这个案件已经让我花费了三万法郎,但是我不感到遗憾,因为我知道我所做的一切都是为了我的儿子们着想,为了我的家族荣誉和公共利益。"[3] 后来,他说别人错误地引用了他的话;他说的是,他会用枪打死王尔德就像打死一条狗,如果他想要那么做的话,或如果这种事看起来值得一做的话。

受到指示要盯住王尔德行踪的人可能不是伦敦警察厅的侦探,而是昆斯伯里的侦探。

王尔德先是去拜访了他的事务律师汉弗莱斯,然后去拜访了乔治·刘易斯爵士,后者举起双手说,"现在来找我又有什么用?"接着他去了霍尔本高架桥旅馆。道格拉斯、他哥哥珀西和罗伯特·罗斯陪伴着王尔德,4 月 5 日,在旅馆里,他给《晚间新闻报》的编辑写了一封信:

> 如果我想要证明自己的案件,就不可能不让艾尔弗雷德·道格拉斯站在证人席上对质他父亲。
>
> 艾尔弗雷德·道格拉斯勋爵非常想要为此作证,但我不会让他这么做。
>
> 与其让他处于这样一种痛苦的处境,我决定放弃这个案子,我起诉昆斯伯里勋爵可能带来的一切不名誉和耻辱,我自己都会独力承担。
>
> 奥斯卡·王尔德[4]

这封信读起来让人觉得,王尔德以为事情就到此为止了。午餐后,他给了罗斯一张支票,让他兑现两百英镑,然后他去了卡多根旅馆,雷吉·特纳在那里跟他见了面。道格拉斯已经在此住了五个星期。罗斯和特纳力劝王尔德乘火车去多佛,然后乘船去法国,可是他似乎没法做出决定。他说,"火车已经开走了。太迟了。"事实上,他还有机会乘上那趟火车,但似乎他并不愿意这么做。道格拉斯出门去拜访他的亲戚下院议员 M. P. 乔治·温德姆了,他还去对那些有影响力的朋友进行煽动。王尔德请罗斯去拜访康斯坦斯·王尔德,告诉她已发生的一切。她哭泣着说,"我希望奥斯卡出国去。"乔治·温德姆在四点钟抵达旅馆,要求跟王尔德见面,可是王尔德害怕遭到反唇相讥,让罗斯出面跟他交谈。温德姆开始斥责罗斯,认为是他让王尔德和道格拉斯待在了一起,但罗斯说,他和王尔德的所有朋友这些年都一直试图分开这两个人,于是温德姆消了气。他改变了方针,要罗斯劝服王尔德立刻离开这个国家。当道格拉斯冲进来的时候,他们还在交谈,道格拉斯带着温德姆去拜访某个可能会帮助他们的人。

五点钟,一个对他们抱有同情心的《太阳报》记者来了,他告诉罗斯,王尔德的逮捕令已经被签发了。事实上,下午的早些时候,查尔斯·罗素一直在弓街忙着寻找约翰·布里奇爵士,力劝他逮捕王尔德。罗斯告诉王尔德这件事,王尔德"脸色变得非常阴郁"。迄今为止,他还没有让罗斯把从银行里取来的钱交给他,但是他现在向他索要这笔钱,罗斯以为他一定是决心逃跑了。可是王尔德却在椅子中稳稳地坐下,说,"我要留下来,接受对我的判决,不管是怎样的判决。"

床上的行李箱整理了一半,象征着那些相互矛盾的冲动。他厌倦了行动。跟他理解中的哈姆雷特一样,他想要跟自己的困境保持距离,成为他自身悲剧的旁观者。他的固执、他的勇气和他的骑士风度也让他选择了留下。他习惯于跟灾祸硬碰硬,直面怀有敌意的记者,道貌岸然的评论家和伪善、咆哮的父亲。一个如此在意自己形象的人不屑于把自己想象成逃亡者,躲在阴暗的角落,而不是神气活现地出现在聚光灯下。他更愿意成为一个名人,注定了不幸,还会遭到异国不公正法律的审判。受苦也要比受窘更有吸引力。毕竟,在他之前,就有作家沦为囚徒。他想到了坎宁安·格雷厄姆和布伦特。他的见解将会流传下去,那些比他低劣的人对他大加羞辱,可他的见解将超越这些羞辱。如果他将成为牺牲品,他所处的时代也一样。他被揭发为鸡奸者,而他所处的社会则被揭发为伪君子。于是,他怀着挑衅的态度等待着。六点十分,他等待的人敲响了门。一个侍者进来,身后跟着两个侦探。他们说,"我们带了逮捕令,王尔德先生,你被指控犯有猥亵行为。"王尔德问他是否会得到保释,侦探们也拿不准。他站起身来,摇晃着摸索自己的外套,还有一本黄皮书,人们突然意识到,他已经喝了很多酒。他请罗斯为他准备好换洗衣服,给他送去。"我会被带到哪儿?"他问。回答是:"去弓街。"马车启程了,王尔德的时代就此落下帷幕。

绝望和绝望的止痛剂

每一种伟大的爱情都带有它自身的悲剧性,如今,我们
的爱情也有了悲剧性。①

457　　　罗斯照吩咐去了泰特街。王尔德太太锁上了卧室和藏书室的门,她不在家。王尔德的仆人阿瑟在家,他帮助罗斯打开了卧室的门,整理了一个包裹。弓街的人既不允许他见王尔德,也不允许他留下衣服。他意识到,昆斯伯里的人或警察可能会损坏王尔德的文件,于是匆忙赶回了泰特街。再次通过阿瑟的帮助,他打开了藏书室的门,拿走了王尔德的一些信件和手稿,他沮丧地发现,他找不到最近的两部作品,即《佛罗伦萨悲剧》和几天前刚还给王尔德的阔页版《W. H. 先生的肖像》。(这两件作品都幸存了下来。)经历了所有这一切之后,罗斯乘坐马车回到母亲的家中,精神崩溃了。

　　报纸上提到了罗斯的名字,因为王尔德被逮捕时,他就在他身边,他不得不退出几个俱乐部。可以理解,罗斯太太对儿子放心不下,她坚持要让他出国。他表示反对,理由是这样他就抛弃了自己的朋友,她提出条件,如果他立刻离开的话,她将为王尔德的辩护出资五百英镑。他就这样被说服了,去了加莱的德明酒店,一周后抵达鲁昂。雷吉·特纳和莫里斯·施瓦贝也逃走了。亨利·哈兰德写信给埃德蒙·戈斯说,一晚上有六百个绅士从多佛渡海去了加莱,而通常只有六十个渡海的人。[5] 不过,道格拉斯决定留下来,虽然他似乎比别人面临更大的危险。事实上,他父亲显然决心保护他,也许是通过罗素跟检察官做了安排。在惹人注目地选择忠于王尔德并帮助他的朋友中,还包括了罗伯特·谢拉德和莱

---

① 摘自王尔德写给道格拉斯的信件。

弗森夫妇。但也有很多人背弃了他。

　　王尔德给道格拉斯留了言，说他当晚将待在弓街警察局，请他想办法让他哥哥珀西、乔治·亚历山大和刘易斯·沃勒（王尔德的戏剧在后两者的剧院里上演）明早来办理保释。只有珀西愿意出面。王尔德还请道格拉斯帮他聘用汉弗莱斯出席庭审。道格拉斯在晚上去了弓街，试图跟王尔德见面，但跟罗斯一样，他也遭到了拒绝。不过，他决定每天都去看他。王尔德吃了一点冷鸡肉，喝了些咖啡，他被禁止吸烟，就这样度过了一个可悲的夜晚。

　　"简直一败涂地！"4月9日，王尔德写信给莱弗森夫妇。这就像是雅典的泰门的一生，抑或王尔德昔日所爱的《阿伽门农》的故事，然而还要更屈辱。有两家剧院在向广大观众上演《理想丈夫》和《不可儿戏》，广告牌上的"王尔德"被删掉了，很快，随着公众情绪的高涨，这些戏剧都被停演了。同样的事情也发生在纽约，女演员萝丝·科格伦正打算在美国巡回上演《无足轻重的女人》，她取消了这个计划。逐渐离去的不仅仅是王尔德的英国朋友；他的大多数法国朋友也走了。1895年4月13日，朱尔·于雷在《费加罗文学报》上的《文学琐谈》（Petite Chronique des Lettres）中列举了三个法国作者，说他们是王尔德的密友，即卡蒂勒·孟戴斯、马塞尔·施沃布和让·洛兰，由此引发了一场骚乱。施沃布跟于雷互相批驳，报社接受了于雷的解释，惹恼了施沃布。洛兰设法让于雷发表了一封来自他的信件，否认他跟王尔德是密友，他忘了，1891年12月14日，他曾经把自己发表在《巴黎回音》上的短篇小说《幻灯》（Lanterne Magique）献给了王尔德。卡蒂勒·孟戴斯就没有这么容易对付了。4月17日下午三点，在圣日耳曼森林的新绿嫩叶中，他跟于雷持剑进行了决斗。有人为此流了血，不过，根据一位评论员的说法，只不过是几滴而已。[6] 4月17日，科莱特的丈夫威利在《巴黎回音》上表示，他觉得王尔德的行为和英国对此的困窘很有趣；但是在4月20日，亨利·博埃对威利进行了嘲笑，认为他佯装同性恋只是一种英国的恶习。"我现在不会否认我认识他，还曾经拜访过他。"他说。王尔德的反常嗜好不关他的事。王尔德也不曾造成任何损害："年轻的道格拉斯到了可以自行出门的年龄,不需要家庭女教师跟着,也不需要得到父亲的允许。"奥克塔夫·米尔博也在一篇题目叫《关于"苦役"》(À Propos du "Hard Labour")的文章中表达了对王尔德的同情。[7]至于萨拉·伯恩哈特,当谢拉德为了筹集诉讼费用,请她花一千五到两千美元购买《莎乐美》的版权时,她表达了同情,但踌躇不决,最后什么也没有做。

如果说王尔德指望从 4 月 6 日开始的庭审将很快结束的话,他就错了。这些审讯拖了又拖,彼此还间隔了好几天。与此同时,他待在弓街,忍受着肉体上的疼痛,他没有跟其他囚犯说任何话,偶尔变换一下站立姿势时,他会发出低沉的呻吟。[8]接下来,他被转移到霍洛韦监狱,只有在受讯时才会被召回。他希望得到保释,治安法官也有权给予保释。但是约翰·布里奇爵士对鸡奸罪很反感。法国报纸有点困惑地指出,在英国,鸡奸仅次于谋杀。虽然汉弗莱特指出,如果想逃跑的话,王尔德本来是可以逃跑的,但布里奇还是坚持认为,这种指控十分严重,保释是不可想象的。*

王尔德的第二次庭审在 4 月 11 日举行,第三次庭审在 4 月 18 日举行。大陪审团同意在 4 月 23 日对王尔德和艾尔弗雷德·泰勒进行正式起诉——泰勒的案子跟王尔德的案子联系在了一起,虽然这对王尔德很不利。指控的罪名是猥亵行为和鸡奸。与此同时,各种事件使得局势变得更加紧张。4 月 11 日,一个文具商试图出售王尔德的照片,惹来一片喧哗,警察出面进行了干涉,阻止了这种销售。4 月 24 日,在昆斯伯里和其他跟风而动的债主的强烈要求下,人们对王尔德的财产进行了破产拍卖,昆斯伯里要求王尔德支付他的六百英镑开销。道格拉斯曾许诺他的家人会支付诉讼的费用,但他们没有支付。王尔德陷入了痛苦,卖掉的东西不仅包括他的手稿和他自己的书籍,还包括雨果、惠特曼、斯温伯恩、马拉美、莫里斯和魏尔伦的赠书,伯恩-琼斯和惠斯勒的素描,蒙蒂切利

---

* 巧合的是,就在这个时候,罗素伯爵夫人正在为离婚展开诉讼,理由是她丈夫有同性恋行为,估计她是接受了爱德华·克拉克爵士的建议,于是,这两桩案件似乎是在相互增援。(不过,她输掉了官司。)

(Monticelli)和西米恩·所罗门(Simeon Solomon)的绘画,昂贵的瓷器、托马斯·卡莱尔的写字台,以及一百种其他物品。朋友们购买了其中的几件。还是没有足够的钱清偿债务,于是,他的财产一直处于破产管理状态,最后,罗斯拯救了它们,那时,王尔德去世已久。

在沉闷的诉讼中,代表王尔德出庭的是年轻的特拉弗斯·汉弗莱斯,然后是愿意无偿帮助他的爱德华·克拉克爵士。公诉人是查尔斯·吉尔,跟卡森一样,他也是一个毕业于圣三一学院的都柏林人,对王尔德同样怀有偏见。公诉人一方试图劝说泰勒担任污点证人,从而免受处罚,也许是因为王尔德在审判前跟他谈过话,泰勒无论如何也不肯背叛朋友。公诉人提出了一长串的证人,为首的就是声名狼藉的帕克兄弟,他们宣称泰勒雇佣他们去服侍王尔德。[*] 起初,查尔斯·帕克伪称自己是十九岁;在交互盘问时发现他其实是二十一岁。事实上,这些年轻人中没有一个小于法定的十七岁。跟泰勒同住一幢房子的租户和女房东们作证说,他的房间总是遮盖着窗帘,还洒了香水,让人觉得很稀奇,还有年轻人到这里来喝茶。勒索者艾尔弗雷德·伍德到场作证,说道格拉斯在给他衣服时没有拿走王尔德寄来的信件,王尔德为了获得这些信件给了他三十五英镑。西德尼(更出名的称呼是"詹妮")·马弗在威胁下也答应作证,可是道格拉斯设法在他出庭前拦住了他,提醒他说,别忘了他也曾是一个知廉耻的公校学生,道格拉斯劝告他不要承认跟王尔德有任何瓜葛。于是,当人们问他,那天晚上,他在王尔德床上过夜时发生了什么,这个年轻人回答说,"什么也没发生。"

代表萨沃伊旅馆出庭的是它的"按摩师"安东尼奥·米基,米基作证说,他看到王尔德在穿衣服,床上睡着一个年轻人。旅馆女服务员简·考特也宣称她看到王尔德的房间里有一个男孩。旅馆的前领班珀金斯太太作证说,他们的床单上有排泄物的污迹。至于泰勒,有人作证他曾打扮成女人举行过一场结婚仪式。乔治·布里奇爵士越听这些证词越是怒发冲冠,当王尔德一方再次提出保

---

　　[*]　这些人中,罗伯特·克利伯恩在 1898 年 3 月 11 日因勒索的罪名被判刑七年;威廉·艾伦在 1897 年 9 月因接受赃物被判刑十八个月。

释请求时,他说,世上还不曾出现过"比这种罪行更恶劣的罪行",他不允许给予保释。大陪审团提出指控之后,王尔德的律师要求把案件延期到五月的开庭期,让被告人有时间做准备,也让公众舆论有时间逐渐降温。公诉人吉尔表示反对,负责审理案件的查尔斯法官先生同意立刻就进行审判,时间从 4 月 26 日开始,他保证会公平对待这个案件。

4 月 19 日,道格拉斯给《星报》写了一封信,抱怨说王尔德的判决在审讯前而不是审讯时就已经确定了。从这封信和他随后写给媒体的信件中,我们只会很清楚地看出,他考虑更多的是自己而不是他的朋友,王尔德在《来自深渊》中对此态度严厉:"它们[那些信件]只是在说,你恨你父亲。没有人关心你恨不恨他。"[9]

毫无疑问,当时,他脑海中也曾掠过这样的想法。大多数情形下,他想到的只是道格拉斯对他的爱,以及他对道格拉斯的爱。道格拉斯几乎每天都来看望他,这意味着很多东西。他们的见面只限于十五分钟,会见场合的噪音很大,王尔德的一只耳朵有点聋,他几乎听不见道格拉斯的话。4 月 9 日,王尔德告诉莱弗森夫妇,"我从监狱中给你们写信,我已经收到了你们友好的问候,它们抚慰了我,虽然它们让身处孤独的我失声痛哭。并不是说我真的感到孤独。一个苗条的人儿,长着天使般的金发,他总是站在我的身边。他的存在遮蔽了我。他忧郁地走着,像一朵白色的花……我只想保护他免受他父亲的侵扰:除此之外我什么都不想,而如今——"4 月 9 日,他写信给罗斯和他的密友莫尔·阿迪(易卜生的《布朗德》的译者,一位艺术专家,当时两人都在加莱),"波西真了不起。我别的什么都不想。我昨天看到了他。"4 月 17 日,他写信给艾达·莱弗森说,"至于我,伟大爱情的羽翼把我囊括在它的保护之下,这是圣洁之地。"随着审判的临近,他给她写信说,"当我想到他在想我的时候,我就不那么在乎了。我别的什么都不想。"在此期间,他给道格拉斯寄去了几封充满热情的信件。

461　　然而,爱德华·克拉克爵士觉得,审判时道格拉斯在场对王尔德是不利的,它会唤起人们对所谓的王尔德腐蚀年轻人的记忆。没有王尔德的明确要求,道格拉斯不肯走,他坚持说,除非是收到王尔德的书面要求才行。道格拉斯回忆说,在最后一次会面时,王尔德"从纽盖特监狱的铁栅后亲吻了我的手指尖,他请求我,不要让这世上的任何事情改变我对他的态度,我对他的表现"。这个年轻人去了加莱,在德明酒店跟罗斯和特纳会合,然后去了鲁昂和巴黎。他告诉媒体,他之所以离去是因为母亲在意大利病倒了,不过这个借口很快就被戳穿了。他对《期刊》的记者说,存在着这样的危险性,他有可能被要求出庭作证,估计是公诉人会提出这种要求,他并不想这样做。不过,在《自传》中,道格拉斯说,在审讯的第三天,他用电报把某些信息发给了爱德华·克拉克爵士,虽然它们对他自己是不利的,但他再次提出愿意作证。估计是说他愿意为鸡奸事件负责,因为王尔德并没有做过这种事。[10]律师们回答,他的电报是非常不妥的,克拉克的任务已经很艰难了,他不应该给他添加新的负担。4月29日,审讯的最后一天,王尔德给他写信说:

> 我最亲爱的男孩,我写信是为了向你保证我对你的那份不朽的、永恒的爱。明天,一切就要结束了。如果监狱和丢脸将会是我的命运,想想我对你的爱,以及这个念头,这种更为神圣的信仰,即你也爱我,它们将支撑我度过不幸的时光,我希望,它将让我极有耐心地承受自己的痛苦。因为,能够跟你再次相会于某个世界,这种希望(而不是确定性)便是我今生的目标和勇气,啊!为了这一点,我一定会继续活在这个世界上。
>
> ……如果有一天,在科孚岛或某个有魔法的岛屿上,有一幢让我们能够生活在一起的小房子,哦!生活将是前所未有的甜蜜。你的爱伸展着广阔的翅膀,它是强大的,你的爱穿越监狱的栅栏抵达我,抚慰我,你的爱是我所有岁月中的光。我知道,如果命运不利于我们的话,那些不知道什么是爱的人将会用文字记录说,我对你的人生有坏影响。如果他们这么做,反过来,你也会写,也会说,事情并非如此。我们的爱一

向是美丽的、高贵的,如果我成为一场可怕悲剧的靶子,那是因为这种
爱的特性不为人理解。在你今天早上的信件中,你说了一些赋予我勇
气的话。我一定会记住这些话。你写道,不管怎样都要活下去,这是我
对你也是对自己的责任。我认为确实如此。我会努力这样做。

　　……我朝你伸开双手。喔!愿我能活到触抚你的头发和双手的那
一天。

王尔德的第一轮审判

最适合艺术家的政府形式就是彻底的无政府。①

462 　　1895 年 4 月 26 日,审判开庭了,它重新审查了在昆斯伯里审判和弓街的三
次审讯中涉及的理由,在九十年代,也许从未出现过这种情形,这么多人会关注
这么多令人厌恶的证据。公诉人坚持要加速审理这个案件,把泰勒和王尔德的
案情进行合并审理,因为泰勒是皮条客,介绍年轻人跟王尔德发生猥亵行为。所
以,有些指控涉及的是共谋的关系。阿瑟·查尔斯法官先生不顾克拉克的抗议,
对此表示赞成,然而,公诉人一方自愿放弃了共谋的指控,于是法官说,他从不觉
得共谋指控跟其他指控有适宜的关联。泰勒是个表现不佳的证人(根据比尔博
姆的说法),他的代理人 J. T. 格伦的表现也不佳,只不过是为了加重王尔德的案
情才牵扯上了泰勒。从其他方面来说,政府在处理这个案件时的态度是相当伪
善的。大多数在场的法律要人都曾经在那些盛行同性恋的公校上过学,不仅如
此,吉尔和昆斯伯里的事务律师查尔斯·罗素之间显然有约定,该案件将尽可能
不提到道格拉斯的名字,作为回报,昆斯伯里将会提供详实的证词驳斥王尔德。

---

　　① 引自《社会主义制度下人的灵魂》。

没有人知道到底是谁把阿特金斯和马弗介绍给了王尔德,不过这个问题显然也是有答案的。至于为什么乔治·温德姆接洽的要人都不认为阻止这场官司是明智之举,那是因为人们都不想干涉司法公正,也不愿意跟昆斯伯里为敌。还有一个老麻烦,即在昆斯伯里的一封书信中提到了罗斯伯里的名字。尽管如此,乔治·艾维斯听说,罗斯伯里曾考虑要做点什么帮助王尔德,直到巴尔弗告诉他,"如果你这么做的话,你就会输掉选举。"(结果,自由党不管怎样还是输掉了选举。)[11] 每个人似乎都有理由极力避免提出任何对王尔德予以宽大处理的建议。至于副检察总长洛克伍德,据说卡森曾建议他别管王尔德的事情,王尔德已经受够苦头了,可是洛克伍德说,他别无选择,只能把卡森发起的事情继续进行下去。

王尔德看起来瘦了,跟往常的发型相比,他的头发被剪短了。照《纽约时报》的说法,他"饱经磨难,心情焦虑"。[12] 针对他的交互盘问几乎没什么出人意料的地方。他承认,他认识那些作证的男孩,但是他跟他们之间并没有猥亵的关系。指控之所以骤然加重了很多,跟一个并非男妓的年轻人有关,即爱德华·雪莱。而他在极为不安的状态下给出的证词多少有点效力不足,因为他承认自己有时会发狂,而且事实表明,在所谓的被王尔德腐蚀了很久之后,他还想要跟王尔德继续交往,并请他帮忙。

在交互盘问王尔德的时候,吉尔试图以卡森为榜样,把王尔德跟《变色龙》联系起来,从而贬损他的名誉,他主要指的是道格拉斯发表在这份杂志上的两首同性恋诗歌,而不是《牧师和牧师助手》。"'不敢自我表白的爱'指的是什么?"他问。在说了这么多谎言,在不断否认和推诿之后,王尔德突然表达了自己的心声:

　　在本世纪,"不敢自我表白的爱"是指年长者对年幼者的强烈感情,就像大卫和约拿单之间的感情,柏拉图以此作为他的哲学的基础,你在米开朗琪罗和莎士比亚的十四行中也会发现这种感情。它是那种具有深度的精神恋爱,不但是完美的,也是纯洁的。在本世纪,它遭到了误解,这种误解是如此严重,乃至会把它描述成"不敢自我表白的爱",为了它,我被带到这里。它是美丽的,它是卓越的,它是最高贵的感情形式。它丝毫没有不自然的地方。它是智性的,它不断出现在年长者和年幼者之间,年长者有才智,而年幼者眼前是生活的愉悦、希望和魅力。世人不理解这种感情的存在。世人嘲笑它,有时还会让一个人为此戴上枷锁。

这番衷心的呼吁产生了效果,虽然就像公诉人指出的那样,它并不适用于本案中的男妓,王尔德自己说过,这种感情一生只会有一次。仅此一次,王尔德虽然表达得并不诙谐,但却说得很好。聆听审判之后,马克斯·比尔博姆写信给雷吉·特纳说,"奥斯卡表现得很棒。他关于'不敢自我表白的爱'的演讲简直令人赞叹,整个法庭为之倾倒,爆发出一片热烈的喝彩之声。就是这个人,他已经在监狱中待了一个月,经受了侮辱,遭到欺压和冲击,却泰然自若,以他那种出色的风度和悦耳的声音控制了老贝利刑事法庭。他从未获得过如此辉煌的胜利,可以肯定,当旁听席上响起喝彩声时——可以肯定,陪审团也受到了影响。"[13]

464　　　交互盘问的其他内容就没那么顺利了。王尔德再次为自己写给道格拉斯的信件作了辩护。至于旅馆仆人的证词,王尔德说,"这完全是一派谎言。在离开旅馆好几年之后,我怎么可能回答旅馆仆人说的这些事呢?"他不但否认了帕克兄弟、阿特金斯和伍德的证词,也否认了雪莱关于不得体行为的一切证词。

　　　　你为什么跟这些年轻人交往?——我热爱年轻人。(笑声)

　　　　你把年轻人颂扬成一种神?——我喜欢研究一切物种中的年幼者。青春具有某种魅力。

　　　　这么说,你觉得狗崽比大狗更好,幼猫比成年猫更好喽?——确实如此。譬如,我会喜欢跟一个嘴上没毛、生意冷清的出庭律师交朋友,觉得他不亚于最出色的王室法律顾问。(笑声)

　　爱德华·克拉克爵士做了更充分的准备。他具有说服力地辩护说,《道林·格雷》或《给年轻人的至理名言》在任何意义上都不具有腐蚀性,它们也不是道德败坏的。他指出,王尔德并没有像一个罪人那样躲避公开亮相,而是以起诉昆斯伯里侯爵的方式寻求公众的关注。至于对王尔德不利的旅馆证据,王尔德已经在各家旅馆之间生活了好几年,而公诉方只找到了这样一点点证据,这真是让人感到意外。帕克兄弟、伍德和阿特金斯的证词是在很多假话中掺杂了一些真话,最好的谎言都是这样的。王尔德无疑是上了他们的当,这只证明了他的不谨慎,而不是犯罪行为。他们是勒索者,他们的证词是不可信的。有证据表明证人席上的阿特金斯作了伪证。"请陪审团,"克拉克说,"裁定我们当今的这位最著名、最有成就的文人并未沾染上如此可怕的污名,裁定他无罪,我们的社会也就不会沾染上这个污点。"然后,格伦为泰勒作了水平低劣的辩护。作为公诉人,吉尔坚持认为写给道格拉斯的信件"流露了邪恶的激情",王尔德已经承认他向许多男孩赠送了礼物,这就证明他对他们怀有感谢之心。艾维斯在日记中写道,王尔德为自己的慷慨而吃了苦头,而他并不是只对年轻人才表现出这种慷慨的。姑且承认其中的一些男孩档次不高,但还有雪莱呢,他的证词并没有因勒索的罪名而削弱效力。吉尔最后放弃了共谋的指控。然后,轮到法官发言了。

　　查尔斯法官先生同意删掉共谋的指控,他要求陪审团对此作出无罪裁决。至于文学问题,他表现出了开明的态度。他倾向于赞同克拉克的意见,王尔德不应该为了创作《道林·格雷》或为了《变色龙》上不属于他的文章而受到谴责。至于写给道格拉斯的信件,跟吉尔不一样,他不觉得它们能说明什么问题。他认定雪莱情绪不稳定。他觉得萨沃伊旅馆的女仆和其他职员的故事是难以置信的。至于排泄污迹,他指出对此也可以作无罪的解释。然而,法官并没有否定证人们对王尔德和泰勒之行为的证词。他向陪审团提出了四个问题: 465

　　1) 你认为王尔德跟爱德华·雪莱、艾尔弗雷德·伍德,还有萨沃伊旅馆的一人或多人发生了猥亵行为,或跟查尔斯·帕克发生了猥亵行为吗?

　　2)在这些行为或其中的任一行为中,泰勒拉过或试图拉过皮条吗?

　　3)王尔德和泰勒或他们中的一人试图让阿特金斯做出猥亵的行为吗?

　　4)泰勒跟查尔斯·帕克或跟威廉·帕克发生过猥亵行为吗?

陪审团在一点三十五分离开法庭,五点十五分返回法庭。然后,他们汇报说,他们只能就关于阿特金斯的问题得出一致答案,他们对此的裁决是无罪。有一份报纸(即《巴黎回音》)在 5 月 4 日说,帕尔摩俱乐部的一个不谨慎的陪审员透露说,认定王尔德有罪的投票结果是 10∶2;马克斯·比尔博姆听说是 11∶1,艾尔弗雷德·道格拉斯表示同意,认为只有一个陪审员投了无罪票。比尔博姆告诉莫尔,"霍斯卡出庭倾听裁决时站得笔直,看起来很像狮子,或像斯芬克斯。我对可怜的小埃弗雷德·泰勒心怀同情——没有人记得还有他这个人……霍斯卡瘦了些,因此看上去也要清秀些。威利[·王尔德]一直在逼迫汉弗莱斯给他五英镑面值的钞票。每天离开法庭,不得不穿越过一群男妓(帕克兄弟中的弟弟打扮成了女皇陛下的样子,又一种女性装束),这真是可怕,这些男妓在作证之后被允许逗留在那里,朝着那些潜在客户抛媚眼。"[14]

　　由于陪审团没法达成有效裁决,为此又组织了一次新的审判。法官再次拒绝保释,可是克拉克宣称,他会要求法官议事室的另一个法官批准保释。克拉克要求延后另一场审判,但吉尔说,应该按照常规程序在下一个开庭期审判这个案子,法官表示同意。很多人敦促说,如果重审这个案子,"将会对公共道德造成"损害。T. M. 希利请求洛克伍德不要再审判王尔德了。洛克伍德说,"由于那些不利于罗斯伯里的讨厌谣言,我不得不这么做。"[15]于是,这场拖延了很久的闹剧进入了它的第三幕,也是最后一幕。

审判间隙

如今被称作罪犯的人根本就不是罪犯。①

　　王尔德失去了爱人道格拉斯和朋友罗斯、特纳的陪伴——这三个人都逃到 466
了鲁昂的邮政酒店——他的大多数别的朋友也不想见他 *，他感觉到，监狱的阴
影不但在现实中笼罩着他，而且还具有一种象征意义。到第二次审讯结束，他还
剩二十五天。前五天他待在霍洛韦监狱。现在已经没有理由拒绝给予保释了，
但查尔斯法官先生或许想表明，他对鸡奸者并不同情，哪怕是那些可能无辜的
人。然而，王尔德牵涉的只是一桩轻罪，不是重罪，所以没法长期拒绝给予保释。
两天后，在 5 月 3 日，查尔斯·马修斯再次代表王尔德提出保释申请，这一次的
对象是法官议事室的波洛克男爵先生，马修斯要求在新的审判开始之前给予王
尔德保释待遇。他提出可以交付两笔保证金，每笔一千英镑。

　　5 月 4 日，波洛克确定保释金为五千英镑，王尔德可以自我担保其中的两千
五百英镑。他们花了两天的时间去筹集剩下的两千五百英镑。弗兰克·哈里斯
说，他自愿要求支付这笔保释金，却被裁定他不具有这种资格，因为他没有房产。
波西的哥哥珀西手上没有钱，但是出于对波西的忠诚，他公然违抗父亲的意志，
东拼西凑了两千五百英镑中的一半。剩下的一半就更不容易筹集了。欧内斯
特·莱弗森受制于他的合伙条款，不能够为任何人提供保释金，他先是去接洽了
赛尔温·伊曼金，伊曼金没有钱，然后他又找了斯图尔特·黑德勒姆牧师，黑德

---

　　①　引自《社会主义制度下人的灵魂》。
　　*　在审判结束之前，约翰·格雷就离开了英国，去了柏林，拉夫洛维奇随即去那里跟他会合。
1895 年秋天，这位一度是王尔德朋友的人撰写了一本四十七页的小册子，书名是《王尔德案件》
（*L'Affaire Oscar Wilde*）。这是他为自己开脱的一种方式。格雷委托一个名叫弗朗西斯·马修斯的出
庭律师旁听了审判，不过，事实上，审讯中并没有提到他的名字。

勒姆手上有钱。黑德勒姆(王尔德私下里把他封为"异端首领")跟王尔德几乎不认识,只见过他两面,但他具有坚定的信仰,他强烈支持一种观点,即不应在没有充分证据的情形下就对王尔德抱有偏见。他是一个社会主义者,还是非正统的基督徒,他知道,这件事会为他招来污名,更糟糕的是,有人会认为他故意如此。他的女仆辞职了,他的一些朋友变节了,一个对手指责他在修建耶路撒冷的途中插手干涉了蛾摩拉城的事情。至少,如果王尔德弃保潜逃的话,他不会有什么经济损失;莱弗森是这样许诺的,王尔德也答应不逃跑。拿到了黑德勒姆的一千二百二十五英镑和珀西·道格拉斯的钱之后,保释也就不存在障碍了。5月7日,在弓街警察局举行了保释听审,王尔德被释放了。

去哪儿住并不是一件容易决定的事情。人们帮他预订了圣潘克拉斯区的米德兰旅馆的两个房间,这个旅馆已经远离他常去的地方了,但是他刚坐下来准备吃一顿宵夜,旅馆经理就进来了。"你是奥斯卡·王尔德,我相信。"王尔德没有否认这一点。"你必须立刻离开旅馆。"昆斯伯里认识的一些拳击界流氓在侯爵本人的怂恿下,威胁经理说,如果他接待王尔德的话,他就会遭到报复,王尔德乘车穿越城市去了另一家旅馆,他们尾随其后。在那里,几分钟后,经理也过来道歉,说有些人威胁道,如果他不立刻离开的话,他们就要洗劫旅馆,把路人都喊来对付他。这时已经接近半夜了。最后,王尔德别无选择,他只能去了奥克利街146号,他哥哥威利和第二任妻子莉莉·利斯跟王尔德夫人正住在那里。他不得不向已经一年半没有交谈过的哥哥哀求怜悯,这可不是件令人愉快的事情:"威利,让我住下来吧,否则我就要死在街头了。"威利后来形容这个场景说,"他来了,脸贴在窗玻璃上,轻轻敲打它,然后跌倒在我的门槛上,就像一头受伤的牡鹿。"[16]威利暂时的表现是慷慨大度的。

威利给弟弟安排了一个房间,位于壁炉和墙壁之间的角落有一张小小的行军床,在这里,王尔德病了几天。他在法国的朋友听到了这个消息,请罗伯特·谢拉德过来看望他。谢拉德来了。他发现王尔德的脸庞"潮红、肿胀"。"噢,为什么你没从巴黎带来毒药(Oh, why have you brought me no poison from Paris)?"他用一种嘶哑的声音押着头韵问道。谢拉德提出带他去乡下恢复身体,但是他不想挪窝。谢拉德想方设法要让他振奋起来,提议说他们可以读一些华兹华斯的作品,华兹华斯在一首十四行中认为"爱(love)"和"推搡(shove)"是押韵的,这个错误被逮住了,王尔德佯装愤慨,对这个倒霉的后裔态度严肃地说,"罗伯特,这是什么意思?"[17]

奥克利街的家庭环境根本不会让他感到舒适,这一点很快就变得显而易见。威利变成了一个道德家:"至少我的恶习还是体面的。"他醉醺醺地咕哝着。他告诉王尔德,他在伦敦到处为他辩护,为此,奥斯卡对一位朋友说,"我那位可怜的、亲爱的哥哥,连蒸汽机也受不了他。""威利认为留我住下是一桩了不起的功德。"他告诉哈里斯,还透露说,他哥哥把昔日的信件卖给了汉弗莱斯,其价格简直算得上是敲诈,比尔博姆也这么说过。而根据威利的说法,他对弟弟的垮台也有一番铿锵的解释:"是他的虚荣心让他大丢其脸;他们在他面前焚起香柱,他们在他心口前焚起香柱。"威利和王尔德夫人都决定,奥斯卡应该留下来面对审判;威利会向拜访者保证说,"奥斯卡是一位爱尔兰绅士,他将会直面问题。"至于王尔德夫人,她以那种堂皇的风格对王尔德慷慨陈词,"如果你留下来,即便进了监狱,你也永远是我的儿子。我对你的感情不会改变。但是如果你走了,我永远不会再跟你说话。"王尔德向她保证,他会留下来。[18]

然而,随着他的殉难日的临近,他的朋友们希望他不要作这样的选择。虽然珀西是他的担保人之一,但他宣称,"如果现在失去了那份保证金,我简直就完蛋了,可是,只要他有任何被定罪的可能性,天啊,还是让他走吧。"[19]谢拉德力劝王尔德离开英国,弗兰克·哈里斯进一步激化了这个问题。哈里斯不顾威利的反对,坚持要带王尔德出去吃午餐,他提议就去皇家咖啡屋,他们过去是那里的常客。奥斯卡不觉得这是件体面事,于是哈里斯带他去了大波特兰街的一家餐馆,他们在那里订了一个包间。哈里斯想要帮王尔德找借口。他建议,王尔德可以说他热衷跟年轻人共处的理由是他喜欢描写年轻人。王尔德没有回答,他从未采取过这个策略。哈里斯把那些证词描述成一堆谎言,王尔德说,萨沃伊旅馆的女服务员之所以说出那样的证词，是因为她们误把道格拉斯的房间当成了他的房间。哈里斯提出可以拿出一份旅馆房间平面图，让女仆们承认她们的错误，然而，王尔德不希望牵连道格拉斯。不管怎样，他说，还有雪莱的证词呢，法官已经说过，雪莱的证词是无懈可击的。哈里斯声称雪莱是一个同谋犯，因此没有确切证据的话就不能相信他的证词，而确切证据是不存在的。对此，王尔德突然激动起来，说，"你说起话来充满热情，心怀确信，仿佛我是无辜的。""但你确实是无辜的，"哈里斯说，"不是吗？""不对，"王尔德说。"我以为你一直知道。"哈里斯说，"我片刻也没有相信过这种事。""你会因此就改变对我的态度吗？"王尔德问，但是哈里斯向他保证，他不会因此就改变态度。[20]

　　这样一来，他就开始策划退路，王尔德应该逃跑。他熟识的一个犹太商人正好提到自己拥有一艘游艇，哈里斯问他是否能够租用游艇一个月。这个人愿意出租，他问哈里斯计划拿它做什么。冲动之下，哈里斯把实情告诉了他，于是，这位游艇主人说，"如果是这样的话，你连租金也不用付了。"他本人也希望王尔德能逃跑。接下来，哈里斯把这个计划告诉了王尔德。那艘游艇就停靠在伊里斯（Erith），他说，他们可以立刻离开伦敦。人们对跟这艘游艇有关的事情表现出了很不信任的态度，不过，叶芝和艾达·莱弗森都知道这个计划，在哈里斯的戏剧性想象中，它就等待在伊里斯，烟囱里冒着烟，即便事实并非如此，它似乎也是靠得住的。然而，王尔德拒绝离开。[21]

469　　当王尔德还住在奥克利街的时候，莱弗森夫妇请他来吃饭，发现他跟哥哥住在一起是多么不开心。两人勇敢地邀请他跟他们住在一起，王尔德接受了这个邀请。在他带着行李过来之前，他们把仆人叫到一起，说如果他们不想跟这个声名狼藉的人住在一幢房子里，打算离开的话，可以给他们一个月的薪水。所有的仆人都选择跟"可怜的王尔德先生"（根据其中一个人对他的叫法）住在一起，5月18日，莱弗森太太乘车去奥克利街，把王尔德带了回来。为了避开昆斯伯里，这个地址处于保密之中。莱弗森夫妇的儿子当时住在乡下，于是王尔德被带到了保育室，那是两个大房间，外加浴室。"我应该拿走这些玩具吗？"她问，可他回答，"请留下它们。"于是，他在摇摆木马和玩具屋之间接待律师和朋友，把贫困和羞辱的细节都汇聚到了一起。为了避免让主人们感到尴尬，他在楼上吃自己的饭，直到六点以后才下楼。那时，他身穿进餐时的正式服装，纽扣上插着花朵，跟莱弗森太太无所不谈，就是故意不谈他内心的主要担忧。他旧日的理发师每天都来为他修面和卷发。

莱弗森太太后来还记得他的某些谈话。他对苦艾酒有浪漫的想法，对她描述了它的效果："喝了第一杯后，你眼前的事物就像你期待的那样。喝了第二杯后，你眼前的事物变得跟实际情形不一样。最后，你看到了事物的真实情形，那是这世上最恐怖的事情。""什么意思？""意思是剥离。以礼帽为例吧！你以为你看到了它的真实面目。但是你错了，因为你把它和其他事物和概念联系了起来。如果你从未听说过礼帽，突然间看到单独一项礼帽，你就会感到恐惧，或好笑。那就是苦艾酒的效果，那就是为什么它让人发疯。"他继续说，"我曾经喝了整整三夜的苦艾酒，以为我不可思议地处于头脑清醒、神智健全的状态。侍者进来了，开始在锯屑上浇水。最美妙的花朵，郁金香、百合和玫瑰纷纷绽放，汇聚成一个咖啡屋中的花园。'你没看到它们吗？'我跟他说。'没有，先生，什么都没有。'"如今，任何药物都不能让这世界盛开出花朵来。他转向其他话题，尤其是书籍。狄更斯一向令人厌恶，他说过一句经典的话，让她感到很有趣，"在读到小内尔之死的时候，只有铁石心肠的人才会不发笑。"要么，他就以《圣徒传》(*Lives of the Saints*)的风格杜撰那些反基督教的寓言。他很喜欢其中的若干个故事，于是想要点纸张把它们记录下来，但是莱弗森太太手边没有任何东西。"亲爱的斯芬克斯，你拥有作家的一切工具，"他对她说，"除了钢笔、墨水和纸张。"[22]

5 月 19 日，当奥斯卡·王尔德和莱弗森夫妇住在一起时，叶芝到奥克利街来找他。叶芝的父亲告诉他，他欠了王尔德的情，因为他没有为王尔德出庭作证，或做点别的事情，叶芝带来了一捆鼓励这位朋友的书信，都是他从爱尔兰文人那里收集来的，包括乔治·罗素在内。（只有爱德华·道登教授拒绝写信。）

然而,他遇见的是威利,威利说,"在我把这捆东西转交他之前,你得告诉我里面是什么。你在劝他逃跑吗? 他的所有朋友都劝他逃跑,我们已经下定决心,如果有必要的话,他就必须进监狱。"叶芝回答,"没有,我肯定不会建议他逃跑。"那是真话:在叶芝看来,这似乎是一个展示王尔德之勇气的重要时刻。* 他写信给道登,描述了这次拜访:

> 今天,我想去拜访王尔德,想告诉他我是多么同情他的遭难。他已经离开了奥克利街,然而,他们把他的很多进展告诉了我。有一艘游艇和一大笔钱处于他的支配之中,准备好了让他逃跑,但是他拒绝逃跑。他说,他会坚持到底,面对最坏的可能性,不管结果如何,他都会继续下去。他们说,他不会被击败,酗酒或服毒自杀。我提到,我发现我们的一些都柏林文人对他心怀同情,他们以最悲哀的和善态度倾听了我的话,我答应把他的计划告诉他们。我写信是想建议你要么直接写信给他,说些同情的话,莫里斯已经这么做了,要么就写点什么作为对此的回应,我可以拿给他看。[24]

其他人比叶芝和威利更渴望让他免受牢狱之灾,哪怕会破坏这场戏剧。康斯坦斯·王尔德到莱弗森家看望自己的丈夫,跟他一起待了两个小时。她带来了她律师的真诚建议,恳求他在下一次受审之前逃走,接下来的受审无疑会是灾难性的。她哭着走了,艾达·莱弗森看到他脸上"流露出了冷酷的固执"。莱弗森太太自己也鲁莽地给他送去一张纸条,请他听从妻子的劝告。他没有回复,直到下楼吃晚餐时,他把纸条还给她,只说了一句,"这不像你,斯芬克斯",然后他就转换了话题。[25]

---

* 1904 年,在一部赠给约翰·奎因(John Quinn)的《心愿之乡》(*The Land of Heart's Desire*)上,他提到王尔德,"他是一个伟人的未完成素描,在遭遇不幸的过程中展示了他的巨大勇气和男人气概。"[23]

王尔德已经作出了决定,他打算坚持到底。莱弗森太太认为他沉浸在一种对成功的幻想之中,以为在他身上什么事都可能发生,但是王尔德的人生并不像她以为的那样总是获胜。他跟弗洛伦丝·巴尔贡博的婚约曾经告吹,他不得不搬出弗兰克·迈尔斯的公寓,他早期戏剧的失败,他那挫折不断的美国巡回演讲,多年的缺钱生活,跟道格拉斯的感情纠纷。他后来会宣称,他的作品总是隐含着一种泄露隐情的悲哀暗流。他知道逃跑意味着什么,无论是在弗兰克·哈里斯的情绪高涨的陪伴下,还是他单身出逃,都谈不上任何尊严。他很可能遭到阻止,即便没有被阻止,他也只能作为逃避英国司法审判的潜逃犯在欧洲东躲西藏,他的佛罗伦萨之旅表明,遁逃并不是王尔德的风格。放逐(若干年前,他曾经跟杰布为这个话题发生过争执)不适合他。就在审讯结束之前,他写信给道格拉斯,表达了他一向的感受:"我认定,留下来显得更高贵和美丽……我不想被人说成是胆小鬼或逃兵。假名、乔装打扮、被追捕的生活,这一切并不适合我。"他选择被定罪,知道人们会错以为他是出于软弱或狂妄自大才作了这样的选择——然而,这两者都不会迫使他作出这个选择。他真的会宁愿捡麻絮也不愿在餐桌上当领袖?他承认,在他面对的所有丢脸选择中,这一个还算是最不胆怯的。(它也是最正派的。)叶芝在街上遇见了王尔德的一个宿敌,也许是亨利,这个宿敌带着对王尔德的赞许说,"他已经把污名当成了一场新的温泉关战役。"至于叶芝本人,他后来写道,"我甚至连一刻都不曾怀疑过,他作了正确的决定,他的名望有一半来自这个决定。"[26]他屈服于他曾经批判过的社会,因此赢得了进一步批判它的权利。

哗众取宠的豪言壮语并不是莱弗森家里的日常饮食。王尔德没有自称是个英雄,他所做的仅限于拒绝人们劝他逃跑的恳求,他并没有给出具体的理由,尤其是那些浮夸的理由。随着审判的临近,他表现出了一种类似顺从的态度。他告诉谢拉德,他认为自己忍受得了一年的监禁,但是谢拉德提醒他,他很可能获判这个罪名的最长刑期,即两年。王尔德又回头去追忆他对道格拉斯的爱情,试图从中寻求安慰,他写给他最炽热的信件:"如今,身处苦恼和痛苦、不幸和羞辱

471

之中,我觉得我对你的爱,你对我的爱,是我人生中的两个神迹,神圣的情感让一切苦难都变得可以忍受。"道格拉斯已经承认了自己的过错(他后来会否认这一点),但是王尔德说,"对于所发生的一切,让命运,涅墨西斯或不公正的神祇独自去承受责任吧。"还有,"我芬芳的玫瑰,我娇弱的花朵,我的百合中的百合,也许我将在监狱中检验爱的力量。我要看看,我对你的强烈的爱是否能让苦水变甜。"这些信件跟那些法庭上出示的信件具有不同的性质,后者很接近于王尔德理解中的正式的文学作品。他仍在运用丰富的辞藻:"你是我的启明星,上帝创造的人类中,没有哪一个曾被如此热烈地膜拜过,如此疯狂地爱慕过。"在这些华丽的头韵之下,有一种真实的情感。很久以后,道格拉斯在《自传》中挖苦说:

472 "我们对彼此的热爱已经日渐衰退,巨大危机引发的情绪又激起了新的火焰。"他写给王尔德的回信就没有那么多华丽的辞藻了,虽然其情绪是不相上下的。他还写信给哥哥,恳求他让王尔德离开英国,乘他还有机会的时候。珀西回答说,他希望自己能够这样做。波西振作起来,写信给王尔德说:"没有你在身边,这简直太可怕了,但是我希望你能在下周来跟我会合。一定要打起精神,我最亲爱的爱人。我继续在日日夜夜地想你,寄给你我所有的爱。我永远是你亲爱的、忠诚的男孩波西。"[27]

　　道格拉斯在这段时间里的精神状态是极为不安的。他向新闻界发出了一系列的信件,体现了不同程度的冒失。4月19日,他写信给《星报》,抗议说王尔德已经被预先定罪了,约翰·布里奇爵士显然对其怀有偏见,他继续说:

　　　　因此,我觉得,我是在拿自己的人生冒险,因为有一群人如今正在逼迫奥斯卡·王尔德,企图摧毁他,而我居然胆敢大声反对这群人的异口同声;尤其是,我确信,公众已经决心接受这些,就像他们根据卡森先生的评价已经接受关于此案的一切人和一切事。我当然是个不孝的儿子,他傲慢、愚蠢地对抗他那位充满深情的慈父,在他的朋友遭受挫败之后,他还不肯逃跑,隐藏起自己的面孔,因此就更加重了他的罪行。

可以理解,即便在当时,王尔德也觉得这是一种陈词滥调,虽然他后来没有告诉道格拉斯自己的想法;其实还要更糟糕,因为道格拉斯把自己视为人们的兴趣点。五天后,他又继续写信说,他已收到了数千封信件,支持他对王尔德的态度。到了 5 月 25 日,法国媒体已经找到了他,乔治·多夸在那一天发表了一篇关于他的访谈录。道格拉斯声称,他离开英国(根据拉夫洛维奇的说法,是在王尔德受审的第二天)是因为母亲在意大利病倒了,然而媒体已经发现,她实际上身体没病。现在,他承认,他离开是因为王尔德的律师警告他说,他也许会接到传讯,要求他出庭作证,而他并不想出庭作证。5 月 15 日,他抵达巴黎,但是在八天的时间里回避了媒体。有人问及他写给《时报》的信件,他解释说,"你不知道昆斯伯里侯爵恶劣到了什么地步……到我十二岁为止,我最多才见过他二十次,从他对待我的方式来看,我根本无法相信自己是他的儿子。"这位记者含蓄地询问了他跟王尔德的关系,可道格拉斯坚持说世人理解不了那种事,他们拥有一种象征性的共享关系,而不是什么下流("可疑的")的关系。他觉得,只要王尔德"状态良好",没有什么比跟王尔德共餐更令人愉快了。他们一度因浅薄的乐趣走到一起,如今他们却因遭受迫害而团结一致。5 月 30 日,他写信给另一个法国记者说,他知道在伦敦的上流社会中有一百个公开的同性恋者。*

473

---

* 他开始更大胆地谈论这件事。6 月 12 日,他写信给《真相》杂志的亨利·拉布谢尔,为自己在第一次审判前的离去作了辩护:

　　王尔德先生被捕之后,我在英国待了三个星期,每天都去看望他,我想尽一切办法帮助他,他受审前一天,在他十分急迫的敦促下,我离开了英国,他的法律顾问也同样急迫地敦促我,他们肯定地告诉我,我留在这个国家只会对他有害,如果我被传唤出庭作证,我肯定会毁掉他被判无罪的微小几率。王尔德先生自己的法律顾问决不会让我出庭作证,他们觉得我在交互盘问中也许会对他不利,因此,如果我被传唤作证,那就只会是公诉人一方的要求了。所以,先生,你必须公平看待问题,就算为了辩论而言,即便我是个不同寻常的恶棍,你也没有权利把我称作胆小鬼。

(转下页)

　　昆斯伯里夫人对波西的行径略有所知,5月底,她敦促儿子珀西去鲁昂跟他见面。她还跟一个老朋友塞巴斯蒂安·鲍登牧师商量了一下,请他找个可靠的人跟波西待在一起,避免他效忠于那位已经名誉扫地的王尔德,干出什么蠢事来。鲍登请莫尔·阿迪帮个忙;阿迪回答说,他首先要照顾好罗伯特·罗斯,不过,一旦他让罗斯平静下来,他就会去处理道格拉斯的事情。与此同时,罗斯的家人禁止他跟道格拉斯待在一起,而阿迪则告诉鲍登,道格拉斯计划去佛罗伦萨拜访亨利·萨默塞特勋爵(Lord Henry Somerset),这位勋爵几乎跟王尔德一样声名狼藉。

新的温泉关战役

在国王的宫殿里,楼梯是多么陡峭。①

474　　与此同时,王尔德面临的是他最后受审的现实。5月21日,在审判前夕,他平静地向朋友辞别,他告诉每个人,从剩下的财产中,他为每个人准备了一个小礼物,万一他回不来了,那就是他留给他们的纪念品。[29]当他打算回屋的时候,

_____

(接上页)《真相》评论说,道格拉斯确实是个敢说敢做的人,"不过,就这些见解来说,遗憾的是,没有人给他提供机会,让他在本顿维尔监狱的与世隔绝中对它们进行思考。"私下里,道格拉斯无畏地回答(就像他告诉过法国记者那样),他知道上流社会中有四五十个人,牛津有几百个本科生(更别提还有"那么几个导师"了)都是同性恋者。皮卡迪利附近有很多男孩以出卖肉体为生。他正在寄发克拉夫特-埃宾(Kraft-Ebing)撰写的一个小册子(是他刚刚翻译的),还在要求废止一桩反同性恋的奥地利法规。[28]最后,在6月28日,道格拉斯从鲁昂的邮政酒店写信给《评论回顾》的编辑 W. T. 斯特德。这一次,他直接谈论了同性恋,他指出,法国的相关法律就非常不一样,还有,英国人默许了女同性恋,跟男妓打交道并不比跟妓女打交道更恶劣,他父亲有私通和出轨的行为,还提倡自由性爱,虐待过他的两任妻子。斯特德拒绝发表这封信,拉布谢尔也没发表。(1913年4月18日到23日,在他起诉兰塞姆的诽谤案中,作为不利于他的证据,这封信被出示过。)

　　① 　引自王尔德的诗歌《在维罗纳》。

他请艾达·莱弗森为他在壁炉架上留一瓶安眠药水——并不是说他要服用这瓶药水，而是它的存在就会带来神奇的效果。次日，在跟莫尔·阿迪一起去见斯图尔特·黑德勒姆之前，他对她说，"如果最坏的事情发生了，斯芬克斯，你会给我写信吗？"在接下来的六天里，黑德勒姆早上来接他，晚上又护送他回去，有时珀西·道格拉斯也会这么做。老贝利刑事法庭上坐满了人，扎着白领巾，插着一枝花的昆斯伯里不得不站着，他聚精会神地倾听着，看起来矮小又凶残。爱德华·克拉克决定想办法为王尔德争取一些利益，他提议分别审理王尔德和泰勒的案件。副检察总长弗兰克·洛克伍德爵士反对这个提议，理由是这两个案件是交织在一起的。不过，艾尔弗雷德·威尔斯法官先生*做出了有利于克拉克的裁决。于是，洛克伍德提议先审理泰勒的案件，克拉克又表示反对，因为泰勒其实根本就没什么可辩护的，他在警察眼里赫赫有名，无疑会被定罪。法官不顾克拉克的抗议，同意了洛克伍德的要求。他说，泰勒已经在监狱中待了七个星期，不能再拖延他的官司了。

　　这个决定看起来不起眼，却对王尔德损害很大。泰勒案件中的证词也跟他有关，如果泰勒被定罪，除非有明显的不公之处，否则这同一批陪审员几乎不可能裁定王尔德无罪。泰勒案件的庭审和裁决速度都很快。公诉人已经决定把鸡奸的指控减轻到猥亵，因为后者更容易证实，更容易被定罪。就其跟帕克兄弟的两条猥亵罪状，泰勒被裁定有罪，不过，就其为王尔德拉皮条介绍伍德的罪状，他被裁定无罪，因为，正如法官指出的那样，他并没有介绍这两个人相识。帕克兄弟中有一个人获得了前督查利特菲尔德的许诺，如果他担任指控王尔德的污点证人，他自己的罪行就可以被豁免，然而，他态度崇高地拒绝了。威尔斯法官先生推迟了宣判的时间。昆斯伯里给他儿子珀西的妻子发了一份电报："给道格拉斯夫人——必须对陪审团的裁决表示祝贺。但没法祝贺珀西的外表。他看上去就像一具出土的尸体。恐怕亲吻中有太多的疯狂。泰勒被定罪。明天就轮到

⁴⁷⁵

---

　　*　王尔德并不是从这个威尔斯家族继承了他的部分名字。

王尔德了。昆斯伯里。"他还误以为王尔德跟珀西和她待在一起,于是在当天夜里去拜访他们的房子,敲门并引起了骚乱。他给珀西的妻子寄去了一幅流行周刊上的禽龙(iguanodon)插图,外加一条孩子气的纸条,"也许是奥斯卡·王尔德的一位祖先"。[30]次日早上,在弓街的斯科特帽店前,珀西看到了他父亲,问他是否打算继续写信骚扰自己的妻子。两人在街头打了起来,道格拉斯勋爵被打青了眼睛。他们双双被捕,次日各自支付了五百英镑的保证金,保证守法六个月。*

在这种近乎歇斯底里的氛围中,奥斯卡·王尔德的第二次审判即将开幕。新闻界一直在讨论王尔德的事件,已经有好几个星期了,他们普遍表示谴责,只有《雷诺兹新闻》是例外,《雷诺兹新闻》从私下渠道了解到了起诉王尔德的那种异乎寻常的热情。大多数报纸认为,昆斯伯里把"颓废派的大祭司"(《全国观察家》觉得这个称呼适合于王尔德)搞垮是对的。

这次审判几乎没什么出奇之处。两个最重要的证人帕克兄弟住在奇斯威克,一个王室侦探负责照管他们,这一点已经为人所知。人们不知道的是,从王尔德起诉昆斯伯里到他被定罪,所有的证人每周都能获得五英镑,但这似乎是真事。[31]王室政府出钱给最优秀的证人查尔斯·帕克买了一套新衣服,表面的理由是他不能穿着士兵的制服出庭。(他将会被解雇。)不过,这一次,起诉没有从他开始,而是从雪莱开始,他又哭诉了王尔德对他的性侵犯。王尔德一方又拿出了那些如今人们已经熟识的信件,对他进行了反驳,在所谓的性侵犯之后,他写了那些信向王尔德要钱。有那么一会儿,案子对王尔德是有利的,就像哈里斯曾经声称的那样,法官裁定雪莱是同谋者,因此除非有确证,否则他就是不可靠的。

476 这样一来,公诉人的王牌就没了,因为在重要的犯人中,只有雪莱一个人既不是

---

* 法国媒体可以理解地混淆了艾尔弗雷德·道格拉斯勋爵和霍伊克的道格拉斯勋爵,前者从鲁昂愤慨地给《费加罗报》发来电报,要求他们向他道歉,他还希望真是他揍了昆斯伯里。5月22日,在同一天,他给《时报》写信,投诉他们两个人搞混了,他声称,这份报纸还错误地把昆斯伯里夫人说成是侯爵的"被休掉的妻子",而实际上侯爵是被休掉的丈夫。

男妓也不是敲诈者。次日，弗兰克·洛克伍德爵士（他一度是王尔德的朋友）试图说服法官改变他的想法，可是法官的态度坚定不移。有人听见洛克伍德在外面低声抱怨，"这个老傻瓜！"证词透露了一点，把泰勒介绍给王尔德的人就是洛克伍德妻子的侄甥莫里斯·施瓦贝，洛克伍德很小心地对这一点不加铺叙。

克拉克尽了力。他指出，任何出席过其他几场审判的人都可以看出，王尔德状态不佳。如果他本人是这么不堪一击的话，他把自己置身于有可能被起诉的处境就是不可思议的，他就不会指控昆斯伯里犯有诽谤罪。"这场审判似乎是打算赦免伦敦所有的敲诈者，"他说，显然，这些证人本可能遭到指控，而不是指控他人。他们缺乏控告王尔德有罪的证据，否则的话，他们就会无情地敲诈他了。查尔斯·帕克是一个未经确证的证人，一个特别反复无常的人。旅馆女服务员的证词没有证明王尔德做过任何不当的行为。"基于对这些证据的查实，如果你觉得自己有责任说，针对这位犯人的指控并没有被证实，那么，我可以肯定你会感到高兴，被这些指控遮蔽的辉煌前程，几乎被偏见（数星期前，它们充斥了新闻界）摧毁的美好名声，这一切都被你们的裁定所拯救，免于彻底的毁灭；这样一来，作为一个著名的文人和杰出的爱尔兰人，他就可以跟我们一起过上光荣得体的生活，他的成熟天赋就可以贡献给我们的文学，而他在早期青春中只不过刚展示了这种天赋的预兆。"

5月25日，审判的最后一天，是女王的生日。在一片爱国的热情之中，洛克伍德发表了公诉方的最后演讲。他重提了王尔德的丑事；他谈到了写给道格拉斯的可疑信件，向伍德支付的勒索款项，跟泰勒、伍德、帕克、康韦的关系，他强调这些关系是互相印证的。如果女服务员的证据是假的，为什么没有叫艾尔弗雷德·道格拉斯勋爵来反驳它？王尔德倾听了"洛克伍德的可怕斥责"，他后来说，这番斥责听起来"就像是塔西佗笔下的事情，就像是但丁的一个段落，就像是萨沃纳罗拉对罗马教皇的控诉"，他觉得"恐惧，对我所听到的一切心怀厌恶。突然，我冒出一个想法，'如果是我在说这一切关于我自己的话，那会是多么精彩!'于是,我立刻就明白,怎么说一个人都不要紧。关键在于是谁在说这番话"。他后来写信给罗斯,"当我站在被告席中,我有了关于《雷丁监狱之歌》的灵感。"[32]他不会被吓倒;他的想象力秘密地赢取了这场诉讼。

477　　　接下来是结案陈词。威尔斯法官先生是个缺乏诗意的人,他认为王尔德给道格拉斯的信件中的爱意是下流的,跟查尔斯法官先生不一样,他用令人不快的措辞谈到它们。他越说越激动,仿佛他越说越意识到这种罪行的十恶不赦。"这是我审判过的最恶劣的案件,"他宣称。他承认,萨沃伊旅馆床单上的排泄污迹有可能是因为腹泻,但他并不支持这种假定。他提醒陪审团,维持最高的道德思想是很重要的。陪审团在三点半退场,五点三十五分,他们返回法庭,询问了某个次要的证据。洛克伍德意识到,雪莱的证词被驳回,这意味着只剩下那些共谋者的证词了,他对克拉克说,"明天,你会在巴黎跟你的当事人共餐。"可是克拉克说,"不,不,不会的。"[33]陪审团再次退庭,但在几分钟后,他们回来了,裁定除了跟爱德华·雪莱有关的罪行之外,被告犯有罪状上所有的其他罪行。克拉克请求法官到下一次开庭期再宣判,这样他们就可以考虑是否能找到法律技术细节上的问题。然而,副检察总长反对这个建议,法官驳回了克拉克的请求。接着,他转向两位罪犯:

　　　奥斯卡·王尔德和艾尔弗雷德·泰勒,你们犯下的罪行是如此恶劣,我不得不勉力强迫自己不去描述这样的心情,我宁可不用这种语言,任何正派人,只要他倾听了这两场审判的细节,他的这种情绪一定会涌上心头。毫无疑问,陪审团已经对此案做出了正确的裁定;某些人有时会以为,法官要留意人们对案件不怀偏见,因此对体面和道德并无兴趣,我希望,无论如何,这些人该明白,对于你们两人已经被证实犯下的这些可怕指控,至少从常识上来说也应该表示愤慨。

　　　跟你们说话简直如同对牛弹琴。会做出这些事情的人想必是全无羞耻感的,我不指望对他们会有任何影响。这是我审判过的最恶劣的案件。你，泰勒，无疑是在经营一种男性妓院。你，王尔德，是一个影响广泛的腐败圈子中的核心人物，这也同样是毫无疑问的，那是年轻人中最丑恶的腐败。

在这种情形下，可想而知，我会根据法律允许的最重刑期进行判决。根据我的判断，对于这样一个案子来说，这种刑期还是根本不够的。法院的判决是你们每个人受监禁并服苦役两年。

法庭中可以听见"羞耻"的叫喊声。王尔德面色苍白，他那不安的脸上流露出痛苦。"天啊，天啊！"他说。他勉力想表达，也许已经设法说出了这样的话（虽然目击者对此看法不同），"我吗？我可以什么都不说吗，阁下？"然而，法官只是向守卫挥了挥手，守卫们抓住了摇摇晃晃看起来要跌倒的王尔德。泰勒跟随着他，满不在乎的样子，仿佛他知道自己在这出戏剧中并无地位可言。不过，他包庇了王尔德，正如王尔德包庇了道格拉斯。（服完苦役之后，泰勒移居美国，从此被人遗忘。*）法庭外，叶芝说，妓女们在人行道上跳舞。[35]她们为竞争对手被除掉而感到高兴。昆斯伯里侯爵也得意洋洋，那天夜里，他、查尔斯·布鲁克菲尔德和查尔斯·霍特里举行了表示庆祝的胜利晚宴。**

478

---

　*　二十世纪二十年代，道格拉斯住在芝加哥的一间旅馆中，他按铃召唤楼层里的侍者。应声而来的是艾尔弗雷德·泰勒。[34]

　**　据说，昆斯伯里在一封写给《星报》的信件中流露了对王尔德的同情。侯爵写信给编辑，要求收回这种说法：

　　先生，——我反对说我用过"同情"这个词。我从未用过它。当时，我只是协助击伤和歼灭鲨鱼。我对它们没有同情，但也许觉得遗憾，希望尽可能减轻它们的痛苦。

　　我真正的话是，由于王尔德先生如今似乎已穷途末路，彻底完蛋了，我为他的恶劣处境感到遗憾，他被裁决犯下了那些遭到指控的可憎罪行，假定我是必须对他做出惩罚的当局，我会尽量考虑到，作为性反常者，他的脑子是完全病态的，我不会把他当作神智健全的罪犯来看待。如果这就是同情，我也只会给予王尔德先生这种程度的同情。

　　　　　　　　　　　　　　　　　　　昆斯伯里谨启

　　　　　　　　　　　　　　　　　　　[1895年]4月24日

注释

［1］ Oscar Browning, letter to Frank Harris, 3 Nov 1919 (Texas).

［2］ Ives journal, 7 Jan 1903, p. 4849 (Texas).

［3］ *Le Temps*, 7 Apr 1895.

［4］ *Letters*, 386.

［5］ Henry Harland, letter to Edmund Gosse, 5 May 1895 (Hart-Davis).

［6］ *Le Figaro*, 13 avril 1895, p. 59; 14 avril 1895, p. 1; 16 avril 1895, p. 1; 18 avril, p. 2.

［7］ Reprinted in Octave Mirbeau, *Les Ecrivains*, *1885–1910* (Paris, 1926), 39-44.

［8］ William T. Ewens, *Thirty Years at Bow Street* (1924), 52-3.

［9］ *Letters*, 448-50.

［10］ Jerusha McCormack, unpublished thesis on John Gray; Douglas, *Autobiography*, 111.

［11］ Beerbohm, *Letters to Turner*, 103; George Ives journal, 21 May 1928, p. 2912 (Texas).

［12］ *New York Times*, 7 Apr 1895.

［13］ Beerbohm, *Letters to Turner*, 102.

［14］ Ibid., 102-3.

［15］ *New York Times*, 5 May 1895; T. M. Healy, *Letters* (1928), 416.

［16］ Yeats, *Autobiography*, 191; Sherard, *Life of O. W.*, 358.

［17］ Sherard, *O. W.: Story of an Unhappy Friendship*, 165, 179.

［18］ Yeats, *Autobiography*, 192, 193; Harris, 200; Sherard, *O. W.: Story of an Unhappy Friendship*, 170, and *Life of O. W.*, 366; Leverson, 41.

［19］ Croft-Cooke, 127.

［20］ Harris, 196-9.

［21］ Yeats, *Autobiography*, 191; Harris, 203-8; Leverson, 41; *Reynolds's News*, 2 June 1895.

［22］ Leverson, 39-40.

［23］ Yeats's note (NYPL: Berg).

［24］ Yeats, *Autobiography*, 191; *Collected Letters of W. B. Yeats*, ed. John Kelly (Oxford, 1986–), I: 465-6.

［25］ Leverson, 41-2.

［26］ *Letters*, 398; Yeats, *Autobiography*, 192.

［27］ *Letters*, 397; Douglas, *Autobiography*, 112, 121; letter to Wilde, May 1895 (Texas).

［28］ Ransome case 1913, clippings at Bodleian.

［29］ Sherard, *O. W.: Story of an Unhappy Friendship*, 194.

［30］Marquess of Queensberry and Percy Colson, *Oscar Wilde and the Black Douglas* (n. d.), 66; Brain Roberts, *The Mad Bad Line* (1981), 252.

［31］C. H. Norman, letter to Sir Rupert Hart-Davis (Hart-Davis), says *Reynolds's News* was sympathetic to Wilde because R. W. Anderson of its staff had learned from police officers about the sums paid to the boys.

［32］*Letters*, 502; *More Letters*, 171.

［33］Hyde, ed., *Trials of O. W.*, 291.

［34］H. Montgomery Hyde, letter to Rupert Croft-Cooke, 19 Sept 1962 (Texas), says Sacheverell Sitwell heard this from Douglas.

［35］Hodgson, *Poets Remembered*; Sherard, *O. W. : Story of an Unhappy Friendship*, 199; Yeats, *Autobiography*, 193.

第十九章　本顿维尔、旺兹沃思和雷丁

公众的宽容是令人称叹的。他们除了天才之外谁都会原谅。[①]

狱中的春天

479　　跟王尔德料想的一样,新闻界几乎众口同声对陪审团的裁定表示称赞。他的老熟人克莱门特·斯科特写信给《每日电讯报》,"打开窗户! 透透新鲜空气吧。"5 月 26 日的《世界新闻报》祝贺道,"下流的唯美主义膜拜从此告终了。"《圣詹姆斯报》在 5 月 27 日发表社论说,"少许有益健康的偏执"也比过分宽容要好。只有《每日纪事报》和《雷诺兹新闻报》对当时的最伟大戏剧家表示了同情。5 月 20 日,《雷诺兹新闻报》在头条新闻中拒绝"对一个不幸者的毁灭表示幸灾乐祸",它指出,他并没有腐化任何年轻人。它对洛克伍德的态度和昆斯伯里出席审判表示了抗议,认为作证的男妓不应该就此不受惩罚。至于王尔德的朋友,几乎没几个人支持他。伯恩-琼斯希望王尔德自杀,可王尔德没有这么做,他感到失望;但几个月后,他态度变得温和起来,流露了同情。不过,霍尔·凯恩

---

① 引自《作为艺术家的评论家》。

对科尔森·克纳汉说过，"这是整部文学史上最可怕的悲剧。"[1]

王尔德的情况怎么样呢？6月9日，《雷诺兹新闻报》描述了陪审团裁决后他的踪迹。他和泰勒从法庭上被带到纽盖特监狱，核定他们两年羁押的令状已经完备。于是，他们乘着囚车去了霍洛韦。在这里，王尔德的行李被拿走，他被脱得只剩下衬衫。一位警官详细描述了他的外貌，特殊标记，眼睛、头发的颜色和肤色，以及是否留有任何伤痕。几分钟后，他被要求去洗澡，洗完澡，他发现已经为他准备好了囚衣，从内衣、宽松的鞋子到"可憎的"苏格兰帽子。服装是寻常的黄褐色，上面印满簇形标记。狱方承认他的重要性，也因为他的个头比常人更高，所以他的囚衣是新的，但并不因此就会质量好一些。狱方向他朗读了规章制度，然后就把他押送到囚室去了。很快，他拿到了第一顿囚饭，是一份薄粥（监狱羹汤）和一个褐色的小面包。

6月9日的那一周，王尔德被迁徙到关押已定罪囚犯的本顿维尔监狱，因为霍洛韦关押的是未定罪囚犯。他在本顿维尔监狱接受了彻底的全身检查。如果宣布他身体合格的话，他就要开始第一个月的踏车练习了——每天六个小时，要踏高六千英尺，每踏二十分钟可以休息五分钟。在这个月里，他还要睡在木板床上，光秃秃的一片木板，距离地面几英寸，有床单、两片毛毯和床罩，但是没有床垫。他的饮食如下：七点半是早餐，可可和面包；中午是正餐（熏肉和豆子、汤、澳大利亚冷肉、由黑面粉制作的板油布丁，最后三种每周吃两次，每天的正餐都配有土豆）；五点半是喝茶的时间。第一个月之后，会安排他从事某种工业任务，譬如制作邮袋、缝纫或捡麻絮。他每天可以在室外放风一小时，跟其他室友排成单列散步，不能交谈。三个月后，他才能跟外人联系；这时他可以写一封信或收一封信，可以接受三个朋友共二十分钟的探望，但是要隔着铁丝窗，当着看守的面。每三个月可以接受一次探望。只有当他完成的工作量达到一定的分数之后，他才能够不睡木板床。他必须在每天早上九点，每周日两次去教堂。只要他愿意，牧师可以随时来看望他，典狱长和副典狱长也可以每天拜访他。政府视察员每个月都会来看望他一次，倾听他的投诉。

　　《雷诺兹新闻报》提到,自从入狱以来,王尔德的健康大为受损,他可能会被转移到医院去。"王尔德已经瘦了很多,据说,自从被定罪之后,他就陷入了持续的忧郁和沉默。他很难入睡,不时地大声哀叹自己的不幸命运。"默默无闻并不会给他带来庇护,它带来的只有痛苦。

狂暴的道格拉斯

> 在监狱那不分好歹的栅栏后,我的确还拥有他人夺不
> 走的东西……

481　　就王尔德的小说男主人公们而言,他们往往能够想办法在犯罪之后不跟警察发生严重冲突。阿瑟·萨维尔彻底逃脱了惩罚,而道林·格雷被迫惩罚了自己。王尔德笔下唯一进了监狱的主角是《帕多瓦公爵夫人》中的吉多·费兰蒂。吉多高尚地承担了刺杀公爵的罪责,虽然他知道真正的凶手是公爵夫人。王尔德有一种感觉,他让自己成了艾尔弗雷德·道格拉斯的替罪羊(虽然他对自我牺牲是嗤之以鼻的),他无疑为道格拉斯的几桩艳遇承担了罪责。在被拘禁之后,王尔德的行为跟吉多·费兰蒂也有一点相似之处。他们两人都只会表现出一种被动的顺从。迷恋他的公爵夫人乔装打扮后来看望狱中的吉多,请求他逃走,他回答说,"我肯定不会离开。"王尔德表现出了同样的抵制态度。他不可能忘记,当自己最喜欢的主人公之一于连·索海尔被囚禁之后,他过去的情人德勒纳尔太太恳请他逃走,于连也拒绝了这个要求。

　　吉多、于连跟王尔德不同的地方是,他们的爱人也为爱而死。道格拉斯对这种小说中的规范不屑一顾,他继续生活了五十年。在王尔德坐牢的两年里,道格拉斯是一个试图寻找悲剧角色却没有找到的人。无疑,他十分痛苦。他的母亲和朋友都为他担心。他觉得有必要代表王尔德做出某种公开表示;他会在欧洲

做这样的事情,因为他母亲的律师警告他说,他在接下来的两年里返回英国是不可取的。他想象自己的这两年流放可以跟王尔德的刑期相提并论。他父亲提出,如果他愿意跟王尔德永远断交,他就给他去南太平洋群岛生活的钱,"你在那儿能找到很多漂亮的姑娘。"[2]道格拉斯对此的回答是,他在1895年6月25日向女王递交了请愿,请求她宽恕王尔德;国务大臣说,他不能够建议女王陛下接受这种请求。

与此同时,道格拉斯还有自己的私事。他母亲做了一系列复杂的安排,想为他找到同伴。她向莱昂内尔·约翰逊提议,如果他愿意跟道格拉斯在一起,她会负担所有的开销,但是约翰逊拒绝了。罗斯的家庭已经禁止他跟道格拉斯混在一起,在昆斯伯里夫人的要求下,莫尔·阿迪同意跟道格拉斯作伴。[3]接下来还会有受委托而来的其他同伴。道格拉斯很快就继续过上了以前的那种生活,依然伴随着习惯性的鲁莽大意。7月底,在勒阿弗尔,他租下了一艘小游艇,雇用了一个船上侍者。这个男孩带来了另一个男孩,然后又来了一些成年人。据说有裸浴,还有发生了其他事情的迹象,于是,《勒阿弗尔报》在月底发表了一篇社论,抨击这位年轻的英国贵族正在腐化本市的青年。道格拉斯以受委屈的无辜态度回信给编辑说:

对于我这个已经受了那么多苦的人,一份外省小报控诉我犯下了一切能想象得到的罪行,这没什么,可是对于我那位船上小侍者,一个无辜的人,还有那些好人,他的朋友,事情就不一样了,你们对他们的态度是如此不负责任。

先生,让我们明确一下,我租了一艘小游艇,还雇用了一个船上侍者,带着这个侍者、他的一个朋友,还有几位习惯跟外国人为伍的勒阿弗尔渔民,我们一起出了几次海;你们有什么理由不仅侮辱和中伤我,还侮辱和中伤这些好人,你们的同胞呢?

在我看来,这已经是太清楚不过了,因为我是奥斯卡·王尔德的朋友,世人就有权利侮辱和攻击我。

我的罪名不在于我过去是他的朋友,而在于我将至死都是他的朋友(如果上帝允许的话,甚至在死后我也要这样做)。哦,先生,道德说教,置遭遇挫折的朋友于不顾,否认朋友(即便他在监狱或地狱中),这都不是我的做人原则的一部分。

我也许错了,但我还是更愿意遵从我自己的良心,而不是《勒阿弗尔报》的良心。

这是他对勒阿弗尔的告白,一两天后,他去了索伦托和卡普里。据说,王尔德对此的评价是,"随心所欲的王子去了卡普里。"[4]

道格拉斯有一个秘密计划,他打算为王尔德的案件撰写一份内容更充实的作品。在勒阿弗尔,一个名叫达尔豪西·杨的英国人拜访了他,带来一篇他为王尔德撰写的辩护文章。法国新闻界发表的一系列文章也鼓舞了道格拉斯。6月3日,亨利·鲍尔在《巴黎回音》上发表了一篇头版文章,对判决的残暴、伦敦社交圈的伪善、昆斯伯里的粗野、英国法律和法官的蛮横进行了思考。1895年6月18日,奥克塔夫·米拉博在《期刊》(巴黎杂志)上发表了一篇支持王尔德的文章。1895年5月15日,保罗·亚当在《白色评论》上指出,希腊之爱比通奸害处更小。最引人入胜的是年轻诗人和小说家于格·勒贝尔8月份发表在《法国信使》上的文章。这篇生动有力的《为奥斯卡·王尔德辩护》谴责了审判行为,非难了虚伪和假道学的法庭,它厚颜无耻地虐待了一位正在为英国文学贡献实质和特性的作家。勒贝尔呼吁把本顿维尔跟巴士底狱相提并论:"看到本顿维尔在烈火中燃烧,我该是多么喜悦!不但为了王尔德,也为了我们所有这些异教艺术家和作家,我们按理来说都是它的荣誉囚犯。"道格拉斯在8月初读到这篇文章,他敦促莫尔·阿迪购买一些载有这篇文章的杂志分送给各人。他还在1895年7月30日写信给国务大臣,问记者是否真的可以去拜访狱中的王尔德。在索伦托,他决定撰写自己的文章,然后投稿给刊登勒贝尔文章的同一份杂志。他在自己的信件中对此只字未提，以防朋友们阻止他。

狱栏之后

> ……监狱系统——一种如此可怕的系统，它让那些它无法征服的人的心灵变得更冷酷，它残酷地对待那些不得不执行它的人，正如它残酷地对待那些不得不屈服于它的人。

与此同时，在本顿维尔就没有机会捕猎男孩或鲭鱼了。（针对公诉人把王尔德和泰勒官司联系起来的做法，爱德华·克拉克爵士进行了抗辩，6月19日，抗辩被驳回了。）人们写过很多跟监狱有关的胡说八道，其中一些就是王尔德自己在体验监狱生活之前撰写的。在一篇评论威尔弗里德·布伦特之诗歌的文章中，他曾经带着一种超然态度说，监狱改善了布伦特的风格，如今，这种态度令人不堪回首。他在《社会主义制度下人的灵魂》中曾经指出，"毕竟，即便是在监狱中，一个人也可以过得很自由。他的灵魂可以是自由的。他的个性不会被干扰。他可以过得心平气和。"这段令人钦佩但短视的辩论也是不堪回首的。正是这种胡说八道让狱方觉得难以忍受。如果说王尔德不知道，那么，至少他们是知道的，一个肠痛如绞的人不可能过得心平气和。他们决定要采取的方针无意间证实了同一篇文章中的一段更明智的话："当一个人阅读历史时——不是那些为学童和普通毕业生编写的删节本，而是每个时代的权威原著，他绝对会感到恶心，但并不是由于那些恶人的罪行，而是因为那些好人施加的惩罚。"牧师装模作样地走进来，问，"王尔德先生，你在家里做早祷吗？""抱歉。恐怕没做过。""你看你现在落了个什么下场，"牧师说。[5]

王尔德起初为自己的损失感到悲痛。在监狱院子里散步时,他们被迫保持沉默,一个狱友在他耳边低声说,"我为你感到遗憾;跟我们这些人相比,你这样的人更难以承受这种事。"[6]这样的同情是罕见的。公开的轻蔑取代了他过去已经学会忍受的嘲讽,正如恶名取代了美名。仿佛他从未创作过任何剧本、对话录、短篇小说和诗歌。他的一切所作所为都被抹杀了,人们只记得他在法庭上的行为,还有他跟男妓的交往,在这种交往中,王尔德总是举止友好且慷慨,他们的顾客恐怕很少会这么做。他早期的生活只余下他对道格拉斯的爱,他觉得道格拉斯也爱他,这些很快也会遭遇挑战。

除了毁誉的苦恼,还有肉体上的疼痛。照他后来的说法,王尔德在本顿维尔的第一个月让他领教了连动物都不曾遭受的严酷待遇。"法律批准了三种持续的惩罚,"他说,"1.饥饿,2.失眠,3.疾病。"木板床导致了失眠,王尔德不得不睡在木板床上,直到他的举止表明他已经被恫吓制服了,才会分配给他一个硬床垫。"我整夜都在发抖,"他告诉弗兰克·哈里斯。失眠成了持久性的习惯。至于饥饿和疾病,它们是相互关联的。除了汤之外——在监狱饮食中,这种食品是王尔德能够下咽的,但它并不多见——主食、稀粥、板油和饮水都是"按盎司"配给的。这些食物令人作呕,而且分量也不够。"每个囚犯都日夜忍受着饥饿,"王尔德后来写道。[7]由于他的个头和腰围与众不同,他比大多数人饿得更厉害。仿佛饥饿和反胃还不够,随之而来的还有腹泻。监狱看守每天带来的两三剂药一点都不起作用。

跟监狱的卫生设施相比,哪怕腹泻也是可以忍受的。由于担心囚犯通过轻敲排水管来互相沟通,水管和公厕都被拆除了。取而代之的是一个小小的马口铁容器,这个容器囚犯可以每天倒三次。监狱的盥洗室只有在白天放风的那个小时里才可以使用,五点之后,任何囚犯都不能以任何理由离开他的囚室。为了不忍受那种难耐的疼痛,就得使用这个小容器,这意味着,在夜间,地面上会粪尿横流,让囚室变得"难以形容"。王尔德后来在三个不同的场合说,他曾目睹过这样的情景:看守在早晨打开囚室,瞅见无助的囚犯被迫在夜里干下的事情,他们简直恶心到了极点。根据勒贝尔的说法，在本顿维尔看到王尔德的某个人形容他是"被侮辱和被摧毁的人"，疲劳、营养不良和腹泻让他变得极端虚弱。他哥哥写信表达了自己的担忧，本顿维尔的典狱长在回信中声称，"罪犯的状况十分良好，人们对他无微不至。"[8] 他的体重从一百九十磅减轻到了一百六十八磅。

　　R. B. 霍尔丹过去就认识王尔德，他是内政部负责调查监狱的委员会的成员，他可以在任何时候拜访任何监狱，1895 年 6 月 12 日，他成了王尔德的第一个访客。（沙捞越王妃玛格丽特·布鲁克是王尔德的旧友 *，她曾经敦促霍尔丹去看望王尔德。）[9] 先是叫来了牧师，他承认王尔德心情沮丧，不肯倾听任何精神安慰。"我可以做到有耐心，"他当时告诉某个人，"因为耐心是一种美德，你们这里想要的不是耐心，而是冷漠，冷漠是一种恶行。"[10] 霍尔丹走进王尔德的囚室，进行了一次私人交谈。起初，王尔德一语不发。然后，霍尔丹回忆说，"我把手放在他穿着囚衣的肩膀上，说我过去认识他，我来是为了说一说关于他的事情。他还没有充分利用他的伟大文学天赋，原因是他过着一种享乐的生活，自己没有任何伟大的题材。现在，对他的写作生涯来说，不幸也许会成为一种福分，因为他获得了一个伟大的题材。我会想办法为他争取书籍、钢笔和墨水，十八个月后[事实上是二十三个月后]他就可以自由创作了。"王尔德放声痛哭。他响应了霍尔丹对他的职业的分析，因为实质上，在《来自深渊》中，他本人也是这样认为的。他没有设法否认自己的罪行，他只是说，这种生活的诱惑对他来说太大了。他答应要按霍尔丹的建议去做，他急切地请求获得书籍。他说，除了圣经之外，他只被允许阅读《天路历程》。他提到的一个作家是福楼拜，他在旅行中总是带着福楼拜的《圣安东尼的诱惑》。可是霍尔丹半开玩笑地提醒他，福楼拜曾被指控出版猥亵作品，他把自己的作品题献给了那些为此作辩护的律师，所以这种要求恐怕是不会被批准的。王尔德第一次露出笑容，他变得开心了一些。他

---

　* 他把《年轻国王》献给了她。

们商定了一份高雅的书单,包括:

圣奥古斯丁:《上帝之城》、《忏悔录》

帕斯卡:《致外省人信件》、《思想录》

佩特:《文艺复兴》

特奥多尔·蒙森:《罗马史》(五卷)

纽曼主教:《论神迹》、《赞同的原理》、《自我辩护》、《大学的理念》

486　总共有十五卷书。本顿维尔的典狱长反对说,这些书籍不符合 1865 年的监狱法,但是国务大臣已经同意了,所以书籍被送来了。[11]这位囚犯还是拿不到笔和纸。霍尔丹答应会照顾他的妻儿,他请自己的一位朋友考珀夫人提供帮助,他后来说,考珀夫人确实这么做了。7 月 4 日,他还把王尔德从本顿维尔迁移到了旺兹沃思。王尔德的衣服也跟着他一起转移地方,可是有一件马甲找不到了。王尔德变得情绪激昂,他大吼大叫,直到马甲被找到为止。然后,他平静了下来,对看守说,"请原谅我的情绪发泄。"[12]根据内政部的记录,泰勒与此同时已经被转移到了沃姆伍德监狱。1895 年 8 月 17 日,本顿维尔送来了王尔德的书籍,这些书籍被收进了旺兹沃思的藏书室,这样一来,他就可以根据常规制度借书了。后来,当他换监狱的时候,这些书籍也会跟着他转移。三年后,霍尔丹会收到匿名寄来的《雷丁监狱之歌》,他认为这是王尔德履行诺言的方式。

另一个获得例外待遇,有机会见到王尔德的人似乎是奥索·霍兰德,即王尔德太太的哥哥。他向王尔德表明,康斯坦斯的律师 J. S. 哈格罗夫正在敦促康斯坦斯提起离婚诉讼,如果他不利用第一次机会给她写信的话,她肯定就会采取这样的行动了,这个机会将出现在 9 月份,那时他就服刑满三个月了。王尔德说,他希望能不惜一切代价避免因为离婚而跟妻儿分开。于是,霍兰德通知了他妹妹,她和男孩们一起去了瑞士的格里昂。与此同时,罗伯特·谢拉德写信给她,请求她跟王尔德复合。王尔德太太几乎不需要别人的劝说:9 月 8

日,她从格里昂写信给王尔德说,她已经决心终止离婚诉讼,还令人安慰地补充说他儿子西里尔从未忘掉他。次日,顽强不屈的哈格罗夫来了,她担心他会表示反对;可是他拿来一封王尔德的信件,王尔德在信中承认了自己的愚蠢,答应会改正错误,出于她的利益,他已经阅读了这封信,他把它描述成"他曾见过的最感人也最悲哀的信件之一"。如果她放弃离婚,他警告她说,她将不得不生活在"世界的另一边"。[13]康斯坦斯同意了,她给丈夫写了第二封信件,说她原谅了他,与此同时,在 9 月 13 日,她写信给旺兹沃思的典狱长,请求允许她前来探望王尔德。

爱和公开

……什么信件?我从霍洛韦监狱写给你的信件!对于你来说,那些信件本应该比全世界上的一切事物都更神圣和隐秘。①

王尔德首先跟家人建立了联系,这让波西·道格拉斯感到愕然和惊惶。　487
1895 年 8 月,他曾经写信给典狱长,要求允许他给王尔德写信,但是他的要求被拒绝了,因为王尔德已经跟康斯坦斯通了信。道格拉斯对这次拒绝感到愤慨,他对艾达·莱弗森流露过这种愤慨。[14]不过,跟王尔德的其他朋友一样,艾达·莱弗森很清楚,与道格拉斯之间的恋爱是王尔德身败名裂的核心原因,所以她对道格拉斯并不是很同情。

与此同时,罗伯特·谢拉德就住在伦敦西南部靠近旺兹沃思的地方,他已经安排好了探监,他是第二个去探望王尔德的人。在审判之后,他曾向昆斯伯里提

---

① 引自《来自深渊》。

出在法国进行决斗,王尔德的小圈子为此感到很高兴,但仅此一次,昆斯伯里谨慎地保持了沉默。"每周的决斗别超过六次!"王尔德曾经提醒过他的这位朋友。[15]谢拉德获许在 8 月 26 日探监时再带上一个人,他请乔治·艾维斯和其他人陪同他一起去。他后来说,所有这些人都表达了自己的同情,可都说自己另有约定。于是谢拉德一个人去了。

他详细描述了自己的探监。先是通过了很多道铁门,又是开锁,又是重新上锁,然后,他被护送进一个被两排铁栅隔开的拱形房间。在铁栅之间站着一位看守,他盯着钟表,同时还要确保囚犯没有向探监者抱怨监狱的条件。谢拉德告诉一位记者,王尔德刚出现的时候,他觉得王尔德是充满勇气、听天由命的;但是反思之后,他又改变了说法,说王尔德"非常沮丧",几乎落泪。也许这两种说法都没错。王尔德一有机会就表现出强大的自救能力,可他忍受的一切还是留下了明确无误的痕迹。谢拉德注意到,他紧握铁栅的双手已经毁损,指甲破了,还在流血。他的头发蓬乱,小胡髭也没有料理,随意蔓生着。王尔德的脸庞如此消瘦,谢拉德几乎认不出他来。[16]他们很快开始谈论书籍:王尔德的精神已经有所改善,因为他收到了霍尔丹指定的书籍,甚至还收到了额外的几部,包括佩特的《希腊研究》、《鉴赏集》(*Appreciations*)和《虚构肖像》。

488　　　　有一则文学新闻是令人不安的。从一位在《法国信使》工作的朋友那里,谢拉德已经得知,这份杂志即将发表一篇由艾尔弗雷德·道格拉斯撰写的关于王尔德的文章,文章引用了王尔德在审判期间写下的三封情书。谢拉德感到惊恐的是,这篇文章会破坏王尔德跟康斯坦斯之间为复合进行的微妙磋商。他问王尔德是否真的愿意让自己的信件被发表。这个话题引起了痛苦的回忆。王尔德记得,他的前几封信被道格拉斯曝光,从而导致了他的入狱。如果勒索他的男孩没有把那两封信卖给昆斯伯里,侯爵跟他的官司就会缺乏证据。如今,他所爱的波西甚至没有经过他的同意,就打算在国外向那些毫不同情的公众出示他后来的信件,而这些信件又肆无忌惮地充满了同性恋的热情。在王尔德看来,那些信件应该是"神圣的"和"隐秘的"。[17]根据不成文法,道格拉斯没有权利发表另一个人的信件，不过，王尔德介意的是，如果父亲被证实曾经在证人席上发过伪誓，孩子们就会蒙受羞辱，而道格拉斯对此显然毫不在乎。康斯坦斯会感到愤慨，会受到伤害。还有，这篇文章将会让他失去任何减刑的机会（王尔德对此还没有绝望）。王尔德毫不犹豫地请谢拉德尽一切可能阻止道格拉斯发表文章。

似乎是从这时起，他就已经开始厌恶道格拉斯。躺在木板床上的他几乎不可能不回忆起最后几个月和最后几年的事情，他一定会再次意识到，就是那张漂亮的凶狠脸蛋怂恿他跟昆斯伯里作对，如果他想放弃起诉的话，就指责他是懦夫，这张脸蛋依靠他那份不稳定的收入过着奢侈的生活，用不断的争吵和复合搅扰他的平静，当他因疾病而虚弱时就对他表示厌恶。

谢拉德听从了王尔德的吩咐，立刻给道格拉斯和《法国信使》同时去了信。道格拉斯反而觉得震惊和失望。他为自己的文章感到骄傲，文章的开头处援引了王尔德在霍洛韦监狱写给他的信件，这封信的第一句是："我写这封信是为了向你保证我对你的不朽的、永恒的爱"；如果其他人写文章说他们的爱是邪恶的，波西就会说事情并非如此。道格拉斯以王尔德的这句话为由："我不希望依靠谎言获得同情，所以我不会伪称王尔德先生和我之间的友谊是一种通常的友谊，或仅仅是一种智性的友谊，它甚至也不像是一位兄长对弟弟的感情。不是的，我现在坦白地说（让我的敌人们随便去解释吧！），我们的友谊是爱，真正的爱，——爱，它是真实的，完全纯洁的，但极为热烈。就王尔德先生而言，它起源于一种对美和优雅（**我的**美和**我的**优雅）的纯粹肉体上的崇拜；它们是否真实，是否只存在于我朋友的想象中，这几乎是无关紧要的；必须指出的是，它是一种纯粹的爱，与其说是感官的，不如说是精神化的，一种真正的柏拉图之爱，是一位艺术家对一个美丽心灵和一个美丽身体的爱。""纯粹肉体上的"和"与其说是感官的，不如说是精神化的"之间存在着矛盾，让柏拉图变得毫无说服力。道格拉斯证明王尔德对他有如父亲，他试图劝阻道格拉斯对赛跑、赌博、打猎和不良习气的迷恋；事实上，王尔德的禁令并没有起到效果。最重要的是，王尔德把他引向了艺术，"生活的艺术和其他的艺术……"道格拉斯解释说这一切是怎样激怒

489

了他父亲,王尔德是怎样为了波西提起诉讼。然后,在一个名叫伯纳德·亚伯拉罕斯(Bernard Abrahams)的律师的协助下,昆斯伯里花了两三千英镑搞到了证人。道格拉斯接下来回顾了那些审判,他谴责法官和公诉人滥用了他们的权力。他强调说,昆斯伯里威胁他们,如果王尔德被释放的话,就会牵连到政府的成员,而法官和公诉人在这种威胁下屈服了。施瓦贝和副检察总长的家族关系是王尔德故意想要回避的,即便这一点本来会对他有利。威尔斯法官先生是"一个老妇人"。道格拉斯接着援引了王尔德写给他的另外两封信,其昂扬热情不亚于第一封信。"为什么要向全世界透露我的生活隐私?有人建议我不要这样做,审慎的朋友告诉我,我在做蠢事!"他以柏拉图和莎士比亚为证人,辞藻华丽地质问,即便王尔德犯下了他受控的罪行,为什么他就应该"由于自己是一个喜欢男性肉体之美超过女性肉体之美的男人而受罚?"[18],等等诸如此类。

作为王尔德的辩护词,这篇文章是无益的;于格·勒贝尔作过的辩护比道格拉斯打算作的辩护要出色得多。这篇文章只不过是在吹嘘,说导致王尔德身败名裂的是王尔德对他的爱,并坦白地承认这种爱对两人来说都是同性恋。当谢拉德要求他撤回文章时,道格拉斯起初同意了。接着,他又改变了主意;1895 年11 月,他写信给旺兹沃思的典狱长,要求准许他在一份"相当于《双周评论》"的法国期刊上发表王尔德的信件。通过典狱长,王尔德断然拒绝了他的要求。[19]看起来道格拉斯还没有正式撤回那篇文章,因为他从《法国信使》的编辑那里收到一封信件,信里说,鉴于谢拉德的抗议,他们想了解一下道格拉斯的态度。1895 年 9 月 28 日,他从卡普里发出回信(他从索伦托搬过来之后,就在那里租了一幢别墅):

亲爱的先生:

当我收到你的信件时,我正打算给你写信。我是奥斯卡·王尔德最亲近和最珍视的朋友,完全是由于我对他的一片赤胆忠心,我才忍受了那些伤害、侮辱和事实上的社交界的身败名裂,这一切都是众所周知

的,不必再去追述。我认为我比谢拉德先生更适合去评判该怎样维护
王尔德先生的利益,也更能理解他会有怎样的愿望。我相信,发表我的
文章只会带来对王尔德先生的怜悯和同情,他本人会对此表示赞同。
尽管如此,谢拉德先生说了那番话后,既然他作为王尔德的挚友认为这
事具有如此的破坏性,我就不打算承担责任冒险去做这件事了。我认
为谢拉德完全搞错了,我对他的干涉和他干涉的方式都表示反对,然
而,由于他提前发现了我刊登文章的意图,还说了这些反对的话,我宁
可不发表这篇文章……我尤其希望在文章发表之前没有人知道我的写
作意图,因为我预料到王尔德先生的很多朋友会认为这是不明智的,我
写了这篇文章,明知它会给我带来麻烦和误解,因为在仔细思考之后,
我认为它会对我的朋友有贡献,会对他有好处。

道格拉斯在这件事上心猿意马,他并没有真的放弃那种为王尔德撰写告白的诱
惑,次年,这一切变得清楚起来。他再次跟《法国信使》提起这件事。他还写信
给谢拉德,抱怨说他干预这件事是"极不恰当的,而且其风格也是一切风格中最
恶劣的"。谢拉德态度坚定,他提到王尔德跟妻子复合的重要性,道格拉斯回
答,如果谢拉德在王尔德和他之间挑拨离间,他就要用枪打死他,"像打死一条
狗"。[20]昆斯伯里也对王尔德进行过同样的威胁。犬类没指望逃脱昆斯伯里家
族的毒手了。

王尔德被迫对波西进行思考,虽然他已经通过这种思考改变了原先的想法,
他对妻子流露的悔悟表明了这一点,但《法国信使》事件证明了道格拉斯的"可
憎的轻率",以及他缺乏能力感同身受地想象别人的情绪。道格拉斯所谓的爱
并不是替爱人着想,而是与之相反。在《来自深渊》中,王尔德反复谴责了这种
爱,认为它是"肤浅的"。他长久以来一直不想跟道格拉斯反唇相讥,一直试图
想象道格拉斯也在受罪;可是看起来他的痛苦在某种意义上是自找的,事实上,
王尔德的案件仅仅成了他可以为之发表文章的一个题材。痛苦中的王尔德想象

身处卡普里的道格拉斯,想象他一边享受着当地的娱乐,一边忙着破坏王尔德仅存的一点声誉。昆斯伯里一家并不是由两种完全不同的人组成,而是由两种非常相似的人组成,他们都决定揭发他,一个人出于所谓的爱,另一个人出于明显的恨,王尔德突然明白了这一点。当他在旺兹沃思捡麻絮的时候,他会在夜里醒来,回忆起一种毫无益处的爱。

491

从此之后,道格拉斯就做不出什么好事了。他从罗斯或阿迪那里听说,王尔德另外还要承受破产诉讼的侮辱。有一种说法是他哥哥珀西将会支付王尔德的债务,总数是三千五百九十一英镑,其中昆斯伯里的开销是六百七十七英镑。珀西主动提出愿意赔付,但是他又决定三思而后行。道格拉斯抱怨说,王尔德的朋友似乎什么都不愿意做,通过这种谴责,他找到理由让自己家人摆脱很久以前他们对王尔德许下的诺言。道格拉斯私下里写信给他母亲说,他们什么也不用做,她回复说,"我告诉布莱克[她的律师]你跟我提起的破产诉讼,他完全赞成你避开它,还说他会负责这件事。"[21]但是波西记得王尔德将会从监狱里被带出来几个小时,从朋友那里,他探知了将要为王尔德记录证词的那位律师助手的名字。他诱使这个人对王尔德说,"百合王子要我转达对你的问候。"他毫无表情地盯着这位职员,职员重复了这句话,为了确保王尔德理解自己的话,他还补充说,"这位绅士目前身处国外。"过去王尔德曾经用这个名字称呼过道格拉斯,它源自道格拉斯撰写的一首愚笨的歌谣,描述一个王子和一个农民男孩换了衣服之后,被人搞混了身份。然而,如今听到这个名字,在这种难以言表的环境中,王尔德放声大笑起来,他后来写道,"在我整个牢狱生涯中,这是第一次,也是最后一次。全世界的鄙夷都尽在那一声笑中。"他有机会拿道格拉斯的荒谬问候跟罗伯特·罗斯的问候进行对比,9月25日,罗斯在破产法庭的走廊里等待着,这样一来,当王尔德戴着手铐,低着头走过时,他就可以"严肃地向我脱帽示意"。[22]*

---

* 1895年10月21日,罗斯写信给奥斯卡·勃朗宁,请他捐钱以撤销王尔德的破产诉讼。如果他们筹集的数目不够,这些钱将会返还给捐助者。但是在11月12日,他写信说已经决定让破产生效,因为新的债主又冒了出来,他们筹集的数目不够赔偿。他继续写道:"诉讼之后,根据　（转下页）

王尔德向康斯坦斯激烈地表达了他对道格拉斯的疏远态度,康斯坦斯从瑞
士提出了探监要求,并获得了特别的准许。1895 年 9 月 21 日,两人见面了,这次
探视发生在谢拉德拜访过的那个拱形房间里。它对她产生的影响超出了一切预
期。次日,她写信给谢拉德:

> 亲爱的谢拉德先生,这实际上是可怕的,比我料想的还要更可怕。
> 我不能面对他,也不能触碰他,我几乎说不出话来……过去三年他处于
> 疯狂之中,他说如果他看到 A 勋爵,他就要杀了他。所以,他最好离远
> 点,就满足于摧毁了一个美好的生命吧。几乎没几个人能夸口说干过
> 这么了不起的事情。

在这种令人痛苦的处境中,她答应王尔德,他出狱后可以跟他们重新生活在一
起。两三天后,谢拉德在一次长时间的会面中发现,这个消息让王尔德大为高
兴,这次会面被安排在一个私人房间里。康斯坦斯·王尔德坚守了自己的决定;
10 月 15 日,她从纳沙泰尔(Neuchâtel)写信给汉娜·惠特尔·史密斯(Hannah
Whitall Smith)说,虽然她正在把名字改成"霍兰德(Holland)",但她打算撤销离
婚诉讼。"我那可怜的误入歧途的丈夫,他是软弱而不是邪恶的,他十分悲痛地
忏悔了自己过去的一切蠢事,他请求我给予原谅,我无法拒绝这一点。"[24]

不幸的是,王尔德的身体状况没有对她的慷慨作出回应。10 月 15 日,《每

(接上页)特别的优待,财产托管人和我本人被允许跟他在一个私人房间里见了面,每人可以交谈半
小时。你很容易就可以想象,这种见面对我们两人来说都是非常痛苦的。自从他被捕以来,我就再
也没有见到他,你知道他是当着我的面被捕的。他的精神状态比我敢于期待的还要好很多,虽然他
的头脑颇为受损。他的身体状态已经变得这么糟,任何人都没法让我相信这一点。事实上,我真的
根本就不该认识他。我知道这是一种常用的比喻,但是它确切地描述了我的体验。他的衣服松松垮
垮,他的双手就像是人体骨骼的双手。他的脸色彻底变了,但这并不完全是由于他那少量的胡髭。
后者仅仅遮掩了他那让人感到可怖的凹陷双颊。他刚走进来的时候,在法庭里的一位朋友都不敢相
信这就是奥斯卡。我不能理解任何人类国度会让他身处如此境地,这些新教徒英国人当然算不得基
督徒。他还在医院里,不过他告诉我,他想要离开医院,因为他希望快快死掉。事实上,他只有在谈
论死亡时才能够保持平静,其他的任何话题都会让他崩溃。"[23]

日纪事报》报道说他进了医院；他哥哥的妻子莉莉在 10 月 22 日去医院探望了他，那之后，她写道，"他住在医院里，因为他患上了痢疾，照我看，是由于身体十分虚弱引发的。他感到饥饿，但是不能吃东西，目前只能喝一点牛肉汁。他心情很不好……从各方面来说，他都变了很多。"王尔德对设法再次来探望他的谢拉德说，他不久就要死了。11 月 12 日，他的身体已经好到可以出席破产审判的第二阶段（即最后阶段）了。他的朋友们没有为他筹集到足够支付所有债务的钱，他被正式宣布破产，他的事务由一个破产接管人接手。11 月 16 日，《劳工领袖》对他的外表流露了同情："他们以极其恶劣的方式剪短了他的头发，头发被梳到一边，他留着短小、粗硬、蓬乱的胡髭。"

气氛的变化

> 所有这一切发生在最后一年[即 1895 年]之前的那一
> 年的十一月初。在你和那么遥远的日子之间流淌着一
> 道生命的洪流。①

493　　同情心抑制了人们对王尔德之"罪行"的普遍厌恶。他在伦敦和巴黎的朋友们利用这种变化来传递要求减刑的请愿书。1895 年 12 月初，莫尔·阿迪在伦敦起草了其中的一份，指出王尔德作为一个知识分子已经承受了足够多的惩罚。在巴黎，斯图尔特·梅里尔的请愿书基本上也是这个意思。然而，两份请愿书都遭遇了困难。阿迪获得了牛津钦定历史教授弗雷德里克·约克·鲍威尔的签名，可能还有赛尔温·伊曼金和沃尔特·克兰的签名。不过，W. 霍尔曼·亨特却拒绝签名，对他的这位昔日拥护者一点都没有流露出拉斐尔前派的怀旧

---

① 引自《来自深渊》。

之情:

> 我必须重复自己的观点,即法律对他已经是十分仁慈了,我还要声明,我对相关事实的进一步考虑让我相信,如果我参与申诉的话,为了公平对待其他社会阶层的罪犯,我就不得不跟别人一起呼吁,任何人都不必为他们的罪行承担个人责任……这种做法对作恶者来说或许看似慈悲,但对那些自制和守纪的社会成员来说就简直一点都不慈悲了。

梅里尔请亨利·詹姆斯签名,11 月 27 日,他通过乔纳森·斯特奇斯给予了审慎的回答:"詹姆斯说,这份请愿书对本地管理该事务的官方不会有一点效果,一提到左拉乃至布尔热的名字,他们就会嗅到一股恶臭,这份文件只会作为一份宣言而存在,用来证明王尔德的朋友对他怀有一片个人的忠诚,而他从来就不是王尔德的朋友。"布尔热可能签了名,但左拉拒绝了;纪德签了名,不过,萨杜说,"这堆垃圾太肮脏了,我不想混入其中。"朱尔·勒纳尔对王尔德从没有友善的表示,他在日记中写道,"我很愿意为奥斯卡·王尔德的请愿书签名,条件是他以名誉担保……他再也不会动笔写作。"[25]弗朗索瓦·科佩在一篇专栏文章中为这件事绞尽脑汁,最后答应署名,但只不过是作为某个相当于防止虐待动物协会的团体的成员。"一头作家猪也是猪,"他说。人们表现出的勉强和拒绝让阿迪和梅里尔感到沮丧,他俩都没有呈交自己的请愿书。弗兰克·哈里斯后来也起草了一份,他信心十足地请乔治·梅雷迪斯带头签名,结果却被梅雷迪斯一口回绝。道格拉斯继续从朋友的经历中寻找自己的题材,他创作了一首十四行,题献给那些拒绝在梅里尔的请愿书上签名的法国作家们,他把这首诗寄给梅里尔,希望能在《钢笔》(*La Plume*)杂志上发表。梅里尔没有采用它。

　　王尔德破产后的那几个月里,道格拉斯感到很不顺。他开始意识到王尔德已经不再爱他了,虽然他可以把这件事归咎到他们那些共同朋友的身上,认为是他们的变节造成了这一切,但他却没法接受这一点。他给谢拉德、艾达·莱弗森、罗斯和阿迪寄去了狂暴的信件。通过这些渠道,王尔德对他的一些新的憎恶逐渐传到他的耳中,11 月 30 日,他从卡普里(罗斯跟他一起待在那里)回应阿迪说:

> 我没有身处监狱,但是我认为我跟奥斯卡受罪受得一样多,事实上,我受了更多的罪,正如我相信,如果他获得自由而我身处监狱的话,他也会受更多的罪。请告诉他这一点……告诉他我知道我毁掉了他的人生,一切都是我的错,如果这样就能让他高兴的话。我不在乎。他不觉得我的人生就跟他的人生一样被毁掉了吗?而且还要快得多?

他希望自己和王尔德双双死掉。阿迪回信说,他在 11 月 30 日见到了王尔德,王尔德并没有把道格拉斯说得一钱不值,他只是对一封信发出了具体抱怨——估计就是那封要求获准发表王尔德情书的信件——那是道格拉斯寄给旺兹沃思的典狱长的,典狱长不允许王尔德看信,只是把事情讲述给他听。他说,王尔德对道格拉斯的反感是“一种短暂的监狱精神病”,只要道格拉斯有耐心,他就可以获胜。[26]这建议很好,但给错了人。

转移到雷丁

> 跟偶然发生的犯罪相比,惯常性的惩罚对社会的残暴
> 虐待要严重不知道多少倍。①

495　　曾经去本顿维尔拜访过王尔德的霍尔丹又到旺兹沃思来看望他了。显然,

---

① 引自《社会主义制度下人的灵魂》。

事情的进展并不顺利。前去拜访他的副牧师嗅到了精液的气息,1895 年 9 月 11 日,他写道,王尔德已经堕落到了手淫的地步*——当局义愤填膺地否定了这个指控(他们认为这种气味来自于杰伊斯消毒剂)——结果是这位牧师被调换了职位。王尔德因为痢疾和饥饿而奄奄一息,可狱方医生却怀疑他是在装病,因此强迫他去参加教堂活动。他在那里晕倒了,这次摔跤损伤了他听力本来就受损的右耳。事故的结果和痢疾导致他在医院里住了两个月。他也不符合模范囚犯的要求,他捡的麻絮数量不足,而且,他没有认真履行要求囚犯不得交谈的规定。王尔德告诉弗兰克·哈里斯,旺兹沃思的一些看守如同禽兽。[28]霍尔丹听到很多这一类的抱怨,他得出结论,雷丁监狱更适合王尔德,他安排把他转移到雷丁监狱。这次转移发生在 11 月 21 日,结果成了王尔德牢狱生活中独一无二的最耻辱体验。在一个雨天的下午,从两点到两点半,他不得不戴着手铐,穿着囚衣在克拉彭枢纽站的月台上等候。围上来一群人,先是发笑,然后开始戏弄他。有一个人认出他是奥斯卡·王尔德,向他吐口水。"发生了这件事后,有一年的时间,我每天都在同一个时刻哭泣起来,哭的时间就跟那次等待的时间一样长。"

他的到来在雷丁引起了某种轰动。当时那里关押了一百七十个囚犯,其中十三个是女性。霍尔丹认为雷丁比旺兹沃思要好,典狱长 J. 艾萨克森上校感到很荣幸。他对监狱职员们说,"某个囚犯即将被转移到本地,监狱委员会委员选择了雷丁监狱,认为它是最适合这个人服完剩余刑期的地方,你们应该为此感到

496

---

* 牧师 W. D. 莫里森写道:

　　他刚从本顿维尔过来时,还处于一种兴奋的不安状态,似乎他希望自己能够毫不畏惧地面对惩罚。但是这一切都过去了。审判激起的兴奋平息了下来,他不得不面对牢狱中的日常生活,他的刚毅开始消失,很快他就彻底崩溃了。他如今颇为心烦,意志消沉。这很不幸,当一个囚犯在一方面失控之后,他在其他几个方面往往也会失控,从我听到和看到的判断,恐怕他又开始进行那种反常的性行为了。在他这个阶层的囚犯中,这是常事,当然,长期处于单人囚室也助长了这种事。他居住的囚室气味如此难闻,负责看管他的警官不得不每天使用石炭酸来进行清洁……我简直不必告诉你,他无疑是一个性格变态的人……事实上,一些最有经验的警官公开说,他们觉得他熬不过两年……在我看来,为了避免麻烦,审慎的做法是请一个一流的医疗专家来对王尔德进行检查……[27]

骄傲。"他并没有透露囚犯的名字,不过,当王尔德被带过来的时候,人们对被分配在 C.3.3 囚室的这个人的身份就恍然大悟了。有一个看守被分配来给他理发,旺兹沃思允许他留一些头发。"必须剪掉它吗?"王尔德眼中含着泪水问,"你不知道这对我来说意味着什么。"头发被剪掉了。"监狱生活的恐怖之处,"王尔德后来写信给伦纳德·史密瑟斯说,"就在于一个人外表的丑怪和他灵魂的不幸之间构成了对比。"[29]

从一开始,就明显能看出来这位新囚犯干不了任何重体力活。王尔德被分配在花园里工作,还担任"教师的勤务员"。这份工作包括管理图书室,为其他囚犯分配书籍,然而,他甚至无法按照规定的方式完成这种轻活。他受到特殊的优待,可以在囚室里读书消磨时光,但还是不能写东西。他想要重读那些自己在牛津喜欢的书籍,1896 年 1 月,他要求得到以下书籍:利德尔和斯科特(Liddell and Scott)的《希腊词典》(*Greek Lexicon*)、《拉丁文诗人》(*Corpus Poetarum Latinorum*),肖特(Short)的《拉丁词典》(*Latin Dictionary*),但丁的《神曲》、《希腊戏剧诗人》(*Poetae Scenici Graeci*)和一部意大利字典和语法书,这些要求都获得了满足。不过,他对古典诗人失去了兴趣,只有但丁的《地狱》对他还有吸引力。

他的作家名声比他在本顿维尔设想的还要更持久。他的一些书籍获得再版,尤其是《人的灵魂》(省略了"社会主义制度下"这几个字),1895 年 5 月 30 日,位于皮卡迪利 187 号(哈查德书店)的阿瑟·L.汉弗莱斯重印了这部书。接着,10 月份,沃德暨洛克出版公司出版了定价六先令的《道林·格雷》。与此同时,在巴黎,自由剧院和作品剧院都想要上演《莎乐美》。前者请求获准的信件被艾萨克森上校退回,上面简略注明说囚犯无权收到这种信件。不过,1896 年 2 月 11 日,吕涅-坡在作品剧院上演了这出戏,他自己扮演了希律王的角色。欧内斯特·道森和奥布里·比亚兹莱观看了表演,道森给康斯坦斯写了一封长信,描述了观众们对这场"辉煌表演"流露出的热情。[30]英国新闻界报道了这次演出,王尔德说,狱方官员为此改变了对他的态度。

不过,艾萨克森觉得他这位著名的囚犯很难缠。王尔德礼尚往来,向克里斯·希利描述了这位典狱长:"他拥有貂鼠的眼睛,猿猴的身体和老鼠的灵魂。"他对另外某个人也提到过艾萨克森,或许是以一种较为温和的态度,说他跟苏拉一样,是"一个深紫色的独裁者"。这位囚犯继续不断违反规章制度。他后来向安德烈·纪德举过一个例子。他在雷丁待了六周之后,当他跟其他囚犯一起在放风时间排成单列散步时,他听到某个人低语说,"奥斯卡·王尔德,我为你感到遗憾,因为你肯定比我们受了更多的苦。"听到这句人的声音,王尔德差点昏厥过去。他没有转身,但嘴里说,"不对,我的朋友,我们都受着同样的苦。"就在那一天,他告诉纪德,"我不再想要自杀了。"[31]虽然交谈是绝对被禁止的,在接下来的几天里,王尔德还是设法了解到了那人的名字和他的罪行。不过,他还没学会不动嘴唇地说话,他们的交谈被人发现了。一天晚上,一个看守叫道,"C.3.3 和 C.4.8,从队伍中站出来! 你们要去见看守长了。"

艾萨克森必须搞明白的是,这两人中的哪一个先开了口,因为先开口的人会受到更严重的惩罚。他把 C.4.8 喊来,这个人承认是自己先开的口。但是当王尔德进来之后,出于对另一个人的怜悯,他也坦白说是自己先开的口。艾萨克森的脸色比往常更红了:"可是他说是他先开口的! 我搞不懂……好吧,如果是这么回事的话,我要让你们两个人都接受两周的惩罚。"王尔德向纪德抱怨的不是艾萨克森的残酷,而是他缺乏想象力,就像他有一次说艾萨克森是荒谬的。对另外某个人,他说过,艾萨克森只有在惩罚了某个人之后才吃得下早餐。[32]

鸡毛蒜皮的小事也会被汇报给看守长或典狱长。有一天,监狱牧师 M. T. 弗伦德来拜访王尔德,这位犯人哀叹囚室窗户上"模糊一片的毛玻璃",它让他完全看不到天空。为了安慰王尔德,牧师说,"哦,朋友,请不要再想这样的事情了,别惦记着那些云彩,还是想想云彩之上的主吧,那位主——""出去,你这个该死的傻瓜!"王尔德大叫,把他推向门口。[33]这件事也传到了典狱长的耳中。不过,有些负责看管囚犯的人要相对仁慈些。由于王尔德很不善于打扫自己的囚室(就跟温赖特一样,温赖特拒绝清扫囚室),有一个人就帮他打扫房间,这时正好有个蜘蛛突然爬过地板。这个看守踩死了它,结果发现王尔德满怀恐怖地

498 盯着他。"杀死蜘蛛会带来厄运的,"他说。"跟我已经听到的消息相比,我还会听到更坏的消息。"他后来说,他曾经听到报丧女妖的叫嚷,他看到了母亲的幻象。她穿着出门的衣服,他请她摘下帽子,脱掉大氅,坐下来。她忧伤地摇摇头,然后消失了。[34]次日,即 1896 年 2 月 19 日,有人喊他去一个私人房间跟他妻子说话。康斯坦斯本人身体也不好,然而,当威利把王尔德夫人的死讯告诉她之后,她还是从意大利赶过来向丈夫转告这个消息,她知道,这消息会让他痛苦万分。"我已经知道了,"他说,他向她描述了自己的幻象。

新的痛苦和懊恼冲击着王尔德。他在《来自深渊》中向道格拉斯吹嘘说,他母亲在智性上堪与伊丽莎白·巴雷特·勃朗宁相媲美,从历史角度比得上罗兰夫人。她最后几年的人生饱受折磨,一方面由于疾病,另一方面由于她对"亲爱的奥斯卡"深感悲哀。她从不离开自己的房间,几乎谁也不见。她使用的一个笔记本上记录了一条痛苦的句子:"人生是苦恼和希望、幻象和绝望的混合体,但绝望成为最后的赢家。"[35]威利·王尔德说奥斯卡即便在监狱中也帮助了她,大概是给了她钱。他对此很清楚,因为有证据表明,他强迫她把那笔钱交给了他。1896 年 2 月 4 日,王尔德夫人的下葬日,威利·王尔德给莫尔·爱迪写了信,暗示王尔德也知道他干下的事情:"出于很多原因,他不会希望见到我。"[36]在临终之前,她问是否能带奥斯卡来见她,但是被告知这是不可能的,她说,"但愿监狱对他有所帮助!"然后就转向墙壁了。她死于1896 年 2 月 3 日,留下一封私人信件,信上拒绝别人来参加她的葬礼,她被埋在肯萨尔绿地公墓。(她一向希望能够被撒进大海,或埋在一片荒凉海滩边的某块石头附近,免得会躺在某个普通商人的身边。)威利的妻子莉莉·王尔德心怀忧伤地把奥斯卡的所有物品都寄给了莫尔·阿迪,因为,她承认,"我觉得既然他母亲死了,他不会希望再跟我们有任何联系了。"[37]

不过,2 月 19 日的夫妻会面还是带来了安慰。康斯坦斯亲吻并安慰了他。她费了那么多事过来告诉他这个冷酷的消息,王尔德被感动了,他写道,"当她来看望我的时候,她在这里对我既温和又友善。"他们谈到了孩子,他敦促康斯坦斯不要宠坏了西里尔，就像昆斯伯里夫人宠坏了道格拉斯那样。"我告诉她，"他写道，"她应该把他好好抚养成人，如果他做错了事，他就会过来告诉她，她会先为他清洗双手，然后教他在此之后，该怎样通过忏悔和赎罪来涤净自己的灵魂。"[38] 他们同意，在他获释之后，他将获得每年两百英镑的收益，如果她先去世，他终身都享有她的婚姻财产协议中的三分之一的权益。他还提议，如果照顾孩子的责任对她来说太沉重了，她就应该为他们指定一个监护人。后来，他满意地得知，她的亲戚艾德里安·霍普被指定为监护人。

499

这次会见让康斯坦斯感到震惊，她写信给哥哥说，"他们说他身体很好，但是跟他过去的样子相比，他的身体已经彻底完蛋了。"[39] 她在伦敦短暂地逗留了一下，拜访了爱德华·伯恩-琼斯和他的妻子。伯恩-琼斯起初对王尔德的罪行态度严厉，不过，他已经越来越同情王尔德了，而她的拜访又让这种同情变得更为明朗化。他在 1896 年 2 月 22 日的日记中提及：

> 我接到通报，有一位名叫康斯坦斯·霍兰德的女士前来拜访，结果一看！原来是那位既可怜又凄凉，已经心碎的康斯坦斯·王尔德。我很高兴看到这位可怜的无家可归者，乔吉也一样[乔治亚娜，即伯恩-琼斯夫人]。她受到了热情的接待——她从靠近波迪吉拉的地方赶到这里，就是为了把丧母的消息告诉她丈夫——他还没有被告知这件事——可怜的女士死于三周之前——她花了十天时间获得探望他的假期，又花了四天时间旅行到这里——但是她看到了他，把消息转告了他。她说他已经变得认不出来了，他们让他在花园里工作，他最喜欢的工作是用棕色的纸张为书籍包皮——因为至少他手中拿的是书籍；可是没过多久，看守就用手指做了个手势，他像一条狗那样听话地离开了房间。

康斯坦斯告诉伯恩-琼斯一家，维维安已经忘了自己的父亲，但是西里尔继续询问关于他的事情,他从报纸上得知,父亲在监狱中,"他以为是因为欠债"。根据维维安·霍兰德的回忆,西里尔对父亲被囚的原因还要更清楚一些,超出了他母亲的猜想。[40]

坚持忠于王尔德的一小帮朋友继续去探望他。1896 年 2 月,莫尔·阿迪陪伴忠诚的谢拉德一起探过监,不过,5 月份,又一个相隔三个月的探监期到了,谢拉德带来了一位受欢迎的老朋友,即罗伯特·罗斯。1895 年 11 月,罗斯似乎为了破产审判匆忙赶到伦敦,然后又返回欧洲大陆。探监之后,他立即用铅笔记录下了相关的情形,根据这份笔记,他描述了自己跟王尔德的会面,他已经六个月没见到王尔德了,所以,他的描述总结了一年牢狱生活给王尔德带来的影响。他发现王尔德瘦多了,甚至到了鸠形鹄面的地步,剃掉了胡子,这一切看起来就更加明显了。由于在花园里的太阳下操劳,他的脸呈现出一种晦暗的砖色。他那一度浓密的头发如今变得稀疏了,掺杂着白发和灰发,顶部还秃了一块。"他的眼睛流露出了可怕的茫然,"罗斯说,"他一直在哭。"[41]

王尔德说,医生对他"非常不友好"。他一直怀疑他是在装病。不过,他在雷丁的医院里只住过两天,而在旺兹沃思的医院中却住了两个月。虽然他没有跟罗斯提到,但他还是没有从旺兹沃思教堂摔跤的事件中恢复过来。在冬天,他的耳朵感到疼痛,还常常流点血[42],他的听力变得更差了。他向罗斯提到了其他麻烦,贫血和痛风。冬天,他在煤气灯下看书,眼睛出了问题,不过它们现在痛得没那么厉害了。在雷丁比在旺兹沃思和本顿维尔更容易入睡。然而,他最担心的是自己会疯掉,王尔德问罗斯,在他看来,自己的头脑是否还正常?

他不能谈及狱中的生活,罗斯认为他的相对沉默不但不符合他的特性,而且也是不祥的。他倒是说过,除了规定的信件之外,他不可以写任何东西,但可以阅读;监狱藏书室中的所有书籍都被他读了好几遍。罗斯问他,如果允许给他寄书的话,他想要什么书,王尔德列举了乔叟、但丁著作的散文译本,以及罗斯提到的佩特新书(即《加斯东·德拉图尔》),外加很多伊丽莎白时代戏剧家的书籍。他很高兴收到了来自法国和英国朋友的消息,对它们作了简短的评论,还请罗斯代转他的感谢。在离去时,罗斯和谢拉德遇见了令人生畏的艾萨克森上校,罗斯壮起胆子跟他谈到王尔德。艾萨克森起初既傲慢又不耐烦,不过,当罗斯说起王尔德的身体在雷丁比在旺兹沃思有所好转时,他的态度就缓和了。让罗斯非常担心的是,艾萨克森回答说,他知道王尔德比其他人更难以忍受囚禁,可是他觉得他的情况并不比预期的差。如果他生病了,只要他愿意,他可以每天都去见医生。内政部给他送来了书籍。如果他的情形出现任何重大变化,他的朋友会收到通知。罗斯觉得王尔德并没有遭到特殊的虐待。

罗斯向王尔德传达的最重要信息跟狱外的事情有关。艾尔弗雷德·道格拉斯写了一部诗集,它即将在英国问世,出版商是法国信使社,书中还附有《巴黎回音》的编辑欧仁·塔迪厄的散文体翻译。这部书籍将会被题献给王尔德。王尔德草率地回答,"眼下,我宁愿没听到这样的消息。"[43]次日(即 1896 年 5 月 23 日或 30 日),他写信给罗斯,作出了断然的答复,他在信中疏远地把波西称为"道格拉斯":

你说道格拉斯将会把一本诗选献给我。你能立刻写信告诉他,让他别做这样的事情吗?我不能接受也不允许这种题献。这种计划是令人反感和荒谬的。另外,他不幸还拿着我的几封信。我希望他立刻毫不例外地把这些信件都交给你;我希望你把这些信件都封存起来。万一我死在这里,请你销毁它们。万一我幸存了下来,我会自己销毁它们。它们不应该留存于世。一想到这些信件在他的手上就让我感到恐怖,虽然我那些不幸的孩子当然是再也不会使用我的名字了,可他们依然知道自己是谁的儿子,我必须想办法保护他们,以免出现进一步的令人厌恶的揭发或丑闻。

此外,道格拉斯手上还有我给他的东西:书籍和珠宝。我希望他把这些东西也交给你——为了我着想。我知道,有些珠宝已经不在他手上了,具体情形无须赘言,不过他手上还有一些,譬如最后一次圣诞

501

节[1894 年]我给他的金烟盒、珍珠链和瓷漆像盒。我希望能够确保他手上没有任何我给他的东西。所有这些都要被封存起来,留在你手上。一想到他戴着或拥有我给他的任何东西,我就会觉得特别反感。对于我很不幸跟他混在一起的那两年,以及为了满足他对父亲的仇恨和其他不体面的热情,他把我推向毁灭和羞耻深渊的那种方式,我当然是没法去除这些令人作呕的回忆。但是我不愿让他拥有我的信件或礼物。即便我离开了这个可憎的地方,我知道我也不会有什么前途可言了,除了一种贱民的生活——由耻辱、贫困和轻蔑构成——不过,至少我跟他再没有关系了,我也不允许他靠近我……

在写给道格拉斯的信中,你最好是充分、直率地引用我的信件,这样他就无路可逃了。事实上,他几乎是没理由拒绝的。他已经毁掉了我的人生——他应该感到满足了。

罗斯把王尔德的话转告了道格拉斯,他大为震惊;6 月 4 日,他写道:

亲爱的博比——我刚收到来自奥斯卡的可怕信件。它剥夺了我思考和表达的能力。我不必告诉你这是多么可怕,因为你肯定能猜到。告诉他,我会撤回我的书籍,本来还有三四天它就要出版了,而且实际上已经准备就绪了。删掉给他的题献之后,这本书还有什么可出版的呢?他不愿接受这本书的题献,这个主意刺中了这部书,刺死了它……至于那些信件,我不能把它们交给任何人。拥有这些信件和它们留给我的回忆,即便不能给我希望,也会避免我结束如今已经丧失**目标**的生命。如果奥斯卡要我自杀,我会遵从嘱咐的,他可以在我死后拿回那些信件……我每天早晚都亲吻它们,为它们祈祷。

罗斯想必是回信说,王尔德觉得道格拉斯已经依赖他生活了好几年,道格拉斯在

7 月 15 日回答,"我贡献不了什么,奥斯卡贡献了一切。这又有什么不同呢?我所有的一切,我在未来将会获得的一切,一直都是他的,而且永远都属于他。"[44]

还有另一个原因让这种拒绝显得令人难堪。道格拉斯起初放弃了在《法国信使》上发表文章之后,他又写了一篇文章,还是没有跟任何人商量。文章的题目是《自荐诗歌,顺便论及奥斯卡·王尔德案件》,这篇文章刚刚于 1896 年 6 月 1 日发表在《白色评论》上。这一次他删掉了王尔德信件,但大意跟上一篇文章并无不同之处:"今天,我为自己曾经被一位伟大诗人爱过而骄傲,他敬重我也许是因为,他意识到除了美丽的身体之外,我还拥有美丽的灵魂。""奥斯卡·王尔德如今因为自己的超凡脱俗、希腊风格和性取向而遭受痛苦……我已经说过,这样的男人是地上的盐。"所有伟人中有百分之二十五的人都是鸡奸者,他说。至于他父亲昆斯伯里,他就跟尼禄、提比略、开膛手杰克或吉尔斯·德莱斯(Gilles de Retz)一样有趣。道格拉斯比过去更直接地谴责了罗斯伯里,此人的名字有点暧昧地出现在昆斯伯里的一封信中,他认为罗斯伯里威胁过阿斯奎斯,说如果王尔德获释的话,他们在下一次大选就会落败。文章在结论中无力地抨击了安德烈·拉夫洛维奇,追随马克斯·诺尔道的《退化》(1895 年版本)之后尘,拉夫洛维奇也开始利用王尔德的案件,他先是匆忙地印刷了一本小册子,然后是一部书籍,即《同性恋和无性别》(Uranisme et unisexualité)。他在书中不仅谴责了王尔德的那种猖獗的、灾难性的自我中心,还谴责了道格拉斯,说他是"一个苍白、做作的年轻人"。[45]道格拉斯宣称拉夫洛维奇本人就是一个鸡奸者,他之所以恶毒攻击王尔德,是因为王尔德对这位作者流露了公开的蔑视,他似乎觉得自己的这种回击很有力。道格拉斯的文章语无伦次,表明他因为失去王尔德的欢心而陷入了极端的焦虑。次月,他不得不为此作辩护,因为一些法国记者要他明确表示他跟王尔德享受的是哪一种爱,并指责他为了宣传自己的诗歌而进一步深化了一则丑闻。亨利·鲍尔写道,道格拉斯曾经让王尔德在英国待不下去,如今他又搞得王尔德获释后在法国也待不下去。"我朋友对我的爱是柏拉图式的,也就是说,纯粹的,"道格拉斯宣布。至于宣传自己的书籍,如今,他

502

已经知道王尔德拒绝了他的题献，所以他在不提及这种拒绝的情形下简单地说，"我的诗歌不会问世。"跟道格拉斯的其他决定一样，这一次，他又陷入了犹豫反复之中，不过王尔德的那封立场坚定的信件至少让他略微推迟了问世。1896年，这本书在没有题献的情形下出版了。*

　　如果说道格拉斯感到焦虑，那么，王尔德也是同样焦虑的。6月份，他开始撰写极为痛苦的信件，恳求获释："上述囚犯的呈请信谦卑地表明，他犯下了可怕的罪行，其定罪是正当的，他并不打算以任何方式为此作辩护。"他承认，自己患有性方面的疯病，但希望这种事被看作是需要治疗的疾症，而不是需要惩罚的罪行。他呼吁人们去阅读诺尔道的《退化》，书中据此对他的行为进行了分析。让他觉得特别恐惧的是精神错乱；由于缺乏书籍，而且在"这个为濒死者修建的坟墓"中，观念世界被隔绝了，因此也就助长了最病态、最受玷污的思想。他的头脑无法再承受更多，监狱的目的不是摧毁理性。"虽然它或许并不追求对人的改善，但它也不打算把他们逼疯吧。"至于他的肉体，他发炎的耳朵从未得到适宜的治疗，他的视力也因为煤气灯而变得模糊，所以，他肯定会发疯，此外，他还可能会瞎掉、聋掉。

　　　　对其他危险他也表示担忧，可纸张有限，呈请者已经写不下了；他
　　的主要危险是疯病，他的主要恐怖是疯病，他恳求当局认定他的漫长囚
　　禁和伴随这种囚禁的毁灭已经是足够的惩罚，恳求让囚禁到此为止，不
　　要再无益地或报复性地延续下去，直到疯病把他的肉体和灵魂统统吞
　　噬，让灵魂沦落到同样的堕落和羞耻境地。

　　　　　　　　　　　　　　　　　　　　　　　　　　　奥斯卡·王尔德

　　艾萨克森上校有责任转交信件，就那种即将爆发的疯病而言，它无疑是人们

---

　　*　马拉美，也许是被这种情形所感动，为了感谢道格拉斯送给他的诗集，他说，"有那么几次，我很高兴自己懂英文，我收到你的诗集的那天就是其中之一。"[46]

能够撰写的头脑最清楚的预言之一,不过,上校随信附上了外科狱医 O. C. 莫里斯先生的报告,证明王尔德的身体状况良好。[47]

一次死刑

纪念

C. T. W. ①

王尔德递交这份呈请信之后,又过了五天,发生了一件事,它替代性地汇聚了王尔德的苦难。一个三十岁的男人,名叫查尔斯·托马斯·伍德里奇,在雷丁监狱被绞死。他本是皇家近卫骑兵团的骑兵,由于在 3 月 29 日谋杀了二十三岁的妻子劳拉·艾伦·伍德里奇,他被迅速判决死刑。她激起了他的嫉妒心;他故意在她家附近的路上(位于温莎和克卢尔村之间)等她,用一把从士兵朋友那里为此借来的剃刀三次割断她的喉咙。申请缓期执行的恳求信被内政大臣驳回,因为这桩罪行显然是早有预谋的。自从安装以来,雷丁监狱的绞架只在十八年前执行过一次两人的绞刑。王尔德目睹刽子手拿着园丁手套和一个小袋子走过院子。7 月 7 日早上八点,刽子手比林顿捆好伍德里奇的双脚,整理了一下头套,然后拉出了螺栓。伍德里奇死得很勇敢,没有挣扎或叫喊。

一位狱友的死刑让王尔德想了很多。他想起自己曾告诉康斯坦斯,如果儿子让无辜人流了血,要帮助他们忏悔和赎罪。不过,很久以前,他也在《人类赞歌》中写过,人们杀了基督,也就杀了自己:

我们是虚荣的、无知的,我们不知道

---

① 引自《雷丁监狱之歌》。

当我们刺戳你的心脏时,我们自己的真正心脏也就被屠戮了。

伍德里奇的罪行是骇人听闻的,但是他的死刑也同样骇人听闻,就跟王尔德所受的惩罚一样,其罪行是人性的,但这种死刑却是非人性的。不过他还想到了别的事情;1895 年 8 月,他曾拒绝让道格拉斯写文章来歌颂他们的爱情,然后,1896年 5 月,他又拒绝接受道格拉斯把自己的诗歌献给他,他知道,这种侮辱对道格拉斯是伤害至深的。他之所以作出这种姿态,是因为他觉得道格拉斯毁掉了他的一生,他后来说,当他站在法庭倾听对自己的判决时,这种感觉第一次变得明确起来。他想到了这层寓意,虽然他并没有立刻就写下来:伍德里奇是真实的形象,而道格拉斯和他自己则隐身在寓言中,他们都服从于一种不成文法:

因为每个人都杀害了他所爱的事物。

后来,道格拉斯有一次问王尔德,他这句诗是什么意思,王尔德回答,"你懂的。"[48]

注释

[1] Kernahan, 235.

[2] Croft-Cooke, 133.

[3] The Revd H. S. Bowden, letter to More Adey, 11 June 1895 (Hyde).

[4] *Journal du Havre*, 1 Aug 1895, quoted in Raffalovich, 279 (my translation); Guillot de Saix, 'Souvenirs inédits.'

[5] [Raymond and] Ricketts, 22.

[6] *Letters*, 495.

[7] Ibid., 722; Harris, 230.

[8] Hugues Rebell, 'Défense d'Oscar Wilde,' *Mercure de France*, Aug 1895, 184.

[9] Marie Belloc Lowndes, *The Merry Wives of Westminster* (1946), 174.

[10] Shane Leslie, *Sir Evelyn Ruggles-Brise: A Memoir of the Founder of Borstal* (1938), 136.

[11] Richard Burdon Haldane, *An Autobiography* (1929), 164-7.

［12］Major O. Mytton Davies, 'Prison Life of Notorious Criminals,' *Sunday Express*, n. d., on clipping at Clark.

［13］*Letters*, 871-2.

［14］Douglas, letter to Ada Leverson, 13 Sept 1895 (Clark).

［15］*Letters*, 391.

［16］Sherard, *O. W.: Story of an Unhappy Friendship*, 206.

［17］*Letters*, 453, 455.

［18］Douglas, 'Oscar Wilde,' from a TS. at Clark.

［19］*Letters*, 453-5.

［20］Sherard, *O. W.: Story of an Unhappy Friendship*, 214.

［21］Lady Queensberry, letter to Douglas, n. d. ［1895］(Hyde).

［22］*Letters*, 459-60.

［23］Oscar Browning papers (Eastbourne).

［24］Sherard, *O. W.: Story of an Unhappy Friendship*, 209-10; Constance Wilde, letter to Hannah Whitall Smith, 15 Oct 1895 (courtesy of Barbara Strachey).

［25］More Adey draft petition at Clark; *Letters*, 390-1n; Stuart Merrill, 'Pour Oscar Wilde: Epilogue,' *La Plume*, Jan 1896.

［26］Croft-Cooke, 138; Douglas, *O. W. and Myself*, 177.

［27］Home Office files.

［28］Harris, 232-3, 235.

［29］'In the Depths: Account of Oscar Wilde's Life at Reading. Told by His Gaoler,' *Evening News and Evening Mail*, 1 Mar 1905; *Bruno's Weekly* (N. Y.), 22 and 29 Jan 1916; *Letters*, 691.

［30］Dowson, *Letters*, 343.

［31］Healy, *Confessions of a Journalist*, 130-8; Gide, *O. W.*, 42.

［32］Chesson, 390.

［33］Henry S. Salt, *Seventy Years Among Savages* (1921), 181-2, summarizing Warder Martin's recollections.

［34］'The Story of Oscar Wilde's Life and Experiences in Reading Gaol,' in *Bruno's Weekly*, 22 Jan 1916; O'Sullivan, 63.

［35］*Letters*, 398; Lady W's notebook(NYPL: Berg).

［36］Willie Wilde, letter to More Adey, 4 Feb 1896 (Clark).

［37］Harris, 249; H. Corkran, *Celebrities and I*, 142; Lily Wilde, letters to More Adey, 5 Feb and 13 Mar 1896 (Clark).

［38］*Letters*, 543, 399, 499.

［39］Ibid., 399n.

［40］V. Holland, *Son of O. W.*, 48-9.

［41］Ross, letter to More Adey, May 1896, in Margery Ross, *Robert Ross: Friend of Friends* (1952), 39.

［42］Harris, 234.

［43］Ross, letter to Adey, in M. Ross, *Friend of Friends*, 41.

［44］*Letters*, 400-1; *Daily Telegraph*, 25 Nov 1921 and 18 Apr 1913.

［45］Raffalovich, 248.

［46］［Lord］Alfred Douglas, *Oscar Wilde et quelques autres*(Paris,? 1932), ch. 29.

［47］*Letters*, 401-5; Home Office records.

［48］Lord Alfred Douglas, *Without Apology* (1938), 48.

第二十章　逃离雷丁

我……希望我们能谈谈人生的很多监狱——石头的监狱，激情的监狱，智性的监狱，道德的监狱，等等——到处都是局限，外在的和内在的，到处都是监狱，真的。整个人生就是一种局限。

从艾萨克森到纳尔逊

爱情中包含了凶残的要素，这是一种老生常谈，对被社会无情抛弃的受害者来说，他并不会从这种理论中获得安慰。王尔德再次拿自己跟吕西安·德·吕邦泼雷和于连·索海尔相提并论，他说，"吕西安上吊了，于连被处决，我死在监狱里。"[1] 只要艾萨克森上校还是雷丁监狱的管理者，王尔德就会因为微小的过失而受到严厉的惩罚，譬如没有把自己的囚室打扫干净，或跟其他囚犯说了一两句话。在艾萨克森手中，如今已过时的监狱"体制"得到了有效的贯彻；他相信1865 年的监狱法，他就是在这段时间里升职成为看守头目的，他不打算放松惩戒。

那些对监狱不熟悉的人，不会了解其日常情形。也许就是出于这个理由，亨利·詹姆斯写信给保罗·布尔热说,王尔德的苦役太严厉了,更公正的做法是只把他隔离关押起来。[2]他并不怜悯王尔德。詹姆斯本来是特别反感王尔德的,他的态度之所以发生这么大的改变,就是因为王尔德既要做苦役又要受关押。幸运的是,王尔德不必仰赖其他小说家的刑罚理论在监狱中过下去。他待过四所监狱(算上纽盖特),已经变得较为谨慎,那么多重要人物都关心他的处境,至少让几个看守对他产生了敬意。即便在监狱中,他的个性还是让人倾倒的。不过,公众对监狱的态度也有所改变,这对管理当局来说起到了一定的影响。

506 　　九十年代,恺撒·龙勃罗梭和其他人思考了罪犯问题,监狱改革成了人们关注的焦点。1865 年监狱法的理论基础是简单化的,即"苦役、恶劣饮食和硬床"将会威慑罪犯,让他们遵守法律,这种理论已经丧失了说服力。1898 年的监狱法正式改善了监狱的情形,王尔德的不幸之处就在于他的服刑期正好在这个日期之前,不过,1895 年,当他开始服刑时,一个以 H. J. 格拉德斯通为主席的部门委员会已经宣称两年的苦役显得过分严厉了,1898 年的监狱法明确取缔了这种刑罚。格拉德斯通的报告说,囚犯不应该再被看成是"社会中不可救药、没有价值的那一部分人"。即便是在雷丁,这种观念的改变也起到了效果。

　　在改革的浪潮中,人们不会轻易忘记王尔德的案件。昔日曾帮助过他的霍尔丹继续敦促内政部为他提供书籍和书写文具,但是内政部不希望被人指控说他们偏袒对待不同的罪犯。不过,自从 1895 年起,监狱委员会换了一个新主席,即伊夫林·拉格尔斯-布赖斯,他全心全意想要施行格拉德斯通的提议。他没法只靠自己就废除曲柄和踏车,或不再惩罚囚犯之间的交谈,然而,他在国会的辩论还是起到了作用,而正是这些辩论在 1898 年带来了上述的变化。只是没有人能够很肯定地说,短时间里会实现什么目标。1896 年夏天,王尔德的朋友为他的身体感到担忧,他们决定以患病为理由提出减刑的申请。弗兰克·哈里斯已经在国外住了几个月,不过人们认为,他最有能力地向当局陈述王尔德的观点。于是,哈里斯要求在 6 月份跟拉格尔斯-布赖斯进行会谈,哈里斯敦促他说,王尔德不太可能活着坐完两年牢。拉格尔斯-布赖斯请哈里斯去探望王尔德,对他的具体身体状况加以了解,6 月 13 日,他向艾萨克森上校发布命令,哈里斯获许跟王尔德进行交谈,看守不得旁听。与此同时,他要求人们就王尔德的精神状况提供机密报告。

艾萨克森回应了这种挑战,他迅速寄上狱医的证明,说王尔德身体健康。1896 年 6 月 13 日或 14 日,两个官员很不高兴地接待了哈里斯;艾萨克森告诉哈里斯,他希望能够制服王尔德,让他不要再胡说八道。跟王尔德的会谈在一个空荡荡的房间里举行,只有两把椅子和一张桌子。给哈里斯留下深刻印象的是,王尔德看起来老多了,虽然从另一方面来说,他也消瘦多了,对于哈里斯这样一个瘦人来说,他觉得这是一种好迹象。两人亲切地打过招呼之后,哈里斯请王尔德具体说说监狱生活的哪些方面有可能帮助他减刑。根据哈里斯的说法,王尔德回答,"我的不满是数不胜数的。最糟糕的是我总是毫无理由地受罚;这个典狱长热爱惩罚,作为对我的惩罚,他拿走了我的书籍。"他最担心的是发疯:"如果你进行抵抗,他们就会把你逼疯,"他说,他提到了黑牢,他可能不止一次被关进那里,只有面包和水。就身体而言,他提到,自从在旺兹沃思跌倒以来,他的耳朵就开始长期疼痛。为什么他不向医生求救? 哈里斯问。不,他太了解监狱对这种事情的处理方式了:没有哪个囚犯仅仅因为耳朵痛就喊来医生或看守。不过,在会谈结束时,他哀求哈里斯别泄露他的抱怨,因为他会为此受到惩罚。[3]

哈里斯把其中一些话转达给了拉格尔斯-布赖斯,王尔德同时也起草并寄出了他自己写给内政部的呈请信;艾萨克森免不了又随信附上了狱医的报告,说王尔德对疯病的担忧和他对身体的抱怨都是毫无理由的。不过,通过双方的努力,哈里斯和王尔德已经激起了官方的注意力。内政部派出了一个由五人组成的查访委员会——包括科巴姆、瑟斯比、帕尔默、亨特尔和海(Cobham, Thursby, Palmer, Hunter, and Hay)——去雷丁进行调查。也许就是这一次,人们暗访了王尔德在医院的情形;跟往常一样,当他有机会聊天时,他把别的病人都迷住了,而且也没有流露出身体不适的迹象。7 月 10 日,这个委员会汇报说,王尔德并没有发疯的危险,在变瘦之后,他又恢复了一些体重。然而,拉格尔斯-布赖斯继

507

续追究了下去;尼克尔森医生曾经在旺兹沃思检查过王尔德,拉格尔斯-布赖斯要求尼克尔森医生对王尔德进行单独检查,尼克尔森的报告表明他也很为王尔德担心,证明内政部在 7 月 25 日为王尔德订购更多书籍并最终提供足量的书写文具是有道理的。更重要的是,艾萨克森上校被调去了刘易斯监狱,他的继任者梅杰·J. O. 纳尔逊是一个不同类型的看守长。纳尔逊的最初行动之一就是拜访王尔德,他说,"内政部同意让你看一些书籍。也许你会喜欢这一部;我自己就刚刚读过它。"王尔德感动得哭了起来。他后来称赞了纳尔逊,说他是"我遇见过的最像基督的人"。[4]

在纳尔逊的管理下,王尔德意识到雷丁和地狱是有所不同的。他的想象力至少可以超逸高墙之外。他获得减刑的希望是渺茫的——他的罪行的性质,罪犯的重要地位,都排除了这种可能性——但是他开始梦想,有一天他的名字不再是一间囚室上的号码。他索求书籍的三张书单被保留了下来,它们表明,他开始不再只关注圣徒的生平,开始再一次接受这个看得见的世界。他系统地学习意大利语,不仅仅是为了阅读但丁,而是显而易见地想到了未来;还有德语,他在童年时就学过德语,但基本上已经忘光了,所以,当他从雷丁获释时,人们提到他在监狱中学会了两种语言。王尔德或许预见到,当他去欧洲大陆生活时,它们会十分有用。

他很快就向梅杰·纳尔逊递交了第一份书单,7 月 28 日,纳尔逊把这份书单呈送给了内政部,有些书籍他认为不适合监狱图书室,就在上面作了标记。王尔德仍然渴望阅读那些严肃书籍。* 内政部批准了那封经过修订的书单,附加

508

---

* ［第一份书单:］
　　希腊文圣经
　　米尔曼的《犹太史》和《拉丁基督教史》
　　斯坦利的《犹太教会》
　　法勒的《圣保罗》
　　丁尼生的《诗选》(一卷册版本)
　　珀西的《英诗辑古》
　　克里斯托弗·马洛的《作品集》

(转下页)

条件是净价不得超过十英镑,该监狱今年的配额只有这么多。1896 年 12 月 3
日,纳尔逊呈送了第二份书单(不是王尔德手写的),莫尔·阿迪负责提供这些
书籍,于是内政部在 12 月 10 日批准了这份书单。这批书籍完全是世俗化的。*

(接上页)巴克尔的《文明史》
    卡莱尔的《衣裳哲学》和《腓特烈大帝传》
    弗鲁德的《对伟大主题的简要研究》
    但丁的《神曲》的散文译本
    济慈的《诗选》
    乔叟的《诗选》
    斯宾塞的《诗选》
    R. 路易斯·史蒂文森的《书信集》(由西德尼·科尔文编辑)
    沃尔特·佩特的去世后出版的散文集
    勒南的《耶稣传》和《使徒传》(牧师对此并不反对,只要是法文原版就行)[纳尔逊在页缘上
写着,"要法文版"]
    [E. B.]泰勒的《原始文化》[1871 年版]
    兰克的《教皇史》
    红衣主教纽曼的《评论文章和历史文章》
    [J. K. 于斯曼的]《途中》,由 C. 基根·保罗译自法文。如果可以的话,我当然更想要法文
版的。如果得不到法文版,我也愿意读译本。这是一部关于现代基督教的书籍。
    莱基的《理性史》
    爱默生的《散文集》(如果可能的话,要一卷册的版本)
    狄更斯作品的廉价版本。图书室里没有任何萨克雷或狄更斯的小说。可以肯定,对我来
说,他们的作品全集无疑是一种巨大的恩惠,对于很多其他囚犯来说也是这样。["廉价的狄更
斯作品集",纳尔逊在页缘上写道]
*   [第二份书单:]
    沃尔特·佩特的《加斯东·德拉图尔》(麦克米兰出版社)
    米尔曼的《拉丁基督教史》
    华兹华斯的一卷册《诗全集》,由约翰·莫利作序(麦克米兰出版社,七先令六便士)
    马修·阿诺德的《诗选》,一卷册全集(麦克米兰出版社,七先令六便士)
    迪安·丘奇的《但丁暨其他》(麦克米兰出版社,五先令)
    珀西的《英诗辑古》
    哈勒姆的《中世纪史》
    德赖登的《诗选》(一卷册,麦克米兰出版社,三先令六便士)
    彭斯的《诗选》(同上)
    《亚瑟王之死》(同上)
    傅华萨的《编年史》
    巴克尔的《文明史》

(转下页)

509   莫尔·阿迪手上的第三份书单落款是 1897 年 3 月,其中最后的书名和标注是王尔德的手迹。*

到了 1897 年,王尔德已经在阅读新书而不是那些经典书籍,这样一来他就

(接上页)马洛的《戏剧》

    乔叟的《坎特伯雷故事集》(由 A. 波拉德编辑,两卷册,十先令)

    约翰·阿丁顿·西蒙兹的《但丁入门》

    A.J. 巴特勒的《但丁指南》

    沃尔特·佩特的《散文杂集》

    歌德的《浮士德》的英译本

    教育类:

    奥伦多夫的《德语教学法》(五先令六便士)

    《德语教学法要领》,3/6F   诺盖特出版社

    威廉·退尔的《汉密尔顿体系》   5/ –44 沙夫茨伯里街

    德英词典   伦敦西部

    歌德的《浮士德》(原文)

    马里奥特的《意大利语法要领》(一先令)

    A. 比亚吉的《意大利语指南》(五先令)

    比亚吉的《意大利散文作家》(五先令)

    意英词典

* [第三份书单:]

    法文圣经

    德语语法

    德语对话

    法意对话

    但丁的《新生》暨英译本

    哥尔多尼的《喜剧》

    奥古斯特·菲永的《英国戏剧》[18]

    《龚古尔日记》

    [弗朗索瓦·德]普雷纳的《红衣主教曼宁传》[18]

    于斯曼的《途中》[1895 年]

    但丁·加百利·罗塞蒂的书信[1895 年]

    乔治·梅雷迪斯的《喜剧文集》[1897 年]

    梅雷迪斯的《惊人的婚姻》[1895 年]

    托马斯·哈代的《意中人》[1897 年]

    哈罗德·弗雷德里克的《启示》[1896 年]

    1896 年的《十九世纪》杂志

    罗伯特·路易斯·史蒂文森的《金银岛》

。 这是一部宗教小说,格拉德斯通曾经在笔下对它大加赞扬[王尔德的注释]。

能跟得上形势了。让他感到遗憾的是,由于这些书籍是他朋友花钱购买的,它们将注定"永远沦入监禁之中"。这是内政部的规定。那之后,它们就不见了,没有人知道它们去了哪儿。(其中一部佩特的书籍成了私人收藏品。[5])

　　虽然书籍很重要,但书写文具就更重要了。在艾萨克森上校的统治下,王尔德只有在给律师或内政部写信时才能获得钢笔和墨水,要么就是给朋友写数量非常有限的信件。他写完之后,东西就被收走,接受审查,书写文具也被拿走。经过尼克尔森医生的交涉之后,在梅杰·纳尔逊的管理下,王尔德随时可以使用钢笔和墨水。不过,每天晚上,他写的东西还是要交给看守长,次日也不会返还给囚犯本人。起初,他只能在零散的纸张上写东西,后来给了他一个草稿本。霍尔丹曾希望他写一点关于自己坐牢的事情,不过内政部显然是不希望雷丁的监狱体系被公布于众。这里的情形也不适合创作一部纯粹虚构的作品,即便王尔德有这样的创作欲望,因为他几乎不可能记住整部剧本的所有细节。

510

书信写作

这是我生命中最重要的信件……①

　　于是,王尔德想出了一种不会招致梅杰·纳尔逊反对的策略。根据规定,他可以给艾尔弗雷德·道格拉斯写信,他会写这样一封信,它同时也以自传的形式描述自己过去五年的生活。就像一个寓言,它会从愉悦过渡到痛苦,然后,在最后的几个月里,他的心灵发生了改变,痛苦控制了一切。懊恼、涤罪和期待都会在昔日生活和新生中起作用。梅杰·纳尔逊意识到,他的囚犯可能

---

　　①　引自《来自深渊》。

会写出某种可以跟《天路历程》相提并论的东西;他似乎鼓励了他,还放松了规定,允许王尔德在有必要时可以阅读前面已经完成的部分。由于这种让步,王尔德对这封信进行了全篇的修订,有几页似乎经历了彻底的改写,从而取代了较早的版本。[6]

1897 年 1 月到 3 月的这三个月的大部分时间里,王尔德都在撰写这封信件。他提议把它命名为《在监狱和枷锁中》(*In Carcere et Vinculis*),不过,罗斯接受了另一个建议,替它起了《来自深渊》的名字。[7]事实上,王尔德死后,当这封信被发表时,罗斯起初没有泄露它其实是写给道格拉斯的信件,因为他担心道格拉斯会有想法,结果人们对王尔德在信中的意图产生了误解。王尔德之所以撰写《来自深渊》,是因为他想要回应道格拉斯的沉默,其力量源自作者觉得自己遭到了忽视。王尔德拒绝接受诗集的题献之后,波西不再设法跟他直接联系。作为替代办法,他请莫尔·阿迪和罗伯特·罗斯为他和王尔德进行调停,他跟这两个人依靠书信保持着密切的来往。阿迪在 1896 年 9 月中旬回复说,王尔德态度执拗,坚持要他返还那些纪念品。这一次,轮到道格拉斯在 9 月 20 日表现出自己的那种不屈不挠乃至威胁的态度了:

亲爱的莫尔

谢谢你的来信。我很遗憾地得知,奥斯卡还是这么无理和忘恩负义。不过,我已经决定对他说的话充耳不闻。如果在获释后,他还是这种腔调,那就是另一回事了,那时,我也许就有必要在缺少朋友帮助的情形下,以更有力的方式亲口说出我自己对问题的看法和我的义愤。在此期间,我什么也不说,除了我根本不会考虑把属于自己的东西还给他的任何提议,我想都不会想,我宁愿你在看到他的时候,就这样十分坦白地告诉他。至于我对他的永恒的(我说的是真的,不是他经常向我说起的那种意思)爱和忠诚,他就放心好了,不管他是否还能继续配得上这些,不过,也许值得提醒他一声,如果他渴望从我这里获得任何特别的青睐,最好的办法并不是侮辱和不适当地虐待一个为他做了那么多事,受了那么多苦的人。

　　向博比转达我对他的爱。

波西谨启

道格拉斯的信件内容很快就被转告给王尔德了,9 月 25 日,他回复阿迪说:"你的沉默让我明白,他还是不肯归还我的礼物和信件……他竟然还有本事伤害我,从中获得某种古怪的乐趣,这真恐怖……他太邪恶了。"阿迪同样迅捷地写信告诉道格拉斯,后者在 9 月 27 日回复说,"他出狱之后,如果他选择说不愿意跟我继续为友,他想要收回信件,他可以亲口这样说。"[8]

　　虽然道格拉斯后来归咎于罗伯特·罗斯,说罗斯在王尔德入狱期间以十分奸诈的手段出卖了他的利益,但这些通信证明罗斯是完全没有责任的。1896 年 11 月,他顶着风险提醒王尔德,他对道格拉斯流露出的"深刻怨恨"也许会让一些人丧失对他的同情。11 月,王尔德写了一整封信来回应这种暗示。"别以为我会因为自己的恶习而谴责他,"他对罗斯说,"他跟那些事几乎没有关系,正如我跟他的恶习也几乎没有关系。在这方面,我们两个人的继母都是自己的天性。我谴责他是因为他并不感激这个被他毁掉的人。"他告诉罗斯,别"让艾尔弗雷德·道格拉斯以为我会把那些跟他不般配的动力归功于他。他的人生中根本没有任何动力……他只有激情"。不过,他觉得难以置信的是道格拉斯竟然连一点悔恨之心都没有,也没有表达出任何悔恨,他的信件——预示着《来自深渊》的成形——在结尾处是虚弱无力的:"所以,在你的信中,请告诉我他怎么过日子,他的消遣,他的生活方式。"[9]罗斯告诉道格拉斯,他为他所作的调停是多么无效,但道格拉斯尖刻地回复说: 512

　　　　你似乎还坚持认为奥斯卡不想见我。是你的愿望促生了这种想法。你可能忽视了一个事实,就是我对他忠心耿耿,我简直是日日夜夜都渴望要跟他见面,这种想法困扰着我的心灵……(在你那众多的冒险经历中,)由于好心朋友和亲戚的干预,你一定也曾被迫跟自己的爱人分开,我认为你在那种时候也会感到痛苦。我的情况亦是如此,只不过有鉴于这一切不幸处境,我还要痛苦上十倍。你还没有考虑到嫉妒,所有痛苦中最可怕的一种。你自己已经见过奥斯卡了,而且只要你愿意,你可以经常见到他,你就只关心这些。

道格拉斯的性格特征让他总认为自己的行动是以其人之道还治其人之身。他在情感生活中一向纠扰不休,遭到挫败时就变得怨恨不已。王尔德后来对他说,"在自我中心的可怕魔力之下,你会变得恼羞成怒。"[10] 在这个时期,他跟其他人的通信中只有自我辩白。*

王尔德曾经在三年多的时间里一直让着波西,随他耍脾气,他很清楚,波西是听不进别人的道德劝告的,不过,为了他本人的健全心智和自重,他觉得自己必须做出努力。跟哈姆雷特对母亲的态度一样,他会对道格拉斯说,"看看那幅肖像,再看看这幅。"早在入狱之前,他就对道格拉斯的行为感到怨愤了,入狱后也一样,因为他没有寄来任何信件,虽然现在跟监狱保持通信已经不麻烦了。王尔德觉得自己是一场"帝王盛典"中的高贵牡鹿,被昆斯伯里侯爵和他的儿子逐猎,道格拉斯追逐的是他的时间和金钱,昆斯伯里追逐的是他的名声和自由。

---

* 例子之一就是他写给对他感兴趣的法国小说家拉希尔德的信件:

"对于陷入爱河的人和他所爱的对象来说,任何试图插足于两者之间的行为都是一种迫害……我不是一个怪物……我很健康,具有希腊精神,那些自诩正常的人才是怪物和堕落者……我不是道林·格雷,他有一幅肖像,那上面的受腐蚀之灵魂的迹象被隐藏了起来……如果说在二十七岁的时候,我仍然长着一张十八岁的孩子的面孔,那是因为我的灵魂是健康、美丽且安详的,虽然也有一点疲惫和经受折磨的样子……"[11]

替代性的忏悔

> 监狱生活让人看到了人和事物的真正形象。那就是为
> 什么它让人变得铁石心肠。①

《来自深渊》是一种戏剧独白,它不断地提问,并代替那位沉默的收信人作出了假定的回答。根据写作的环境来看,也许有人以为王尔德会忏悔自己的罪行。结果他却拒绝承认他过去跟年轻人在一起的行为是有罪的,他宣称判定自己有罪的法律是不公正的。* 他有一段不知悔改的话,可以说是跟同性恋关系最密切的一段,即对他而言,行动上的性倒错就如同思想中的悖论。《来自深渊》中有一半以上的文字是忏悔,但不是忏悔他自己的罪,而是波西的罪。他为那个年轻人描绘了两个令人印象深刻的意象。一个是《阿伽门农》中他喜爱的片段,关于在屋子里养大了一只狮崽,结果它却变得为非作歹。埃斯库罗斯拿它跟海伦相比,王尔德则拿它跟道格拉斯相比。另一个是罗森克兰茨和吉尔登斯顿②,他们不理解哈姆雷特的悲剧,是"那种容量有限的小杯子,盛不下更多的东西"。

他自我谴责的主题是他没有跟波西断交。不过,他的信件是一种想要恢复关系的努力。他承认了自己的"弱点",但解释说自己之所以具有这种弱点,是因为自己满怀深情,而且本性善良,他厌恶公开的争吵,承受不了怨恨,还以为只

---

① 引自《来自深渊》。

* 1894 年,他告诉一位采访者(即阿尔米),"永远不要试图改造一个人。人从不会悔悟。为一个人做错的事情惩罚他,以为他会从此痛改前非,这是人们可能犯下的最可悲错误。如果他还有灵魂,这种做法估计会让他比过去还坏上十倍。拒绝屈服于强力,这是高贵天性的一种标记。"[12]

② 罗森克兰茨(Rosencrantz)和吉尔登斯顿(Guildenstern)是国王派去监视哈姆雷特的人,他们自称跟哈姆雷特是朋友。

514　要不理睬那些所谓的琐事,生活就能好好过下去。他的弱点也就是优点。他发现,神祇不但利用我们的恶习,还利用我们的美德来折磨我们。

王尔德承认,除了那些优良品质之外,他是"挥霍了我自身之天赋的人"。不过他对这个缺点以及与之相关的缺点一带而过。《来自深渊》在很大程度上是悲叹已逝盛名的挽歌。他一边鞭笞自身的形象,一边禁不住对那个形象所呈现的一切讴歌不已。挽歌促生了颂词。他从一座山峰上失足跌下,而他夸大抬高了那座山峰的高度:

> 我是一个跟我所处时代的艺术和文化具有象征性关系的人。我刚成年时就意识到了这一点,后来还迫使我的时代意识到了这一点……拜伦是一个象征性的人物,不过他的关系是跟他所处时代之激情的关系,以及时代对激情的厌倦。我的关系是跟一种更高贵、更持久、更至关重要,而且范围也更广泛的事物之间的关系。
>
> 神祇几乎给了我一切。我拥有天赋、卓越的名字、高贵的社会地位、才气和智性胆略;我让艺术成为一种哲学,哲学成为一种艺术;我改变了人们的思想和事物的色彩;我所说或所做的一切让人们惊讶不已;我选择了戏剧,艺术中最客观的形式,让它就像抒情诗和十四行那样成为一种个人表达方式,与此同时,我拓展了它的范围,丰富了它的特征描述;戏剧、小说、韵律诗、散文诗、精微或奇妙的对话,不管我接触什么,我都会让它在一种美的新形式中呈现美;对于真相而言,我不但把真实赋予它,也赋予它虚假,这些都属于它应有的领域,我指出,真和假都只不过是智性生活的形式。我视艺术为最高的现实,而生活只是一种虚构;我唤醒了这个时代的想象力,让它们在我的身边创造了神话和传奇;我把所有的体系归结为一个措辞,把所有的存在归纳成一个警句。

他说,在监狱中,至少他学会了谦卑。在《来自深渊》中,"谦卑"是一个不明确的词汇。王尔德在文中对这个词的唯一定义是"对一切体验的坦率接受"。追求享乐时也应该想到会出现痛苦。不过,在某种意义上,他一向是明白这一点的。尽管如此,关于个性的很多胡扯已经不复重要;他年轻的时候经常赞美姿态和面具;如今,他说,"那些想要面具的人必须戴上它们。"在美国,他宣布说,"生活的秘密是艺术"。如今他已经发现,"生活的秘密是受苦"。[13]

《来自深渊》从发现痛苦谈到发现慰藉。其高潮是一段描述王尔德在狱中发现基督的章节,这无疑是从一开始就预谋好的。它也没有表面上看起来那么恭谦,因为王尔德不但没有把基督当成神来描述,还把基督教和唯美主义融合在了一起,很久以前,他就告诉过安德烈·纪德,有一天他会做出这样的事情。文中的基督似乎是一位至高的个人主义者,把个性和完美结合了起来,他谈论美丽的事物,依靠自己的想象力创造了自身,从而让自己的生命成为最美妙的诗歌。他同情罪人,正如王尔德在《社会主义制度下人的灵魂》中同情犯人,他认为除了同情的伦理之外别无伦理可言。基督是浪漫主义运动的先驱、至高无上的艺术家、悖论大师、古代的王尔德。在《来自深渊》的这个章节中,道格拉斯几乎被遗忘了,不过,王尔德把对基督的全部了解转变成了一种他必须跟朋友分享的东西。他禁不住进一步详述了昆斯伯里的劣迹,但他最后得出了一个基督式的结论:"所有这一切的尾声是我不得不宽恕你。我必须这么做。我写这封信不是为了给你的心灵带来痛苦,而是想要让自己的心灵不再痛苦。出于我自己的利益,我也必须宽恕你。"[14]

关于《来自深渊》,最重要的是,它是一封情书。王尔德抱怨说自己遭到怠慢,他还在想办法跟爱人重聚。即便到了这么迟的阶段,他依然提醒道格拉斯说,道格拉斯家族许诺过要支付他的法庭费用,不过,一想到他们会在"某个类似布鲁日的宁静的外国城镇"相会,他就忘了金钱方面的事情,波西曾向他学习生活和艺术的乐趣,到了那个城镇,他也许就可以指导他去理解"悲哀的意义和它的美"。不管道格拉斯的所作所为是多么恶劣,他始终以自己的方式爱着王

515

尔德。作为一篇自辩文章,《来自深渊》的缺陷就在于其中掺杂了天真的成分,起因是他的口才,还有隐藏在谦卑中的傲慢,也由于它那不连贯的结构。不过,作为一封情书,它倒并不缺乏连贯性,而且堪称——以那种爱与恨、挂念、虚荣和哲学冥思——是人们写过的最了不起和最长的情书之一。1897 年 4 月 3 日,王尔德请求允许他寄出这封信,不过他很狡黠,知道如果把这封信寄给道格拉斯的话,道格拉斯就会把它销毁。这样一来,人们就不知道他为什么入狱了。于是,他请求允许他把这封信寄给罗斯,罗斯接到他的指示,要把这封信抄写下来,把原稿寄给道格拉斯。内政部不同意把它寄给任何人,不过说他可以在出狱时带上它。

《来自深渊》的写作变成了一种更新的过程。在对道格拉斯彻底摒弃之后,他又再次感受到了道格拉斯的吸引力——这是一种符合他的性格特征的转变。他妻子的行为也出现了转变。康斯坦斯一度觉得自己还是爱着丈夫的,不过,自从 1896 年 2 月他母亲去世时的那次伤感会面之后,她就再也没有探望过王尔德了。她的信件起初充满了同情心,后来却变得愤愤不平。他们争论的焦点不是离婚(她已经放弃了离婚),而是关于她的嫁妆的终身权益。根据结婚协议,王尔德有权获得其中的一半,官方的破产接管人正在出售这一半的财产。谣传昆斯伯里会出价购买,这样一来,王尔德就完全仰赖于他了,不过他没有出价。康斯坦斯·王尔德的律师似乎出价二十五英镑,但罗斯和阿迪花七十五英镑从她手中买走了这份权益。他们的目的是,万一王尔德的妻子先去世的话,王尔德还会剩下点什么。他们不信任康斯坦斯的顾问。事情变得很复杂,不过康斯坦斯·王尔德认定她丈夫的朋友在对付她。她起初答应在王尔德获释后给他每年两百英镑作为津贴,万一她去世,还有三分之一的终身权益,剩下的归儿子们所有。如今,这笔钱降低到一百五十英镑外加三分之一的终身权益。王尔德似乎曾责怪罗斯和阿迪介入他和妻子的事情,导致她写来令人不快的信件,然而,他最终意识到,他们似乎是保护了他的利益,康斯坦斯对他们的行动有误解。1897年初,他同意了妻子的条件,她的律师哈格罗夫在 1897 年 2 月来到监狱,让王尔德签署文件,把孩子的监护权转交给他妻子和艾德里安·霍普。他并不知道,康斯坦斯·王尔德也跟哈格罗夫一起来了,当王尔德和哈格罗夫一起坐在桌边时,她就待在室外。"让我最后再看一眼我的丈夫,"她向看守请求,他从门上的玻璃边挪开身体,这样她就可以看到自己爱过的人了。在哈格罗夫的陪伴下,她情绪激动地走了。[15] 王尔德签署的文件中包括一个条款,如果他在未获得允许的情形下去拜访她或孩子,或者他在欧洲大陆上过着声名狼藉的生活,他的津贴就会被中断。因此,回到波西·道格拉斯的怀抱意味着财产上的灾难。阿迪的律师说,昆斯伯里威胁过,如果他们重聚的话,他就要杀掉其中一个人,或两个人都杀掉。

雷丁系列

> 他[里基茨]说的一切事情,包括他认为狱中的时间会
> 过得非常快……都让我感到极度烦恼。①

关于王尔德牢狱生涯的最后几个月,部分记录来自一位友善的看守,即托马斯·马丁,王尔德在雷丁的最后几个月里,两人相识了,结果,那也成了马丁在雷丁的最后几个月。由于他即将获释,狱方允许王尔德五个月不理发,这是一项很大的特权。他觉得他更像是自己了,他很快就赢得了马丁的青睐。有一天,他对马丁说,他深感缺乏报纸的不便。"当我获释之后,"他说,"我会变得就像是里普·万·温克尔(Rip Van Winkle)②了。"马丁领会了这个暗示,开始在每天早上给他带来《每日纪事报》。王尔德为此写了一条短笺,这位看守珍视它并把它收

517

---

① 引自王尔德写给罗伯特·罗斯的信件。
② 美国作家华盛顿·欧文同名小说中的人物,因为喝了仙酒一睡二十年,下山后发现世事全非。

藏了起来：

> 亲爱的朋友，我写这个短笺只是想告诉你，如果一年前你就在雷丁监狱工作的话，我的生活会愉快很多。每个人都告诉我，说我看起来好多了——也更快乐。
>
> 那是因为我有了一个好朋友，他会给我送来《每日纪事报》，还答应带给我姜汁饼干！

在纸条下面，马丁用铅笔作出了回复，"你真是忘恩负义，我做的事情比许诺的还多。"王尔德有一次对他说，"我对数字一无所知，除了二加二等于五。""不对，"马丁说，"等于四。""你看，我甚至连这都不会，"王尔德笑着说。[16]

3月的一天，马丁走进王尔德的囚室，发现他还在床上。"我昨夜睡得不好，"他解释说，"我身体难受，头痛欲裂。"他拒绝去看医生，不过宣称说，只要有点热饮，他就会恢复过来。因为还要过一个小时才会送早餐，马丁决定给他拿点东西吃。他加热了一些牛肉汁，把它们倒进一个瓶子，用夹克外套罩住瓶子，这样就没有人会发现了。不过在去王尔德囚室的路上，看守长拦住了他，跟他谈起某个行政事务的细节，这番交谈持续了很久，热瓶子灼痛了他的胸口。他最终来到王尔德的囚室，告诉他发生的一切，王尔德大笑起来。马丁生气了，离开时砰然关上门。不过，到了他送早餐的时候，王尔德已经悔悟了，他说，除非马丁原谅自己，否则他就不吃早餐。"甚至连可可茶都不喝？"马丁问。"可可茶也不喝，"王尔德说，同时深深地打量着可可茶。"哦，与其饿死你，还不如原谅你。""如果我又笑了呢？""那我就不会原谅你了，"马丁说。次日早上，王尔德递给他一封书面"道歉信"，其语气是最活泼不过的。马丁称赞了这封信，他的囚犯说，他决定再也不笑了，而且再也不以那种风格写东西了。"那样的话，当我破坏了一个誓言的时候，也就破坏了另一个誓言，我觉得这是对头的。"不过，他变得严肃起来："我不再是喜剧之星。我庄重地发过誓，要把自己的生命奉献给悲剧。如果我写下了更多的书籍,它们将汇聚成一个悲哀的文库……对于愉悦的世界,我将是一个谜,不过对于痛苦的领土,我就是它的代言人了。"[17]

王尔德的名声在看守间传开,他们开始向他咨询文学问题。王尔德告诉威尔·罗森斯坦,有一个人问他,"打扰一下,先生,但是查尔斯·狄更斯,先生,他现在还被人看成是伟大的作家吗,先生?"王尔德回答,"哦,是的,的确是一位伟大的作家;你该知道,他已经死了。""哦,我明白了,先生,他因为死了,所以是一位伟大的作家,先生。"在另一次拜访中,同一个提问人又问道,"打扰一下,先生,可是玛丽·科雷利(Marie Corelli)被人看成是伟大的作家吗,先生?""这超出了我的承受力,"王尔德对罗森斯坦说,"我把手放在他的肩膀上,说:'嗯,别以为我对她的品德有异议,然而,根据她的写作风格,**她应该待在这里**。'""您是这么觉得的,先生,您是这么觉得的,"这位看守说,他感到吃惊,但显得恭敬有礼。*[18]

还有更奇怪的行为,也被流传了下来。有一天,放风的时间,王尔德在院子里走动,他把这种事称作是"愚人游行"。突然他看到另一个囚犯故意瞅着他,然后他举起双臂到前额处,双手以某种特殊的方式扣在一起。王尔德意识到,这是寡妇之子的手势(the sign of the widow's son),任何看到这个手势的共济会员都要想办法帮助那个做手势的人解除危难。这个问题让他如此烦恼,他要求跟梅杰·纳尔逊见面,向他解释了自己的困境。纳尔逊也为此挠头,他为王尔德搞来了一副深蓝色的眼镜,让他在放风时戴上,这样他就看不见寡妇之子的手势了。[19]

还有一天,王尔德正在兜圈子散步,他听到某个人咕哝,"你在这里干什么,道林·格雷?""我不是道林·格雷,而是亨利·沃顿爵士,"王尔德说。那个人耳语说,"你的所有首演我都在场,你的所有审判我也在场,"仿佛它们是相似的戏剧演出。王尔德查询到了那个人的名字和地址,他也调查过另外几个囚犯的

518

---

* 1897 年,他给伦纳德·史密瑟斯写信说,"毫无疑问,玛丽·科雷利的一半成功来自那种无根据的谣传,即她是个女人。"

姓名和地址,这样一来,他在获释后就可以给他们寄点钱当礼物了。他写给托马斯·马丁的一封信表明他是怎样获得这些信息的:

> 你得想办法帮我搞到他的地址——他是那么好的一个人。当然,无论如何,我不愿意让你这样一个朋友陷入任何危险。我很明白你的感受。
>
> 今天的《每日纪事报》很重要。你得想办法让 A S/2 在周六早上出来打扫卫生,那么我就可以亲自把纸条交给他了。

去监狱教堂做礼拜的日子临近之际,他对马丁说得更坦白:"我渴望能从自己的位置上站起来,大声叫嚷,告诉我身边那些被剥夺了应有权利的可怜虫,事情不是这么一回事;告诉他们,他们是社会的受害者,社会没有向他们提供任何东西,除了在街头挨饿,或在监狱中挨饿并受虐待!"[20]

不过,他还是忍不住把自己那些无法抑制的想象力应用在了圣经故事上。就是在这最后几个月里,他对自己在监狱头几个月钻研过的那些文本进行了新的构思,当时除了圣经之外,他没有多少东西可读。根据自己的新近经验,他改写了摩西和法老的故事:

> 法老死了之后,根据埃及的法律,曾经从河边的蒲草箱中救出摩西的那个女儿就跟自己的兄弟——即新的统治者——结婚了。过了一阵子,牢记耶和华话语的摩西带着他哥哥亚伦来到新法老面前。这位以色列上帝的大巫师把自己的手杖变成了一条蛇,用那只长满大麻风的手给埃及带来了瘟疫。接着,王后进来了,她哀悼不已,根据神的命令,她的头生子和王位继承人刚刚跟埃及所有人和牲畜的头生子一起死了。摩西陪她一起哭泣,因为对他来说,她就像是一位母亲,但是她断然拒绝了他,说,"当你还是个小孩子的时候,我从满是鳄鱼的河水中

拯救了你,然而,你的话语夺去了我的孩子。所以,由于拯救你,我杀掉了自己的头生子。我给了孩子生命,又夺走了它,因为我们每个人最终都杀害了我们所爱的人。愿我永远遭到诅咒!让我长出这种你呼之即来,挥之即去的大麻风。让你从枯木那里唤来的毒蛇咬伤我。"摩西回答她,"哦,你对我就像一位母亲,你从满是鳄鱼的河水中拯救了我,所有受苦的人都符合生命的最深层秘密,因为人生的秘密就是受苦。的确,所有事物中都隐藏了这个秘密。由于你儿子的死,法老意识到了以色列人的力量,他将会允许他们去命运指引他们前往的地方。由于你儿子的死,一个命定的儿子才会诞生。在生与死的范畴里,只有上帝知道灵魂的分量。记住,这是一切真理中的真理:'世界是由苦难逐渐堆积起来的;孩子诞生时要受苦,星星诞生时也要受苦。'"

他对里基茨讲述过一个不同但更生动的版本,时间可能是这位艺术家在1897年4月来探监时。里基茨记住了其中的一个可怕时刻,新法老对着摩西大叫,"赞美你的上帝,哦,先知,因为他杀了我仅有的敌人,我的儿子!"[21]通过昆斯伯里一家,王尔德很明白,那种想要杀死父亲的冲动跟想要杀死儿子的冲动会相互呼应。两者都阐明了那种想要屠戮我们所爱事物的倾向。

还有另外两个关于背叛的故事也来自这个时期。王尔德曾经说过,"撰写传记的人总是犹大",从那时候起,他就一直对犹大的形象感兴趣。在其中一个故事中,犹大是最受宠爱的弟子,直到耶稣招收了约翰和雅各。依靠自己的甜美,约翰成了耶稣最喜爱的人。犹大陷入了疯狂的嫉妒之中。"而且,由于他爱耶稣,信任他,犹大希望能让他实现预言,彰显他的神性,同时他也复了仇。所以,犹大之所以背叛是因为他信任过,爱过,因为我们最终总会杀害自己所爱的人。"王尔德在获释不久后曾经向安德烈·纪德讲述了另一个故事,故事大意是:

一些弟子偶遇了正要去上吊的犹大，那时他已经干下了背信弃义的事情，他们注意到他显得怒气冲冲，很痛苦的样子，于是问他发生了什么。犹大回答他们："这些祭司是多么可恶的人！他们给了我十块银子，让我交出基督。"

"那你是怎么做的，犹大？"

"我当然拒绝了。但是这些祭司太可憎了。他们又许诺给我二十块银子。"

"那你是怎么做的，犹大？"

"我当然拒绝了。但是这些祭司简直太可憎，太可憎了。于是他们许诺给我三十块塔兰特，我当然接受了。"

"现在我们明白你为什么要去上吊了，因为你做下的事情应受到比死亡更严重的惩罚。"

"哦，并不是为了这个原因，而是因为他们给我的那三十块银子是假的！"[22]

王尔德在这个时期的故事正好跟他的某种信念十分相似，就是在金钱事务上，他遭到了阿迪、罗斯、欧内斯特·莱弗森以及其他人的背叛，虽然他们的所作所为看起来都是无可挑剔的。他继续对圣经进行更优雅的批评，他重述了亚哈和耶洗别的故事，他觉得也许可以把它写成一部像《莎乐美》那样的剧本。在这个版本中，耶洗别叫人杀了拒绝出售葡萄园的拿伯，但是跟《旧约》中的记载不一样，她不是唆使证人去诋毁他，而是伪称他曾经干下性骚扰的事情。他被杀害之后，她为获得那片葡萄园感到沾沾自喜。王尔德已经了解了什么是冷酷。

仿佛是为了证明他过去的一个论点，即"艺术的真理就在于它的对立面也是真实的"，此后，他又再次想起了一个更具有同情心的剧情梗概，他在 1894 年构思了这个关于一个女人的情节。他显然是打算携两个剧本重新进入戏剧界，一个是圣经剧本,另一个是现代剧。后一出戏的场景确定在一幢属于达文特里夫妇的大房子里。根据修改后的版本,达文特里太太对丈夫充满了崇拜之情,然而,除了她之外,每个人都开始意识到,达文特里跟另一个人的妻子有染,她是个一无是处的人。客人离去之后,客厅里一片昏暗,达文特里太太在一张长沙发上入睡了,只有她的金色头发映现在火光中。达文特里和他的情妇走进来,他们看到这里没有人,就开始拥抱。达文特里太太醒了,不由自主地动了一下;那个女人吓了一跳,但是达文特里向她保证说那只是哈巴狗。突然,有人在叩门;情妇的那位心怀嫉妒的丈夫跟来了。这对情侣陷入窘迫,不知道该藏在哪儿,可是达文特里太太起身了,她走到门口,让那位丈夫进来,她说,"我们一直在火炉边聊天。"妻子这种富有牺牲精神的手段让达文特里为之倾倒,如释重负,于是,他放弃了那位情妇。

521

王尔德喜欢讲述关于女人的这一类故事。他过去常回忆起自己母亲的所作所为,当他父亲被指控引诱过一个病人时,还有,在他临终的时候,她允许一位戴着面纱的女性进入病房。不过,最重要的是,这些故事反映了王尔德对妻子的善意是心知肚明的,因为她忍受了王尔德对道格拉斯的臣服。那就是为什么他会把这个剧本称作《康斯坦斯》。

前　景

我渴望到国外去谈论那些令人愉快的事情。[①]

通过构思那些尚未付诸纸墨的作品,他相信自己的脑子并没有受损,尽管如此,王尔德并没有对自己未来的生活得出任何结论。1897 年 1 月 28 日,当莫

---

① 引自王尔德写给罗伯特·罗斯的信件。

尔·阿迪来探监的时候,王尔德说他出狱之后立刻就要去国外。他希望"次日早晨能够在一个法国或比利时市镇的小公寓中"醒来,身边有一些书籍,"当然包括福楼拜的《圣安东尼的诱惑》",还有一些纸张和钢笔,于是他立刻就可以再次动笔写作。阿迪建议他在布列塔尼的一个海边地区度过出狱的前几周。王尔德拒绝了,"我将来不得不直面世人,我打算立刻就开始这么做,"他说。阿迪提到他的精神状态很好。2月27日,阿迪、罗斯和莱弗森探望了他,他的身体似乎再次有所改善,部分原因是他们每天给他吃一次肉,他的睡眠也更好了。或许就是在这个场合,典狱长对罗斯说,"他看着很好。但所有不习惯体力劳动却又被判处了这种刑罚的人都是这样,他活不过两年的。"[23]

　　4月和5月之间,他一会儿制定这个计划,一会儿又制定那个计划。其中之一是定居在布鲁塞尔。4月7日,弗兰克·哈里斯来探监了,他提出他们一起驾车穿过比利牛斯山去西班牙。哈里斯觉得自己很有钱,他在南非赚了几千英镑,答应在王尔德出狱的那一天给他五百英镑。不过,数月之后,这个许诺就告吹了,因为哈里斯的开销很大,令人意外,也因为王尔德开始觉得,对于现在的他来说,跟哈里斯一起去旅游未免太消耗体力了。他退缩了,哈里斯感到很失望。下一个计划是去法国的某片海滩:他考虑了布伦,但道格拉斯在那里,于是地点被改成了勒阿弗尔,不过,最后他又放弃了这个地方。王尔德还有另一个计划,罗斯和阿迪这两个天主教徒对他进行了怂恿。他们劝他先去一所修道院,然后去威尼斯。

　　不管他去哪儿,他都必须为此做好准备。4月份,他对朋友提出的要求之一就是向他提供书籍,一些是他们写的书籍,还有一些是他觉得必不可少的——包括福楼拜和他喜欢的其他作家。当他还在考虑哈里斯的旅行计划时,他要求给他供应一些西班牙语的书籍和剧本。还有衣服的问题,他的毛皮大衣呢? 他曾经穿着它走遍了美国。不幸的是,威利得到了它,他把它送进了当铺,一起被典当的还包括两块小地毯、两个旅行皮箱和一个帽盒。为了制作新衣裳,他让人为他量了尺寸,他跟罗斯设法让一个名叫多尔的裁缝为他缝制了一件阿尔斯特大衣和一套蓝色的哔叽呢套装。弗兰克·哈里斯为他提供了其他服装。王尔德请阿迪去位于艾伯特门（Albert Gate）的希思商店购买一顶棕色帽子，十八个衣领，两打白手绢和一打镶着彩边的手绢，一些深蓝色的领带，上面有白色斑点或其他图案，八双 8 号尺寸的短袜（"彩色的夏季袜子"），一些手套（8 号尺寸！——"因为我的手是那么宽"）。从圣詹姆斯的普里查德商店可以购买到一些优质的法国肥皂，譬如霍比格恩特牌香皂，过去他们还留了一些存货给他。他得洒点香水，最好是坎特伯雷紫罗兰，还有一种名叫科科·马里科帕斯的生发水，显然是为了给他那日渐灰白的头发略微染一下色。"出于心理原因，我想要觉得自己的肉体已经被完全净化，丝毫不带有监狱生活的污迹和肮脏。"[24]

4 月 22 日，王尔德向内政大臣递交了呈请书，请求能允许他在 5 月 15 日而不是 5 月 20 日刑满日离开监狱。他希望这样就可以避免媒体的打扰，包括一家出价一千英镑向他购买监狱生活回忆录的美国报纸。5 月 7 日，跟类似请求一样，这个请求也被拒绝了。马克斯·比尔博姆提议以一辆有篷马车为诱饵，届时这辆窗帘紧闭的马车将从监狱院子中驰出，记者们将会被引开。[25]

在最后时刻，还发生了其他的突然变化。由于终身权益的事情，王尔德对罗斯和阿迪越来越恼火，他开始认为雷吉·特纳是护送他出狱的更适合人选。可是特纳说阿迪和斯图尔特·黑德勒姆牧师已经安排好了一切，而黑德勒姆无论是在刑期开始以前还是结束之际都是无可指责的。接下来几个月的开销去哪儿筹集呢？王尔德敦促朋友去联系霍伊克的道格拉斯勋爵，提醒他过去曾许下的诺言，但是毫无结果。阿德拉·舒斯特在两年前给过王尔德一千英镑，这笔钱在欧内斯特·莱弗森手上，但几乎已经为了王尔德的事情花光了，虽然并不一定都得到了他的同意。不过，在这种为贫穷感到绝望的处境中，王尔德也体验到了来自几个人的友善态度。阿迪和罗斯一直都在为他的利益而奔忙。特纳为他准备了旅行袋，上面有"塞巴斯蒂安·梅尔莫斯"的缩写字母"S. M."，因为在罗斯的建议下，王尔德已经决定采用这个名字，它把他最喜欢的殉道者和他舅姥爷笔下

523

那位孤独的漫游者结合了起来。康斯坦斯给他寄来了钱,用以支付食物和旅行费。里基茨给了他一百英镑。他已经决定,目前最适合待的地方是迪耶普,虽然那里到处都是英国人,会认出他来。

他在狱中的最后几天中发生了两件令人不快的事情。三个月以来,他一直知道狱中关了一个智力有缺陷的囚犯,即 A.2.11,是一个士兵。其他的犯人都很清楚,他是个呆子,可是医生认为他在装病,一些进行查访的法官决定对他施行二十四下鞭刑。5 月 15 日,周六,王尔德听到监狱地下室传来"令人厌恶的尖叫,更确切地说,是咆哮","我知道某个不幸的人正在遭受鞭打"。就是那个士兵,他的名字——马丁告诉他——是普林斯。次日,普林斯在放风时出现了,他的情形显得更为凄惨;又过了一天,他没有露面;5 月 18 日是王尔德在雷丁的最后一天,他出现了,看起来几乎疯掉了。

另一件事有关三个孩子,他们诱捕了几只兔子,但付不出罚金,于是被判入狱。他们正在等待被分配囚室,王尔德看到了他们。他对他们心中的恐惧和他们将体验的饥饿简直再清楚不过了。5 月 17 日,他有点不顾一切地写信给马丁:"请帮我查查 A.2.11 的名字。还有那三个因兔子而入狱的孩子的名字,以及罚金的数额。我能够为他们支付罚金并救他们出去吗? 如果可以的话,我明天就把他们救出去。亲爱的朋友,请为我行行好。我得把他们救出去。"马丁自己也被他们的处境感动了,他拿了一块饼干给那个最小的孩子。为此他被解雇了,王尔德过了几天才得知这个消息。[26]

由于他深信梅杰·纳尔逊对众人都怀有仁慈之心,所以他就更为这些事件而烦恼了。他想要跟他谈谈这个士兵和孩子的事情,觉得他可能并不知道发生了这些事情,可这已经是他在雷丁的最后一夜了,这么做似乎并不合适。又过了几天,他再也忍不住了,于是在一封写给《每日纪事报》的激烈信件中提到了这个话题,他在信中严厉批判了监狱的不公,同时也称赞了纳尔逊。

524   对于他的出狱,人们已经做了一些安排,迁移到雷丁之际,他发现自己在克拉彭枢纽站曾经被人盯着看,这些安排确保这种事情不会再发生。他获准穿上普通服装,不戴手铐。5 月 18 日,在他离开之前,看守长把那封写给艾尔弗雷德·道格拉斯的重要信件递给了他。两个记者前来观看他的出狱,根据《纽约时报》的记录,他对其中之一说,他"并不贪求污名或籍籍无名"。然后,他和两个狱方官员乘马车去了特怀福德车站。王尔德几乎泄露了自己的身份,他朝着一些萌芽的灌木丛展开双臂,说,"哦,美丽的世界!哦,美丽的世界!"看守恳求他不要这么做:"哎,王尔德先生,别这样暴露自己。在英格兰,你是唯一一会在铁路车站上说这番话的人。"[27]

注释

[1] O'Sullivan, 36.

[2] Leon Edel, letter to Sir Rupert Hart-Davis, n. d. (Hart-Davis).

[3] Harris, 234.

[4] Chesson, 399.

[5] The book has since been sold at Sotheby's.

[6] *Letters*, 424n.

[7] E. V. Lucas 自称是他向罗斯提出了这个建议。

[8] Douglas clipping (Bodleian).

[9] *Letters*, 413.

[10] *Daily Telegraph*, 25 Nov 1921 ; Letters, 437.

[11] JD Sales Catalogue in Ross Collection (Bodleian).

[12] Almy, ' New Views of Mr O. W.,' in *Theatre* (1894).

[13] *Letters*, 466, 473.

[14] Ibid., 465.

[15] ' The Story of O. W.'s Life and Experiences in Reading Gaol,' *Bruno's Weekly*, 5 Feb 1916.

[16] *Reynolds's News*, 28 June 1903.

[17] Warder Martin in Sherard, *Life of O. W.*, 397.

[18] W. Rothenstein, 310-1.

[19] *Letters*, 565.

[20] *Letters*, 528 ; Warder Martin in Sherard, *Life of O. W.*, 391-2.

[21] Guillot de Saix, ' Moïse et Pharaon,' in *Le Chant du cygnet*(Paris, 1942), 52-5 ; [Raymond and] Ricketts, 48.

[22] Guillot de Saix, ' Jean et Judas,' in *Le Chant du cygnet*, 113-4 ; ' Les Trente Deniers,' in the same work, 120-3, offers a variant of Wilde's other story.

［23］More Adey, letter to Adela Schuster, 16 Mar 1897（Clark）. Ross repeated the governor's remark to Osbert Sitwell, who quotes it in *Noble Essences*, 13.

［24］*Letters*, 534-5.

［25］Beerbohm, letter to Ross ［Spring, 1897］, in M. Ross, *Friend of Friends*, 48.

［26］*Letters*, 568-74, 554.

［27］*New York Times*, 19 May 1897; Shane Leslie, 'Oscariana,' *National Review*, 15 Jan 1963.

流亡

第二十一章 狱外的囚犯

> 会发生的总是那些不值一
> 读的事情。①

看得见的世界

　　从特怀福德出发,王尔德和两位狱方官员乘坐火车去了伦敦。他们在西邦527
尔公园下车,乘坐马车前往本顿维尔,次日早晨,他在那里被释放了。1897 年 5
月 19 日早上六点十五分,他正式服完了两年的刑期。大家讨论过该让谁来迎接
他。他拒绝了欧内斯特·莱弗森,而弗兰克·哈里斯又拒绝了他。最后,莫尔·
阿迪和斯图尔特·黑德勒姆来迎接他,并送他上了马车。他们躲开媒体,驰往黑
德勒姆家中,王尔德在那里更换了衣服,喝了两年以来的第一杯咖啡。他谈到但
丁。有迹象表明,他也许会接受弗兰克·哈里斯的提议,跟他一起去旅行。"和
他在一起就像是一场永恒的足球赛,"王尔德说。莱弗森夫妇来了,他们被领进
客厅,感到心神不宁,但是王尔德走了进来,根据艾达·莱弗森的回忆,"其高贵

----

① 引自《谎言的衰落》。

的姿态就像是一位国王从流放中归来了。他走进来,说着话,笑着,抽着烟,留着波浪形的头发,纽扣孔中插了一枝花,他看上去显然比两年前更好,更瘦也更年轻了。"他迎接艾达·莱弗森的话是,"斯芬克斯,你真是妙不可言,知道在早上七点跟一位坐过牢的朋友见面时该戴什么帽子!你不可能是从床上爬起来的,你肯定坐了一夜,通宵未眠。"

不过,他又转移了话题,不再戏谑,而是对黑德勒姆说,"我把所有不同的宗教看成是一所宏伟大学中的各个学院。罗马天主教是其中最伟大也是最浪漫的。"然后,他给农场街的耶稣会教徒们写了一封信,希望能在那里隐居六个月。送信人会留在那里等待回答。与此同时,王尔德又开始聊天。他把雷丁描述成了一个旅游胜地:"那位可爱的典狱长,一个如此讨人喜欢的人,他的妻子充满魅力。我在他们的花园里过得很愉快,他们邀请我跟他们共度夏日。他们认为我是园丁。"然后,他笑着说,"不同寻常吗?我的感受?但是我觉得我做不到,我觉得我想要换换风景。"

他继续说,"你知道坐过牢的人会遭受一种惩罚吗?他们被禁止阅读《每日纪事报》!我在火车上一路请求让我读读这份报纸。'不成!'然后我表示,我也许可以倒过来读它。他们同意了,于是我一路上都在倒着阅读《每日纪事报》,我从没有这么喜欢过这份报纸。这真是阅读报纸的唯一方式。"

这时候信使已经回来了。王尔德打开他带来的信封,朗读了那封拒绝信:他不能凭一时兴起就被接受;至少要考虑一年才行。"为此,"艾达·莱弗森写道,"他崩溃了,悲痛地啜泣着。"不过,他又恢复了过来,似乎是顺从地接受了世俗生活,把它当作"两害相权取其轻"的事情。[1]他跟阿瑟·克利夫顿的妻子(为了让他俩能够结婚,他曾经给了这对情侣一百二十英镑)聊了天,还跟他坚持要见的其他访客也聊了天。结果,他错过了去迪耶普的早班轮船,于是,他在下午跟阿迪去了纽黑文,然后乘坐晚班轮船穿越了海峡。

早上四点,雷吉·特纳和罗伯特·罗斯等在迪耶普码头。他们看到了王尔德的船只,于是开始寻找他,然后就看到他笨重的身形一摇一摆地朝他们走来。

他们也觉得他看起来很好。当大家在码头上聚集时，王尔德递给罗斯一个厚厚的大信封，说，"亲爱的博比，这就是你知道的那份重要手稿。"根据现在的安排，罗斯保存原稿，给道格拉斯和迪耶普的王尔德各寄去一份抄本。接着，王尔德就开始大笑，然后说呀说个没完。他的话题是雷丁监狱，罗斯发现，"对他而言，它已经成了某种被施了魔法的城堡，而梅杰·纳尔逊就是其中的精灵领袖。那种可憎的修筑了堞眼的炮楼如今已变成尖塔，那批看守变成了仁慈的马穆鲁克①，我们自己变成了查理曼大帝的十二骑士，正在迎接被俘后归来的狮心王②。"他跟着朋友去了桑威奇旅馆，然后被领到一个覆满花朵的房间，壁炉架上排列着他要求的一切书籍。罗斯已经通过募捐的方式为他筹集了八百英镑，令王尔德心情大好。他们又谈论了很多事情，直到朋友们变得筋疲力尽，倒头沉睡。王尔德写了一封给艾达·莱弗森的信件，感谢她早上来拜访自己，他描述了自己目前的状态，仿佛是在吐露重要的秘密。他旅行时使用的名字是梅尔莫斯，他说，"我觉得罗比最好以雷金纳德·特纳的名义待在这里，而雷吉则使用 R. B. 罗斯的名字。他们最好别用自己的名字。"[2]

　　牢狱生涯就这样结束了。在最后八个月里，王尔德一直设想着狱外的生活，而前面十六个月他就做不到这一点。他最终会发现，自己是真的获得了自由呢，抑或仍是个囚犯。他感觉就像过去预言的那样，自己成了里普·万·温克尔。不过眼下的他也像纪德的《人间食粮》中的纳塔内尔，仿佛是第一次体验自然和人生，为他能够看到、嗅到、听到、品尝到和触摸到的一切感到欣喜。

529

---

①　马穆鲁克（Mamelukes）是从公元九至十六世纪之间服务于阿拉伯哈里发和阿尤布王朝苏丹的奴隶兵，他们逐渐成为强大的军事统治集团，曾统治埃及达三百年之久。

②　查理曼大帝是法兰克国王和神圣罗马帝国的第一任国王，十二骑士是他手下的猛将，此处应该是指泛称意义上的勇士；狮心王理查一世是英国金雀花王朝的第二任国王。

波西的归来

> 要不断写信给我，关于你的艺术和其他人的艺术。在
> 帕纳塞斯山的双峰上碰面要比在其他地方碰面更好。①

　　王尔德写完了《来自深渊》这封信件之后，信中针对道格拉斯的那种敌意也就消散了。他还是对他耿耿于怀，不过，在 1897 年 3 月和 5 月 20 日之间，即便是这种心情也发生了改变，前者是他把这封信递交给雷丁典狱长的时间，后者是他在迪耶普码头把它托付给罗斯的日期。无论波西的形象有多么邪恶，它也不可能永远担任替罪羊的角色。由于觉得阿迪和罗斯介入了自己和妻子在结婚协议中的终身权益事宜，王尔德对阿迪和罗斯感到恼火，罗斯为此倒了霉，5 月 13 日，在一封写给罗斯的信件中，王尔德怀着报复的情绪说出了自己的疑惑，也许他过去对道格拉斯是不公正的？[3]他忘了罗斯本人在几个月前就曾经为道格拉斯作过辩护。王尔德依然怀念着昔日的那种诱惑；道格拉斯在他内心激起的那种爱和痛苦是根深蒂固的。他既渴望又惧怕道格拉斯给他送还礼物和书信的那一刻。他目前无法面对这种会面的张力，通过罗斯，他通知道格拉斯先不要来拜访他，但他可以写信。

　　当道格拉斯的第一封信送来时，在迪耶普的旅馆房间里，王尔德几乎是坐立不安的。信中提到，他听说王尔德已经不再爱他，而且现在还对他怀恨在心。他自己的态度一点也没有变化，他希望能见一面。王尔德意欲在回复中表现出基督教的精神，不过对于道格拉斯来说，它听起来就像是一种伪善之辞。信中说，他并不怨恨道格拉斯，相反，他依然很爱他；尽管如此，他们最好暂时别见面。道

----

① 引自王尔德给道格拉斯的信件。

格拉斯总会对这种挑衅作出反应;数年之后,当他听说奥利芙·卡斯坦斯跟自己的一个朋友订婚后,他就娶了她。他不得不忍受一件事情,即罗斯成了一个受欢迎的访客和通信者,而他自己无论是想要拜访还是通信,都不受欢迎,不过,他总是警告说,王尔德获释后,他会把他重新争取过来。拒绝将激发起他的嫉妒心,他的竞争狂热和他对自身之美貌的意识。也许幸运的是,他不了解《来自深渊》中对他的具体指控,由于其长度,罗斯没法在 8 月之前就让人把它打印出来——这样他才能保留原件。在 1913 年的一个诽谤诉讼中(兰塞姆案件),《来自深渊》全文被大声宣读出来,道格拉斯作证说,他曾经从罗斯手中得到这封王尔德信件的抄本。他读了罗斯为此写给他的短笺之后,就没有阅读这封信,而是把它丢进了火中。他问王尔德怎么想到给他写这样一封信,王尔德回答说,"请别责备我。我都快饿疯了,而且还有其他原因。"[4]不过,道格拉斯后来否认罗斯曾寄给他这封信。

道格拉斯知道该怎样哄诱和迂回行动。他认为自己的行为中没有任何事情需要去辩解或原谅。王尔德的所有密友中,只有他一个人在昆斯伯里的整个诉讼期间都留在伦敦,直到王尔德本人受审的前夕,他才离去。所以他痛斥王尔德"不公正、忘恩负义",其行为方式"配不上他",而且因为监狱生活发了狂。这些信件让王尔德觉得"令人作呕"乃至"无耻"。然而,道格拉斯也会转变语气。通过莫尔·阿迪,他给王尔德寄来一首诗,结果那是"一首情诗"。王尔德感到吃惊,对它的评价是,"这很荒谬",但他看起来并不是很生气。波西的那种显而易见的热情虽然凶残,却给人留下了深刻印象。这两个人通信频繁,不过,不接受拜访的禁令依然让道格拉斯感到恼火,他还记得过去两人一起在迪耶普度过的日子。王尔德设法让他平静下来,于是,道格拉斯开始采取一种相反的方针,他请求王尔德跟他共度余生,许诺会一辈子爱他,以此来弥补他和他家人带来的灾难。[5]

530

最后的作品

> 两年的漫长沉默让我的灵魂也受到了囚禁。会完全恢
> 复过来的,我肯定,然后一切都会变好。①

王尔德真心实意地想要重新开始生活。当然,他非常需要享受他被剥夺了两年的那一切东西,不过,他还计划着做一些大事。他的前景充满了困难,其中的一些困难是由于其性情导致的,还有些困难源于他在世人心目中的暧昧身份。在避难所忏悔六个月的计划已经遭到挫败。接着,他又计划再次确立自己作为艺术家的地位。就像霍尔丹很久以前向他提议的那样,他想要以入狱为重要题材进行创作。虽然他拒绝利用自己的监狱回忆从新闻业那里赚一笔钱,但在离开雷丁数日之后,他给《每日纪事报》写了一封长信,谈论了那些监狱中的孩子。他并不介意自己的话跟《谎言的衰落》发生抵触,在那篇文章里,他批评过查尔斯·里德的"一种愚蠢的努力,他致力于现代化的发展,试图把公众的视线引向监狱的状况",还有他对狄更斯的责备,因为狄更斯试图"唤起我们对'济贫法'执行过程中的受害者的同情"。如今,他也关注起这些话题。他的朋友马丁因为对少年犯表现出了和善的态度,就被解雇了,他利用这个机会不但为马丁作了辩护,还描述了对于孩子来说监狱是多么残酷。这封信小心翼翼地避免提到他自己的受苦细节,王尔德——他对自传依然心存敌意——觉得如果要他来描述监狱的话,就必须是通过隐晦的手法。他想象自己会撰写三篇文章,其中两篇描述监狱,第三篇就像《来自深渊》中预示的那样,探讨了基督作为艺术浪漫运动之先驱的角色。跟在《社会主义制度

531

---

① 引自王尔德写给卡洛斯·布莱克的信件。

下人的灵魂》中一样,王尔德会把监狱和宗教归纳在一个标题之下。虐待罪人就如同虐待无辜者,违背了至高艺术家基督和他的先知王尔德表达过的艺术教规。他从未动笔写下这三篇文章,只是在第二年又给《每日纪事报》写了一封信——这是王尔德最后的写作——宣称自己不再负责为本顿维尔、旺兹沃思和雷丁的囚犯们代言。

他还有计划要撰写剧本,1897 年 5 月 31 日和 6 月 2 日的信中提到了这件事。他要么会撰写《法老》,要么会完成很久以前就开始创作的诗剧《佛罗伦萨悲剧》。6 月 2 日,他写给道格拉斯一封信,敦促这个年轻人撰写歌谣,这封信表明他自己也在考虑写一首歌谣。与此同时,他还不断提到其他想法:6 月 22 日,有个朋友问他在做什么,他回答说他在撰写一篇名叫《为酗酒辩护》的文章,就是为了要震撼一下英国人,其主题是"灵魂从未获得过自由,除了通过这种或那种酗酒的方式"。他继续说,"在这样一个类似迪耶普的小地方,人的灵魂可以倾听词语和悦耳的音调,看到'伟大沉寂(the Great Silence)'的色彩。但是你不会总待在迪耶普。你很难有机会遇见'伟大沉寂'。不过,一位端着托盘的侍者总能为你找到它。敲门,门就总会敞开,那是人造乐园的大门。"[6]

这只不过是波德莱尔式的偏激言论,也许对他来说是有必要的,因为当他在赞美酗酒之际,他正在努力体会悲怆。他当时在构思《雷丁监狱之歌》(这个名字是罗斯提议的)。"他的灵感应归功于女王政府,"负责审理道格拉斯的一桩诽谤案的法官是这么说的。王尔德决定以骑兵伍尔德里奇为核心,但同时也表明他自己的案件和伍尔德里奇的案件有着类似之处:

> 就像两艘注定了不幸的船只,在暴风雨中穿行
>
> 我们在途中彼此交汇:
>
> 但我们没有相互致意,我们一语不发,
>
> 我们无话可说;

　　　　因为我们不是在神圣的夜晚相遇，

　　　　　　而是在可耻的白天。

　　　　一堵狱墙环绕着我俩，

　　　　　　我们这两个被弃者：

　　　　世人把我们抛出他们的胸怀，

　　　　　　上帝也不复关照我们：

　　　　铁制的圈套正在等待罪孽

　　　　　　它已经用陷阱把我们捕获。

这些相似之处不仅限于两个人之间。跟波德莱尔一样，王尔德会坚持认为他的伪善读者也身处相同的情境之中。就像在他的戏剧中，全世界的人平均分配到了罪，却没有平均分配到公正。那位骑兵在路上割断了妻子的脖子（他诗中的情节是杀死在床上）。王尔德大胆地强调，所有的人都犯有同样的罪行，都谋杀了他们的爱人，要么是通过剑，要么是通过亲吻——也就是说，通过残忍或怯懦。"背叛和忠诚是不可分的，"1894年，他写信给艾达·莱弗森说，"我经常用一个亲吻来背叛自己。"在他的喜剧中，恶棍总会得到原谅，不过在《雷丁监狱之歌》中，虽然最终也获得了原谅，但他们遭到了同类的报复性惩罚，而这些同类也是一样有罪的。这首诗歌具有一个分裂的主题：那位被判罪的谋杀者的罪行很残忍，王尔德坚持认为这残忍是普遍存在的；而一个有罪的社会对他进行惩罚则是一种更恶劣的残忍。

　　7月8日，王尔德已经开始撰写这首歌谣，到了7月20日，他认为这篇作品基本已完成。8月，在罗斯的帮助下，他会对它进行修改，后来还会增加一些内容。他说，这首诗歌的长度是必需的，只有这样才能动摇人们对刑罚系统的信心；他知道它必定会变成一种介于诗歌和宣传之间的作品，不过，为了有助于改变那种不能容忍的制度，他已经做好准备面对一些艺术上的瑕疵。"生活中的灾祸带来了艺术上的灾祸，"他告诉欧沙利文。罗斯一直都更喜欢那个较短的原稿，在《牛津现代诗选》里，叶芝花了很多心思，把其中的几乎所有寓意都给删掉了，他觉得这首诗歌的长处在于歌谣体的叙事。不过，王尔德还有更多的意图。他曾经对克里斯·希利说过，"这是玛尔叙阿斯的哭喊，不是阿波罗的歌声。我已经勘察了大多数人生体验的深度，我已经得出了结论，我们是应该受苦的。有些时候，它就像一头老虎那样咬住了你的喉咙，我只有在身处痛苦的深渊中，才能写出［即'构思出'］我的这首诗。直到死亡降临，我才会忘记那个人的面孔。"[7]

　　这首歌谣的最有力部分是描述骑兵和监狱条件的部分，最薄弱的环节是谈论诸如"罪"和"死亡"这样的大写抽象概念时，还有它引进《古舟子咏》的意象的那一段。在最出色的段落中，敏锐的细节和通俗的语言是令人信服的：

> 我跟其他受苦的人一起走着
> 　　在另一个圈子里，
> 我纳闷那个人犯下的是
> 　　大罪还是小过错，
> 我身后有一个嗓音在低语，
> 　　"那家伙一定会上绞架。"

> 心里永远是午夜，
> 　　囚室中是黄昏，
> 我们摇动曲柄，或撕扯绳索，
> 　　每个人都待在自己的地狱里，
> 那种沉默远比一口
> 　　铜钟的声响要更庄严。

王尔德在诗节形式*和意象上都故意模仿了柯勒律治,不过,他的重点在于普遍的罪而不是普遍的爱:

> 亲爱的基督! 那些狱墙
>> 似乎突然旋转起来,
> 我头顶的蓝天变得
>> 就像一顶滚烫的钢盔;
> 虽然我也是一个痛苦的人,
>> 我却感受不到我的痛苦。
> ……
> 灰公鸡报晓了,红公鸡也报晓了
>> 但白天却始终没来临
> 在我们躺卧的角落
>> 扭曲的恐怖蜷伏着:
> 我们眼前,夜间漫游的
>> 每个邪恶精灵似乎都在游戏。

或他所谓的"比亨利更具有吉卜林的风格(out-Kipling Henley)"。[8]

　　诗中有很多辞藻华丽的段落,包括典狱长会长着"厄运的黄脸",没有人知道"他那盲目的灵魂会游荡到/哪一个火红的地狱中"。(后面这句出现在一个晚期的版本中。)不过,如果我们承认,这首诗是"好的、坏的和麻木不仁的东西的一个可怕混合体"(也许是担心惹来法律纠纷,罗斯事先给梅杰·纳尔逊看了这首诗,纳尔逊在信中这么说),那么,王尔德无疑又一次接触了一个重要的题材,在上面留下了自己的指纹:

---

　　*　柯勒律治的诗歌中包含了一些六行的诗节。

> 他没有穿上自己深红色的外套，
>
> 因为血和酒都是红色的，
>
> 他手上沾染着血和酒
>
> 被人们发现和死者在一起
>
> 那个可怜的死妇人，为他所爱
>
> 被他杀死在她的床上。

如果说他缺乏节制，对诗歌进行了俗丽的描述，就像他在生活中的习惯，那么，叶芝在《牛津诗选》中向我们展现，被大加删改之后，这首诗简直就称得上是一首杰作了。[9]一旦读过之后，你就忘不了它。

这是他能够调动起积极性去完成的唯一创作。他觉得根据"个人经验"来写诗会让他感到不安，"在很多方面可以说都违背了我自己的艺术观点。我希望它是好的，但是每天夜里我都听到公鸡啼叫①……所以我担心我也许已经否定了自己，我会痛哭流涕，如果我还没有流尽眼泪的话"。[10]不过，从其他方面来讲，这首诗歌跟他初期的作品在思想上是一致的。事实上，《雷丁监狱之歌》的主题跟他在1881年出版的第一部书籍即《诗集》中的《人类赞歌》的主题是很类似的。创作这首诗歌的功效就是让他又进入了文学领域，虽然缺乏锻炼，他的创作力并没有受损。那个夏天，他还写了另一篇文字，即根据威尔·罗森斯坦为他昔日朋友亨利绘制的一幅素描，他写下了一段"评语"，以悖论的形式说出了一些或新或旧的妙语：

他开创了一个比他的所有弟子更长寿的学派。他一向总是过多地考虑自己，这是明智之举；而且写了太多关于别人的东西，这就显得愚蠢了。他的散文是诗人笔下的美妙散文，他的诗歌是散文家笔下美妙

---

① 指《新约》中彼得在听到公鸡叫之前会背叛耶稣的典故。

的诗歌。他的个性是坚持不懈的。跟他谈话不但是一种智性消遣,也是一种体能消遣。他的敌人从不会忘记他,他的朋友却经常忘了他。他为语言贡献了几个新词汇,他的风格是一种公开秘密。他打了一场出色的仗,不得不面对除了知名度之外的一切困难。

虽然马克斯·比尔博姆喜欢亨利风格之中的"公开秘密",而且也欣赏亨利的其他东西,但他赞成罗森斯坦的看法,亨利会认为这种评价是怀有敌意的,他立刻就会猜出谁是作者。[11]

乡间生活

文明之所以延续,就是因为人们憎恨它们。现代城市
恰恰是所有人渴望之事物的对立面。①

535 除了《雷丁监狱之歌》和"评语"之外,王尔德把时间都用在享受生活上了。朋友们为他的归来筹集了八百英镑,他毫不费劲就消耗了其中的相当一部分钱。他一向是哪怕资金有限,也会大手大脚地花钱。无疑,在没有朋友来访的间隙,他有时会觉得无聊,当他们来访时,他又不得不想办法对付他们,这些朋友们要么对他的懒散流露出无言的指责,要么对他过去所受的苦难表现出屈尊的同情。他实在没有把跟康斯坦斯的婚姻关系放在心上,虽然她始终爱着他,关心他。

  即便是在他连续数周几乎不见她的那段婚姻生活中,她也还是提供了一种让他能够逃避责任的体系。朋友们表现出来的忠心让他感动,尤其是罗斯,可是

---

 ① 引自王尔德写给罗伯特·罗斯的信件。

罗斯只能偶尔陪伴他,他在伦敦有事要做,他的收入太少了,不敢轻视那份工作。所以,王尔德经常想起康斯坦斯和孩子们。她依然是他的妻子。刚到迪耶普的那一两天,王尔德给她写了一封信,其风格就像两年前他在监狱里待了三个月之后写的那封信。虽然这封信已经遗失了,但是她说信中"充满了忏悔之意",这一点是毋庸置疑的。王尔德承认自己让她受了委屈,更糟糕的是,他还跟孩子们中断了联系,这些事情折磨着他。他没能够成为一个忏悔苦修者,就开始梦想回归到丈夫和父亲的角色中去。他在信中请求跟她和孩子们见上一面,康斯坦斯被感动了,她也很想这么做。然而,终身权益的事情变得很麻烦,于是她倾听了顾问们的意见,他们只会警告她,如今的王尔德恐怕不会比身败名裂前更容易对付。因此,她的回复是有所保留的,没有拒绝也没有表示同意,她答应说,不管怎样,她都会每年拜访他两次,还提到也许可以安排他跟男孩们见面。她心里想的是要对王尔德进行一段时间的考验。[12] 而王尔德已经原谅了艾尔弗雷德·道格拉斯,他觉得推迟对他本人的宽恕是不可容忍的。然而,对康斯坦斯而言,正如对昆斯伯里家族而言,道格拉斯是个难题:他和奥斯卡·王尔德都身处同一片大陆,要想重新开始生活,这片大陆很可能显得太小了。不过,她每周都给丈夫撰写友好的信件,对于他恳求的见面,她也没有拒绝。

王尔德从信中看不出来,但是他们的朋友卡洛斯·布莱克私下写给他一封 536
信,说康斯坦斯的身体情况不佳。过去,她曾经跌倒在泰特街的楼梯上,由此导致的脊柱瘫痪已经开始扩散,所以有必要进行第二次手术,虽然手术也不见得就会让她痊愈。7月末,王尔德可能并不知道她的身体究竟有多么不佳,他建议她带着西里尔和维维安来迪耶普,那之后他会跟他们一起回去生活。康斯坦斯通过布莱克请他先等一等,让她先在勒维的一幢房子里安顿下来。王尔德后来对道格拉斯说过,她在信中提出了条件;谢拉德说,王尔德收到的一封来自她顾问的信件是"措辞轻慢的"。王尔德强烈感受到了康斯坦斯和波西之间的对比,一个勉勉强强,另一个满怀热望,而他正试图劝诱前者跟他复合,劝诱后者继续等待下去。

　　王尔德总有某种能耐撇开非此即彼的选择,另投第三条路而去,他想到了一个计划,跟妻子和情人都毫无关联,也就是继续住在法国海滩上。就像他曾经担心的那样,迪耶普并不是最适合他的地方。他的朋友们也许会热情洋溢地欢迎他;其他英国游客就不会这样了。他很快发现他不能仰赖艺术家同行的惺惺相惜,这些人可能跟那些不懂艺术的人一样虚伪,照王尔德的说法,他们会无端地认为梅萨利纳①比斯波鲁斯要更胜一筹——也就是说,认为异性恋的放荡也比同性恋的放荡要好一些。根据当时的情况,迪耶普充斥着艺术家,包括他很熟悉的三个英国人和一个法国人,即沃尔特·西克特、查尔斯·康德、比亚兹莱和雅克-埃米尔·布兰奇。所有这些人都急切地想要表明自己是波西米亚人,乃至表现得像个道学君子。西克特有理由感谢王尔德对他和他家人做过的很多好事;如今他却避开了自己的老友。比亚兹莱、康德跟布兰奇走在一起,他们意识到布兰奇想要对王尔德表示同情,就把他领进了小巷,免得跟王尔德碰面。王尔德或许没留意到他们的躲闪,虽然感觉上他对别人的每次躲闪都是一清二楚的;然而,不久后,当他坐在瑞士咖啡屋前,他看到了布兰奇,这一次是跟西克特走在一起,他向他招手示意。(1883 年,布兰奇绘制过一幅画作,画中的年轻女子在阅读王尔德的《诗集》,两人从此开始建交,多年以来都保持着很好的关系。)然而,他没有理睬王尔德的表示,从边上走过,跟没看到一样。王尔德大为恼火,再也没有主动向他示意了。[13]

　　至于比亚兹莱,他也曾领受过王尔德的好意,他的回报是,他坚持说,如果要请他为《黄书》绘制插图的话,王尔德就不能在它上面发表作品。此外,他当时在接受安德烈·拉夫洛维奇的财政资助(他把他称作"导师"),拉夫洛维奇跟王尔德有不共戴天之仇,他对两人之间的任何友谊都会憎恶不已。但是,机遇把他们偶尔拉扯到了一起,比亚兹莱至少没法拒绝 1897 年 7 月 19 日在一次餐宴上的诚恳会面。8 月 3 日,王尔德劝说比亚兹莱"购买一顶比银子更像是银子的帽

537

---

　　① 梅萨利纳(Messalina)是罗马皇帝的妻子,以色情狂著称。

子"。然后,王尔德邀请他去旅馆跟他共餐,比亚兹莱怠慢了他,没有露面,而且很快就离开迪耶普去了布伦,他说他对迪耶普当地社交圈的一些成员感到不满。"奥布里是个胆小鬼,"王尔德评论说,面对比亚兹莱的怠慢,他摆出了一副势利的样子,"如果是我自己的阶级这么做,我也许还可以理解。我不知道我最尊敬的是那些看见我还是没看见我的人。不过一个这样的男孩,我一手培养起来的!不,奥布里太胆小了。"[14] "被人们谈论,却没有人愿意与之交谈,这真让人愉快,"他在写给艾达·莱弗森的信中挖苦道。然而,他让人捎了一句话给沙捞越王妃:"告诉她,死人从坟墓中复活是一件可怕的事情,活人从坟墓中复活就更可怕了。"[15]

在四位艺术家中,只有康德,虽然经历了最初的慌乱和不安,但还是承受住了考验;他和王尔德经常见面。康德的谈话"就像是一片美丽的海雾",王尔德说。[16]* 然而,也许正是因为康德的一次邀请,导致王尔德经受了在迪耶普等待他的又一次折磨。一家餐厅的主人看到正打算在桌边坐下的四个人中有王尔德,就走过来告诉他们,他只剩下供应三个人的食物,供应不了四个人,他们必须离去。蒙马特区的年轻法国诗人派遣一个代表团到迪耶普来拜访王尔德,他们在法庭咖啡屋接受了奢侈的正餐招待,这次招待会变得如此嘈杂,地方行政次官发来了一封正式书信,警告王尔德,任何公开的不端行为都会导致他被驱逐出境。[18]

不过,也有人试图弥补那些怠慢。一个名叫弗里茨·冯·梭洛的挪威风景画家,根据王尔德的描述,是"一位具有柯罗气质的巨人",他表现出了体恤之情,当王尔德刚遭受了一些英国人的侮辱之后,他用洪亮低沉的声音对王尔德说,"王尔德先生,如果你今晚能跟我们家一起共餐,我妻子和我将会感到荣

---

* 罗森斯坦说,王尔德非常喜欢康德绘制的扇子,他奇怪为什么别人没有蜂拥而至抢购它们。康德一向缺钱,他急着出售自己的作品,不管什么价格都成。王尔德评论道,"亲爱的康德! 他以优雅的精明态度劝说某个人花一百法郎购买一把扇子,而这个人本来已经完全做好了准备,打算支付两百法郎!"[17]

幸。"梭洛的房子,即兰花别墅,对王尔德始终是敞开的。他们为他举办了一场宴会,受邀的客人包括迪耶普的市长、市议会议长和商会会长。莅临宴会的人很少。另一位把他从侮辱中拯救出来的朋友是阿瑟·斯坦纳德太太,即"约翰·斯特兰奇·温特"。虽然王尔德并不喜欢她的畅销书《布特尔婴儿》(*Bootle's Baby*)——他在罗斯面前嘲讽说它是"一件象征派作品"——他却禁不住要称赞她的好意。王尔德刚抵达本地,她就让丈夫来拜访他,请他去他们住的贝里阁(Pavillon de Berri)共餐。不久之后,目睹他遭到其他英国人的冷遇,她穿越街道,抓住他的胳膊,大声说,"奥斯卡,带我去喝茶。"[19]

538　　王尔德激发了迪耶普居民中最好和最坏的东西,不过,所有的好意都弥补不了那些伤害。他还意识到了另一桩令人不快的事情,就是被人跟踪。昆斯伯里下定决心不让儿子跟王尔德见面,他派来了一个私家侦探,负责向他汇报消息。王尔德觉得,如果搬离迪耶普的话,他也许就可以避开追踪和那些道貌岸然的人了。他不知道该去哪儿,于是就雇了一辆马车,跟罗斯一起沿着海岸驰行(阿迪离去之后,罗斯留了下来)。那匹拉车的白马碰巧是在贝尔纳瓦勒长大的,于是就把王尔德带到了那个距离迪耶普五英里的村落。王尔德在过去的拜访中对这个地方略有所知,他决定尊重这匹马的指示。5月26日,他搬到了贝尔纳瓦勒。在这么小的一个村子里,塞巴斯蒂安·梅尔莫斯的名字还可能起到掩饰作用。在其他方面,他都是惹人注目的。他在海滩旅馆订下了两个最好的房间,兴高采烈的旅馆主(一个名叫博内的人)立刻就提高了价格。这个旅馆是舒适的,烹饪水平——在王尔德说服厨师别给他准备蛇肉之后——也颇为不错。

　　贝尔纳瓦勒的实验似乎是成功的,梅尔莫斯先生打算定居下来。博内同时在从事房地产生意,他提出寻找一片土地,根据王尔德的具体要求修建一幢别墅,开支是五百英镑。在好几天的时间里,王尔德一直都在梦想自己变成了皮卡第(Picardy)的一个小地主。他写信给罗伯特·罗斯,指出自己在完成第一部剧本后采取这种行动的好处,罗斯当时是他的司库,但很快就被解职了。罗斯冷静地回复说,王尔德也许会没办法继续支付房贷,不管怎样,他应该在巴黎而不是在贝尔纳瓦勒度过大部分时间。[20]对此，王尔德抗议说巴黎不适合他，贝尔纳瓦勒是如此不显眼、偏僻和单调，它才是他进行写作的理想地点。它暂时看起来是理想的，阳光普照，他每天都在海里游泳。（8月份，这种气候和他的心情都发生了改变。）不过，由于没有五百英镑或已完成的剧本，他放弃了修建别墅的念头，作为妥协方案，他从1897年6月15日起租下了布尔雅别墅。他在房间里摆满了朋友们提供的书籍，还让罗斯把他的那些照片寄过来，尽可能地让自己过得舒服些。他允许自己雇佣一个男仆，不过，寻找合适人选的事情给他带来了某种乐趣："他很聪明，"王尔德这样描述第一位候选者，"但是他变得让人无法忍受。这是我自己的错；我为此感到很不快。我给了他一套蓝色制服，我本不该这样做。他当然是立刻就自负起来。他去参加了一次舞会，这身蓝制服让他一炮走红。理所当然，他每天晚上都想去跳舞。于是，他早上肯定是起不来了。我不得不等待自己的热水，等了又等。有一天早上，我亲自起身，为他端去了热水。那个办法奏效了一天，但仅此而已。现在他被解雇了，我又找到了另一个男仆。我的下一部书籍将会探讨蓝色对男人的影响力。"[21]

阿迪和特纳离去了，然后是罗斯，一周后，各路人马都来拜访这位住在贝尔纳瓦勒的受伤狮子。1896年2月，吕涅-坡曾在巴黎上演《莎乐美》，这出戏剧以辉煌的形式表明王尔德依然是一位有活力的作者，如今，他写信问王尔德是否可以来拜访他。王尔德在5月24日撰写的回信具有东方的风格："《莎乐美》的作者请犹太王赏光，明天中午来跟他共餐。"他们讨论了王尔德的下一部戏剧《法老》，吕涅-坡很想上演这部戏。王尔德依然指望能够靠一部圣经戏剧在巴黎重整旗鼓。然而，当他得知剧作者拿不到钱之后，他的热情就消退了。[22]

6月3日来了三个人，王尔德把他们称作"诗人、画家和哲学家（the Poet, the Painter, and the Philosopher）"。他们是欧内斯特·道森、查尔斯·康德和达尔豪西·杨。杨与其说是一个哲学家，不如说是一个作曲家，但是他曾经写过《为奥斯卡·王尔德所作的辩解》，王尔德把它提升到了哲学的高度（为了凑齐那第三个P）。杨和他妻子被王尔德的处境深深感动，他们提出根据博内目前的要价七百英镑为王尔德购买一幢别墅。[23]王尔德似乎觉得,他跟杨几乎素昧平生,收下如此厚礼未免于心不安,所以他拒绝了。在这三个人中,道森跟他最情投意合;王尔德喜欢他的诗歌,也重视他的陪伴,不但是在贝尔纳瓦勒,而且有时还在道森居住的阿尔克,还有迪耶普,他们偶尔也会在那里会面。这种友谊迅速变得亲密起来,至少从王尔德这方面来说,它是带有一丝色情意味的:

> 亲爱的欧内斯特,我安全到家了,在一轮寒冷的白色月亮下,时间是凌晨一点……我们在一起会带来灾祸,它将是令人惊骇的——毋宁说,很可能如此。如果我待在阿尔克的话,我就得放弃希望,再也没法跟你分开了。为什么你永远那么奇妙,而且是以那种乖僻的方式?
>
> 我明天能见到你吗? ……来的时候,头发上戴着葡萄叶吧。
>
> 我猜想,十分钟后我就能见到你。我正在寻找一种绿色的服装,跟你那风信子一样的深色头发正好相配。

对于王尔德来说,道森是自从道格拉斯之后的第一朵风信子。但是这朵花正在凋谢,他活不了多久了。另一封写给道森的信件说,"昨天一晚上你都是那么美妙和迷人。"也许就是在那个晚上,道森说服王尔德再次尝试跟女人发生性关系。王尔德从一个迪耶普妓女那里回来之后,带着厌恶的心情对道森说:"这十年以来的第一次,也应该是最后一次。就像是在咀嚼冷羊肉。"他又想了想,"但是在英国传播一下这件事吧,我的名誉会得到彻底平反的。"[24]

一周后的 1897 年 6 月 10 日,威尔·罗森斯坦和爱德华·斯特兰曼来了,斯特兰曼在出版商伦纳德·史密瑟斯的办公室工作。王尔德向罗森斯坦咨询了关于里基茨和香农的情况,罗森斯坦告诉他,他们情况好多了,甚至赚了一点钱。王尔德想了想,说,"如果你去跟他们共餐,我想他们现在拿得出新鲜鸡蛋了。"[25]他立刻就喜欢上了斯特兰曼,两人离去后,他在 6 月 11 日给他写信,感谢他的拜访,四天后,他又敦促在巴黎的他去跟艾尔弗雷德·道格拉斯见面。王尔德对那位年轻人的描述跟他在《来自深渊》中的描述是不一致的："他是一位最灵敏、优雅的诗人，其个性充满非凡的魅力。我还没有跟他见过面，但我打算让他在几天后来看我。我们分别生活，可彼此深爱着对方，我们的灵魂穿越了把我们隔离开的空气，以种种方式相互触动。"斯特兰曼和道格拉斯确实成了朋友，还成了债权人和债务人，因为斯特兰曼借钱给他去赌博。（7月22日，道格拉斯还在为不能偿还他的债务而道歉。）罗森斯坦又待了一两天，他见到了另一位访客，阿瑟·克鲁特登，克鲁特登刚刚从雷丁监狱被释放出来。王尔德款待了他一个星期，然后把他送回英国，并写信请朋友们帮他找一份工作。道森后来在6月份又拜访了他一次，这一次待了三天。16日，他带着王尔德去吃午餐，王尔德又把他带回贝尔纳瓦勒吃晚餐。道森觉得他"精神状态极佳"，他写道，"他眼下一边谈论自己的地位已经改变，还有他的经济观点，而他实际上已经奢侈到了反常的地步，这种无意中形成的对比让我觉得有趣。他一点都没有意识到，除了他自己之外，没有人**能够**像他这样，在一个乡下小地方花掉这么多的钱。他是个了不起的人。"[26]王尔德去布伦拜访了比亚兹莱，但这次拜访就不那么受欢迎了；比亚兹莱写信要求他别再来了。

　　6月20日，傍晚时分，安德烈·纪德突然来访。王尔德不在家，所以纪德体会到了贝尔纳瓦勒的生活是怎么一回事，他在旅馆中找不到可以说话的人。不过，十点半，一辆马车出现了，梅尔莫斯先生走进来，"态度十分冷漠"。王尔德起初几乎不跟纪德说话；他还在想着昨晚不知怎么丢失了的大衣，他认为之所以发生这样的不幸，就怪仆人在前天晚上给他拿来了一根孔雀羽毛。然而，喝了一些加热的烈酒之后，他又变回了那个活泼的自我，不像1895年在阿尔及尔那样耀武扬威，却像1891年在巴黎那样淳朴。纪德对王尔德解释了自己的来访，其理由是，他是王尔德的法国朋友中最后一个来看望他的，所以他想要成为第一个再次拜访他的人。他一定是好奇地想知道，王尔德这个被他视为撒旦的人是否到了地狱里也依然会称王称霸。纪德也想知道，他是怎么理解《人间食粮》（王尔德指了指书架上的这部书）中的梅纳尔克的，这个人物显然是根据王尔德构思的。

王尔德在火炉边坐下，纪德留意到，他的脸庞尤其是双手都显得发红，质地粗糙，虽然他还戴着旧日的戒指。* 他们谈到了在阿尔及尔的最后一次见面，纪德提醒王尔德说，他当时就预言过他自己的灾祸。王尔德回答，"哦，当然，当然啦！我知道会发生灾难，不管是以这种方式还是别的方式……事情不得不这样结束。想象一下吧：它不可能再进一步发展，也不可能继续维持。"至于他在雷丁的日子，他描述了自己遭受的一些不公，然后说，"监狱彻底改变了我。我就指望它能做到这一点。"他们在交谈中经常提到两人的共同朋友道格拉斯，道格拉斯错误地认为王尔德是受了英国朋友的影响才发生了改变，估计指的是天主教徒罗斯和阿迪。不对，造成变化的是监狱。他不可能再过以前的那种日子了。他以一种略带昔日风格的口吻说，"我的生活就像是一件艺术品。艺术家从不会重复做相同的事情。"他会去巴黎，不过，只能等到他完成了一部剧本之后，那样他就能够以剧作家而不是罪犯的身份出现了。

纪德谈到了陀思妥耶夫斯基，陀思妥耶夫斯基因为刑事犯罪坐了四年牢，然后他写下了《死屋手记》。王尔德说，他已经开始钦佩俄国作家，他们拥有一种福楼拜完全不具备的品质，即他们的怜悯。这对他来说是一个巨大的改变。正是出于怜悯，他说，他才没有自杀，因为他禁不住怜悯那些身处同样苦难中的囚犯。他的朋友道格拉斯无法理解这种感情，他希望王尔德充满仇恨，义愤填膺，但是王尔德净化掉了内心的怨恨和愤怒。不过，他可以理解道格拉斯的处境："我在每一封信中都跟他重复说，我们不可能走同样的路；他有他的路，那是一条美丽的路。我有我的路。他的路是亚西比德（Alcibiades）的路，我如今的路是圣方济各的路。"当纪德表现出他对圣方济各的丰富知识时，王尔德请纪德寄给他一本关于这位圣徒的最好书籍。

---

* 王尔德戴着两枚祖母绿戒指，上面雕刻着神秘的符号，两只手的小拇指上各戴一个。左手上的戒指会带来一切愉悦，右手上的戒指会带来不幸。当被问到为什么他还继续带着右手上的戒指，王尔德说，"我需要不幸，才能够愉快地生活。"[27]

由于谈论方济各会教徒们的事情，他们睡得非常迟，早上，王尔德带纪德去参观了他刚刚开始布置的布尔雅别墅。他计划在这里先创作《法老》，然后再创作《亚哈和耶洗别》，他把剧本的情节描述得"令人叹为观止"。他们一起走向火车站，王尔德又回到了《人间食粮》这个话题，迄今为止，他只不过对它进行了泛泛的评价。"听着，亲爱的，"他对纪德说，"你现在得发誓。《人间食粮》写得很好……它写得非常好……但是，亲爱的，向我发誓，从现在起，不要再写到'我'了。你难道不明白？艺术中没有第一人称。"[28]

在这样的会面中，王尔德度过了 1897 年的 6 月和 7 月。大多数朋友都支付了他们在海滩旅馆的膳宿费，虽然道森不但没付钱，还从王尔德那里借了一些钱。要花上好几个月的时间，一个缺钱的作家才能够从另一个缺钱的作家手中要回钱来。从另一方面来说，王尔德总是替道森辩护。有人说，"可惜啊，他喝了那么多苦艾酒，"王尔德耸耸肩，回答说，"如果他不喝酒，他就会变成另一个人了。个性是什么样，就该怎么接受。你不应该介意一个诗人是酒鬼，而应该介意酒鬼们不都是诗人。"[29]一个年轻的法国小说家或许依靠王尔德的钱在那里住了几周，还有一个法国诗人借了点钱回巴黎去了，他给债权人寄去了一首十四行，而不是一张支票。八百英镑就这样逐渐被花掉了，要么就是花费在庆祝会上，譬如 6 月 22 日的维多利亚女王在位六十周年。王尔德无疑很想念儿子们，他邀请了邻里的十五个小男孩，外加牧师、邮递员、学校校长和其他当地名流。他请博内用彩灯和英国旗帜布置了海滩旅馆的宴会厅。孩子们得到了草莓、奶油、巧克力、蛋糕和石榴糖浆。一个巨大的冰冻蛋糕上用粉红色的糖汁写着"维多利亚女王纪念日"，再用绿色围成玫瑰花形，外面还套上了一个巨大的红玫瑰花环。每个孩子获许挑选一个礼物；其中六个选了手风琴，五个选了喇叭，四个选了军号。邮递员得到一个手风琴。他们唱了《马赛曲》，跳了回旋舞，还唱了《上帝保佑女王》，王尔德提议为女王干杯，然后为法国是"所有艺术家之母"而干杯，最后为共和国总统干杯，那之后，孩子们大喊，"共和国总统和梅尔莫斯先生万岁。"[30]

王尔德对维多利亚女王的这种热情并不是新鲜事。他曾经说过,十九世纪的三个伟人是拿破仑、维克多·雨果和维多利亚女王。庆祝会的次日,在弗里茨·冯·梭洛家,他解释说,他赞美她不是因为她身为女王,而是把她作为一个人来赞美。人们问他是否见过女王,他回答说见过,还满怀仰慕地描述了她的外貌("一颗镶嵌在墨玉上的红宝石"),她的步态和她的帝王举止。*[31] 跟陀思妥耶夫斯基一样,王尔德的入狱带来了一个后果,即他在政治上远不如过去那样激进,布尔战争①爆发之际,他会表现出这种态度,届时,他会热情地支持英国。

人们继续来拜访他,直到 7 月底和 8 月份。查尔斯·温德姆来了,他很想跟王尔德签下一部新剧本的合同。如果他不想写自己的剧本,他可以改编斯科尔布的一个剧本,是关于安妮女王时代的社交圈的。王尔德要求自己决定该怎样改编,温德姆当然答应了,不过王尔德没有跟他达成任何协议,9 月,他放弃了,说自己没有心情写喜剧。他再次想着要完成《圣妓》,但是完成不了。别人又来请他创作其他作品,其中一个提议来自费尔南·热奥,热奥请他为《期刊》撰写每周纪事。但为了说服他,热奥指出,"经历了你的审判引起的一切喧嚣,这些纪事将会获得极大的成功。"王尔德放下手中的笔,说,"我过去的成功还是够用的。"[33] 他告诉文森特·欧沙利文,"我宁愿继续缝麻袋。"文森特·欧沙利文是一个年轻的作家,王尔德过去对他所知甚少,起初,他们关系并不好,王尔德说,

---

* 许多人描述过王尔德的谈话,但都没有体现出他的才智,要想了解他说话的真实方式,必须回到他的信中去寻找。譬如,他写给罗斯一封信,描述了一次朝圣之旅:"明天我要进行一次朝圣之旅。我总是希望能当一个朝圣者,我已经决定明天一早就去拜访喜悦圣母的神殿。你知道'Liesse'是什么意思吗?意指'喜悦',是一个古词。我猜想就跟拉蒂西亚(Letizia)是一回事。我今晚刚听说这座神殿,或教堂,照你的说法,偶尔得来,是旅馆里那个和蔼的女人告诉我的,一个十分可爱的人儿,她希望我一直在贝尔纳瓦勒住下去!她说喜悦圣母十分奇妙,能帮助每个人获得喜悦的秘密。我不知道要走多长时间才能抵达神殿,因为我必须步行。不过,根据她的说法,至少要走上六七分钟才能够抵达,然后还要花费同样长的时间走回来。事实上,喜悦圣母的教堂距离旅馆只有五十码!难道不是很特别吗?我打算喝过咖啡之后出发,然后去游泳。还需要我告诉你这是一个奇迹吗?我想要进行朝圣之旅,然后我发现喜悦圣母的灰色石砌小教堂就被送到了我的眼前。"[32]

① 指英国和布尔人(主要是荷兰殖民者)为争夺南非殖民地展开的战争,发生在 1899 年。

欧沙利文倾向于从坟墓的角度看待一切事物。他还斗胆抱怨说,王尔德的戏剧中有太多带头衔的人物。"你至少该允许我提到一个殖民地爵士吧?"王尔德恼怒地问。不过,欧沙利文接下来的表现要好一些,他提到,叶芝曾经跟他说,王尔德注定会是一个实干家。王尔德沉思了片刻,回答说,"听到叶芝对别人的评价,真是很有趣,"然后他抱怨了英国的政治生活,说它在很大程度上就是在夸夸其谈而已,他还曾经一度想要加入政界呢。[34]他邀请欧沙利文下次再来拜访他,欧沙利文确实这么做了。

伦纳德·史密瑟斯是下一个客人,在王尔德的最后几年里,史密瑟斯注定会 544 起到很大的作用。史密瑟斯已经取代了约翰·莱恩,成为九十年代作品的主要出版商,他们讨论了让史密瑟斯出版《雷丁监狱之歌》。这位出版商具有色情癖好,在生活中,他热衷于跟年轻女孩们发生"初版"关系,文学上,这种癖好表现在他秘密出版的色情作品中。

8月份,两个老朋友来了,他们是罗伯特·罗斯和罗伯特·谢拉德。对于谢拉德来说,这次拜访是进展不顺的。王尔德和罗斯忘了拉上窗帘,他看到了他俩在做爱,反正他是这么说的;更糟糕的是,道格拉斯不断地发来电报和信件,让王尔德始终处于激动和纠结之中。谢拉德一直希望他跟康斯坦斯复合,但这种复合看起来越发希望渺茫了。王尔德显然意识到谢拉德的语气发生了改变,他对他的态度也冷淡下来。回到伦敦之后,谢拉德在作家俱乐部跟史密瑟斯见了面,他影射提到了发生在贝尔纳瓦勒的同性恋行为;史密瑟斯把这事转告给王尔德,王尔德用最严厉的口气给谢拉德写了一封信。虽然在寄出这封信之后,他又写了一张试图安抚他的短笺,并寄上了《雷丁监狱之歌》,但他们再也没有恢复亲密的友谊。

在这些风浪之中,最坚实的联结就是他跟道格拉斯的联结了。5月尚未过完,王尔德就迅速改变了对他的语气,从冷淡、无言的指责变成了深情。"亲爱的波西"变成了"我亲爱的男孩"。导致这种改变的一个因素是王尔德从莫尔·阿迪那里听说,道格拉斯又接受了媒体的采访,这一次的采访者是《日报》,该文章在 5 月 28 日发表,王尔德为此感到惊惶不安。让他惶恐的是,道格拉斯在对他进行第二度的摧毁,于是他写信去提出警告。也许就是针对这封信——如今已经丢失——道格拉斯回复了两首诗歌,外加他自己的一封充满怨恨的信件,他在信中否认了这次采访(正如他后来还会否认自己在《白色评论》上发表的文章),他说读了这篇采访之后,他已经为此写信给编辑了,他还向记者提出了决斗的要求。采访者回答说他准确地引用了道格拉斯的话,但决斗并没有发生。[35] 王尔德为这篇文章感到不安,直到他看到文章,觉得它是无伤大雅的——他也为决斗感到不安,无论是出于道格拉斯还是出于他本人的利益。他要道格拉斯为此给他发电报。与此同时,在这种惊恐、恳求、夸张的书面交谈构成的复杂混合状态中,他说他不是很喜欢道格拉斯的两首新诗,敦促他重新开始写歌谣。[36] 这是他最后一次试图对道格拉斯的能力作出真实的评价;此后,他总是说自己的这位朋友是最出色的年轻诗人,而且不能容忍任何异议。

　　道格拉斯对他的痴迷已经感动了他。在他认识的人里,道格拉斯是唯一不喜欢批判人的,也是唯一鼓励他继续过入狱前那种生活的人。至于道格拉斯所犯的错误,《来自深渊》已经正式地宽恕了它们。暴怒和爱情的交替出现,就像一枚硬币的两个面,无论是对于现在还是过去的王尔德来说,它们都是难以抵御的。到了 6 月 7 日或 8 日,他写信给昆斯伯里夫人,提出所谓的"条件"(照她的说法),希望能基于这些条件跟道格拉斯见上一面,请求夫人给予准许。6 月 9 日,她写信给莫尔·阿迪,说她不会接受这些条件——估计是跟道格拉斯继续获得津贴有关——还说"关于是否跟艾尔弗雷德·道格拉斯见面的事情,王尔德先生必须完全依靠自己作一切决定,不要让我为他的行为承担责任。请你让他看看这封信"。6 月 12 日,他在迪耶普登陆刚刚三周之后,他就向道格拉斯发出了邀请,请他在 18 日来拜访他。当他来拜访"那位名叫塞巴斯蒂安·梅尔莫斯的奇怪的紫色幽灵时",他决不能使用自己的名字[37],但或许可以使用"山谷水仙"这个名字。作为一个爱称,王尔德显然更喜欢这个名字,而不是"百合王子",他在《来自深渊》中曾经反对过后者。

这种田园诗一样的和解并没有发生。王尔德曾雇用律师阿瑟·D.汉塞尔来保护他在婚姻协议中的权益，汉塞尔听到了关于这件事的风声，他立刻就辞职了。他或许是从昆斯伯里的侦探那里，从昆斯伯里本人，或从别的某个通信人那里获知此事。王尔德过去曾受到过警告，说如果他和波西重聚的话，康斯坦斯会中断一百五十英镑的津贴，昆斯伯里会带着左轮手枪突袭迪耶普。如今，收到了汉塞尔的来信之后，他在恐慌中发电报给道格拉斯说，突然出现了巨大的困难，他会在信中作出解释。道格拉斯得知他父亲威胁说要来找他们，他对此嗤之以鼻。与此同时，王尔德给罗斯写了一张明信片："A. D. 不在这里，他也不会过来。"在23日写给道格拉斯的一封信中，王尔德为了安抚他，许诺说写完剧本之后，波西和他将会见面，王尔德将会再次成为"生活的主宰"。[38]

道格拉斯为意外的耽搁而暴跳如雷，他责怪莫尔·阿迪允许在王尔德和康斯坦斯的协议中添加这样的条款。阿迪病了，于是罗斯回复说，条款的加入跟阿迪一点关系都没有，因为各种事件，因为所有当事人都不想让王尔德重蹈覆辙，所以才迫使他们接受了这个条款。罗斯敦促道格拉斯说，鼓励王尔德写剧本是很重要的事情。道格拉斯在6月20日的回信中谴责了罗斯的嫉妒心。罗斯回复了一封更愤怒的信件，说道格拉斯比他或阿迪有钱得多，而阿迪还给过王尔德一百英镑，既然他这么随便地想让王尔德丢掉每年的一百五十英镑，他很容易就可以每年赠予王尔德相同的数目。那样一来，王尔德"将来就会有额外的乐趣了，他不但会永远跟你在一起，还会享受到你那种激发灵感的脾气"。他在信中原原本本描述了事情的过程，表明罗斯和阿迪都不曾率先提出那个令人不快的条款。[39]

道格拉斯不习惯老朋友直言相告，他感到愤慨，于是写信反击罗斯、阿迪和王尔德。他的理由是，作为贵族，他跟罗斯对钱有不同的态度。他去赌博就跟罗斯量入为出一样是理所应当的。[40]王尔德在7月6日的回信中为罗斯作了具有说服力的辩护，反对道格拉斯自诩高人一等。就在这个时候，昆斯伯里夫人怀疑波西和王尔德就要见面了，于是她邀请儿子去勒阿弗尔、布伦或别的任何地方，

546

只要王尔德不在那里就行。她还通过莫尔·阿迪给王尔德送来十英镑，部分偿还了道格拉斯所谓的信用借款，即他哥哥珀西让王尔德蒙受的法庭费用。

8月份，贝尔纳瓦勒和巴黎之间的信件往来是密集和迅速的。道格拉斯告诉纪德，王尔德每天都给他写信。跟这种更热切的通信相比，康斯坦斯每周的信件变得黯然失色。她没法接受王尔德恳请跟她相见的要求。根据莫尔·阿迪在1898年3月12日写给阿德拉·舒斯特的信件，她写信给丈夫，"说她可以见他，但已经太迟了，到了那时，她才安顿好孩子"。她觉得见面之后，他们的生活只会"更加受损"。他被这种他所谓的感觉迟钝激怒了，他不听从朋友的劝告，拒绝去见她，他似乎是写了一封这样的信件，说他陷入了彻底的孤独，被人像贱民一样对待，被她那种没完没了的拖延搞得筋疲力尽，因此，他打算跟那个唯一愿意陪伴他的人生活在一起，即艾尔弗雷德·道格拉斯。他指责她（她意识到了这一点）逼迫他回到了道格拉斯的怀抱。康斯坦斯的儿子维维安回忆过康斯坦斯的反应，维维安写信给弗兰克·哈里斯说，"我记得，估计他要回来时，我妈妈是那么高兴，我还记得，当她发现他把时间花在别的事情上，她充满了痛苦。"[41]王尔德已经设法为自己的重大决定找到了理由。8月24日，他写信给道格拉斯，提出在鲁昂的邮政旅馆跟他见面。

道格拉斯的回复——最终被找上门来，不再需要去求人了——是令人吃惊的：他说他没有钱，不能来。他又恢复了对王尔德的控制权，他想要见他的愿望就降温了。王尔德对罗斯抱怨说，这表明了道格拉斯的卑劣和缺乏想象力。道格拉斯又重新考虑了这件事，发电报说他接受这次约会。他们在鲁昂见了面，几乎可以肯定是在8月28日。王尔德在车站流下了眼泪，他们握着手，肩挽肩地走在一起。波西提议说，他答应了母亲，他会跟她和姐姐一起去艾克斯莱班进行治疗，六个星期后，他们可以在那不勒斯碰头。他们在鲁昂共度了良宵，满怀深情地分手了。道格拉斯给王尔德发了一封含情脉脉的电报，王尔德的回复跟《来自深渊》的大部分内容发生了抵触："我觉得，我再次创作美好艺术作品的唯一希望就是跟你在一起。过去并不是这样的，但是现在情形不同了，你确实可以重新唤起我的能量和喜悦的活力,艺术依靠的就是这些。每个人都对我愤怒不已,因为我又回到了你身边,可是他们不理解我们。我觉得,只有跟你在一起,我才能够做事。请为我重塑已经被毁掉的生活吧,然后,我们的友谊和爱情在世人眼中就有所不同了。"[42]

这是王尔德的第二次堕落。奥维德说过,"我看到了美好的事物,也承认它的价值;但是我选择了邪恶。"不过,贝尔纳瓦勒辜负了他的期望,康斯坦斯辜负了他的期望,他所有的朋友都辜负了他的期望,只剩下波西了。眼下,这一点似乎是可想而知的,多雾的贝尔纳瓦勒没能够展示生活的喜悦,在那不勒斯的太阳下,这种喜悦也许会再次显现。

注释

[1] More Adey, letter to Adela Schuster, 12 Mar 1898 (Clark); F. G. Bettany, *Stewart Headlam* (1926), 152; Sitwell, *Noble Essences*, 142; Leverson, 44-6.

[2] *Daily Telegraph*, 13 May 1962; Ross, unfinished preface to Wilde's letters to him, 1911 (Clark); Turner to Beerbohm in *Letters to Turner*, 117-8n; *Letters*, 564-5, 566. For Wilde's name of Sebastian Melmoth, see Ross's letter to the editor of *T. P. 's Weekly*, 4 Nov 1910.

[3] *Letters*, 597.

[4] Testimony of Douglas, 19 Apr 1913, in Ransome case.

[5] *Letters*, 577, 579, 828.

[6] Christian Krohg, *I Smaa Dagsreisck til og fra Paris* (Christiania, 1897), trans. Barbara Bird, *New Age*, 10 Dec 1908.

[7] *Letters*, 654, 666; O'Sullivan, 97; Chris Healy, 'Oscar Wilde and Zola,' *To-Day*, 26 Nov 1902.

[8] *More Letters*, 150.

[9] Major J. O. Nelson, letter to Ross, 12 Jan 1898, in M. Ross, *Friend of Friends*, 49-50; W. B. Yeats, ed., *The Oxford Book of Modern Verse* (Oxford, 1936), vi-vii.

[10] *More Letters*, 153.

[11] *Letters*, 631, 632-3.

[12] A. C. Amor, *Mrs O. W.*, 210-4.

[13] Jacques-Emile Blanche, *Portraits of a Lifetime* (1937), 98; John Rothenstein, *The Life and Death of Conder* (N. Y., [1938]), 137.

[14] 1897 年 7 月 19 日的正餐宴席在 Fritz von Thaulow 家举办。*More Letters*,

151; O'Sullivan, 87; J. Rothenstein, *Conder*, 138.

[15] Leverson, 64; Mrs Belloc Lowndes, *Merry Wives of Westminster*, 174.

[16] Dowson, *Letters*, 385.

[17] J. Rothenstein, *Conder*, 148.

[18] Simon Pakenham, *Sixty Miles from England: The English at Dieppe 1814–1914* (1967), 166.

[19] J. Rothenstein, *Conder*, 118; Pakenham, *Sixty Miles from England*, 168.

[20] *Letters*, 585.

[21] C. Krohg, trans. in *New Age* (1908).

[22] *Letters*, 588-9.

[23] Ibid., 596-7.

[24] Sherard, letter to A. J. A: Symons, 8 May 1935 (Hyde).

[25] W. Rothenstein, 312.

[26] Dowson, *Letters*, 16 June 1897, 287.

[27] G. Spilett in *Gil Blas*, 22 Nov 1897.

[28] Gide, *O. W.*, 34-46.

[29] C. Krohg, trans. in *New Age* (1908).

[30] Alin Caillas, *Oscar Wilde tel que je l'ai connu* (Paris, 1971).

[31] C. Krohg, trans. in *New Age* (1908).

[32] *Letters*, 582.

[33] Sherard, *Life of O. W.*, 278-9.

[34] O'Sullivan, 28.

[35] *Letters*, 589, 591, 592.

[36] Ibid., 599.

[37] Lady Queensberry, letter to More Adey, 9 June 1897 (Clark); Douglas, *Autobiography*, 151.

[38] *Letters*, 697; Gide, *O. W.*, 47.

[39] Ross, letter to Douglas, 1897 (Hart-Davis).

[40] *Letters*, 624.

[41] Gide, *O. W.*, 47; More Adey, letter to Adela Schuster, 12 Mar 1898 (Clark); V. Holland, letter to Frank Harris, 9 May 1926 (whereabouts unknown).

[42] *Letters*, 635, 637.

第二十二章　剩余的年月

公爵夫人：他们说，在遭到践踏时，田野里的普通野花会散发出比独自开放时更强烈的香味，一些本来不散发香味的药草，在被碾碎之际，会变得香气四溢。①

跟道格拉斯在一起的生活

王尔德的处境符合那些他十分了解的希腊悲剧。在《来自深渊》中，他认为道格拉斯就是他的悲剧中的海伦，不过，他还有一种命定不幸的感觉，始终如此。他用一生去讽喻的激情就是雄心和怠惰的激情，它们把他的特性和他的命运混合在了一起。跟很多悲剧不一样，他的悲剧不仅仅是骄傲的寓言，虽然他偶尔会说，"我爬得太高，于是一头栽进了泥潭。"然而，在文笔精炼的《来自深渊》中，骄傲坚持住了自己的立场，就像它在美国之行中那样。[1]他从未郑重放弃过他对家族的骄傲或他对自身天赋的骄傲。他也没有严厉对待过骄傲的外在表现，即虚荣心，他喜欢服饰和外表，他注重措辞和衣服的式样，这些都证明了这一点。他

548

---

① 引自《帕多瓦公爵夫人》。

认为自己的弱点是缺乏能力在两种乐趣中选择那种较大的乐趣,也无法抑制自己,不向那些最轻浮的诱惑让步。在他这里,**傲慢自大**以一种看似无害的形式出现。他知道自己为人慷慨,对穷人、失败者和遭人排斥者怀有同情,他的自尊心限定了他的罪行。他只是作为一个剧作家觉得心怀歉意,因为他的悲剧只有五十五幕。在美国,根据托马斯·比尔的说法,1895 年到 1900 年之间,人们以王尔德为谴责对象进行了至少九百场布道。[2]

　　波西恳求两人生活在一起,他对此做出了让步,这些恳求也附和了他自身的倾向,王尔德意识到重返波西的身边会带来戏剧性的轰动,它讨好不了那些分配悲剧角色的看不见的导演。1895 年的蒙羞是引人瞩目的;第二次蒙羞就没那么显要了。不过,第二次蒙羞确定了他的命运模式。王尔德在写给朋友的书信中表示,他感受到了他们的否定力量,但是他觉得自己别无选择。"我猜我做的事情是致命性的,"他告诉罗伯特·罗斯,罗斯是唯一读过整部《来自深渊》的人,"可是我不得不这么做。""我爱他,一向如此,怀着悲剧和毁灭感。""我的人生已经无法弥补。它注定了不幸。""这是个性之报应的结果,也是生命之苦难的结果。我是一个无可救药的麻烦人物。""我回到波西身边,从心理上来说这是不可避免的;即便不提灵魂的内在生活,以及它那种渴望不惜一切代价实现自我的激情,世人首先就强迫我走上了这条路。"[3] 他把诸神、个人的心灵和世人统统数落了一遍,从而得出了一个预定的结论。

　　有证据表明,王尔德和道格拉斯在 8 月末的复合决定并不是那么全心全意的,但是他们两人都向对方隐瞒了这一点。道格拉斯已经不如以前那么热切了,他明确表示两人的复合要推后六周。他计划 9 月份跟母亲在艾克斯莱班待三周,用矿泉水治疗自己的风湿病,然后继续去威尼斯。如此悠闲地安排跟王尔德的相聚,表明他的愿望是有限的。他似乎在艾克斯莱班过得很不错,在《自传》中,他提到,就是在那里,他写出了自己最好的歌谣《圣维达斯之歌》(The Ballad of St. Vitus)。那首诗歌讲述的不是跟王尔德重归于好,而是跟昆斯伯里重归于好;它描绘了维达斯通过奇迹重获父亲的欢心。第二年,道格拉斯曾试图再次成为他父亲的儿子。他结账离开了艾克斯莱班的旅馆，还留下了转信的地址，即一家威尼斯旅馆的地址，这证实了他的三心二意。他最终给王尔德写了信，把这个计划告诉了他，因为王尔德写了这样一封回信：

> 我最亲爱的男孩：我希望在三天后能去那不勒斯，但是必须搞到更多的钱。我知道去那不勒斯要花十到二十英镑。这真糟糕。当然，等你治好了病再说。我希望你再也不要饱受风湿病的折磨了。我知道这种折磨是多么可怕。
>
> 至于威尼斯，当然，你想去就去吧，不过，你越早来那不勒斯，我就越高兴。我目前处境悲惨，情绪低落。尽快来吧。旅馆的账单越来越高，太糟糕了，女业主当然就变成了夏洛克。永远爱你
>
> 奥斯卡[4]

这封信也许让道格拉斯做出了决定；他写信同意早一点见面。

就王尔德而言，他知道回到道格拉斯身边将会激怒所有的人。他们都希望他先去看望妻子。他觉得自己几乎没有选择。从鲁昂回到贝尔纳瓦勒之后，他体验到了小村落的一切不便之处，访客和天气争先恐后地让他觉得难以忍受。他厌倦了这难以忍受的一切。于是他又回到了鲁昂，根据格特鲁德·阿瑟顿的说法（她的描述虽然是带有敌意的，但不可能是完全虚构的），他敦促雷吉·特纳过来跟他生活在一起，雷吉当时就住在阿瑟顿太太的旅馆中。特纳毕竟有一份固定的收入，可以住在任何他想住的地方；而且，作为一个小说家，他跟王尔德有着共同的文学兴趣。不过特纳可不想做出承诺，他向阿瑟顿太太吐露了自己的困境；她力劝他逃到伦敦去，王尔德不可能跟着他去那里。[5] 三天之后，特纳似乎就这么做了。很久之后，他会说，她的说法充满了谎言，不过，拜访王尔德是一回事，跟他生活在一起是另一回事；他希望做个普通朋友，而不是**男友**。

特纳辜负了王尔德的期望，他知道自己再也没有选择了；他回到贝尔纳瓦

勒,把行李打包,付清了博内先生的账单,安排人随后转寄他的书籍和其他财物(它们在 11 月 5 日抵达),然后在 9 月 15 日去了巴黎。想要在贝尔纳瓦勒完成一部剧本的念头已经烟消云散。也许就是在这个时候,他偶遇了记者克里斯·希利,对他说,"我不知道在接下来的生活中要做些什么;我想知道我的生活会对我做些什么。我想要退隐到某个修道院去——某个用灰色石头砌成的单人房间,在那里,我可以读书、写诗、虔诚地抽烟。"希利提到了诺尔道的《退化》(Degeneration),王尔德是这本书中的主要范例,《退化》认为所有的天才都是疯子。"我很赞成诺尔道医生的主张,所有的天才都是疯子,但是诺尔道医生忘了指出,所有神志清楚的人都是傻瓜。"这就是王尔德的回答。[6]他从巴黎写信给道格拉斯,道格拉斯劝他一旦搞到钱就去艾克斯莱班。王尔德再次见到文森特·欧沙利文,他是乐于助人的。两人吃午餐时,他倾听了王尔德的困境,就去银行提取了王尔德所需的款项,然后交给他。[7]

于是,这两个朋友在艾克斯莱班碰头了,他们是否会像他们佯称的那样喜欢跟对方相处呢? 两人对此都不是很确定。两人都期待着去那不勒斯;道格拉斯对那里很熟悉,跟当地的所有英国社交人士都保持着联系。他手中没钱,但觉得这也没什么大不了。他和王尔德住进了那不勒斯的皇家旅馆,就靠道格拉斯是个贵族,他们积欠了六十英镑的账单。跟往常一样,道格拉斯试图从母亲可能还有哥哥那里搞到钱;不过,他们很勉强才给了他一些钱。王尔德更足智多谋些;他跟达尔豪西·杨讨论过是否有可能撰写一部关于达弗涅斯和克洛伊①的歌剧剧本,杨可以为它作曲。现在,王尔德宣称他已经做好准备,立刻就能开工,只要杨预付他一百英镑。自从获释以来,这是王尔德第一次为一部他可能根本就没打算交付的作品向别人索要预付金,这样一来,他每况愈下,更没指望恢复名声了。不过,他如今几乎负担不起良心谴责之类的旧道德观了。幸运的是,达尔豪西·杨同意了。拿着这一百英镑,可能还有从昆斯伯里亲戚那里搞到的一点零

---

①　达弗涅斯和克洛伊是古希腊田园传说中的一对情侣,被人视为爱情的楷模。

钱,王尔德和道格拉斯租下了朱迪斯别墅(Villa Giudice),即如今的珀斯里坡37号,这幢房子位于那不勒斯市的珀斯里坡高尚住宅区,9月底之前他们搬了进去。

王尔德说过,只有跟道格拉斯在一起,他才能够写作,如果这话是认真的,那么,其结果就无法让他满意了。道格拉斯创作了一系列的十四行,王尔德对史密瑟斯和罗斯过分夸奖了这些作品,说它们是"象牙和黄金","十分美妙"。(戈登·克雷格说过,"他想做好人,所以奉承人——但任何把这种奉承当真的傻瓜就有祸了。")王尔德为其中的三首十四行起名为《月亮三和弦》(A Triad of the Moon),它们被寄给了亨利,亨利比其他人更干脆地拒绝了这些诗歌,较早时候,他还拒绝了《珀金·沃贝克之歌》(The Ballad of Perkin Warbeck)。一首关于莫扎特的十四行被寄给了一份音乐杂志的编辑,这位编辑鲁莽地批评了这首诗歌的低劣水平,他的一番苦心遭到了王尔德的严厉指责,理由是那首诗歌是一件礼物,不是投稿作品。[8]他们只能这样勉力争取几英镑和一点认可,但也没达到目的。王尔德和道格拉斯一起为《达弗涅斯和克洛伊》创作了几首歌词,不过,达尔豪西·杨放弃了这个计划,这也是意料之中。更重要的是,王尔德又写了几段《雷丁监狱之歌》;虽然这几个段落为这首诗增添了一些效果,但从其他方面来说,它们对它并没有什么改善。有些新诗句简直糟糕透顶;他把"又一次,在上帝的美好世界中(in God's sweet world again)"改成了"又一次,无论逆顺(for weal or woe again)"。史密瑟斯让他把句子改回去,原来的句子还要略好一些,没有那么古旧。[9]至于计划中的剧本,王尔德根本没动笔,甚至连尝试的愿望都没有。

大多数时间里,他们都在咖啡屋或海边消磨时光,心情愉快地角逐着那不勒斯的男孩。杜丝在那不勒斯表演时,他们每晚都去看演出。王尔德写信把《莎乐美》寄给她,请求她在某一天上演这出戏。她夸赞了这部剧本。[10]朱迪斯别墅里发现了耗子,道格拉斯不得不搬到街对面去,直到他们喊来了一位当地的女巫,她帮他们除掉了这些耗子。后来,王尔德曾经把这个女巫指给文森特·欧沙利文看,说,"除非那个老女人向你要钱,否则别给她钱。但是如果她向你要钱的话,一定不能拒绝。"[11]他依然畏惧邪恶的力量,虽然它们已经在他这里大大得逞,让他为此付出了代价。王尔德从史密瑟斯手上获得了十英镑的支票,他一拿到钱就跟道格拉斯去了卡普里,在那里待了三天。瑞典医生阿克塞尔·芒蒂邀请波西共餐;波西说,如果王尔德不来,他也不能来,芒蒂敦促他把王尔德带上,说他一直认为王尔德的入狱是不公正的。他们邀请莫尔·阿迪跟他们一起待在珀斯里坡,可是他拒绝了。"出于某种理由"(照王尔德的说法),他们在那不勒斯的英国人圈子里并不受欢迎;有一天,道格拉斯遇见了一个名叫科纳普的人,他在牛津就认识这个人,他对他说,"奥斯卡在我这里,来找我们吧,你介意吗?"科纳普不介意,不过这个问题表明,他们在邀请别人时难免心存迟疑。有一天,驻罗马的英国大使馆专员——波西和他母亲去年就是在罗马过冬的——来到那不勒斯,在看似随意的聊天中警告他说,跟王尔德同住一幢房子会制造出丑闻来。"我的存在就是一桩丑闻。"王尔德评论说。[12]然而,如果说英国人掉过脸去不理睬他,至少意大利人是友好的。只要陆陆续续还能搞到一点钱,在这幢别墅里的生活就是令人愉快、阳光灿烂的。有四个仆人让他们甘心过着这种乐天知命的生活。

其他各处是一片蹙眉和反唇相讥。康斯坦斯得知了丈夫的去处,以及他跟谁在一起。1897 年 9 月 29 日,她给他写了一封非常强势的信件,这对于她来说是不常见的,"我**禁止**你去见艾尔弗雷德·道格拉斯勋爵。我禁止你重复那种污秽、疯狂的生活。我禁止你在那不勒斯生活。我不会允许你到热那亚来"。王尔德回答说,他从未想过不经她的同意就去看望她,或在她没有保证说会同情和怜悯他的前提下就去拜访她。他说,她多次拒绝相见,让他别无选择,他把自己的决定怪罪到她的头上。至于其他,他只求平静,只求尽可能过得好一些。他不打算在那不勒斯过冬。她写信给她哥哥说,"奥斯卡已经去了那不勒斯,因此也就回到了 A 勋爵的身边,他还给我写了一封可怕的信件。如果他觉得那种生活比跟我在这里生活要更好——哦,我为他感到遗憾,但是我能做什么呢?"[13]王尔德直率地告诉卡洛斯·布莱克,说他没有地方可去,没有人可以共同生活,因为康斯坦斯接连三个月都在回避他。克莱尔·德普拉是《小巴黎人报》(*Le Petit Parisien*)和《每日新闻报》的记者，王尔德曾经在《女人世界》上发表过德普拉撰写的关于罗迪的文章，此时，他对德普拉说，"世界上有这么可怕的罪行吗？乃至于它的惩罚就是让父亲见不到自己的孩子？"[14]

康斯坦斯没有直接给他回信，不过，通过她的律师，她援引了协议中的条款，该条款规定，如果他跟一个声名狼藉的人生活在一起的话，他的津贴就会被停掉。接下来跟罗斯和阿迪的通信也有其搞笑的一面。王尔德和道格拉斯敏捷地否认道格拉斯是一个声名狼藉的人，他们指责伦敦的朋友就这样逆来顺受地接受了这种说法，而不是对其作出质疑。如果道格拉斯是声名狼藉的，那么阿迪和罗斯也一样；去年，罗斯跟波西在卡普里一起待了两个月。（事实上，1895 年，正是出于这样的理由，康斯坦斯曾反对王尔德跟阿迪在狱中相见。）换了一种情绪之后，王尔德承认道格拉斯确实是"镀金的污名之柱"，但离声名狼藉还差一点。[15]阿迪不得不耐心地解释说，他和罗斯都没说过道格拉斯是声名狼藉的；他们只不过是承认——而且他们别无选择——王尔德和道格拉斯正生活在一起。认为道格拉斯声名狼藉的人是康斯坦斯，完全是因为这一点，她才把那个条款加进了协议。他们没有任何办法帮助王尔德保住他那每周的三英镑，11 月份，这笔钱被停掉了。

昆斯伯里夫人不甘示弱。她也意识到：

> 茅屋中的爱情，伴着清水和面包皮，
>
> 也就等于是——爱情，原谅我们吧！——煤渣、灰烬和尘埃，

她也同样决定通过财政手段把王尔德和道格拉斯分开。她厌恶王尔德，认为他腐化了自己的儿子，正如康斯坦斯厌恶道格拉斯，认为他腐化了王尔德。两个女人站在了统一战线上。昆斯伯里夫人知道波西除了自己之外别无实际的经济来源，他的津贴是每周二十五英镑，外加他能从她手上哄骗到的一切其他款项。只

要让他享受不到"白兰地、赌博和男孩",他就会乖乖听话。她写信强调说,除非道格拉斯和王尔德都给她寄来保证书,说他们不会再生活在同一个屋檐下,否则的话,她儿子就再也收不到钱了。不过,如果他们写下书面保证的话,她愿意偿付道格拉斯在那不勒斯欠下的一切债务,还会给王尔德两百英镑,作为对他的签名的一种补偿。[16]

挥金如土的人手上几乎分文没有了,两个朋友讨论了这件事,两百英镑对他们是很大的诱饵。他们一致认为,他们永远也不会放弃见面的权力,但是由于眼下缺钱,他们被迫面对分开生活的可能性。到了11月23日,王尔德给罗斯写了信件,想知道如果他和波西分开居住的话,康斯坦斯是否会感到满意。六天后,道格拉斯写信给爱德华·斯特兰曼,表明他们还在犹豫不决,但做出决定的时间已经快到了:

> 我跟奥斯卡一起生活在这里,我们在这里已经生活了两个月了。整个事情已经变成了勉强糊口的挣扎,依靠给那些不情愿的亲戚发去绝望的电报,还有典当一些小玩意来维持。如今,这种挣扎差不多要结束了,因为奥斯卡的信托人已经中断了他的津贴,理由是他违背协议跟我生活在一起,现在我母亲也为同样的原因中断了我的津贴。所以我们实际上离真正的挨饿不远了。幸运的是,我们的别墅租金一直支付到了1月底。我不知道我们接下来要做什么,也不是很在乎这种近乎绝望的状态,只要还符合绅士的举止就行……我估计我们(O和我)最终会被迫在这件事上做出妥协,至少暂时会分开。[17]

做决定的速度加快了。就在这一天,或第二天,道格拉斯写信给他母亲,说他和王尔德已经准备好根据她的要求写一份书面保证。1897年12月2日,他发电报说他第二天去罗马,会从那里寄出保证书。不过,12月3日,在罗马,他写信说他觉得很痛苦,想要回到王尔德身边,他甚至进一步为自己的行为作了辩护。如果他母亲期待他给王尔德写这样的信件，或说这样的话：

> "我现在不可能过来跟你生活。我过去跟你一起生活过，跟你在一起，靠你养活，不过，那是因为当时你有钱，有名望，受人尊敬，作为艺术家正处于巅峰，如今，我当然是非常遗憾，但是你已经完蛋了，你没有钱，你几乎没有朋友，你曾坐过牢（我承认，主要是为了我，是由于我的过错），你曾是一个罪犯，被人看见跟你在一起对我会有很大的损害，此外，我母亲理所当然是强烈反对这件事，所以，恐怕我必须让你自己自生自灭了。"

这么做未免太可憎了。他提到了卡普里的芒蒂，还有一个名叫斯诺太太的上流女性，她款待了他们两人。只有他母亲是执拗不化的。

四天后，他的情绪发生了剧变，他在 12 月 7 日从罗马的意大利旅馆给她写了信：

> 我很高兴离开了那里，哦，真高兴！我真担心你不会相信我，我真担心自己会摆出名不副实的样子，不过，我并不是一个伪君子，你得相信我。我想要回到他身边，我渴望这种相聚，渴望他，因为我爱他，仰慕他，认为他很了不起，几乎是个好人，然而，我这么做了之后，回到他身边之后，我就开始憎恨这种事，我感到痛苦。我想要离开。但我不能离开，我受制于道义。[18]

他曾经许诺要跟王尔德共度余生，不过，当王尔德本人同意说，道格拉斯还是离开为妙，他的这个诺言也就失效了。

我们可以拼凑出他们共处的最后几周。道格拉斯在《自传》中认为，他们之所以渐渐疏远，是因为二十七岁的他已经不再是那位永远年轻的道林·格雷了。

他的美貌开始凋谢。然而,王尔德的爱情并没有这么快就衰退,没有证据表明,他已经不在意他和波西之间的另一种联结了,即年老绵羊和年轻屠夫之间的关系。在写给母亲的信件中,道格拉斯说的话也许接近真相,他说他已经"失去了想要跟他[王尔德]相处的强烈愿望",他过去是有这种愿望的,他还"厌倦了斗争,厌倦了被世人虐待"。因为,跟王尔德不一样,他毕竟没有做过罗斯所谓的"最俗不可耐的事情,即被人发现"。王尔德在世界上的位置已经永远定型

555 了——他不再是中心人物,不过总会出现在边缘地带。道格拉斯不打算向一个被放逐的人大献殷勤。他希望得到"社会的认可"[19],他觉得自己已经做得够多了。

11 月初,当他们资金耗尽的时候,王尔德想必回想起了他在《来自深渊》中对道格拉斯和金钱的分析。如今,又是老一套;道格拉斯大手大脚地挥霍王尔德的钱,仿佛他是王尔德本人,而不是王尔德的永恒的依赖者。王尔德并没有反驳他。道格拉斯对昆斯伯里夫人承认说,"他一直很和善、友好,他永远会以绅士和朋友的态度对待我。"不过,他在《自传》中承认,他们发生过几次争吵,纪德曾描述过吵架时的波西,他那张白脸会因为愤怒而扭曲,嘴里是一连串肯定能伤害人的辱骂。[20]他必然又提起了在昆斯伯里诉讼中,他站在王尔德这一边时所承担的风险,当时他的所有其他朋友都逃到了欧洲大陆;他也肯定抑制不住会炫耀他的自我牺牲,因为他现在正陪伴着这位贱民,虽然这个贱民是他一手造成的。从王尔德的角度来说,他顽强不懈地坚持自己的观点,即昆斯伯里家族还欠了他五百英镑的信用债务。道格拉斯回答,很多绅士都不偿还他们的信用债务,但是在世人眼中,他们的绅士身份并不会因此就受到影响。不过,他策划或鼓励他母亲寄给王尔德至少两百英镑(如果不是五百英镑的话),还许诺说将来再把剩下的寄给他。当道格拉斯打算离去的时候,王尔德简直是不可能劝服他留下的,然而,虽然默许了这种分离,他的内心并不能释然。道格拉斯曾答应给他一个避难所,然后又毁约了;他搞不到钱是其中的部分理由。1898 年 3 月 2 日,王尔德写给罗斯的一封信描述了他对这段共同生活的看法:

在那不勒斯发生的事情是明摆着的，三言两语即可说清楚。

波西在四个月里写了无数的信件，要给我一个"**家园**"。他要给我爱、深情和关怀，许诺说我将什么都不缺。四个月之后，我接受了他的提议，不过，去那不勒斯的路上，当我们在艾克斯莱班相见时，我发现他没有钱，没有计划，已经忘掉了自己所有的许诺。他的一个想法是我应该为我们两个人筹钱。我这么做了，筹到了一百二十英镑。波西靠这笔钱生活着，过得很快活。当然，轮到他去偿还他自己的那一份**开销**时，他变得态度恶劣、不友好、卑鄙、吝啬，除非他自己的享乐受到影响，他才会有所收敛，我的津贴被中断之后，他走了……

当然，这是苦难人生中最痛苦的经历……最好我再也不要见到他了。我不想见他。他让我感到十分恐惧。

王尔德一直都认为，昆斯伯里夫人支付的二百英镑（罗斯对这件事是十分了解的）只是用来偿还那笔信用债务的部分款项，绝不是他赡养了波西三个月或最终被波西抛弃的补偿款。（通过阿迪，1897 年 12 月，王尔德拿到其中的一百英镑，1898 年 1 月底，又收到一百英镑）。[21] 不过，王尔德声称自己觉得恐惧，这也许是为了激励罗斯，因为罗斯当时正在写信给康斯坦斯，敦促她恢复给王尔德的补助。事实上，他跟道格拉斯并没有彻底分手，道格拉斯在 1 月 8 日写给依然在那不勒斯的王尔德的信件证实了这一点，他在信中抱怨了巴黎的物价，还有自从抵达巴黎以来，他实践的那种"放肆的禁欲"——也有三次例外。[22]

那不勒斯的插曲注定会有不幸的开始和不幸的结尾。波西或许只是半个怪兽，不过，王尔德又一次遭受了这半个怪兽的摧残。跟道格拉斯生活了三个月之后，他和康斯坦斯的关系，就个人感情那部分而言，可以说是差不多完蛋了，虽然她心肠太好，不忍抛弃他，即便是在正式撤销补贴之后，她还是通过罗斯给他寄了钱。12 月 3 日，道格拉斯离开后，王尔德并没有对她作很多辩解，除了说他爱得太深，爱至少比恨好一些。她不同意，她对哥哥说，那种反常的爱比恨还恶劣。

556

1898 年 2 月 27 日，她写信给阿瑟·汉弗莱斯说，"他所受的惩罚并没有很大用处，因为它并没有让他学会他最需要学习的那一课，也就是，他并不是这个世界上唯一的人。"然而，她的心肠会变软，3 月份，罗斯给她写了一封小心翼翼的信件，问她能否恢复她丈夫的津贴，因为他已经不再跟道格拉斯生活在一起了，她同意了，在遗嘱上附注了相关的条款。她始终喜欢他，她知道，而且也写道，如果她又见到他，她就会"原谅一切"。[23]

在那不勒斯的最后日子

我的人生已经无法弥补。它注定了不幸。

从此之后，王尔德的住所不断变化，不过这种变化已不再值得关注。他偶然还想要努力写点东西——譬如，他提到了自己的喜剧的最后一幕——但是不了了之。他依然口才过人，但大多数时候是在重复往昔说过的话。他曾经计划写一篇文章，该文章会对他的唯美体系表示同情，阐明那些他一直没有充分表达的事情——即艺术有能力驱除残忍，有能力提供一次永恒的最后审判，在这次审判中，一切裁决都永远是慈悲为怀的——但他从未动笔。他对罗斯解释说，"我觉得我不是智性的思想体系；我有情绪，需要时机；爱，或对爱之面具的激情是我唯一的慰藉。"[24]他没法集中精神——他只能在一定时间内维持注意力，但这种能力被轻而易举地摧毁了——当他在创作《雷丁监狱之歌》中那些公认很愚钝的诗节时，他有一种感觉，即他的文学生涯已经结束了。如果说波西还在试图获得尊敬（"社会的认可"），那么，王尔德知道自己是不可能再获得尊敬了。几乎每一天，他都遭到别人的鄙视，他总会为此受伤。他始终不能肯定人们是否会承认他的存在。他早期生活中的戏剧人物成了他晚期生活中的幽灵，有些人佯装没看到他，让他觉得自己是他们想要避开的幽灵。他重新回顾自己的生活，觉得那种生活是彻底的失败而不是成功。在监狱中,他说,他曾经"因为罪恶感而情绪昂扬"。在狱外,他由于流放感而闷闷不乐。道格拉斯离去几天之后,文森特·欧沙利文拜访了那不勒斯的王尔德,他见证了那种几乎已成定规的舆论态度。他们坐在一家餐馆里,一群人在看完戏剧后涌进来。其中一些人喧嚷着向其他人指出王尔德。他对这种骚扰的感受超出了欧沙利文的预期。"他似乎感到窒息,"欧沙利文回忆说,"接着,他声音沙哑地说,'走吧。'"他们一语不发地走了一段路;然后走过来一个乞丐。王尔德给了他钱,用英语嘟哝说,"你这个可怜虫,人们的怜悯心已经死了,为什么你还在这里乞讨?"他告诉欧沙利文,在那不勒斯有一个自杀者常去的花园。"我从没有当真觉得这是一种解决办法。我觉得我必须饮尽自己的激情之杯,只剩下残渣。不过,在一个没有星星的晚上,我去了那个花园。我独自一人坐在黑暗中,我听到了一种窸窸窣窣的声响,叹息声和朦胧的云雾一样的东西靠近了我。我意识到,它们是那些自杀者的小小鬼魂,它们从此之后必须永远待在那里。他们的自杀是徒劳无益的。我意识到这也会是我自己的灵魂的命运,我就不想自杀了,再也不想了。"欧沙利文问,"你怎么可能想象自己在死后永远待在那不勒斯呢?""不成,"王尔德笑着回答,"这里的烹饪真的是太差了。"[25]

英国官方留意到了他的处境,罗斯伯里勋爵在那不勒斯有一幢别墅,他一度也卷进了跟道格拉斯家族有关的事情,1897 年 12 月 30 日,E. 内维尔-罗尔夫领事写信给罗斯伯里勋爵:

> 奥斯卡·王尔德自称塞巴斯蒂安·诺斯威尔先生[原文如此],他就住在珀斯里坡[原文如此]的一个小别墅里,距你整整两英里。他和艾尔弗雷德·道格拉斯肯定是分开了,王尔德过着一种彻底的隐居生活。他为某件事以诺斯威尔的名义来过这里,我让他以为我并没有看出他是谁。
>
> 他看起来十分局促不安,就像一只遭到鞭打的猎犬。

558

他写了一本诗集，但是伦敦没有人愿意发表它，我听说他自己在花钱印刷这本书。

我确实不觉得他会给您惹什么麻烦，毕竟，这个可怜的家伙得有个地方待着。[26]

不必说，他们没有见面。

欧沙利文离开之后，一位俄国老人劝说王尔德陪他去陶尔米纳。他在那里遇见了冯·格鲁登男爵，这位男爵拍摄裸体男孩的照片，把它们卖给同性恋者。这次旅行没留下记录，不过，后续事情就不一样了——王尔德回到珀斯里坡，发现他留下照看别墅的仆人已经带着他所有的衣物跑了。他什么都没剩下，除了在他获释时朋友们为他仔细收集的那些书籍。王尔德没有带上那些书，二十五年后，一位来访的英国女人租下了这幢别墅，发现它们还摆在那里。[27]王尔德后来觉得失去它们是不重要的，不过，这意味着王尔德再也不认为自己跟他热爱的那些作者是并驾齐驱的了。

他在那不勒斯待到1月底。1898年2月，也许是因为维持朱迪斯别墅的费用太高，他搬到了桑塔露西亚31号的班比罗大厦。[28]窘迫的生活让他变得随机应变；格雷厄姆·格林说过，他父亲和另一所学校的校长坐在那不勒斯的一家咖啡屋里，一个陌生人听到他们在讲英语，就问是否能过来一起喝咖啡。他看起来有点眼熟，但是在那一个多小时的时间里，他们没认出他来，他们被他的谈话迷倒了。他让这两人为他付了账，他喝的东西"肯定不是咖啡"。老格林过去经常提起他跟王尔德的这次相遇，并总结说，"想一想他是多么孤独，乃至会跟两个度假中的校长聊上那么久，运用那么多才智。"不过，就像格雷厄姆·格林说的那样，王尔德"用自己仅有的货币支付了自己的饮料"。他陷入了如此狼狈的困境，巴黎的《期刊》在1897年12月初呼吁人们向他捐款，然而，如果说他收到了任何捐款的话，那么这种捐款也是非常有限的。[29]

最后的辉煌

　　……这是我的天鹅之歌，我很遗憾留下的是痛苦的呼

喊——一首玛尔叙阿斯之歌，而不是阿波罗之歌……①

　　王尔德知道，就在那不勒斯的人们轻蔑地谈论他的同时，《雷丁监狱之歌》　　559
即将完工，而且就要问世了，他想必感到欣慰。也许它预示着将来他还写得出别
的杰作；他从未彻底放弃过这种希望。史密瑟斯在书籍的设计上表现出了合作
的态度，两人都同意，应该在书上只署名"C. 3. 3"。王尔德已经安抚了史密瑟
斯，让他别担心监狱官员会提起诽谤诉讼。他还写过一段献词，内容如下：

　　　当我出狱的时候，有些人给我带来了衣服

　　　和香料，还有人带来了明智的忠告

　　　你给我带来了爱

根据这种写法，王尔德也许可以对道格拉斯、罗斯、阿迪或许还有其他人说，这段
献词是写给他们每一个人的。罗斯确信这么写不会有什么好处，无论是对诗歌
还是对他们而言。史密瑟斯也这么认为，最终王尔德接受了意见。于是，这本书
就没有献词了。这本书将于1898年2月9日出版，或许是受这个日期的鼓舞，
王尔德从那不勒斯回到了巴黎，在巴黎，至少他可以很快了解这本诗集的反响。
2月13日，他抵达巴黎，在廉价旅馆里租了个房间，他将在这种廉价旅馆中度过
生命中剩下的大部分时光。该旅馆是位于美术街的尼斯旅馆，他最后的落脚地

---

　　①　引自王尔德写给卡洛斯·布莱克的信件。

址是这条街上的阿尔萨斯旅馆。

迎接他的是好消息:《雷丁监狱之歌》是近年以来所有诗集中最畅销的一部。一家书店在出版日的当天上午就卖掉了五十部。1月份,史密瑟斯只敢印刷原计划八百部诗集中的四百部,但是2月初,他又预定了四百部,就在同一个月,他不得不加印另外一千部。

3月份,限量九十九部的豪华签名版问世了(签署的是他的真名),接下来又加印了两次,一次是一千二百部,另一次是一千部。5月份,这部诗选被重印了第六次,这一次是一千部。直到1899年6月第七次常规印刷时,根据史密瑟斯的建议,王尔德才以作者的名字出现,他的名字被印刷在书名扉页上,位于C.3.3旁边的括号里。

王尔德给很多老朋友寄去了诗集,上面题写了适当的献词。艾达·莱弗森的题词是:"给愉快的斯芬克斯,痛苦的歌手奥斯卡·王尔德赠";给梅杰·纳尔逊的题词是:"作者赠给梅杰·纳尔逊,作为许多友好和亲切行为的酬答,98年2月";还有一部是"作者赠给艾尔弗雷德·布鲁斯·道格拉斯"。* 康斯坦斯在《每日纪事报》上读到了关于这部书籍的文章,她收到一部没有献词的诗集之后,写道,"奥斯卡的这部精彩诗集让我十分不安……它写得十分悲惨,我为之痛哭。"[30] 给罗伯特·谢拉德的赠书附带了一封信:"我寄上我的《雷丁监狱之歌》——第一版——作为我们长久友谊的纪念,我希望你会接受它。我一直想要亲自把它送给你,但是我知道你非常忙,虽然我很遗憾你太忙了,不能来看我,或不能告诉我去哪儿看望你。"[31]

坎宁安·格雷厄姆自己也坐过牢,他写了一封信,对王尔德大加赞扬,王尔

---

* 王尔德还在以下诗集上撰写了题词:"给欧内斯特·道森,他的朋友和崇拜者,作者赠,98年2月,那不勒斯";"莱昂内尔·约翰逊,奥斯卡·王尔德赠,1898年,上帝怜悯我的作家朋友";"给劳伦斯·欧文,作者致意,那不勒斯,98年2月";"给约克·鲍威尔,作者致意,那不勒斯,98年2月";"给R.C.蒂灵厄姆,作者致以感谢和友情,奥斯卡·王尔德,巴黎,98年";"给罗伯特·布坎南,作者致以仰慕和感激之情,巴黎,98年。"他还给沃尔特·西克特、罗斯、特纳、阿迪、罗兰·福瑟吉尔、弗里茨·冯·梭洛、威尔·罗森斯坦、查尔斯·里基茨、比尔博姆、欧沙利文、萧伯纳、亨利·哈兰德和黑德勒姆寄去了赠书。

德为了表示感谢,回复说,"我……希望我们能见面谈论这许多种牢狱生活——石头的牢狱、激情的牢狱、智性的牢狱、道德以及其他的牢狱。所有的限制,外在的或内在的,都是牢狱——都是墙壁,生活就是一种限制。"[32]他逐渐得出了一种普遍性的、非个人化的观点,使他超越了这首诗歌的范围。

报刊上发表了很多关于《雷丁监狱之歌》的书评。大多数是有所保留的,但同时承认这是一桩重要的文学事件。所有书评人都没有提到王尔德的名字,虽然每个人都知道这首诗是他写的。在亨利看来,这部书籍太受关注了,他自己的诗集却没有这么轰动;于是,在3月9日,他在《展望》上对《雷丁监狱之歌》表现出了不屑一顾的态度,认为它是"泥沙俱下"的一团混乱,他抱怨说其细节缺乏精确性(他认为自己关于医院的诗作中就具有这种卓越的特质),其结论是"这首诗歌中随处可见二流诗人的印迹"。王尔德作出了答复,不过他的信件丢失了。亨利的评论夹杂在其他几篇评论之间:2月26日,《学园》发表文章宣称这首诗歌即便不是伟大的文学作品,也是好的文学作品;27日,《每日电讯报》发表文章说这是一首"动人的"诗歌;3月12日,阿瑟·西蒙斯在《周六评论》上发表了一篇出色的短评。直到那时为止,西蒙斯还不算是王尔德的朋友——有人开玩笑说,多产的西蒙斯是一家股份公司,王尔德打算购买他的股票——但是西蒙斯不像亨利那么嫉妒心切或心胸狭隘。他说这首诗"具有文献价值";它"其实根本不是歌谣,而是一段阴郁、愤怒、被打断的沉思;冥想的潜流,那些旁白,才是真正有价值的,而不是故事本身"。让王尔德感到高兴的是,他对这首诗歌强调所有人都谋杀了自己的所爱这一点表示称赞:"心灵的这种无名之死,对灵魂的看不见的暴力[王尔德尤其喜欢这个措辞],希望、信任和其他无助的美德的殉道,正是这一切,出于某种哲学目的,让这首诗歌获得了一种统一性,否则的话,它就没有那么均衡了。"这是一种"非常新奇"的观点,然而又是从诗歌描述的经历中自然引申出来的。3月19日,《帕尔摩报》说《雷丁监狱之歌》是"本年度发表的诗歌中最卓越的一首","这首诗歌的效果很出色"。

他的诗歌在英国出版,随后,那一年年末,亨利·达夫雷还把它翻译成了法

561

文,由法国信使出版社在巴黎出版,他本可能从中获得自己需要的动力。罗伯特·罗斯诚心诚意地给他寄来了供他写作的漂亮笔记本,但是王尔德开始重复一种不祥的说法,说他再也没有这种愿望了。他甚至说他患上了"沉默之恶疾"(一种不能治愈的对写作的反感)。他的确告诉过韦尔登太太,说他会翻译那位年老的花花公子巴尔贝·多尔维利的《永不死亡的一切》(*Ce qui ne meurt pas*)。罗伯特·罗斯说他根本没动笔,虽然确实有这么一部译作问世了,人们有时认为他就是译者。[33]有人说服王尔德让史密瑟斯出版他的两部剧本,即《不可儿戏》和《理想丈夫》,由于他的身败名裂,这两个剧本从未付印。《不可儿戏》的校样表明王尔德牢牢控制着自己和这个剧本。当他对这些校样进行修改时,他告诉一位朋友,"我可以写作,但已经失去了写作的乐趣。"*罗斯夸赞了这部剧本,王尔德说,"不喜欢我的戏剧有两种方式。一种是不喜欢它们,另一种是喜欢《不可儿戏》。为了向后代证明你是一个多么糟糕的批评家,我会把这个剧本题献给你。"1899年,剧本问世时,上面的题词是:

> 给罗伯特·鲍德温·罗斯
>
> 致以感谢
>
> 致以深情

《理想丈夫》出版于1899年7月,上面的题词是献给另外一位老友的:

---

* 他把一些斜体词又改成了非斜体词,他把"会"改成了"将"。台词得到改善。杰克说的不再是"我差一点就提供了奖赏",王尔德让他说,"我差一点就提供了一大笔奖赏",当阿尔杰农试图拿到这份奖赏,他回答说,"东西已经找到了,提供大笔奖赏也就没用了"。阿尔杰农说的不再是"可怜的邦伯里是一个令人恐怖的残废",他说,"可怜的邦伯里是一个令人不快的残废"。格温德琳原来说的是,"的确,不过男人往往打算这么做。我知道我弟弟杰拉尔德就是这么做的。他把这事告诉了我。"王尔德改成了,"我所有的好朋友都这么告诉我。"布拉克内尔夫人的那段令人印象深刻的台词是这样的,"幸运的是,在英国,无论如何,教育是毫无效果的。如果它有效的话,它就会给上流社会带来巨大的危险,也许会导致暴力行为。"王尔德对此作了润饰,为最后一句增添了"在格罗夫纳广场"这几个词。

　　给弗兰克·哈里斯

　　　　小小的礼物,用来称颂他作为艺术家的才能和卓越

　　　　作为朋友的豪侠和高尚。

王尔德从这些出版中获得了少量的钱。

社交和孤独

　　为什么我会走向覆败?为什么毁灭会是这么迷人?①

　　王尔德只有足够的精力熬过白天——更确切地说,是黑夜,因为跟他母亲一样,他直到下午才会起床。他越来越需要依靠酒类的帮助,尤其是荷兰蛋酒,不过,他后来又转向白兰地和苦艾酒。* 他并没有喝醉,而是从中获取安慰。所以他也开始随便交往年轻男人。“花钱去购买爱是多么堕落!”他对一个朋友说,“出卖爱又是多么堕落!然而,从那种我们称之为‘时间’的缓慢移动的阴郁事物中,你又能攫住怎样的绚烂时光?”[35]他最喜欢的男人之一是莫里斯·吉尔伯特,海军陆战队的一个年轻士兵。他们一起玩过很多次比齐克纸牌游戏。《巴黎回音》的雅克·多雷勒曾看到王尔德搂着吉尔伯特,他谴责王尔德“又过上了那种令人作呕的生活”。王尔德仅仅答道,“真漂亮。看吧。他具有波拿巴的侧面轮廓。”

563

---

　　① 引自王尔德写给卡洛斯·布莱克的信件。
　　* 他对苦艾酒的态度有所变化。“它对我没什么启示。”他告诉伯纳德·贝伦森。不过,他又对阿瑟·梅钦说,“我从来没法真正适应苦艾酒,但是它非常符合我的风格。”他渐渐喜欢上这种酒,在迪耶普,他说,“苦艾酒具有一种美妙的颜色,绿色。玻璃杯中的苦艾酒简直太富有诗意了。一杯苦艾酒和一次日落之间有什么区别?”还有,“我已经发现,”他说,“这种酒喝多了就会让人醉态十足。”[34]

　　然而,断断续续的拮据生活让孤独的时刻变得更加难熬。卡洛斯·布莱克是一位老友,由于一连串不愉快的事情就跟他断交了。王尔德曾经说布莱克是"伦敦最擅长打扮的男人",他经常跟他一起待到午夜钟声响起之际,在他被判入狱后,布莱克依然忠于他。王尔德获释后的第一个夏天,康斯坦斯去了弗莱堡,跟布莱克一家待在一起。他们两人都不赞成王尔德和道格拉斯去那不勒斯的事情,但是当王尔德在 1898 年 2 月去巴黎之后,布莱克拜访过他几次,两人通过信。5 月初,王尔德向他借钱,布莱克借给了他;不过,到了月底,事情出了问题。罗斯听人说——王尔德怀疑就是布莱克说的——官方要把王尔德赶出巴黎。对王尔德在巴黎的行径,布莱克显然流露出了不满,所以王尔德认为是他散布了"谣言"。

　　抵达巴黎后不久,王尔德就开始跟费迪南·沃尔桑-埃斯特拉齐司令打起交道来,这很可能才是直接的原因。艾尔弗雷德·德雷福斯(Alfred Dreyfus)因为间谍行为遭到误判,而那些事情其实是埃斯特拉齐干的。德雷福斯案件和王尔德案件在几个月内先后受审,德雷福斯被送往魔鬼岛的时间差不多就是王尔德被送往本顿维尔的时间。所以王尔德对整个法国在掺和的这件事尤其感兴趣。1898 年 1 月 11 日,在一场军事法庭的审判中,埃斯特拉齐成功地洗脱了罪名。两天后,王尔德一度的朋友左拉在《破晓》(L'Aurore)上发表了他的信件《我控诉》(J'accuse)。2 月份,就在《雷丁监狱之歌》即将出版之际,左拉被判定犯有诽谤罪,刑期为一年,不过,他后来逃到英国去了。

　　埃斯特拉齐是王尔德一向感兴趣的那种暧昧的罪犯人物。两人的一次聚会中,这位司令在一段但丁风格的交谈中对他说,"我们是人类的两位最伟大的殉道者——但是我受的苦最多。""不对,"王尔德回答,"我才是受苦最多的。""在十三岁的时候,"埃斯特拉齐继续说,"我产生了一种深刻的信念,我再也不会感到幸福了。""他从没有幸福过。"王尔德在描述这番对话时说。

　　王尔德在写给布莱克的信中提到了这次见面,也许他没有考虑他朋友是多么重视德雷福斯遭受的不公正待遇。1897 年,布莱克看到了关于德雷福斯之无辜的最早报道,自从那时候起,他一直在不屈不挠地设法让德雷福斯获释。现在,他从驻巴黎的意大利使馆武官那里获知,叛国者是埃斯特拉齐。在这种情形下,王尔德的这封信简直是笨拙到了极点。据说,王尔德在交谈中轻易说出了这样的警句——"埃斯特拉齐要比无辜的德雷福斯有趣得多。成为无辜者向来都是件错事。成为罪犯需要想象力和勇气。"——说得很好,但别忘了有个人正在魔鬼岛受苦。

王尔德和埃斯特拉齐又见了几面。弗兰克·哈里斯声称自己有一次也在场(虽然在场的似乎很可能是罗兰·斯特朗——《纽约时报》和伦敦的《观察家》的记者),在这次碰面中,埃斯特拉齐又开始像往常那样谴责起德雷福斯。王尔德朝着桌子俯过身来,说,"受苦的总是无辜者,司令先生;这是他们的专长。另外,我们在被发现之前都是无辜的。无辜者是一个可悲、平庸的角色,而且是最没有意思的。有趣的事情当然是犯罪,把罪的诱惑当成光环来饰戴。"埃斯特拉齐对自己的谎言厌倦透顶,他吞下了王尔德的诱饵,突然说,"为什么我不能向你坦白? 我要这么说。是我,埃斯特拉齐,我一个人犯下了罪行。我把德雷福斯送进了监狱,全法国都没法把他救出来。"让他惊讶的是,跟他共餐的朋友们只是大笑而已。[36]

不过,次日,斯特朗向《纽约时报》寄出了一篇落款 3 月 29 日的文章,透露了德雷福斯支持者的某些计划,他们打算揭露埃斯特拉齐的罪行。在这篇文章发表之前,4 月 4 日,《世纪》上发表了一封大意相同的信件,署名是"一个外交家",反德雷福斯派认为布莱克是它的作者。他们在自己的报纸上发动了污蔑他的运动。布莱克认为是王尔德把他在幕后做的事情告诉了他们,他有可能轻率地提到了布莱克在英国的业务活动。于是,布莱克给王尔德写了两封信:第一封反对他继续跟道格拉斯交往。王尔德没有回复。第二封谴责他撰写了攻击布莱克的匿名文章。王尔德立刻发出了"一封语气强硬的信件",要求他道歉。他没有搭理。一段漫长的友谊就这样结束了。

王尔德没指望找到很多人愿意陪伴他。考虑到他们的长期交情,纪德本可

564

能成为这样的人,但是他只见了王尔德两面。第一次是偶然相遇,他听到有人在喊他,发现那人是王尔德,坐在一家咖啡馆外面。纪德走过去,打算对着王尔德坐下来,这样他的脊背就朝着路人了;可王尔德坚持要让他坐在自己身边:"我最近真孤独。"在进行了一番愉快的交谈之后,王尔德突然说,"要知道——我一贫如洗。"纪德给了他一点钱,他们约好再见一次。第二次见面时,纪德指责他自食其言,没有写完一部剧本就离开了贝尔纳瓦勒。王尔德回答说,"你不应该指责一个受过打击的人。"他们再也没有见面。[37]

　　其他的憾事接踵而来。亨利·达夫雷是王尔德的译者,1898 年 5 月的一天,他路过弗洛尔咖啡屋,王尔德向他示意,非要他过来坐一会儿。达夫雷觉得他的外表那么憔悴和焦虑,于是就让步了,虽然他正急着要去赴约。王尔德说他受不了待在旅馆房间里的单调时光,所以跑了出来。达夫雷坐下之后,王尔德看起来没有那么不安了,他提到各种各样的事情,同时坚持不让达夫雷走人,把他丢下。最后,达夫雷不得不打电话取消了自己的约会。王尔德非常害怕孤独,当达夫雷起身离去时,他跟他一起去了卢森堡公园,跟他一起穿过那些花园,还要求他在圣米歇尔大道的另一家咖啡馆坐下。最后,他透露了自己的拮据状况:"我连一个苏都没有了,"他说,然后笑了。"我会给你抵押品的,"他从口袋里掏出一部韦伯斯特的《马尔菲公爵夫人》(*The Duchess of Malfi*),在书上写好给这位朋友的题词。另一个作家弗雷德里克·布泰讲述过一件事,1899 年 7 月,他和一位朋友走在圣日尔曼大道上,遇见坐在一家咖啡馆边的王尔德,当时正下着瓢泼大雨,雨水倾泻在他身上,把他的草帽浇成了灭烛器,他的外套浇成了海绵,因为侍者急着想要赶走这最后一位顾客,不但把椅子堆放了起来,还把遮篷也收了起来。王尔德没法走人,为了不回到那间污秽的寄宿处,他点了三四杯饮料,但又付不出钱来。他在写给弗朗西斯·福布斯-罗伯逊的信中说,"跟亲爱的圣方济各一样,我也跟贫穷结了婚;但是就我的情况而言,这场婚姻并不成功;我憎恶交到我手上的这个新娘。"他还写信给弗兰克·哈里斯说,"裤子上的一个洞可能会让人像哈姆雷特一样忧

565

郁,坏靴子也许会制造出一位泰门。"[38]

他依然能够穷中求乐。他的朋友让-约瑟夫·雷诺听他讲述过,一天夜里,他跟往常一样,先去了卡里萨亚咖啡馆,然后去了一系列的其他咖啡馆,接下来,他穿越巴黎的街道走回家。走到艺术桥上,他停下来凝视下面诱人地流淌着的绿波。突然,他注意到附近有一个穿得不怎么样的人,也低头在看河水。"嘿,可怜人,你感到绝望?"回答是,"不,先生,我是个理发师。"[39]不过,1898 年 5 月,莫里斯·梅特林克和乔吉特·勒布朗邀请王尔德跟他们一起共餐,他对他们说,他在哀悼自己的人生。"我曾经活过。的确,我曾经活过。我畅饮了蜜汁,又畅饮了苦水,我在甜中品尝到了苦,在苦中品尝到了甜。"他补充说,"当你获释的时候,刑罚的残酷才开始显现。"梅特林克提到于斯曼曾进过修道院,王尔德表示赞同,"透过彩色玻璃窗看上帝一定很愉快。我自己甚至也可能去修道院。"梅特林克请他喝一种英国找不到的酒,王尔德挖苦道,"英国人具有一种把酒变成水的奇迹般的能力。"*他告诉他们,在监狱中,他很开心,"因为我在那里发现了自己的灵魂"。他说,他在那里写的东西有一天会被世人阅读,"那是我的灵魂对人类灵魂的启示"。

不过,他对休·切森讲述了一个更令人悲哀的寓言:"一个人看见一个生命,它向他挡住了自己的脸,他说,'我要迫使它露出它的脸。'他追逐,它就逃走,他找不到它了,于是继续生活。最后,为了寻欢作乐,他走进一个长形房间,那里摆开了供很多人坐的桌子,在一个镜子中,他看到了他年轻时追逐的那个生命。'这一次你逃不了了。'他说,但是那个生命并没有试图逃跑,它不再躲藏自己的脸。'看!'它叫嚷着,'现在你会知道,我们不能再次见面,因为这是你自己

566

---

* 另一个关于奇迹的故事解释了早期基督徒在罗马遭受的迫害。"要知道,尼禄被迫采取了行动。他们让他显得可笑。他的想法是:'在这里,事情本来进行得顺顺利利,有一天,外省的某个地方来了两个难以置信的人。他们被叫作彼得和保罗,或类似的没听过的名字。自从他们来了这里,罗马的生活就变得难以忍受了。他们召集群众,用他们的奇迹阻碍交通。这真是让人无法忍受。我这个皇帝也没有清静日子了。早上,我起床,朝窗外看去,我看到的第一个东西,就是后花园里正在发生的一个奇迹。'"

的灵魂的脸,它是可怖的。'"[40]

一个鳏夫

我难以嘲笑生活,像我过去常做的那样。

1898 年 4 月初,康斯坦斯·王尔德又做了一次脊椎手术,7 日,她死了,享年四十岁。道格拉斯前来安慰她的丈夫,他告诉道格拉斯,"我梦见她来看我,我不停地说,'走开,走开,让我清静点。'"次日,他得知她死了。他的反应是复杂的;他请求罗伯特·罗斯过来,因为他"陷入了巨大的悲痛",但是他朋友来了之后,却没有看出这一点。从另一方面讲,他对弗兰克·哈里斯说的话有一个哀怨的结尾,"我重获希望和新生的道路随着她的死亡而断绝。我遇到的一切事情都是象征性的,而且是不可挽回的。"[41]他没有获得见儿子的权利。如今,他从她的遗产中每年能够无条件地获得一百五十英镑。如果他不想过奢侈生活的话,这笔钱也许是够用的。在巴黎逗留时,罗斯给史密瑟斯写了一封信,描述了当时的王尔德,他依然有恢复能力,但还是不能够迈入未来:

567

> 亲爱的史密瑟斯,我早就该给你写信了,但是在王尔德这里,要处理各种事情,写信简直是不可能的……你想必已经听到了王尔德太太的死讯。奥斯卡当然是一点都没意识到。这对他来说是非常可怕的,因为他的津贴停了,我觉得他妻子的托管人是不会继续给钱的。他情绪很好,花钱也不算太多。他因为你从不写信而感到受伤害了……
>
> ……奥斯卡只见了道格拉斯一面。我去拜访了这位爵爷。他比过去任何时候都更不关心他人,尤其是奥斯卡。所以,我确实认为这段关

系会自然消亡。

奥斯卡跟过去一样十分逗乐,可是有时他显得非常心不在焉。他说《雷丁监狱之歌》没有描述他的监狱生活,而是描述了他跟波西在那不勒斯的生活,所有最好的诗节都直接源于他在那里的生活。[42]

看到王尔德和道格拉斯没有生活在一起,罗斯放心了,不过,王尔德跟其他所有朋友的关系(包括罗斯在内)都不是很密切。在王尔德死后,罗斯对弗兰克·哈里斯说,他从不觉得王尔德真的喜欢他。他自己对王尔德的态度也同样是复杂的。在接下来的三年里,罗斯有时会跟王尔德保持距离,譬如,1898 年 9 月和 10 月,他和雷吉·特纳去了佛罗伦萨、罗马和那不勒斯,在旅行中,他们没有停下来拜访在巴黎的王尔德。幸运的是,9 月底,查尔斯·康德邀请王尔德到靠近拉罗什吉永的尚特梅尔(位于塞纳-瓦兹省)拜访他。康德给达尔豪西·杨太太写信说:

> 我见过你之后,有一段时间我简直很难做任何事,因为很多人来了,奥斯卡也在这里待了一段时间。我觉得有些人不乐意我把他招来——可是他把尚特梅尔变成了一个迷人的小国度,他化身为国王,还为自己搞到了布伦特的船——成了他的游艇——让小男孩们每天划船把他从尚特梅尔送到拉罗什,他在那里喝了开胃酒,回来时满载鸭肉火腿和酒类,我们在本地的晚餐是节俭的,通常这些东西就成了晚餐上的额外美食。
>
> 他比我们在迪耶普遇见的时候要严肃得多——有时非常沮丧,可怜的人。
>
> 他非常伤心地说他再也不能进入社交圈了,他觉得我认为对于"本地"的那些轻浮诗人来说,他显得有点老了。[43]

这个圈子里唯一长住巴黎的人就是艾尔弗雷德·道格拉斯,王尔德非常高兴能够得到他的陪伴。1898 年 5 月,王尔德的喉咙动了一次手术,我们不知道这究竟是什么样的病,但是在这个月里,他经常跟道格拉斯见面。为了布置道格拉斯在克莱贝尔街的新公寓,王尔德去了巴黎的梅普尔斯分店,花四十英镑购买了与之相称的家具,包括一张绿色的床。道格拉斯想办法支付了这笔开销,不过,在其他方面,他把从母亲手上搞到的钱都用在赛马上了,所以他一直过着穷日子。"他有一种发现输家的才能,"王尔德写道,"考虑到他对马匹的一无所知,这种才能是令人十分惊奇的。"[44]他告诉克莱尔·德普拉,有一天,他登上一辆从蒙帕纳斯开往埃托尔(Montparnasse-Etoile)的电车,想去拜访住在克莱贝尔街的艾尔弗雷德·道格拉斯。他突然意识到自己忘了带钱包,或已经花光了最后一个苏。他在电车上坦白地大声说出了自己的情况,然后问,"有人能借我三十生丁吗?"车厢中一片寂静。于是,他让司机停车,下了车,拦住一辆出租马车,得意扬扬地坐进去,同时带着嘲讽的态度向电车乘客们挥挥手,他知道,道格拉斯的门房会付钱给马车夫的。"这个故事的寓意就在于,"王尔德说,"人们更信任乘马车的人,而不是乘坐公共运输工具的人。"萨克斯也讲述了王尔德说过的一个故事,时间大概就是在这个时期。"一个伦敦的年轻人欠下了巨债,过着放荡的生活。他的朋友们决定拯救他。他们一起支付了他的账单,然后给了他一百英镑,他答应会带着这笔钱去澳大利亚,重新开始生活。两个月后,其中的一个朋友在皮卡迪利遇见了这个年轻的浪子,他气愤地说,'你怎么在这儿?你拿了一百英镑去澳大利亚,可你还在这里!你说话不算数。'那个人只是问道,'告诉我,老兄,如果你有一百英镑的话,你会去澳大利亚吗?'"[45]他或许回忆起他父亲曾想要把玛丽·特拉弗斯打发到那个国家去,却没有成功。

1898 年的这个春天,道格拉斯大约有一半的时间待在马恩河畔-诺让,那里的旅馆老板容许他延期付款。7 月 22 日,道格拉斯给王尔德写了一封信,试图从他那里搞到一枚金路易。6 月和 7 月,王尔德也去了那里。道格拉斯身边带着那位具有拿破仑风格的莫里斯·吉尔伯特,吉尔伯特如今是他的情人,不过所有人都被他迷住了,他是伦敦的罗斯和特纳的心上人,正如他也是巴黎的道格拉斯和王尔德的心上人。8月和9月,道格拉斯跟母亲一起去了特鲁维尔,然后去了艾克斯莱班,他又在当地的赌博中输得精光。这一年,他出版了一部胡话诗集(nonsense verse),他似乎觉得这是一个适合让他在英国恢复名誉的时机。他试探了官方的意见,所获的鼓励足以让他在11月份回到英国。

道格拉斯如今极力设法跟父亲重归于好。他给亲戚阿尔杰农·伯克写了一封信,说他愿意表达自己的悔悟。他以那点所剩无几的昔日友谊为借口:"我不能保证永远不见王尔德。不过,我可以向你和我父亲许诺,我跟他的关系是完全无害的,只是因为我感觉,他富有和成功的时候我曾经是他的朋友,如今他穷了,身败名裂,我不能在这种时候抛弃他。"他有钱的时候也会给王尔德钱,不过,他答应过母亲,他永远不会跟王尔德住在一起。他请求他父亲"想一想我过去几年过的潦倒生活,大家各让一步吧"。伯克给昆斯伯里看了这封信,次日即告诉波西,他父亲乐意见他。[46]

昆斯伯里自己的生活也很受王尔德审判的影响。他起初心怀骄傲,认为自己获得了一场辉煌的胜利,击败了道德的败坏者,也击败了他的一个儿子和这个儿子的目中无人的情人,但是随着那些终身交往的朋友开始回避跟他相处,他的骄傲就开始变质了。作为公共道德的卫士,这位侯爵在短期内深受人们的尊敬,不过,这跟他作为职业拳击手、赌徒、通奸者和无神论者的经历并没有什么关系。他的财政麻烦也越来越多;王尔德是破产了,可昆斯伯里也不得不卖掉他在金芒特的豪宅,而波西就是在那里长大的;被卖掉的还有内勒、勒里、斯塔布斯、雷诺兹、吉尔伯特·斯图尔特和其他人的画作,以及别的财产。除了伊迪丝之外,他跟其他孩子的关系都很糟糕,而伊迪丝已经在1898年4月嫁给了圣约翰·福克斯·皮特。他的第一任妻子已经好几年没跟他说话了。波西的这封信听起来是真诚的,他父亲当时住在贝利旅馆,他同意跟他在这家旅馆的吸烟室里见面。这场会面是情绪激动的,波西表示了自己的悔悟,侯爵喊他是"我可怜的亲爱的孩子",流着眼泪拥抱了他,答应恢复他的津贴。他甚至当场给自己的财政主管写了一封信,让他负责安排这件事。不过,他又改变了想法——昔日争吵带来的怨恨不会这么容易就烟消云散——一周后,他写信说,除非他搞清楚波西跟"那个畜生王尔德"到底是什么关系,否则他不会给他一文钱。波西身体没事时都很容易发怒,由于感染了流感,他变得双倍地暴躁,他顶嘴说他们两个人就没法和解,跟四年前一样,他宣布他不要这份津贴了。

几个月后,他遇见他父亲坐在一辆马车里,看起来那么憔悴,这让他感到一阵内疚。他从朋友那里得知,他父亲觉得"奥斯卡的人"在找他麻烦,用辱骂的绰号对他大叫,把他从各种旅馆中赶出来。波西写信给妹妹伊迪丝的丈夫,声称他对父亲只有一片善意和深情,他为自己曾写下那封狂热的信件感到遗憾。他的这封信被拿去给侯爵看了,后者很可能觉得两人之间有太多的嫌隙,没法清除干净;所以他没有吭声。

王尔德自己遭遇了一系列不祥的日子。首先是比亚兹莱,1898 年 3 月 16 日,二十五岁的比亚兹莱去世了。王尔德感到震惊,他写信给史密瑟斯说,"事实是骇人和悲惨的,一个人竟然会在如花一样的年纪死去,他让生活变得更加恐怖。"接下来是 1899 年 3 月 13 日他哥哥威利的去世,王尔德在瑞士收到这个消息。他对威利的妻子表达了同情,不过他自己并不会对哥哥之死表示哀悼。1900 年 2 月 23 日,道森的死亡对他的伤害更大。"他是一个可怜的、受伤的、非常了不起的人,像是一切悲剧诗歌的悲剧性重现,像是一种象征,或一个舞台场景,"他写信给史密瑟斯说,"我希望他的坟墓上会覆盖着月桂树叶,还有芸香和桃金娘,因为他知道什么是爱。"[47]这些死亡加剧了他的感受,九十年代注定在厄运中结束。

无家可归

> 不过,一切都没错:诸神把世界放在他们的膝盖上。我
> 是注定了要毁灭的。命运三女神摇晃着我的摇篮。①

　　道格拉斯在伦敦的时候,弗兰克·哈里斯来找王尔德,提出了新的旅游计划。王尔德曾拒绝跟他前往比利牛斯山,哈里斯生气了,王尔德写信给他说,"你是一个具有支配性人格的人;……你要求别人作出反响,要么你就彻底击溃别人。跟你在一起的乐趣就在于个性的冲突、智性的对抗和观念的斗争。要想不被你打败,必须具有强健的头脑、坚定的自我和精力充沛的个性。过去,在你的午宴上,客人们的遗体跟宴席上的剩菜一起被收走。我和你在公园路上一起吃午餐时,经常发现自己成了唯一的幸存者。"[48]他告诉韦尔登太太,"他[哈里斯]对待莎士比亚剧中之女性的态度,让福斯塔夫也会为之落泪。"现在,哈里斯提醒他,他曾经说过冬天他在巴黎没法写作,不过在较温暖的气候中,他就可以写作了,就跟鸟儿可以唱歌一样理所当然。哈里斯即将以四万英镑的价格出售《周六评论》,他邀请王尔德在蔚蓝海岸住上三个月。12月中旬,哈里斯抵达巴黎,打算在三天后离去,王尔德又拖延了三天,他不断向哈里斯要钱偿还自己的"债务"。周日夜里,他遵守约定跟哈里斯在里昂车站见面了,不过因为不得不跟莫里斯·吉尔伯特分开,他沉浸在浪漫之中,一副伤心欲绝的样子,他已经用哈里斯的钱给吉尔伯特买了一辆镀镍自行车。随后几周的很多讨论都围绕着这个话题展开,王尔德坚持认为男性之美比女性之美更出色,女性又矮又胖,就像叔本华说的那样,而哈里斯却认为米洛的维纳斯更胜于安提诺乌斯。王尔德如

---

① 引自王尔德写给卡洛斯·布莱克的信件。

今总喜欢谈论"超凡的"爱,在写给罗斯的信中,他不停地讲这些,根据哈里斯的说法,他的谈话里也充斥着这些。他藉以自卫的最佳格言是,"一个由于爱国被关进监狱的人还是爱国,一个由于喜爱男孩而被关进监狱的诗人也依然喜爱男孩。"[49]

571 1898年12月,在拉纳普勒(位于戛纳附近的海边)的浴室旅馆中,这两个朋友谈话的主题就是这些内容。哈里斯的观点是,拉纳普勒会很宁静,让人能够得到休息,适合集中精力,如果想要散散心的话,戛纳距此只有十英里的路程。结果,哈里斯在摩纳哥度过了自己的大部分时间,购买了一座旅馆和一家餐厅,所以他对王尔德就放任自流了。王尔德跟一个名叫哈罗德·梅勒的英国人混得很熟,梅勒喜欢听他讲话。哈里斯很少拜访拉纳普勒,有一次他过来的时候,无意间听到王尔德对梅勒说,他自己在社交圈的地位跟哈里斯的地位是完全不一样的,哈里斯会因为跟巴尔弗见面而感到自豪,而巴尔弗却因为跟王尔德见面而感到自豪。即便在王尔德情形较好的时期,他也会忍不住说出这种自我吹嘘的话来,而且总要摆出一副绅士派头。[50]

除了无所事事之外,王尔德什么都不想做。在巴黎,他曾经对劳伦斯·豪斯曼说,"我告诉你我打算写点东西;我对每个人都这么说……我可以每天重复这种事,打算明天就动笔。不过在我心里——那漂浮着沉闷回音的房间——我知道我永远不会写。构思这些故事,而且它们确实存在,我在脑子中能够让它们获得所需的形式,这就足够了。"[51]有两次令人难忘的会面。一次是跟萨拉·伯恩哈特在戛纳见面;她在上演《托斯卡》,王尔德和梅勒去后台拜访她。她用胳膊搂住王尔德,哭起来,他也哭了,"而且,"——根据他的说法——"整个晚上棒极了。"第二次会面就没那么令人愉快了;王尔德在海边步行,乔治·亚历山大骑着自行车过来了。"他狡诈地、令人不快地朝我笑了一下,没有停车就赶快骑了过去。他是多么可笑和卑鄙!"[52]

王尔德跟年轻男人一起懒洋洋地厮混。他写信给史密瑟斯说,"的确,即便在拉纳普勒也有艳遇可言。艳遇发生在船上,以年轻渔夫的形式出现,他们撒的网很棒,裸露着四肢;他们的完美真是不可思议;我不久前在尼斯;艳遇在那里是一种职业,人们在月光下为此辛勤地劳作。"哈里斯敦促王尔德写点什么,他回答说,他想着要写一个反驳《雷丁监狱之歌》的作品,他计划把它称作《年轻渔夫之歌》。他将会颂扬自由而不是监狱,愉悦而不是忧伤,亲吻而不是绞刑。他提及尚未动笔的那首诗歌中的三个诗节,不算差劲,哈里斯敦促他把它们写下来。王尔德拒绝了。他再也没法写作了。他告诉罗森斯坦,"我已经丧失了那种创作所需的强烈能量。"[53]哈里斯唐突地顶嘴说,自己不能继续无限期地提着个空麻袋,王尔德担心,这意味着哈里斯会立即中断对他的财政支持,不过哈里斯承诺说,在他已经答应的这三个月里,他会一直付钱。

　　这段时间结束之后,梅勒邀请王尔德作为自己的朋友去瑞士的格朗。路上,王尔德在尼斯短暂停留了一下,然后特意在热那亚待了一天。他想去给康斯坦斯的坟墓献花,她的坟墓位于若干小山的脚下,这些小山汇聚成了围绕这座城市的山脉。在他看来,石碑上的题字是充满"悲剧色彩的":"康斯坦斯·玛丽,王室法律顾问贺拉斯·劳埃德之女。"没有提到王尔德。仿佛他从未存在过。*"我还深深地——"他写信给罗斯说——"感受到,无论怎么懊悔都是徒然。事情不可能是别的样子,人生是一件非常可怕的事情。"[54]

　　带着这样的回忆,他继续去跟梅勒会合,作为一个主人,梅勒可没有哈里斯那么豪爽。他宁愿不断减损自己的好客之情,也不愿让王尔德滥用它。他提供的是廉价的瑞士酒,然后,或许是为了回应王尔德的喝酒速度,又改成了啤酒。借钱的事可没那么容易。"如果我让他借我五法郎,他就面露焦虑,上床去了。"最后,王尔德再也无法忍受更多的侮辱,他跟他拜拜了。梅勒意识到客人感到不高兴,向他道了歉;可王尔德还是走了,他沿着利古里亚海岸一路行去,1899 年 4 月 1 日,他在圣马格丽塔住了下来;他写信给罗斯说,"在巴黎我过得不好;在这里我觉得无聊;无聊是更糟糕的状态。"他一直都觉得非常无聊,直到 5 月份,罗

572

---

*　自那之后,碑上又增添了"奥斯卡·王尔德之妻"的字样。

斯来了,还清了他的债务,把他带回了巴黎。[55]1899 年 5 月 7 日,他被安置在涅瓦旅馆,然后是玛索里旅馆。罗斯成功地威慑住了他,让他在六个月内没有再酗酒。

道格拉斯又回到了巴黎,他在这段时间里过得很愉快。1899 年 5 月末,他正式宣称自己成了诗人,格兰特·理查兹在伦敦出版了《灵魂之城》,不过,道格拉斯并没有把自己的名字印在书名扉页上。这部诗集包括了 1896 年巴黎版中的二十五首诗,有十三首诗被删掉了,又新添了十八首诗。《展望》上发表了一篇同样以匿名形式出现的评论,认为他的作品是蹩脚诗人中的一位真正诗人的作品。文章的作者是他的亲戚莱昂内尔·约翰逊,虽然道格拉斯当时并不知道是他。詹姆斯·道格拉斯在《星报》上发表了一篇匿名的颂词。为了表示庆祝,波西带王尔德出去大吃了一顿。并不是所有的回应都是积极的;莫德林学院的院长赫伯特·沃伦写信给他,"很遗憾我不能接受你的这部书籍。"[56]第二版印上了作者道格拉斯的名字,它根本就没有销路。

王尔德的生活节奏跟过去差不多。他偶尔纵情于一些短途旅行,有一次去了枫丹白露。他坐在宫殿门口的一家咖啡馆里,被一位在伦敦认识的名叫彼得·查尔姆斯·米切尔的科学家认了出来。米切尔告诉两位跟他一起喝咖啡的朋友说,那就是王尔德,他们都走了。不过,米切尔走到王尔德身边,说,"王尔德先生,我猜你记不得我了,不过很久以前,在皇家咖啡屋,伊恩·锡恩曾把我引介给你。""伊恩·锡恩。对呀! 他去世了吗?""我想是去世了。我有好几年没得到他的消息了。罗比·罗斯也是我的朋友。"听到这句话,王尔德说,"啊! 罗比,长着小精灵的脸蛋,有着天使的心肠。你愿意跟我坐在一起吗?"米切尔坐下来之后,王尔德说,"我当然记得你。我们聊了又聊,我问你怎样摆脱肉体。我把你写进了《道林·格雷》,不过我觉得想敲诈你可并不容易。伊恩! 在我遣词造句的那些日子里,我说伊恩'具有高超的堕落技艺'。"他们谈到了诗歌和监狱,跟过去一样,王尔德给米切尔留下了深刻印象。最后,米切尔起身了,他请王尔德一起去吃饭,但是他拒绝了,说,"你的朋友们受不了的。我要回自己的小旅馆去,那里的人不认识我。再见。谢谢你。"[57]

在这些远足的间隙期间,他无处可去。歌剧歌手内莉·梅尔巴在伦敦就认识他,一天早上,她走在巴黎的街道上,一个衣衫褴褛的高大男人在街角处徘徊,他的衣领向上翻起,遮住了脖子。"梅尔巴太太,"一个嗓音响起,"你不知道我是谁吗? 我是奥斯卡·王尔德,我打算做一件可怕的事情。我打算向你要钱。"她掏出钱包里所有的钱,都给了他;他嘟哝了几声谢谢,走了。她记得很久以前的初次相遇,那时,他曾经说过,"啊,梅尔巴太太,我是语言勋爵,你是歌曲女王,所以我想,我得为你写一首十四行。"爱伦·特里和艾梅·劳瑟也在巴黎见过他,当时他正瞅着糕点店的橱窗,在咬手指。她们邀请他去吃饭。他的聊天精彩极了,一如既往,不过,那之后,她们再也没有见过他。[58]

记者莫顿·富勒顿是亨利·詹姆斯的一个朋友,他的一封信件表明,王尔德开始纠缠人,结果不得不面对这样的龌龊回复:

卡布辛大道35号

1899 年 6 月 23 日

亲爱的梅尔莫斯

这么久都没有回复你那动人的恳求,我为此感到难过。不过,我去司汤达的母国度假去了,直到昨天才留意到你的**麻烦**。

你请我来拯救一位像你这样的艺术家,这让我感到太荣幸了。如果三星期前,我口袋里还有钱的时候就知道这种情形的话,我片刻都不会犹豫,尤其是我刚收到你的剧本[《不可儿戏》],正想要脱口说出这句话:"它简直比得上同样分量的金子。"可是,眼下,我刚结束昂贵的旅行,虽然心怀最大程度的好意,我也没办法抓住机会,在这场独特的喜剧中扮演这个角色——当然,我是根据"喜剧"这个词的希腊和高卢意义来使用它的,只有《温德米尔夫人的扇子》和《不可儿戏》的仰慕者才会理解这种意义。为了应答如此的请求,一个人

574

被迫遗憾地做出这种回复,这些杰作的作者是非常敏锐,才智过人的,他一定会对这个人的遗憾深表同情;而且,这种请求是这个人肯定没想到的,也不可能去满足的,不过,它并不会因此就显得不宝贵。我只好隐约期待,在此期间,这种压力已成为过去,你(不管你是什么人)不会再有机会把我或别人置身于这样一种状态,它真是让人十分苦恼。

W. M. 富勒顿谨启

王尔德在回信中只说了一句,"亲爱的富勒顿,这么小的一件事,不需要踩上高跷来表达情绪吧。"[59]

在《T. P. 周刊》上,T. P. 奥康纳说,他的朋友约翰·奥康纳曾经是一位有名望的爱尔兰国会议员,他在一家餐厅里认出了王尔德,他看到王尔德的门牙没了,也没有补假牙,于是受到触动,就过去跟他说话。王尔德回答,"你认错人了,先生,"意思是他并不是这位同胞认识的人。他的牛津朋友博德利从旁边走过,王尔德假装没认出他来。博德利坚持要跟他攀谈,邀请他去家里。但是一听说博德利全家都在,王尔德犹豫了,然后就溜走了。他对马克斯·德莫雷斯说,"我是一个浪子。这个世纪将会有两个浪子,保罗·魏尔伦和我。"[60]

有一天,在意大利大道,爱德华·德马克斯从王尔德身边经过,他俩很久以前就认识。"哦,德马克斯先生,你这也认不出我了。""啊,大师,我亲爱的大师,"德马克斯停下来说,他几乎要落泪了,"我发誓我没认出你来。"整条大街上的人都看到他握住了这位诗人的双手,亲吻了它们。

路易斯·拉图雷特遇见了从卡里萨亚咖啡馆出来的王尔德,当时后者刚做过喉咙手术。王尔德说,"我想要让你看看道林·格雷的照片,"然后他拿出一张照片,上面是他在罗马认识的一个年轻英国人。"我想象中的道林就是这样的。直到我在书中描述了他之后,我才找到或看到他。你看,我的想法是对的,艺术激发和引导了自然。如果我没有描写过道林的话,这个年轻人就不会存在。"拉图雷特说他们俩路过了新桥（Pont Neuf），看到一个年轻女人跳进河中。一位船员救了她。王尔德焦虑地瞅着这一幕。"我本可以去救那个女人。但是我不能这么做。是的，的确如此。这太可怕了。人们会以为我在寻求关注。英雄气概只会带来丑闻。自从受审之后，英雄气概和天赋都不属于我了。你知道的，我曾经略微作过一些努力，想要进入一家修道院。那本是最好的结局。可是我会制造出一起丑闻。怜悯我吧，记着我原本可以去救那个女人的。"[61]

某天晚上在剧院里发生的事情要更令人愉快些，埃玛·卡尔韦当时坐在观众中，她根据前排男人的后背认出了他是谁。等到幕间休息的时候，她才对他说，"王尔德先生"，王尔德掉过头来。他记得他曾经在伦敦的一场盛大宴会上见过她，当时，他走近女主人的身边，问自己是否可以带来一位曾坐过牢的法国诗人——女主人同意了，于是他向大家引介了保罗·魏尔伦，还朗读了他的一首狱中诗歌。如今，他握住卡尔韦的双手，用一种让她心碎的口吻说，"喔，卡尔韦！卡尔韦！"[62]

鬼　魂

被人谈论，而不是跟别人交谈，是令人愉快的。

还有其他的碰面和不碰面。就像一出拙劣的戏剧，王尔德尽情观看了它。爱德华·卡森有一次差点把某个大个头逼进了水沟，他正准备道歉，发现那人就是王尔德。奥斯卡·勃朗宁乘坐一辆马车经过王尔德身边，当他认出那人是谁的时候，已经太迟了。"王尔德眼中突然流露出的痛苦是令人难忘的。"斯图尔特·梅里尔、孟戴斯、巴雷斯，"不过十年前，那些法国人还在舔我这位征服者的靴子"，如今他们都佯装没有看见他。[63]惠斯勒和王尔德都走进了同一家餐厅，两人就此相遇,在听得见声音的寂静中,王尔德对自己说,这位画家看上去是多么衰老和古怪。"我的刑罚和入狱让吉米对英国和英国人刮目相看。其他任何事都不会产生这种效果。"他后来说。惠斯勒说,"王尔德在创作《鸡奸者歌剧》①(*The Bugger's Opera*)。"他这番话更显露了其人的龌龊,而不是才智。[64]有一天晚上,在一家餐馆,看相人切洛瞅见了王尔德,于是走过来。"过得怎么样啊,亲爱的朋友?"王尔德说,"现在谁都不理睬我了。"他时常想起切洛在五年前的预言。威尔·罗森斯坦和他妻子带王尔德出去吃饭,结果他却选择了一家餐厅,在那里跟乐师之一公然调情。下一次去巴黎的时候,他们决定躲开他,不过,要想在巴黎的几条著名大街上避开他是不可能的,当他意识到他们宁愿躲开他时,他看起来像是受了伤害。[65]

王尔德现在可谓是声名狼藉,其程度不亚于他在九十年代初的美名远扬。有人在美国的大学附近兜售一套覆有猩红色封皮的照片册,题目是《奥斯卡·王尔德的罪恶》(*The Sins of Oscar Wilde*)。年轻人受到警告,别像他那样一失足成千古恨。一位名叫阿姆斯特朗的大学新生坐在摄政咖啡馆,他要了一瓶白葡萄酒,有人问,"你有火柴吗?"他抬起头来,看到一个大个子,脸上涂着粉或药膏(王尔德得了皮疹)。王尔德想要一杯酒;阿姆斯特朗又买了一瓶。然后,一个友好的旁观者丢下一张卡片,上面写着,"那人是奥斯卡·王尔德。"阿姆斯特朗脸红了。王尔德看了看一只银表,起身说,"我帮你解决这种尴尬。"不过,他们碰巧又见面了。阿姆斯特朗正在都尔奈勒桥上为河流作画,王尔德闲逛过来。他开始替传统艺术作辩护。他宣称,水是没法画的;希腊和中世纪的画家只用锯齿线条和曲线来表现水,这是对的。然后,他又提到了关于圣巴托罗缪、凯瑟琳·德·美第奇和亨利三世的巴黎历史遗迹。听说阿姆斯特朗来自阿肯色州,他问当地是否有泉水。"有的,有温泉,"阿姆斯特朗说。"我希望能像一只受伤的雄鹿那样逃到阿肯色去,"王尔德告诉他。然

---

① 此处借 *The Beggar's Opera*(《乞丐歌剧》)来讥讽王尔德,因 bugger(鸡奸者)与 beggar(乞丐)谐音。

后,他沉默了下来,突然晃动了一下,说,"感谢你的倾听。我很孤独。"阿姆斯特朗写信给母亲说,他见到了奥斯卡·王尔德,他被要求乘坐下一班轮船回家去。[66]

友善的举动偶尔会驱散乌云。王尔德在玛索里旅馆欠下了债务,旅馆老板要求他还清账单,否则就不能拿走行李。让·迪普瓦里耶经营着阿尔萨斯旅馆,他喜欢王尔德,帮他垫了钱。从 1899 年 8 月到 1900 年 4 月 2 日,他住在迪普瓦里耶的旅馆里。然后,在 1900 年 4 月,哈罗德·梅勒劝说王尔德跟他一起去巴勒莫和罗马,说他会资助王尔德不超过五十英镑的钱。虽然这个邀请很寒酸,王尔德还是接受了。他们先去了巴勒莫,在那里待了八天,然后去那不勒斯待了三天。他们在耶稣升天日抵达罗马,王尔德想起了他在二十三年前的罗马之行,当时,他还拜见了庇护九世。他看到亨特·布莱尔的朋友吉塞尔依然在那里担任教宗侍从,感到很有趣,在复活节那一天——吉塞尔惊惶地看到——王尔德站在朝圣者的前排,接受了教皇的赐福。"我的手杖似乎要发芽了。"他在写给罗斯的信中嘲讽道,还解释说他是通过奇迹获得了这个场合的入门券,为此他支付了三十块银子。① 他宣称自己患了好几个月的皮疹被教皇的赐福治愈了。在他待在罗马的日子里,他设法让教皇为他赐福了六次,不过这种奇迹般的痊愈并没有维持下去。王尔德看到自己的昔日门徒约翰·格雷如今成了神学院学生,安德烈·拉夫洛维奇为他支付了相关的费用,他也被这事逗乐了。根据伊迪丝·库珀听到的版本,格雷跟其他神学院同学一起走着,遇见"一个大块头,仿佛想挡住他的去路。两人保持着沉默——但带有一丝嘲讽的意味"。[67]他们没有再见面。

在格朗,王尔德和梅勒共处了十天,那之后,他返回巴黎,住进了阿尔萨斯旅馆。这个旅馆被官方划入了第十等旅馆,但是旅馆主迪普瓦里耶认为它有资格被列入第五等。迪普瓦里耶尽可能让王尔德感到舒适:他在十一点为他端来早 577

---

① 犹大为三十块银子出卖了耶稣,王尔德以开玩笑的口气引用了这个典故。

餐(咖啡、面包和黄油),在下午两点端来炸肉排和两个煎得较老的荷包蛋。他还会每周提供四五瓶拿破仑干邑,价格是二十五法郎,后来涨到二十八法郎。五点钟,王尔德会去摄政咖啡馆,然后在巴黎咖啡馆吃晚餐,通常要待到凌晨两三点钟。[68]他还经常去卡里萨亚咖啡馆,埃内斯特·拉热内斯、让·莫雷亚斯和其他人会在那里跟他碰面。

他决意要继续奢侈下去。雷诺说,有一天晚上,他要人给他拿烟来。一位侍者给他拿了一包马里兰,他拒绝了。"不,要浅色的。"给他拿来了纳西尔。"不行,要有金色过滤嘴的。"一位马夫从格兰德大酒店的服务台上帮他拿了一些。王尔德给了他一个金路易,马夫拿着它去换零钱了。与此同时,王尔德点燃一支烟,说,"哈!"马夫换回零钱之后,他说,"别,拿着吧。那样的话,我就会让自己相信这些烟是好烟了。"[69]

传来了关于昆斯伯里的消息。1900 年 1 月,侯爵快要死了,他只想见自己的第一任妻子,想告诉她,他一直都爱她。他的儿子和头衔继承人珀西前来拜访父亲,他强打起精神,朝他吐了一口唾沫。波西没有冒这样的险。在 1 月 31 日的死期之前,据说,昆斯伯里放弃了他的不可知论,宣称他是热爱基督的,"我向他忏悔我的全部罪恶。"他在一位天主教牧师手下接受了有条件的赦免。不久后,道格拉斯和珀西(如今是第十世侯爵了)来到了巴黎,怀着最深切的哀悼和最高昂的情绪。昆斯伯里的遗嘱允许继承人随意使用不属于限嗣范围内的一切财产,仿佛他已经决定,他放荡的儿子们有权利毁掉自己。* 他们确实这样做

---

    * 昆斯伯里的遗嘱是忠于他的原则的。其内容包括,"我死后希望被火化,把我的骨灰埋进土中,不要装在任何东西里,土归土,尘归尘,在我喜欢的任何最便利的地方。下面会跟儿子提到这些地方。哈里福特是可供选择的。我尤其要求不要在我的墓前举行基督教的虚假仪式或干些蠢事,我要像个世俗论者和不可知论者那样被埋葬。我自己也有很多信仰,如果这样说可以给人带来安慰的话,也有很多人跟我信仰相同,他们会来到我埋灰的地方,说几句常识性的话。署名:昆斯伯里,1 月 23 日/95 年。埋灰的地方:克莱夫特山峰,或邓弗里斯郡的昆斯伯里,那片平地的尽头,可以俯瞰纽洛克、哈里福特和巴克斯。不需要或不要求任何纪念碑或石碑,或送葬队列,一个人的一只手就可以拿得下骨灰了。如果没选择这些地方,那就另选一个地方,只要星光照得到,太阳依然会让每一个新升的早晨熠熠生辉就行。"

了。不过,道格拉斯现在有了近两万英镑的财富。罗斯敦促王尔德写信给道格拉斯,让道格拉斯赠送他一笔钱,这样一来,除了妻子每年一百五十英镑的遗赠之外,他就还会有一笔确定的收入了。王尔德在和平咖啡馆提出了这件事,可是波西大怒,义愤填膺。"除了我自己之外,其他的事我可花不起钱。"他宣布,王尔德略微坚持了一下,他就指责他"像一个老娼妓那样"在哄骗他。王尔德说,"如果你认为我没有权利提出要求,那也就没什么可说的了。"他向哈里斯坦白说,"他让我流血不止。"[70]道格拉斯花钱如流水,包括在尚蒂伊的一个赛马训练场上,还有他那奢侈的生活,他继承的遗产就这样被挥霍掉了。他相信,有很多美国女继承人都等着他求婚,他随时可以从中挑选一个。道格拉斯觉得,王尔德没有权利要求他做什么,虽然他愿意偶尔给点施舍,但他讨厌那种认为他有事需要懊悔的看法。

对于王尔德来说,只剩下最后一个令人痛苦的时刻了。他是一个在等待什么的人,也许在等待奇迹,结果却发现等来的是死亡。1900 年夏天,他获得了一种新的慰藉,即国际博览会。他跟莫里斯·吉尔伯特一起参观了罗丹的工作室,这位伟大的雕塑家亲自向王尔德展示了他的"大理石之梦",即《地狱之门》。路易斯在 1891 年把保罗·福尔介绍给了王尔德,现在,王尔德跟他一起去看了摔跤比赛,他尤其关注一个名叫拉乌尔·勒布歇的赛手的运气。[71]他还去了各个国家的咖啡馆,对一切事物都表现出一种孩子气的喜悦。"修道院或咖啡馆——那就是我的未来。我试过家庭生活,但失败了。"8 月的一个夜里,在卡里萨亚咖啡馆,他扼要地叙述了自己写过的一切故事,照朋友埃内斯特·拉热内斯的说法,仿佛是最后一次展示他的激情。有一天夜里,在西班牙咖啡馆,他母亲的朋友安娜·德布雷蒙正和友人们坐在一起,她看见王尔德走向她。她很担心他会影响到友人,于是举起了扇子。然而,当王尔德离开后,一个朋友对她说,"我倒是想跟他见见面,看看他是哪一种怪物。"这个说法让伯爵夫人感到吃惊,她一夜都没睡。清晨,她起得很早,沿着香榭丽舍大街走向协和桥,她在那里心血来潮地登上了一条把乘客送往圣克卢的**河船**。

在途中,她听到一个声音:"早上好,看到我吃惊吗? 当然不。在这个伟大的巴黎,你不是唯一心神不宁的人。"他昨夜已经看到了她,但不想在陌生人面前跟她说话。"生活把别具风味的杯子递到我唇边,我喝到只剩下残渣",他对她的说法就像是对梅特林克的说法,"我畅饮了蜜汁,又畅饮了苦水,我在甜中品尝到了苦,在苦中品尝到了甜"。"为什么你现在不写作了?"她问。"因为我已经把一切要写的都写完了。我在不了解生活时就开始写作,既然我了解了生活的意义,我就没什么可写的了。"接着,他变得不那么懊恼了,他说,"我找到了我的灵魂。我在监狱中感到快乐,因为我找到了我的灵魂。"安娜·德布雷蒙觉得自己几乎落泪了,可是他们抵达了码头,他说,"伯爵夫人,别为我难过",然后就离开了她。[72]

579 这个夏天,曾经在戛纳冷落过他的乔治·亚历山大拜访了他,提出要帮助他。王尔德的财产被破产拍卖时,亚历山大购买了《不可儿戏》和《温德米尔夫人的扇子》的表演权,这些戏剧正开始重新上演,他现在提议说,为了这些戏剧,他自愿给王尔德一些钱,还要把它们的版权遗赠给王尔德的儿子。王尔德被感动了。弗兰克·哈里斯提出了一种新奇的施舍方式,他对王尔德说,"既然你写不出你的那个剧本,为什么不让我代替你写? 我们可以分享版税。"王尔德签署了一份大意如此的合同,不过他并没有告诉哈里斯,就这个剧本,他已经在1899年10月4日跟查尔斯·福罗曼签了合同,大约在1900年2月7日又跟艾达·里恩签了合同,还跟史密瑟斯签过合同。哈里斯确实很有效率地把这个剧本(或某个剧本)拼凑了起来,1900年秋天,《达文特里夫妻》在伦敦上演,小有所获。王尔德说,"你不但偷了我的剧本,还把它给搞砸了。"他要求获得他那份版税,哈里斯解释说,他不得不解决其他人提出的主张,为了这部未动笔的剧本,他们都向王尔德支付了预付款。王尔德由于哈里斯的背信弃义而感到十分痛苦,虽然哈里斯对他一向是慷慨大方的。[73]哈里斯的背信弃义取代了道格拉斯的背信弃义,随着秋天的加深,他反刍着这件事。

尾　声

我不知道

死亡会这么痛苦：我以为生活

已经囊括了全部的痛楚……①

每个人生来都是一个国王，大多数人都死在流放之

中——就像大多数国王那样。②

在这几个月里，还有一件事变得令人担忧，那就是他的健康。蛤贝中毒——他坚持要使用这种叫法——起始于 1899 年的夏天，导致他的手臂、胸脯和背部长出了众多的红斑点。他忍不住要抓痒，他对罗斯说，"我比任何时候都更像是一只猿猴，可是我希望你会给我一顿午餐，而不是一个坚果。"一个医生认为这是神经衰弱症，不是蛤贝中毒。剩不下多少时间供医生去作诊断了。这不是梅毒，因为梅毒引起的皮疹不会发痒。不过，几乎可以肯定，王尔德的最后疾病的源头是梅毒。如果他自己的活动日程表是准确的话，那么，到了 1900 年 9 月底，他已经卧床不起了。莫里斯·阿克特·塔克是一位三十二岁的使馆医生，根据罗斯的说法，他完全搞错了王尔德的病情，虽然在最后的日子里，他的诊断是较为准确的。不过，他很热心，根据他落款于 1900 年 12 月 5 日的账单，他拜访了病人六十八次，最早是在 9 月 27 日。王尔德在 9 月 26 日写信给哈里斯，"你就这样丢下我，我卧病不起，一天做两次手术，疼痛不止，身无分文，这真是太无耻了。"[74] 塔克医生建议做一个耳科手术。这一次王尔德犹豫了，因为他没有钱支

580

---

① 引自《帕多瓦公爵夫人》。
② 引自《无足轻重的女人》。

付账单,但是医生警告他说,再耽搁下去会有危险,他就从朋友那里借了钱,10月10日,他让一个名叫克莱斯的外科医生在他的旅馆房间里为他动了手术。根据一位现代医生的看法,这可能是一次耳膜穿刺或息肉割除手术。虽然罗斯说它是一个小手术,王尔德——也许是夸大了自己的困苦——却对哈里斯说这是一个“最可怕的”手术,它需要一位男性看护的日夜照顾,还需要旅馆里有一个医生守着,又用了很多药物。威廉·王尔德爵士曾经在《耳外科》(1853)中写道,“只要有耳漏的现象(耳朵流脓),我们就永远不清楚它会怎么停止,什么时候停止,在哪个部位停止,抑或它会带来怎样的结果。”[75]一个名叫埃尼翁的人每天为他的耳朵换药。在紧急情况下,罗斯永远是王尔德的忠实朋友,王尔德发电报把做手术的事情告诉了罗斯,请他穿越海峡到法国来:“十分虚弱。请来见我。”前些时候,他还给哈里斯写了信,“殓房张着大嘴在等我。我去那里查看了我的那张包锌的床。”[76]事实上,他的确去过殓房。关于死亡的想法从未远离他,他的朋友们无法区分他到底是真害怕呢,抑或只是为了博取他们的同情。“人活着的时候,应该像是没有死亡这回事,”他曾经写过,“人死的时候,应该像是从未活过。”不过,在身体良好的状况下,作这番指点当然是站着说话不觉腰疼。

罗斯本计划在月底过来,然而,听到王尔德的病情之后,他在10月16日从伦敦匆忙赶来,那是王尔德的生日。他发现他的朋友精神很好,他把自己所受的苦难说得很可怕,但是又对它们一笑置之。“啊,罗比,”他说,“我们死了之后,被埋在板岩坟墓中,最后审判的喇叭响起。我会转过身去对你低语,‘罗比,罗比,让我们佯装没听见。’”[77]幸运的是,正好此时他有很多人的陪伴:雷吉·特纳在巴黎,还有罗斯的哥哥亚历克斯。王尔德对威利的遗孀莉莉和她的新婚丈夫特谢拉·德马托斯说,“我入不敷出地死了。我活不过这个世纪。英国人不会容忍这种事。我要为世界博览会的失败承担责任*:英国人看到我穿着入时

---

* 1900年在巴黎举办的世界博览会,从4月14日至11月5日。

又心情愉快地出现在那里，就都跑了。其他英国人也知道了这一点，他们再也受不了我了。"莉莉有点无情地说，她的第一任丈夫威利在临死前也说过类似的预言。奥斯卡对艾丽丝·罗森斯坦说，"我甚至连死都死不起。"他总是说，在拿破仑的一生中，圣赫勒拿是"所有主题中最重要的一个"，他已经来到了圣赫勒拿。他告诉罗斯，他的戏剧上演得太长了。[78]

581

10月29日中午，数星期以来，王尔德第一次下了床；医生曾告诉他，他起床的时间可能会更早。那天晚上，在房间里吃过晚餐之后，他坚持要跟罗斯去散步。他费了一番劲才走到一家咖啡馆，在那里喝了苦艾酒，然后又很辛苦地走回来。王尔德对克莱尔·德普拉说，"我的壁纸和我进行了一场殊死的决斗。我们两个中有一个必须离开。"罗斯说，"你会害死自己的，奥斯卡。你知道医生说过，苦艾酒对你有害。""那么，我为什么而活呢？"王尔德问。[79]次日，就像罗斯担心的那样，他感冒了，抱怨说耳朵很痛。塔克医生认为，天气暖和时在树林里乘车兜一圈不会有什么害处，可是在途中，他告诉罗斯他觉得头晕，他们立刻就掉头回去了。他的耳朵出现脓肿；他患上了中耳炎。根据特纳的说法，医生目前对此的诊断是，这是"他在二十岁时感染上的疾病的第三期症状"。它直接导致了脑膜炎，照罗斯的说法，这是第三期梅毒发作的结果。给伤口换药的人（**敷药员**）警告罗斯说，王尔德的病情恶化了。11月6日，罗斯安排了跟塔克医生的私下会面，塔克医生的那种快活样子或多或少消除了他的顾虑。但是就在那天下午，王尔德拒绝遵从医嘱，他情绪很激动。他说他不在乎自己活不久了；他请罗斯在他死后为他清偿部分债务，这笔债务总计有四百英镑。他请他务必有一天要出版《来自深渊》，他觉得，这篇文章会在一定程度上恢复他跟世人的关系。他觉得又要病倒了。医生已经开出了吗啡，迪普瓦里耶为他注射了，但不再有效；只有鸦片和三氯乙醛还行。[80]他白天还喝了香槟。他的耳朵越来越痛，敷药员拒不听从塔克的医嘱，为伤口敷裹了药膏。

雷吉·特纳和罗斯几乎一直都陪伴在他身边，王尔德对他们说，"我梦见自己跟死者一起共进晚餐。"特纳回答说，"亲爱的奥斯卡，你恐怕是那场宴会上的活力源泉和灵魂支柱吧。"王尔德再次兴高采烈起来,几乎到了歇斯底里的地步,但是罗斯越来越担忧。11 月 2 日,他去了拉雪兹神甫墓地;王尔德问罗斯是否帮他挑选了一个墓穴。11 月 6 日,罗斯写信给道格拉斯说王尔德病得很重,而且负债累累。11 月 12 日,星期一,罗斯去跟王尔德说再见,他已经答应母亲会跟她在法国南部会合。王尔德请求他不要走开,说在这最后几天里,他觉得变化很大,他再也见不到罗斯了。罗斯说他不得不走,王尔德说,"帮我在靠近尼斯的山上留意找个小山坳,我身体好一些就可以去那里,你也可以经常去那里看望我。"[81]他还提到了自己的孩子——关于维维安,维维安曾经突然对家庭老师说,"我是一个天主教徒。"

582

雷吉·特纳代替了罗斯,守护在王尔德的床边,十天后,王尔德的情形显然并没有好转。11 月 25 日的一次会诊认定几乎没戏了;医生们担心炎症将感染大脑。他们停用了吗啡,不过伪装出还继续注射吗啡的样子。11 月 27 日,医生们认为王尔德的头脑已经不清楚了,但他还是振作了起来,再次说了一些条理清楚的话,似乎病情好转了一点。* "可怜的奥斯卡已经不为除了塔克之外的任何事情担忧了。"特纳记录道。从 11 月 26 日到 28 日,他有时会陷入谵妄的状态,用英语和法语胡说八道。特纳把一个冰袋敷盖在他头上,他忍受了,但是,过了四十五分钟之后,他问,"亲爱的小犹太人,你觉得时间还不够吗?"他突然说,

---

* 医生在当天写的病历被保留了下来:

11 月 25 日,周日,以下的署名医生对奥斯卡·王尔德先生(被叫作梅尔莫斯)进行了诊断,证实存在着严重的大脑失调,源于已经治疗了数年的右耳化脓。

27 日,症状大为恶化。无疑,经诊断肯定是脑膜炎。由于无法断定其位置,也就无法考虑进行头部穿孔。

我们建议的治疗方案是纯粹药物性的,外科介入性治疗似乎是不可能的。

巴黎,1900 年 11 月 27 日

保罗·克莱斯医生　阿克特·塔克医学博士

家人不在场(根据我们的要求将会通知他们)的情况下,特纳先生和迪普瓦里耶出席了会诊。

雷金纳德·特纳

旅馆主 J.迪普瓦里耶

"犹太人没有优美的人生哲学,但他们是令人愉快的。"他对敷在双脚上的芥末膏药就不那么愿意合作了,他不让任何人为他敷这种膏药。"你应该去当医生,"他对特纳说,"因为你总希望别人做那些他们不想做的事情。"再动手术是根本办不到的,他还不肯吃任何营养品。他问特纳,是否能够让一个芒斯特人为他做饭,还补充说蒸汽船都是彼此相似的。"芒斯特"是在霍利黑德和金斯顿之间定期往返的船只之一,所以,王尔德正在想象自己回到了爱尔兰。27 日,特纳写信给罗斯:

583

> 今天他要火油(paraffin)——最终我们搞明白他的意思是《祖国报》(Patrie)。当他拿到报纸时,他看到克鲁格(Kruger)穿着毛皮外套的照片,感到狂喜万分。他现在连有些词的发音都拿不准了。照顾他是非常困难的,因为他不肯听从医生的嘱咐。

28 日,他看起来略微好了一点,宣称说那部未动笔的剧本值五十个生丁。[82]特纳回忆说,在最后的谈话中,他提到了格特鲁德·阿瑟顿的小说《参议员诺斯》(Senator North),一周前,特纳给他拿来了这本书:"这是对美国政客的出色研究,"他说,"在性格描述方面很准确。这位女士还写过什么?"[83]他的体温非常高,特纳给罗斯发了电报,"几乎无望"。罗斯从法国南部赶上一班快车,在 29 日早晨抵达,他发现王尔德瘦了,身体发青,呼吸沉重。他的胡子已经两周没剃了。他试图跟罗斯和特纳说话,但只能握住他们的手。他把自己的手塞进嘴里,避免因为疼痛而叫出声来。

是否要把牧师喊到临终的朋友身边?罗伯特·罗斯对此犹豫不决。他根本无法确定王尔德的愿望。很久以前,王尔德说过,"只有天主教能为人送终。"在去世三周之前,他曾经对一位《每日纪事报》的记者说,"在很大程度上,我的不道德是因为我父亲不让我皈依天主教。教会的艺术性和它那芬芳的教义本会治愈我的性倒错。不久后,我就想要皈依它。"(他也这么对拉图雷特说过。)罗斯知道,王尔德曾经"像一个真正的天主教徒那样跪在"巴黎圣母院的一位神父面前,还跪在那不勒斯的一位神父面前,就像跪在罗马的教皇面前那样。[84]但是他的观点简直一点都不正统。他对珀西瓦尔·阿尔米说,基督并不是神圣的:"这会在他和人的灵魂之间划开巨大的鸿沟。"他告诉乔治·艾维斯,他希望我们在另一个世界拥有强烈的激情。当另一位朋友谈论起圣灵中的生活,他回答说,"不存在地狱,只有——没有灵魂的肉体,或没有肉体的灵魂。"[85]刚获释不久,他就对特纳说,"天主教会只为圣徒和罪人而设。英国国教才是为那些体面人设置的。"当罗斯热情地宣布天主教是真实的,王尔德以一种慈祥的语气说,"不,罗比,它不是真实的。"王尔德知道罗斯渴望他皈依天主教,有一次,他提出要见神父。但罗斯认定他不够严肃,那之后,王尔德就把罗斯称作"拿着火红剑刃的小天使,把我挡在了伊甸园的外面"。[86]

584 　　面对王尔德的悲惨情景,罗斯下定了决心。他后来告诉马克斯·梅耶荷德,在王尔德失去知觉的时候,他决定为他去找一个神父,这样就可以举行正式的追悼仪式和隆重葬礼了。否则的话,尸体也许会被送进殓房去验尸。他匆忙赶到苦难会教堂(the Passionist Fathers),带回了卡斯伯特·邓恩神父。* 罗斯问王尔德是否愿意见邓恩,不能言语的王尔德举起了手。邓恩问他是否愿意皈依,他再次举起手。据此,邓恩为他施行了有条件的受洗,赦免了他的罪过,为他涂了油膏。"他一直说不出话来,我们不知道他到底有没有意识,"罗斯说,"出于自己的良心和我许下的诺言,我才这么做的。"[87]在手上和脚上涂抹圣油,这或许是对他疏忽的或干过的事情的一种仪式性赦罪,或许也就像是在他的纽扣孔中插一支绿色康乃馨。

　　早上五点半,让罗斯和特纳感到惊恐的是,王尔德开始发出一种响亮有力的濒死喉鸣,就像是曲柄的转动声。上午,他的口中流出泡沫和血,下午两点差十分,王尔德死了。(死亡证明上说时间是 11 月 30 日下午两点。)他刚刚咽下最后

---

* 罗斯的名片被保存了下来,上面写着:"我有紧急事情,能见神父吗? 或者,告诉我去哪儿找一个用英语为临终者施行圣事的神父?"

一口气，身体就溢出了液体，这些液体从耳朵、鼻子、嘴巴和其他窟窿中流出来。他的遗骸是非常可怕的。*[88]迪普瓦里耶装殓了王尔德，给他穿上白色的衬衫式睡衣，再蒙上一层白床单。邓恩在他手中放了一串玫瑰念珠，又在他身上放了一些棕榈叶。在罗斯的要求下，莫里斯·吉尔伯特为遗体拍摄了一张用了闪光灯的照片。

罗斯给道格拉斯发了电报，12月2日，他到了。他是追悼仪式上的主祭，"一场第六等的葬礼"。** 棺材是廉价的，枢车是破旧的。有人送了一些花圈，送花圈的人包括道格拉斯、阿迪、特纳、罗斯、阿德拉·舒斯特、克利夫顿、莫里斯·吉尔伯特、路易斯·威尔金森、梅勒、特谢拉·德马托斯夫妇、塔克医生，甚至连迪普瓦里耶也送了一个——"给我的租客"。《法国信使》也送来一个花圈。出席葬礼的有斯图尔特·梅里尔、保罗·福尔、阿曼德·波因特、让·德米蒂（司汤达的编辑）、查尔斯·卢卡斯、马塞尔·巴塔伦、查尔斯·吉布莱[?]、马里于斯·布瓦松、埃内斯特·拉热内斯、米歇尔·塔维拉、亨利·达维、弗雷德里克·布泰、莱昂纳尔·萨尔路易、亨利·达文雷。据说，雷蒙·德·拉塔亚德和让·里克蒂斯在王尔德病重时每天都来看望他，拉塔亚德据称还出席了葬礼。布泰说有一个名叫彼得斯的美国画家也在场。其他出席葬礼的包括塔克医生、罗斯、特纳、比埃尔·路易斯（他跟王尔德已经好几年没见面了），安娜·德布雷蒙和她的女仆，康斯坦斯雇佣过的一个女仆，蒙着厚厚面纱的斯图尔特·梅里尔太太，一个名叫米利亚姆·奥德里奇的美国女人，还有几位记者。卡斯伯特·邓恩神父在圣日耳曼德佩教堂举行了追思弥撒，教堂只为送葬者开了一扇侧门。枢车（号码是13）后跟了四辆马车。罗斯、道格拉斯、特纳和迪普瓦里耶乘坐了第一辆马车；神父和一个唱诗班少年乘坐了

585

---

　　* 特纳——也许是出于自我审查——后来否认有这种事情发生，但奥古斯塔斯·约翰说，他听罗斯和特纳说起过此事。

　　** 在《不可儿戏》中，杰克谈到了他所谓的去世的兄弟，"他似乎表达过想要被葬在巴黎的愿望。"切西伯先生评论说，"在巴黎！"他摇摇头，"恐怕是临终前他的头脑变糊涂了吧。"

第二辆;第三辆上坐着斯图尔特·梅里尔太太、保罗·福尔、达维和萨尔路易;罗斯不认识第四辆马车上的人。冈纳·海伯格说他去了墓地。纪德说棺材后面跟着七个人,但米利亚姆·奥德里奇说是十四个人,包括她自己。[89]在墓地上发生了令人不愉快的争执,所有当事人都没有提到这件事——也许是为了调换主祭人选的事情。棺材被放进墓穴时,道格拉斯几乎跌进了坟墓。[90]约翰·格雷当时不在场,1931 年,他写了一首诗,《主看着彼得》(The Lord looks at Peter),可以说是一首为王尔德而作的挽歌:

> 夜间的警报;带着武器的人群;
>
> 一击之下,跟着他人,我也跑了,
>
> 我烤火暖手,大声说:
>
> 我从不认识那个人。[91]

12 月 3 日,他被埋葬在巴涅墓地第十七区第七排的第十一个墓穴。坟墓上树起了一个简朴的石碑,四周围着铁栅栏,石碑上刻着《约伯记》中的段落:

奥斯卡·王尔德

安息吧 1854 年 10 月 16 日–1900 年 11 月 30 日

《约伯记》第二十九章:我说话之后,他们就不再说。

我的言语像雨露滴在他们身上。

这段话是根据杜埃版英译圣经(Douai Version)翻译的。罗斯给王尔德的一位朋友写信说,"他非常不开心,随着时间的流逝,他会变得更加不开心。"[92]王尔德蒙受的羞辱最终是到头了。

注释

［1］ G. Spilett in *Gil Blas*, 22 Nov 1897；Harris, 367, quotes Wilde as saying that Douglas drove him like the Oestrum of which the Greeks wrote, to disaster.

［2］ *Letters*, 741；Thomas Beer, *The Mauve Decade* (1926), 129.

［3］ *Letters*, 649, 638, 695, 685, 644.

［4］ Douglas, *Autobiography*, 152；letter to Edward Strangman, 29 Nov 1897 (sold at Sotheby's, 1984)；Douglas clippings, n. d. (Ross Collection, Bodleian).

［5］ Gertrude Atherton, *Adventures of a Novelist* (1930), 44-7.

［6］ C. Healy in *To-Day*, 8 Oct 1902.

［7］ O'Sullivan, 196-7.

［8］ *Letters*, 649, 651, 657；Gordon Craig, *Index to the Story of My Days* (1957), 148.

［9］ *Letters*, 755-6, 730n.

［10］ Ibid., 695.

［11］ O'Sullivan, 64.

［12］ Douglas, *Without Apology*, 299；Croft-Cooke, 162；*Letters*, 673.

［13］ *Letters*, 685；Constance Wilde, letter to Otho Holland (Lloyd), 7 Oct 1897 (Hart-Davis).

［14］ Claire de Pratz in Guillot de Saix, 'Souvenirs inédits.'

［15］ *Letters*, 693.

［16］ Ibid., 696-8.

［17］ Douglas, letter to Edward Strangman, 29 Nov 1897 (Sold at Sotheby's).

［18］ Douglas, *Without Apology*, 297-8, 302-5.

［19］ Douglas, *Autobiography*, 138；*Letters*, 719.

［20］ Croft-Cooke, 168；Douglas described by Gide in *Si le grain ne meurt*.

［21］ *Letters*, 709-10.

［22］ Quoted in *Daily Telegraph*, 25 Nov 1921.

［23］ Constance Wilde, letters to Otho Holland (Lloyd) (Holland TSS)；to Carlos Blacker, 10 Mar 1898 (courtesy of J. Robert Maguire)；to Arthur Humphreys, 27 Feb 1898 (Hyde)；to Mrs Carlos Blacker, 26 Mar 1898 (Maguire)；to Arthur Humphreys, 18 Feb 1898 (Hyde).

［24］ *Letters*, 766.

［25］ O'Sullivan, 162, 69-70.

［26］ Joseph O. Baylen and Robert L. McBath, 'A Note on Oscar Wilde, Alfred Douglas, and Lord Roseberry, 1897,' *English Language Notes*, 23 (Sept 1985), 42-3.

［27］ Catalogue of The Bungalow, Spring 1922, item 579 (Ross Collection, Bodleian).

［28］我从 Pamela Matthews 那里听说此事。

［29］Graham Greene, *A Sort of Life* (1971), 26; *New York Times*, 15 Dec 1897.

［30］Constance Wilde to Otho Holland (Lloyd), n. d. [1897] (Hart-Davis).

［31］Sherard, *O. W.: Story of an Unhappy Friendship*, 261-2.

［32］*More Letters*, 165.

［33］*Letters*, 813; Mason, 350.

［34］Berenson papers (courtesy of Professor Ernest Samuels); Arthur Machen, letter to Colin Summerford, n. d. (courtesy of Roger Dobsonn); C. Krogh, trans. in *New Age* (1908); Léon Lemonnier, *La Vie d'Oscar Wilde* (Paris, 1931), 232.

［35］*Letters*, 828.

［36］Vance Thompson, 'Oscar Wilde: Last Dark Poisoned Days in Paris,' New York *Sun*, 18 Jan 194; C. Healy in *To-Day*, 8 Oct 1902; Chesson, 391. J. Robert Maguire provided information on the Esterhazy episode.

［37］Gide, *O. W.*, 49-51.

［38］Henry Davray, letter to Walter Ledger, 26 Feb 1926, in Ross Collection (Bodleian); Frédéric Boutet, 'Les Dernières Années d'Oscar Wilde' (clipping from unidentified newspaper, 3 Dec 1925, at Clark); *Letters*, 803, 809.

［39］J.-J. Renaud, 'The Last Months of Oscar Wilde's Life in Paris,' TS. of a broadcast (Clark).

［40］Guillot de Saix, 'O. W. chez Maeterlinck,' *Les Nouvelles littéraires* (1945); O'Sullivan, 67; Chesson, 394.

［41］Lord Alfred Douglas, *Oscar Wilde: A Summing Up* (1962), 90; *Letters*, 729-30; Frank Harris, *Contemporary Portraits* (1915), 90-118.

［42］*Letters*, 729-30n; the original is at Clark.

［43］Charles Conder, letter to Mrs Dalhousie Young, n. d. (Hart-Davis).

［44］*Letters*, 732.

［45］Chaire de Pratz, quoted in Guillot de Saix, 'Souvenirs inédits'; G. de Saix, 'La Cruelle Charité,' in *Le Chant du cygne*, 249-50.

［46］Croft-Cooke, 177-8.

［47］*Letters*, 816.

［48］Ibid., 608.

［49］Ibid., 705.

［50］Harris, 351.

［51］Laurence Housman, *Echo de Paris: A Study from Life* (1923), 34. 豪斯曼声称他书籍中的这部分内容忠实记录了王尔德的原话。

［52］*Letters*, 783.

［53］*More Letters*, 178; W. Rothenstain, 314.

［54］ *Letters*, 783.

［55］ Ibid., 790, 794, 794n.

［56］ Croft-Cooke, 174.

［57］ Chalmers Mitchell, *My Fill of Days*, 183-4.

［58］ Dame Nellie Melba, *Melodies and Memories* (1925), 74-5; M. Steen, *A Pride of Terrys*, 206n.

［59］ W. M. Fullerton, letter to Wilde, 23 June 1899 (Clark); *Letters*, 804.

［60］ 'T. P.'s Table Talk,' *Cassell's Weekly*, 27 Oct 1923; Leslie, *J. E. C. Bodley*, 18; Max de Morès in G. de Saix, 'Souvenirs inédits.'

［61］ Latourette, 'Dernières Heures avec O. W.,' in *Les Nouvelles littéraires* (1925).

［62］ E. Calvé, *My Life*, 96-8.

［63］ Marjoribanks, *Lord Carson*, 231; Louis Marlow [L. U. Wilkinson], 'Oscar Wilde...,' *New Statesman*, 3 Jan 1914; Latourette in *Les Nouvelles littéraires* (1925).

［64］ *Letters*, 731; Stanley Weintraub, *Whistler* (N. Y., 1974), 306.

［65］ *Cheiro's Memoirs*, 56-61; W. Rothenstein, 361-2.

［66］ Beer, *Mauve Decade*, 130-3.

［67］ Edith Cooper, *Works and Days* (BL Add. MS 46798, f. 202).

［68］ Dupoirier, as quoted by Latourette in *Les Nouvelles littéraires* (1925).

［69］ J.-J. Renaud, preface to *Intentions* (1905), xxii.

［70］ *Letters*, 828-9, 831; Harris, 361, 364.

［71］ *Letters*, 831; Paul Medina, 'Zum 25. Todestag Oscar Wildes am 30 November: Ein Gesprach mit dem "Dichterfürsten" Paul Fort, dem letzten Freund Oscar Wildes,' *Die literaische Welt* (Berlin) I, no. 8 (17 Nov 1925): 1-2.

［72］ *Letters*, 828; A. de Brémont, *O. W. and His Mother*, 178-88.

［73］ *Letters*, 832, 837-44, 859, 860.

［74］ Harris, 372; Dr Tucker's bill is in the Hyde Collection; *More Letters*, 186.

［75］ Terence Cawthorne, 'The Last Illness of Oscar Wilde,' *Proceedings of the Royal Society of Medicine* LII, no. 2 (Feb 1959): 123-7; *Letters*, 837; Wilson, *Victorian Doctor*, 211.

［76］ *Letters*, 708.

［77］ [Raymond and] Ricketts, 59.

［78］ *St James's Gazette*, 6 May 1905; [Raymond and] Ricketts, 59; A. [Douglas], 'Oscar Wilde's Last Years in Paris. II,' *St James's Gazette*, 3 Mar 1905; Housman, *Echo de Paris*, 32; M. Ross, *Friend of Friends*, 153.

［79］ Claire de Pratz, in G. de Saix, 'Souvenirs inédits'; Harris, 572.

［80］ *Letters*, 861, 840; Ross, deposition in Ransome case. Turner states the medical diagnosis in his letter to Sherard, 3 Jan 1934 (Reading), and Ross is given as the sourse for Ransome's statement, *O. W.*, 199.

[81] *Letters*, 849.

[82] Ibid., 852.

[83] Reginald Turner, letter to Ross, 26-28 Nov 1900 (Clark).

[84] Douglas, *Without Apology*, 255; *Daily Chronicle*, 3 Dec 1900; *Letters*, 825.

[85] Almy, 'New Views of Mr O. W.,' in *Theatre* (1894); Ives journal, 4 Mar 1905 (Texas); Chesson, 393-4.

[86] Reginald Turner, letter to T. H. Bell, n. d., in Bell's unpublished MS. on Wilde (Clark); Ives journal, 4 Mar 1905 (Texas); letter from 'Sacerdos,' *St James's Gazette*, 1 Mar 1905.

[87] Max Meyerfeld, '*Gedenkblätter*, Robert Ross,' in *Das literarische Echo* XXI (4 Jan 1919): 779-85; Ross's visiting card, copy in NLI.

[88] *Letters*, 854; Reginald Turner, letter to R. S. Meickeljohn, 31 Dec 1936 (Hart-Davis); John, *Chiaroscuro*, 396.

[89] Cecil Georges-Bazile, 'Oscar Wilde et Paris,' *Paris Soir*, 29 Oct 1925 (based on Ross); Gunnar Heiberg, *Set og Hørt* (Christiania, 1917), 162-7.

[90] Paul Fort interview by P. Medina, *Die literarische Welt*, 17 Nov 1928.

[91] Ian Fletcher, 'The Poetry of John Gray,' in *Two Friends*, ed. Brocard Sewell (1963), 68.

[92] Ross, letter to Louis Wilkinson, 10 Dec [1900] (LC), in M. Ross, *Friend of Friends*, 61.

结　语

那些实现自我的人，所有人类都在他
们身上获得了部分的自我实现。①

　　王尔德不得不经历两次人生，一次是慢镜头的，然后是高速运转的。第一阶
段的他是无赖，第二阶段的他是替罪羊。在他出狱后度过的那三年半的时间里，
他目睹过去认识的很多人都想躲避自己，他们从他眼前经过，在很大程度上像是
一出哑剧。他的妻子不肯接待他，然后，她死了。他不知道自己的儿子在哪儿。
他曾经跟诸如惠斯勒和卡森这样的老对手狭路相逢，这种邂逅是令人生畏的，他
们彼此凝视，一语不发。他曾经帮助别人开创他们的事业，但这些人忘了他；虽
然莉莉·兰特里后来谎称，她在最后几年里给他寄过钱，但其实她并没有寄过。
奥布里·比亚兹莱犹豫了一下，然后丢下了他。马克斯·比尔博姆是心怀同情
的，但他跟他保持着距离。谢拉德不再跟王尔德交谈。这或多或少算是两群人
对他的排斥，一群人受不了他的同性恋，另一群人受不了他总来要钱。道格拉斯
零星给了他一些钱，当王尔德索要更多时，就遭到了他的严厉拒绝。罗斯和特纳
无法忽略他，可是为了避免跟他见面，他们确曾途经巴黎而不停。弗兰克·哈里

---

　　① 引自《社会主义制度下人的灵魂》。

斯代替王尔德撰写了他的剧本——却只给他带来了痛苦。王尔德无论在失败还是在凯旋中都是引人瞩目的,他在巴黎——照他的说法——就跟埃菲尔铁塔一样出名。也有充满善意的时刻。但这种时刻是稀罕的、短暂的。

难怪他凋萎了。他总觉得不幸,苦艾酒和白兰地抑制了这种不幸,却没法消除它。难怪他把越来越多的时间消磨在床上,直到他发现自己已经卧床不起。他的肉体患病是有原因的,他的精神也一样。罗斯想要振奋起来,他否定了自己早先说过的话,他说王尔德的最后几年也没那么糟糕:虽然他继续追逐年轻男人、聊天、吃饭和喝酒,但所有这一切熟悉的活动,都发生在一种令人沮丧的环境中,他还记得自己的过去,也知道自己现在变成了什么样,他过去会一笑置之的那点债务,如今却只能为之痛哭,每一天都会遭受怠慢和侮辱。英国法律用惩罚错待了他,英国社会用放逐谋杀了他。

王尔德去世之后,他跟道格拉斯的关系可以算是完结了。不过,他们之间还有一种死后的联系,就跟生前的一样纷繁杂乱。是《来自深渊》导致了这种结果。罗斯觉得自己有责任以删节版的形式出版这篇文章,于是,1905 年版的《来自深渊》删掉了所有提及道格拉斯的地方。然而,从中可以看出,道格拉斯显然是一个具有毁灭性的爱人。1912 年,阿瑟·兰塞姆在关于王尔德的书中隐约说了这样的话,道格拉斯为此提起了诽谤诉讼。(在迫使他人道歉和迫使他人达成庭外和解方面,他已经开始获得一定的成功。)罗斯现在觉得,他必须公开《来自深渊》中那些被删掉的段落,在兰塞姆的顾问的要求下,整封信在法庭上被宣读。道格拉斯当时就站在证人席上,不过,在宣读的过程中,他离开了。他不能忍受这样的话,王尔德说他的诗歌是大学生的诗歌,他的水准太低,他善于巧取豪夺,他天性浅薄。过了几个月,他做好了准备,在《奥斯卡·王尔德和我》中作出了回击。

道格拉斯后来否定了这本书籍,不过,在 1919 年,他重新出版了它,添上了一个新序言,宣布说,他"来到这个世上主要就是为了作为工具,不管我愿意与否,去揭发和摧毁对王尔德的膜拜和王尔德神话",还有,他是一个诗人,一个诚实的人。他在出版于 1928 年的《自传》中说了差不多同样的话。这部书籍强调说，他从未参与同性恋行为。荷马描述过，海伦从特洛伊回来之后，指责维纳斯是让她跟帕里斯私奔的罪魁祸首，她坚持说她一直渴望回到丈夫身边。

　　道格拉斯现在开始以他父亲的风格给罗斯的朋友们写信，对罗斯进行攻击，直到这种压力越来越大，就跟王尔德一样，罗斯不得不提起诽谤诉讼。证人席上的道格拉斯是罗斯无法抵挡的，虽然罗斯本人逃脱了被起诉，但直到 1918 年去世，他始终深受困扰。在很多人看来，是道格拉斯把他赶进了坟墓。道格拉斯又找到了其他目标：由于一场针对温斯顿·丘吉尔的刑事诽谤诉讼，他被判在沃姆伍德监狱坐牢六个月，在那期间，他创作了自己的十四行组诗《在高处》(*In Excelsis*)，对《来自深渊》进行回击。他在诗中说，作为邪恶领袖，王尔德把英国引向黑夜。他父亲会为他感到骄傲的。

　　二十年代末，他开始改变对王尔德的看法。到了撰写《自传》的时候，他已经变成了虔诚的天主教徒，虽然可想而知，他的婚姻是以离婚告终，但他并没有，或据说他并没有，回到同性恋的老路上。他试图达到超然和宽恕的境界，然而，"罗斯"的名字依然会让他心烦意乱。晚年他每天都玩一把赛马赌博。去世的当天，他赌了两把而不是一把，两把都输了。

　　道格拉斯的爱是猛烈的，王尔德没法摆脱他，也没法跟他好好生活。然而，王尔德最杰出的作品《不可儿戏》佯称爱情可以很顺利地发展下去。它以排斥的方式记录了他的情绪，而且以挑衅的态度证明，这些情绪是可以被排斥在外的。道格拉斯在《自传》中也留下了一份记录。这是一部目标明确的作品，不过，无意之中，它也显得很有趣。虽然这部书籍是公开反对同性恋的，但道格拉斯觉得上帝把他引向"一个最漂亮的小男孩，长着天使般的脸庞，有着天使般的笑容"，小男孩告诉他可以去哪儿寻找证人反驳罗斯。他自己也期待着在天堂中再次变成男孩，他说，在那里，一个人可以处于他想要身处的任何年龄。

　　跟叶芝、道森或 A. E. 豪斯曼那种无望的爱情相比，王尔德的情史例证了一种甚至更疯狂的激情，一种维纳斯对自己的猎物的深情。它只会发生在那种充

588

斥着半公开信息、勒索和诽谤案的偷偷摸摸的时期。他被迫通过审判向世人宣布自己的爱情，但他不可能考虑认罪，他否认了一切，拒绝让道格拉斯透露他们的关系，或自己坦白这种关系。他的行为毁掉了康斯坦斯。起初，道格拉斯在思考之后作了坦白（通过法文），后来他也陷入了同样的缄默，他隐瞒了好些年，最后才说出来，如果不是全部的话，至少也差不多都说了，不过，他这么做的时候，其身份只是一个改过自新的浪子。然而，他当然是从没有真的改变。整整二十七年，他一直是那个不可抗拒的波西，一位伟大作家的情人。历史以琥珀的形式保存了他的美貌、他的贪婪、他的狂暴和他的残酷。

1898 年，康斯坦斯去世，1900 年，王尔德也去世了，那之后，罗伯特·罗斯扶助了他们的儿子西里尔和维维安·霍兰德，作为遗稿保管人，罗斯付清了王尔德的债务，为儿子们争回了版权。西里尔在一战中志愿走上战场，阵亡了。维维安写书、结婚，还生了一个名叫默林的儿子，默林生活在伦敦，结婚了，也生了一个儿子，名叫卢西恩。威利·王尔德和妻子莉莉有一个孩子，是个名叫多莉的女儿，在巴黎，在著名的"亚马逊女战士"巴尼的圈子里，多莉赢得了显赫的名声。

1909 年，王尔德的遗体从巴涅墓地被迁往拉雪兹神甫墓地，由爱泼斯坦制作的著名纪念碑就是在那个时候被竖立起来的。科尔里奇·肯纳德爵士（Sir Coleridge Kennard）的母亲卡鲁太太为纪念碑支付了费用。罗斯死于 1918 年，他的遗嘱指示说要把自己的骨灰安放在王尔德的坟墓中。人们照办了。纪念碑上刻着《雷丁监狱之歌》中的句子：

> 外人的眼泪将会盛满
>
> 他那早已破损的怜悯之瓮，
>
> 因为哀悼他的人将会是被放逐者，
>
> 被放逐的人总是心怀哀悼。

"所有的成功里都会有庸俗的东西。"王尔德告诉欧沙利文。[1] "最伟大的人倒下了,或看起来是倒下了。"他讲的是帕内尔,但适合帕内尔的话在另一方面也适合王尔德。跟他预言的一样,他的作品流传了下来。在他的身后,我们前赴后继,去争取艺术中的最高虚构,把艺术和社会变革联系起来,把个人和社会的推动力结合起来,保护那些反常和独特的事物,让它们免受净化和标准化的侵袭,用同情的道德观去取代严厉的道德观。与其说他属于维多利亚的时代,不如说他属于我们的时代。如今,他再也不会遭到丑闻的打击了,他最好的作品经受住了时间的检验,他仍然活在我们的心中,一个高大的身影,笑着,哭着,编织着寓言,讲述着悖论;那么慷慨,那么逗趣,那么正确。[2]

注释

[1] O'Sullivan, 222.

[2] See Jorge Luis Borges, 'About Oscar Wilde,' in *Other Inquisitions 1937–1952* (N. Y., 1966), 84.

参考文献[*]

The Artist as Critic: Critical Writings of Oscar Wilde, ed. Richard Ellmann（Chicago 1982）

The Letters of Oscar Wilde, ed. Rupert Hart-Davis（1962）

More Letters of Oscar Wilde, ed. Rupert Hart-Davis（1985）

Oscar Wilde, *The Picture of Dorian Gray*, ed. Isobel Murray（1974）

Anne Clark Amor, *Mrs Oscar Wilde*（1983）

G. T. Atkinson, 'Oscar Wilde at Oxford,' *Cornhill Magazine* LXVI（May 1929）

Max Beerbohm, *Letters to Reggie Turner*, ed. Rupert Hart-Davis（1964）

E. F. Benson, *As We Were: A Victorian Peep-show*（1930）

Sir Frank Benson, *My Memoirs*（1930）

Martin Birnbaum, *Oscar Wilde: Fragments and Memories*（1920）

David Hunter Blair, *In Victorian Days*（1939）

[J. E. C. Bodley], 'Oscar Wilde at Oxford,' *New York Times*, 20 January 1882.

Anna de Brémont, *Oscar Wilde and His Mother*（1911）

W. H. Chesson, 'A Reminiscence of 1898,' *Bookman* XXXIV（December 1911）

Rupert Croft-Cooke, *Bosie*（Indianapolis and New York, 1963）

Lord Alfred Douglas, *Autobiography*（1929）

---

* 书中引用或引述的主要出版资料；除非另有说明，否则出版地皆为伦敦。

——, *Oscar Wilde and Myself* (1914)

——, *Oscar Wilde: A Summing Up* (1962)

——, *Without Apology* (1938)

André Gide, *Oscar Wilde* (Paris, 1938)

Frank Harris, *Oscar Wilde: His Life and Confessions* (New York, 1930)

Vyvyan Holland, *Son of Oscar Wilde* (New York, 1954)

H. Montgomery Hyde, *Oscar Wilde* (New York, 1975)

——, ed. , *The Trials of Oscar Wilde* (1948)

[John] Coulson Kernahan, *In Good Company: Some Personal Recollections*, 2nd edn. (1917)

Lillie Langtry, *The Days I Knew* (1925)

Ada Leverson, *Letters to the Sphinx from Oscar Wilde and Reminiscences of the Author* (1930)

Lloyd Lewis and Henry Justin Smith, *Oscar Wilde Discovers America* (New York, 1936)

Stuart Mason, *Bibliography of Oscar Wilde* (1914)

Kevin O'Brien, *Oscar Wilde in Canada* (Toronto, 1982)

Vincent O'Sullivan, *Aspects of Wilde* (1936)

Hesketh Pearson, *The Life of Oscar Wilde* (1946)

[Jean Paul Raymond and] Charles Ricketts, *Oscar Wilde: Recollections* (1932)

[James] Rennell Rodd, *Social and Diplomatic Memories*, *1884–1893* (1922)

Margery Ross, *Robert Ross: Friend of Friends* (1952)

William Rothenstein, *Men and Memories* (New York, 1931)

Edgar Saltus, *Oscar Wilde*: *An Idler's Impressions* (Chicago, 1917)

Robert (Harborough) Sherard, *The Life of Oscar Wilde* (New York, 1906)

——, *Oscar Wilde: The Story of an Unhappy Friendship* (1902)

——, *The Real Oscar Wilde* (n. d. [1917])

Mrs. H. M. Swanwick [Helena Sickert], *I Have Been Young* (1935)

Terence De Vere White, *The Parents of Oscar Wilde* (1967)

Horace Wyndham, *Speranza: A Biography of Lady Wilde* (New York, 1951)

W. B. Yeats, *Autobiography* (New York, 1965)

附录 A

以下年表可显现王尔德父母异乎寻常的创作力：

SIR WILLIAM WILDE (1815–1876)		LADY WILDE (1821–1896)
Narrative of a Voyage to Madeira, Teneriffe, and along the shores of the Mediterranean... (Dublin: William Curry, Jun.)	1839	
The same, second edition	1840	
Austria: Its Literary, Scientific, and Medical Institutions... (Dublin: William Curry, Jun.)	1843	
The Closing Years of Dean Swift's Life... (Dublin: Hodges and Smith)	1849	Translation of J. W. Meinhold, *Sidonia the Sorceress* (London: Reeves and Turner, 2 vols.)
The Beauties of the Boyne and Blackwater (Dublin: James McGlashan)		

SIR WILLIAM WILDE (1815–1876)		LADY WILDE (1821–1896)
The same, second edition	1850	Translation of Alphonse de Lamartine, *Pictures of the First French Revolution*
Essay on the Epidemic Ophthalmia which has prevailed in... Tipperary and Athlone... (Dublin: James McGlashan) Census	1851 (Marriage)	Translation of Lamartine, *The Wanderer and His Home*
Irish Popular Superstitions, dedicated to Speranza (Dublin: James McGlashan)	1852 (Willie born)	Translation of Alexandre Dumas père, *The Glacier Land*
Practical Observations of Aural Surgery and the Nature and Treatment of Diseases of the Ear (London: Churchill)	1853	
On the Physical, Moral and Social Condition of the Deaf and Dumb (London: Churchill)	1854 (Oscar born)	
A Descriptive Catalogue of the Antiquities... in the Museum of the Royal Irish Academy, Vol. I (Dublin: The Academy)	1857 (Isola born)	
A Descriptive Catalogue, Vol. II	1861	
A Descriptive Catalogue, Vol. III	1862	
An Essay on the Malformations and Congenital Diseases of the Organs of Sight (London: Churchill)		
	1863	Translation of M. Schwab, *The First Temptationor or 'Eritis Sicut Deus'* (London: T. Cautley Newby)

SIR WILLIAM WILDE (1815–1876)		LADY WILDE (1821–1896)
	1864	*Poems* (Dublin: James Duffy)
Lough Corrib: Its Shore and Islands... (Dublin: McGlashan & Gill	1867 (Death of Isola)	*Poems: Second Series: Translations* Pub'd in 1867
	1871	*Poems* (Glasgow: Cameron & Ferguson)
The same, second edition	1872	
	1874	Translation of Emmanuel Swedenborg, *The Future Life*
	1876 (Death of Sir William)	
	1880	*Memoir of Gabriel Beranger* (London: Richard Bentley & Son)
	1884 (Marriage of Oscar and Constance Lloyd) (Birth of Cyril 1885 and Vyvyan 1886)	*Driftwood from Scandinavia* (London: Richard Bentley & Son)
	1888	*Ancient Legends, Mystic Charms, and Superstitions of Ireland* (London: Ward & Downey)
	1890	*Ancient Cures, Charms, and Usages of Ireland* (London: Ward & Downey)
	1891 (Marriage of Willie and Miriam Leslie)	*Notes on Men, Women, and Books* (London: Ward & Downey)
	1893 (Divorce of Willie and Miriam)	*Social Studies* (London: Ward & Downey)

SIR WILLIAM WILDE （1815–1876）	LADY WILDE （1821–1896）

1894
（Second marriage of
Willie, to Lily Lees）

1896
（Death of Lady Wilde）

1898
（Death of Constance
Wilde）

1899
（Death of Willie Wilde）

1900
（Death of Oscar Wilde）

附录 B

要想了解王尔德是怎样说话的,尤其是他在演讲台上的表现,最好的指南是美国人海伦·波特,她的书籍《扮演》(*Impersonations*,New York:Edgar S. Werner,1891)详实描述了王尔德的口音和停顿方式:

LECTURE ON ART.

A Study of Oscar Wilde. *

(——) Everything made by the hand of man | is either ₒug°ly | or (/) ₒbeauti°ful; (——) and it might as well be beautiful as (/) ₒug°ly. (——) Nothing that is made | is°too ₒpoor [pooah], | or °too (/) ₒtrivi°al, | (——)to be made with an idea

------

* 所用符号的主旨:"字母的发音:ē 就像在 eve 中;ā 就像在 ale 中;ă 就像在 at 中;ī 就像在 rice 中。音高、强度和时间的符号:(°)高音;(ₒ)低音。词语和短语之前的符号,或应用于它们的符号:| 竖杠,意指停顿,或短暂的修辞间歇;(——)单音调,应用于下一竖杠或变化;(/)升调,应用于下一竖杠或变化;(\)降调,应用于下一竖杠或变化;(˅)升、降、升,应用于短语或句子。任何一个符号,只要标记在词语或音节上方,就意味着仅应用于那个词语或音节。"

[ideah], | of pleasing the aesthetic ₀eye.

　　°Americans, | ₀as a class, | °are not (／) ₀practical, (－－) though you may laugh | at the (／) ₀assertion. (－－) When I enter [entah] a room, | I see a carpet of (＼) vulgar [vulgah] (／) ₀pattern, | (－－) a cracked plate upon the (／) ₀wall, | (－－) with a peacock feather stuck °be₀hind °it. (－－) I sit down | upon a badly glued | machine-made (／) ₀chair [chǎah], | that creaks | upon being (／) ₀touched; | (－－) I see | a gaudy gilt horror, | in the shape | of a (／) ₀mirror, | (－－) and a cast-iron monstrosity | for a °chande₀lier. (－－) Everything I see | was made to (／) ₀sell. (－－) I turn to look for the beauties of nature [nātyah] | in (／) vain; | (－－) for I behold only muddy streets |and (＼) ugly (／) ₀build°ings; (－－) everything looks (＼) second (／) class. (－－) By second class | I mean | that | which constantly *decreases* °in (／) ₀*value*. (－－) The old Gothic cathedral is firmer [firmah] and (／) stronger [strongah], | and more [mōah] beautiful ₀*now* | than it was | years [yeahs] (／) °ago. (－－) There is one thing worse |than °*no* (／) ₀art | and that is | ₀*bad* °art.

　　(－－) A good rule to follow | in a house | is to have nothing therein | but what is useful | or (／) ₀beautiful; | (－－) nothing that is not pleasant to use, | or was not a pleasure | to the one | who (／) ₀made ° it. (－－) Allow no machine-made ornaments | in the house | at (／) ₀all. (－－) Don't paper your [youah] halls, | but have them (／) ₀wain°scoted, | or provided | with a (／) ₀dado. (－－) Don't hang them with pictures, | as they are only | (／) ₀passage-°ways. (－－) Have some definite idea [ideah], | of ₀color [culah], (－－) some dominant | keynote | of (／) ₀color [culah], (－－) or exquisite gra₀da°tion, | like the answering calls | in a symphony | of (／) ₀music. There are symphonies | of color [culah], | as (＼) well as of | (／) ₀sound. I will describe | one of Mr. Whistler's | symphonies in color— (－－) a symphony | in *white*. A picture [pictchah], representing | a gray and white sky [skēī]; a gray sea, flecked with the white crests of (＼) °dancing (／) ₀waves; | a white (／) ₀balco°ny | with two little children in white, | leaning over [ovah] the (／) ₀rail°ing, | (－－) plucking | with white (／) ₀fingers (finggahs), | the white petals | of an almond tree | (／) in bloom.

　　(－－) The truths of art | cannot | (／) be *taught*. (－－) They are revealed | only | to natures [nātyahs] which have made themselves receptive | of all | (＼) ° beautiful (／) ₀impressions | by the study, | and the worship of | all | beautiful | (／) ₀things. (－－) Don't take your [youah] critic | as any sure [shuah] test | of (／) ₀art; for artists, | like the Greek gods, | are only revealed | to one (／) ₀another [anothah]. The true critic | addresses | °*not* the (／) ₀artist | (／) *ever*, | but the public. *His* work | is with (／) ₀them. Art | can have no other [othah] aim | but her own °per₀fec°tion.

(－－) Love art | for its own sake, | and then | all these things | shall be (／) ₀ added °to you. (－－) This devotion to beauty | and to the creation of beautiful things, | is the test | of all | great | °civili₀za°tions. (－－) It is what makes the life | of each citizen | a sacrament | and °not | a °specu₀la°tion; for beauty | is the only thing | time | cannot harm. Philosophies may fall away | °like the (／) ₀sand; creeds | follow one °an₀oth°er; | but what is beautiful | is a joy for all seasons, a possession | for all | °e₀ter°nity. (－－) National hatreds | are always strongest | where culture [cultchah] | is (／) ₀lowest; but art | is an empire | which a nation's enemies | cannot | take (／) ₀ *from* °her.

(－－) We | in our Renaissance | are seeking to create a sovereignty | that shall °still be (／) ₀England's | when her yellow leopards | are weary of wars [wahs], | (－－) and the rose | on her shield | is crimsoned °no (／) ₀more [mōah] | with the blood | of(／) ₀bat°tle. And °you, | ₀too, | (－－) absorbing | into the heart of a great people | this pervading artistic (／) ₀spirit, will create for your-[youah] selves | °such ₀riches | as you have never [nevah] yet | ₀cre₀a°ted, | though your [youah] land | be a network of (／) ₀railways, | and your [youah] cities | the harbors | of the galleys | of the (／) ₀world.

这位真正艺术的信徒说起话来非常慎重,他的演讲通篇标示着变调和小符号(₀)(°);句子结束时或句号的转调始终是升调。

索 引

（索引页码为原书页码，即本书边码）

风格,533;王尔德对他的评价,534;波西寄给他十四行,551;对《雷丁监狱之歌》的不利评价,560-1

Hennion 埃尼翁,王尔德的耳科手术,580;敷伤,581

Henri IV 亨利四世,王尔德说他是戴绿帽的人,217

Heredia, José-Maria de 埃雷迪亚,路易斯娶了他的女儿,353

Hermes of Olympia 奥林匹亚的赫尔墨斯,王尔德拥有这座石膏像,258

Heywood, J. C. J. C. 海伍德,王尔德为他的《莎乐美》写评论,340

Hichens, Robert 罗伯特·希钦斯,跟道格拉斯在埃及,415;比尔博姆跟他的友谊,423;王尔德在他的《绿色康乃馨》中,423-5;王尔德说他是心存怀疑的信徒,424

Hicks, Seymour 西摩·希克斯,说王尔德没有爱尔兰口音,38

Higginson, T. W. T. W. 希金森,谴责王尔德的《查密迪斯》,183;茱莉亚·沃德·豪叫他闭口,183-4

Higgs, Sally 萨莉·希格斯,看到王尔德对迈尔斯大发雷霆,148

Hind, C. Lewis C. 刘易斯·海因德,看到王尔德的美国服饰,154

Hird, Frank 弗兰克·赫德,跟高尔的关系,54n

Hirschfeld, Gustav 古斯塔夫·希施费尔德,主持奥林匹亚挖掘,72

'Historical Criticism in Antiquity' 《古时的历史批评》,王尔德为了校长作文奖而写的文章,106

history 历史,历史学家对小说家,106n;王尔德对《大英百科全书》第十一卷上的文章的看法,107;关于修昔底德的看法,107;王尔德计划翻译希罗多德,107;王尔德的《薇拉》和历史,121

Hodgson, Ralph 拉尔夫·霍奇森,被引用,448

Hogarth Club 霍格思俱乐部,惠斯勒和王尔德在俱乐部,271

Holborn Viaduct Hotel 霍尔本高架桥旅馆,王尔德下榻于此,455

Holland, Constance(Mrs Oscar Wilde) 康斯坦斯·霍兰德(奥斯卡·王尔德太太),见 Wilde, Constance

德和道格拉斯在那不勒斯,549,550-3,555-6,557-8;关于卡普里,551,554;
道格拉斯在罗马,554;王尔德在陶尔米纳,558;王尔德关于尼禄在罗马迫害基
督徒的故事,566n;罗斯和特纳的意大利之旅,567;王尔德拜访热那亚的妻子
坟墓,572;在罗马向教皇跪拜,583

Ives, George　乔治·艾维斯,听到关于惠特曼之吻的事情,171;同性恋和艾维斯,
386,386n,428;喀罗尼亚社团,386n;杰克·布洛克萨姆,427-8;被引用,
442,454,462,464;拒绝拜访王尔德,481;听到王尔德的非正统观点,579

Jackson, Kains　凯恩斯·杰克逊,道格拉斯的朋友,386

Jacobi, Friedrich Heinrich　弗里德里希·海因里希·雅各比,见王尔德的摘录
本,41

James, Henry　亨利·詹姆斯,称赞牛津,37;为格罗夫纳画廊的开幕式写评论,
78,79-80;许拉斯作为雕塑家的题材,88;他的《悲剧缪斯》被引用,117n,179;
佩特跟詹姆斯比较,139;跟王尔德在旅馆相见,178;王尔德跟他说话时口气屈
尊俯就,178,179;说王尔德是肮脏的野兽,179;但是担保王尔德参加萨维尔俱
乐部,179;盖布里埃尔·纳什带有王尔德的痕迹,179,310;勒贝尔小姐是詹姆
斯的朋友,252;拉夫洛维奇招待詹姆斯,282;王尔德描述过詹姆斯的风格,
314;抨击唯美主义,315;反感《温德米尔夫人的扇子》,365;反感王尔德的闭幕
演讲,367;购买《莎乐美》,374;厌恶《无足轻重的女人》,382;不签署减刑请愿
书,493;发表对王尔德毫不怜悯的言论,505

Jammes, Francis　弗朗西斯·雅姆,纪德给他的信件,360

Japan　日本,王尔德想要在日本作演讲,186;王尔德在早餐时嘲讽日本,268;说
日本是一种虚构,303

Jebb, R. C.　R. C. 杰布,王尔德抨击杰布的希腊文章,107

Jerome, Jerome K.　杰罗姆·K. 杰罗姆,对《变色龙》的看法,428

Jesuits　耶稣会,许诺给王尔德一份奖学金,70;王尔德请求进入耶稣会的隐居地,
527;隐居计划遭到挫败,528

译后记
死在流放之中

　　这部《王尔德传》是我翻译迄今最厚重的书籍,翻译过程历时数年,见证了我一生最颠沛流离的岁月。书籍的主体部分完成于浙江慈溪,少量章节在上海崇明岛喜愿农场译就,校对部分在加拿大多伦多附近的密西沙加进行,当时我怀孕在身,到了译后记的部分,我已经跟一位女友合租了公寓,共同抚育我们各自的小宝贝。8 月 28 日,在反复搬家的间隙期间,网上传来译界同行孙仲旭自杀的消息,让我无语。

　　作家和艺术家的生涯是艰辛的,微薄的收入和各种世俗压力不成比例。一种精神力量支撑着我们的脊梁,同时,这种力量有时也会自毁,创造力其实也是摧毁力。但我始终认为,人怎么死并不重要,重要的是怎样活。

　　王尔德的一生,应该算是一个悲剧。他在艺术的巅峰时期坠落,直接死因是狱中感染的耳疾,间接原因是梅毒。如果他不入狱的话,即便有梅毒的根子,但环境优裕,养尊处优,还是有可能带病延年,活到德高望重的晚岁。然而,那又如何?

　　王尔德的悲剧是一种寓言。有时我会想，能不能有另一种结局，皆大欢喜的结局。如果王尔德适可而止的话，他的人生不一定会垮台，但那样一来，他也就不是他自己了，而是他嘲笑过的伦内尔·罗德——"罗德先生……并不是个热情澎湃的人，但他却会很妥帖地摆弄那些表达热情的词语，他的情感是十分健康、完全无害的。"

　　的确，追求适度、健康、无害的中产阶级永远无法理解王尔德的艺术逻辑和人生轨迹。但王尔德即便被摧毁了，也是不可取代的王尔德。出狱后，王尔德成了千夫所指，他依然有能力反唇相讥："我很赞成诺尔道医生的主张，所有的天才都是疯子，但是诺尔道医生忘了指出，所有神志清楚的人都是傻瓜。"

　　王尔德说过："每个人生来都是一个国王，大多数人都死在流放之中——就像大多数国王那样。"我以前更喜欢王安忆的一段类似的话，她在描述"文革"时期人们竞相传递的苏联文学作品时说，那些书籍的封面早已破破烂烂，就像一位流放中的贵族，衣衫褴褛，但精神面貌完好。

　　如今看起来，王尔德的话还要更朴实一些，也更残酷一些。流放中的国王不一定精神面貌完好，他可能狼狈不堪、身心疲惫、神情恍惚、意志消沉、以酒消愁，但即便如此，他依然会直面自己的选择，承受自己的命运，直到死亡降临的那一天，直到把牢底坐穿。

萧　易

写于加拿大密西沙加市

2014 年 10 月 14 日

Richard Ellmann, *Oscar Wilde*, 1988
This translation published by arrangement with Alfred A. Knopf, an imprint
of The Knopf Doubleday Group, a division of Random House, Inc.

著作权合同登记号桂图登字:20 - 2012 - 261 号

图书在版编目(CIP)数据

奥斯卡·王尔德传/(美)艾尔曼著;萧易译.—桂林:广西
师范大学出版社,2015.1(2025.1重印)
(文学纪念碑)
ISBN 978 - 7 - 5495 - 5909 - 1

Ⅰ.①奥… Ⅱ.①艾… ②萧… Ⅲ.①王尔德,O.(1854~
1900)-传记 Ⅳ.①K835.615.6

中国版本图书馆 CIP 数据核字(2014)第 217611 号

出品人:刘广汉
策 划:魏 东
责任编辑:魏 东
整体设计:赵 瑾

广西师范大学出版社出版发行

(广西桂林市五里店路9号 邮政编码:541004)
(网址:http://www.bbtpress.com)
出版人:黄轩庄
全国新华书店经销
销售热线:021 - 65200318 021 - 31260822 - 898
山东韵杰文化科技有限公司印刷
(山东省淄博市桓台县桓台大道西首 邮政编码:256401)
开本:690 mm × 960 mm 1/16
印张:61 插页:32 字数:750 千
2015 年 1 月第 1 版 2025 年 1 月第 6 次印刷
定价:158.00 元(全二册)

如发现印装质量问题,影响阅读,请与出版社发行部门联系调换。